电动和混合动力汽车技术基础与设计

（第三版）

（美）伊克巴尔·侯赛因（Iqbal Husain） 编著

曹利民　曹博洋　主译

CRC Press
Taylor & Francis Group

辽宁科学技术出版社
沈阳

©2023 辽宁科学技术出版社
著作权合同登记号：第 06-2022-34 号。

图书在版编目（ＣＩＰ）数据

电动和混合动力汽车技术基础与设计 /（美）伊克巴尔·侯赛因 (Iqbal Husain) 编著；曹利民，曹博洋主译 . — 三版 . — 沈阳：辽宁科学技术出版社，2023.3
ISBN 978-7-5591-2884-3

Ⅰ .①电… Ⅱ .①伊… ②曹… ③曹… Ⅲ .①电动汽车 — 教材②混合动力汽车 — 教材 Ⅳ .① U469.7

中国国家版本馆 CIP 数据核字 (2023) 第 016276 号

出版发行：辽宁科学技术出版社
　　　　　（地址：沈阳市和平区十一纬路 25 号　邮编：110003）
印 刷 者：辽宁新华印务有限公司
经 销 者：各地新华书店
幅面尺寸：184mm×260mm
印　　张：31
插　　页：2
字　　数：700 千字
出版时间：2023 年 3 月第 1 版
印刷时间：2023 年 3 月第 1 次印刷
责任编辑：高　鹏
封面设计：盼　盼
版式设计：盼　盼
责任校对：张　永

书　　号：ISBN 978-7-5591-2884-3
定　　价：238.00 元

编辑电话：024-23284373
邮购热线：024-23284626
https://qcwxjs.taobao.com

译者名单

主　译：曹利民　曹博洋

参　译：何　唱　李　英　张　永　吕焕亮　艾　丽　张　珩

张　迪　鲁民巧　李文志　顾吉林　郑　永　张海峰

朱　列　夏　斌　兰斌富　陈健健　秘　伟　冯力平

赵津哲　杜　强　吴利军　张彦峰　李淑颖　高贵娟

刘汉文　高文斌　范英浦　白世君　李飞跃　刘双利

徐　畅　周得荣　张红伟　朱德威　吴一沛　孙海平

常　远　尹凤武　张金峰　蔡燕超

前言

　　多个学科的汽车工程师合作开发复杂而有趣的汽车技术。车辆本身是一个出色且令人兴奋的系统，可以教育学生了解电气、机械和化学工程。这本教科书的目的是在现代电动和混合动力汽车的背景下，从系统工程的角度来描述和展示汽车。在过去的10年中，电动道路运输技术取得了长足的进步，因此在本书的第三版中包含了更多不断发展的电动动力系统组件的技术和设计元素。

　　2019年，包括纯电动汽车（BEVs）和插电式混合动力汽车（PHEVs）在内的电动汽车全球销量超过500万辆，BEVs和PHEVs之间的比例更倾向于前者。大众对电动汽车的接受度一直在稳步上升，售出100万辆BEVs仅需6个月，而销售第一批100万辆电动汽车花了5年时间。环境问题和能源挑战推动了社会对清洁、高效和可持续的城市交通工具的需求。市场驱动因素是电池和动力系统组件的技术改进和成本降低、全球排放标准的收紧以及对新商机的投资。传统的原始设备制造商（OEM）以及新一代制造商都在响应需求，推出了许多不同续航里程和功能的车型。

　　本书将以系统级别的视角，全面介绍电动和混合动力电动汽车，重点是技术方面、数学关系和基本设计指南。第三版的新增内容包括电动动力系统组件的分析和设计指南，尤其是牵引逆变器、电机和电机驱动器。重点强调了在动力系统组件中，采用WBG电力电子器件和减少稀土用量的永磁电机相结合的技术趋势。充电站是电动汽车基础设施的关键组成部分，因此增加了关于汽车与电网交互的章节。自动驾驶是另一项新兴技术，将成为现代电动或内燃机汽车的组成部分。在本版中，有一章介绍了自动驾驶系统架构以及此类系统的硬件和软件需求。该平台用于系统级仿真，使用学术界和工业界使用的各种软件开发模型，如MATLAB/Simulink、PLECS、PSIM、Motor-CAD和Altair Flux。本版中提供了使用这些软件工具的示例和模拟结果。本书还为用户提供获取这些软件产品的联系信息。

　　本书可作为有关电动和混合动力汽车的教学材料，供课堂使用，也可作为在职工程师设计和开发电动和混合动力汽车及其部件的参考资料。考虑到与电动和混合动力汽车系统相关的技术广泛，对大多数主题的讨论仅限于基础知识，提供适当的参考文献，以指导读者进一步阅读主题的细节。本书的目的是为学生和工程师提供必要的背景知识，以开始设计过程并评估相关技术。

　　本书与早期版本类似，第1章从系统层面介绍了电动和混合动力汽车，以及这些汽车的历史背景。第2章介绍了控制车辆运动和道路基础的物理定律。本章建立了基

于地面车辆力 - 速度特性的功率和能量要求的设计指南。第 3 章介绍了电动和混合动力汽车的结构和动力系统部件尺寸要求。第 4 章介绍了自动驾驶汽车的体系架构及其硬件和软件组件。

第 5 章和第 6 章讨论电动和混合动力汽车的能源和储能系统。这些章节介绍了电池、燃料电池、超级电容器、压缩空气和飞轮等储能装置的电化学基础。本文介绍了几种基于基本原理的电池模型，这将有助于系统仿真和终端电压 - 电流特性的预测。

第 7 章至第 10 章介绍了动力传动系统电气部件。第 7 章讨论了各种类型的电机及其基本工作原理。第 8 章介绍了交流电机的控制。第 9 章介绍了静态功率转换、充电站和电动机驱动所需的电力电子元件。第 10 章介绍了直流和交流类型的电机驱动器。

车载通信系统设计是现代车辆设计的一个基本要素。CAN 通信网络和协议见第 11 章。本章还讨论了不同动力系统电子控制单元的控制器实现。第 12 章介绍了车辆通过快速充电器和充电站与电网的相互作用。

第 13 章和第 14 章介绍了机械部件。其中一章讨论了适用于混合动力汽车的内燃机，另一章介绍了动力传动部件、制动器和冷却系统。第 15 章重点介绍混合动力控制策略，其中给出了几个示例策略，重点是提高燃油经济性和减少排放。

本书旨在用作电动和混合动力汽车本科 / 研究生初级课程的教科书。本书中的材料是多学科的，足以在一门课程中利用系统方法教授电气、机械和化学等知识。本书有 15 章，可涵盖 3 学分 / 一学期或 4 学分 / 一学季的课程中，重点是系统而不是组件。在这种情况下，可以深入介绍第 1 章至第 5 章、第 11 章、第 12 章和第 15 章，而其余章节则应简单介绍电气和机械部件。这种类型的课程肯定会模拟许多行业中存在的真实情况，在这些行业中，多学科工程师共同设计系统并开发产品。或者，本书可以用于电气或机械工程专业学生的 3 学分 / 一学期或 4 学分 / 一学季的课程，重点是电气或机械部件。

如需对仿真分析有用的软件产品和工具，请联系 MATLAB / Simulink：

MathWorks, Inc.
电子邮箱：info@mathworks.com
网址：www.mathworks.com
PLEC:
Plexim, Inc.
邮箱：info@plexim.com
网址：www.plexim.com
PSIM:
Powersim, Inc.
电子邮件：support@powersimtech.com
网址：www.powersimtech.com
Motor-CAD:
邮箱：info@motor-design.com
网址：www.motor-design.com
Altair Flux:
Altair
电子邮件地址：www.altair.com/contact-us/
网址：www.altair.com/

鸣谢

　　我要向所有帮助我完成本书的人表示诚挚的谢意。我感谢我现在和以前的研究生，他们以多种方式帮助我完成了第三版，包括提供不同主题的材料、复习章节和为本书绘制图形。感谢 Adam Stevens 对自动驾驶汽车章节的贡献，感谢 Md Sariful Islam 博士对电机章节的贡献，感谢 M. A. Awal 博士对电动汽车电网交互章节的贡献，感谢 Yukun Luo 对于车辆控制器和通信的章节的校阅。我感谢 Dhrubo Rahman 和 Ritvik Chattopadhyay 在书中创建了许多模拟示例问题。我还要感谢 Rajib Mikail 博士、Ashfanoor Kabir 博士、Li Yang 博士、Siddharth Mehta 博士、Sodiq Agoro 和 Taohid Latif，他们在本书的各个方面提供了帮助。我还要感谢 Rawshan Ara Mowri 帮助为这本书编制索引。

　　该书被国内外几所大学作为教材，这为改进和完成第三版提供了动力。我衷心感谢本书第一版和第二版的众多用户，他们中的许多人提供了有用的建议，帮助改进了本书的材料。我特别感谢滑铁卢大学的 Roydon Fraser 教授、贝勒大学的 Annette von Jouanne 教授和 Ir 博士。荷兰特温特大学的 G. Maarten Bonnema 为第三版提供了非常有用的建议。我特别感谢 Taylor & Francis Group 的 Nora Konopka 鼓励我完成本书第三版。最后，我向我的母亲 Mamataz、我的妻子 Salina 和我的孩子 Inan、Imon 和 Rushan 表示诚挚的歉意和衷心的感谢，他们在我全神贯注于项目时耐心地站在我身边，给予我深刻的理解和持续的支持。

伊克巴尔·侯赛因（Iqbal Husain）
北卡罗来纳州，罗利（Raleigh, NC）

中文版序

一、我国新能源汽车市场现状及相关人才的需求和培养

相关数据显示，2015 年以来，我国新能源汽车产销量、保有量连续多年居世界首位。我国新能源汽车销量从 2017 年的 57.90 万辆增加至 2020 年的 124.57 万辆。2021 年新能源汽车销量达到 333.4 万辆，占全球新能源汽车销量的近一半。2021 年中国汽车总销量为 2150 万辆，其中包括纯电动汽车和插电式混合动力汽车在内的新能源汽车销量占比约 16%。预计在 2022 年，中国新能源汽车销量将达到 451.76 万辆，渗透率预计从 2021 年的 16% 攀升至 2022 年的 20%。中国将是全球规模最大的新能源汽车市场，为全球新能源汽车产业相关企业提供长期市场机遇。目前，新能源汽车的主要类型包括纯电动汽车和插电式混合动力汽车。从能源类型层面来看，纯电动汽车将成为未来新能源汽车市场的主流车型。纯电动汽车较插电式混合动力汽车具有更大的电池容量，进而将推动电池行业的增长。从基础设施的角度来看，全球各国政府一直在推动电动汽车基础设施的建设，这将成为越来越多的消费者购买纯电动汽车的重要因素。

与此同时，我国新能源汽车发展也面临核心技术创新能力不强、质量保障体系有待完善、基础设施建设仍显滞后、产业生态尚不健全、市场竞争日益加剧等问题。为推动新能源汽车产业高质量发展，加快建设汽车强国，国务院办公厅 2020 年 11 月 2 日发布了《新能源汽车产业发展规划（2021—2035 年）》，对我国新能源汽车产业的发展趋势、总体部署、提高技术创新能力、构建新型产业生态、推动产业融合发展、完善基础设施体系、深化开放合作、保障措施等给出了全面规划。规划指出，当前，全球新一轮科技革命和产业变革蓬勃发展，汽车与能源、交通、信息通信等领域有关技术加速融合，电动化、网联化、智能化成为汽车产业的发展潮流和趋势。新能源汽车融汇新能源、新材料和互联网、大数据、人工智能等多种变革性技术，推动汽车从单纯交通工具向移动智能终端、储能单元和数字空间转变，带动能源、交通、信息通信基础设施改造升级，促进能源消费结构优化、交通体系和城市运行智能化水平提升。近年来，世界主要汽车大国纷纷加强战略谋划、强化政策支持，跨国汽车企业加大研发投入、完善产业布局，新能源汽车已成为全球汽车产业转型发展的主要方向和促进世界经济持续增长的重要引擎。

我国新能源汽车产业蓬勃发展的同时，对于新能源车辆工程方面专业人才需求也激增。国内高校车辆工程专业纷纷增加了新能源汽车方向，在课程内容设置上，增加了新能源相关知识的课程。有的院校成立了新能源汽车工程专业。在高校本科人才培养

和课程建设方面，淡化专业意识，拓宽基础，加强素质教育和能力培养，拓宽了专业口径和就业方向，这也是一些国外高校的做法。同时，国外高校也有将宽泛的、偏于零散的碎片化的知识，根据专业方向的要求，进行系统集成的教科书，《电动和混合动力汽车技术基础与设计》就是这样一本教材。该书以系统级别的视角，全面介绍了电动和混合动力电动汽车。作为电动和混合动力汽车本科／研究生初级课程的教科书，该书已被美国及美国以外的多所大学接受为教材。第一版和第二版的众多用户中，许多人提供了有用的建议，作者在此基础上改进，完成了第三版。国外在高校开设电动和混合动力汽车的课程是比较早的，本书的作者是伊克巴尔•侯赛因（Iqbal Husain）博士，早在1996年他就在阿克伦大学（University of Akron）首次开发了电动和混合动力汽车的课程，当时这些汽车在我国以及全球都尚未普及。

二、我国新能源汽车技术现状和展望

1. 新能源技术创新

《新能源汽车产业发展规划（2021—2035年）》全方面规划了我国对新能源汽车的发展愿景。在提高技术创新能力方面，提出深化"三纵三横"研发布局，在强化整车集成技术创新方面，提出以纯电动汽车、插电式混合动力（含增程式）汽车、燃料电池汽车为"三纵"，布局整车技术创新链。在提升产业基础能力方面，以动力电池与管理系统、驱动电机与电力电子、网联化与智能化技术为"三横"，构建关键零部件技术供给体系。目前，新能源汽车核心技术攻关工程有：

（1）实施电池技术突破行动。开展正负极材料、电解液、隔膜、膜电极等关键核心技术研究，加强高强度、轻量化、高安全、低成本、长寿命的动力电池和燃料电池系统短板技术攻关，加快固态动力电池技术研发及产业化。

（2）实施智能网联技术创新工程。以新能源汽车为智能网联技术率先应用的载体，支持企业跨界协同，研发复杂环境融合感知、智能网联决策与控制、信息物理系统架构设计等关键技术，突破车载智能计算平台、高精度地图与定位、车辆与车外其他设备间的无线通信（V2X）、线控执行系统等核心技术和产品。

（3）实施新能源汽车基础技术提升工程。突破车规级芯片、车用操作系统、新型电子电气架构、高效高密度驱动电机系统等关键技术和产品，攻克氢能储运、加氢站、车载储氢等氢燃料电池汽车应用支撑技术。

2. 新能源汽车与能源融合发展

（1）新能源汽车与电网（V2G）能量互动。加强高循环寿命动力电池技术攻关，推动小功率直流化技术应用。鼓励地方开展V2G示范应用，统筹新能源汽车充放电、电力调度需求，综合运用峰谷电价、新能源汽车充电优惠等政策，实现新能源汽车与电网能量高效互动，降低新能源汽车用电成本，提高电网调峰调频、安全应急等响应能力。

（2）新能源汽车与可再生能源高效协同。推动新能源汽车与气象、可再生能源电力预测预报系统信息共享与融合，统筹新能源汽车能源利用与风力发电、光伏发电协同调度，提升可再生能源应用比例。

3. 新能源汽车与交通融合发展

（1）一体化智慧出行服务。建设涵盖前端信息采集、边缘分布式计算、云端协同控制的新型智能交通管控系统。加快新能源汽车在分时租赁、城市公交、出租汽车、场地用车等领域的应用，优化公共服务领域新能源汽车使用环境。

（2）智能绿色物流运输体系。推动新能源汽车在城市配送、港口作业等领域应用，为新能源货车通行提供便利。

4. 新能源汽车与信息通信融合发展

（1）以数据为纽带的"人—车—路—云"高效协同。基于汽车感知、交通管控、城市管理等信息，构建"人—车—路—云"多层数据融合与计算处理平台，开展特定场景、区域及道路的示范应用，促进新能源汽车与信息通信融合应用服务创新。

（2）网络安全保障体系。健全新能源汽车网络安全管理制度，构建统一的汽车身份认证和安全信任体系，推动密码技术深入应用，加强车载信息系统、服务平台及关键电子零部件安全检测，强化新能源汽车数据分级分类和合规应用管理，完善风险评估、预警监测、应急响应机制，保障"车端—传输管网—云端"各环节信息安全。

5. 标准对接与数据共享

建立新能源汽车与相关产业融合发展的综合标准体系，明确车用操作系统、车用基础地图、车桩信息共享、云控基础平台等技术接口标准。建立跨行业、跨领域的综合大数据平台，促进各类数据共建共享与互联互通。

6. 充换电网络建设

（1）加快充换电基础设施建设。科学布局充换电基础设施，加强与城乡建设规划、电网规划及物业管理、城市停车等的统筹协调。依托"互联网＋"智慧能源，提升智能化水平，加快形成适度超前、快充为主、慢充为辅的高速公路和城乡公共充电网络，鼓励开展换电模式应用，加强智能有序充电、大功率充电、无线充电等新型充电技术研发，提高充电便利性和产品可靠性。

（2）提升充电基础设施服务水平。引导企业联合建立充电设施运营服务平台，实现互联互通、信息共享与统一结算。加强充电设备与配电系统安全监测预警等技术研发，规范无线充电设施电磁频谱使用，提高充电设施安全性、一致性、可靠性，提升服务保障水平。

（3）鼓励商业模式创新。结合老旧小区改造、城市更新等工作，引导多方联合开展充电设施建设运营，支持居民区多车一桩、邻近车位共享等合作模式发展。鼓励充电场站与商业地产相结合，建设停车充电一体化服务设施，提升公共场所充电服务能力，拓展增值服务。完善充电设施保险制度，降低企业运营和用户使用风险。

7. 有序推进氢燃料供给体系建设

（1）提高氢燃料制储运经济性。因地制宜开展工业副产氢及可再生能源制氢技术应用，加快推进先进适用储氢材料产业化。开展高压气态、深冷气态、低温液态及固态等多种形式储运技术示范应用，探索建设氢燃料运输管道，逐步降低氢燃料储运成本。

（2）推进加氢基础设施建设。建立完善加氢基础设施的管理规范。引导企业根据氢燃料供给、消费需求等合理布局加氢基础设施，提升安全运行水平。支持利用现有场地和设施，开展油、气、氢、电综合供给服务。

以上相关技术，部分已处于实际应用或初级应用阶段，有些仍处于技术前沿或愿景阶段。这些内容在本书都有不同程度的介绍。本书内容涵盖了基本的能量存储设备、电机、控制器、车载网络通信以及整车控制策略等电动汽车基础知识，让学生不但掌握新能源汽车基本的电气、机械和化学工程知识，而且本书对上述领域相关的前沿科技有所介绍或引导。在过去的 10 年中，电动道路运输技术取得了长足的进步，因此在本书的第三版中包含更多不断发展的电动动力系统组件的技术和设计元素。所以，这本教科书是在现代电动和混合动力汽车的前沿技术背景下，从系统工程的角度来描述和展示了新能源汽车。在此也对本书的下一版提出一点期望，希望能增加一些立足新能源汽车可持续发展的相关科技和规章制度的内容，如动力电池回收、梯级利用和再资源化的循环利用体系，以加强对新能源汽车全生命周期的监管，优化再生利用产业布局，推动报废动力电池有价元素高效提取，促进产业资源化、高值化、绿色化发展。

本书的作者伊克巴尔·侯赛因（Iqbal Husain）博士，是北卡罗来纳州立大学（North Carolina State University）电气与计算机工程系 ABB 特聘教授。他还是 FREEDM NSF 工程研究中心主任和北卡罗来纳州立大学美国电力（Power America）研究所电力电子主任。1993 年，Husain 教授获得得克萨斯农工大学（Texas A&M University）电气工程博士学位。Husain 教授的研究兴趣是电气驱动的控制和建模、电机设计、动力调节电路的系统控制、电动和混合动力汽车以及可再生能源系统。他在开关磁阻电机和永磁电机驱动设计优化、无传感器和高性能控制、噪声预测和参数识别方法等领域进行了广泛的工作。在 FREEDM 中心，他的研究重点是电力电子与电力系统的集成。他的工作主要应用于运输、汽车、航空航天和电力行业。2015—2019 年，他担任 IEEE（电气与电子工程师协会）电气化杂志主编。前面提到，他早在 1996 年就在美国阿克伦大

学 (University of Akron) 首次开发了电动和混合动力汽车的课程。2004—2008 年，他是美国能源部和通用汽车（GM）赞助的挑战 X（Challenge X）：跨越可持续交通竞赛的首席教员顾问。正因为作者的这些经历，使得本书内容不但具有实用性，所介绍的技术实例在国内上市的新能源汽车上正在采用；同时也具有前瞻性，书中的前沿技术介绍，也是我国《新能源汽车产业发展规划（2021—2035 年）》中的愿景。所以，我将这本在国外广受好评的畅销教材的第三版，翻译并推荐给我国高校新能源汽车专业的师生，作为电动和混合动力汽车的教学材料，供课堂使用；也同时推荐给国内的传统能源汽车工程师，在转型新能源汽车后，此书可作为他们设计和开发电动和混合动力汽车及其部件的参考资料。

本书由曹利民、曹博洋主译，一些院校老师、科研院所的工程师和车企的一线工程技术人员参加了翻译、互审、原著勘误工作，在此表示感谢。参加翻译工作的人员有何唱、李英、张永、吕焕亮、艾丽、张珩、张迪、鲁民巧、李文志、顾吉林、郑永、张海峰、朱列、夏斌、兰斌富、陈健健、秘伟、冯力平、赵津哲、杜强、吴利军、张彦峰、李淑颖、高贵娟、刘汉文、高文斌、范英浦、白世君、李飞跃、刘双利、徐畅、周得荣、张红伟、朱德威、吴一沛、孙海平、常远、尹凤武、张金峰、蔡燕超。尽管我们尽力忠实原著，因本书涉及学科甚广，加之译者能力所限，难免存在一些疏漏，不当之处敬请读者批评指正。

曹利民于 2022 年 10 月

目录

电动和混合动力 汽车介绍 1

在过去的 10 年中，由于技术的进步和消费者日益增长的兴趣，电动汽车技术取得了显著的进展。目前，电动汽车（EVs）的性能得到了改善，比如在加速性、续航里程和快速充电选项等方面。2019 年，包括纯电动汽车（BEVs）和插电式混合动力汽车（PHEVs）在内的全球电动汽车（EVs）销量超过 500 万辆，纯电动汽车和插电式混合动力汽车的比例在向前者倾斜。第一批 100 万辆电动汽车的销量花了 5 年时间，而下一个 100 万辆只用了 6 个月，而且其普及率一直在上升。发展清洁、高效和可持续的城市交通工具的强大动力来自环境和经济方面的考虑。乘用车是我们日常生活中不可或缺的一部分，但传统内燃机汽车（ICEVs）的尾气排放是城市污染的主要来源，这会导致温室效应和全球变暖 [1]。乘用车所依赖的石油具有经济和政治意义，随着世界石油储备的减少，危机将不可避免地加剧。据估计，地球上的汽车数量超过了 14 亿辆，且每年仍在增加，这更会增加污染。此外，内燃机的能源转换效率较低，当从原油到车轮牵引力的转换来评估效率时，非传统能源的电动汽车的评估值并没有显著增加。与单独维护分散在各地的内燃机汽车（ICEVs）相比，地方发电厂发电产生的排放更容易控制。居住在城市的人不会暴露在与发电厂相关的排放中，因为这些工厂多数位于郊外。此外，电力可以由可再生资源产生，如水力、风力和太阳能。电动汽车由高效的电动机和控制器驱动，并由替代能源提供动力，为清洁、高效和环保的城市交通系统提供了手段。电动汽车是世界上唯一的零排放汽车（ZEVs），为有效遏制污染问题提供了机会。

电动汽车最早应用在 19 世纪中叶，甚至在汽油动力汽车出现之前 [2]。在 1900 年，共售出 4200 辆汽车，其中 40% 是蒸汽动力，38% 是电动，22% 是汽油动力。然而，启动机的发明，汽油动力、汽车量产技术的改进和电池充电的不便，导致了电动汽车在 20 世纪初消失了。然而，环境问题和对石油的依赖，导致人们在 20 世纪 60 年代重新燃起对电动汽车的兴趣。在接下来几十年中应用技术迅速发展，人们对环境和经济日益关注，这都重新燃起了人们对电动汽车研发的兴趣。

20 世纪 90 年代，随着主要汽车制造商开始计划推出自己的电动汽车（EVs）或混合动力电动汽车（HEVs），人们对电动汽车的兴趣急剧上升。通用汽车在 1995 年推出了第一款公用电动汽车 Satars EVI。该车已经停产，但这一事件无疑是现代汽车历史上的一个里程碑。消费者市场对这种电池充满电后可以长距离行驶的汽车更感兴趣。社会期待的另一个特点是，将电池包的充电时间缩短到相当于加满一辆汽车的油箱的水平。

电池驱动的电动汽车的有限续航里程促使研究人员和汽车行业在 20 世纪 90 年代开始寻找替代品。行业的积极努力导致了混合动力汽车的快速发展。丰田在 20 世纪 90 年代末率先推出了第一款量产混合动力汽车丰田普锐斯（PRIUS）。此后，许多其他企业也为消费者推出了混合动力汽车，以应对环境污染和过度的化石燃料依赖。混合动力汽车（HEVs）使用电机和内燃机来提供驱动动力；这些车辆的排放比同样大小的传统内燃机汽车（ICEVs）更低，因此环境污染更少。当然，与等效的内燃机汽车相比，混合动力汽车使用的内燃机要小一些。内燃机与电动机和储能单元的结合提供了更大的续航里程并降低了污染。混合动力汽车是为了解决环境污染问题和纯电动汽车有限的续航能力之间的一种折中方案。在零排放电动汽车的里程限制和基础设施问题得到解决之前，混合动力汽车被许多人视为一种短期解决方案。

混合动力汽车在乘用车电气化领域占据了大约 10 年的统治地位之后，特斯拉（Tesla）和日产（Nissan）等先驱公司的电池驱动汽车开始重新出现。尽管特斯拉从 2008 年开始提供纯电动汽车，但这些汽车的目标市场是豪华汽车领域。2011 年，日产推出了价格更实惠的日产聆风（Nissan Leaf），很快福特（Ford）又推出了福特福克斯（Ford Focus Electric）。随着全球销量的快速增长以及电动动力系统的创新，电动汽车正朝着可持续的量产市场迈进。目前，传统汽车制造商和新一代电动汽车制造商都在提供各种类型的电动汽车。此外，充电站正在各种城区和高速公路地点安装，其中许多提供快速充电选项。有几家公司正在提供无线充电器。

随着接入电网的汽车充电装置数量的增加，电力公司的供电负荷也在增加。随着电力供应的增加，基础设施需求也随之增加，需要大量的充电桩和充电站来满足不断增长的电动汽车市场的需求。随着电动汽车数量的增加，将会有大量的汽车同时接入电网，这可能会对整个电网的质量和稳定性造成重大威胁。即使在家庭层面上为大量的电动汽车充电，也会显著增加电力系统的电力需求。随着越来越多的快速充电站和超级充电器的引入，电力供应问题将需要充电站所有者或公用事业公司来解决，因为这些电动汽车需要在短时间内充入大量的电力。公用事业行业应将电动汽车的增长视为一个商业机会，但也应对配电基础设施的扩张规划和重组规划持谨慎态度。

纯电动汽车的续航里程有限的问题可以通过添加燃料电池发动机来解决，只要有燃料可用，燃料电池发动机就可以为电动机发电。燃料电池是一种电化学能量转换器，但与内燃机等热机相比效率更高。这些发动机的燃料是氢或可提取氢的气体。这一概念导致了燃料电池电动汽车（FCEVs）的发展，并引发了对氢经济的讨论。尽管本田和其他几家厂商曾经尝试过，但燃料电池汽车仍未量产。因此，燃料电池汽车目前的供应量非常有限。燃料电池汽车产量下降的另一个因素是纯电动汽车中使用的锂离子电池的技术改进和成本降低。

近年来，汽车电气化有了巨大进步，与此同时，社会对交通的理解也发生了根本性的转变，自动驾驶和共享服务为人们的出行自由打开了大门。尽管自动驾驶系统可以应用在传统的内燃机汽车或电动汽车上，但对于车辆的动力传动系统有动力要求。在电动汽车中，车辆内部互联以及与自动驾驶和共享汽车的基础设施之间的连接可能更容易实现。

如今，随着电动汽车的零排放，混合动力汽车取代超低排放汽车，使用非传统汽车的趋势正在加快。除了储能系统之外，这些汽车的核心技术是完全相同的。本书的主要目的是介绍替代车辆系统和嵌入该系统的核心使能技术。本书还专门介绍了自动驾驶汽车技术和电力系统充电基础设施。

1.1 电动汽车

电动汽车是一种具有以下两个特点的汽车：(1) 能源是便携式的、电化学性质或机电性质的；(2) 牵引力仅由电机提供。图 1.1 为便携式能源驱动的电动汽车系统框图。汽车能源与车轮之间的机电能量转换联动系统是汽车的动力系统。动力系统有电气和机械部件。关于电动汽车的部件将在后面的章节中进行更多的讨论。

电动汽车的燃料储存在一个能量存储装置中，如电池包，以按需提供能量。这些汽车的主要能量来源从化石燃料到太阳能不等。纯电动汽车要求燃料以电子形式通过电力传输系统输送到车辆上。太阳能电动汽车使用太阳能电池板和电源转换器为汽车上的电池充电。这些电动汽车的特点是零排放。如果在车辆上使用纯氢作为燃料，氢燃料汽车也是零排放。

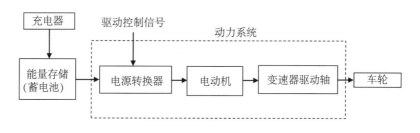

图 1.1 电动汽车系统

1.2 混合动力电动汽车

混合动力电动汽车和混合动力汽车通常是指使用内燃机和一个或多个电机作为动力的汽车。混合动力道路车辆是一种在特定的操作任务期间，从两种或两种以上类型的能量存储装置、来源或转换器中获得驱动能量的车辆，其中至少有一种存储或转换器必须在车上。混合动力道路车辆的定义是由国际电工委员会电动道路车辆技术委员会提出的。

混合动力汽车的定义可以扩展到拥有不同于内燃机发动机动力的汽车。利用燃料电池和电池包的能量通过电动机提供驱动动力的汽车也是一种混合动力汽车。燃料电池本质上是一种发动机，将储存在燃料中的化学能直接转换成电能，而不涉及任何燃烧过程。三混合动力车也可以使用燃料电池发动机、电机和内燃机来提供驱动动力。根据车辆的结构类型，牵引电动机可以独立运行，也可以与内燃机联合运行，为车轮提供动力。2 种或 3 种动力的混合可由电力或机械装置获得。功率流控制以及机械和电力传输路径的混合是在内部完成的，用户是可知的；混合动力汽车的驾驶员与现代传统内燃机汽车（ICEVs）的交互方式相同。

混合动力汽车的设计复杂性显著增加，因为除了控制来自不同能量源的动力混合所需的部件外，内燃机和电机都需要控制和支持系统。混合动力汽车的动力传输路径由不同的机械和电子子系统组成。电力传输路径的高性能和高效率减少了内燃机的运行时间，从而减少排放，提高燃油效率。

下一节将讨论电动和混合动力汽车的部件和动力传输路径。在第 2 章中介绍车辆动力学。混合动力汽车架构将在第 3 章中讨论。

1.3　电动和混合动力汽车零部件

汽车是一个复杂的系统，由众多的硬件部件和软件算法通过机械链路和电气通信网络相互连接而成。汽车的设计从系统级设计扩展到错综复杂的子系统或细节复杂的组件设计。系统设计的基础是物理学的运动、能量和动力，以及能量从一种形式转换到另一种形式的原理，包括化学的、电子的和机械形式的能量。汽车的主要硬件部件是能量转换和动力传输装置；许多次要组件对于主要组件的功能是必要的。这本书介绍了系统级设计的基本原理，主要硬件组件和这些组件之间的连接。次要组成部分将在适当时机加以讨论。有一章专门讨论现代汽车所需的各种冷却系统。

电动和混合动力汽车的主要能量转换装置是内燃机、电机和储能装置。内燃机是一种将化学能转化为机械能的热机。电机既可以用作电动机，也可以用作发电机，把机械能转换为电能，或者反过来。在燃料电池汽车中，燃料电池是将化学能转化为电能的发动机。汽车变速器是内燃机向车轮传递动力的关键部件。

随着电机作为电动和混合动力汽车中电力和能量的转换装置、储能装置和电 - 电功率 / 能量转换装置变得必不可少。高能容量电池包是这些车辆中最常见的能量存储设备。超级电容器组也可用于混合动力汽车的能量存储。飞轮还被用于研究混合动力汽车的机械储能原型。

电机需要电力驱动器来控制，并根据需求和反馈信号来输送所需的功率。电力驱动器由电力电子器件和电子控制器组成。该驱动器是一种电能 - 电能转换装置，将固定频率的稳定电压转换为可变电压电源提供给电机。当电机作为发电机运行时，驱动器还可以在另一个方向上协助电机将机械动力转换为电能。DC/DC 转换器是另一种电源管理设备，用于从高电压到低电压的直流电源转换，反之亦然。所述转换器由电力电子器件和储能电感组成，这个设备的工作也可以是双向的。DC/DC转换器是燃料电池与电机驱动接口的关键部件。

车辆中的能量流从能量源开始，并随着驱动力的传递结束于车轮；这种动力和能量流动的路径被称为车辆的动力传动系统。车辆内的能源可以是内燃机的柴油或汽油，也可以是电动机所用的电池中存储的能量。

动力系统中的动力流和能量流由一组电子控制器控制。除了用于动力系统中的能量转换和动力传输装置的电子控制器单元（ECUs）之外，还有一个用于协调车辆系统级别功能的主控制器。该控制器被称为车辆监控控制器（VSC）。监控控制器是混合动力汽车中的关键部件，因为它必须协调多个设备的能量转换以及通过电气和机械路径的动力传输。监控控制器类似于车辆的大脑，生成用于各个动力系组件 ECU 的控制命令。监控控制器通过基于控制器局域网（CAN）协议的通信网络与车辆的部件交互通信。第 11 章介绍 CAN 协议，第 15 章讨论混合动力汽车的控制策略。

传统内燃机汽车（ICEVs）动力传动系统的主要部件是发动机和变速器。这些部件通过驱动轴和其他耦合装置将动力传递给车轮。在大多数情况下，耦合装置包括差速器和主减速器。这种机械动力传输路径（MPTP）如图 1.2 所示。在电动汽车中，除了电力驱动电机和车轮之间的耦合装置外，动力传递路径主要是电动的。这种动力传递路径被称为电力传输路径（EPTP），如图 1.3 所示。耦合装置可以简单地是一个齿轮，以匹配电机的速度与车辆的速度。耦合装置甚至可以没有任何齿轮，而是直接安装在轮毂中，这被称为轮毂电机。这条路径与 ICEVs 的显著不同之处在于，动力和能量的流动是双向的。在电动汽车中，当车辆制动减速或停止时，车辆的动能可以通过电机处理回收到储能装置。

混合动力汽车的动力传动系统中既有电气传动，也有机械传动。根据混合动力汽车的类型不同，混合动力汽车动力系统的架构和部件也不同。图 1.4 是电量维持式混合动力的通用配置。电量维持式混合动力汽车是指永远不需要插上电源为储能系统充电的汽车。车辆内唯一的能源是为内燃机储存的燃料。无论动力传输路径是电气的还是机械的，所有的驱动能量都通过发动机进行处理。驱动动力来自一台或多台电动机和内燃机。驱动动力通过 MPTP、EPTP 或两者的结合传输到车轮上。MPTP 与内燃机和变速器相关联，而 EPTP 则由能量存储系统、发电机、驱动电机和传动装置组成。电机和内燃机的结合以及动力传输路径的布置，使得混合动力汽车的结构形式多种多样。能源和功率转换装置可以串联、并联或串并联组合排列，从而产生这些不同的混合架构。混合动力汽车的架构将在第 3 章中讨论。

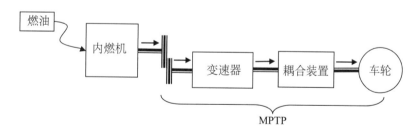

图 1.2　传统内燃机汽车动力传递路径

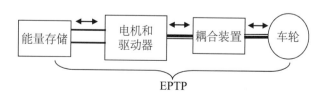

图 1.3　电动汽车动力传递路径

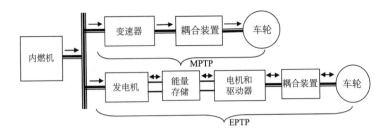

图 1.4　混合动力汽车动力传动系统

通用混合动力汽车的电气部件布置如图 1.5 所示。图中所示的发电机与发动机相连，既可以作为发电机运行，也可以作为电动机运行。在发电过程中，通过发电机产生的电能可以通过双向逆变器对储能进行充电，也可以通过直流母线将电能直接输送到驱动电机。发电机也可以在发动机启动和扭矩提升期间作为电动机运行，以满足驾驶员峰值加速度需求。储能系统将根据系统的充电状态和行驶条件来吸收或传输电能。另一个双向逆变器控制驱动电机的功率流，从而将扭矩传递给车轮。驱动电机还可以在车辆制动过程中捕获再生能量。混合动力汽车中使用的储能装置将在第 5 章和第 6 章中介绍。EPTP 中的启动发电机和驱动电机采用大功率电机。这些电机需要具有驱动和发电能力，高功率密度，高效率，在宽的转速范围内具有高启动扭矩，以满足性能指标。

第 7 章讨论不同类型的电机。第 8 章和第 10 章分别介绍电机控制器和电机驱动。第 9 章介绍用于电动机驱动器和 DC/DC 转换器的电力电子元件。第 13 章介绍不同类型的内燃机及其基本原理。第 14 章讨论动力传输系统部件、制动器和冷却系统。

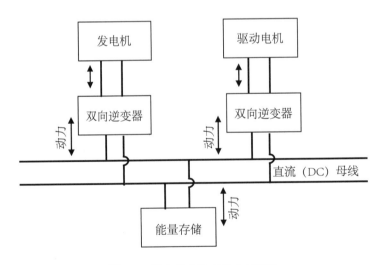

图 1.5　混合动力汽车的电气部件

1.4　车辆质量和性能

本书中使用的几种车辆质量定义与汽车行业中使用的定义相同。车辆整备质量

m_v 是指车辆的总质量，包括所有标准设备、部件、润滑剂、满油箱，但不包括任何乘客或货物。车辆总质量 m_{gv} 是整备质量加上乘客和货物。最大车辆总质量是整备质量加上最大乘客数量和车辆设计的最大货物质量。车辆通常用术语"重量"，而不是质量，尽管所指的是车辆的质量。质量定义了车辆的固有物理特性，而重量是车辆由于重力引力而产生的力。本书将使用科学上正确的术语质量进行计算和分析。

车辆整备质量根据部件相对于车辆悬架系统的位置区分为簧载质量和非簧载质量。簧载质量是由悬架支撑的车辆整备质量的一部分，包括运动中的悬架构件。非簧载质量是车辆整备质量的剩余部分，由车轮承载并随其移动。

前后质量分布对于车辆的平衡和良好的行驶性能至关重要。质量分布可以根据轴到轴的长度来定义。 设

l = 轴距；

a = 前轴到车辆重心的距离，称为前纵向长度；

b = 后轴到车辆重心的距离，称为后纵向长度。

车辆前部质量为

$$m_{vf} = \frac{a}{l} m_v$$

车辆后部质量为

$$m_{vr} = \frac{b}{l} m_v$$

部件的包装对于保持良好的平衡和行驶性能非常重要，尤其是对于动力系统部件比传统车辆多的混合动力车辆。具有大能量容量的电动和混合动力汽车的电池质量很大，需要在车内进行有效包装。制动的动态效应导致动态质量移动，前制动器负责约 70% 的车辆制动。考虑到平衡、行驶性能和动态制动，要求前后车辆质量分配的比例为 60 ∶ 40 或更低。

在车辆整体布局设计期间，簧载与非簧载质量的比率也必须仔细评估。10 ∶ 1 的簧载 / 非簧载质量比是一个理想的目标，尽管对于具有更多非簧载组件的混合动力汽车，可以使用稍低的比例。安装在轮毂或盘式制动器上的电动机以及整个卡钳系统增加了车辆的非簧载质量。

根据整备质量和乘客数量得出的等效车辆质量用于确定动力传动系统部件的质量大小。设计计算中使用的等效质量如下所示：

$$m_{eq} = k_m m_v + N_p m_p$$

式中，k_m 是与所有旋转惯量的平移当量相关的质量因子，N_p 是车辆中的人数，m_p 是人员的平均质量。k_m 是一个无量纲质量因数，它考虑了所有旋转部件的惯性，例如车轮、传动系部件、带辅助设备的发动机和混合动力电机。质量因数由下式给出 [3]：

$$k_m = 1 + \frac{4 J_w}{m_v r_{wh}^2} + \frac{J_{eng} \xi_{eng}^2 \xi_{FD}^2}{m_v r_{wh}^2} + \frac{J_{em} \xi_{em}^2 \xi_{FD}^2}{m_{cv} r_{wh}^2}$$

式中 ξ_{eng}、ξ_{em} 和 ξ_{FD} 是发动机、电机变速器和主减速器传动比。

车辆的转向性能是根据转向角来测量的，是转向角左右车轮角度的平均值[4]。为了获得良好的转向性能，还需要左右方向的车辆质量平衡。将混合动力部件打包布置在车辆重心上方，将使车辆具有良好的转向性能和操控性。

1.5　电动机和发动机额定值

电动机和内燃机的功率通常以千瓦（kW）或马力（HP）额定值来描述，尽管电动机和内燃机之间仅以功率单位进行比较是不公平的。电动机在不过热的情况下连续输送的功率是其额定功率，这通常是一个降额的数字。在短时间内，电动机输送的功率是额定功率的2~3倍。因此，电机可以提供更高的扭矩和功率进行加速，并且在失速条件下，即在零转速下，电机扭矩可以达到最大值。电机类型决定零转速时是否有最大扭矩。相反，对于最大扭矩和最大功率，内燃机是在特定的转速下获得的。内燃机的最大扭矩和额定功率通常是在理想的实验室条件下得出的。在实际情况下，不可能达到额定功率；内燃机的最大可用功率始终小于额定功率。

电机的扭矩特性和内燃机的扭矩特性如图1.6所示。特定电机和内燃机的特性会与这些通用曲线有所不同。对于电动机，启动时可获得高扭矩，即电动机的额定扭矩。当电机特性从恒扭矩区域进入恒功率区域时，一旦达到电源的电压极限值，在基速（ω_b）处获得电机的峰值或额定功率。电机额定转速（ω_{rated}）处于恒功率区域的末端。内燃机峰值功率和扭矩是在相同的转速出现的。在此，回顾一下功率和扭矩的关系会有所帮助，如下所示：

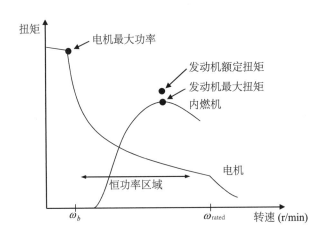

图1.6　电机和内燃机的扭矩特性

对于电动和混合动力汽车

$$功率(W) = 扭矩(N \cdot m) \times 转速(rad/s) \tag{1.1}$$

以马力（HP）和英尺·磅（ft·lbs）为单位的功率-扭矩关系为

$$马力 = \frac{扭矩 \ (ft \cdot lbs) \times 转速(r/min)}{5252}$$

图 1.6 描述了内燃机在低于特定速度时不产生任何扭矩。变速器对于内燃机来说是必不可少的，以使车速与内燃机狭窄的大功率转速范围相匹配。另一方面，电动机即使在零转速下也能产生高扭矩，并且通常在较宽的速度范围内具有恒定的功率特性。因此，电动机可以通过单速齿轮变速器直接连接到驱动轮上，可以将车辆从零一直加速到最高速度。固定传动比的大小根据电动机的运行速度范围和车辆的最高速度适当确定。单级传动齿轮设计用于将电动机的较高速度与车轮的较低速度相匹配，通常在 10：1～15：1 的范围内。典型的最大电动机速度为 15 000r/min，车轮速度约为 1000r/min。

电机的功率和扭矩密度通常远高于同等尺寸的内燃机。随着电机额定转速的增加，功率和转矩密度也随之提高。电机设计用于高速运行，以最小化尺寸和重量。功率和扭矩密度也取决于所用电机的类型。电机和车速直接通过电力电子转换器控制，电力电子转换器将电流输入电机。

电动机是电动汽车中唯一的驱动装置，而在混合动力汽车中，电动机和内燃机以串联或并联组合的方式提供驱动动力。电动和混合动力汽车中用于驱动的电动机需要具有高启动扭矩以满足加速要求、高功率密度以减轻重量和高效率以扩展续航里程。理想的候选电机驱动器还应具有较宽的工作速度范围，以便于单齿轮传动应用。电动或混合动力汽车电机的重要特性包括灵活的驱动控制、容错性、高效率和低噪声。电机驱动器必须能够处理来自电源的电压波动。电动或混合动力汽车电机的要求（不一定按重要性排序）总结如下：

- 坚固耐用。
- 高扭矩惯性比 $\left(\dfrac{T_e}{J}\right)$。大的扭矩惯性比会有更好的加速能力。

- 峰值扭矩能力为连续扭矩额定值的 200%～300%。

- 高功率重量比 $\left(\dfrac{P_e}{J}\right)$。

- 能够在变化的直流母线电压下运行。
- 低噪声、低 EMI、低维护量和低成本。
- 更宽的恒定功率工作区。

1.6 电动和混合动力汽车历史

电动汽车的历史很有趣，包括电动汽车在发现电力和机电能量转换手段后的兴起，以及后来被汽油动力汽车超越[5]。由于早期缺乏使能技术，人们放弃了一种潜在的更环保的交通方式，但现在，在多年来重大技术发展的帮助下，人们重新审视了这一前景[6]。

1.6.1　早期

19世纪30年代之前，交通工具只能使用蒸汽动力，因为尚未发现电磁感应定律，因此还没有发明电动机和发电机。法拉第早在1820年就通过一根输送电流的线材和一块磁铁证明了电动机的原理，但直到1831年，他发现了电磁感应定律，才得以开发和演示对电力运输至关重要的电动机和发电机。电动汽车在20世纪初达到巅峰时期的早期历史总结如下：

- 1830年前——蒸汽动力运输。
- 1831年——法拉第定律，此后不久，发明了直流电机。
- 1834年——在短道上使用的不可充电电池驱动的电动汽车。
- 1851年——不可充电的19miles/h（1mile≈1.6km）电动汽车。
- 1859年——开发铅蓄电池。
- 1874年——电池供电车厢。
- 19世纪70年代早期——由发电机发电。
- 1885年——汽油动力三轮车。
- 1900年——4200辆汽车售出：

　　　40%蒸汽动力；

　　　38%电动；

　　　22%汽油动力。

一些早期电动汽车的规格如下所示：

- 1897年——法国克里格公司（Krieger Co.）电动汽车：重量223lbs（1lb≈0.45g），最高速度15miles/h，续航里程50miles/次充电。
- 1900年——法国（B.G.S.）公司电动汽车：最高时速40miles，续航里程100miles/次充电。
- 1915年——伍兹（Woods）电动汽车：最高时速40miles，续航里程100miles/次充电。
- 1915年——兰斯登（Lansden）电动汽车：重量：2460lbs，93miles/次充电，1t有效载荷。
- 1912年——34000辆电动汽车注册，电动汽车的数量2倍于燃气动力汽车。
- 20世纪20年代——电动汽车消失，内燃机汽车占主导地位。

电动汽车在短暂成功后消失的原因如下：

（1）1911年发明了启动机，使汽油车更容易启动。

（2）亨利·福特T型（汽油动力）汽车的量产改进，1925年的售价为260美元，而相比1909年为850美元。电动汽车则更贵。

（3）农村地区为电池充电的电力非常有限，而汽油可以在这些地区销售。

1.6.2　20 世纪 60 年代

电动汽车在 20 世纪 60 年代开始复兴，主要是由于内燃机汽车（ICEVs）排放造成的环境危害。主要的 ICEV 制造商——通用汽车和福特，开始参与电动汽车的研发。通用汽车公司启动了一个 1500 万美元的项目，最终推出了名为 Electrovair 和 Electrovan 的汽车。下面给出 Electrovair 车辆的部件和规格：

通用汽车公司的 Electrovair I（1964）和 Electrovair II（1966）
- 系统和特点：

电机 —— 三相感应电机，115HP（1HP=0.736kW），13 000 r/min；

电池 —— 银 – 锌（Ag-Zn），512V，680lbs；

电机驱动 —— 使用可控硅整流器（SCR）的 DC-AC 逆变器；

最高速度 —— 80miles/h；

续航里程 —— 40~80miles；

加速 —— 0~60miles/h 在 15.6s 内；

车辆重量 —— 3400lbs。

Electrovair 使用雪佛兰 Corvair 车身和底盘。其中一个积极的特点是加速性能可与内燃机汽车 Corvair 相媲美。该车辆的主要缺点是银 – 锌（Ag-Zn）电池包过于昂贵和沉重，循环寿命短，需要的充电时间较长。

20 世纪 60 年代推动电动汽车发展的另一个因素包括 1968 年 8 月加州理工学院电动汽车和麻省理工学院电动汽车之间的"伟大的电动汽车竞赛"越野比赛（3 300 miles）。这场比赛引起了公众对电动汽车的极大兴趣，并对该技术进行了广泛的道路测试。然而，20 世纪 60 年代的技术还不够成熟，无法生产出商业上可行的电动汽车。

1.6.3　20 世纪 70 年代

20 世纪 70 年代初，由于能源危机导致汽油价格急剧上涨，这对电动汽车的发展形势变得有利。1973 年的阿拉伯石油禁运增加了对替代能源的需求，这导致了人们对电动汽车的巨大兴趣，减少对外国石油的依赖变得非常可取。1975 年，352 辆电动货车被送到美国邮政局进行测试。1976 年，美国国会颁布了 94-413 号公法，即《1976 年电动和混合动力汽车研究、开发和示范法案》。该法案授权一项联邦计划来推广电动和混合动力汽车技术，并展示电动汽车的商业可行性。能源部（DOE）对电动汽车性能进行了标准化，总结在表 1.1 中。

表 1.1 1976 年电动汽车性能标准

类别		个人用途	商业用途
0~50km/h 加速时间		<15 s	<15 s
25km/h 爬坡能力		10%	10%
20km/h 爬坡能力		20%	20%
5min 前进速度		80 km/h	70 km/h
续航里程	电动	50km，C 循环	50km，B 循环
	混动	200km，C 循环	200km，B 循环
混合动力汽车的非电能消耗 （非电能消耗必须小于总能耗的 75%）		<1.3 MJ/km	<9.8 MJ/km
从 80% 放电开始的总充电时间		<10h	<10h

20 世纪 70 年代通用电动汽车的案例研究如下：

• 系统和特点：

电机 —— 他励直流，34HP，2400r/min；

电池包 —— 镍－锌，120V，735 lbs；

辅助蓄电池 —— 镍－锌，14V；

电机驱动 —— 使用 SCR 的电枢直流斩波器、BJT 磁场直流斩波器；

最高速度 ——60 miles/h；

续航里程 ——60~80 miles；

加速时间 ——0~55 miles/h 在 27 s 内。

该车采用了经过改进的雪佛兰底盘和车身。这种电动汽车主要用作镍－锌电池的试验台。超过 35 500miles 的道路测试证明，这款电动汽车足够适合在道路上行驶。

1.6.4 20 世纪 80 年代和 90 年代

20 世纪 80 年代和 90 年代见证了大功率、高频半导体开关的巨大发展，以及微处理器革命，这导致了电源转换器设计的改进，以高效地驱动电机。这一时期也促进了飞轮储能系统中使用的磁浮轴承的开发，尽管这些轴承未用于主流电动汽车开发项目。

在过去的 20 年中，立法条令推动了零排放汽车（ZEVs）的发展。加利福尼亚州空气资源委员会在 1990 年通过的立法规定，到 1998 年，每一家销售超过 35 000 辆汽车的汽车公司，2% 的汽车应为零排放汽车（ZEVs）。到 2001 年，这一比例将增至 5%，到 2003 年将增至 10%。这项立法极大地推动了主要汽车制造商开发电动汽车。由于实际情况限制以及制造商无法满足 1998 年和 2001 年的要求，该立法后来有所放宽。这项规定进一步放宽，到 2003 年，ZEVs 应占所有销售车辆的 4%，另外 6% 的销售必须由 ZEVs 和部分 ZEVs 组成，这将要求通用汽车在加利福尼亚州销售约 14 000 辆电动汽车。

受污染问题和潜在能源危机的影响，政府机构、联邦实验室和主要汽车制造商发起了一系列倡议，以推动零排放。联邦实验室和汽车行业是在 1993 年建立的一项倡议，旨在促进和开发电动汽车和混合动力汽车。美国能源部和汽车行业后来提出的一项倡议是自由汽车倡议。

近年来电动汽车的发展趋势可归因于以下几点：

- 主要汽车制造商的高水平活动。
- 新的独立制造商带来活力。
- 新的更好的原型车。
- 海外高水平活动。
- 高水平的混合动力汽车活动。
- 个人或小公司从内燃机汽车到电动汽车转换的热潮。

以下是 20 世纪 90 年代两款通用电动汽车的案例研究。

1.6.4.1　GM Impact 3（1993 年完成）

- 基于 1990 年在洛杉矶车展上展示的 Impact。
- 两人座，两门轿跑车，合法且安全。
- 12 台最初用于测试，50 台于 1995 年生产，供 1000 名潜在客户评估。
- 系统和特点：

电机 —— 一台三相感应电机，137HP，12 000 r/min；

电池包 —— 铅酸（26），12 V 串联电池（312 V），869 lbs；

电机驱动器 —— 使用 IGBT 的 DC-AC 逆变器；

最高速度 —— 75 miles/h；

续航里程 —— 高速公路上 90miles；

加速 —— 0~60 miles 在 8.5s 内；

车辆重量 —— 2900lbs；

该车型被用作大规模生产电动汽车的试验台。

1.6.4.2　土星（Saturn）EV1

- 1995 年通用汽车制造的商用电动汽车。
- 在加利福尼亚州和亚利桑那州租用，系统本约为 30 000 美元。
- 系统和特点：

电机 —— 一台三相感应电机；

电池包 —— 铅酸电池；

电机驱动器 —— 使用 IGBT 的 DC-AC 逆变器；

最高速度 —— 75miles/h；

续航里程 —— 高速公路 90miles，城市 70miles；

加速 —— 0~60miles 在 8.5s 内。

- 能量消耗：城市 30kW·h/100miles，高速公路 25kW·h/100miles。

该车辆还被用作电动汽车大规模生产的试验台。

1.6.5 近期的电动和混合动力汽车

20 世纪 90 年代，电动汽车制造商面临着严峻的挑战，因为不合适的电池技术阻碍了他们在零排放汽车（ZEVs）技术上的重大研发工作。许多汽车行业开始开发混合动力汽车，以克服电池驱动电动汽车的电池和续航里程问题。日本汽车行业引领了这一趋势，丰田（Toyota）和本田（Honda）从 20 世纪 90 年代末开始进入这个市场，推出了普锐斯（Prius）和 Insight 混合动力车。本田 Insight 采用轻度并联混合动力系统，丰田普锐斯采用串并联混合动力结构，代表了关于混合动力乘用车的两大现代思想流派。Insight 采用了一个简单的轻型并联动力系统，具有一台电机和一个高压电池包。该电机是一个集成的启动机 / 发电机，用作启动电机、发电机和辅助牵引电机。本田 Civic 混合动力车的混合动力系统与 Insight 相似。该车辆与传统同类车辆具有很高的零件互换性，并在不引入高成本的情况下提供混合动力的优势。福特 Escape 混合动力和通用双模式混合动力汽车的动力系统与普锐斯相似，动力分配系统相对复杂且昂贵。此系统有一台内燃机和两台电机。这些系统从混合动力系统中获得了最大可能的好处，因此可以最大限度地提高燃油效率，但生产成本也比轻度混合动力系统更高。混合动力汽车既使用电动机也使用内燃机，但所有的驱动能量都来自汽油。目前，世界上几乎所有主要的汽车企业都提供许多混合动力车型。2020 年，13 家不同制造商提供了 76 种不同型号的混合动力汽车。表 1.2[7] 给出了 6 家不同制造商生产的 6 台混合动力汽车，它们的燃油经济性最好。

在 21 世纪的前 10 年，混合动力汽车以惊人的速度进入市场，但电动汽车并没有落后太多。由于市场的需求、电池技术的进步和一些公司的开拓性努力，纯电动汽车（BEVs）在前 10 年的后期开始发展。

表 1.2　2020MY 混合动力汽车示例

品牌型号	车型	发动机排量 / 气缸数量	燃油经济性（miles/gge） 城市 / 综合 / 高速公路
丰田 Prius Eco	轿车 / 旅行车	1.8L/I4	58/56/53
现代 Ioniq Blue	轿车 / 旅行车	1.6L/I4	57/58/59
本田 Insight	轿车 / 旅行车	1.5L/I4	55/53/49
起亚 Niro FE	轿车 / 旅行车	1.6L/I4	52/50/49
现代 Sonata Blue	轿车 / 旅行车	2.0L/I4	51/52/54
丰田 Camry Hybrid LE	轿车 / 旅行车	2.5L/I4	51/52/53

2008 年，特斯拉汽车公司（Tesla motors）推出了特斯拉跑车（Tesla Roadster），这是第一款使用锂离子电池技术的量产汽车，也是第一款单次充电行驶超过 200miles 的电动汽车。特斯拉跑车专为在 3.9s 内达到 0~60miles/h 的加速性能而设计。该车于 2008—2012 年间生产，在此期间在 30 多个国家售出了约 2450 辆车。车辆的部件和规格如下：

• 电池包：375 V，53 kW·h 容量，由 6831 节锂离子单体电池包成。

- 标称续航里程：244miles/ 次充电。
- 车辆整备质量：1238 kg，电池包质量 450 kg。
- 电动机：215kW、400N·m 峰值扭矩，三相交流感应电动机，峰值转速 14 000r/min，基本速度 5133 r/min。
- 传动系齿轮传动比：前进挡为 8.28∶1，倒挡为 3.12∶1。

特斯拉 Roadster 于 2021 年回归，其性能提升为 0~60miles/h 1.9s，最高速度为 250miles/h。

电动汽车的生产在过去 10 年中发生了重大变化，几乎所有的主要汽车制造商，包括传统的和新兴的原始设备制造商，都有向公众出售或租赁的电动汽车。可供选择的产品种类繁多，性能和成本也各不相同，因为汽车制造商为了在这一新兴市场中占有一席之地而推出了各种车型。2020 年，11 家不同制造商提供了 27 种不同型号的电动汽车。表 1.3[7] 列出 2020 年车型中，5 家不同制造商生产的全电动续航里程最高的前 5 款车。从销量来看，市场上最受欢迎的电动汽车是特斯拉 Model 3，该车型在 2019 年的销量超过 30 万辆。北京汽车（BAIC）的 Senova D50 和日产 Leaf 分别以 111 147 辆和 69 870 辆的销量位居第二和第三。对于动力系统，大多数电动汽车制造商使用永磁同步电机。由于永磁电机的成本，交流感应电机是一些汽车制造商使用的另一种机器类型，他们认为使用这些机器很有价值。

在 BEV 在进入市场的同时，有很少几家汽车制造商开始开发和提供 PHEV。其中最值得注意的是通用汽车的雪佛兰 Volt，该车从 2010 年开始销售了几年。雪佛兰 Volt 是一款 PHEV40，续航里程为 40miles。在雪佛兰 Volt 推出后不久，丰田也开始推出其最成功的丰田普锐斯混合动力车的 PHEV 版本。对于 2020 年款，有 17 家不同的制造商提供 35 种类型的 PHEV。表 1.4[7] 列出了 2020 年的 7 款全电动续航里程最高的 PHEV。

如果可以建立氢气分配基础设施，燃料电池电动汽车（FCEVs）作为用作零排放 ZEV 车辆，是 BEV 的可行替代品，且不会出现续航里程问题。 戴姆勒 - 克莱斯勒于 1994 年使用 50kW 巴拉德质子交换膜（PEM）燃料电池制造了一辆名为 NECAR1 的电动货车原型。丰田在 1994 年基于 RAV4 运动型多用途汽车 (SUV) 使用 20kW PEM 燃料电池制造了原型燃料电池汽车。NECAR1 的续航里程为 81miles，而丰田 FCHV 的续航里程为 155miles。2002 年 12 月，洛杉矶市开始出租一辆本田 FCX，这是第一款获准用于商业用途的燃料电池汽车，配备 85kW PEM 燃料电池，续航里程为 185miles。2008—2014 年间，本田公司生产了本田 FCX Clarity，这是一种使用 100kW PEM 燃料电池和 288V 锂离子电池包的燃料电池 / 电池混合动力车。该车辆由 100kW、255N·m 峰值额定 PM 同步电机提供动力，用于驱动。该车辆的燃料使用量为 72miles/kg，相当于 74miles/gge（"gge" 代表汽油加仑当量）。本田在 2017 年重新推出了这款车作为本田 Clarity 燃料电池汽车，但随着品牌的扩展，包括本田 Clarity 电动汽车和本田 Clarity 插电式混合动力车。2020 年的 4 款燃料电池电动汽车 FCEV 见表 1.5[7]。

表 1.3　2020 车型年电动汽车示例

品牌型号	车型	动力系统： 电机 / 电池包	燃油经济性（miles/gge） （城市 / 综合 / 高速公路）	全电动续航 里程（miles）
特斯拉 Model 3 long range	轿车 / 旅行车	211kW 电机 /230 A·h 电池	136/130/123	373
雪佛兰 Bolt EV	轿车 / 旅行车	150kW 电机 /188 A·h 电池	127/118/108	259
现代 Kona Electric	运动型 多用途汽车	150kW 电机 /180 A·h 电池	132/120/108	258
起亚 Soul	轿车 / 旅行车	201kW 电机 /180 A·h 电池	127/114/101	243
捷豹 I-PACE	运动型 多用途汽车	201kW 电机 /223 A·h 电池	80/76/72	234

表 1.4　2020 款插电式混合动力汽车示例

品牌型号	车型	动力系统：电机 / 发动机排量	燃油经济性（miles/ gge），汽油（城市 / 综合 / 高速公路）	联合 （miles/ gge）	全电动续 航里程 （miles）
Karma Revero GT	轿车 / 旅行车	175kW 电机 /1.5L, I3	27/26/25	N/A	61
本田 Clarity PHEV	轿车 / 旅行车	135kW 电机 /1.5L, I4	44/42/40	110	48
克莱斯勒 Pacifica Hybrid	Van; 并联混合 动力	89kW 电机 /3.6L, V6	29/30/30	N/A	32
现代 Ioniq Plug- in	轿车 / 旅行车	32kW 电机 /1.6L, I4	53/52/52	119	29
起亚 Optima Plug- in	轿车 / 旅行车	50kW 电机 /2.0L, I4	39/41/40	101	28
福特 Fusion Energi Plug-in	轿车 / 旅行车	68kW 电机 /2.0L, I4	43/42/40	103	26
丰田 Prius Prime	轿车 / 旅行车	23 & 53kW 电机 /1.8L, I4	55/53/54	133	25

表 1.5　2020 款燃料电池电动汽车

品牌型号	车型	动力系统：电机 / 电池包	燃油经济性 (miles/ gge)（城市 / 综合 / 高速公路）
本田 Clarity	轿车 / 旅行车	130 kW 电机 /346V 锂离子电池	68/68/67
现代 Nexo	运动型多用途汽车 SUV	120 kW 电机 /240V 锂离子电池	59/57/54
现代 Nexo Blues	运动型多用途汽车 SUV	120 kW 电机 /240V 锂离子电池	65/61/58
丰田 Mirai	轿车 / 旅行车	113 kW 电机 /245V 镍氢电池	67/67/67

1.7　油井到车轮分析

油井到车轮（WTW）效率是衡量车辆从提取原始燃料到车轮的整体效率，包括每个阶段的能量转换、运输和分配效率。燃料可以从陆地或海洋中提取，也可以从可再生资源中提取；运输可以通过陆路或海路，也可以通过输电线路进行电力运输；能量转换可以通过热机、电机或电化学装置进行。能量传输和转换路径可分为油井到油箱（WTT）和油箱到车轮（TTW）两段。用于运输的燃料是由井中的能源原料通过不同的生产途径生产的。储存在车辆中的燃料经过处理以在车轮上提供驱动力。WTT 部分包括原料相关阶段（回收、加工、运输和储存）和燃料相关阶段（生产、运输、储存和分配）。TTW 部分包括从油箱到车轮的能量转换和输送阶段。因此该 WTW 效率是 WTT 和 TTW 效率的乘积。图 1.7 显示了评估 WTW 效率所涉及的过程。WTW 效率是评估替代车辆 [非传统车辆，如电动汽车（EVs）、混合动力汽车（HEVs）、插电式混合动力洗车（PHEVs）和 燃料电池电动汽车（FCEVs）] 的整体影响、长期可行性和环境影响的重要因素。可以使用 WTW 分析识别和选择合适的能源路径，以制定能源战略和能源政策。WTW 分析还为替代车辆与传统内燃机车辆进行比较提供了一个平台。这些分析必须使用物理和化学的基本定律以及输入参数、数值程序、技术标准和用户行为的共同基础[8]。

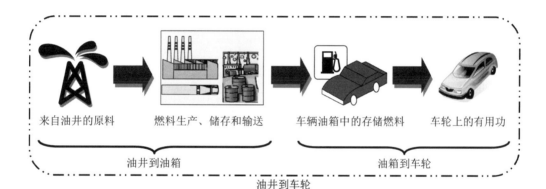

图 1.7　WTW 效率计算中涉及的流程

　　传统内燃机汽车的 TTW 效率本来就很低（约 25%），这是因为汽油或柴油发动机的效率较低，而且动力系统部件也有损耗。混合动力汽车发动机排量被缩小，并在大多数情况下控制在更高的效率区域运行，从而降低燃油消耗。混合动力汽车（HEVs）的 TTW 效率高于内燃机汽车（ICEVs），估计约为 50%[9]。电动动力系统的效率为 80%~90%。BEVs 中的 TTW 效率很高，这是由于其大容量电池和纯电动运行模式。然而，当 WTT 效率包括在其中时，任何类型的车辆的整体 WTW 效率都没有显著差异。混合动力电动汽车（HEVs）和电动汽车（EVs）的 WTW 效率与内燃机汽车（ICEVs）相似，这是因为 WTT 效率较低。插电式混合动力汽车（PHEVs）的 WTT 效率取决于行驶循环中使用的电网能量和汽油能量的比例。

　　可使用阿贡国家实验室开发的 GREET 模型评估和比较 WTW 效率和排放影响[10]。

GREET 模型本质上是一个可供公众使用的多维电子表格模型，用于分析车辆从源头到车轮的燃料循环。GREET 是温室气体、管制排放和交通能源使用的首字母缩写。该模型拥有 100 多个燃料生产路径和 70 多个车辆系统。

表 1.6 显示了使用 GREET 模型分析的典型中型轿车的传统 ICEVs、BEVs 和 PHEVs 的 WTW 效率和排放量[9,11]。CG 和 RFG 代表传统的汽油车和重新配制的汽油车。使用 33% 的电网能源和 67% 的汽油运行的 PHEVs（插电式动力汽车）的 WTT 效率为 66.5%。另一方面，传统和普通混合动力汽车的 WTT 效率为 79.5%。PHEVs 效率低的原因是由于电力主要来自效率非常低的传统能源。

根据表 1.6 中的结果，PHEVs 的温室气体（CO_2、CH_4、N_2O、CO、VOC 和 NO_x）排放量也高于传统汽油车。插电式混合动力汽车的 TTW 效率与基准车辆没有显著差异，因为内燃机的使用率仍然很高。WTW 和 TTW 的低效率导致插电式混合动力汽车的整体 WTW 效率低。更多关于效率计算的内容将在下一节中介绍。

表 1.6　使用 GREET 模型评估的乘用车能耗、效率和排放

	内燃机 （基准 CG 和 RFG）	插电混动 SI （汽油机和电机）	电动汽车 （电力）
总能量（W·h）	257551	526261	1632131
WTT 效率	79.5%	66.5%	38.0%
TTW 效率	21.9%	23%	48.51%
WTW 效率	17.41%	15.29%	18.43%
CO_2（g/million BTU）	17495	57024	219704
CH_4（g/million BTU）	109.120	145.658	296.031
N_2O（g/million BTU）	1.152	1.535	3.111
VOC：总计（g/million BTU）	27.077	25.630	19.679
CO：总计（g/million BTU）	15.074	23.553	58.448
NO_x：总计（g/million BTU）	50.052	87.100	239.571

1.8　电动汽车（EVs）/内燃机汽车（ICEVs）比较

从效率、污染、成本和对石油的依赖等方面对两者进行比较，可以更好地了解替代车辆相对于传统内燃机汽车的相对优势和劣势。

1.8.1　效率比较

为了在同一水平上评估不同类型车辆的效率，必须考虑两个系统从原油到车轮可用动力的完整过程，即必须根据 WTW 效率进行分析。电动汽车过程不是从车辆开始的，而是从原始能源开始的，在计算电动汽车的整体效率时，必须考虑原始能源的转换效率。任何车辆的能源输入 P_{IN} 最终都来自一次能源，甚至在它被储存在车辆油箱中之前。通过燃烧从一块煤中提取的能量就是从一次能源中获取一次能量的一个例子。车辆中储能装置提供的能量是从二次能源获得的应用能量，所施加的

能量或二次能源是从原材料间接获得的。从原油中产生并输送到电动汽车进行电池充电的电力就是二次能源的一个例子。原始能源或一次能源被标记为 $P_{\text{IN RAW}}$，而二次能源被指定为 $P_{\text{IN PROCESS}}$。

本文给出一个效率比较示例，它是基于电动汽车和内燃机汽车所涉及的完整WTW过程。如图 1.8 所示，整个电动汽车过程可分为发电、输电和使用的组成阶段。来自原始材料的一次能源仅在第一阶段馈送至系统，尽管二次能源可在每个阶段加入。每个阶段的效率取决于该阶段的总投入和下一阶段的产出。每个阶段的效率必须根据输入–输出功率考虑进行计算，尽管效率可能因所使用的技术而有很大差异。最后，总效率可以通过乘以所有各个阶段的效率来计算。图 1.8 所示电动汽车系统的整体效率如下：

$$\eta_{\text{EV}} = \frac{P_{\text{O}}}{P_{\text{IN}}} = \frac{P_{\text{O}}}{P_0 + \sum_{i=1}^{7} P_{\text{LOSS}i}} = \frac{P_{\text{O}}}{P_6}\frac{P_6}{P_5}\frac{P_5}{P_4}\frac{P_4}{P_3}\frac{P_3}{P_2}\frac{P_2}{P_1}\frac{P_1}{P_{\text{IN}}} = \eta_1\eta_2\eta_3\eta_4\eta_5\eta_6\eta_7$$

内燃机汽车（ICEVs）能源处理工艺细节如图 1.9 所示。该过程从炼油厂的原油转化为燃油开始，然后包括从炼油厂向加油站输送燃油，在车辆的内燃机中进行功率转换，并通过变速器将发动机的功率传递到车轮。ICEVs 工艺的效率是图 1.9 所示各个阶段效率的乘积，由下式给出：

$$\eta_{\text{ICEV}} = \eta_1\eta_2\eta_3\eta_4$$

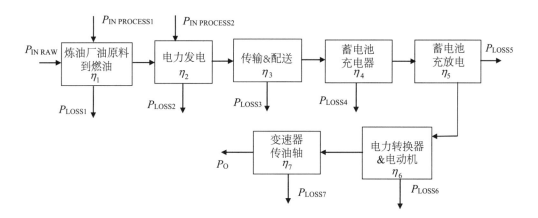

图 1.8 电动汽车从原油到车轮动力的完整流程

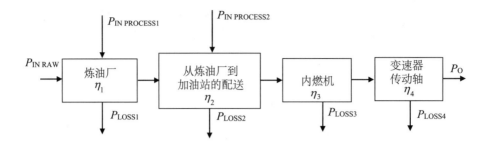

图 1.9   内燃机汽车能量从原油到车轮的完整流程

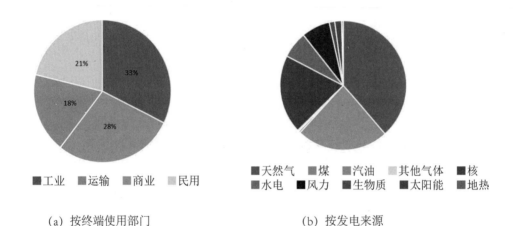

（a）按终端使用部门   （b）按发电来源

图 1.10   2019 年美国能源使用和发电

表 1.7   电动汽车和内燃机汽车 WTW 效率

	电动汽车效率（%）		内燃机汽车效率（%）	
	高	高	低	低
炼油厂（汽油）	97	90	85	95
配送到油箱		99	95	
发动机		22	20	
电力发电	40			33
输送到墙壁插座	92			90
蓄电池充电器	90			85
蓄电池（铅/酸）	75			75
电动机/控制器	85			80
燃油处理				
燃料电池				
插入式电网/汽油比				
变速器/传动轴	98	98	95	95
油井到车轮	20	19	15	14

表 1.7 给出了基于图 1.8 和图 1.9 的电动汽车（EVs）和内燃机汽车（ICEVs）过程效率的示例比较。所示数字用于能量转换阶段，以传达有关两个系统效率的一般概念。表 1.7 显示 EVs 的整体效率与 ICEVs 的整体效率相当。

1.8.2 污染比较

交通运输约占所有能源使用量的 1/3，是碳排放造成环境污染的主要原因。运输部门包括运输人员或货物的车辆，如汽车、卡车、公共汽车、摩托车、火车、飞机、船只。从图 1.10（a）中的饼图中，我们可以看到美国 28% 的能源使用在运输部门[12]。据预测，如果全美有 10% 的汽车是零排放汽车（ZEVs），那么受管制的空气污染物排放每年将减少 100 万 t，温室气体二氧化碳排放量将减少 6000 万 t[13]。在 100% 电气化的情况下，即每辆内燃机汽车（ICEVs）都被电动汽车（EVs）取代，以下内容已被确认：

- 与全球变暖有关的空气中的二氧化碳将减少一半。
- 根据政府规定的公用事业排放标准，氮氧化物（一种导致全球变暖的温室气体）将略有减少。
- 与酸雨有关的二氧化硫将略微增加。
- 废油排放量将减少，因为电动汽车不需要曲轴箱机油。
- 电动汽车比内燃机车更安静，因此可以减少噪声污染。
- 大型发电厂的热污染将随着电动汽车使用量的增加而增加。

电动汽车将大大减少烟雾产生，极大消除臭氧消耗并减少温室气体。随着电厂二氧化硫排放标准的提高，电动汽车对二氧化硫水平的影响减小。减少污染是电动汽车使用的驱动力。当电动汽车电池使用可再生能源产生的电力充电时，污染可以大大减少。2019 年发电的能源如图 1.10（b）[12] 的饼状图所示，这表明很大一部分电力仍然通过不可再生能源生产。2019 年，7% 的发电量来自水力发电，7% 来自风能，4% 来自其他可再生能源。另一方面，39% 的电力来自天然气，24% 来自煤炭，20% 来自核燃料。作为参考，2019 年美国的总发电量为 100.2 万亿 BTU。

1.8.3 资本和运营成本比较

最初的电动汽车（EVs）资本成本高于内燃机汽车（ICEVs）的资本成本，主要是由于昂贵的电池包和缺乏大规模生产的机会。电力电子部件也很昂贵，尽管与电池水平不一样。电动汽车资本成本预计将随着销量的增加而降低。电动汽车的资本成本很容易超过内燃机汽车的资本成本，但电动汽车的成本预计会随着数量的增加而降低。电动汽车的总寿命周期成本预计低于内燃机汽车。电动汽车更可靠，需要的维护也更少，因此就运营成本而言，电动汽车优于内燃机汽车。

1.8.4 美国对外国石油的依赖

寻找替代能源的重要性怎么强调都不为过，如果我们地球上的人类不减少对化石燃料的依赖，迟早会出现能源危机。当今的工业，尤其是交通运输业，严重依赖石油，石油的储量最终将在不远的将来耗尽。基于 28miles/gge 的油耗，一辆内燃机汽车在其生命周期中平均使用 94 桶油。另一方面，根据电动汽车 4miles/（kW·h）耗电和发电过程中使用的石油百分比，平均每辆电动汽车在其生命周期中使用大约 2 桶油。

1.9　电动汽车市场

20 世纪末，电动动力系统在电动汽车中发现了其商业价值，并在过去 20 年中保持了适度增长。随着传统和新一代制造商推动电动汽车商业化，增长势头转向电动汽车。由于对全球污染的日益关注以及电动交通在各个领域的成功，人们对轿车和轻型卡车电动汽车的兴趣不断增加，这些电动汽车可以提供与其内燃机汽车一样的续航里程和性能。在过去几年中，全球电动汽车销量增长了 60% 左右，从 2018 年开始，全球电动汽车总销量超过 200 万辆[14]。电动汽车销售的领导者是中国，政府补贴、监管压力和微型电动汽车帮助中国发展了一个健康的市场。电动和混合动力汽车的采用受到技术、法规的激励和地区需求的影响。虽然技术本身推动着市场商机，但监管和激励措施是新技术进入市场的主要驱动力。在欧洲，严格的二氧化碳排放限制促使汽车制造商将重点放在 PHEVs 上，尤其是 48V 微型 HEVs 上。

我们通常会讨论用于客运和公共交通的电动汽车，但往往会忘记在续航里程不成问题的特殊应用，如作为非道路车辆的用途。多年来，电动汽车凭借更清洁的技术和成本优势成功打入了这一市场。这类应用的例子包括用于乘客和地面支持的机场车辆，高尔夫球车和主题公园中的休闲车、叉车、装载机等工厂运营车辆，残疾人专用车辆，在封闭但较大的场地进行地面运输的多用途车辆，还有一些在轨道上运行的电动汽车，用于矿山的物料运输。电动汽车也被用于建筑车辆和其他越野车辆。在轨道上运行、由输电线路供电的机车与其他电动汽车并无区别，主要区别在于为驱动电机提供能量的方式。

阻碍大众普遍接受电动汽车的是电动汽车续航里程有限和缺乏电动汽车基础设施。续航里程问题正从对电池的广泛研究和开发以及安装快速充电器而得到解决。许多客户还意识到，他们通常每天行驶不到 50miles，而低续航里程电动汽车很容易满足。与基础设施相关的问题如下：

- 电池充电设施。住宅和公共充电设施 / 充电站。
- 电动汽车插头、电线、插座和安全问题的标准化。
- 销售和分销。
- 服务和技术支持。
- 零件供应。

目前电动汽车的初始成本也是电动汽车市场的一大劣势。即使是电动汽车，更换电池也非常昂贵，此外这些电池的寿命有限。

电动汽车应用和销售量的增加以及交通电气化，为电气、机械和化学技术方面的工程师创造了广泛的工作机会。与电动汽车相关的工作机会正在以下领域涌现：

- 电力电子和电机驱动：电动汽车电气系统的设计和开发。
- 发电：因使用电动汽车而增加的公用事业需求所需的额外资源。

• 封装和冷却：电动动力系统组件和系统的热管理设计。

• 电池包设计和开发：设计和开发电池包以及研究下一代电池所需的工程师和科学家。

• 电动汽车基础设施：电池充电站、氢气生产、储存和分配系统的设计和开发。

问题

1. 查阅参考资料并就以下主题撰写报告：

i. 描述在过去 5 年里，世界各地的商业和研究电动和混合动力汽车项目、目标、功率范围、使用的电机、内燃机类型、电池电源等。

ii. 近期电动和混合动力汽车的研究案例。

iii. 州和 / 或联邦法规和标准化。

2. 使用 GREET 模型（可从阿贡国家实验室网站 https://greet.es.anl.gov/ 获得），找出电动汽车、内燃机汽车和燃料电池汽车的总能源使用量以及 WTT、TTW 和 WTW 效率。

参考文献

[1] A. Venkatram and N. Schulte, Urban Transportation and Air Pollution, Elsevier Press, Amsterdam, Netherlands, June, 2018.

[2] E.H. Wakefield, History of Electric Automobile, SAE International, Warrendale, PA, 1994.

[3] T.D. Gillespie, Fundamentals of Vehicle Dynamics, SAE International, Warrendale, PA, 1992.

[4] J.M. Miller, Propulsions Systems for Hybrid Vehicles, Institute of Electrical Engineers, London, 2004.

[5] M.H. Westbrook, The Electric Car, The Institute of Electrical Engineers, London and Society of automotive Engineers, Warrendale, PA, 2001.

[6] R. Hodkinson and J. Fenton, Lightweight Electric/Hybrid Vehicle Design, Society of Automotive Engineers, Warrendale, PA, 2001.

[7] "Model Year 2020 Vehicles," Department of Energy Alternative Fuels Data Center. Online https://afdc.energy.gov/vehicles/search/, accessed April 9, 2020.

[8] Ulf Bossel, "Well-to-Wheel Studies, Heating Values, and the Energy Conservation Principle," European Fuel Cell Forum. Online www.efcf.com/reports (E10), accessed October 22, 2003.

[9] F. Kreith, R.E. West and B.E. Isler, "Efficiency of advanced ground transportation technologies," Transactions of the ASME, Journal of Energy Resources Technology, 124, 173–179, September 2002.

[10] Online https://greet.es.anl.gov/, accessed June 24, 2020.

[11] S. Chanda, Powertrain Sizing and Energy Usage Adaptation Strategy for Plug-in Hybrid Electric Vehicles, M.S. Thesis, University of Akron, Akron, OH, 2008.

[12] Online https://www.eia.gov/energyexplained/electricity/, accessed June 24, 2020.

[13] J. DeCicco, F. An and M. Ross, "Technical options for improving the fuel economy of U.S. cars and light trucks by 2010-2015," The Energy Foundation Report, April 2001. Online https://www.yumpu.com/en/document/view/6776991/, accessed October 16, 2020.

[14] P. Hertzke, N. Müller, S. Schenk and T. Wu, "The Global Electric-vehicle Market is Amped Up and on the Rise," McKinsey & Company, May 2018. Online https://www.mckinsey.com/industries/automotive-and-assembly/our-insights, accessed October 16, 2020.

车辆力学 2

车辆设计的基础是物理的基本力学，尤其是牛顿第二运动定律中有关力和加速度的部分。牛顿第二定律指出，物体的加速度与施加在其上的合力成正比。当合力不为零时，物体会加速。在车辆系统中，根据牛顿第二定律，有几个力作用在其上，合力决定了运动。车辆借助驱动装置提供的力向前驱动，克服重力、空气和轮胎产生的阻力。车辆的加速度和速度取决于牵引装置的可用功率以及现有的道路和空气动力学条件。加速度还取决于车辆的复合质量，包括驱动装置、所有机械和电气部件以及电池。

车辆是根据某些给定的规格和要求设计的。此外，电动和混合动力汽车系统庞大而复杂，涉及多学科知识。设计如此庞大的系统的关键是分而治之。系统级视角有助于掌握复杂系统的设计技能，在复杂系统中，首先确定广泛的需求，然后根据更集中的指导原则设计系统组件。例如，首先根据给定的车辆巡航和加速规范确定驱动装置的功率和能量需求。部件级设计从第二阶段开始，第二阶段规定并设计了驱动装置、能源和其他辅助装置。在这个阶段，电气和机械工程师开始为电动汽车（EVs）设计电动机，或为混合动力电动汽车设计电动机和内燃机的组合。电力电子工程师设计将能源与电动机连接起来的功率转换装置。控制工程师与电力电子工程师合作开发驱动控制系统。化学家和化学工程师主要负责根据车辆制造商的动力要求和指南设计能源。许多组件设计都是以迭代的方式进行的，在这种情况下，不同的设计人员必须相互配合，以确保达到设计目标。

设计是一个迭代过程，从一些已知因素和其他经过推敲的设想或假设开始，然后进行科学分析，以验证是否满足要求。在本章中，我们将开发基于牛顿第二运动定律的车辆力学科学分析工具。定义和描述道路后，将解决车辆动力学问题。将道路和动力学联系起来，以建立驱动装置所需力的方程式。来自驱动装置的力，可以是电动机、内燃机或两者的组合，称为牵引力。一旦确定了力的要求，就可以开始计算所考虑的车辆所需的功率和能量。本书研究的重点是广泛的设计目标，例如找到功率和能量需求，预测给定能源的巡航里程，从而保持顶级视角。子系统的设计细节超出了本书的范围，读者可以参考相关领域的文献了解更多细节。

2.1 道路基础

车辆在平坦道路上行驶，并沿坡道上下移动。我们可以通过考虑直线道路来简化对道路的描述，因为水平操控对驱动装置的力和功率要求的影响最小。此外，我们将定义一个切向坐标系，该坐标系相对于固定的二维系统与车辆一起移动。道路描述将用于计算车辆沿道路行驶的距离。

固定坐标系附着在地球上，使得重力垂直于单位矢量 $\bar{i}_F$。让我们考虑一条笔直的道路，即方向盘沿 x_F- 方向笔直锁定，然后道路位于固定坐标系的 $x_F y_F$ 平面上（图 2.1）。

二维道路可以描述为 $y_F = f(x_F)$。沿水平方向的两点 a 和 b 之间的道路位置矢量 $\bar{r}(x_F)$ 为

$$\bar{r}(x_F) = x_F \bar{i}_F + f(x_F)\bar{j}_F \ , \ a \leq x_F \leq b$$

车辆的运动方向和经过的距离更容易用给定的道路位置矢量的切矢量表示为

$$\bar{T}(x_F) = \frac{d\bar{r}}{dx_F} = \bar{i}_F + \frac{df}{dx_F}\bar{j}_F$$

切矢量的距离范数 $\left\|\bar{T}(x_F)\right\|$ 为

$$\left\|\bar{T}(x_F)\right\| = \sqrt{1 + \left[\frac{df}{dx_F}\right]^2}$$

切向道路长度 s 是沿道路经过的距离。在数学上，s 是 $y_F = f(x_F)$，$a \leq x_F \leq b$ 的弧长。所以，

$$s = \int_a^b \left\|\bar{T}(x_F)\right\| dx_F$$

道路坡度百分比可以描述为道路的函数，如下所示：

$$\beta(x_F) = \tan^{-1}\left[\frac{df(x_F)}{dx_F}\right]$$

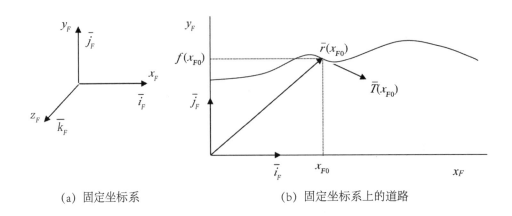

(a) 固定坐标系　　　　　　　(b) 固定坐标系上的道路

图 2.1

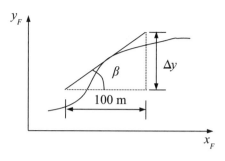

图 2.2　道路坡度

平均道路坡度百分比是道路每 100m 水平距离的垂直升高，两个距离用相同的单位表示。与坡度相关的道路角度 β 是切线矢量与水平轴 x_F 之间的角度，如图 2.2 所示。如果 Δy 是以 m 为单位的垂直上升，那么

$$\% \text{ grade} = \frac{\Delta y}{100 \text{ m}} 100\% = \Delta y \%$$

斜角的正切为

$$\tan \beta = \frac{\Delta y}{100 \text{ m}}$$

当车辆上坡时，坡度百分比或 β 大于 0；当车辆下坡时，小于 0。

练习 2.1

一条直线道路在 $x_F y_F$ 平面上的纵断面如下所示：$f(x_F) = 3.9\sqrt{x_F}$，$0 \le x_F \le 2$ miles（a）绘制道路；（b）求 $\beta(x_F)$；（c）当 x_F=1mile 时，求坡度百分比；（d）求 0~2miles 之间的切线道路长度。

答案：（b）$\tan^{-1} \dfrac{1.95}{\sqrt{x_F}}$；（c）2.68%；（d）10 580ft

2.2　运动定律

牛顿第二运动定律可以用公式表示为

$$\sum_i \bar{F_i} = m\bar{a}$$

式中 $\sum_i \bar{F_i}$ 是合力，m 是质量，$\bar{a}$ 是加速度。考虑车辆与外部的多个物体与车辆接触并受力，该定律适用于车辆的运动。此类接触点的示例包括前轮和后轮与路面接触，正面区域承受空气阻力等。我们通过将所有这些接触点合并到车辆重心（cg）处的一个位置来简化问题，这是合理的，因为物体的尺寸无关紧要。对于所有的力

计算，我们将认为车辆是位于 cg 的质点。如图 2.3 所示，cg 可被视为在车辆内。

质点运动由质点速度和加速度特性描述。如图 2.4 所示，对于受多个力作用的质点的位置矢量 $\bar{r}$，速度 v 和加速度 a 分别为

$$\bar{v} = \frac{\mathrm{d}\bar{r}}{\mathrm{d}t} \quad , \quad \bar{a} = \frac{\mathrm{d}\bar{v}}{\mathrm{d}t}$$

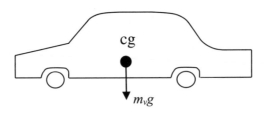

图 2.3　车辆重心（cg）

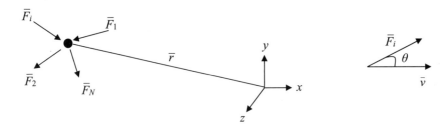

图 2.4　质点受力

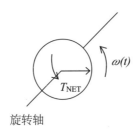

旋转轴

图 2.5　刚体旋转

第 i 个受力对质点所做的功为

$$P_i = \bar{F}_i \cdot \bar{v} = \left|\bar{F}_i\right|\left|\bar{v}\right|\cos\theta$$

式中 θ 是 F_i 与合成速度 v 之间的角度。

对于围绕固定轴旋转的刚体，与运动和功率相关的等效项是扭矩、角速度和角加速度。假设有许多独立的扭矩作用在刚体上，使其绕其中心惯性中心轴之一旋转，如图 2.5 所示。若 J（单位：$kg \cdot m^2$）为刚体的极惯性矩，则牛顿第二运动定律在标量形式下的转动形式为

$$\sum_i T_i = T_{\text{NET}} = J\alpha$$

式中 ω= 角速度（rad/s）且

$$\alpha = \frac{\mathrm{d}\omega}{\mathrm{d}t} = \frac{\mathrm{d}^2\theta}{\mathrm{d}t^2} = \text{角加速度（rad/s}^2\text{）}$$

第 i 个扭矩的功率输入为 $P_i = T_i\omega$。

2.3 车辆动力学

车辆前进运动的切线方向随道路的坡度而变化。为了简化公式，下面定义了一个切线坐标系，以便可以通过一维方程来定义作用在车辆上的力。令 $\bar{u}_T(x_F)$ 为固定坐标系中的单位切向量，指向 x_F 增加的方向。所以，

$$\bar{u}_T(x_F) = \frac{\bar{T}_F(x_F)}{\left\|\bar{T}_F(x_F)\right\|} = \frac{\bar{i}_F + \dfrac{\mathrm{d}f}{\mathrm{d}x_F}\bar{j}_F}{\sqrt{1 + \left[\dfrac{\mathrm{d}f}{\mathrm{d}x_F}\right]^2}}$$

图 2.6 所示的切线坐标系与固定坐标系具有相同的原点。z- 方向的单位矢量与固定坐标系中的相同，但 x- 和 y- 方向的矢量随着道路的坡度不断变化。

牛顿第二运动定律现在可以应用于切向坐标系中电动汽车的重心，如下所示：

$$\sum \bar{F}_T = m\bar{a}_T = m\frac{\mathrm{d}\bar{v}_T}{\mathrm{d}t}$$

式中，m 是车辆总质量。用坐标系的分量表示，

$$\sum \bar{F}_{x_T} = m\frac{\mathrm{d}\bar{v}_{xT}}{\mathrm{d}t} \quad \text{（与道路相切的分量）}$$

$$\sum \bar{F}_{y_T} = m\frac{\mathrm{d}\bar{v}_{yT}}{\mathrm{d}t} \quad \text{（垂直于道路的分量）}$$

$$\sum \bar{F}_{z_T} = m\frac{\mathrm{d}\bar{v}_{zT}}{\mathrm{d}t} = 0 \quad \text{（假设运动限于 } x\text{-}y \text{ 面）}$$

v_{xT} 是车辆的切向速度。法线方向上的重力由道路反作用力平衡，因此，在 y_T 法线方向上不会有运动。换句话说，轮胎始终与道路保持接触。因此，法向速度 v_{yT} 为 0。假设车辆运动仅限于 $x_F y_F$ 或 $x_T y_T$ 平面，因此，z 方向上既没有力也没有速度。这些合理的简化允许我们对 x_T 方向的车辆驱动进行单方向分析。如下所示，车辆牵引力和相反的力都在 x_T 方向，因此，为简单起见，符号中不使用矢量符号 "–"。

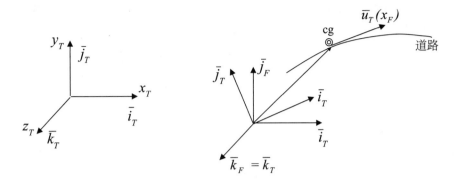

图 2.6　道路上的切线坐标系和单位切线矢量

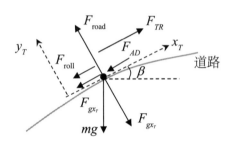

图 2.7　作用在车辆上的力

　　车辆的驱动单元施加牵引力 F_{TR}，将车辆以期望的速度向前驱动。牵引力必须克服反向的力，这些力相加并称为道路载荷力 F_{RL}。道路载荷力由重力、轮胎滚动阻力和空气阻力组成。道路荷载力为

$$F_{RL} = F_{gx_T} + F_{roll} + F_{AD} \tag{2.1}$$

其中 x_T 是沿道路的切线方向。作用在车辆上的力如图 2.7 所示。

　　重力取决于道路的坡度。爬坡时力为正，下坡时力为负。向前行驶的车辆要克服的重力是

$$F_{gx_T} = mg\sin\beta \tag{2.2}$$

其中 m 是车辆的总质量，g 是重力加速度常数，β 是相对于地平线的坡度角。

　　滚动阻力是由轮胎在与路面的接触面上压扁而产生的。在一个完美的圆形轮胎中，作用在路面上的法向力平衡了车轮在轴下垂直线接触点处承受的分布重量。当轮胎压扁时，车轮的瞬时旋转中心从车轴下方向车辆运动方向向前移动，如图 2.8 所示。由于轮胎压扁，车轮上的重量和路面法向力未对准，形成一对力偶，在车轮

上施加减速扭矩。滚动阻力 F_{roll} 是由力偶产生的力，它与车轮的运动相反。F_{roll} 与道路相切，总是有助于制动或减缓车辆的运动。牵引力 F_{TR} 必须克服这种力 F_{roll}，以及重力和空气动力阻力。通过尽可能多地给轮胎充气，可以将滚动阻力降到最低。滚动阻力产生的减速力与车轮垂直载荷的比值称为滚动阻力系数 C_0。坡度为 β 的道路上的滚动阻力为

$$F_{roll} = \begin{cases} \mathrm{sgn}[v_{x_T}]mg\cos\beta\left(C_0 + C_1 v_{x_T}^2\right) & \text{若 } v_{x_T} \neq 0 \\ (F_{TR} - F_{gx_T}) & \text{若 } v_{x_T} = 0 \ \text{并且} \ |F_{TR} - F_{gx_T}| \leq C_0 mg\cos\beta \\ \mathrm{sgn}[F_{TR} - F_{gx_T}](C_0 mg\cos\beta) & \text{若 } v_{x_T} = 0 \ \text{并且} \ |F_{TR} - F_{gx_T}| > C_0 mg\cos\beta \end{cases} \tag{2.3}$$

通常为 $0.004 < C_0 < 0.02$（无单位）和 $C_1 \ll C_0 (\mathrm{s}^2/\mathrm{m}^2)$。$C_0 mg$ 是静止时的最大滚动阻力。$\mathrm{sgn}[v_{x_T}]$ 是给定的符号函数

$$\mathrm{sgn}[v_{x_T}] = \begin{cases} 1 & v_{x_T} \geq 0 \\ -1 & v_{x_T} < 0 \end{cases}$$

空气动力阻力是空气对车辆运动产生的黏性阻力。力由下式给出

$$F_{AD} = \mathrm{sgn}[v_{x_T}]\{0.5\rho C_D A_F (v_{x_T} + v_0)^2\} \tag{2.4}$$

式中，ρ 是空气密度，单位为 $\mathrm{kg/m^3}$，C_D 是空气动力阻力系数（无量纲，通常

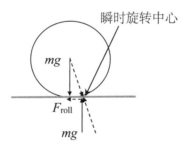

图 2.8 车轮的滚动阻力

为 $0.2 < C_D < 0.4$），A_F 是车辆的等效正面面积，v_0 是迎风速度。

2.4 车辆运动动力学

牵引力是电动汽车中的电动机以及混合动力汽车中的电动机和内燃机组合提供的克服道路负载的力。切向运动的动力学公式如下所示：

$$k_m m \frac{\mathrm{d}v_{x_T}}{\mathrm{d}t} = F_{TR} - F_{RL} \tag{2.5}$$

式中，k_m 为转动惯量系数，用于补偿因车载旋转质量而导致的车辆质量明显增加。k_m 的典型值介于 1.08 和 1.1 之间，并且是无量纲的。关于转动惯量的其他解释见第 2.7.4 节。$\dfrac{dv_{x_T}}{dt}$ 是车辆的加速度。

动态方程可以用状态空间格式表示，以用于电动汽车或混合动力汽车系统的仿真。公式 2.5 描述的运动是车辆系统动态模拟所需的基本关系。v_{xT} 是车辆动力系统的状态变量之一。建模和仿真所需的第二个方程是速度方程，其中 s 或 x_F 可以用作状态变量。道路坡度 β 将作为模拟模型的输入，可以用切向道路距离 s 表示为 $\beta=\beta(s)$，或用水平距离表示为 $\beta=\beta(x_F)$。如果 β 是用 s 表示的，那么第二个状态变量公式是

$$\frac{ds}{dt} = v_{x_T} \qquad\qquad (2.6)$$

如果 β 用 x_F 表示，则第二个状态变量方程为

$$\frac{dx_F}{dt} = \frac{v_{x_T}}{\sqrt{1 + \left[\dfrac{df}{dx_F}\right]^2}}. \qquad\qquad (2.7)$$

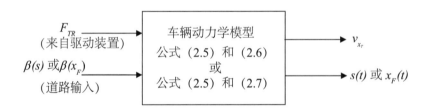

图 2.9　车辆动力学和道路建模

用于模拟车辆动力学的输入－输出关系图如图 2.9 所示。

2.5　驱动功率

电动机的预期额定功率或电动机和内燃机（驱动装置）组合所需的功率可根据上述公式获得，这基于起步加速度、车辆额定速度和最大速度以及汽车爬坡度等约束进行计算。车辆车轮处的扭矩可以从功率关系中获得

$$功率 = T_{TR} \cdot \omega_{wh} = F_{TR} \cdot v_{x_T}(W) \qquad\qquad (2.8)$$

式中，T_{TR} 为牵引扭矩，单位为 N·m，ω_{wh} 为车轮角速度，单位为 rad/s。F_{TR} 单位为 N，

v_{x_r} 单位为 m/s。角速度和车速之间的关系如下：

$$v_{x_r} = \omega_{wh} \cdot r_{wh} \tag{2.9}$$

其中 r_{wh} 是车轮的半径，以 m 为单位。在设定驱动装置的功率要求时，必须适当考虑驱动装置与变速器和差速器至车轮之间的损失。

　　电动驱动系统的一大优点是，它不需要多个挡位来匹配车速和发动机转速。由电力电子控制实现电机宽速度范围运行，使得使用单齿轮传动比变速器来瞬时匹配可用的电机扭矩 T_{motor} 和所需的牵引扭矩 T_{TR} 成为可能。传动比和尺寸取决于最大电机转速、最大车速和车轮半径。相对于车辆速度而言，更高的电机速度意味着更高的传动比、更大的尺寸和更高的成本。然而，为了提高电机的功率密度，还需要更高的电机转速。因此，需要在最大电机转速和传动比之间进行折中，以优化成本。行星齿轮通常用于传动比很少超过 10 的电动汽车。

2.5.1　力－速度特性

　　在确定了电动汽车和混合动力汽车的基本力和相关动力学之后，现在让我们尝试将这些公式与车辆设计规范和要求联系起来。为了有效设计驱动装置，设计者必须知道在一定时间内将车辆加速到巡航速度，和在指定坡度上驱动车辆到稳态巡航速度以及最大速度时，向前驱动车辆所需的力。有用的设计信息包含在车速 - 时间的关系以及稳态牵引力 - 恒定速度特性的关系中，如图 2.10 和图 2.11 所示。在接

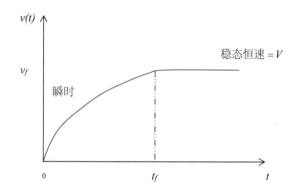

图 2.10　速度曲线图

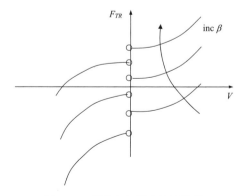

图 2.11　牵引力与稳态速度特性

下来的章节和本书的剩余部分中，我们将始终假设速度为切线方向，并用 v 而不是 v_{x_r} 表示，以简单起见。稳态恒速用大写 V 表示。

牵引力与稳态速度特性的关系可以从运动方程（公式 2.5）中获得。当达到稳态速度时，$\dfrac{\mathrm{d}v}{\mathrm{d}t}=0$；$\Sigma F=0$。所以得出

$$F_{TR}-F_{AD}-F_{\text{roll}}-F_{gx_r}=0$$

$$\Rightarrow F_{TR}=mg\left[\sin\beta+C_0\,\text{sgn}(V)\right]+\text{sgn}(V)\left[mgC_1+\frac{\rho}{2}C_DA_F\right]V^2$$

注意

（1） $\dfrac{\mathrm{d}F_{TR}}{\mathrm{d}V}=2V\,\text{sgn}(V)\left(\dfrac{\rho C_DA_F}{2}+mgC_1\right)>0 \quad \forall\,V$

（2） $\displaystyle\lim_{V\to 0^+}F_{TR}\neq\lim_{V\to 0^-}F_{TR}$

第一个方程式表明 F_{TR} 与 V 的斜率始终为正，这意味着随着车辆速度的增加，对力的需求增加大于速度增加，这是由于与车辆运动相反的空气动力阻力造成的。此外，速度为零时曲线的不连续性是由于滚动阻力造成的。

2.5.2　最大坡度

车辆通过驱动装置能够提供的最大驱动力所能克服的最大坡度是一个重要的设计标准和性能指标。预计车辆在爬坡时会非常缓慢地向前移动，因此，我们可以对最大坡度进行以下假设：

（1）车辆移动非常慢 $\Rightarrow v\approx 0$；
（2）F_{AD} 和 F_{roll} 微不足道；
（3）车辆未加速，如 $\mathrm{d}v/\mathrm{d}t=0$；
（4）F_{TR} 是电机（或多个电机）在接近零速时提供的最大牵引力；
在接近失速的情况，在上述假设下，

$$\Sigma F=0\Rightarrow F_{TR}-F_{gx_r}=0\Rightarrow F_{TR}=mg\sin\beta$$

所以，$\sin\beta=\dfrac{F_{TR}}{mg}$。 最大坡度百分比是

$$\text{Max.\% grade}=100\tan\beta$$

$$\Rightarrow \text{Max.\% grade}=\frac{100F_{TR}}{\sqrt{(mg)^2-F_{TR}^2}}$$

（2.10）

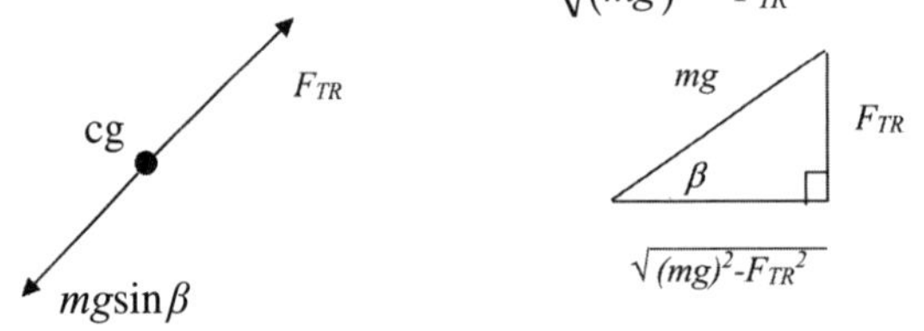

(a) 确定最大坡度的力示意图　　　　　(b) 相对于坡度的牵引力和质量

图 2.12

最大坡度条件下的力的示意图如图 2.12 所示。

2.6 速度和加速度

所需的驱动装置能量取决于所需的加速度和车辆必须克服的道路负载力。最大加速度受可用最大牵引力和车辆运行时的道路条件限制。虽然现实道路中的道路荷载力未知，但通过对假设情景的研究，可以获得有关车辆速度曲线和能量需求的重要见解。车辆的设计通常具有特定目标，例如在典型天气条件下给定道路坡度上的最大加速度。下面将讨论两种简化方案，为电动和混合动力汽车的设计奠定基础。

2.6.1 恒定 F_{TR}，水平路面

在第一种情况下，我们将假设一个水平路面条件，电动汽车的驱动装置施加恒定的牵引力。水平道路条件意味着 $\beta(s)=0$。我们将假设电动汽车最初处于静止状态，这意味着 $v(0)=0$，$t=0$ 时的自由体如图 2.13（a）所示。

假设 $F_{TR}(0)=F_{TR}>C_0mg$，即初始牵引力能够克服初始滚动阻力。因此

$$\Sigma F(0) = ma(0) = m\frac{\mathrm{d}v(0)}{\mathrm{d}t}$$

$$\Rightarrow F_{TR} - C_0mg = m\frac{\mathrm{d}v(0)}{\mathrm{d}t}$$

由于 $F_{TR}(0) > C_0mg$，$\frac{\mathrm{d}v(0)}{\mathrm{d}t}>0$，速度 v 增大。一旦车辆开始移动，作用于它的力发生变化。在 $t>0$ 时，

$$\Sigma F = m\frac{\mathrm{d}v}{\mathrm{d}t} \Rightarrow F_{TR} - F_{AD} - F_{\mathrm{roll}} = m\frac{\mathrm{d}v}{\mathrm{d}t}$$

$$\Rightarrow F_{TR} - \mathrm{sgn}[v(t)]\frac{\rho}{2}C_DA_Fv^2(t) - \mathrm{sgn}[v(t)]mg\left(C_0+C_1v^2(t)\right) = m\frac{\mathrm{d}v}{\mathrm{d}t}$$

假设 $v(t)>0$，$t>0$，并求解 $\frac{\mathrm{d}v}{\mathrm{d}t}$，

$$\frac{\mathrm{d}v}{\mathrm{d}t} = \left(\frac{F_{TR}}{m}-gC_0\right) - \left[\frac{\rho}{2m}C_DA_F+gC_1\right]v^2$$

让我们为恒定的 F_{TR} 加速度定义以下常数

$$K_1 = \frac{F_{TR}}{m} - gC_0 > 0$$

$$K_2 = \frac{\rho}{2m}C_DA_F + gC_1 > 0$$

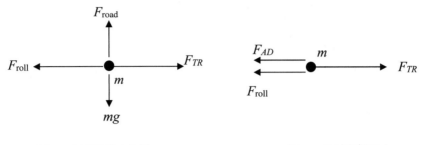

（a）$t>0$ 时的自由体图   （b）$t>0$ 时车辆受力

图 2.13　作用在水平道路上的车辆的力

由此 $\dfrac{\mathrm{d}v}{\mathrm{d}t}=K_1-K_2v^2$

2.6.1.1　速度曲线

恒定 *FTR* 水平道路情况下的速度曲线，可通过上述 $\dfrac{\mathrm{d}v}{\mathrm{d}t}$ 方程求解 v 获得，如下

式（见图 2.14）

$$v(t)=\sqrt{\frac{K_1}{K_2}}\tanh\left(\sqrt{K_1K_2}\,t\right) \tag{2.11}$$

当时间接近无穷大时，可以通过取速度变化图的极限来获得终极速度。最终速度是

$$V_T=\lim_{t\to\infty}v(t)=\sqrt{\frac{K_1}{K_2}}\Rightarrow\sqrt{K_1K_2}=K_2V_T$$

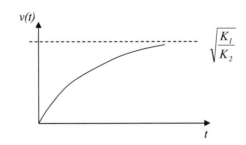

图 2.14　平坦道路上恒定 F_{TR} 的速度曲线

2.6.1.2　行驶距离

车辆经过的距离可以从以下关系式获得：

$$\frac{\mathrm{d}s(t)}{\mathrm{d}t}=v(t)=V_T\tanh(K_2V_Tt)$$

通过积分上述方程，可得出距离与时间的函数关系：

$$s(t) = \frac{1}{K_2} \ln\left[\cosh(K_2 V_T t)\right] \tag{2.12}$$

起始加速度通常指在时间 t_f 内速度从 0 到 v_f（m/s）的变化，其中 v_f 是指定时间 t_f 结束时的期望速度。在此期间，达到期望的速度和经过的距离所需的时间由下式给出

$$t_f = \frac{1}{K_2 V_T} \cosh^{-1}\left[e^{(K_2 s_f)}\right] \tag{2.13}$$

$$s_f = \frac{1}{K_2} \ln\left[\cosh(K_2 V_T t_f)\right] \tag{2.14}$$

所需的时间也可以表示为

$$t_f = \frac{1}{\sqrt{K_1 K_2}} \tanh^{-1}\left(\sqrt{\frac{K_2}{K_1}} v_f\right) \tag{2.15}$$

式中 v_f 是经过时间 t_f 后的速度

例如：设 t_{V_T} = 达到 98% 终端速度 V_T 的时间，因此：

$$t_{V_T} = \frac{1}{\sqrt{K_1 K_2}} \tanh^{-1}\left(\frac{0.98 V_T}{V_T}\right) \text{或}$$

$$t_{V_T} = \frac{2.3}{\sqrt{K_1 K_2}} \text{或} \frac{2.3}{K_2 V_T} \tag{2.16}$$

2.6.1.3 牵引功率

驱动装置提供的瞬时牵引功率为

$$P_{TR}(t) = F_{TR} v(t)$$

替换 $v(t)$，

$$P_{TR}(t) = F_{TR} V_T \tanh(K_2 V_T t)$$

$$\Rightarrow P_{TR}(t) = F_{TR} V_T \tanh\left(\sqrt{K_1 K_2}\, t\right) = P_T \tanh\left(\sqrt{K_1 K_2}\, t\right) \tag{2.17}$$

终端功率可表示为 $PT = FTRVT$。在加速时间 Δt 内达到所需速度 vf 所需的牵引功率为（见图 2.15）

$$P_{TRpk} = P_T \tanh\left(\sqrt{K_1 K_2}\, t_f\right) \tag{2.18}$$

加速区间 Δt 内的平均牵引功率为

$$\overline{P_{TR}} = \frac{1}{t_f} \int_0^{t_f} P_{TR}(t)\,\mathrm{d}t$$

$$\Rightarrow \overline{P_{TR}} = \frac{P_T}{t_f} \frac{1}{\sqrt{K_1 K_2}} \ln\left[\cosh\left(\sqrt{K_1 K_2}\, t_f\right)\right] \tag{2.19}$$

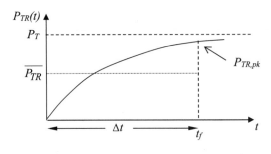

图 2.15   加速间隔 $\Delta t = t_f - 0$

2.6.1.4   所需能量

给定加速度和恒定稳态速度的能量要求对于设计和选择覆盖一定距离的能源或电池是必要的。能量变化率是牵引功率，如下所示：

$$P_{TR}(t) = \frac{\mathrm{d}e_{TR}}{\mathrm{d}t}$$

其中 e_{TR} 是瞬时牵引能量。车辆在一个时段内所需的能量或能量变化可以通过瞬时功率方程的积分得到：

$$\int_{e_{TR}(0)}^{e_{TR}(t_f)} \mathrm{d}e_{TR} = \int_{t=0}^{t_f} P_{TR}\,\mathrm{d}t \tag{2.20}$$

$$\Rightarrow \Delta e_{TR} = t_f \overline{P_{TR}}$$

示例 2.1

电动汽车具有以下参数值：

$$m = 800\ \text{kg}, C_D = 0.2, A_F = 2.2\ \text{m}^2, C_0 = 0.008, C_1 = 1.6\times10^{-6}\ \text{s}^2/\text{m}^2,$$

此外，空气密度 $\rho = 1.18\ \text{kg/m}^3$，重力加速度 $g = 9.81\ \text{m/s}^2$。

车辆在平坦的道路上。它在 10s 内从 0 加速到 65miles/h，因此其速度曲线由下

式给出

$$v(t) = 0.29055t^2 \qquad 0 \leqslant t \leqslant 10\,\text{s}$$

a. 计算 $F_{TR}(t)$， $0 \leqslant t \leqslant 10$ s。

b. 计算 $P_{TR}(t)$， $0 \leqslant t \leqslant 10$ s。

c. 计算由于非保守力造成的能量损失 E_{loss}。

d. 计算 Δe_{TR}。

解决方案

a. 根据力平衡方程，

$$F_{TR} - F_{AD} - F_{\text{roll}} = m\frac{\mathrm{d}v}{\mathrm{d}t}$$

$$\Rightarrow F_{TR}(t) = m\frac{\mathrm{d}v}{\mathrm{d}t} + \frac{\rho}{2}C_D A_F v^2 + mg(C_0 + C_1 v^2)$$

$$= 464.88t + 0.02192t^4 + 62.78\text{N}$$

b. 瞬时功率是

$$P_{TR}(t) = F_{TR}(t) \times v(t)$$

$$= 135.07t^3 + 0.00637t^6 + 18.24t^2 \text{ W}$$

c. 由于非保守力而损失的能量是

$$E_{\text{loss}} = \int_0^{10} v(F_{AD} + F_{\text{roll}})\,\mathrm{d}t = \int_0^{10} 0.29055t^2(0.0219t^4 + 62.78)\,\mathrm{d}t$$

$$= 15\,180\text{J}$$

d. 车辆的动能为

$$\Delta KE = \frac{1}{2}m\left[v(10)^2 - v(0)^2\right] = 337\,677\text{J}$$

因此，牵引能量的变化是

$$\Delta e_{TR} = 15\,180 + 337\,677$$

$$= 352\,857\text{J}$$

练习 2.2

电动汽车具有以下参数值 $\rho = 1.16\text{kg/m}^3$， $m = 692\text{kg}$、$C_D = 0.2$，$A_F = 2\text{m}^2$，$g = 9.81$ m/s², $C_0 = 0.009$ 和 $C_1 = 1.75 \times 10^{-6}\text{s}^2/\text{m}^2$。电动汽车在 $t=0$ 时从静止开始在平坦的道路

上经历恒定的 F_{TR} 加速度。电动机能够向车轮提供的最大持续 F_{TR} 为 1548 N。

a. 求 $V_T(F_{TR})$ 并作图。

b. 如果 F_{TR}=350N，(i) 求 V_T；(ii) 绘图 $v(t)$，$t \geq 0$；(iii) 求 t_{VT}；(iv) 计算从 0 加速到 60 miles/h 所需的时间，并 (v) 计算 P_{TRpk}、$\overline{P_{TR}}$ 、Δe_{TR}，对应于加速度 0.98 V_T。

答案：

(a) $V_T(F_{TR}) = 53.2\sqrt{1.45\times10^{-3}F_{TR}-0.0883}$ m/s；

(b)(i)34.4m/s；(ii) $v(t)=34.4\tanh(1.22\times10^{-2}t)$ m/s；(iii)189s；(iv)85.6s；

(v)P_{TRpk}=11.8kW，$\overline{P_{TR}}$ =8.46kW，Δe_{TR}=1.6MJ。

2.6.2　非恒定 F_{TR}，一般加速度

在一般情况下，在非恒定 F_{TR} 和如图 2.16 所示的任意速度曲线的情况下，力可以计算为

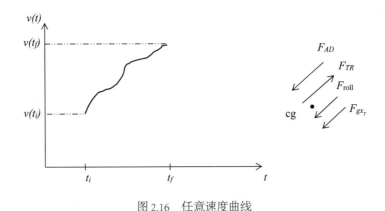

图 2.16　任意速度曲线

$$\Sigma F = m\frac{\mathrm{d}v}{\mathrm{d}t}$$

$$\Rightarrow F_{TR} - F_{AD} - F_{roll} - F_{gx_T} = m\frac{\mathrm{d}v}{\mathrm{d}t}$$

$$\Rightarrow F_{TR} = m\frac{\mathrm{d}v}{\mathrm{d}t} + mg\sin\beta + F_{AD} + F_{roll}$$

$$= m\frac{\mathrm{d}v}{\mathrm{d}t} + mg\sin\beta + \left[mgC_1 + \frac{\rho}{2}A_FC_D\right]v^2 + mgC_0$$

（2.21）

瞬时牵引功率 *PTR (t)* 为

$$P_{TR}(t) = F_{TR}(t)v(t)$$

$$= mv\frac{\mathrm{d}v}{\mathrm{d}t} + v\left(F_{gx_T} + F_{AD} + F_{roll}\right)$$

（2.22）

牵引能量的变 Δe_{TR} 是

$$\Delta e_{TR} = \int_{t_i}^{t_f} P_{TR}(t)\mathrm{d}t$$

(2.23)

$$= m\int_{v(t_i)}^{v(t_f)} v\,\mathrm{d}v + \int_{t_i}^{t_f} (v)F_{gx_T}\,\mathrm{d}t + \int_{t_i}^{t_f} (v)(F_{AD} + F_{\mathrm{roll}})\mathrm{d}t$$

驱动单元提供的能量被转化为各种形式的能量，其中一些储存在车辆系统中，而另一些则由于非建设性力而损失掉。需要注意公式 2.23 中每一项所对应的能量类型。让我们考虑方程 2.23 右边的第一项。

$$m\int_{v(t_i)}^{v(t_f)} v\,\mathrm{d}v = \frac{1}{2}m\left[v^2(t_f) - v^2(t_i)\right] = \Delta\,(\text{动能})$$

此外，

$$\int_{t_i}^{t_f} (v)F_{gx_T}\,\mathrm{d}t = mg\int_{t_i}^{t_f} v\sin\beta\,\mathrm{d}t = mg\int_{s(t_i)}^{s(t_f)} \sin\beta\,\mathrm{d}s = mg\int_{f(t_i)}^{f(t_f)} \mathrm{d}f$$

$$= mg\left[f(t_f) - f(t_i)\right]$$

$$= \Delta\,(\text{势能})$$

上述项表示垂直位移的变化乘以 mg，即势能的变化。

公式 2.23 右侧的第三项和第四项表示克服非建设性力所需的能量，包括滚动阻力和空气动力阻力。这些项所代表的能量本质上是损耗项。因此

$$\int_{t_i}^{t_f} (v)(F_{AD} + F_{\mathrm{roll}})\mathrm{d}t = E_{\mathrm{loss}}$$

若 $K_3 = mgC_0, K_4 = mgC_1 + \dfrac{\rho}{2}C_D A_F \qquad v(t) > 0,\ t_i \leq t \leq t_f$

$$E_{\mathrm{loss}} = K_3\int_{t_i}^{t_f} \frac{\mathrm{d}s}{\mathrm{d}t}\,\mathrm{d}t + K_4\int_{t_i}^{t_f} v^3\,\mathrm{d}t;$$

$$= K_3\Delta s + K_4\int_{t_i}^{t_f} v^3\,\mathrm{d}t$$

综上可得

$$\Delta e_{TR} = \frac{1}{2}m\left[v^2(t_f) - v^2(t_i)\right] + mg\left[f(t_f) - f(t_i)\right] + \int_{t_i}^{t_f} (v)(F_{AD} + F_{\mathrm{roll}})\mathrm{d}t \quad \text{或者}$$

$$\Delta e_{TR} = \Delta\,(\text{动能}) + \Delta\,(\text{势能}) + E_{\mathrm{loss}}$$

练习 2.3

具有练习 2.2 中给出的参数的车辆在 13.0s 内从 0 加速到 60 miles/h，用于以下两种加速类型：（i）恒定 F_{TR} 和（ii）均匀加速。

a. 在同一张图上绘制每种加速度类型的速度曲线。

b. 计算并比较两种加速度所需的牵引能量。

$$F_{TR} = 恒定值 = 1548N$$

答案：

（b）恒定 F_{TR} 时 Δe_{TR}=0.2752MJ；均匀加速时 Δe_{TR}=0.2744MJ。

2.7 轮胎 – 路面力学

包括牵引力在内的许多力作用在移动车辆的轮胎 - 地面接触面上。来自驱动系统的牵引扭矩通过充气轮胎和路面接触面的相互作用转化为牵引力。充气轮胎设计用于执行地面车辆的多种功能，包括支撑车辆重量，并为驾驶和制动提供牵引力。车辆的性能潜力不仅取决于驱动系统和传动系统的特性，还取决于轮胎 – 道路交界面可承受的最大牵引力（或制动力）。可持续的最大摩擦力由充气轮胎的摩擦系数决定，该系数取决于其道路附着力特性和驱动轴上的垂直负载。轮胎 – 道路界面处的牵引性能是评估车辆动态性能的基础。轮胎力学的研究有助于理解车轴和路面之间的力传递机制。这个问题很复杂，有人提出了几种理论来理解所涉及的过程 [1-3]。本书提供一个基本的概述。

2.7.1 滑动率

对车辆牵引力至关重要的摩擦力取决于轮胎滚动速度与其线性行驶速度之间的差值。轮胎滚动速度与车轮角速度有关，由下式给出

$$v_{tire} = \omega_{wh} \, r_{wh}$$

其中 w_{wh} 是车轮转速，r_{wh} 是驱动轮半径。车轮行驶速度相当于车辆平移速度 v。车辆线速度 v 和轮胎速度 v_{tire} 的大小和方向不同，如图 2.17 所示。轮胎速度和车辆速度之间的角度称为滑移角 α，如图 2.17 所示。速度差异本身是由轮胎特性和轮胎 – 道路界面处的力相互作用产生的。轮胎力不会通过一个点起作用，而是分布在轮胎与路面的接触面上。此外，沿接触片的纵向或横向力并不均匀。车辆牵引力 F_{TR} 沿纵向工作。纵向和横向力将在后面进一步讨论；首先，让我们讨论车辆在纵向上的滑移。

当牵引扭矩施加到驱动轮时，轮胎胎面逐渐进入移动车辆的接触面。由于施加在车轴上的牵引扭矩，与后端相比，轮胎接触面前端的胎面承受更大的压缩。车轮的滚动和牵引扭矩也会导致瞬时旋转中心的偏移。轮胎的侧壁同时经历剪切变形。由于压缩的作用，轮胎在受到驱动扭矩时行进的距离将小于自由滚动轮胎的距离。这导致车轮角速度和车辆速度之间的差异，这被称为纵向滑移或简称滑移。滑移率

定义为车辆线速度与车轮旋转速度之比。在数学上，车辆的滑移 s 为

$$s = \left(1 - \frac{v}{\omega_{wh} r_{wh}}\right) \qquad (2.24)$$

其中 v 是车辆速度。由于车辆速度 v 小于由车轮角速度转换成的线速度 $\omega_{wh} r_{wh}$，因此对于驱动来说，滑移率是介于 0 和 1.0 之间的正数。滑动通常用百分比表示。

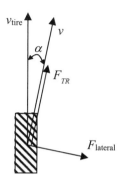

图 2.17 轮胎 – 道路接触区的速度和力

车辆速度由下式给出：

$$v = \omega_{wh} r_{wh} (1 - s)$$

在车辆制动过程中，由于施加的制动扭矩，轮胎会受到类似的压缩，车辆速度和车轮角速度会出现差异，从而使车辆停止。制动过程中的滑移如下式所示：

$$s = \left(1 - \frac{\omega_{wh} r_{wh}}{v}\right) \qquad (2.25)$$

2.7.2 轮胎 – 道路界面处的牵引力

车轴的旋转运动在轮胎–道路界面处转换为车辆的线性运动，以实现车辆运动。当通过车轴在驱动轮上施加扭矩时，在轮胎 – 路面接口处会产生与牵引扭矩成比例的摩擦力。如前面所述，轮胎上的力并不局限于一点，而是由分布在接触面中的轮胎胎面的各个点施加的法向应力和剪切应力的合力。轮胎下的应力沿轮胎–道路接口处的二维接触面在 x 和 z 方向上分布不均匀。这种二维应力分布会产生纵向和横向力。纵向和横向力可通过将接触面上的剪切应力积分得到。纵向力是决定车辆前进速度的牵引力。我们将集中讨论纵向力。该力在本章前面被称为牵引力 F_{TR}。

图 2.18 显示了车轮上的力和轮胎–道路界面处的应力分布。应力分布和合力

与轮胎－道路界印记的接触面面积有关。围绕车轮和轴旋转工作的牵引扭矩 T_{TR} 产生车轮角速度 ω_{wh}，该牵引扭矩主要负责轮胎－道路界面处的分布压力或应力。接触界面的纵向应力分布产生了牵引力。此外，在垂直 y 方向的车轮轴上承受的重量也会产生法向应力。由于轮胎在轮胎－道路界面处的变形，垂直或正压力向前移动。因此，道路反作用力的质心向前移动，与车轮的旋转轴未对齐。这导致了滚动阻力 F_{roll}。图 2.18 还显示了滚动轮胎接触区的法向应力分布。在接触面区域上分布的正应力导致法向的道路反作用力 F_{gy_T}。法向力 F_{gy_T} 在确定牵引力极限方面起着重要作用，本节后面将讨论这一点。

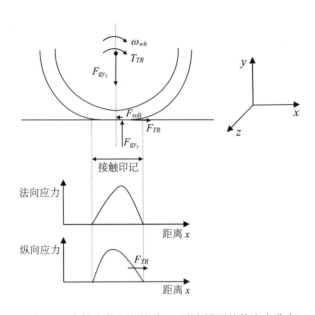

图 2.18　车轮上的力和轮胎 – 道路界面处的应力分布

2.7.3　轮胎 – 道路界面处力的传递

轮胎－道路界面可以被认为是负责产生牵引力的齿轮机构。车轮的旋转运动转化为车辆的线性运动可与图 2.19 所示的滚珠丝杠装置进行比较，滚珠丝杠装置是一种齿轮机构，用于将旋转运动转化为直线运动，同时传递力。动力是从旋转齿轮传递到线性齿轮，后者保持静止。旋转齿轮由旋转电机沿其旋转轴驱动，从而使电机和齿轮的旋转系统变为沿齿条的直线移动。在该系统中，当旋转电机施加扭矩时，齿轮系中产生摩擦力，帮助旋转系统向前或向后移动。这种类型的摩擦力使得车辆能够沿着路面驱动，只是使用充气轮胎和铺砌的路面来产生摩擦力，已标记为牵引力 F_{TR}。

两种机制有助于车辆轮胎－道路界面处的摩擦耦合，这些是黏着和滞后[3]。图 2.20 显示了由于车辆驱动扭矩而在轮胎－路面接口产生的黏着和滞后摩擦力。道路的黏着摩擦力源于橡胶和表面混凝土填料之间的分子间键。在微观层面上，路面并不光滑，而是具有表面混凝土填料的波峰和波谷，如图 2.20 所示。黏着摩擦在干燥路面中占主导地位，但在潮湿条件下作用减少。滞后是橡胶在道路表面填料上滑动时的变形。摩擦分量来自滞后引起的能量损失。水不会显著影响滞后摩擦。具有改进的湿牵引力的轮胎在胎面中设计有高滞后橡胶。

　　由于轮胎特性和力的相互作用，黏性和滞后摩擦力在很大程度上取决于轮胎－道路界面处的轮胎变形。轮胎变形导致车辆纵向滑移，而车辆滑移本身对车辆牵引力影响非常大。滑移决定了轮胎－路面界面能够承受的牵引力。因此，一定程度的滑移对车辆牵引至关重要，但过大的滑移会降低牵引力极限值。

图 2.19　用于将旋转运动转换为直线运动的滚珠丝杠齿轮装置

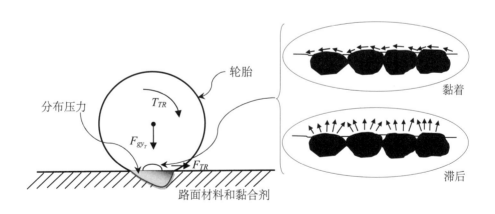

图 2.20　滚动轮胎上轮胎－道路界面处的力

2.7.4 四分之一汽车

运动定律的研究往往从考虑四分之一汽车开始，即汽车的四分之一。四分之一汽车模型如图 2.21 所示。四分之一汽车模型允许分别分析驱动（动力）车轮和从动（非动力）车轮的行为。此外，由于底盘和车轮动力学是分开处理的，如果考虑到力的垂直分量，该模型对于研究悬架动力学特别有用。

使用与第 2.3 节相同的假设，应用于底盘的牛顿第二运动定律的 x 分量为

$$F_{Rw} - F_{AD} - F_{gx_T} - F_{Rr} = m\frac{\mathrm{d}v}{\mathrm{d}t} \tag{2.26}$$

其中，F_{Rw} 是车轮和底盘之间交互的反作用力，m 是底盘四分之一的质量，F_{Rr} 是汽车前部和后部之间的反作用力，如图 2.22 所示。由于此处不分析悬架动力学，因此省略了 y 轴上的部件。

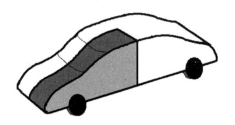

图 2.21 四分之一汽车模型

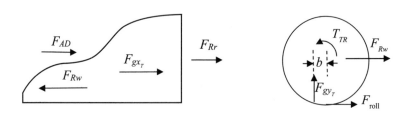

图 2.22 四分之一车型中底盘的 x 轴力分量以及车轮的力和扭矩

车轮动力学可以通过力和扭矩的平衡来实现

$$-F_{Rw} - F_{\mathrm{roll}} = m_w\frac{\mathrm{d}v}{\mathrm{d}t} \tag{2.27}$$

$$T_{TR} - F_{gy_T}b + F_{\mathrm{roll}}r_{wh} = J_w\frac{\mathrm{d}\omega_{wh}}{\mathrm{d}t} \tag{2.28}$$

其中 T_{TP} 是驱动或牵引扭矩，m_w 是车轮质量，r_{wh} 是车轮半径。后轮的 T_{TR} 为 0。牵

引力是电动汽车中的电动机以及混合动力汽车中电动机和内燃机的组合提供的力，用以克服道路负载。

将公式 2.27 和 2.28 代入公式 2.26，我们可以得到

$$\frac{T_{TR}}{r_{wh}} - F_{gy_T}\frac{b}{r_{wh}} - F_{AD} - F_{gx_T} - F_{Rr} = (m+m_w)\frac{\mathrm{d}v}{\mathrm{d}t} + \frac{J_w}{r_{wh}}\frac{\mathrm{d}\omega_{wh}}{\mathrm{d}t} \qquad (2.29)$$

可以很容易得出结论，公式 2.29 中的道路荷载力与公式 2.1 中具有相同的分量，并且 T_{TR}/r_{wh} 起着牵引力的作用。为了加速车辆，牵引力必须克服滚动阻力、空气动力负载、重量分量和车辆后部的等效力。公式 2.29 的右侧可以简化为

$$(m+m_w)\frac{\mathrm{d}v}{\mathrm{d}t} + \frac{J_w}{r_{wh}}\frac{\mathrm{d}\omega_{wh}}{\mathrm{d}t} = k_m m\frac{\mathrm{d}v}{\mathrm{d}t} \qquad (2.30)$$

式中 $k_m m\dfrac{\mathrm{d}v}{\mathrm{d}t}$ 是一种等效惯性力，考虑了四分之一车辆的平移质量加上旋转质量的惯性。最终，切向运动动力学方程的一般形式与公式 2.5 是相同的形式：

$$k_m m\frac{\mathrm{d}v}{\mathrm{d}t} = F_{TR} - F_{RL} - F_{Rr} \qquad (2.31)$$

其中 k_m 是转动惯量系数。在公式 2.30 中，取决于滑移率值，车轮的切向速度也可能不同于车轮的旋转速度。

2.7.5 牵引力限制与控制

轮胎－道路界面所能承受的最大滚动阻力取决于车辆滑移率和车轮上的垂直载荷。与滑动率有关的摩擦系数 $\mu(s)$ 和垂直载荷将车轮上的滚动阻力定义为

$$F_{\mathrm{roll}}(s) = \mu(s)F_{gy_T}$$

式中，F_{gy_T} 是车轮上的法向力。

因此，车轮公式可以改写为

$$-F_{Rw} - F_{\mathrm{roll}}(s) = m_w\frac{\mathrm{d}v}{\mathrm{d}t}$$

$$T_{TR} - F_{gy_T}b + F_{\mathrm{roll}}(s)r_{wh} = J_w\frac{\mathrm{d}\omega_{wh}}{\mathrm{d}t}$$

对于固定滑移角，典型的纵向和横向力摩擦系数是滑移率的函数，如图 2.23 所示。接触面中的牵引力极限在开始时几乎与滑移率成线性增加，因为轮胎花纹的大部分在没有明显打滑的情况下工作最有效。牵引力极限在约 20% 的滑移率下达到峰值。牵引力极限和滑移率之间的关系在峰值之后变得非线性；当滑移率达到 100% 时，车辆仅在没有任何线转速的情况下滑动。

在干燥路面上，牵引力极限峰值为垂直荷载的 80%~90%。峰值摩擦系数 μ_p 定义了该极限。滑动达到 100% 时的摩擦系数称为滑动系数 μ_s。尽管曲线形状保持不变，但摩擦系数随路况而变化。表 2.1 给出了几种地面条件下的标称峰值和滑动摩擦系

数。结冰路面的峰值摩擦系数和滑动摩擦系数将远小于干燥路面，这意味着在相同的驱动系统牵引扭矩下，车轮将更容易打滑。在车轮打滑的情况下，即使车轮上有牵引扭矩，由于较低的摩擦力限制，轮胎 – 道路界面不能产生牵引力。峰值出现的位置取决于滑移角。对于较小的滑移角，峰值出现在较小的滑移率处。

牵引力控制系统（TCS）集成在当今的车辆中，用于控制纵向和横向力。纵向控制算法限制牵引力以防止打滑。横向控制是通过将偏航运动保持为零来实现的。这可以通过例如控制转向角来实现。四驱车各车轮独立防滑，大大提高了横向稳定性。牵引系统的动力学是高度非线性和时变的，因此，基于模型的 TCS 的设计也是非线性和时变的。设计此类系统的主要困难是实时估计不同轮胎和路面的摩擦系数与滑移特性。

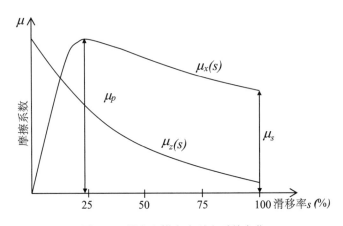

图 2.23 纵向和横向牵引力系数变化

表 2.1 标称纵向峰值和滑动摩擦系数

表面	峰值系数 μ_p	滑动系数 μ_s
沥青和混凝土（干燥）	0.9	0.75
混凝土（湿）	0.8	0.7
沥青（湿）	0.6	0.5
沙砾	0.6	0.55
雪	0.2	0.15
冰	0.1	0.07

2.8 驱动系统设计

稳态最大速度、最大坡度和速度方程可在设计阶段用于确定特定车辆的功率要求。

让我们考虑初始加速度的牵引功率要求，它在确定驱动装置的额定功率方面起着重要作用。初始加速度是指在 t_f 时间内，速度从 0 达到 v_f。设计问题是从一组变量开始求解 F_{TR}，这些变量包括车辆质量、滚动阻力、空气动力阻力系数、坡度百分比、

车轮半径等，其中一些是已知的，而另一些则必须假设。根据这些变量，车辆的加速度由下式给出

$$a = \frac{dv}{dt} = \frac{F_{TR} - F_{RL}}{m} \tag{2.32}$$

电动汽车电机的牵引力输出或混合动力汽车电机和内燃机的组合将是车速的函数。此外，道路负载特性也是速度的函数，因此需要求解超越方程，以确定来自驱动单元的所需牵引功率。其他设计要求在确定牵引力方面也起着重要作用。该问题最好通过计算机模拟进行处理，其中第 2.5 节和第 2.6 节中的各种公式可以迭代使用，以计算给定规格下驱动装置的牵引力和功率要求。

从本章讨论的场景中获得的洞察力将在下一章中用于确定电动和混合动力车辆的电动机和内燃机的额定功率。

问题

2.1

一段道路是笔直的，它在 x–y 平面上的轮廓由下式描述

$$f(x) = 200 \ln\left[7.06 \times 10^{-4} (x + 1416) \right]$$

其中 $0 \leqslant x \leqslant 3\text{miles} = 15\,840\text{ft}$；$f(x)$ 和 x 以 ft 为单位。

a. 绘制在 x–y 平面内的道路曲线图，长度为 $0 \leqslant x \leqslant 15\,840\text{ft}$。

b. 推导出 $\beta(x)$ 的表达式。计算 β（500ft）。

c. 推导出坡度百分比（x）的表达式。计算坡度百分比（500ft）。

d. 推导切线道路长度 $s(x)$ 的表达式，使 $s(0) = 0$。计算 s（500ft）

e. 你能找到 $x(s)$ 的表达式吗？也就是说，你能把 x 表示成 s 的函数吗？展示你尝试的一些步骤。

2.2

直线道路在 x–y 平面上的曲线如下所示：

$$f(x_f) = 4.1\sqrt{x_f} \quad , \quad 0 \leqslant x_f \leqslant 2\,\text{miles} = 10\,560\,\text{ft}$$

$f(x_f)$ 和 x_f 以 ft 为单位。

a. 推导出 $\beta(x_f)$ 的表达式。计算 β（1mile）。

b. 计算切向道路长度，为 0~2miles。

2.3

某电动汽车具有以下参数值：

m=692kg, C_D=0.2, A_F=2m^2, C_0=0.009, C_1=1.75×10^{-6}s^2/m^2

另外，取 ρ=1.16kg/m^3，g = 9.81 m/s^2。

a. 电动汽车静止，在坡度为 +15% 的道路上的一个停车标志处停车。

车辆的牵引力由车辆制动器提供。

i．计算零滚动阻力（车辆静止）所需的牵引力。

ii．计算防止电动汽车在斜坡上滚动的制动器所需的最小牵引力

b．电动汽车在坡度为 –12% 的道路上以恒定速度行驶。

i．在同一图表上，绘制 $0<v\leqslant180$miles/h 时切向重力（F_{gx_r}）、空气动力阻力（F_{AD}）和滚动阻力（F_{roll}）的大小。在这个速度范围内，F_{gx_r} 占主导地位吗？F_{AD} 什么时候占主导地位？F_{roll} 什么时候占主导地位？在图表上标记这些区域。

ii．推导出作为速度函数的牵引力的表达式。将此表达式绘制在其自己的图上。牵引力总是在同一个方向吗？

2.4

显示所有步骤，导出并绘制恒定 F_{TR} 恒定坡度加速度的速度曲线，即 $v(t)$。（恒定坡度意味着 β 是恒定的，但不一定为零）给定：

（1）电动汽车在 $t=0$ 时从静止开始。

（2）F_{gx_r} 和 F_{TR} 的合力足以克服滚动阻力，从而使电动汽车移动。

（3）$v(t)\geqslant0$，$t\geqslant0$。

重力对速度曲线有什么影响？

2.5

车辆在 10s 内从 0 加速到 60miles/h，速度曲线由下式给出

$$v(t)=20\ln(0.282t+1)\text{m/s，}\quad0\leqslant v\leqslant10\text{s}$$

车辆行驶在平坦的道路上。对于问题，使用问题 2.3 中给出的参数。

a．计算并绘制 $F_{TR}(t)$ 和 $P_{TR}(t)$，$0\leqslant v\leqslant10$s。

b．计算 Δe_{TR}。ΔKE 是多少 Δe_{TR}？E_{loss} 是多少？

2.6

使用问题 2.3 中给出的车辆参数，计算并在同一张图上绘制稳态 F_{TR} 与 v 的特性，$\beta=\pm4°$，$–60$miles/h $\leqslant v\leqslant60$miles/h，$v\neq0$。

2.7

如图 P2.7 所示，一名电动汽车赛车手将尝试跳过 5 辆城市公交车。车辆将在距起飞坡道起点 100m 的位置从静止起步。车辆将均匀加速，直到到达起飞坡道的末端，此时它将以 100 miles/h 的速度行驶。车辆具有以下参数值：

$m=692$kg，$C_D=0.2$，$A_F=2$m^2，$C_0=0.009$，$C_1=1.75\times10^{-6}$s^2/m^2

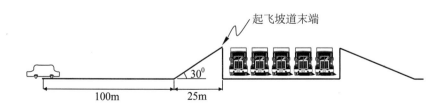

图 P2.7

此外，取空气密度 ρ=1.16 kg/m^3，重力加速度 g=9.81m/s^2。

a. 绘制并标记车辆从开始到到达起飞坡道末端的速度曲线。车辆到达起飞坡道末端需要多长时间？

b. 从起飞坡道的起点到终点，计算重力势能的变化。

c. 计算起飞坡道从起点到终点的能量损失 E_{loss}，前提是在此期间 Δe_{TR}=8.28×10^{5}J。

2.8

车辆参数如下所示：

车辆质量 =2000kg；

驾驶员 / 一名乘客 =80kg；

滚动阻力系数，C_0=0.01；

车轮半径，r_{wh}=0.3305m；

空气动力阻力系数，C_{AD}=0.45；

正面面积，A_F=2.5m^2。

当车辆达到驱动装置的最大功率限制时，车辆在 0.5% 的道路坡度上以 5s 的时间从速度 0 加速至 21m/s。然后车辆在恒定功率模式下加速再持续 7s。最大功率限制为 145kW。

a. 写出给定条件下恒功率加速度的 dv/dt 方程。

b. 总共 10s 后的速度是多少？

c. 如果道路坡度在 10s 时变为 4%，12s 时的速度是多少？

2.9

a. 当车速为 60 miles/h 且车轮滑移率为 15% 时，找出问题 2.8 中给出的车辆车轮速度。

b. 作为车轮滑移率函数的摩擦系数由下式给出：

$$\mu(s) = \mu_{pk}\left[a(1-e^{-bs})-cs\right]$$

干燥路面上的摩擦系数参数如下：

$$\mu_{pk} = 0.85,\ a = 1.1,\ b = 20,\ c = 0.0035$$

计算问题 2.8 中车辆，有一名驾驶员和一名乘客的情况下，在 1% 坡度上，滑移率为 15% 时的牵引力限值。

参考文献

[1] J.Y. Wong, Theory of Ground Vehicles, John Wiley & Sons, Inc., Hoboken, NJ, 2008.

[2] W.E. Meyer and H. W. Kummer, "Mechanism of Force Transmission Between Tire and Road," SAE Publication No. 490A, National Automobile Week, March 1962.

[3] T.D. Gillespie, Fundamentals of Vehicle Dynamics, SAE International, Warrendale, PA, 1992.

车辆架构与设计 3

　　替代传统内燃机车辆（ICEVs）的先进车辆技术中，常见的驱动部件是电动动力系统。电动汽车（EVs）、混合动力电动汽车（HEVs）、插电式混合动力汽车（PHEVs）和燃料电池电动汽车（FCEVs）都具有电动动力系统组件，无论它们是否具有另一个配备发动机的机械动力系统组件。电动汽车和混合动力汽车中不同动力系统组件的相对布置称为汽车的架构。探索和开发新配置的动机是更好地降低碳排放和增强的驾驶体验。

　　纯电动汽车（BEVs）的结构配置最简单，动力系统由电机、电力电子转换器和变速器组成。在混合动力电动汽车（HEVs）中，有一个额外的动力系统，以及至少 2 个燃料源，分别供给各自的能量转换器。因此，HEVs 提供了各种不同类型的动力系统架构的可能性。本章介绍这些替代车辆技术的架构和设计。本章首先介绍电动汽车中使用的部件及其尺寸。讨论混合动力架构的分类和混合动力电动汽车的部件尺寸。本章还介绍插电式混合动力汽车（PHEVs）和燃料电池电动汽车（FCEVs）的特点。燃料电池和燃料电池汽车的更多细节见第 6 章。

　　替代车辆的燃料可以来自化石燃料的替代品。许多这些车辆还使用替代燃料和传统燃料的组合。通过使用现代电池技术，电动汽车似乎仅使用单一替代燃料运行，但最终来源可能是传统的化石燃料，这取决于为电池充电的电力是如何产生的。电池也可以由风能、太阳能和水力等可再生能源充电。

3.1　电动汽车

　　电动汽车，如第 1 章所定义，具有便携式能源，牵引力仅来自一台或多台电机。仅由一台或多台电机驱动的 BEV 具有最简单的架构，无须功率混合。电动汽车系统的详细结构及其各个组件之间的相互作用如图 3.1 所示。电动汽车系统的主要部件是电机、控制器、电源和变速器。

　　电化学电池一直是电动汽车的传统能源。1996 年，第一款商用电动汽车 Saturn EV1 使用了铅 / 酸电池，但从那时起，该技术已向镍氢和锂离子电池发展。一旦电池的可用能量因使用而接近耗尽，电池需要一个充电器来恢复储存的能量。电池驱动汽车的有限续航里程问题促使人们寻找替代能源，例如燃料电池和飞轮。在过去的 20 年中，使用燃料电池开发了原型车和多种车型，但同时电池技术也取得了显著进步。已经出现了几种不同类型的锂离子电池化学成分，它们同时用于电动汽

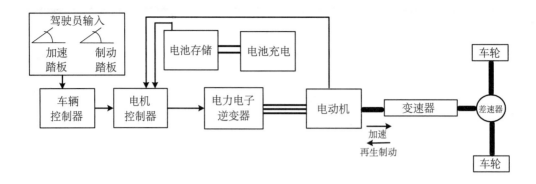

图 3.1   电动汽车系统的主要电气元件和选择

车和混合动力汽车。

　　近年来开发的电动汽车是基于感应电机或永磁电机。在电动汽车的早期开发阶段，使用了直流电机，但直流电机的许多缺点使电动汽车开发人员开始研究各种类型的交流电机。感应电机的无稀土材料、免维护和低成本特性吸引了一些开发商。感应电机的高速运行会带来尺寸和重量方面的损失，尽管最近关于电动汽车用感应电机重新评定的研究甚至在高速范围内也开辟了新的前景。永磁电机的高效率和高功率密度特性使其成为电动汽车应用的一个有吸引力的解决方案，除非开发出高能量永磁体的低成本选项，否则永磁体的成本在未来可能会变得令人望而却步。开关磁阻电机的高功率密度和潜在的低成本使其非常适合电动汽车应用。然而，到目前为止，噪声问题一直是电动汽车中使用开关磁阻电机的阻碍因素。电机设计不仅包括电机的电磁方面，还包括热和结构方面的考虑。今天的电机设计任务得到了有限元研究和各种计算机辅助设计工具的支持，使得设计过程变得高效。

　　电机由基于电力电子的功率处理单元驱动，该单元将电源提供的固定直流电压转换为可变电压、变频电源，以保持车辆的预期工作点。电力电子电路由电力半导体器件组成，在过去 30 年中取得了巨大的发展。电力电子使能技术是开发高效、高性能电动汽车动力系统的关键驱动力。电力固态器件和超大规模集成电路（VLSI）技术的进步推动了高效紧凑电力电子电路和电子控制单元的发展。紧凑型封装的大功率器件如今已上市，可用于开发电机驱动器轻巧高效的功率处理单元。高速数字信号处理器或微处理器的发展使复杂的控制算法能够以高精度实现。该控制器包括用于内环电机驱动和外环系统级控制的算法。

3.2　混合动力电动汽车

　　"混合动力汽车"一词一般指的是具有 2 种或 3 种不同类型的动力源的车辆，这些动力源向车轮提供驱动动力。最常见的混合动力汽车有 1 个内燃机和 1 个或多个用于车辆驱动的电机。内燃机可用于"车载"发电，为电机提供动力。能量存储装置为作为发电机运行的电机和作为电动机运行的电机之间的电能流提供缓冲。电机既可以用作电动机，也可以用作发电机。只有一台电机的车辆架构可将其用于发电和车辆驱动；限制条件是，发电和电力驱动不可能同时进行。在混合动力车辆中，牵引电机可以独立运行，也可以与内燃机联合运行，根据车辆架构类型为车轮提供动力。本节讨论的主题是混合动力电动汽车的基本架构。

混合动力汽车有几种分类方法，最常见的方法是基于能量流从其存储器流向车轮的动力传输路径。在混合动力车辆中，驱动动力通过机械动力传输路径或电力传输路径或两者的组合传输到车轮。机械路径由内燃机和变速器组成，而电气路径由储能系统、发电机、驱动电机和变速器组成。车辆动力系统设计用于满足车辆基本负载要求以及加速和启动期间的峰值负载要求。混合动力传动系统部件在动力传输路径中的排列方式，产生了基于架构的混合动力，称为串联、并联和串并联混合动力。

混合动力汽车也可以根据混合程度分为轻度、动力和能源混合动力汽车。该分类基于与传统车辆的动力系统大小规格的差异。从轻度混合动力汽车到能源混合动力汽车的发展与发动机的小型化以及电气和储能部件的大型化程度有关。

混合动力汽车也分为电量消耗型或电量保持型混合动力车，具体取决于储能设备是否需要从外部电源充电，或者是否通过其车载发电自我保持。电动汽车（BEVs）是电量消耗车辆的一个极端例子，它没有任何车载发电能力。插电式混合动力汽车（PHEVs）也是电量消耗型混合动力车的例子。这些车辆在一定距离内以纯电动模式运行，然后在更长距离内作为混合动力运行。PHEVs 本质上是 HEVs，但具有足够大的储能系统，如果该系统耗尽其电荷，需要插入电源以恢复纯电动模式下的运行。电量保持型车辆，例如市售的混合动力商用汽车，具有较小容量的储能系统；车载内燃机和发电机足以恢复其储能装置中的电量。电量保持混合动力汽车永远不需要插入式充电。

3.2.1 基于架构的混合动力汽车

3.2.1.1 串联和并联混合动力

混合动力汽车（HEVs）由两种基本配置演变而来：串联和并联。串联混合动力只有一个能量转换器可以提供驱动力的混合动力。内燃机在此配置中充当原动机来驱动发电机，该发电机为电池或能量存储链路和驱动电机提供电力。串联 HEVs 的部件排列如图 3.2 所示。

并联混合动力汽车有多个能量转换装置可以向车轮提供驱动力。内燃机和电动机与机械联轴器并联配置，该联轴器将来自两个来源的扭矩混合在一起。并联混合动力汽车的部件排列如图 3.3 所示。

串联混合动力汽车 HEVs 是更简单的类型，其中只有电动机为车轮提供所有驱动动力。缩小尺寸的内燃机驱动发电机，该发电机补充电池电量，在电池荷电状态（SoC）低于特定值时对其进行充电。驱动车辆所需的动力仅由电动机提供。除了内燃机和发电机之外，驱动系统与电动汽车完全一样；电动机功率要求与电动汽车完全相同。

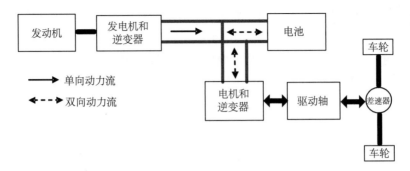

图 3.2　串联混合动力汽车动力传动系统

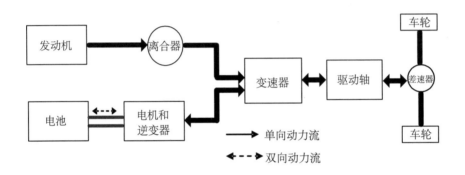

图 3.3　并联混合动力汽车动力传动系统

　　串联配置的缺点是电气牵引电机的尺寸，其额定值必须满足车辆的最大功率要求。如果发动机与电机并联使用，为车轮提供动力，则可以消除该缺点。这称为并联架构，其中内燃机和电动机都通过变速器和离合器连接到驱动轴。在并联式混合动力汽车中，电动机功率要求低于纯电动汽车或串联式混合动力汽车的功率要求，因为内燃机补充了车辆的总功率需求。驱动动力可以由内燃机单独提供，也可以由电池 – 电动机组提供，也可以由两个系统组合提供。

　　串联和并联混合动力车有多种类型。车辆的任务和该任务的最佳设计决定了选择。如果基本上是一款带有内燃机辅助的混合动力汽车，以达到可接受的续航里程，那么可以选择带有内燃机的串联混合动力汽车，以确保电池始终处于充电状态。另一方面，如果混合动力汽车基本上是一种具有内燃机汽车几乎所有性能特征和舒适性，但排放和燃油消耗标准较低的汽车，那么可以选择并联配置。并联混合动力汽车的性能在各方面都与传统汽车相当。然而，一些串联混合动力汽车的性能也与内燃机汽车一样。

串联混合动力架构的优点可以总结如下：

• 发动机 – 发电机组布置灵活。

• 传动系统简单。

• 适合有走走停停交通的短途旅行。

串联混合动力架构的缺点如下：

• 它需要 3 个驱动部件：内燃机、发电机和电动机。

• 电机的设计必须满足车辆可能需要的最大持续功率，例如爬坡时。然而，车辆大部分时间都在低于最大功率运行。

• 所有 3 个传动系部件的尺寸都需要为长距离持续高速驾驶提供最大功率。这是必需的，因为电池电量会很快耗尽，剩下内燃机通过发电机提供所有动力。

并联混合架构的优点如下：

• 它只需要 2 个驱动部件：内燃机和电动机 / 发电机。 在并联混合动力中，电动机可用作发电机，反之亦然。

• 可以使用更小的发动机和更小的电机来获得相同的性能，直到电池耗尽。 对于短途任务，假设电池永不耗尽，两者都可以额定为最大功率的一半提供总功率。对于长途旅行，发动机的额定功率可能是最大功率，而电动机 / 发电机的额定功率仍可能是最大功率的一半甚至更小。

并联混合架构的缺点如下：

• 控制复杂性显著增加，因为必须从两个并联能源调节和混合功率流。

• 内燃机和电动机的动力混合需要复杂的机械装置。

有一种更简单的架构，减少了组件，能够提供良好的加速性能，就是"通过道路"式并联架构。这种结构有一台发动机为前轮提供动力，一台电机为后轮提供动力。发动机是车辆的主要驱动装置，而电机用于负载均衡，在加速期间提供驱动功率，并在减速期间通过再生捕获车辆动能。当储能装置中的电量降至设定水平以下时，发动机被指令提供额外扭矩，以满足驾驶员所需的扭矩。通过将后部电机作为发电机运行，发动机提供的额外能量用于为储能装置充电。动能通过道路从发动机传递到电机，因此得名通过道路。这种电量保持机制可能没有那么有效，但这种结构非常简单，不需要耦合装置来混合发动机和电动机的扭矩。通过两个驱动装置的并联运行，车辆可以提供良好的加速性能；与同样大小的内燃机车辆相比，燃油效率也可以提高 20%~30%。此外，该架构还提供了四轮驱动功能。

3.2.1.2　串联 – 并联混合动力

并联混合动力架构更适合乘用车，其中电动机和内燃机可以并联运行，以在需要更高功率时提供高性能[1]。另一方面，串联混合架构配备了小型输出发动机，可以始终在其最有效的运行区域运行以产生电力。输出的电能可直接用于驱动驱动电机或为储能系统充电。串联混合动力车辆往往很重，并且通常难以满足加速要求，因为动力系统部件的尺寸需要针对电量保持操作的最大连续输出功率进行调整。

先进的混合架构将串联和并联架构的优点结合到具有电量保持能力的串联 – 并联混合架构中[1-2]。在这些组合混合动力汽车中，内燃机也用于为电池充电。该架构相对更复杂，与串联混合动力相比，涉及额外的机械链接和控制，与并联混合动力相比还需要额外的发电机。该车辆主要是并联混合动力汽车，但在架构中添加了一个小型串联元件。小型串联元件可确保电池在长时间等待期间（例如在红绿灯或交通拥堵中），确保蓄电池保持电量。串并联架构的控制器有效地利用内燃机发动机和电动机，通过灵活适应驾驶条件来提供最大能力。

　　串联 – 并联架构的应用之一是商用混合动力汽车丰田普锐斯 Prius。车辆架构使用由 Equos Research [3-4] 的日本研究人员开发的机械动力分配装置。动力系统中的紧凑型驱动桥设计集成了两个电动机，以简化在同一生产工厂中传统车辆和混合动力车辆的制造，而无须对同一装配线进行重大改动。目前市场上的大多数串联 – 并联混合动力乘用车都在前变速驱动桥上安装有 3 个动力装置（1 台发动机和 2 台电机）。动力分配装置使用行星齿轮组将发动机的输出分成机械和电气传输路径。图 3.4 显示了基于丰田普锐斯混合动力设计的串联 – 并联架构中的部件布置。动力分配装置根据行驶条件将来自内燃机的动力通过驱动轴和发电机分配给前轮。通过发电机的功率用于给电池充电。电动机还可以与内燃机并联地为前轮提供动力。逆变器是双向的，用于从发电机为电池充电或调节电动机的功率。对于短时间的加速，动力可以从内燃机和电动机传送到驱动轴。中央控制单元使用来自各种传感器的多个反馈信号来调节系统的功率流。

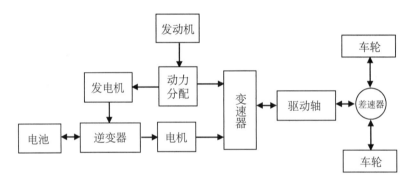

图 3.4　串联 – 并联组合混合动力汽车

　　与串联或并联混合动力汽车相比，串联 – 并联混合动力汽车能够为类似尺寸的动力系统组件提供持续的高输出功率。串联 – 并联车辆可以在串联、并联和功率分配模式的所有 3 种模式下运行。串联 – 并联混合动力汽车的控制策略设计具有更大的灵活性，可带来更好的燃油经济性和更低的排放。

3.2.1.3　串联 – 并联 2 × 2 混合动力

　　图 3.5 显示了具有 2 个电机、1 个内燃机和 1 个电池储能系统的串联 – 并联 2×2 车辆架构。该架构提供了与上一节中描述的串联 - 并联架构相同的特性，但具备固有的四轮驱动能力。发动机通过变速器连接到一组车轮，通常是前轮。一个电机机械地连接到发动机，而另一个电机连接到另一组车轮，通常是后轮。前置式电

机或发电机多用于发电和启动。后置电动机用于再生制动和牵引。发动机用于牵引，也用于为发电机提供动力。在加速过程中，发动机为前轮提供动力，而后置电机为后轮提供动力。然而，在峰值加速需求期间，前电机可以作为电动机运行以增加前轴的扭矩。前轴和后轴之间的扭矩混合是通过电子控制实现的，不需要像普锐斯系列并联架构中那样的任何机械动力分配装置。串联 – 并联 2×2 的缺点是控制算法的复杂性以及前后轴动力系统组件的安装要求。

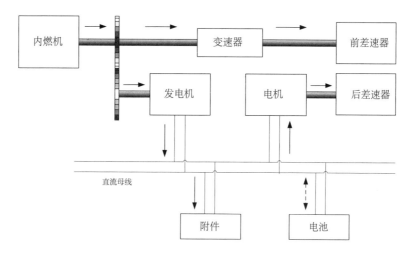

图 3.5　串并联 2×2 车辆架构

3.2.2　基于变速器系统的混合动力汽车

3.2.2.1　变速器前和变速器后混合动力汽车

　　根据机械变速器相对于电力驱动的位置，混合动力汽车可分为变速器前混合动力和变速器后混合动力。在变速器前配置中，电动机和内燃机的输出在机械变速器之前通过机械联轴器连接。变速器将电驱动和内燃机的组合输出与车速相匹配。图3.3 所示的并联混合动力架构是一种变速器前传输配置。图 3.4 所示的串联 - 并联架构也是一种变速器前传输配置。图 3.6 显示了使用行星齿轮组的串联 - 并联构；"R""P"和"S"表示连接 3 个动力系统部件的行星齿轮组的"齿圈""行星轮"和"太阳轮"齿轮。行星齿轮组输出轴通过传动轴和主减速器向车轮提供动力。机械传动部件包括变速器，位于主减速器和动力驱动部件（内燃机、电动机和发电机）之间，这构成了变速器前混合配置架构。这种无换挡、无离合器、带行星齿轮组的变速器前配置是最流行的乘用车混合动力配置。行星齿轮组扭矩 - 速度关系将在后面第 14 章介绍。

　　在变速器后混合动力配置中，电动机连接到变速器的输出轴。齿轮箱可用于匹配变速器输出速度，该速度在整个车速范围内变化，如图 3.7 所示。因采用齿轮联轴器，电机可以比车速更高的速度运行，但电机驱动必须跨越车辆的整个速度范围。因此，变速器后配置的电机需要具有较宽的恒功率转速范围（CPSR），最好在最高转速和基速之间具有 4：1 或更高的比率。该配置对主减速器带来了部件封装挑战和连接问题；与车轮的持续啮合会导致某些类型的电机出现空载旋转损失。带车轮或轮毂电机的混合动力车辆具有类似的变速器后配置。轮毂电机需要高扭矩、低速电机，直接安装在车轮上，无须任何匹配变速器或齿轮。轮毂电机导致更高的非簧载质量；电机会受到更高水平的振动和温度的影响，也容易受到水、沙、灰尘、盐和砾石等环境影响。

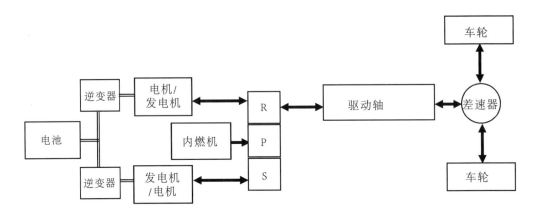

图 3.6   变速器前混合动力配置动力分配

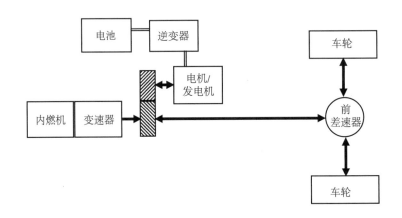

图 3.7   并联变速器后混合动力配置

3.2.2.2   P0~P4 混合动力架构

电力驱动器内的电机是电气系统和车辆系统之间的连接，变速器前和变速器后的布置概括定义了电力驱动器相对于变速器的位置。根据电机和传动系统之间的连接类型（例如皮带、集成或齿轮啮合），行业将变速器前和后传动装置的配置进一步分类为 P0、P1、P2、P3 和 P4 架构。P0、P1 和 P2 架构是变速器前传输类型，而 P3 和 P4 架构是变速器后传输类型。下面描述了 4 种基于连接类型的架构，它们的配置以图形方式显示在图 3.8 中。

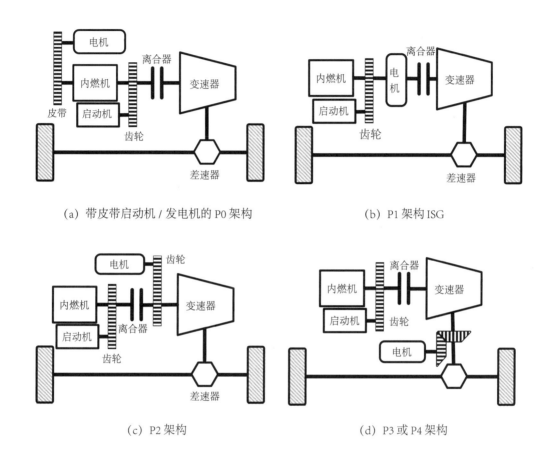

图 3.8　混合动力汽车 P0 ~ P4 架构

　　P0—— 电机通过前端的皮带与内燃机相连，作为传统交流发电机的替代品，此电机具有更高的额定功率和再生能力。这种电机也称为皮带启动器发电机（BSG）。

　　P1—— 电机通过齿轮组连接在内燃机的曲轴侧。这是一种集成启动发电机 (ISG) 布置。 P0 和 P1 架构都不允许电机与内燃机的机械连接断开。

　　P2—— 电机通过皮带或齿轮组连接到变速器侧面，并通过以内燃机转速旋转的离合器或以内燃机转速倍数旋转的齿轮组与内燃机分离。带行星齿轮组连接的变速器前混合动力汽车为 P1 或 P2 型。

　　P3—— P3 是一种变速器后配置，电机通过齿轮啮合与变速器连接。电机与内燃机分离，并以车轮速度的倍数旋转。

P4——P4 架构也是一种变速器后配置，电机通过齿轮啮合至车辆后轴或轮毂上。与 P3 架构类似，电机与内燃机分离，并以车轮速度的倍数旋转。在 P2、P3 或 P4 配置中，电机通过离合器与内燃机断开。

4 种配置在功能、成本、燃油经济性改善和驾驶性能方面都有其优点和缺点。燃油经济性的改善来自电机的尺寸和容量，这对制动再生操作以及发动机停机 / 启动操作是很重要的，尤其是在城市地区的走走停停交通中。改进来自纯电动模式，减少了轻载条件下低效的发动机运行时间。例如，与具有传统交流发电机的基准车辆相比，使用 P0 架构的燃油经济性有望提高 20%。组合架构也可用于提高燃油经济性和驾驶员体验，例如，采用 P0P4 架构，随着驾驶体验的增加，预计燃油经济性将提高 30% 以上。

3.2.2.3　48V 混合动力架构

越来越多的混合动力架构正在围绕 48V 系统发展，作为轻度混合动力类别中的低成本混合动力替代方案。48V 架构是一种改动较小的车辆电气化方法，可通过 48V 动力系统电气化提高燃油经济性并减少碳排放。欧盟提出到 2021 年，汽车制造商要达到 95g/km 的二氧化碳排放量要求，这不能仅靠改进内燃机汽车来实现；这正在推动具有低压电气化动力系统的欧洲微混动力需求和市场。较低电压和较高功率的电池包可用于启 / 停操作、电力驱动辅助、再生能量捕获以及满足不断增长的车辆负载需求。与内燃机汽车相比，48V 混合动力车的电气化功率为 15~25kW，可提高燃油经济性，处理更高功率的辅助设备，并提供更好的操控性、驾驶性能和舒适性。与更高电压的系统相比，48V 系统的安全功能也得到了很好的管理。这些轻度混合动力汽车弥补了与全混合动力汽车和纯电动汽车之间的差距，消费者曾因为成本高昂而不愿购买些车型。

3.2.3　基于混合程度的分类

基于混合程度的分类符合车辆设计要实现的任务 [5]。这是汽车行业使用的更加面向消费者的分类方法。有 3 种 " 基于任务 " 的类别：轻度混合动力汽车、动力混合动力汽车和能源混合动力汽车。轻度混合动力汽车的混合动力程度最低，对燃油经济性和排放的影响适中。轻度混合动力的典型电气额定值在 5~10kW 范围内，能量容量在 1~3kW·h 范围内。动力混合动力汽车具有更大的电力驱动组件，额定电功率高达 40kW；这些混合动力汽车允许在电池和电机驱动系统之间进行大量电力传输，尽管电池存储设计的能量容量相对较低（3~4 kW·h）。动力混合动力汽车在提高燃油经济性方面具有更大的潜力。由于更合理的发动机工作计划，这些发动机产生的排放也更好。动力混合动力汽车，与轻度混合动力汽车一样，是电量保持型，从化石燃料的车载燃烧中接收所有动力能量。" 能源 " 混合动力汽车采用高能电池系统，能够在不使用发动机的情况下驱动车辆行驶很长一段距离。电气额定值和电池容量通常在 70~100kW 和 15~20kW·h 的范围内。根据美国每年约 12 000 miles 的平均驾驶习惯，50 miles 的零排放范围将满足大多数人口的日常通勤范围。能源混合动力汽车显然是电量消耗型的,可以在家中为电池充电。这些车辆是下一节中处理的主题。

3.3　插电式混合动力汽车

插电式混合动力汽车(PHEVs)与电量保持混合动力车相似,只是它们具有更高容量的储能系统,并带有用于连接到电网的电力电子接口。PHEVs 中的储能系统可以车载充电,也可以从电源插座充电。与电量保持混合动力车辆相比,该车辆可以在纯电池模式下运行更长的时间。PHEVs 日常通勤期间在设计指定的距离内作为纯电动 BEVs 运行。内燃机用于为长途驾驶提供额外的动力和续航里程。这种类型的车辆有时也被称为"增程器"。PHEVs 从外部电网获得的能量取代了通过在车辆的内燃机燃烧燃料获得的能量。与所有能源都来自化石燃料的其他混合动力汽车相比,这具有更高使用替代燃料的潜力。

PHEVs 的架构选择与电量保持混合动力车相同。串联架构是最简单的架构,非常适合插电式混合动力汽车 PHEVs。由于高能量容量电池包的使用,内燃机和发电机的规格无须匹配牵引电动机的峰值额定值。类似于电动汽车 BEVs 的车载电力电子接口是连接电网所必需的。PHEVs 的串联架构如图 3.9 所示。与常规混合动力汽车类似,但具有电网连接特性的并联和串并联架构也可用于 PHEVs。

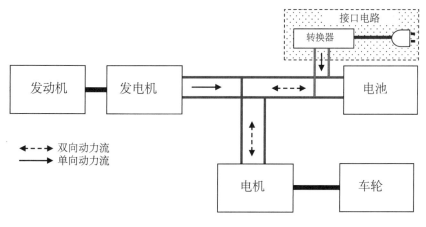

图 3.9　串联 PHEVs 的框图

插电式混合动力汽车通常根据行驶的零排放距离进行评定;它被指定为 PHEV"X",其中 "X" 是使用非车载电能行驶的距离,以英里为单位。这种不使用内燃机的行驶范围称为零排放汽车(ZEVs)范围。 PHEV40 插电式混合动力汽车的容量,其可用能量存储容量相当于在参考行驶循环中 40miles 的行驶能量。PHEV40 可以替代相当于在参考循环下行驶 40miles 的石油能源。

插电式混合动力汽车 PHEVs 的大部分驾驶都使用电池包存储能量,从而减少了车辆排放、空气和噪声污染。PHEVs 的维护成本很低,因为车辆主要是电动的。

PHEVs 还可用于平衡电网高峰负载需求期间的电力需求。PHEVs 的多余电池电量可用于在高峰时段将电力送回电网。该概念被称为" 车辆到电网 "电源或 V2G。车辆可以在非高峰时段再次充电。

插电式混合动力汽车 PHEVs 的主要缺点是与传统汽油车和普通混合动力汽车相比，油井到车轮 (WTW) 的效率较差。这是因为 PHEVs 在 WTW 能量转换路径中具有内燃机发动机车辆和电动汽车 EVs 的低效率部分。然而，如果可以从可再生能源中获得为电池充电的电力，则 PHEVs 具有更高效和更环保的潜力。

插电式混合动力汽车 PHEV 中更高容量的电池增加了车辆的质量。增加的质量会影响性能；为了获得良好的性能，部件封装尺寸必须为更高的功率额定值。电池也相当昂贵，因此，车辆的成本也很高。

插电式混合动力汽车 PHEVs 的零排放范围取决于车辆的使用方式。车辆中使用的电池必须使用电网电力进行充电，以实现最大效率和降低成本。如果通过插电充电功能不可用，则 PHEVs 的优势会降低。应尽量减少使用发动机为电池充电，以最大限度地提高效率。在电池包的充电和放电过程中，能量总是会丢失。当不得不使用内燃机时，所需的操作模式是串联模式。

3.4 电动车：滑板式底盘

纯电动汽车以其高加速性能、安静平稳的动力、宽扭矩范围、较低的运营成本和最少的维护不仅得到了广泛的客户认可，也让众多新制造商挑战传统汽车制造商。许多新制造商的出现可归因于将电动动力系统封装在车辆底盘内的简单性和灵活性。在电动汽车中，唯一的驱动部件是电机，尽管可以为一个或多个车轴提供动力或安装在轮毂上的驱动装置可以有多个。车辆中不同电机、逆变器和变速器布置的等效架构可以简化为图 3.10 所示的框图。电动动力系统的电动机和逆变器额定值决定了车辆的驱动能力。能量存储或电池容量决定了车辆在充满电时的续航里程。

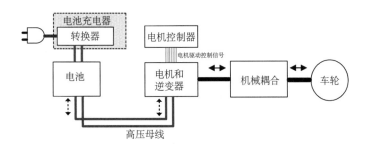

图 3.10　电动汽车等效动力系统架构

最流行的电动动力系统组件正在兴起，它是电动机、逆变器和变速器的组合单元，称为 e- 动力系统（e-powertrain），将放置在称为 e- 轴（e-axle）的车辆的车轴中。电子动力系统的简单性也导致行业转向滑板底盘，其中车辆的能源和电子动力系统封闭在底盘内。这种类型的设计思路允许在同一底盘内为不同类型的车辆提供更大的灵活性和定制化。该设计最初是由通用汽车公司于 2002 年在 AUTOnomy 底盘上设想和实施的，当年晚些时候在该底盘上制造了 Hy-Wire 概念车。滑板概念最近已被特斯拉、Rivian 和其他电动汽车制造商采用。电动汽车的滑板底盘布局如图 3.11所示。滑板设计提供更大的车辆设计自由度、更多可用的乘客空间和模块化平台，以增加生产规模。有了 e- 动力系统的概念，就有可能设计使用 e- 轴的更重的车辆。

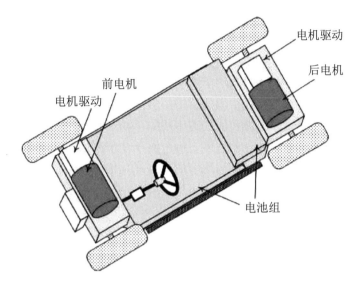

图 3.11　电动汽车的滑板底盘布局

3.5　动力系统部件尺寸

车辆的完整设计是复杂的，涉及许多变量、约束、考虑和对系统交互的理解。交互通常是跨学科的，需要多物理量分析和模拟。车辆设计的全面处理超出了本书的范围，但从道路基础知识、车辆动力学和迄今为止介绍的架构，我们可以解决与动力系统组件尺寸有关的基本计算。这些计算为启动计算机建模和仿真提供了设计数据，以便详细分析复杂的电动汽车（EVs）和混合动力电动汽车（HEVs）系统。计算机建模和仿真继续进行设计迭代、子系统大小调整和控制器更新，直到仿真结果符合规范。接下来介绍为电动和混合动力汽车设计奠定基础的基本方程式和原理。适当时将强调设计注意事项。

与动力系统尺寸相关的主要设计规范是：(i) 初始加速度、(ii) 给定坡度上的额定速度、(iii) 最大坡度百分比和 (iv) 最大稳态速度。零排放范围是确定电池包容量大小的最重要规格。给定加速和恒定稳态速度所需的能量可用于确定能量系统的大小。

本节首先介绍电动汽车的驱动部件的尺寸。然后，介绍混合动力汽车动力系统部件的尺寸，然后是一个设计示例。

3.5.1 电动汽车动力系统尺寸

电动汽车动力系统的主要部件是电动机和储能系统。电动机的选型涉及确定电动机的额定功率和运行速度范围。额定电压和尺寸封装限制也必须在系统级设计阶段指定。机器本身的设计旨在满足在系统级设计时设定对电机的要求。下面的讨论涉及电机的功率额定值，以满足车辆的性能要求。储能装置的尺寸将在后面的混合动力汽车设计部分讨论。

电动机的转矩 - 速度特性分为 3 个主要部分：(i) 恒转矩区域、(ii) 恒功率区域和 (iii) 自然模式区域。电动机转矩 – 速度特性的包络线如图 3.12 所示。当电机达到其额定功率条件时，电机提供高达电机基速或额定速度的额定转矩。电机额定转速定义为电机在额定功率下能提供额定转矩的转速。电机在超过额定转速的恒定功率模式下运行，转矩以与转速成反比的速率稳定下降。在恒定功率范围内，通过弱磁，电动机可以以高于额定转速的速度运行。对于非常高的电机速度，有第三个自然模式区域，其中扭矩迅速下降，与速度的平方成反比。自然特性区域可能是某些电机整体转矩 – 速度曲线的重要部分，可用于降低电机的额定功率。然而，在大多数情况下，车辆的最大速度被认为是在恒功率区域的末端。请注意，图 3.12 中的曲线显示了包络线，即不同区域的工作转矩和速度限制。电机可以在包络线内的任何点运行，这基于电力电子为基础的电机驱动器馈电。电动机的宽工作速度范围特性，使得在电动汽车和其他应用中，消除多个齿轮比和离合器成为可能。单齿轮传动比足以有效连接电动机与驱动轴。需要具有扩展恒功率区域特性的电动机来最小化电动汽车中的齿轮尺寸。

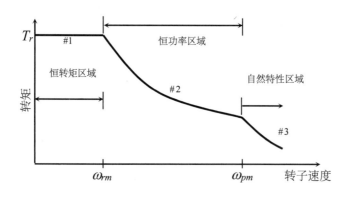

图 3.12   电动机转矩 – 速度包络线

电动机的尺寸取决于机器所需的最大转矩。所需的最大转矩越高，电机的尺寸就越大。为了最小化尺寸和重量，电动机设计用于在给定额定功率下高速运行。齿轮装置用于使电动机的较高速度与车轮的较低速度相匹配。对于轻型乘用车的典型车轮速度约为 1000r/min，典型的电机速度可在 15 000r/min 左右。传动齿轮在

10：1~15：1 的传动比范围内实现这种减速，通常分为 3：1~4：1 的两个减速阶段。根据为 EV 确定的额定功率，齿轮尺寸取决于 EV 的低速性能还是高速性能更重要。

如图 3.13 所示，对于两种齿轮传动比，驱动系统的牵引力与速度特性可能存在很大差异。请注意，所示额定转速适用于由电动机和传动系统组成的传动系装置，电动机额定转速与这些值不同。可以首先使用如前所述的传动比将电动机速度转换为传动系统单元速度或车轮速度。可以使用 $v_{rm} = \omega_{rm,\,wh} \cdot r_{wh}$ 将车轮处的电机额定速度 $\omega_{rm,\,wh}$ 转换为线性车速，其中 r_{wh} 是车轮的半径。符号 v_{rm} 在这里指的是在考虑了传动齿轮和车轮半径之后的等效电动机线速度。使用较小的传动比可以获得更高的轮速或车速，但传动系统可以提供的峰值牵引力会更小。较小的牵引力将限制车辆的初始加速和最大爬坡能力。另一方面，对于同一电动机，变速器使用高传动比，则车轮上可用的峰值牵引力会更高，但最大车速 $v_{\max}$ 会受到限制。因此，我们可以得出结论，齿轮比取决于电机额定转速、车辆额定速度、车辆最大速度、车轮半径和最大爬坡能力。必须注意的是，较高的传动比需要较大的齿轮尺寸。因此，必须同时选择齿轮传动比和电动机额定转速，以优化整体尺寸和性能要求。

下面，将针对初始加速度、给定坡度上的额定速度、最大稳态速度和最大爬坡能力的规定要求来讨论电动机的设计。过程中会用到以下参数：电机额定功率 P_m、电机额定转速 ω_{rm}、额定轮速 ω_{fwh}、额定车速 v_f、车辆总质量 m、车辆正面面积 A_F、滚动阻力系数 C_0 和 C_1、空气动力阻力系数 C_D。设计过程从一组已知参数和一些有根据的假定开始，并以经过多次迭代后满足要求的最终设计值结束。

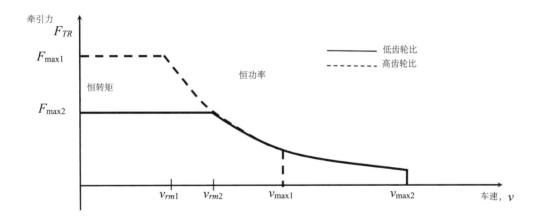

图 3.13   电动机转矩——两个传动比下牵引力和车速的速度特性

3.5.1.1   初始加速度

初始加速度规定为，在时间 t_f 内，车速从 0 到 v_f。v_f 是车辆额定速度，从 $v_f = \omega_{fwh} \cdot r_{wh}$ 获得的。设计问题是从一组参数开始求解 F_{TR}，包括车辆质量、滚动阻力、气动阻力系数、坡度百分比、车轮半径等，其中一些参数已知，而其他参数必须假设。根据这些变量，车辆的加速度由公式 2.32 给出，为方便起见，在此处重复说明。

$$a = \frac{dv}{dt} = \frac{F_{TR} - F_{RL}}{m}$$

对于给定的力 - 速度曲线，例如图 3.13 中所示的两个之一，以及以下边界条件，可以通过求解上述微分方程来获得电机额定功率：

当 $t=0$ 时，车速 $v=0$

当 $t=t_f$，车速 $v=v_f$

在 $t=0$ 到 $t=t_f$ 的区间内，对于速度 0 到 v_f，对微分方程进行积分

$$m \int_0^{v_f} \frac{dv}{F_{TR} - F_{RL}(v)} = \int_0^{t_f} dt$$

车辆额定速度高于电机额定速度，且处于电机转矩 - 速度特性的恒功率范围内。将左侧的积分分为两个速度区域：$0 - v_{rm}$（恒转矩模式）和 $v_{rm} - v_f$（恒功率模式），可以得到

$$m \int_0^{v_{rm}} \frac{dv}{\frac{P_m}{v_{rm}} - F_{RL}(v)} + m \int_{v_{rm}}^{v_f} \frac{dv}{\frac{P_m}{v} - F_{RL}(v)} = t_f \tag{3.1}$$

对于给定的滚动阻力、空气动力阻力和道路坡度值，道路负载阻力 F_{RL} 可以表示为速度的函数，如第 2 章所示。对于指定车辆额定速度 v_f 和电机额定速度，方程 3.1 可以求解电机额定功率 P_m。请注意，方程 3.1 是一个超越方程，其中 F_{RL} 是速度的函数，可以通过数值求解以得到电机额定功率 P_m。事实上，广泛的计算机计算和模拟有助于实际设计，得出所需的电机额定功率范围和动力系统的齿轮传动比。

一个有趣的分析[6]强调了电机转矩 - 速度特性的扩展恒功率区域的重要性。已经表明，对于 $F_{RL}=0$，电机额定功率为

$$P_m = \frac{m}{2t_f} \left(v_{rm}^2 + v_f^2 \right) \tag{3.2}$$

公式 3.2 表明，当 $v_{rm}=0$ 时，电机功率级别最小，这意味着完全在恒功率模式下运行的电机是满足要求的最小电机。在另一种极端情况下，如果电机完全以恒转矩模式运行且 $v_{rm}=v_f$，则电机功率将是最小情况的两倍。当然，去除恒转矩区域并完全在恒功率区域内运行实际上是不现实的。在实际设置中，电动机应设计为具有低基速或额定速度和宽恒功率区域。

3.5.1.2 额定车速

设计用于将车辆从 0 加速到额定速度的驱动传动系统时，要求始终具有足够的动力以额定速度巡航车辆，能够在指定道路坡度，以初始加速度，在未提高至额定车速的情况下，巡航车辆。

3.5.1.3　最大速度

以最大车速 v_{max} 巡航车辆所需的牵引功率为

$$P_{TR,max} = mgv_{max}\sin\beta + \left[mgC_1 + \frac{\rho}{2}A_F C_D\right]v_{max}^3 + mgv_{max}C_0 \qquad (3.3)$$

高速下的主要阻力是空气动力阻力，克服它的功率需求以立方速率增加。对于设计具有快速加速特性的车辆，P_m 可能大于 $P_{TR,max}$。如果 $P_{TR,max} > P_m$ 是较早导出的以满足初始加速度要求结果，则 $P_{TR,max}$ 将定义电动机的额定功率。电动机的自然模式区域可用于满足非常高的最大车速要求，以最小化电动机尺寸。

3.5.1.4　最大爬坡度

对于给定的电机和传动比，车辆的最大爬坡能力可以从以下得出

$$\text{Max.\% grade} = \frac{100F_{TR}}{\sqrt{(mg)^2 - F_{TR}^2}}$$

可以将初步电机设计中可用的最大牵引力 F_{TR} 代入上述等式，以检查是否满足车辆最大坡度条件。如果为加速或最大车辆速度得出的最大电动机功率不足以满足车辆的最大坡度要求，则必须增加电动机额定功率或传动比。增加传动比时必须注意不要违反最大车速要求。齿轮传动比和电机功率以协调的方式确定，以满足这两个要求，同时保持电机和齿轮的合理尺寸。

3.5.2　HEV 动力系统尺寸

混合动力电动汽车（HEVs）动力系统架构和控制技术取决于需求，包括但不限于性能、续航里程和排放需求。初始加速度、巡航速度、最大速度和爬坡能力的性能要求决定了内燃机发电机和电机的功率要求。功率要求也可以根据嵌入了最坏情况需求的多个驾驶计划来确定。满足动力传动系统续航里程所需的能量决定了储能系统的设计，该系统可以是电池包或电池和超级电容器的组合。满足排放标准仅取决于内燃机的排放特性，因为电动机是零排放的。

混合动力汽车所需的功率来自电动机和内燃机输出的组合。车辆的任务在分配电机和热机之间的功率需求方面起着重要作用。设计用于城市通勤交通的混合动力汽车的传动系子系统组合将不同于设计用于城市和公路交通的家庭轿车。城市通勤车辆对电机和内燃机的功率要求肯定会低于公路交通车辆的功率要求。对于仅用于每天行驶少于 100miles 的城市通勤车辆，设计者必须考虑电动汽车（BEVs）而不是插电式混合动力汽车（PHEVs）。设计工程师对任务和规格进行评估和权衡设计，以选择前面讨论的串联或并联配置之一。传动系的子系统有各自的控制单元，各组件通过监控单元进行协调。车辆的任务还决定了车辆采用的控制类型。例如，公路车辆需要一种旨在最大限度地提高燃油经济性的控制策略。设计的系统必须能够在设计要求的范围内处理所有现实情况。控制器中还必须包含适当的安全措施，以处

理某些子系统出现故障或性能不佳的情况。

　　一旦根据车辆的任务布置了动力传动系统架构，就开始确定电气系统和机械系统组件的尺寸。在串联混合动力汽车中，电气系统设计与电动汽车相同。内燃机尺寸是为保持电池充电而指定的。并联混合动力汽车的部件尺寸要复杂得多。如果车辆设计为对内燃机施加更大的偏置，则可以缩小电池尺寸并重新配置以实现最大比功率而不是最大比能量。电池和电机用于在加速和超车时提供峰值功率需求，而不会完全放电。蓄电池还充当再生制动能量的储能器。超级电容器可以代替电池使用，只要它们满足峰值功率需求的要求。如果车辆的电池偏向更大，则系统的配置应确保在最长行程结束时，电池能量从其充满电的容量中耗尽约 80%。一旦为并联混合动力车辆分配了电气和机械系统的功率要求，电气部件将基于为电气系统指定的功率进行设计，使用与电动汽车部件相同的设计原理。与电动汽车相似的原理可用于设计机械系统，其中部件的尺寸基于初始加速度、额定巡航速度、最大速度和最大爬坡能力 [7]。内燃机与并联式混合动力汽车的轮轴之间的传动比，可以通过将内燃机的最高转速与传动轴的最高转速相匹配来获得。单齿轮变速器可以使复杂性最小化。并联混合动力汽车部件的尺寸如后面所述。

3.5.2.1　额定车速

　　在混合动力汽车中，电机主要用于满足加速要求，在电池能量不足以在整个期望的续航里程内提供所需的动力时，内燃机则提供动力，以在额定速度巡航。因此，内燃机的规格由车辆在其额定速度下的巡航功率要求决定，与电机功率容量无关。因此，对于混合动力汽车，应首先确定内燃机规格；其规格可用于降低负责车辆加速特性的电机的功率要求。

　　第 2 章介绍的道路载荷特性和内燃机发动机的力－速度特性（源自内燃机的扭矩－速度特性）对于确定内燃机的大小非常有用。图 3.14 显示了以发动机排量为

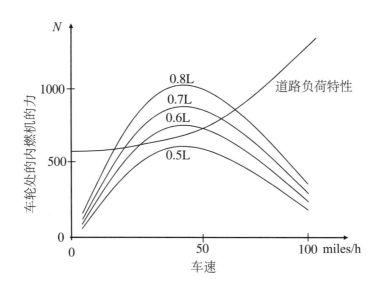

图 3.14　典型的内燃机力 － 速度特性和道路载荷特性

参数的内燃机特性曲线示例，以及假设坡度和车辆参数的道路载荷特性曲线。正确的内燃机尺寸取决于最坏情况下的道路负载特性与内燃机在额定速度下的力–速度曲线的交集，再加上允许电池包再充电的标称 10% 余量[7]。所需的确切余量是更复杂分析的主题，涉及车辆行驶循环、电池容量、电池充电/放电特性和发电机特性。

3.5.2.2　初始加速

具有更高峰值功率能力的电动机在初始加速期间得到更多使用。内燃机提供的机械动力可以与电动机动力混合用于加速，从而降低电动机的动力需求。电机所需的功率取决于两个驱动装置的扭矩开始混合时的速度。图 3.15 显示了内燃机单速变速器初始加速期间扭矩混合对电动机额定功率要求的影响。该图显示，由于发动机低速扭矩能力差，在车辆达到最小临界速度 v_{cr} 之前，发动机的功率贡献非常小。因此，扭矩混合应在车辆达到临界速度后开始，采用单速变速器，在不显著增加电动机额定值的情况下，尽可能避免使用发动机进行初始加速。如果内燃机扭矩混合延迟超过 v_{cr}，电机的功率需求将随着速度非线性增加。定性图显示了以恒功率区域的范围为参数的两条曲线，x 为整数。下曲线比上曲线具有更宽的恒功率区域。曲线再次强调了需要扩展电动机的恒功率运行区域以最小化其尺寸。根据额定车速条件确定的内燃机的功率要求通常足以与电动机一起提供初始加速度。

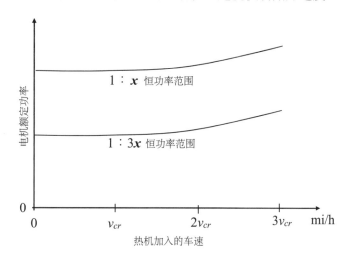

图 3.15　电力需求与添加内燃机时车速的函数关系

3.5.2.3　最大速度

驱动系统在最大速度下的功率需求为 $F_{TR} \cdot v_{max}$，由发动机和电动机的组合提供。此要求由下式给出

$$P_{TR,max} = F_{TR} \cdot v_{max} = mgv_{max}\sin\beta + \left[mgC_1 + \frac{\rho}{2}A_F C_D\right]v_{max}{}^3 + mgv_{max}C_0$$

满足最大速度条件所需的电动机功率可以通过从最大速度功率需求中减去在额定速度下巡航时确定的发动机功率来唯一定义。通常，在该步骤中计算的电动机功率要求将小于初始加速度的功率要求，除非最大速度要求非常严格，例如陡坡上的非常高的速度。

3.5.2.4　最大爬坡度

根据前 3 项要求确定内燃机和电动机的尺寸规格后，必须检查最大爬坡度。车辆的爬坡度由下式给出：

$$\text{Max.\% grade} = \frac{100 F_{TR}}{\sqrt{(mg)^2 - F_{TR}{}^2}}$$

如果不满足条件，则必须增加发动机或电动机或两者的尺寸规格，或必须改变齿轮比以满足爬坡要求。

尽管上面概述的设计原理表明，内燃机尺寸主要来自额定巡航速度，电机尺寸来自初始加速度，但实际设计涉及使用各种驾驶循环、车辆参数、所选电池特性、电机、发电机和内燃机的广泛计算机模拟。与所有系统情况一样，电动和混合动力车辆部件的尺寸和设计是一个迭代过程，在满足所有设计要求时结束。本文的讨论为初始估算提供了理论基础，避免了不必要的过大部件尺寸。

3.5.3　HEV 动力系统尺寸示例

下面给出串联 – 并联 2×2 混合动力汽车的动力系统尺寸规格示例。这辆车是从 2005 年雪佛兰 Equinox 为全国大学生车辆设计竞赛 "挑战 X" 重新设计而来的。这辆车在本书中被称为 Akron 混合动力汽车。表 3.1 给出了设计的车辆参数和性能要求。车辆的总体设计目标是在不牺牲客户舒适性便利设施的情况下提高燃油经济性并减少排放。混合动力汽车燃油经济性的提高可以在发动机小型化、减少发动机怠速运转、制动能量损失回收以及发动机工作点灵活选择以提高能源效率的基础上实现。这些考虑因素构成了 Akron 混合动力汽车组件尺寸和选择以及控制策略开发的基础。

该设计考虑了没有拖车的初始加速度，但包括了驾驶员的质量。车辆在 3% 的坡度上的巡航速度为 75miles/h，在高发动机燃油效率和高电力驱动效率下逆风时速为 20miles/h。Akron 混合动力汽车架构与图 3.5 所示的相同。车辆部件的尺寸经过调整，可通过电动机和内燃机提供的动力组合来满足初始加速需求，并仅使用内燃机在电量保持操作下以额定速度巡航。具有更高峰值功率能力的电动机将在初始加速期间得到更多使用。电池的尺寸仅适用于峰值功率处理，而不适用于持续纯电动运行模式。内燃机和电动机将在城市驾驶条件下以串联模式运行。发电机的尺寸将被设计成在城市驾驶期间产生足够的电力并持续运行。

表 3.1 Akron 混合动力汽车参数和要求

描述	要求
车辆质量	4400 lbs/1995 kg
驾驶员 /1 名乘客	176 lbs/80 kg
拖车能力	2500 lbs/1133 kg
滚动阻力系数，C_0	0.009
车轮半径，r_{wh}	0.3305 m
气动阻力系数，C_{AD}	0.45
正面面积，A_F	2.686 m²
0~60 miles/h	9.0 s
50~70 miles/h	6.8 s

3.5.3.1 所需总功率：初始加速

加速过程所需的功率通常足以满足最大速度和牵引要求。因此，首先计算电驱动电机和内燃机共同作用产生的加速度功率，然后验证两个驱动部件是否满足其他功率要求。

通过以峰值扭矩能力运行内燃机和电动机，直到达到两者的功率极限，来满足初始加速要求。因此，可以假设传动系统最初以恒扭矩（恒力 F_{TR}）加速运行，然后以恒功率加速运行。

为了估计最初所需的恒力和峰值功率要求，考虑并分析了 3 个速度曲线。这些速度分布是恒力 F_{TR} 加速度、均匀加速度和第 3 种称为平稳加速度。

具有恒定力 F_{TR} 加速度的速度曲线由下式给出

$$v(t) = \sqrt{\frac{K_1}{K_2}} \tanh\left(\sqrt{K_1 K_2}\, t\right) \tag{3.4}$$

式中

$$K_1 = \frac{F_{TR}}{m} - gC_0 - mg\sin\beta > 0$$

$$K_2 = \frac{\rho}{2m} C_D A_F + gC_1 > 0$$

恒加速度的速度曲线是

$$v(t) = at \tag{3.5}$$

其中 a 是恒加速度。对于 9 s 内 0~60 miles/h 的速度，恒加速度为

$$a = 2.98 \text{ m/s}^2$$

平稳加速的速度曲线为[8]

$$v(t) = v_f \left(\frac{t}{t_f}\right)^x \tag{3.6}$$

指数 x 的范围在 0.47 和 0.53 之间，较低的值用于慢速加速的车辆，较高的值用于快速加速的车辆。我们将 $x=0.5$ 用于我们的初始分析。

3 种加速度的 0~60miles/h 速度曲线如图 3.16 所示。对于恒力加速度，假定 $F_{TR} = 6000$ N。方程 3.6 的速度曲线最初需要非常大的力或扭矩，而恒加速度曲线在初始加速期结束时需要高功率。在恒加速度 $t = 9$s 时所需的力和功率为 6899N 和 184kW。实际的情况是加速比恒加速曲线更快，但低于平稳加速曲线，并在初始加速的大约中间过渡到恒功率加速。初始加速到大约 4s 的恒力显然需要大于 6000 N。

在考虑传动系统损失之前满足加速要求所需的总功率是通过使用计算机模拟的设计迭代来计算的。表 3.2 中给出的数字是在使用不同的峰值牵引力、峰值牵引功率和控制算法从恒力模式到恒功率模式转换时间的几次设计迭代后得出的。7500 N 的牵引力由电动机和内燃机的组合提供。此外，电动机和传动系统之间会有一对齿轮，这将带来电动机的扭矩要求，还会增加其速度要求。图 3.17 的 F_{TR} - 速度曲线与电动机可实现的转矩速度特性非常匹配。车辆峰值速度 (60m/s) 与恒功率模式开始 (16m/s) 之间的力特性的速度比约为 4：1，这可以从精心设计的电动机驱动中获得。因此，假设传动系统效率约为 90%，则所需的最小组合功率为 132 kW。

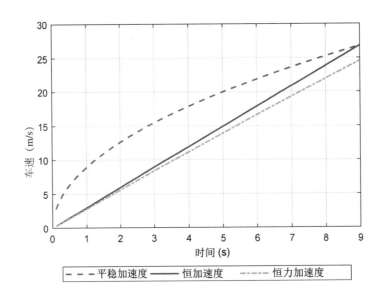

图 3.16   3 种初始加速度的速度曲线

表 3.2   来自初始规格尺寸的最终数据

$F_{TR,peak}$	$P_{TR,peak}$	模式转换时间和速度	0~60 miles/h	50~70 miles/h
7500 N	120 kW	4.6s，16 m/s	9 s	5 s

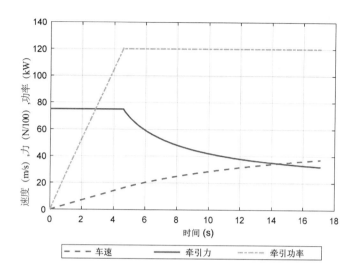

图 3.17　结合恒力和恒功率加速模式的牵引功率和力要求

3.5.3.2　内燃机功率：巡航速度

一旦计算出初始加速功率要求，就可以确定内燃机和牵引电动机的尺寸。　内燃机的尺寸可以由车辆在其额定速度下的巡航功率要求确定，而与电动机功率容量无关。采用这种方法，应首先确定 Akron 混合动力汽车的内燃机尺寸，然后由电动机满足所需的 130kW 功率的剩余部分。

内燃机功率可以由下式计算

$$P_{TR}(t) = V\left(mg\sin\beta + \left[mgC_1 + \frac{\rho}{2}A_F C_D \right]V^2 + mgC_0 \right) \tag{3.7}$$

其中 V 是额定速度或巡航速度。

混合动力汽车内燃机的尺寸可根据以下因素确定，包括保持稳定的高速公路速度 x miles/h（例如 75miles/h）、上升坡度 $y\%$（例如 3%）和发动机高燃油效率区域的逆风阻力 z miles/h（比如说 20miles/h）。公路行驶时的发动机功率也应具有良好的燃油效率；内燃机的最佳燃油效率运行点不一定是其最大功率点。因此，选择内燃机发动机时，其公路功率能力可低于发动机的最大额定功率，以获得可接受的燃油效率。

3.5.3.3　最大速度

驱动系统在最大速度下的功率需求为 $F_{TR} \cdot v_{\max}$，由内燃机和电动机的组合提供。最大速度的功率要求是

$$P_{TR,\max} = F_{TR} \cdot v_{\max} = mg v_{\max}\sin\beta + \left[mgC_1 + \frac{\rho}{2}A_F C_D \right]v_{\max}{}^3 + mg v_{\max} C_0 \tag{3.8}$$

由于内燃机和电动机的尺寸规格要满足加速和巡航速度的要求，因此必须验证两者的组合是否能够达到车辆的最大速度要求。如果组合功率小于最大速度所需的功率，则应增加其中一个功率。

3.5.3.4　发电机选型

发电机的选型设计为在典型的城市驾驶条件下维持车辆的串联运行。计算表明，驾驶员和乘客以 40miles/h 的恒速度巡航，坡度为 1%，动力传动系统损失为 10%，需要 12kW。考虑到为电池充电的电力，Akron 混合动力汽车的发电机容量可达到 20 kW。

3.5.3.5　电池选型

电动机初始加速度所需的能量和恒定速度的最小零排放里程可用于估计电池的规格大小。通过积分 0~9s 之间加速所需的功率计算得出，初始加速度的能量需求是 1.62MJ 或 450W·h。在 1% 坡度和 10% 传动系统损失的情况下，驾驶员和 1 名乘客以 40miles/h 的恒定速度巡航所需的能量为：10miles（15min）纯电池续航里程为 3kW·h ；5 miles（7.5min）纯电池续航里程为 1.5kW·h。对于 300V 电池包，这分别需要 10A·h 或 5A·h 电池包。加上 10% 的余量，11A·h 或 5.5A·h 的电池包可分别用于 10miles 或 5miles 的零排放续航里程。根据标称能量密度，表 3.3 给出了满足这些要求的 3 种化学电池的估计质量。电池包电压被认为是 300V DC。

表 3.3　电池功率要求和质量估算

电池类型	城市驾驶时速 40 miles/h 的峰值加速度和 10 miles 零排放续航里程			城市驾驶时速 40 miles/h 的峰值加速度和 5 miles 零排放续航里程		
	能量（kW·h）	质量（kg）	容量（A·h）	能量（kW·h）	质量（kg）	容量（A·h）
铅酸	3.5	94.3	11	2	47.2	5.5
镍氢	3.5	51.2	11	2	25.6	5.5
锂离子	3.5	36.8	11	2	18.2	5.5

3.6　质量分析和封装

在混合动力车辆的设计过程中，必须评估车辆质量预算，无论它是从头开始制造还是从内燃机汽车重新设计。随着车辆质量的减少，车辆的燃油经济性和排放将得到改善。由于在动力系统中同时使用电气和机械部件，混合动力车往往比同样规格的内燃机车辆要重一些。然而，一个好的设计可以使类似级别的混合动力汽车和内燃机汽车的质量相当。混合动力汽车中缩小的发动机可以弥补由于混合动力而增加的质量，包括电机、其控制器和冷却系统以及牵引蓄电池及其附件的质量。混合动力车还可以通过减小燃油系统尺寸和移除 12V 电池来获得质量优势。

　　表 3.4 给出了跨界车雪佛兰 Equinox 和改装后的 Akron 混合动力车之间的质量比较。发动机从 3.6L V6 汽油发动机缩小到 1.9L 柴油发动机，这并没有带来显著的质量优势，因为柴油发动机往往比同等规格尺寸的汽油发动机更大更重。由于添加了柴油后处理组件，排气系统质量增加。油箱尺寸减少了 50%，为混合动力车节省了一些质量。电机、控制器、牵引电池和热管理系统的质量取决于所选择的组件。交流发电机的移除和 12V 附件电池的小型化提供了少量的质量节省。由于改用电动机驱动的空调压缩机，混合动力汽车的客舱气候控制系统质量稍高。表 3.4 中的示例分析显示，Akron 混合动力汽车的动力系统质量增加了 82%。如果使用小型汽油发动机，则质量预算可能会受到显著限制，尽管这会对燃油经济性产生不利影响。

表 3.4　内燃机汽车和混合动力汽车的质量分析

部件	内燃机汽车质量（kg）	混合动力汽车质量（kg）
发动机和变速器	147	125
排气系统	40	50
燃油系统（油箱和管路）	13	9
燃油质量	38	15
驱动电机		108
启动机 / 发电机	6	22
启动机 / 发电机控制器		26
电热量管理		15
牵引电池		75
电池硬件，冷却		28
12V 电池	14	6
发电机	5	
总动力系统	263	479
气候控制和附件	26	30
车体和底盘子系统	1445	1449
总整备质量	1734	1954

　　在混合动力汽车的设计过程中，还必须仔细评估组件的封装。必须制定组件封装图，以确保所有系统组件都适合车辆，而不会影响安全性和客户便利性。基于 Akron 混合动力汽车的简化布局图如图 3.18 所示；为保持图简单，此处未显示燃油管路和排气管。燃料和排气组件的封装布置可能会变得很麻烦，尤其是在将内燃机汽车重新设计为混合动力汽车时。车辆下方必须有足够的空间用于布置燃油管路和排气管道。高压电路图必须与燃油管路和排气系统图一起绘制。在分析混合动力组件的封装和安装时，前后重量比必须保持在 60 ： 40 或更低，以获得可接受的驾驶性能、行驶性能和制动动态。

　　总之，混合动力汽车在发动机和燃油系统小型化方面的质量节省或多或少会被添加的附加组件所消耗。对于重新设计的车辆，封装问题要复杂得多。从头开始设计混合动力车总是比改装和重新设计现有的内燃机汽车更有利。

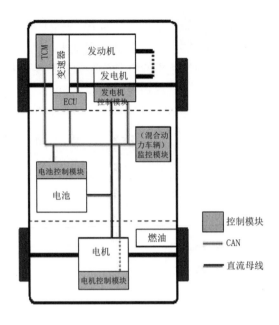

图 3.18　混合动力汽车中的组件封装

3.7　基于任务的车辆仿真设计

车辆设计由客户驱动，客户反过来设置车辆系统及其动力传动系统的任务配置。车辆加速度、最大速度、全电动续航里程、燃油经济性以及乘客和装载能力是客户在选择乘用车时部分或全部关心的选择因素，这是在车辆设计过程中必须考虑的因素。与设计乘用车时相比，在设计运货卡车时，对关键参数的考虑有很大不同。近年来，人们对于电动汽车更感兴趣，并且能接受与内燃机汽车相比更高的价格，这是由于各种原因，包括高加速性能、环保意识、新技术的吸引力以及安静的操作和在家里和工作中方便的加油 / 充电。任务是由客户设定的，因此需要使用工具结合客户的要求进行模拟和分析。将客户需求纳入车辆设计和组件规格的一种简单方法是，使用各种标准化驾驶循环来评估不同驾驶场景中的车辆性能。可用的各种驾驶循环反映了客户的驾驶偏好和车辆的使命[9]。

在本节中，我们将评估车辆系统要求，然后利用前面第 2 章开发的一维车辆系统模型，建立一个系统仿真模型，用于使用标准化行驶循环对车辆进行分析、仿真和设计。尽管汽车行业使用了更复杂的设计和分析工具，但快速、易于使用的设计和仿真工具有助于我们了解车辆系统及其组件，评估不同的设计拓扑，并确定重要的系统交互。

3.7.1　车辆仿真模型

车辆系统仿真模型是车辆设计和性能评估的重要工具。由于电动和混合动力体系架构以及动力系统组件技术有多种选择，仿真在预测油箱到车轮 TTW 的能源利用以及深入的车辆性能输出方面节省了时间和成本。可以根据用户的要求，以不同的复杂程度开发仿真模型。在车辆层面，仿真模型可以预测规定驾驶循环的燃油经济性、排放或车轮扭矩；在子系统级别，可以获得电机或内燃机扭矩等部件参数。模拟分析的目标多种多样，可概括如下：

• 车辆性能预测 —— 对于具有特定动力系统组件的给定车辆，预测在不同驾驶场景下的各种车辆级性能参数，例如燃油经济性、车辆行驶里程、加速度和承载能力。该仿真模型可用于优化和调整电动或混合动力汽车的监控系统。

• 组件尺寸 —— 估算动力系统组件的功率和能量要求，例如电机额定功率、逆变器功率要求和电池容量。

• 部件测试 —— 可以测试动力系统和其他辅助部件的容量和限制，包括不同驾驶场景下的损失估计。动力系统部件的损耗估算在电机、电力电子和电池等热力系统的设计中特别有用。

对于车辆模拟，需要一个前瞻性模型，车辆模型响应驾驶员输入命令以产生和传递扭矩到车轮，类似于真实场景。仿真模型的模块化结构非常理想，这样就可以轻松添加或删除组件和配置，而无须从头开始。这有助于在不同的组件技术或不同规格的组件之间进行比较。使用模块化结构，还可以轻松完成不同替代混合体系架构的性能比较。

这些模型是使用物理原理和经验数据开发的。第 2 章中介绍的车辆动力学和道路基础是开发车辆模型的物理原理。使用各种驾驶循环对驾驶员行为进行建模，这些驾驶循环是标准化速度和道路坡度，以用于评估车辆性能。对于部件组件，模拟中使用简化模型或基于经验数据的查找表。由于许多子系统（如电机）的时间响应比车辆动力学快得多，因此通常不需要详细的部件动态特性。更简单的子系统模型可以最大限度地减少仿真时间，对于如此高度复杂的车辆系统来说，这将是非常重要的。通过这种方法，可以运行大量仿真，以调整控制策略，使其在各种驾驶条件下都能表现良好。由于同时存在机械和电气动力学，需要一个变步长复杂的系统求解器。

车辆系统的仿真框图显示了驾驶员、监控控制器、子系统和车辆模型之间的相互作用，如图 3.19 所示。驾驶员使用驾驶循环和比例积分（PI）调节器进行建模，该 PI 调节器旨在最大限度地减少驾驶循环速度曲线和实际车辆速度之间的误差。驾驶循环的速度曲线假定为驾驶员期望的车辆速度。PI 调节器输出创建一个踏板位置，该位置被解释为加速踏板位置或制动踏板位置。假设不能同时踩下两个踏板。踏板位置被读入控制策略（位于监控模块 SCM 中）以生成子系统命令。在子系统模块中建模的动力系统产生牵引扭矩 T_{TR}，并将其发送到车辆模型。制动踏板位置输入直接传递到制动子系统模型以解决安全问题；然而，监督控制器也需要制动踏板位置来确定动力系统再生指令的大小。

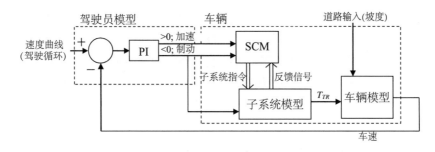

图 3.19　车辆仿真方框图

3.7.2　标准驾驶循环

政府机构和汽车行业使用标准驾驶循环对车辆进行性能评估，其中包括车辆燃油经济性的认证。一个驾驶循环可能同时包含速度和道路坡度两个部分，尽管通常一个保持不变，另一个变化。

两种常用的标准驾驶循环是城市测功机驾驶计划（UDDS）和公路燃油经济性测试（HWFET），分别模拟城市和公路驾驶。两个驾驶循环如图 3.20 和图 3.21 所示。UDDS 驾驶循环在 1369s 内行驶 7.5miles，频繁停车，平均速度为 19.6miles/h。HWFET 驾驶循环在 765s 内运行 10.26miles，平均速度为 48.3miles/h。

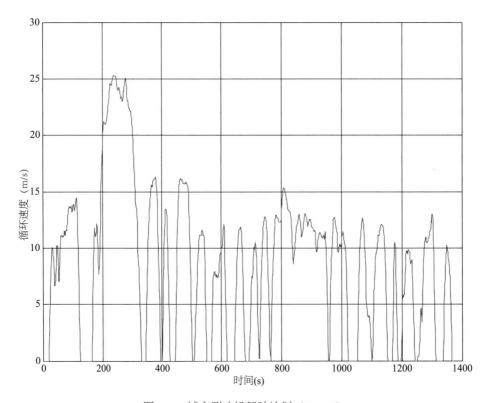

图 3.20　城市测功机驾驶计划（UDDS）

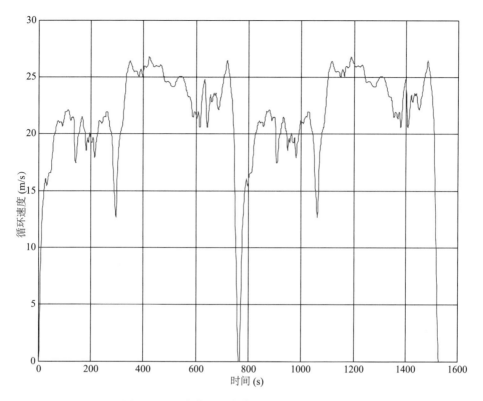

图 3.21　公路燃油经济性驾驶计划（HWFET）

另一个标准驾驶循环是 US06 驾驶循环，用于在极端驾驶条件下测试车辆控制策略的有效性。驾驶循环如图 3.22 所示。US06 驾驶循环是迄今为止显示的 3 个驾驶循环中最具挑战性的一个。它具有快速加速和强力制动的特点，最高时速刚刚超过 80miles/h。日本技术标准驾驶循环 J1015（图 3.23）在模拟频繁停车的城市驾驶时也很有用。

本节最后将介绍美国汽车工程师学会（SAE）推荐的标准 J227a 驾驶循环，以评估电动汽车和能源汽车的性能，然后是电动汽车模拟示例。这种短的驾驶循环对于开发电动和混合动力汽车基础概念所需的手动计算非常有用。SAE J227a 具有 3 个计划，旨在模拟固定路线城市、可变路线城市和可变路线郊区行驶的典型驾驶模式。这 3 种模式分别是 SAE J227a 驾驶计划 B、C 和 D。每个计划在整个驾驶周期中有 5 个部分：（i）从启动到达到最大速度的加速时间 t_a；（ii）恒定速度下的巡航时间 t_{cr}；（iii）当没有能源时的滑行时间 t_{co}；（iv）使车辆停止的制动时间 t_b；（v）在该时间段结束前的怠速时间 t_i。

J227a 驾驶循环如图 3.24 所示。表 3.5 中给出了每个计划的建议时间。绘制的图与 SAE 推荐的模式略有不同。J227a 程序仅规定巡航速度和从一种模式过渡到另一种模式的时间。巡航部分以外的路段的速度曲线不是固定的，因此在这些其他时间段中经过的距离也是可变的。实际上，距离将取决于所考虑车辆的加速能力。

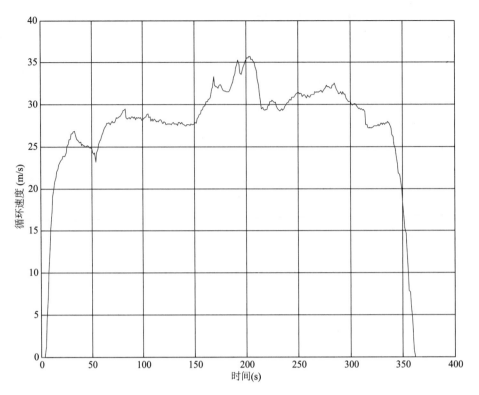

图 3.22　US06 标准驾驶循环

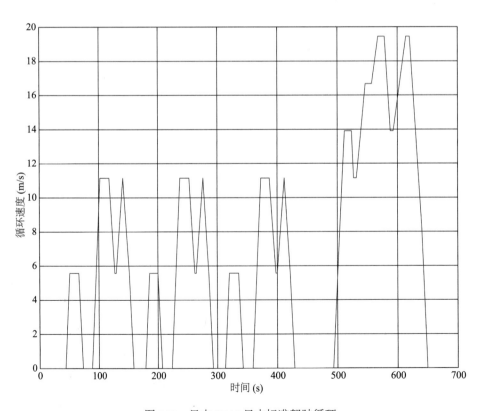

图 3.23　日本 J1015 日本标准驾驶循环

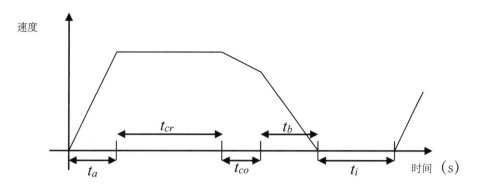

图 3.24　SAE J227a 标准驾驶循环

为简单起见，本书中的这些计划假定为近似直线。

表 3.5　SAE J227a 标准驾驶计划

测试参数	J227a 计划		
	B	C	D
最大速度 [km/h（miles/h）]	32	48	72
加速时间 t_a(s)	19	18	28
巡航时间 t_{cr}(s)	19	20	50
滑行时间 t_{co}(s)	4	8	10
制动时间 t_{br}(s)	5	9	9
怠速时间 t_i(s)	25	25	25
总时间（s）	72	80	122
每英里的循环次数	4~5	3	1

示例 3.1

2011 款日产 Leaf 的车辆参数为：车辆质量 =1521kg；车轮半径 =0.4m；正面面积 =2.16m²，轴距 =2.7m。电机参数为：$L_d = 1.52$ mH，$L_q = 1.54$ mH，$R_{ph} = 0.046\,\Omega$，电机转矩常数 K_e=0.46（相，峰值），$\lambda_m = 0.115\dfrac{\text{V·s}}{\text{rad}}$（相，峰值）。电池额定功率为 40 kW·h，标称直流母线电压为 360V。

i. 开发车辆的仿真模型，作为时间函数，使用 UDDS 标准驾驶循环生成（a）电机扭矩、（b）电机功率、（c）蓄电池能耗和（d）蓄电池荷电状态（SoC）。

ii. 根据一个 UDDS 循环的能耗计算日产 Leaf 行驶 50miles 和 70miles 所需的能量。

解决方案

i. 利用 MATLAB-Simulink® 软件工具开发仿真模型。仿真模型框图如图 3.25 所示。在第 2 章中开发的模型的基础上，对车辆系统进行建模。电池和电机组件使用的模型将分别在后面的第 5 章和第 7 章中讨论。

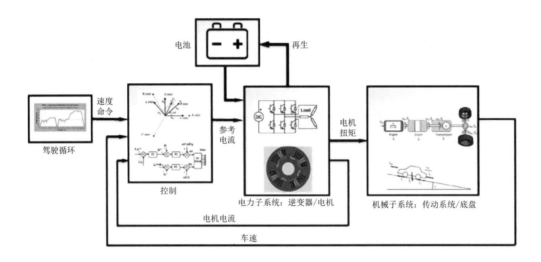

图 3.25   为示例 3.1 和 3.2 中 PSIM 建立的电动汽车仿真模型

使用正弦电压作为电机的输入，用 UDDS 驾驶循环对尼桑 Leaf 运行了模拟。图 3.26 给出了一个 UDDS 循环的电机扭矩、电机功率、电池能耗和电池荷电状态。

ii. 在 1 个 UDDS 循环中总行驶里程为 7.49miles，能耗为 1.46kW·h，因此 MPGGE 为 172.9。50miles 距离的能耗为 9.75kW·h，70miles 为 13.65kW·h。能耗计算忽略了机械传输损耗和电力变换器损耗。里程 / 加仑 (miles/gge) 偏高是因为这些和其他杂散损耗未包括在本次计算中。此外，UDDS 循环有许多下坡，在这些斜坡上发生能量再生，我们假设再生率为 30%，以收回部分动能。在 UDDS 中，在较低的速度下，由于较小的空气动力阻力（随 v^2 变化），损失将小得多。日产 Leaf 在该市的官方数据为 124 miles/gge。

示例 3.2

特斯拉 Model 3 的车辆参数为：车辆质量 =1611kg；车轮半径 =0.447m；正面面积 =2.16m^2，轴距 =2.7m。电机参数为：$L_d = 0.42$ mH，$L_q = 0.52$ mH，$R_{ph} = 0.028\Omega$，电机转矩常数 $K_e = 0.24$（相，峰值）和 $\lambda_m = 0.06\dfrac{\text{V·s}}{\text{rad}}$（相，峰值）。电池额定功率为 75 kW·h，标称直流总线电压为 375 V。

i. 开发车辆的仿真模型，并使用 HWFET 标准驾驶循环生成（a）电机扭矩、（b）电机功率、（c）电池能耗和（d）电池 SoC 随时间变化的曲线图。

ii. 根据一个 HWFET 循环的能耗，计算驾驶日产 Leaf 50miles 和 70miles 所需的能量。

iii. 根据电池 SoC 计算 UDDS 驾驶循环所需的能量。然后，估计 SoC 从 100% 到 0% 时车辆将行驶多少英里。最后，以英里/电量计算燃油经济性。

解决方案

i. 图 3.25 所示的仿真模型是在使用特斯拉 Model 3 车辆更新参数后使用的。使用正弦电压作为电机的输入，针对 HWFET 驾驶循环运行仿真。图 3.27 给出了一个 HWFET 循环的电机扭矩、电机功率、电池能耗和电池 SoC。

ii. 1 个 HWFET 循环的总行驶里程为 10.3miles，消耗的能量为 2.24kW·h，因此 miles/gge 数据为 155。50miles 距离的能耗为 10.87kW·h，70miles 距离的能耗为 15.22kW·h。能耗计算忽略了机械传输损耗和电力转换器损耗。计算出的英里/加仑数高于官方数据，因为在此模拟中没有考虑这些和其他杂散损失。特斯拉 Model 3 的官方数字是公路上为 132miles/gge。

iii. 特斯拉电池的电池容量为 75 kW·h，电池电压为 375V。模拟从电池充满电（100% SoC）开始。

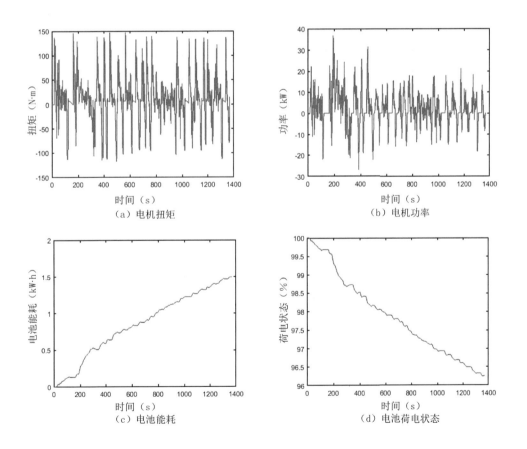

（a）电机扭矩　　　　　　　　　　（b）电机功率

（c）电池能耗　　　　　　　　　　（d）电池荷电状态

图 3.26　日产 Leaf 一个 UDDS 循环的电机和电池模拟结果

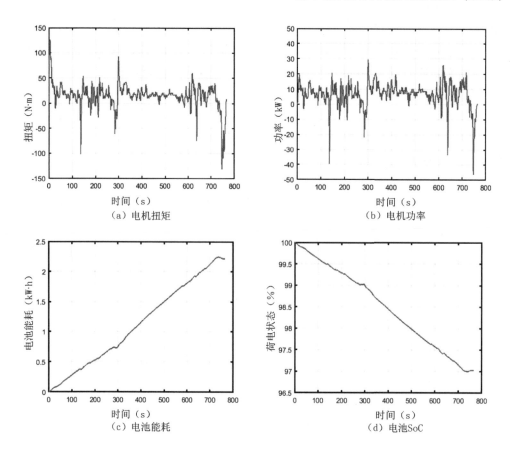

图 3.27　特斯拉 Model 3 一个 UDDS 循环的电机和电池模拟结果

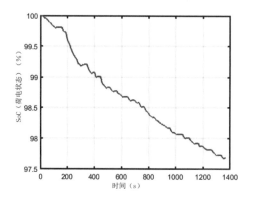

图 3.28　特斯拉 Model 3 一个 UDDS 循环的电池 SoC 仿真

如图 3.28 所示，在 UDDS 驾驶循环内，SoC 从 100% 下降 2.3% 至 97.7%。 这相当于 1.73 kW·h 的能耗。 在 UDDS 循环期间行进的距离为 7.49 miles。 因此，一次充满电可以行驶的距离可以计算如下：

$$续航里程 = \frac{100}{\Delta SoC_{UDDS}} \times 距离_{UDDS}$$

替换后可得

$$续航里程 = \frac{100}{2.3} \times 7.49 = 325\,miles$$

该计算忽略了电机、变速器和逆变器中的损耗。

问题

3.1

并联混合动力汽车的参数如下：

描述	参数
车辆质量	1800kg
驾驶员 /1 个乘客	80kg
滚动阻力系数：C_0，C_1	0.01，0
空气阻力系数，C_{AD}	0.4
正面面积，A_F	2.6m²

车辆在 10s 内从 0miles/h 均匀加速（恒定加速）至 60miles/h。

i. 求在初始加速阶段，作为时间函数的牵引力 $F_{TR}(t)$ 的函数表达式。

ii. 求在初始加速阶段，作为时间函数的牵引功率 $P_{TR}(t)$ 的函数的表达式。

iii. 求初始加速阶段，0~10 s 之间所需的能量 Δe_{TR}。

3.2

根据车辆的参数和性能要求，计算出规格参数：

描述	要求
车辆质量	1800kg
驾驶员 /1 个乘客	176 lbs/80kg
牵引能力	1000kg
滚动阻力系数：C_0，C_1	0.01，0
车轮半径，r_{wh}	0.3305m
空气阻力系数，C_{AD}	0.45
正面面积，A_F	2.5m²
0~60 miles/h	8.0s
50~70 miles/h	6.3s
持续巡航速度（带拖车）	55 miles/h 在 7% 坡度
持续巡航速度（不带拖车）	70 miles/h 在 0.5% 坡度
零排放里程（无拖车）	5km 在 40 miles/h

初始加速度要求不包括拖车，但总质量必须考虑驾驶员和一名乘客。

a. 计算恒力初始加速 5s 结束时的速度和功率。恒力为 7600N。

b. 在第（a）部分的初始恒力加速期后，车辆以恒功率 140kW 模式加速。写出给定条件下恒功率加速度的 dv/dt 方程。总时间为 8s 后的速度是多少（你可以求解数学方程）

c. 计算以 7% 坡度的拖车，以 55miles/h 的稳态速度所需的功率。

参考文献

[1] C.C. Chan and K.T. Chau, *Modern Electric Vehicle Technology*, Oxford University Press, Oxford, UK, 2001.

[2] R. Hodkinson and J. Fentos, *Lightweight Electric/Hybrid Vehicle Design*, SAE International, Warrendale, PA, 2001.

[3] R. K. Jurgen (editor), *Electric and Hybrid Electric Vehicles*, PT-85, SAE International, Warrendale, PA, 2002.

[4] A. Nagasaka, M. Nada, H. Hamada, S. Hiramatsu, Y. Kikuchi, and H. Kato., "Development of Hybrid/Battery ECU for the Toyota Hybrid System, Technology for Electric and Hybrid Vehicles," SAE Publication, SP-1331, SAE International, Warrendale, PA, 1998.

[5] J.F. Ronning and G.L. Grant, "Global Hybrid Electric Vehicle Markets and Missions," Electric and Hybrid Electric Vehicles and Fuel Cell Technology, SAE Publication, SP-1466, SAE International, Warrendale, PA, 1999.

[6] M. Ehsani, K.M. Rahman and H.A. Toliyat, "Propulsion system design for electric and hybrid vehicles," *IEEE Transactions on Industrial Electronics*, 44(1), 19–27, February 1997.

[7] J.R. Howell and R.O. Buckius, *Fundamentals of Engineering Thermodynamics*, second edition, McGraw-Hill, New York, NY, 1992.

[8] H.K. Ng, A.D. Vyas and D.J. Santini, "The prospects for Hybrid Electric Vehicles, 2000–2005: Results of a Delphi Study," Electric and Hybrid Electric Vehicles and Fuel Cell Technology, SAE Publication SP-1466, pp. 95–106, SAE International, Warrendale, PA, 1999.

[9] T.J. Barlow, S. Latham, I.S. McCrae and P.G. Boulter, "A Reference Book of Driving Cycles for Measurement of Road Vehicle Emissions," Published Project Report PPR354, TRL Limited, 2009.

自动驾驶汽车4

在过去的 10 年里，随着纯电动汽车种类、产销量的快速增长，交通运输行业发生了重大变革。汽车电气化技术的发展与社会对出行的需求和理解的根本转变相吻合。共享车辆使用量的大幅增加意味着一种趋势，即从个人拥有汽车转向将交通视为一种服务。随着一些公司在围栏区域测试无人驾驶车辆，自动驾驶车辆似乎即将出现。未来出行可能涉及这 3 个技术领域的融合：电动驱动系统、自动驾驶车辆和共享乘车服务。虽然这些技术中的每一项都可以独立地实现显著的效益，但这些技术的融合有可能通过更便宜、更方便、更安全、更高效、更好地保护环境和更好地利用基础设施来改善我们目前的交通状况。

根据通用汽车前副总裁劳伦斯·伯恩斯（Lawrence Burns）和哥伦比亚大学（Columbia University）经济学家杰弗里·萨克斯（Jefferey Sachs）的分析，对于密歇根州安娜堡（Ann Arbor）这样一个城市的公民来说，共享、电动、自主的交通服务将便宜 70% 以上，与私人拥有的车辆相比，提供同样的出行所需的车辆将减少约 80%[1]。传统的私家车可以以超过 120 miles/h 的速度行驶，并搭载 5 名或更多乘客，这样的能力已经是过度了。通过共享乘车服务，车辆可以针对特定的行程进行定制，从而使大多数车辆的尺寸和重量显著降低。汽车和卡车的排放量相当于美国排放的温室气体的 1/5[2]。有了电动驱动系统，驱动车辆所需的能量可以从太阳能、风能、水电和核电等清洁能源中产生。自动驾驶出租车和电动汽车的结合允许车辆自动充电，这比汽油动力车辆的自动加油更安全。自动驾驶车辆也将省去停车的巨额费用。除了自动驾驶、电动、共享车辆的环保和成本节约外，它们还将比传统车辆更安全。根据美国国家公路交通安全管理局（National Highway Traffic Safety Administration，简称 NSA）的数据，2018 年美国公路上的机动车交通事故造成 36560 人死亡[3]。预计自动驾驶汽车的发展将大大减少这一数量。

虽然自汽车发明以来，人们就一直在讨论自动驾驶汽车，但直到计算处理、传感器技术和概率机器人融合技术融合在一起，自动驾驶汽车才在技术上成为可能。2004 年，美国国防高级研究计划局（DARPA）举办了一场比赛，奖励第一支在莫哈韦沙漠完成 150 miles 路线自动驾驶的团队，奖金为 100 万美元。获得决赛资格的 15 支队伍中没有一支完成比赛，也没有一支队伍获奖。卡耐基梅隆红队跑得最远，完成了 7.32 miles。DARPA 在 2005 年再次举办了比赛，这一次，塞巴斯蒂安·特伦领导的团队获得了 200 万美元的奖金，他们的参赛作品 "Stanley" 来自斯坦福大学^[4]。130 miles 沙漠公路的成功自主导航开启了自主出行的新纪元。DARPA 挑战赛于 2007 年再次在城市环境中举行，以了解车辆在城市街道巡航中是否可以学会处理其他车辆和物体。来自卡内基梅隆大学和通用汽车公司的一支名为 " 格子赛车 "（Tartan Racing）的团队以他们的参赛作品 "Boss" 获得了 200 万美元的奖金^[6]。DARPA 这一挑战的意义重大，因为它开启了自动驾驶汽车创新、设计和开发的新时代。然而，紧随竞争之后，只有少数几家公司认识到了这项技术的潜力，并花了几年时间激发了各大汽车公司的兴趣。目前，通用、福特、特斯拉、梅赛德斯 - 奔驰、奥迪、宝马等汽车公司以及 Waymo、优步和百度等 IT 公司正在开发和测试自动驾驶汽车，以进入市场。这些公司正在努力克服一些挑战，包括安全性、可承受性和监管门槛。自动驾驶汽车的安全性严重依赖人工智能的感知和决策。为了确保自动驾驶车辆和服务的盈利能力，与传统车辆相比，传感器和计算处理硬件的额外成本不应显著增加。虽然许多汽车制造商提供具有自动制动、车道保持、盲点检测、自适应巡航等功能的车辆，但最终目标是让乘客在设定目的地后能够完全脱离车辆导航。

电动汽车为实现自动驾驶提供了更好的机会，因为动力传动系统的简单性为增加先进车辆功能所需的通信和计算资源提供了机会和空间。目前电动汽车的电池技术要求电动汽车比内燃机加油更频，因此，自动驾驶能力将提高电动汽车的实用性。此外，由于内燃机的安全自动加油比电动汽车的安全自动充电更具挑战性，因此电动汽车和自动驾驶汽车的结合创造了互惠互利的共生关系。

先进车辆的自主权范围从一些基本的安全操作（如自动制动）到完全自动的车辆控制，任何情况都无须驾驶员参与。如今，道路上的许多车辆都有一定程度的自主权，比如自适应巡航、车道控制或安全中断。全自动汽车仍处于研发阶段；然而，目前无须驾驶员干预即可运行的车辆在进行测试了。

4.1 自动驾驶的 6 个级别

在过去 10 年中，自动驾驶一直在提高驾驶员辅助程度方面取得进展，在受限环境中对全自动或自动驾驶汽车进行了评估。2013 年，美国交通部国家公路交通安全管理局（NHTSA）定义了几种不同级别的自动驾驶，并在 2016 年更新了该政策，以反映他们已正式采用 SAE 国际 J3016 文件中概述的自动驾驶级别。自动驾驶系统（ADS）的自动化程度通过以下 6 个级别的驾驶员辅助级别得到正式认可，其定义如下：

0 级：这是一个基本级别，与我们习惯的传统车辆相同，即驾驶员（人）控制一切：转向、油门、加速和刹车。

1 级：这是一个驾驶员辅助级别，转向或加速等特殊功能由车辆控制器自动完成，但大多数驾驶功能仍由驾驶员的控制。

2 级：从第 2 级开始，自动驾驶进入不同的级别，其中至少一个驾驶员辅助系统，例如速度控制和车道居中，使用有关驾驶环境的信息实现自动化。驾驶员通过将手离开方向盘并同时将脚离开加速踏板来脱离实际操作车辆，但必须始终准备好在需要时控制车辆。

3 级：在 3 级，车辆自动驾驶系统可以在巡航中执行关键的安全功能和在特定交通或环境条件下的转向功能，尽管驾驶员仍然需要在备用模式。然而，驾驶员不需要像之前的级别那样监控驾驶条件。这一级别的技术挑战是在需要时将控制权从车辆转移到人身上。

4 级：此级别是指完全自主驾驶，车辆的自动驾驶系统旨在通过道路操作控制并在车辆的操作设计域内执行所有安全关键驾驶功能。设计领域并未涵盖所有驾驶场景。

5 级：5 级的自动驾驶系统要求是一个完全自主的系统，在每个驾驶场景中，包括极端环境（如泥泞道路），车辆的自动驾驶性能等于或超过人类驾驶员的驾驶性能。

4.2 自动驾驶汽车功能架构

自动驾驶汽车架构是围绕传感器、信号处理、感知和规划算法、控制和执行器等技术构建的。自动驾驶车辆的功能架构定义和识别系统功能、部件功能及其相互作用，以实现自动驾驶的任务目标。图 4.1 显示了一个自动驾驶车辆架构示例。该架构包括硬件和软件以及它们之间的数据交换。硬件组件包括传感器、执行器和承载软件的处理器。软件组件包括感知、定位、路径规划和控制算法，以生成执行命令。

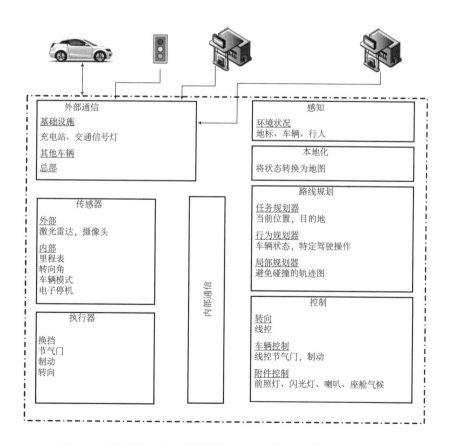

图 4.1 自动驾驶汽车的功能架构，包括硬件、软件和通信组件

在自动驾驶车辆中，传感和通信组件提供必要的信息，以实现感知和映射任务，如目标检测和车辆轨迹跟踪。软件处理过程从硬件传感器开始，其中一些传感器可能依赖外部通信。先进的信号处理技术在感知、定位和路径规划的软件处理过程中起着关键作用。在本节中，我们将讨论硬件传感器和外部通信，而下一节将讨论软件栈。

4.2.1 传感器

自动驾驶系统的传感器用于和外部通信，以捕获有关环境的信息，如车辆状态或附近物体的相对位置。自动驾驶汽车中的传感器可能包括摄像头、激光雷达、雷达、超声波传感器、全球定位系统（GPS）或惯性测量单元（IMU）。不同类型的传感器在很多方面都存在差异，各有优缺点。合适的传感器选择和布局规划将平衡功能、范围和成本，并克服天气、能见度和盲点检测的不利影响。摄像头是最常见的传感器类型，用于捕获视觉编码信息，以提供态势感知。多摄像头系统用于标志和标记除错，检测和跟踪汽车、自行车和行人。摄像头感测质量在很大程度上取决于环境条件，如天气和光线反射。雷达是另一种传感器，它发出无线电波，测量电波反射回来的时间以及到达方向（DoA）。雷达的射程最长，根据精密程度，射程估计可以在 10~250m 之间。雷达的缺点是分辨率低，无法识别小物体。雷达可用于侧面来车、盲点和后方碰撞监控。远程雷达最常用于自适应巡航控制（ACC）。范围从 40~150m 的中程雷达系统用于紧急制动和支持自动超车过程。自动驾驶中使用的另一个传感器是激光雷达，它通过脉冲激光照射目标并测量反射光返回传感器所需的时间来测量到目标的距离。激光雷达通常用于创建环境的致密三维地图。由于波长较小，激光雷达增强了分辨力，并且有利于在各种环境光中捕捉信息，无论是白天还是夜晚。超声波传感器的工作范围约为 2m，多年来一直用于汽车的驻车辅助功能。图 4.2 显示了自动驾驶车辆中使用的上述传感器技术的距离和角度范围。表 4.1 给出了不同传感技术的定性比较。传感器的数量和类型根据其范围和车辆任务的性能进行选择。

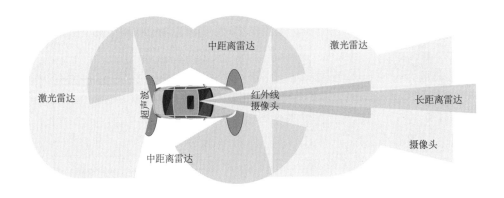

图 4.2   目标检测与环境映射的传感器技术

表 4.1 自动驾驶汽车不同传感器技术的比较

	距离	距离分辨率	角度分辨率	亮光性能	暗光性能	径向速度	耐候性	材料成本
雷达	很好	好	中等	很好	很好	很好	很好	中等
激光雷达	好	很好	很好	好	很好	中等	中等	高
摄像头	很好	中等	好	好	弱	弱	弱	低
超声波	弱	弱	弱	好	好	弱	好	低

自动驾驶汽车结合了多种传感器类型的读数，以实现冗余，并弥补各种传感器的不足。合适的传感器计划可以平衡功能、范围和成本。组合来自多个传感器的信息的过程称为传感器融合。传感器融合通常通过某种形式的卡尔曼滤波（Kalman）来完成。对于非线性过程和测量模型，必须使用非线性版本的卡尔曼滤波器。扩展卡尔曼滤波器、无迹卡尔曼滤波器或容积卡尔曼滤波器均可用于融合非线性系统的测量和过程模型[8]。

车辆的内部传感器对于完成自动驾驶功能至关重要，包括物理传感器以及来自自动驾驶系统 ADS 的信号。这些传感器的示例包括速度传感器、工作模式和智能停机。工作模式信号用于识别驾驶模式，如运动模式、正常模式和紧急模式，这是基于驾驶员输入、蓄电池荷电状态和充电站距离的。

4.2.2 外部通信

传感和通信组件在自动驾驶车辆中提供必要的信息，以使车辆能够执行其感知任务，例如物体检测和车辆方向跟踪。3D 地图、GPS 数据、交通状况、道路状况和天气状况等附加信息可以通过外部通信引入自动驾驶软件处理过程中。车对车（V2V）和车对基础设施（V2I）联网通信使车辆能够接收和 / 或传输信息给环境中的其他机构。V2V 将汽车相互连接，以共享有关路线和速度的数据；例如，一辆车可以向附近的车辆发送信息以避免碰撞。V2I 通信允许车辆接收从各种基础设施发送的信息或传输信号，例如交通信号灯、停车计时器、停车场和充电站，以提高驾驶的安全性和效率。例如，如果某条道路上没有司机，则关闭路灯，或者根据电动汽车的行驶距离和充电站的位置来确定目标充电站。

虽然许多自动驾驶汽车公司正试图在没有 V2V 和 V2I 通信的情况下实现完全自动驾驶，但这项技术有可能极大地提高这些车辆的性能，以优化交通。自动驾驶系统需要强大的数据处理能力以及速度，才能与人类反应的时间相匹配。自动驾驶汽车中的各种传感器会产生前所未有的数据量，这需要比现有 4G 技术更快的网络。预计 5G 毫米波无线技术将用于具有快速、可靠和充分响应网络的自动驾驶汽车。

各种传感器提供的信息构成大型数据源，由软件栈处理，以生成最终确定执行命令的有用信息。有 3 个指标可以用来评估自动驾驶车辆中的数据分配和处理，它们是分别是吞吐率、传输延迟和丢包率。吞吐率决定了 CPU 可以处理的最大数据量，无论智能算法的效率或准确程度如何。传输延迟通过发送和接收数据之间经过的时间来衡量。延迟的增加将影响每个模块，导致性能下降，因为自动驾驶车辆是实时系统。丢包是指在传输过程中由于物理链路的不确定性而不可避免地存在的数据丢失，无论是有线还是无线单元。

4.3　软件栈：感知、定位、路径规划和控制

用于传感、环境映射、自我定位和规划的先进信号处理、通信和学习算法在车辆的自动驾驶中发挥着关键作用。虽然还没有一种标准的软件方法来完成所有要求的自动驾驶任务，但所有的策略至少包括以下 4 个要素：感知、定位、路径规划和车辆控制。路径规划的输出进入车辆控制器进行决策，然后控制器向执行器发送命令。软件栈的工作流程如图 4.3 所示。控制器使用基于传感器信号输入和驾驶员路径请求的优化算法来生成执行器跟随轨迹的命令。执行器是电驱动或发动机、制动和转向系统。

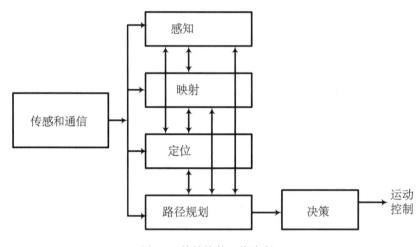

图 4.3　软件栈的工作流程

4.3.1　感知

感知任务涉及外部传感器（如摄像头、雷达、激光雷达和超声波传感器）测量，并将这些传感器的输入转换为有意义的信息，最终可供系统定位、路径规划和车辆控制模块使用。感知模块中包含的任务如下：

- 检测车辆、自行车和行人的位置和轨迹。
- 检测道路标志。
- 检测交通信号灯的状态。
- 检测可行驶区域。
- 检测车道标记。
- 检测人行横道。
- 在全球地图中定位车辆。
- 将车辆定位在车道内。

美国国防高级研究计划局（DARPA）挑战赛中使用的感知算法基于传统的计算机视觉算法。然而，深度学习工具现在应用于感知，尤其是用于目标检测和跟

踪，以提高位置、方向和大小的准确性。2012 年，当 Alex Krizhevsky 等人应用深度卷积神经网络（CNN）开发 AlexNet 时，计算机视觉的一个新时代开始了，深度学习成功地应用于图像分类，取得了 15.5% 的分类错误率；比 ImageNet 大规模视觉识别挑战赛（ILSVRC）的亚军算法提高了 10.8% 以上 [9]。构成深度学习算法的矩阵乘法运算与视频游戏图形处理中使用的运算非常相似。图形处理单元（GPU）的进步有助于深度学习的成功。2012 年 ImageNet 获奖算法是在 GPU 上训练 CNN 的首次应用。在 GPU 上训练 CNN 可以比在 CPU 上训练减少至 1/100 的学习时间。用于深度学习的 GPU 的主要供应商是 NVIDIA；这是由于硬件能力和 NVIDIA 的 CUDA 软件在深入学习中的广泛使用。CUDA 充当 Python 等高级编程语言与 GPU 硬件之间的接口。特斯拉公司与三星合作，开始生产自己的自动驾驶专用芯片。芯片于 2017 年开始生产，特斯拉于 2019 年开始发送配备新硬件的车辆。特斯拉声称他们的芯片提供的性能是之前使用的 NVIDIA 芯片的 21 倍。更高的性能可能是由于芯片是专门为自动驾驶而设计制造的。

语义分割是一种深度学习算法，用特定的标签对每个像素进行分类。在自动驾驶中，语义分割用于确定可驾驶区域的位置。将可行驶区域的语义分割与激光雷达点云相结合，提供了一种直接的方法来区击中道路的激光雷达点与击中物体或人行道的激光雷达点。语义分割也可以通过激光雷达点云本身来完成，并可以作为车辆定位的一种手段。

深度学习传播如此迅速的原因之一是具有高度开源的文化。 最先进的算法通常可以在发布时免费下载。顶尖的 AI 研究人员将他们的大量时间投入对人们了解深度学习的教育中去。Andrew Ng 是一名 AI 研究人员，也是 Coursera 的创始人，他通过 Deeplearing.ai 提供深度学习专业课程，并使用谷歌的 Tensorflow API 进行许多 Python 代码练习。Jeremy Howard 是另一位数据科学家，他基于 Python 构建了一个最先进的库，该库以 Facebook 维护的 PyTorch API 为基础，并通过他的公司 Fast.ai 提供该库以及免费教育资源。

感知模块的一项重要任务是跟踪其他车辆的位置和轨迹。 这是通过将每个图像帧中车辆的像素位置映射到真实世界坐标并使用车辆的状态空间模型估计车辆的未来轨迹来完成的 [10]。当转向角未知时，例如跟踪另一辆车时，常见的车辆模型是所谓的协同转弯模型；这也称为等速转弯率 (CVTR) 模型。CVTR 假设纵向速度和偏航角速度从一个时间步长到下一个时间步长是恒定的。 加速度变化被建模为干扰噪声。CVTR 模型如下：

$$
\begin{bmatrix} x(t) \\ y(t) \\ v(t) \\ \phi(t) \\ \omega(t) \end{bmatrix} = \begin{bmatrix} v(t)\cos(\phi(t)) \\ v(t)\sin(\phi(t)) \\ 0 \\ \omega(t) \\ 0 \end{bmatrix} + \begin{bmatrix} 0 & 0 \\ 0 & 0 \\ 1 & 0 \\ 0 & 0 \\ 0 & 1 \end{bmatrix} \begin{bmatrix} q_c^v(t) \\ q_c^\omega(t) \end{bmatrix}
$$

其中 *x(t)* 和 *y(t)* 是全局 2D 位置坐标，*v(t)* 是估计速度，*Φ(t)* 是偏航角，*w(t)* 是

偏航角的变化，$q_c^v(t)$ 和 $q_c^\omega(t)$ 用于将平移和旋转加速度建模为过程噪声。使用 Euler 方法将此连续时间模型转换为离散时间模型：

$$\begin{bmatrix} x_k \\ y_k \\ v_k \\ \phi_k \\ \omega_k \end{bmatrix} = \begin{bmatrix} x_{k-1} + \dfrac{2v_{k-1}}{\omega_{k-1}} \sin\left(\dfrac{\omega_{k-1}T}{2}\right) \cos\left(\phi_{k-1} + \dfrac{\omega_{k-1}T}{2}\right) \\ y_{k-1} + \dfrac{2v_{k-1}}{\omega_{k-1}} \sin\left(\dfrac{\omega_{k-1}T}{2}\right) \sin\left(\phi_{k-1} + \dfrac{\omega_{k-1}T}{2}\right) \\ v_{k-1} \\ \phi_{k-1} + T\omega_{k-1} \\ \omega_{k-1} \end{bmatrix} + \begin{bmatrix} 0 & 0 \\ 0 & 0 \\ 1 & 0 \\ 0 & 0 \\ 0 & 1 \end{bmatrix} \begin{bmatrix} q_{k-1}^v \\ q_{k-1}^\omega \end{bmatrix}$$

其中 T 是采样时间。为了避免被除数是 0，即在旋转率 ω_{k-1} 为 0，可以在考虑车辆沿直线行驶的情况下计算 x 和 y 位置预测。

车辆模型与传感器模型结合在一起的过程称为传感器融合。传感器的模型称为测量模型。例如，雷达可以测量物体的距离和航向角。雷达的测量模型描述如下：

$$\begin{bmatrix} d_k \\ \varphi_k \end{bmatrix} = \begin{bmatrix} \sqrt{\left(p_k^1\right)^2 + \left(p_k^2\right)^2} \\ \arctan\left(\dfrac{p_k^2}{p_k^1}\right) \end{bmatrix} + \begin{bmatrix} r_k^1 \\ r_k^2 \end{bmatrix}$$

其中 p_k^1 和 p_k^2 是目标车辆在 x- 和 y- 方向上的距离，r_k^1 和 r_k^2 是测量噪声参数，d_k 是目标车辆的距离，φ_k 是目标车辆的角度。

4.3.2 定位

定位系统的目标是在全球坐标系上识别车辆的位置。自动驾驶汽车会构建其当前环境的全球地图，并使用该地图在任何时间点导航或推断其位置。车载传感器数据用于车辆定位。一种方法是使用GPS-IMU融合，其中IMU测量位置和方向的变化，GPS 读数用于校正 IMU 的累积误差。然而，这种基于传感器的定位在城市场景中不够精确。在未来，智能车辆将能够使用 5G 网络毫米波 MIMO 接收机获得比基于 GPS 的定位更好的精度。定位精度取决于通信系统的覆盖范围，预计在城市地区的覆盖范围会很高。

致密 3D 地图有助于车辆定位并提供附近静止物体的位置。谷歌街景就是这样一张致密的 3D 地图，它已成为谷歌自动驾驶汽车项目的基础。地图包含静止物体的位置以及交通标志和交通信号。知道交通信号的精确位置极大地简化了信号状态的分类，这通过计算机视觉算法可忽略潜在的误报交通信号检测，例如公交车灯[2]。致密 3D 地图也用于定位车辆。这可以通过使用粒子滤波器将激光雷达扫描的 3D 点云与致密 3D 地图匹配来实现。其他工作将语义分割的图像与致密 3D 地图相匹配，以使用摄像头进行定位[11]。

车辆位置的最终估计涉及将所有位置传感器测量值与车辆的运动模型融合。可组合用于定位车辆的传感器有摄像头、激光雷达、GPS、IMU、雷达和超声波。与车辆外部不同的是，自动驾驶车辆定位过程模型将包括转向角和加速度。 运动学自行车模型已被证明可以提供足够的精度并被广泛使用[12]。

4.3.3　路径规划

路径规划指的任务是确定车辆预期行驶轨迹的。它包括高层决策，比如走哪条路；中间决策，如驾驶操作，即变道、减速停车、跟车等；以及低级决策，如确定车辆将遵循的实际轨迹路径点。规划算法利用环境地图，并从感知和定位模块获取输入。规划算法使用的策略是通过驾驶数据的训练而学习到的，或者是由工程师直接输入的。

自动驾驶的路径规划可分为 3 个层级问题[13]。
- 任务规划：从 A 点到 B 点需要走哪些道路。
- 行为规划：如何确保维持可接受的驾驶实践。
- 局部规划：如何确定所期望的位置和速度轨迹。

4.3.3.1　任务规划

最高层级的规划是任务计划。 任务规划侧重于交通和道路连接。 所有可能的路线都根据旅行时间或其他一些标准进行加权，并且可以使用 Dijkstra 算法或 A* 算法[14] 求解到最终目的地的最短路径。 任务规划类似于驾驶员使用的常见 GPS 地图服务的输出。

4.3.3.2　行为规划

行为规划必须考虑有关道路和周围车辆的所有信息，以计算要执行的操纵控制。行为规划的进步对于 4 级和 5 级自动驾驶的成功至关重要。行为规划设定高级驾驶动作或操纵控制。行为必须安全和有效。行为规划模块必须能够处理噪音和不准确的输入，例如误报。行为规划模块的输出进入局部规划器以确定路径和速度轨迹。行为规划模块输出的一些驾驶操控示例如下：
- 跟踪当前速度限制。
- 跟踪前车的速度并保持安全距离。
- 在交叉路口减速停车。
- 停车并保持停止在当前位置。
- 切换或并入连接的车道。

Lanelet 地图是 2014 年开发的一种巧妙的地图数据结构，可为自动驾驶汽车提供有价值的信息[15]。 Lanelets 表示为有向图上的节点并存储以下信息：
- 给定车道的左右边界。
- 小巷末端的监管元素。
- 限速等监管属性。

- 与其他 Lanelet 的连接，允许穿越其他 Lanelet。
- 每个 lanelet 有 4 个可能的连接 lanelet：前、后、左侧和右侧。
- Lanelets 表示为图上的节点。

一个日益增长的自动驾驶研究的领域是使用强化学习进行行为规划。强化学习代理学习一个策略，该策略给出它期望将获得最高奖励的行动。来自环境的反馈对此行动提供奖励，代理相应地调整其策略。在自动驾驶中，奖励值函数可以由驾驶员在某些特定情况下的行为决定。强化学习代理从环境中获得感官输入，例如摄像头输入和车辆状态，并输出所需的车辆操纵控制。如果代理的操控与驾驶员的密切匹配，那么该策略就会得到加强。如果人类驾驶员做了不同的操作，则会更新策略，以便在下次看到类似输入时，策略输出接近驾驶员的行为。强化学习通常在模拟环境中完成，训练的计算成本可能相当高。强化学习也可以通过一级或二级自动驾驶车辆或测试驾驶员来完成。如果驾驶员必须在某个操控过程中进行干预，则该政策将受到惩罚，以便调整其行为。另一个密切相关的研究领域是逆向强化学习。这涉及获取专家生成的输入和动作并学习奖励函数。

强化学习方法有几个缺点。首先，强化学习算法需要大量数据，即使与其他深度学习方法相比，计算成本也相对较高。其次，也许更重要的是，很难确保学习系统的安全性，因为用于推理的神经网络就像黑匣子。如果不充分了解强化学习代理生成的策略的因果关系，就无法保证在新情况下的具体行为。由于车辆可能会遇到各种各样的场景，直接强化学习方法不太可能成功。然而，分层强化学习方法，其中操纵控制被认为是不同驾驶场景下的低级策略，有助于缩小训练任务的范围。

当前的一个活跃的研究领域是使深度学习更具普遍性，强化学习更具体、更具可判断性。人工智能领域的许多研究人员认为强化学习是通往一般人工智能的一条道路，因为它与人类学习的一种方式非常相似。如果不了解代理策略背后的因果关系，我们就很难控制代理，从而保证他们能够以安全的方式解决复杂的任务。

4.3.3.3　局部规划

局部规划涉及采取给定的操纵控制并输出位置和速度轨迹。例如，行为规划模块可以指示变道操作。车道变换道需要针对不同情况使用不同的轨迹形状。轨迹形状取决于速度和加速度限制以及执行的时间范围。为了舒适，需要尽可能减小横向加速度，同时仍在时间窗口内实现目标。横向加速度既取决于速度，也取决于路径的曲率。

如果行为规划器指示在车道内以限速行驶，则局部规划器必须监控前方车辆的速度，以保持一定的缓冲碰撞时间和缓冲碰撞距离。转向至一个道路需要计算迎面而来的车辆的机会窗口，这需要估计当前位置以及预测未来迎面而来车辆的轨迹。碰撞时间提供了一种安全措施，用于评估潜在的机动操作。碰撞时间的计算方法是，在给定可能的轨迹的情况下，计算车辆在未来发生碰撞的点，然后预测车辆到达该碰撞点的时间量。

预测动态物体的未来轨迹并非易事。基于机动操作的假设可用于预测轨迹。例如，一个假设是一辆汽车可能会沿着它的车道行驶。另一个假设是，如果试图并道或转弯，车辆将减速。此外，变换车道通常需要使用转向指示灯。必须考虑到，经常违反这些规则，因此碰撞检查的多模态假设很重要。

通常，基于长条或圆形的车辆未来位置估计用于碰撞检查。为了计算条带，汽车保守估计沿着给定轨迹的点移动。使用保守的尺寸估计，即使不会发生碰撞，也可能会错误地报告沿路径的碰撞。保守碰撞估计的一个限制是，可能会去除通过狭窄开口的路径，这可能导致规划者陷入堵塞困境。图4.4所示是使用基于圆圈的表示，一些具有给定半径的重叠圆用于包围汽车的足迹。知道给定圆的轨迹，通过检查对象的轨迹足迹是否在圆半径内来计算碰撞是有效的。

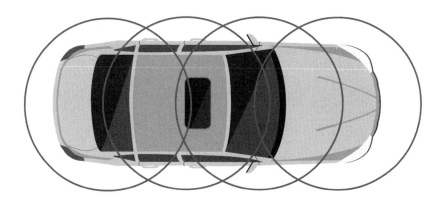

图 4.4　基于圆圈的车辆足迹估计

除了避免动态对象外，在碰撞避免任务中还使用占位网格图考虑静态对象。占位网格是指示网格单元是否被占用的网格图。除静态物体外，所有不可驾驶的区域都被视为已占用，例如草坪和人行道。传感器给出一个正方形被占用的概率。如果概率超过某个阈值，则该正方形被标记为已占用。如果以每个单元存储到最近对象的距离的方式实现占位网格，则可以使用数组中的简单查找来完成碰撞检测。

局部规划器生成的轨迹受到车辆运动学、静态和动态障碍物的位置以及车道和速度限制等监管要素的约束。此外，还必须考虑软约束，例如与前车保持一定距离以及与纵向和横向加速度相关的舒适性约束。

由于转弯角度有限，车辆需遵循其随最大曲率或最小半径。曲率是指与路径上给定点相切的圆半径上的曲率。为了保持车辆稳定性，轮胎上的摩擦力必须保持在导致轮胎失去牵引力的水平以下。沿轨迹的任意点处的纵向速度受最大允许横向加速度和该点处曲率的约束，并由下式给出：

$$v^2 \le \frac{\max a_{lat}}{\kappa}$$

沿 2D 路径的曲率有一个封闭形式的解：

$$\kappa = \frac{x'y'' - y'x''}{(x'^2 + y'^2)^{\frac{3}{2}}}$$

有了这些目标和约束，位置和速度轨迹是求解一个受约束的优化问题来确定的。

给定起始位置航向和曲率的优化目标是找到结束位置航向和曲率的路径，该路径使成本函数最小化并满足约束。起始值和结束值用作边界条件。约束包括车辆的运动模型以及纵向和横向加速度约束。通常希望曲率在整个路径中均匀分布。这是通过最小化弯曲能量或曲率平方的积分来完成的。

分配轨迹有两种常用方法，五次样条曲线和三次螺旋曲线[16-17]。两者都给出了路径的参数表示，并允许相对快速的优化。五次样条曲线是一个五阶多项式，有12个参数需要优化：x 方向的路径有 6 个参数，y 方向的路径有 6 个参数。样条曲线的局限性在于，由于曲率或其导数中的潜在不连续性，很难约束曲率。

$$x(u) = \alpha_5 u^5 + \alpha_4 u^4 + \alpha_3 u^3 + \alpha_2 u^4 + \alpha_1 u + \alpha_0$$

$$y(u) = \beta_5 u^5 + \beta_4 u^4 + \beta_3 u^3 + \beta_2 u^4 + \beta_1 u + \alpha_0$$

$$u \in [0,1]$$

螺旋线由曲率作为弧长的函数进行参数化。螺旋确保了沿轨迹的平滑曲率变化，但 x 和 y 位置没有闭合形式的解。

$$\kappa(s) = a_3 s^3 + a_2 s^2 + a_1 s + a_0$$

$$\theta(s) = \theta_0 + a_3 \frac{s^4}{4} + a_2 \frac{s^3}{3} + a_1 \frac{s^2}{2} + a_0 s$$

$$x(s) = x_0 + \int_0^s \cos(\theta(s')) \mathrm{d}s'$$

$$y(s) = y_0 + \int_0^s \sin(\theta(s')) \mathrm{d}s'$$

航向角 θ 具有曲率螺旋的闭合解。然后可以将 θ 与辛普森规则一起使用，以数值方式沿螺旋线接近 $x(s)$ 和 $y(s)$ 的位置[17]。辛普森规则提供了更精确的积分数值估计，因为它使用二次插值，而不是梯形或中点规则使用的线性插值。

4.3.4　控制

自动驾驶汽车的控制系统将规划单元的意图和目标转化为行动，并为执行器生成命令信号。

行为规划器可以根据所选的操纵控制给出最终速度的值。在停车灯处停车将是零速度参考。速度参考也可以是直线道路的速度限制。如果操纵控制是跟随前车，车辆的速度会随前车调节。在这种情况下，是以保持一定的碰撞时间，并在车辆之间保持空间缓冲，来确定速度曲线。此外，必须确保我们在每个点的速度不超过横向加速度约束。

如果在考虑车辆约束的情况下确定速度和位置轨迹，则可以使用比例积分（PI）或比例积分微分（PID）控制器来跟踪给定的参考值。另一种方法是使用模型预测控制 （MPC），它可以包含额外的约束。MPC 的限制是解决约束优化问题所需的额外计算时间。

4.4　自动驾驶仪和执行器

　　自动驾驶车辆中的自动驾驶仪是使车辆能够自动转向、换挡、加速和减速的装置。自动驾驶仪的主要部件有：方向盘、加速 / 制动踏板、换挡激活器和车辆驱动控制器。执行器是能够执行的硬件设备，它接收来自车辆控制器的命令，并使车辆能够在所需方向上运动。自动驾驶仪通常被称为线控系统，其中使用机电执行器和人机界面的电子控制系统用于车辆的运动。用电子元件和机电执行器代替机械和液压元件通常被称为线控技术。在传统车辆中，踏板和转向感觉模拟器等人机界面用于将驾驶员的控制信号传输到车辆驱动部件。这与航空工业中广泛使用的电传系统类似。应用电子技术的好处是提高了性能、安全性和可靠性，降低了制造、操作和维护成本。线控技术也为车辆重量减轻和布置灵活性提供了机会。现代汽车中引入的线控技术包括线控转向、线控油门和线控刹车。在自动驾驶汽车中，这些线控技术与替换驾驶员相结合，驱动系统成为线控驱动系统。

4.4.1　线控节气门

　　在配备内燃机的现代车辆中，节气门位置由燃油控制器根据从节气门位置传感器获得的信号进行设定；节气门本身通常由驾驶员连接至节气门的物理电缆操纵。在线控节气门系统中，发动机节气门由机电执行器操作，该执行器响应来自发动机控制器单元的电子信号，而不是通过物理电缆操作。对于线控节气门，加速踏板和节气门之间没有物理连接，但加速踏板通过车辆通信网络发送信号。

4.4.2　线控转向

　　典型的电动助力转向系统（EPS）拓扑如图 4.5 所示。当驾驶员在方向盘上产生输入扭矩 T_d 时，它通过上转向柱传输到扭杆，扭杆以角度 q 扭转。与扭杆扭转成比例的弹性扭矩抵抗了输入扭矩。EPS 控制器根据驾驶员施加在方向盘上的转向扭矩、方向盘位置和车速计算所需的助力扭矩。EPS 电机是一种机电执行器，通过电机驱动转向机齿轮，以减少驾驶员操纵方向盘所需的扭矩。所需的扭矩辅助水平取决于驾驶条件，由车轮转速传感器和扭矩传感器确定，扭矩传感器测量驾驶员施加到方向盘上的扭矩。EPS 包括一个电机、一个电机控制器和一个齿轮减速器，EPS 接收辅助扭矩输入并控制电机电流。产生的轴扭矩最终通过齿轮机构和齿条驱动车轮转动。电机控制器使用高精度电机轴位置传感器将转子位置和相位电流信息反馈给电机控制器，以控制电机输出扭矩。EPS 系统通常使用永磁电机，包括使用表面永磁（SPM）和内部永磁（IPM）型电机。EPS 电机具有最严格的扭矩波动要求，因为电机输出轴上的任何波动都将通过转向柱和方向盘传递给驾驶员。

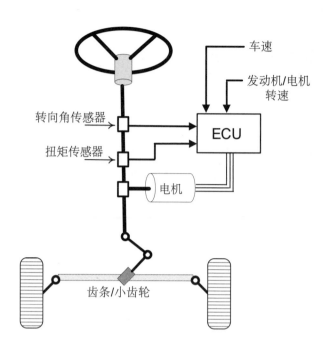

图 4.5　带齿条和齿轮装置的电动动力转向系统

在线控转向技术中，方向盘和车轮之间的机械转向连接（包括转向轴、转向柱和齿轮减速机构）被算法、电子设备和执行器所取代。在这种装置中，方向盘和轮胎之间没有物理连接。事实上，线控转向装置根本不需要使用方向盘；当使用方向盘时，可用某种类型的转向感觉模拟器向驾驶员提供反馈。在自动驾驶系统中，自动驾驶控制器计算出的所需扭矩可通过线控转向装置直接应用于电机执行器，以控制车辆转向所需的方向。

4.4.3　线控制动

线控制动通过电子控制和机电执行器来接合车辆制动器。线控制动实际上是一系列技术，既可以使用电液执行器，也可以使用带有安全功能的机电执行器，还可以将车辆的故障安全操作与其他控制单元（如稳定性控制、牵引力控制和自动制动单元）结合使用。防抱死制动系统（ABS）是线控制动的前身，允许车辆在无须任何驾驶员输入的情况下自动控制制动。线控制动技术更进一步，制动器仅通过电子信号接合，无须任何机械连杆或液压装置，即使有驾驶员参与；线控制动系统中的制动踏板由踏板感觉模拟器取代。目前广泛应用于车辆中的电动驻车制动系统也是线控制动系统的一部分。

线控制动器可以支持传统液压制动器的所有功能，此外还提供更快的动态响应、平滑的控制、改进的布置和更容易的组装。线控制动器更容易结合安全性和稳定性相关的功能，并且由于拖曳阻力较小，还可改进燃油经济性。去掉液压泵和制动液是一种可靠性和维护优势。在线控制动系统中，力传感器用于估计制动器夹紧力，力的反馈用于为机电执行器生成扭矩命令。电机有自己的转子位置和电流传感器，它们向电机控制器提供反馈信号，电机控制器以转矩控制模式进行控制，如第14章中图14.23所示。机电制动系统中使用的电机是永磁电机，但也可以使用开关磁阻电机。事实上，开关磁阻电机对于机电制动器尤其有利，因为它们具有更高的容错性，并且转子中没有温度敏感的永磁体。制动系统中电机的环境非常恶劣，由于制动片和制动盘间的摩擦，温度可能会迅速升高。

随着电动汽车和混合动力汽车的引入，线控制动技术已被广泛商业化，因为该技术与再生制动特别兼容，其中一部分车辆动能可以被捕获，转换后用于给电池充电，而不是通过刹车片摩擦浪费掉。

4.5　一级自动驾驶的安全增强功能

现代车辆中增加了驾驶员辅助功能，主要是为了增强安全性，即使车辆不是完全自动的。3个最常见和最有用的驾驶员辅助从前部、侧面和后部保护车辆乘员。从前方保护乘员的驾驶员辅助是ACC和防碰撞自动制动；从侧面保护的辅助是车道控制；而盲点检测则从车辆后方提供保护。安全功能是综合性系统的一部分，其中许多功能相互配合。这些不同类型的驾驶员辅助系统的控制器在很大程度上依赖于多个传感器，例如摄像头、雷达、激光雷达和GPS，这些传感器与前面在自动驾驶部分中讨论的传感器相同。与自动驾驶系统类似，传感器信号处理和控制算法也是驾驶员辅助系统不可或缺的一部分。其中一些驾驶员辅助系统是自动驾驶的开端，例如车道对中控制辅助和自适应巡航ACC。

4.5.1　巡航控制

巡航控制是车辆控制器的伺服机构，可自动将车速设置在驾驶员指令的设定速度。车速反馈用于闭环速度控制，其输出设置为控制燃油喷射的节气门指令。巡航控制器的设计考虑到了驾驶员仍在使用转向控制和制动控制进行驾驶时的安全问题。当驾驶员踩下制动踏板时，巡航控制将停用。巡航控制可以减少长途驾驶时驾驶员的疲劳。

自适应巡航控制（ACC）是一款改进型巡航控制系统，在巡航控制机构中集成了自动制动或动态设定速度的控制。配备ACC的车辆被视为1级自动驾驶汽车。自动制动功能使用单个或多个传感器（如雷达、激光雷达和摄像头）来减速或加速车辆，以匹配前方车辆的速度。根据两辆车的速度，一些系统使用前向碰撞警告，如果前面的车辆靠得太近，会向驾驶员发出警告。根据实施情况，ACC可设计为完全停止，以达到安全目的。动态设定速度型ACC使用来自数据库的GPS位置处的限速标志，来自动调整巡航控制器速度设定点。

4.5.2　车道控制

车辆的车道控制是另一个1级自动驾驶功能，当车辆开始驶出车道时，该功能将车辆保持在其车道内。车道控制是车辆车道偏离警告和控制系统的一部分，根据车辆偏离车道时的具体情况，该系统可以提供不同程度的驾驶员辅助。可用的技术类型从向驾驶员发出警告到做出反应并主动将车辆保持在车道中心。第一种辅助类型是车道偏离警告，当车辆离开车道时，会向驾驶员发出视觉、听觉和 / 或振动警告。第二种类型是车道保持辅助系统，如果驾驶员让车辆偏离太远，它会自动在车道内转向车辆。最先进的类型是车道对中辅助系统，它总是试图将车辆保持在当前车道的正中；系统将要求驾驶员在具有挑战性的情况下接手车辆。

车道偏离警告和控制系统中使用的传感器类型有视频传感器、激光传感器和红外传感器。摄像头是最常用的视觉传感器，安装在后视镜附近的挡风玻璃上。激光传感器（如果使用）安装在车辆前部，而红外传感器安装在挡风玻璃后面或车辆下方。车道控制系统通过连续感应前方道路的条纹线和实车道线来工作。如果道路没有车道标记或车道标记褪色，系统将不工作。车道标记点有时也很难追踪；如果下雨或下雪，摄像头也可能难以感知车道标记。

4.5.3　牵引力控制

车辆的牵引力控制系统监测导致失去抓地力的车轮打滑，并启动 ABS 防止打滑，因为驱动轮的牵引力不同，这会影响转向控制和车辆稳定性。车轮打滑的差异可能是由于车辆转弯或不同的路况造成的。在潮湿、结冰、不平或柔软的路面上，路面和轮胎之间的摩擦力要比干燥的铺筑路面低得多。干燥路面上的一个或多个车轮会抓住路面，其他湿滑路面的车轮可能会失去牵引力。在配备牵引力控制系统的车辆中，当传感器检测到任何车轮失去牵引力时，控制动作会自动启动。

牵引力控制和 ABS 的主要硬件基本相同。用于牵引力控制的传感器是车轮速度传感器，可感应由于失去牵引力而导致的速度变化。当牵引力控制系统检测到一个或多个驱动轮的旋转速度明显快于另一个时，它会激活 ABS 以对牵引力减小的旋转轮施加制动。这种对打滑车轮的制动作用将通过差速器的机械作用将动力传递到具有牵引力的车轮，以恢复车辆的稳定性。

4.5.4　自动制动

自动制动是一种安全技术，可在必要时自动激活车辆的制动系统。用于自动制动的传感器是摄像头和激光雷达。摄像头可以安装在挡风玻璃顶部，用于扫描前方道路，寻找垂直表面的对比度。当使用激光雷达时，它会发出一个信号，通过它前面的物体回弹信号来确定距离和速度。雷达可以在保险杠中安装，以克服激光雷达的范围限制。该软件经过编程可识别不同类型的图像，例如车辆、摩托车、自行车和行人的后部。

参考文献

[1]L.D. Burns, "Sustainable mobility: A vision of our transport future," *Nature*, 497(7448), 181, 2013.

[2]L.D. Burns and S. Christopher, *Autonomy: The Quest to Build the Driverless Car-and How It Will Reshape Our World*, ECCO, HarperCollins Publishers, New York, NY, 2018.

[3]National Highway Traffic Safety Administration, "2018 Motor Vehicle Crashes: Overview," Traffic *Safety Facts Research Note, 2019*, pp. 1–10, 2019.

[4]M. Montemerlo, S. Thrun, H. Dahlkamp, D. Stavens, and S. Strohband, "Winning the DARPA Grand Challenge

with an AI robot," *Proceedings of the AAAI National Conference on Artificial Intelligence*, Boston, MA, 2006.

[5]M. Buehler, K. Iagnemma and S. Singh (Eds.), *The 2005 DARPA Grand Challenge: The Great Robot Race*, vol. 36, Springer, New York, NY, 2007.

[6]C. Urmson et al., "Autonomous driving in urban environments: Boss and the urban challenge," *Journal of Field Robotics*, 25(8), 425–466, 2008.

[7]M. Buehler, K. Iagnemma and S. Singh (Eds.), *The DARPA Urban Challenge: Autonomous Vehicles in City Traffic*, 56, Springer, New York, NY, 2009.

[8]I. Arasaratnam and S. Haykin. "Cubature Kalman filters," *IEEE Transactions on Automatic Control*, 54(6), 1254–1269, 2009.

[9]A. Krizhevsky, I. Sutskever and G.E. Hinton, "Imagenet classification with deep convolutional neural networks," *Advances in Neural Information Processing Systems*, Lake Tahoe, NV, 2012.

[10]L. Hammarstrand, edX MOOC Course by Chalmers University, "Sensor Fusion and Non-linear Filtering for Automotive Systems." Online https://www.edx.org/course/sensor-fusion-and-non-linear-filtering-for-automot, accessed June 15, 2020.

[11]E. Stenborg, C. Toft and L. Hammarstrand, "Long-term visual localization using semantically segmented images," *2018 IEEE International Conference on Robotics and Automation (ICRA)*, IEEE, Brisbane, Australia, 2018.

[12]P. Polack et al., "The kinematic bicycle model: A consistent model for planning feasible trajectories for autonomous vehicles," *2017 IEEE Intelligent Vehicles Symposium (IV)*, IEEE, Redondo Beach, CA, 2017.

[13]S. Waslander and J. Kelley, Coursera MOOC Course by University of Toronto, "Motion Planning for Self-Driving Cars." Online https://www.coursera.org/learn/motion-planning-self-driving-cars#instructors, accessed June 15, 2020.

[14]S. Russell and P. Norvig, *Artificial Intelligence: A Modern Approach*, Pearson Education Limited, Essex, 2014.

[15]P. Bender, J. Ziegler and C. Stiller, "Lanelets: Efficient map representation for autonomous driving," *2014 IEEE Intelligent Vehicles Symposium Proceedings*, Dearborn, MI, 2014.

[16]A. Piazzi and C. Guarino Lo Bianco, "Quintic G/sup 2/-splines for trajectory planning of autonomous vehicles," *Proceedings of the IEEE Intelligent Vehicles Symposium 2000 (Cat. No. 00TH8511)*, Dearborn, MI, 2000.

[17]A. Kelly and B. Nagy, "Reactive nonholonomic trajectory generation via parametric optimal control," *The International Journal of Robotics Research*, 22(7–8), 583–601, 2003.

电池能量存储5

自然界中可供转换和使用的能源称为一次能源。一次能源的来源是油井或其他自然环境，例如风或太阳。一次能源的例子有：化石燃料、风能、太阳能、水力、波浪、潮汐、核能、地热能和生物质能。通过燃烧或能量转换系统转换源能量，可从一次能源中提取能量。当一次能源通过一个或多个能量转换过程和／或装置进行转换时，称为二次能源；额外的能量转换装置使用二次能源来提供有用的功。能源转换的几个阶段是必要的，首先是处理一次能源，然后将其输送给最终用户。每一个转换阶段在不同程度都存在效率低下的问题。

一次能源以化学、热能、动能或其他替代形式储存能量。例如，能量以化学形式储存在化石燃料中；通过在热机中燃烧，从内燃机车辆中提取能量。风能以动能形式提供，可以使用风力涡轮机将其转换为电能。电能是可以通过电机转换为机械功的二次能源的。电能可以通过在火力发电厂中燃烧化石燃料从一次能源中获得，或者从水、风能、太阳能或其他可再生一次能源中获得。电化学装置也从化学能中产生电能。

从燃烧化石燃料以外的其他来源获得的能源被称为替代能源。理想情况下，用于处理替代能源的转换器必须避免在能源转换过程的任何阶段使用化石燃料。例如，电动汽车电池充电的理想解决方案是使用风能或太阳能等可再生能源产生的电力。如果燃煤发电厂的电力用于充电，那么环境问题只会从一个地方转移到另一个地方。

各种原始燃料或材料的能量含量是指可以从中提取用于有用功的能量。能量含量评估的参数是比能量或能量密度。比能是能源单位质量的能量，单位为 W·h/kg。对于化石燃料，能量含量是指可以通过燃烧从中提取的热量或热能。其他材料的能量含量类似地根据比能量进行评估，以进行水平比较。几种能源的比能量在表 5.1 中给出。标称比能量未考虑所盛容器。考虑到容器，氢气和天然气的比能量将显著低于汽油。

能源的挑战之一是以方便的形式储存，以便在需要时使用。在储存方面，化石燃料具有最大的优势，因为它们可以方便地储存在容器中。另一方面，电能在使用高效机电设备按需提供工作方面非常有用。然而，以电的形式存储能量并不简单。

必须考虑系统能量输送机制。能源运输系统必须安全、高效、环保。远距离电力传输和分配效率很高。一旦基础设施到位，在一端（发电侧）转换为电力形式的能量就可以通过输配电系统输送到工业和住宅单位。另一方面，化石燃料要通过管道、远洋轮船和陆路运输进行长距离运输，然后最终分散到加油站。

表 5.1 能源的标称能量密度

能源	标称比能量（W·h/kg）
汽油	12500
柴油	12000
生物柴油	10900
天然气	9350
乙醇	8300
甲醇	6050
氢	33000
煤（沥青）	8200
铅酸蓄电池	35
锂聚合物电池	200
飞轮（碳纤维）	200

对于传统化石燃料燃烧发电厂，电化学装置是车辆和公用电站最有前途的替代技术。电化学能量转换过程具有转换效率高、功率输出足够大和燃料选择范围广等优点。无论是对于便携式和固定式应用，电池和燃料电池都是合适的能量存储设备。本章涵盖的主题包括电池的结构和操作的基础知识、电动和混合动力汽车一些有前途的电池技术的电化学知识，以及电池包设计。这些演示将帮助设计工程师确定储能系统的规格，然后为应用选择合适的电池技术。下一章将介绍其他替代储能装置。

5.1 电动和混合动力汽车中的电池

纯电动汽车的电能在电动机中转化为机械能，用于车辆驱动，对其基本要求是便携式的电能供应。电能通常是通过转换存储在电池和燃料电池等设备中的化学能获得的。便携式电能存储功率和能量密度的限制导致了客户的里程焦虑，从而推迟了电动汽车的商业化。自电动汽车研发项目开始以来，在可供选择的便携式能源中，电池一直是电动汽车最受欢迎的能源选择。当今市售的电动汽车和混合动力电动汽车使用电池作为电能来源。用于电动和混合动力电动汽车的电池的理想特性是高比功率、高比能量、充电和再生制动的高充电接受率以及长日历寿命和循环寿命。电动汽车（BEVs）和插电式混合动力汽车（PHEVs）所需的比能量（W·h/kg）比电量保持混合动力汽车 HEV 高，这导致自 2010 年左右开始大规模销售此类车辆以来，锂离子电池技术被普遍采用。早期大规模销售的电动汽车的行驶里程约为 100 miles 或更少。在这些早期产品中，第一代日产 Leaf 的锂离子电池包为 25 kW·h，EPA 续航里程为 73 miles。2017 年推出的雪佛兰博尔特（Chevrolet Bolt）的 EPA 续航里程为 238 miles，配有 60 kW·h 的锂离子电池包。续航里程超过 300 miles 的车辆被视为豪华品牌，需要约 100 kW·h 的电池包。除了功率和能量密度之外，电池封装、电池平衡、准确的荷电状态测量和电池包件的回收设施也是重要的考虑因素。最重要的是，电池成本必须合理，电动和混合动力汽车才能与内燃机动力汽车竞争。

有两种基本类型的电池：一次电池和二次电池。不能再充电且设计用于单次放电的电池称为一次电池（原电池）。例如用于手表、计算器、照相机等的锂电池，以及用于为玩具、收音机、手电筒等供电的二氧化锰电池。可以通过与放电方向相反的流动电流充电的电池称为二次电池。电池充电过程中，电能转化为化学能，化学反应过程与放电过程相反。电动和混合动力车辆所需和使用的电池都是二次电池，因为它们都在车辆运行模式期间或在停止状态下的充电循环期间使用充电器充电。本书中讨论的所有电池都是二次电池的示例。

铅酸型电池在所有电池技术中具有最长的发展历史，特别是在工业电动汽车中的需求和使用量很大，例如运动中的高尔夫球车、机场乘用车、仓储设施和超市中的叉车。与其他几种电池技术相比，铅酸电池的功率和能量密度较低。随着 20 世纪 60 年代末和 70 年代初对电动汽车和混合动力汽车的兴趣复苏，替代电池的研究和开发势头强劲。20 世纪 80 年代，钠硫电池以其高能量和功率密度显示出巨大的前景，但安全性和制造困难导致了该技术被放弃。用于低功率应用（例如手机和计算器）的电池技术的发展，为电动和混合动力汽车镍镉和锂离子电池的能量和功率扩展提供了可能性。电动和混合动力汽车使用或考虑使用的主要充电电池类型如下：

- 镍金属氢化物（镍氢 NiMH）；
- 锂离子（Li-ion）；
- 锂聚合物（Li-poly）；
- 钠硫。

锂离子电池技术是上述 4 种电池化学中最有前途的。有几种不同类型的锂离子电池化学成分可供选择，包括磷酸铁锂、钛酸锂、锰酸锂和钴酸锂。特定锂电池类型的选择取决于 BEV 的类型。

电池的发展旨在克服实际上的制造困难。由于现实局限性，理论预测很难与制造产品相匹配。表 5.2 给出了几种电池的理论和实际比能量，以供比较。

表 5.2　电池比能量

电池	比能量（W·h/kg）	
	理论	实际
铅酸	108	50
镍镉		20~30
镍锌		90
镍铁		60
锌－氯		90
溴－锌		70
银锌	500	100
钠硫	770	150~300
铝空气		300
镍金属氢化物		70
锂离子		150

多年来，对替代车辆的广泛研究和兴趣导致了几种有前途的电池技术。纯电动汽车已经商业化，但成本相对较高，因为它们需要大容量的电池包。混合动力电动汽车通过使用内燃机和电机的组合来最大限度地减少电池容量。尽管混合动力技术比单独的传统汽车或电动汽车复杂得多，但通过添加更小的电动动力系统组件在燃油经济性方面获得的优势是显著的。如果消费者可以接受续航里程为 100 miles 而不是 300 miles 的车辆，那么选择 BEV 会变得更容易。这当然是可能的，因为假设平均车辆每年行驶 12 000 英里，美国平均每日通勤为 32.8 miles。 在世界其他国家，平均每天行驶的里程数要少得多。

在下一节中，我们将以一些常见的化学反应为例，讨论电池的结构和化学反应。这将使我们能够定义宏观角度所需的电池参数。然后我们将深入研究电池的理论方面。这将使我们能够对不同类型的电池进行建模、分析和评估。

5.2　电池基础

电池是由单体电池单元组成的，电池单元中储存的化学能可以转化为电能。一个或多个电化学电池单元串联在一起，形成一个电池。电池单元组被分组封装在外壳中以形成电池模块。电池包是这些单个电池模块的集合，这些电池模块以串联和 / 或并联组合方式连接，以向电力电子驱动系统提供所需的电压和能量。

5.2.1　电池单元的结构

电池中储存的能量是化学成分在充电和放电状态下的自由能之差。电池单元中的化学能仅在需要时由单元电池的基本组件转换为电能；这些组件是正极和负极、隔板和电解质。正极或负极的电化学活性成分称为活性物质。化学反应发生在两个电极上，其中一个释放电子，而另一个消耗电子。电极必须是导电的，并位于不同的位置，通过隔板彼此隔开，如图 5.1 所示。电极和外部电路之间的连接点称为蓄电池端子。外部电路确保储存的化学能仅在需要电能时释放。

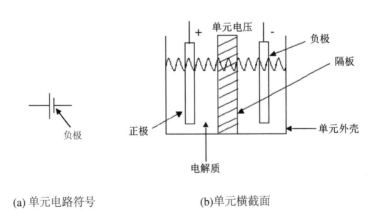

(a) 单元电路符号　　　　　　(b)单元横截面

图 5.1　电池单元组件

电池单元的组件描述如下:

（1）正极：正极是一种氧化物、硫化物或其他化合物，在电池单元放电过程中能够被还原。在电池单元放电期间，该电极消耗来自外部电路的电子。正极材料的例子有氧化铅（PbO_2）和羟基氧化镍（$NiOOH$）。电极材料是固态的。

（2）负极：负极是在电池单元放电过程中能够被氧化的金属或合金。该电极在电池单元放电期间向外部电路释放电子。负极材料的例子是铅（Pb）和镉（Cd）。负极材料在电池单元内是固态的。

（3）电解质：电解质是允许电池单元正负极之间离子传导的介质。电解质必须对参与电极反应的离子具有高的和选择性的电导率，但必须是电子的非导体，以避免电池自放电。电解质可以是液体、凝胶或固体材料。 此外，电解质可以是酸性或碱性的，具体取决于电池的类型。铅酸和镍镉等传统电池使用液体电解质。在铅酸电池中，电解液是硫酸的水溶液 [H_2SO_4（aq）]。用于电动汽车的先进电池，例如密封铅酸电池、镍氢（NiMH）电池和锂离子电池，使用的电解质是凝胶、糊状物或树脂。锂聚合物电池使用固体电解质。

（4）隔板：隔板是材料的电绝缘层，将相反极性的电极物理隔开。隔板必须对电解质的离子具有渗透性，并且还可以具有储存或固定电解质的功能。目前的隔板由合成聚合物制成。

5.2.2 化学反应

在电池工作期间，只有当电极上产生的电子能够流过连接两个电极的外部电路时，每个电极上的化学反应才是可持续的。当无源电路元件连接到电池的电极端子时，电子从负极释放，并在正极消耗，导致电流流入外部电路。在这个过程中，电池会放电。电子的供应是由于电池单元内部电极表面的化学反应，这些化学反应统称为还原和氧化（氧化还原）反应。在电池放电过程中，当正极从外部电路吸收电子时，会发生化学还原；负极在向外部电路释放电子时被氧化。对于蓄电池充电，必须使用电压高于蓄电池端子电压的电源，电流才能以相反的方向流入蓄电池。在充电过程中，电子在正极释放，在负极消耗；因此，正极被氧化，负极被还原。

无论电池的化学成分如何，在电池充电和放电期间，电极都会发生氧化还原反应，从而在端子处释放和吸收电子。广义的氧化还原反应由下式给出 [1]

$$aA \underset{\text{放电}}{\overset{\text{充电}}{\rightleftharpoons}} cC + nE^+ + ne^- \tag{5.1}$$

对于正极，并且

$$bB + nE^+ + ne^- \underset{\text{放电}}{\overset{\text{充电}}{\rightleftharpoons}} dD \tag{5.2}$$

对于负极，联合的化学反应是

$$aA + bB \underset{\text{放电}}{\overset{\text{充电}}{\rightleftharpoons}} cC + dD \tag{5.3}$$

化学反应 5.1 和 5.2 说明在任何氧化还原反应过程中都会释放和吸收电子。正极反应 5.1 表明，在电池充电期间，电极内的物质 A 被氧化并变成带电物质 C，将电子释放到外部电路中，将正离子释放到电解液中。类似地，负极反应 5.2 表明，电极上的物质 B 与来自电解液的正离子和来自外部电路的电子结合形成带电物质 D。在电池放电期间，两个电极上的情况正好相反放电。系数 a、b、c 和 d 代表反应中与物质相关的摩尔数；系数 n 表示参与氧化还原反应的电子和离子的数量。

在电力牵引应用中，当能量从电池供应到电动机以获得驱动力时，电池放电；当能量从外部来源供应以在电池中存储能量时，电池单元充电。在传统车辆中，电池在放电时向电气附件供电，并在充电时从外部设备接收能量以补充存储的能量。接下来，我们将从铅酸电池开始，回顾电池充放电过程中的氧化还原反应。铅酸仍然是为传统、电动和混合动力电动汽车的电气附件供电的电池选择。

图 5.2 显示了铅酸电池单元向无源电阻元件放电的过程。由氧化铅（PbO_2）制成的正极通过消耗电子和离子而被还原。电子供应是通过源自负极的外部电路。因此，电流从正极流出，进入以电池为电源的电气负载。正极反应由下式给出

$$PbO_2(s) + 4H^+(aq) + SO_4^{2-}(aq) + 2e^- \rightarrow PbSO_4 + 2H_2O(l)$$

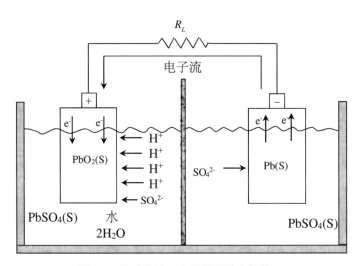

图 5.2　铅酸电池：电池单元放电操作

正极采用多孔结构，以增加 $PbO_2(s)$/ 电解液的接触面积。多孔电极结构导致更高的电流密度，因为在电池放电期间 PbO_2 会转化为 $PbSO_4(s)$。随着放电的进行，电池单元的内阻由于 $PbSO_4$ 的形成而上升，并随着 H2SO4 的消耗而降低电解液的电导率。$PbSO_4(s)$ 以致密的细粒形式沉积在任一电极上会导致硫酸化。$PbSO_4$ 的积累很大程度上抑制了放电反应，这会显著降低电池单元容量，使其与理论容量相比显著降低。

负极由固体铅（Pb）制成；在电池单元放电过程中，铅被氧化，将电子释放到外部电路中。电池单元放电过程中的负电极反应是

$$Pb(s) + SO_4^{2-}(aq) \rightarrow PbSO_4 + 2e^-$$

硫酸铅 $PbSO_4(s)$ 的产生会使负极活性变差，从而降低电池性能。

整个电池放电化学反应为

$$Pb(s) + PbO_2(s) + 2H_2SO_4(aq) \rightarrow 2PbSO_4 + 2H_2O(l)$$

电池单元充电操作与电池放电操作相反。外部电源向电池提供电流以逆转化学反应，如图 5.3 所示。在电池单元充电过程中，硫酸铅被转化回铅和氧化铅的反应物状态。电子从负极的外部源消耗，而正极产生电子。电流从外部电源流入正极，从而将电能输送到电池单元中，并在电池单元中转化成化学能。正电极被氧化，在电池充电过程中释放电子，如下所示

$$PbSO_4(s) + 2H_2O(l) \rightarrow PbO_2(s) + 4H^+(aq) + SO_4^{2-}(aq) + 2e^-$$

电池单元充电时负极被还原吸收电子，化学反应为

$$PbSO_4(s) + 2e^- \rightarrow Pb(s) + SO_4^{2-}(aq)$$

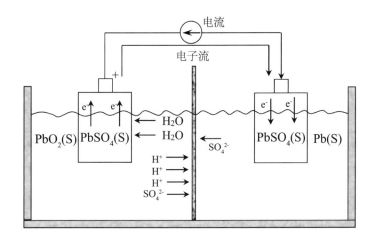

图 5.3 铅酸电池：电池单元充电操作

电池充电过程中的整体化学反应为

$$2PbSO_4(s) + 2H_2O(l) \rightarrow Pb(s) + PbO_2(s) + 2H_2SO_4(aq)$$

镍镉（NiCd）和镍氢（NiMH）电池是碱性电池的例子，其中电能来自金属与氧在碱性电解质介质中的化学反应。由于载体金属的大量添加，碱性电池的比能量降低。镍镉电池采用氧化镍正极和金属镉负极。反应在氢氧化钾（KOH）电解质中进行。正电极化学反应是

$$NiOOH + H_2O + e^- \underset{充电}{\overset{放电}{\rightleftharpoons}} Ni(OH)_2 + OH^-$$

负极的化学反应是

$$Cd + 2OH^- \underset{充电}{\overset{放电}{\rightleftharpoons}} Cd(OH)_2 + 2e^-$$

整体化学反应为

$$Cd + 2NiOOH + 2H_2O \underset{充电}{\overset{放电}{\rightleftharpoons}} 2Ni(OH)_2 + Cd(OH)_2$$

在镍氢电池中，正极是一种氧化镍，类似于镍镉电池中使用的氧化镍，而负极已被储存氢原子的金属氢化物所取代。镍氢电池的概念是基于这样一个事实，即某些金属合金的细颗粒在特定压力和温度下暴露于氢气中时，会吸收大量气体，形成金属氢化物化合物。此外，金属氢化物能够多次吸收和释放氢而不会变质。镍氢电池中的两个电极化学反应如下：

在正极

$$NiOOH + H_2O + e^- \underset{充电}{\overset{放电}{\rightleftharpoons}} Ni(OH)_2 + OH^-$$

在负极

$$MH_x + OH^- \underset{充电}{\overset{放电}{\rightleftharpoons}} MH_{x-1} + H_2O + e^-$$

M 代表金属合金，在环境温度下吸收氢形成金属氢化物 MH_x；x 是吸收的氢原子数。整体化学反应为

$$NiOOH + MH_x \underset{充电}{\overset{放电}{\rightleftharpoons}} Ni(OH)_2 + MH_{x-1}$$

5.3　电池参数

本节定义了各种电池的参数，包括容量和荷电状态（SoC）。这些参数主要与电池的终端特性有关，这些特性在应用中具有实际意义。

5.3.1　电池容量

当电池完全放电时，通电材料在电极上所释放的电荷量称为电池容量。容量以 A·h 为单位测量（1A·h=3600 C），其中 1C 是以 1A 电流在 1s 内转移的国际单位制电荷。

电池的理论容量可以通过法拉第电解定律获得，该定律指出，在电极上改变的元素材料的质量与给定电荷量下元素的当量成正比。元素材料的当量由摩尔质量除以材料发生反应时每个离子转移的电子数得出。这个数字被称为物质离子的价数。从数学上讲，法拉第定律可以写成

$$m_R = \frac{Q}{F} \frac{M_m}{n} \tag{5.4}$$

式中，m_R 是限制反应物在电极上改变的质量，Q 是通过材料的电荷总量，F 是法拉第数或法拉第常数，M_m 是摩尔质量，n 是在电极上产生的每个离子的电子数。$\frac{M_m}{n}$ 是反应物的当量。法拉第数由一摩尔电子携带的电荷量给出。一摩尔的分子或

原子数由阿伏伽德罗常数 N_A 给出，等于 6.022045×10^{23} /mol。作为元素电荷的一个电子的电荷量等于 $e_0 = 1.6021892 \times 10^{-19}$ C。因此，法拉第数等于 $F = N_A e_0 = 96\,485$ C/mol。在电极上产生一摩尔物质所需的法拉第数取决于物质被氧化或还原的方式。

因此，电池的理论容量（以库仑为单位）可以从公式 5.4 中获得：

$$Q_T = xnF \ \text{C} \tag{5.5}$$

其中 x 是与电池完全放电相关的限制反应物的摩尔数，由下式给出

$$x = \frac{m_R}{M_m}$$

此处 m_R 是反应物材料的质量，单位为 kg，M_m 是该材料的摩尔质量，单位为 g/mol。电池的理论容量（A·h）为

$$Q_T = 0.278 F \frac{m_R n}{M_m} \ \text{A·h} \tag{5.6}$$

电池中的单元是串联连接，电池的容量由最小的电池单元容量决定。因此，$QT_{\text{battery}} = QT_{\text{cell}}$。图 5.4 所示为 6 个电池单元串联形成一个电池。

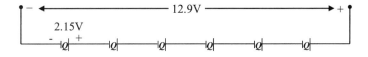

图 5.4 串联的电池单元

5.3.2 开路电压

电池最简单的表达形式可以用内部电压 E_v 和串联电阻 R_i 表示，如图 5.5(a) 所示。本章稍后将讨论更具代表性但更复杂的电池模型。当没有负载连接时，电池内部电压在电池端子上显示为开路电压。内部电压或开路电压（OCV）取决于电池的荷电状态、温度和过去的放电 / 充电历史（记忆效应）等因素。开路电压特性如图 5.5 (b) 所示。随着电池逐渐放电，内部电压降低，而内阻增加。开路电压特性具有相当长的线性特性平台，其斜率接近于零。开路电压并不是荷电状态的良好指标；需要考虑放电电流特性、电池化学成分、温度影响和充电 / 放电循环次数来计算电池包的

荷电状态。一旦电池完全放电，断路电压随着进一步放电而急剧下降。

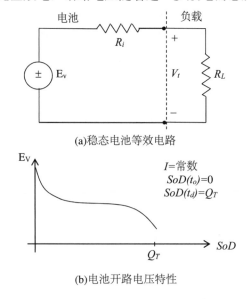

(a)稳态电池等效电路

(b)电池开路电压特性

图 5.5　稳态电池等效电路和电池开路电压特性

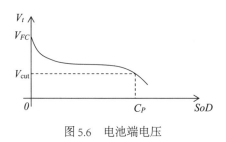

图 5.6　电池端电压

5.3.3　端电压

电池端子电压 V_t 是当负载连接到电池时端子上可用的电压。当电池完全充电时，端子电压处于其完全充电电压 V_{FC}。例如，对于铅酸电池，这意味着没有更多的 $PbSO_4$ 可用于与 H_2O 反应生成活性材料。V_{cut} 是电池截止电压，此状态的蓄电池必须终止放电。电池端电压特性与 SoD 的关系如图 5.6 所示。

5.3.4　实际容量

电池的实际容量 Q_P 是在电极上的带电材料完全放电所释放的实际电荷。由于实际限制，实际容量始终低于理论容量 Q_T。电池的实际容量为

$$Q_P = \int_{t_0}^{t_{cut}} i(t)\mathrm{d}t \tag{5.7}$$

其中 t_o 是电池完全充满电时刻的时间，t_{cut} 是电池端子电压处于 V_{cut} 的时间。 因此，$V_t(t_{cut})=V_{cut}$。

电池的实际容量在业界通过一种方便的近似方法来定义，用安·时（A·h）而不是库仑（C），在恒定放电电流特性下，即在指定的放电率（通常称为 C- rate）下，从 100% 容量放电到截止电压。让我们考虑图 5.7 所示的实验，其中电池从时间 $t=$ 0 开始以恒定电流放电。电流表和电压表测量放电电流和电池端电压。通过改变负载电阻 R_L 使电流保持恒定，直到端电压达到截止电压 V_{cut}。 两种不同电流水平下以两种恒流放电特性的定性图如图 5.8 所示。 从实验中得到以下数据：

$$I=80A: \text{Capacity } Q_{80A}=(80A) \ t_{cut}=80×1.8=144A·h$$
$$I=50A: \text{Capacity } Q_{50A}=(50A) \ t_{cut}=50×3.1=155A·h$$
$$I=30A: \text{Capacity } Q_{30A}=(30A) \ t_{cut}=30×5.7=171A·h$$

结果表明，容量取决于放电电流的大小。放电电流的越小，电池的容量就越高。准确地说，在规定电池容量时，还必须指定恒定放电电流大小。

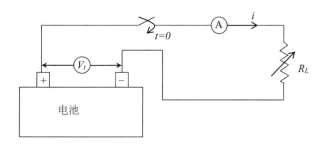

图 5.7　电池容量测量

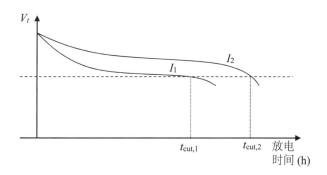

图 5.8　恒流放电曲线

5.3.5　放电率

放电率是电池在恒流特性下放电的电流。该速率也称为 C-rate，表示为 Q_p/h-rate，其中 Q_P 是额定电池容量，h 是以小时为单位的放电时间。对于容量为 Q_P 且放电时

间超过 Δt 的电池，放电率为 $\frac{Q_p}{\Delta t}$ 。

示例：假设电池的容量为 100A·h。所以，

C/5-rate 或 0.2C-rate 是 $\frac{100A·h}{5\,h}=20\,A$ 并且 2C-rate 是 $\frac{100A·h}{0.5\,h}=200\,A$ 。通常情

况下，电池的标称容量是以 1C-rate 给出的，并且随着电流的增加而减小。

5.3.6　荷电状态

荷电状态（SoC）表示电池的当前容量。它是在从最高充电状态放电后剩余的容量。电流是电荷的变化率，由下式给出

$$i(t)=\frac{dq}{dt}$$

其中 q 是通过电路的电荷。瞬时理论荷电状态 $SoC_T(t)$ 是剩余在正极上并准备由通电材料释放的等效电荷量。如果荷电状态在初始时间 t_o 为 Q_T，则 $SoC_T(t_o)$ $=Q_T$。在一段时间间隔 dt 内

$$dSoC_T=-dq$$

$$=-i(t)dt$$

从初始时间到最终时间 t 积分，得到瞬时荷电状态的表达式如下：

$$SoC_T(t)=Q_T-\int_{t_o}^{t}i(\tau)\,d\tau \tag{5.8}$$

荷电状态通常表示为电池容量的百分比，如下所示：

$$SoC_T(t)=\frac{Q_T-\int_{t_o}^{t}i(\tau)d\tau}{Q_T}\times100\%$$

当电池充电时，荷电状态将增加。如果在 $t=0$ 时，荷电状态最初为零，则以百分比形式表示的时间 t 时的荷电状态如下所示：

$$SoC_T(t)=\frac{\int_{0}^{t}i(\tau)d\tau}{Q_T}\times100\%$$

5.3.7　放电状态

放电状态（SoD）是对放电期间从电池中汲取的电荷的量度。在数学上，放电状态为

$$SoD_T(t)=\Delta q=\int_{t_o}^{t}i(\tau)d\tau \tag{5.9}$$

$$\Rightarrow SoC_T(t)=Q_T-SoD_T(t)$$

5.3.8 放电深度

放电深度（DoD）是电池所放电量达到的电池额定容量的百分比。放电深度由下式给出

$$DoD(t) = \frac{Q_T - SoC_T(t)}{Q_T} \times 100\%$$

$$= \frac{\int_{t_O}^{t} i(\tau)\,d\tau}{Q_T} \times 100\%$$

(5.10)

放电至少 80%（额定）容量的电池称为深度放电。

5.3.9 电池能量

电池的能量是根据容量和放电电压来衡量的。为了计算能量，电池的容量必须以库仑为单位。1A·h 相当于 3600C，而 1V 是指将 1C 电荷从负极移动到正极需要 1J（J 为焦耳）功。因此，在 12V、100A·h 电池中存储的电势能为（12）（3.6×10^5）J=5.32MJ。一般来说，理论储能

$$E_T = V_{bat} Q_T$$

其中 V_{bat} 是标称空载端电压，Q_T 是以 C 为单位的理论容量。因此，使用公式 5.6，理论能量为

$$E_T = \left[\frac{1\,000 F n}{M_m} m_R \right] V_{bat} = 9.65 \times 10^7 \frac{n m_R}{M_m} V_{batt} \ (J)$$

(5.11)

实际可用能量为

$$E_p = \int_{t_o}^{t_{cut}} v(t)i(t)\,dt \ (W \cdot h)$$

(5.12)

其中 t_o 是电池完全充电时刻的时间，t_{cut} 是电池端电压达到 V_{cut} 的时间（以小时为单位），v 是电池端电压，i 是电池放电电流。E_P 取决于电池放电的方式。 以瓦特小时（W·h）为单位的实际能量乘以 3600 得到以 J 为单位的能量，即 W·s。

5.3.10 比能量

根据电池从完全充电状态到完全放电的放电能量，比能量由下式给出

$$SE = \frac{放电量}{电池总质量} = \frac{E}{M_B}$$

比能量单位为 W·h/kg。使用方程式 5.9，电池的理论比能量为

$$SE_T = 9.65 \times 10^7 \times \frac{n V_{bat}}{M_m} \frac{m_R}{m_B} \ (W \cdot h/kg)$$

(5.13)

如果电池的质量 M_B 与电池的限制反应物的质量 m_R 成正比，则 SE_T 与质量无关。在 C/3–rate 放电率下，铅酸蓄电池的比能量为 35~50 W·h/kg。由于实际能量 E_P 随放电率而变化，因此实际比能量 SE_P 也会变化。

"能量密度"一词在文献中也用于量化电池或其他能源的质量。能量密度是指电池单位体积的能量。能量密度的单位是 W·h/L。

5.3.11　电池功率

瞬时电池终端功率为

$$p(t) = V_{bat}i \tag{5.14}$$

其中 V_{bat} 是电池端电压，i 是放电电流。对图 5.5（a）的电池等效电路使用基尔霍夫电压定律，其中 $V_{bat}=V_t$

$$V_t = E_v - R_i i \tag{5.15}$$

将等式（5.15）代入等式（5.14）得到

$$p(t) = E_v i - R_i i^2 \tag{5.16}$$

功率 – 电流特性如图 5.9 所示。

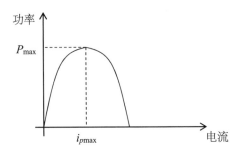

图 5.9　电池的功率特性

利用电路中的最大功率传输定理，当负载阻抗与电池内部阻抗匹配时，电池可以向直流负载提供最大功率。最大功率为

$$P_{max} = \frac{E_v^2}{4R_i} \tag{5.17}$$

由于 E_v 和 R_i 随荷电状态而变化，因此 P_{max} 也相应变化。

在车辆快速放电条件下，电池需要最大功率输出，这种情况发生在电动机重载时。斜坡上的加速就是这样一种情况，电机消耗大量电流以提供牵引所需的最大功率。

电池是否满足加速和爬坡性能的要求可以在额定功率规格的帮助下进行评估，

额定功率规格基于电池的散热能力。额定连续功率是电池在较长的放电间隔内可以提供的最大而不会损坏电池的功率。这些不一定对应于电池特性 p-i 曲线上的 $P_{\max}$。额定瞬时功率是电池在很短的放电间隔内可以提供最大而不会损坏电池的功率。

5.3.12 比功率

电池的比功率为

$$SP = \frac{P}{M_B} \ (\text{W/kg}) \tag{5.18}$$

其中 P 是电池提供的功率，M_B 是电池的质量。通常，在 DoD=80% 时，铅酸电池的最大比功率约为 280W/kg（对应于 $P_{\max}$）。与比能量和能量密度类似，功率密度一词是指电池单位体积的功率，单位为 W/L。

5.3.13 拉贡图

在电化学电池中，随着电流的增加，电荷容量（不包括电压效应）会降低。这通常被称为拉拉贡（Ragone）关系，并由拉贡图描述。拉贡图通常从恒定功率放电测试或恒定电流放电图获得。让我们再次考虑图 5.6 的实验，但是这次通过改变 R_L 来调节电流 i，使得电池端子的功率输出保持恒定。当蓄电池端子电压达到截止电压时，即 $V_t=V_{\text{cut}}$，实验停止。我们假设电池在 $t=0$ 时充满电。实验在几个功率水平下进行，并记录以下数据：（i）功率 $p(t)=V_t i=P$；（ii）到截止电压的时间 t_{cut}；（iii）实际能量 $E_P=P t_{\text{cut}}$。SP 与 SE 在对数尺度上的图被称为拉贡图。图 5.10 给出了几种电池以及替代能源和内燃机的拉贡图，以了解这些不同设备的相对功率和能量容量。

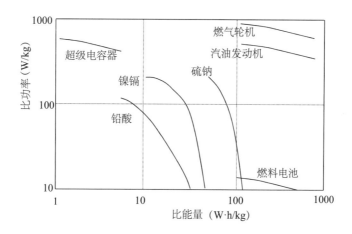

图 5.10   几种电池、汽油发动机和燃料电池的比功率与比能量（拉贡图）

5.4　电化学电池基础

电化学单元利用氧化和还原反应产生电流，称为法拉第电流。这些单元构成了电池和燃料电池的基础，通过电化学反应从储存的化学能中提供电能。电化学单元可分为原电池单元和电解池单元。原电池是指当外部电气负载连接到电池时，物质会自发反应的电池。在原电池单元中，电子流经外部电路，离子从电池单元内的一个电极转移到另一个电极，从而做功。原电池也被称为伏打电池，因为电压或电势是由自发的化学反应产生的。电解池单元的反应是非自发的，并且受到大于电解池单元断路电压的外部电压的影响。外部电源消耗电能，对电解池单元做功。当一个电池单元被充电以恢复其内部的化学能时，其功能就像一个电解池。电池通常指电化学电池，因为放电和充电都与电动和混合动力车辆中使用的二次电池有关。

电池或任何其他电化学单元的基本原理在于能量转换过程中涉及的物理和化学。在本节中，我们将分析基本原理，以充分了解该过程，从而开发电化学电池单元模型。这些模型不仅可用于分析电化学电池，还可用于评估包括基于电化学单元的储能组件在内的系统。

电化学电池单元的工作原理和操作的基础是化学热力学、电化学反应速率、电极动力学和传质[1-7]。这些机制中的每一个都会影响电化学电池单元中从储存的化学能到电能的能量转换。本节将详细介绍这些机制。

5.4.1　热力学电压

电化学热力学确定电化学电池单元的电极和电解质之间的电位差，即使在没有外部电流流动的情况下，电极没有任何外部电气连接的情况下也存在。电化学电池的热力学物理解释了电极上电势积聚的机理，并确定了电池的功、转换效率和电势的理论极限。

热力学第一定律指出，在任何过程中能量都是守恒的。能量可以从一个系统转移到其周围环境，反之亦然，但它不能被创造或消灭。在化学过程中，系统是指涉及的化学物质和相关的反应；发生反应的容器作为化学反应的边界。化学过程的三种能量形式是每种物质的内部能量，由于压力和体积变化或由于电流流动而做的功，以及与周围环境的热传递。在所有的化学反应中，热量要么从环境中吸收，要么释放到环境中。只有对周围环境没有做功时，化学反应吸收或释放的热量才等于内能的变化。然而，如果所做的功不为零，部分热能将转化为功，吸收或释放的总热量不再等于内能的变化。为了表示由于吸热或放热而产生的复合活动，为了方便起见，引入了表示物质或系统热含量的焓一词。根据热力学定义，焓 H 由下式给出：

$$H = U + pV$$

其中 U 是内能，p 是压力，V 是系统的体积。压力和体积的乘积（pV）与膨胀功有关。

在原电池装置中，稳定的物质会自发反应形成新物质，根据热力学第一定律，这意味着反应只能从较高的能量状态变为较低的能量状态。物质所呈现的较低能量状态取决于另一种被称为物质熵的度量。熵是组成物质的粒子（分子、原子等）无序程度的量度。熵是一种为物质的每一种平衡状态指定的属性。因为熵是一种属性，所以从一种状态到另一种状态的熵变化对于所有过程都是相同的。熵的国际单位制是 J/K。

热力学第二定律指出，在封闭环境中进行自发反应，直到所涉及的物质达到最大熵。根据热力学的两条定律，部分焓变必须以熵变（$T\Delta S$）的形式反映出来，其中 T 是开尔文温度，ΔS 是熵的变化。因此，化学反应或任何过程的最大可用功为[8-9]

$$\Delta G = \Delta H - T\Delta S$$

在化学反应中，G 是吉布斯自由能，它决定了驱动特定反应的焓和熵项之间的相对重要性。如果 $\Delta H < 0$，则化学反应是有利的或自发的；如果 $\Delta H > 0$，则化学反应是不利的或非自发的。同样，如果 $\Delta S > 0$，反应是自发的，如果 $\Delta S < 0$，反应是非自发的。当一个反应的焓和熵的推动力驱动系统向相反方向运动时，系统的吉布斯自由能提供了净结果。如果 $\Delta G < 0$，反应是自发的，如果 $\Delta G > 0$，反应是非自发的。

$$\Delta G = \Delta H^o - T\Delta S^o \tag{5.19}$$

式中

$$\Delta H^o = \sum H_f^o(\text{生成物}) - \sum H_f^o(\text{反应物})$$

$$\Delta S^o = \sum S^o(\text{生成物}) - \sum S^o(\text{反应物})$$

上标"o"表示 25°C 和 1 个大气压的标准状态条件，而下标"f"表示标准态生成自由能。标准生成焓和标准熵在热力学表中给出。元素的标准生成焓定义为零。

或者，当参与化学反应的每种物质的生成自由能已知时，反应的吉布斯自由能变化为

$$\Delta G = \Delta G_f^o(\text{生成物}) - \Delta G_f^o(\text{反应物})$$

与生成焓的定义类似，元素的标准生成自由能定义为零。

让我们考虑银－锌电池中所涉及的化学反应，以说明电化学电池中可用的能量的概念。化学反应是[8]：

$$Zn + 2AgCl \rightarrow Zn^{++} + 2Ag + 2Cl^-$$

当在标准状态下混合时，金属锌和氯化银溶液之间的化学反应释放的热量为－233kJ/mol 的锌反应，即，$\Delta H^o = -233$kJ/mol。对于化学反应，$T\Delta S = -43$ kJ/mol。本例中的吉布斯自由能为

$$\Delta G = \Delta H - T\Delta S = -233 + 43 = -190 \text{ kJ/mol}$$

这个例子说明了所有的焓变都不能转化为功；熵变必须消耗最少的能量，这通常反映在化学反应过程中产生的热量中。

　　吉布斯自由能也有助于确定原电池的最大热力学转换效率，该转换效率由吉布斯自由能与总焓变化之比给出。

$$\eta_{EC} = \frac{\Delta G}{\Delta H} = 1 - \frac{T\Delta S}{\Delta H} \qquad (5.20)$$

对于给定示例中的银 - 锌电池单元，$\eta_{EC} = 81.5\%$。与热机效率的热力学上限相比，其固有的高转换效率是原电池装置的一个优势。然而，就像热机一样，原电池在正常运行期间的实际效率远低于理论效率。效率的降低与实际系统所需的实际电流直接相关。

　　在电化学电池单元的化学过程中释放的吉布斯自由能对电池所能做的最大功施加了理论限制。这个功是在电池单元开路电压（OCV）的作用力下每摩尔转移的电荷。E 是平衡时的电极电位差，电池单元所做的功可以表示为：

$$\Delta G = 每摩尔转移的电荷 \times OCV$$
$$= -nFE^o \qquad (5.21)$$

原电池单元电位的理论上限可从上述公式中获得：

$$E^o = -\frac{\Delta G}{nF} \qquad (5.22)$$

我们将使用镍镉电池单元中的化学反应来计算电池的平衡电位。镍镉电池中的化学反应由下式给出：

$$Cd + 2NiOOH \rightarrow Cd(OH)_2 + 2Ni(OH)_2$$

镍镉电池单元的吉布斯自由能变化是

$$\Delta G = \Delta G_f^o(生成物) - \Delta G_f^o(反应物)$$
$$= [(-470.25) + 2(-452.7)] - [0 + 2(-541.3)]$$
$$= -293.05 \ kJ/mol$$

对于镍镉电池单元，有两个电子参与了化学反应。理论上电池单元的电动势为

$$E^o = -\frac{-293,050}{2 \times 96,485} = 1.52 \ V$$

由于电池单元中的各种电化学现象，电池单元理论电位在实践中永远无法实现，这些现象在第 5.4.3~5.4.7 节中进行描述。镍镉电池单元的标称实际电池电压为 1.3 V。这适用于所有电化学电池单元。热力学电池单元电位仅给出电池化学中的理论上限值。

　　电极的电位是电极与其接触的电解质之间的电位差。电极电位是相对于参考电极确定的，因为不能获得绝对电位值。化学过程和电过程都会产生电极电位差[6]。由于电极和电解液之间的化学活动，电极附近的环境发生了变化，无论固液相边界处的电位差如何。使一个粒子达到其假定电位所做的功的度量是化学势。同样，无论化学环境如何变化，电势的转移都是由电功完成的。虽然不能通过实验将单一物质的这两种成分分开，但其差异可以从数学上分离开[7-8]。这两种能量变化的合成势是电化学势或简单地说电势。

5.4.2　电解和法拉第电流

电解过程是电极和溶液中的化学物质之间的电子转移，导致氧化或还原反应。电化学电池电极上的氧化还原反应需要外部电路。为了理解电池中的电化学现象，并随后利用这些知识为这些电池开发简单的模型，我们必须评估电池中电流和电势的性质[8]。本节介绍电流如何通过法拉第电解定律以及电荷和电流之间的关系来控制反应。

公式 5.1 和 5.2 中的化学反应既代表化学过程也代表电气过程。反应速率可以完全由电过程确定，因为只有当电子到达或离开电极时才会发生化学转化。因此，化学转化率由通过给定电极的电流控制或测量。法拉第电解定律将在电极处改变的物质的质量与在该电极处转移的电荷量联系起来。以电解摩尔数表示的电解速率由法拉第定律给出（见公式 5.5）

$$x = \frac{Q}{nF} \tag{5.23}$$

如前所述，n 是在电极上每个离子释放的电子数，F 是法拉第常数，x 是电解的摩尔数。同样，根据定义，电流是每秒流动的电荷库仑数，即

$$i = \frac{dQ}{dt} \tag{5.24}$$

方程式 5.23 和 5.24 将电化学电池中的法拉第电流与反应速率联系起来。联解这两个方程，我们可以将反应速率写为

$$\frac{dx}{dt} = \frac{i}{nF} \text{ mol/s}$$

反应速率通常以每单位面积的 mol/s 表示，因为电极反应是仅在电极 – 电解质界面处发生的非均相过程。除电极动力学外，多相反应速率还取决于向电极的传质和各表面效应。每单位面积的反应速率由下式给出

$$\frac{dx}{dt} = \frac{i}{nFA} = \frac{j}{nF} \text{ [mol/(s·cm}^2\text{)]} \tag{5.25}$$

式中，A 是以 cm^2 为单位的面积，j 是以 A/cm^2 为单位的电流密度。

5.4.3　电极动力学

电极动力学研究包括控制电极反应速率或在电化学电池单元中流动的法拉第电流的过程。许多过程速率决定了电极动力学，其中两个最常见的是：

（1）电极表面与溶液物质之间的电子转移速率。

（2）从本体溶液到电极界面间活性材料的传质。

电极表面的电子转移速率由上一节介绍的法拉第电解定律决定。本节介绍电极动力学的其他基本原理，以建立电化学电池单元的终端电压 – 电流关系。传质是电化学反应连续性的另一个基本机制，将在下一节中讨论。必须提到的是，电化学的

研究非常广泛，详细的论述超出了本书的范围。这里只概述了电极动力学的基本理论。读者可参考参考文献[8-10] 以了解有关电化学这一主题的更多详细信息。

当每个电极上存在氧化还原偶，并且没有液体接界的影响时，开路电位也是平衡电位。然而，对于许多电化学电池单元而言，通常在电极 - 电解质界面上存在持续的活动。发生电极反应的临界电位称为系统中特定化学物质的标准电位 E^0。当有外部电流流动时，电极电位偏离其所谓的平衡状态。由于电流和化学反应是非均相过程，相比固体中的传导，电化学电池单元中的能量流和电流之间的关系更为复杂。

利用电极与电解质之间的正向和反向反应，可以得到电极电压 - 电流关系。电流可以通过反应速率与速率常数和反应物浓度相关联求得。让我们考虑一个一般情况，其中 n 个电子在电极电解质界面处的两种物质（反应物 O）和（生成物 R）之间转移。一般的电极反应是

$$O + ne^- \xrightleftharpoons[k_r]{k_f} R$$

其中 k_f 和 k_r 分别是正向和反向速率常数。速率常数是将物质浓度与反应速率联系起来的比例因子。在距离表面 x 处和时间 t 处发生氧化的物质浓度将表示为 $C_O(x, t)$；因此，表面浓度为 $C_O(0, t)$。同样，进行还原的物质的表面浓度为 $C_R(0, t)$。

从速率常数和物质浓度的乘积获得的反应速率可以等同于由公式 5.25 给出的反应速率，由此建立物质浓度和法拉第电流之间的关系。因此，对于正向和反向电流，我们有

$$k_f C_O(0,t) = \frac{i_f}{nFA}$$

$$k_r C_R(0,t) = \frac{i_r}{nFA}$$

电极上的净电流是正向电流和反向电流之间的差值

$$i = i_f - i_r = nFA[k_f C_O(0,t) - k_r C_R(0,t)] \tag{5.26}$$

为了简化电极过程分析，我们将假设在电极 – 电解质界面处存在单个电子转移（即 $n=1$）。在这种情况下，利用自由能考虑，可得出速率常数与跨电极 - 电解质界面的电位关系[8]。对于标准电位 E^0，正向和反向速率常数相等；这个常数被称为标准速率常数，并用符号 k^0 表示。其他电位下的速率常数以标准速率常数的形式给出

$$k_f = k^0 e^{(F/RT)(-\alpha)(E-E^0)}$$

$$k_r = k^0 e^{(F/RT)(1-\alpha)(E-E^0)}$$

将这些关系代入公式 5.26 可得到电极 - 电解质界面处的完整电流 – 电压特性

$$i = FAk^0 \left(C_O(0,t) e^{(F/RT)(-\alpha)(E-E^0)} - C_R(0,t) e^{(F/RT)(1-\alpha)(E-E^0)} \right) \tag{5.27}$$

所使用的方法被称为分析电极动力学的巴特勒－福尔默（Butler-Volmer）方法[8]。

虽然这个方程非常准确地描述了电极动力学，但通常不可能用电流来表示电压，而这才是电化学电池建模的更有用的形式。一种方法是能斯特（Nernst）解决方案，它假设电流很小，可以忽略。能斯特方程由下式给出：

$$E = E^\circ + \frac{RT}{nF} \ln \frac{C_O(0,t)}{C_R(0,t)} \tag{5.28}$$

尽管能斯特（Nernst）独立定义了该方程，但它可以从巴特勒－福尔默方程推导出来，假设系统处于平衡状态，且净电流为零。在平衡时，电极采用基于能斯特规定的本体浓度，以及在表面的 O 和 R 的本体浓度的电位。在公式 5.27 中使用 $i(t) = 0$ 和 $E = E_{eq}$，我们有

$$C_O(0,t) e^{(F/RT)(-\alpha)(E_{eq} - E^0)} = C_R(0,t) e^{(F/RT)(1-\alpha)(E_{eq} - E^0)}$$

该式采用能斯特关系式为

$$E_{eq} = E^\circ + \frac{RT}{F} \ln \frac{C_O^*}{C_R^*} \tag{5.29}$$

其中 E_{eq} 是平衡电位，C_O^* 和 C_R^* 分别是氧化和还原反应物的本体浓度。

另一种估计终端电位的方法是塔菲尔（Tafel）解决方案，它假设电流在一个方向或另一个方向上很大。该近似值意味着方程 5.27 的巴特勒－福尔默表达式中的两个指数项之一可以忽略不计。塔菲尔解由下式给出

$$E(t) = E^0 + \frac{RT}{\alpha nF} \ln(i_0) - \frac{RT}{\alpha nF} \ln(i(t)) \tag{5.30}$$

式中，i_0 是从平衡条件得到的交换电流。虽然在平衡时净电流为零，但存在具有相等正向和反向电流的平衡法拉第活动。交换电流等于这些法拉第电流，由下式给出

$$i_0 = i_f = i_r = FAk^0 C_0^* e^{-\alpha(F/RT)(1-\alpha)(E_{eq} - E^0)} \tag{5.31}$$

虽然塔菲尔关系最初是从实验数据推导出来的，但也可以从巴特勒－福尔默表达式中推导出来。

电极－电解质界面处的反应物活动导致开路电压 E 偏离标准状态电压 E_0。平衡条件下与由于电极－电解质界面处的电荷转移导致电流流动时的电极电压差，通常称为活化或电荷转移极化过电位。电荷转移极化反映为电池放电期间从平衡位置的电压降，并由 E_{ct} 表示。

5.4.4　传质

当两个电极浸入同一电解液中时，就形成了一个完整的电化学电池单元。当通过将外部负载连接到两个电极来完成电路时，电流会流过外部电路。电极反应和传质是支持连续电流流动的两种机制。通过电解液中离子的传质，电流在电池内部得

以维持。传质的主要过程是扩散过程，分子从浓度较高的位置转移到浓度较低的位置。传质也可以通过对流和迁移发生。对流是粒子的机械运动，在电池中不会发生。在燃料电池中，由于对流效应，燃料供应的压力确实会引起一些传质。迁移是在电场影响下的离子移动，其中带正电的离子将向负极迁移，而带负电的离子将向正极移动。迁移引起的离子运动可能与扩散过程引起的离子运动方向相同，也可能相反。由于扩散过程主导对流和迁移过程，下面只讨论扩散过程。

电化学电池单元中活性物质的扩散过程可以用菲克（Fick）第二定律描述为

$$\frac{\partial C(x,t)}{\partial t} = D\frac{\partial^2 C(x,t)}{\partial x^2}$$

其中 $C(x, t)$ 是活性物质浓度，D 是电化学电池的扩散系数，x 和 t 分别是空间和时间变量。

设负责维持电流流动的化学反应的电极上的物质浓度为 C_d。该浓度小于电解液的本体浓度 C_{bulk}。从菲克定律导出的扩散电流的线性关系为 [6]

$$C_d(t) = C_{bulk} - \frac{\delta}{nFAD}i(t) \tag{5.32}$$

其中 δ 是扩散层厚度，A 是表面积。

多孔电极几乎总是用于电化学电池单元中以降低活化电位。活性材料渗入电极的孔隙中以到达反应位点。由于孔隙而增加的表面积导致平行扩散过程，称为分支扩散过程。孔隙和增加的表面积使扩散过程的分析变得复杂。分支扩散的行为已被证明遵循恒相位元件（CPE）描述的模式，而不是菲克第二定律 [10]。对于 CPE，频率响应的相位角对于所有频率都保持相同。用于表示整个扩散过程的 CPE 传递函数由下式给出

$$H(s) = \frac{C_d(s)}{i(s)} = \frac{K}{s^q},\ 0 < q < 1$$

对于恒流放电等简单操作，CPE 的时间响应更容易求解。此时间响应是

$$C_d(t) = C_{bulk} - Kit^q. \tag{5.33}$$

所描述的扩散过程用于表示能量存储和阻抗。就活性材料的浓度而言，电池单元内的能量存储或在空间上分布于电解液中。电池单元反应过程中活性材料的运动受电解液的固有阻抗控制。这两种机制都由扩散过程表示，并从电学角度表示为耦合机制。然而，对于某些分析，最好将能量源和阻抗分开。这种分离适用于某些应用。例如，燃料电池型电化学装置不储存任何能量；燃料电池中用于化学反应的材料由外部燃料供应。通过分离能量源（燃料）和对能源的阻抗，可以更准确地对电化学过程建模。另一个重要的需求是预测电池中剩余的能量，这本质上是计算电池的荷电状态 SoC。

将储能和阻抗分离，可以改进电池脉冲放电特性的建模，这基本上就是电动和混合动力汽车中发生的情况。由于此类应用中的复杂放电电流，很难获得 CPE 的解析解，通常需要借助数值解。

5.4.5   双电层

电极和电解液之间的电位差是由于电极－电解液界面上的过量电荷引起的。电极表面的多余电荷必须被电解液中极性相反的电荷来平衡。由带电粒子形成的两个平行层具有类似于电容器的结构。该电极界面层称为双电层或简称为双层。

双电层具有薄但有限的厚度，在几个埃的范围内，所有多余的电荷都驻留于此。由于在双电层中除了带电粒子外，没有其他介电材料，因此在表面有一个强大的静电场。双电层的重要特性是其电容、电势和离子浓度的变化。实验结果表明，电容的行为是非线性的，取决于界面电位[8]。

在电化学模型中，这种双层电容行为可以用等效非线性电容器 C_{dbl} 来表示。在电池中，双层电容器在能量存储中没有发挥重要作用，在更简单的等效电路模型中可以忽略不计。然而，这种双电层概念构成了制造非法拉第电化学设备（超级电容器）的基础。超级电容器将在第 6 章中讨论。

5.4.6   欧姆电阻

电化学电池单元中由于迁移产生的电压降是由电解液的欧姆电阻引起的。电极材料、本体电解液和电极－电解液接触区域的电阻会导致欧姆电压降。当电池单元放电时，当电池单元反应形成非导电膜的过程中，接触电阻逐渐增加。通常在等效电路模型中添加线性电阻，以表示欧姆压降。

二次电解质，称为支持电解质或惰性电解质，通常被添加到电化学电池单元中，以减少由于迁移引起的欧姆电压降。支持电解质增加了电解液中离子的电导率。此外，电解质显著降低了电场，从而减少了活性物质的迁移。随着支持电解质的添加，由于扩散或迁移导致的电流传导显著降低。电池单元中的惰性离子主要负责电池内的电流传导。扩散过程仍然是向电极提供反应物材料的主要机制。

5.4.7   浓差极化

在电化学电池中，有些物质不参与电极的化学反应，但有助于电流的传导。这些物质可能是来自支持电解质的离子或一次电解液组分的离子。这些物质必须聚集在电极附近，以帮助电流流动，但不会与电极发生反应。正离子聚集在负极附近，而负离子则聚集在正极周围。这种积累的结果是由未反应但带电的粒子积累形成的电场引起的电压降。这被称为浓差极化。使用惰性离子的浓度，这种极化遵循类似能斯特方程的关系[5]。

$$E_C = \frac{RT}{nF} \ln \frac{C_{electrode,i}}{C_{bulk,i}} \qquad (5.34)$$

其中 $C_{electrode,i}$ 和 $C_{bulk,i}$ 是电极和本体溶液中惰性离子的浓度。极化，无论其起源如何，都会在电池终端反映为开路电压的压降。

5.5　电池建模

根据模型的使用，电池和其他电化学电池单元可以在不同的级别上建模。电池模型可用于电池设计、性能评估和应用级的系统仿真。通过了解影响能量转换过程的因素，建模有助于研究设备设计、结构和材料。模型也有助于研究设备在应用中的性能，以改进设计和提高利用率。

在最复杂的层面上，基于物理和化学的基础理论，开发电化学电池单元的理论模型。这些模型从宏观行为（终端电压和电流特性）和微观（内部材料和反应物行为过程）信息两方面描述了发电的基本机制。这些模型对于特定类型电池的设计和性能评估非常有用。这些模型的优势在于在设计阶段获得的关于设计变量对性能影响的信息。这些模型描述了应用于设备的每个元素的物理和化学关系 [5-8]。有限元分析或计算流体力学等数值模拟技术有时也用于开发分析模型。理论模型的缺点是其复杂性；通常，这些模型不能用于将设备表示为更大系统的一个组件。终端用户并不总是可以获得设备参数。这些模型可以用于特定的化学设计。像电池 SoC 这样的动态响应很难用大多数这些模型进行分析。

强调宏观行为的电池模型对于系统级（如电动或混合动力车辆系统）的性能评估以及这些系统的设计更为有用。例如，简化的电池模型可用于混合动力车辆的动态仿真，以预测动力传动系统特性以及纯电动运行模式下的续航里程。根据仿真目标，模型可以由一组电路元件或两个参数的简单经验关系来表示。这两种模型是电路模型和经验模型，本节将介绍这两种模型。基于电路的模型比经验模型稍微复杂一些，但对于车辆系统级分析非常有用。另一方面，经验模型允许根据容量或能量密度快速评估车辆的行驶里程。

本节介绍的储能装置模型不仅适用于电动和混合动力汽车应用，也适用于公用电力系统应用。分布式电力系统需要具有与电动和混合动力汽车所需功能相似的储能装置。

5.5.1　电路模型

基于等效电路的模型使用集总参数，使其适合集成到更大系统的仿真模型中。这些模型使用电路元件（电阻器、电容器和电感器）和相关源的组合来给出电化学电池单元行为和功能的电路表示。模型参数从设备的响应数据中提取，无须了解化学过程和设计细节。电路模型的范围从简单的线性电阻模型到根据集总参数来表征化学过程的相当复杂的模型。这些模型的精度介于理论模型和经验模型之间；然而，电路模型对于系统的仿真和设计都非常有用。通过深入了解设备和系统的操作，可以有效地评估电池的应用方面。一些更复杂的电路模型可用于研究动态响应，例如脉冲放电效应，这是混合动力和电动汽车的一个特征 [7]。

电化学电池单元中的主要电化学活动受两个基本关系控制：（i）Butler-Volmer关系，表征电极 – 电解质界面处的电子交换；（ii）法拉第电解定律，该定律描述了电流控制反应。将这些关系与电化学电池单元中的存储电荷和扩散电荷联系起来，使我们能够开发一个电路模型，其参数可以从实验数据中获得。

在开发电池模型时，考虑电荷表面存储和扩散，比考虑有效物质浓度或表面活性更方便。令 $q_s(t)$ 和 $q_d(t)$ 为电极附近的瞬时存储电荷和瞬时扩散电荷，这代表表面活性。如果 Q 是电池单元的总容量，则未通电物质中的电荷可以表示为 $Q - q_s(t)$。

如前所述，困难在于找到巴特勒 – 福尔默方程的逆向值，以便终端电压可以用电极电流表示。能斯特和塔菲尔方程是对终端电流有限制的近似值。一种简化的近似方法是 Unnewehr 通用模型[11]，由下式给出

$$E(t) = E_0 + R_\Omega i(t) + k_1 q_s(t)$$

其中 E_0 是电池的初始电压，R_Ω 是串联电阻，k_1 是常数参数。Hartley 和 Jannette[12] 提出了表示巴特勒 – 福尔默方程解的广义形式：

$$E(t) = E_0 + R_\Omega i(t) + k_1 \ln(1 + |i|) \mathrm{sgn}(i) + k_2 \ln(1 + |q_d|) \mathrm{sgn}(i) + k_3 \ln(1 - q_s)$$

常数 E_0、R_Ω、k_1、k_2 和 k_3 取决于电化学电池单元的性能，可以根据实验数据确定。虽然 Hartley 模型给出了终端电压的数学表示，但通常很容易找到一个等效电路模型来模拟和分析电池单元。下面，从 Hartley 模型导出的基本模型开始，给出了几种代表电化学电池的电路模型。

5.5.1.1 基本电池模型

让我们从一个简单的等效电路模型开始，该模型结合了基本原理，但足够简单，可以根据电池单元的放电数据进行表征，如图 5.11 所示。必须建模的关键动力学之一是扩散过程。虽然可以使用 CPE 或 Warburg 阻抗的复杂表示法，但扩散电荷变化的近似解的形式与 RC 电路元件上的电压的形式相同。因此，扩散电荷对终端电压的影响将由以下一阶微分方程表示。

$$\frac{\mathrm{d}v_d(t)}{\mathrm{d}t} = \frac{1}{C_d} i(t) - \frac{1}{C_d R_d} v_d(t)$$

式中，$v_d(t)$ 是 $R_d C_d$ 并联电路上的压降，与扩散电荷 $q_d(t)$ 成正比。可以添加额外的 RC 电路元件来表示扩散电荷，但对于图 5.11 所示的简单模型，我们将其作为单个 RC 时间常数。

另一个需要建模的关键电池动力学是荷电状态对电池端电压的影响。图 5.6 显示了电池端电压如何随着电池放电而降低。在该特性的中间，端电压下降近似线性，可以通过串联电容器 C_s 建模，以表示电池中存储的电荷。该存储电容器 C_s 上的电压与存储电荷 $q_s(t)$ 成正比。在充电或放电过程中，随着电池荷电状态的增加或减少，电容器两端的电压将分别增加或减少。此外，电化学电池单元在静态时也会损失电荷。可以在存储电容器上并联添加一个电阻器，以考虑电荷损失。该电阻器 R_{sd} 代表电池的自放电。代表存储电容和自放电电阻的 $C_s R_{sd}$ 电路元件如图 5.11 所示，其与扩散参数串联。这部分与终端电流相关的电路模型的数学表达式为

$$\frac{\mathrm{d}q_s(t)}{\mathrm{d}t} = i(t) - \frac{1}{R_{sd}} q_s(t)$$

完成电化学电池单元等效电路需要添加另外两个参数是一个电压源，该电压源与一

个电阻器串联，代表第 5.5.6 节所述的欧姆电阻降。电压源被认为是电池 E_0 的断路电压，R_Ω 是欧姆电阻，两者与存储和扩散参数串联在一起，如图 5.11 所示。这样就完成了电化学电池的简单等效电路模型。这些电路元件的值可以通过对电池施加阶跃变化电流来通过实验确定。例 5.1 给出了获取该单元参数的过程。

示例 5.1

将 15A 的阶跃放电电流施加到三单元通用电池上，以计算图 5.11 所示模型的参数。从实验中收集的数据如图 5.12 所示。15A 恒流放电的阶跃指令在 3150s 时施加，在 4370s 时移除。放电后，由于荷电状态降低，电池端电压稳定至低于其初始空载电压的 5.873V。ΔV_d、ΔV_{C_s}、ΔV_{R_Ω} 是需要根据测试数据计算的电压差，分别获得扩散、存储和串联电阻参数。达到 63% Δv_d 的时间是 100s。忽略电池单元的自放电，计算电池等效电路参数。

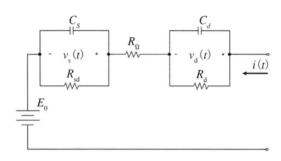

图 5.11　电池模型等效电路

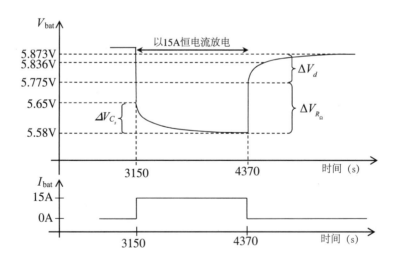

图 5.12　用于计算等效电路参数的电池测试数据

解决方案

让我们首先计算电池的等效串联电阻。串联电阻的压降在输出电压特性中表现为由于电流阶跃变化导致的终端电压的瞬时增加或减少。由于电流 15A 阶跃变化而导致的电压增加为 $\Delta V_{R_\Omega} = 5.775 - 5.58 = 0.195\,\text{V}$。因此，串联电阻值为

$$R_\Omega = \frac{\Delta V_{R_\Omega}}{\Delta I} = \frac{0.195}{15} = 0.013\,\Omega$$

电阻扩散分量 R_d 为

$$R_d = \frac{\Delta V_d}{\Delta I} = \frac{0.098}{15} = 0.00653\,\Omega$$

扩散参数的 RC 时间常数为 100s。因此，扩散电容 C_d 可计算为

$$C_d = \frac{100}{0.00653} = 15306\,\text{F}$$

存储电容器 C_s 可以根据恒流放电 ΔV_{C_s} 引起的电压变化和存储电荷的变化来计算。计算如下：

$$C_s = \frac{\Delta Q}{\Delta V_{C_s}} = \frac{15\,(4370 - 3150\,)}{5.894 - 5.873} = 871\,428.6\,\text{F}$$

5.5.1.2　运行时电池模型

图 5.11 所示的戴维南（Thevenin）型电路模型，其具有恒定的开路电压，不允许预测电池端电压 V_t 变化（直流响应）和运行时间信息。运行时模型可以预测 SoC、瞬态响应、终端电压、运行时和温度效应。Chen 和 Rincon-Mora[13] 开发了一种能够预测电池容量的运行时模型。电路模型如图 5.13 所示，除了几个无源元件外，还有独立的电流和电压源。除了开路电压取决于电池的容量或 SoC 外，该模型的终端电压 - 电流特性部分与图 5.11 相似。

电容器电容量 $C_{capacity}$ 和电流控制电流源模拟电池的容量、SoC 和运行时间。两个 RC 网络模拟电压 - 电流瞬态响应特性。SoC 是根据从电池中汲取的电流和模型运行时间段中的初始容量计算得出的。电容器 $C_{capacity}$ 的值由下式给出

$$C_{capacity} = 3600 \cdot Q_c \cdot k_1 \cdot k_2$$

其中 Q_c 是以 A·h 为单位的电池容量，k_1 和 k_2 分别是循环数和温度相关的校正参数。$C_{capacity}$ 上的初始电压设置为 1 或更低，具体取决于电池最初是否充满电。 值 "1" 表示 100% SoC。同样，"0" 值表示电池已完全放电，即 SoC 为 0%。

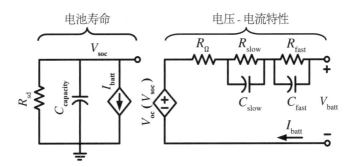

图 5.13　Chen 和 Rincon Mora 提出的运行时电池模型

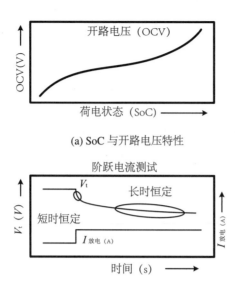

(a) SoC 与开路电压特性

(b)用于计算 RC 时间常数的放电曲线

图 5.14　获得运行时模型参数的示例实验曲线

SoC 通过电压控制电压源桥接到开路电压。SoC 和开路电压之间的关系是非线性的，并且必须从该模型的实验获得的数据中表示出来。然而，开路电压与 SoC 数据的收集非常耗时[14]。用于计算 RC 时间常数的 SoC 与开路电压特性和放电曲线的示例如图 5.14 所示。

5.5.1.3　基于阻抗的模型

另一种基于电池等效电路的模型是阻抗模型。电化学阻抗谱用于开发电池特性的等效交流阻抗电路表达。基于阻抗谱的电池模型如图 5.15 所示。基于阻抗的模型不太直观，仅适用于固定的 SoC 和温度；使用这些模型很难预测电池的直流响应和运行时间。

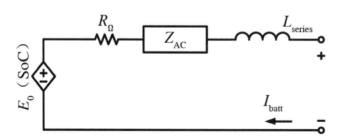

图 5.15　基于阻抗的等效电路电池模型

5.5.1.4　第一原理模型

Lei Xia[7] 基于基本电化学原理开发了一个有趣的等效电路模型；该模型被称为

第一原理模型。虽然这不是一个简单的等效电路模型，但它将电化学电池单元的物理和化学基本原理与等效电路参数隔离并关联起来。该模型具有电池单元内所有电化学过程的离散、集总参数表示。第一个原理模型如图 5.16 所示，在电化学电池单元中包含以下现象：电化学能量转换，扩散过程，电荷转移极化，浓差极化，双电层，欧姆电阻，自放电。

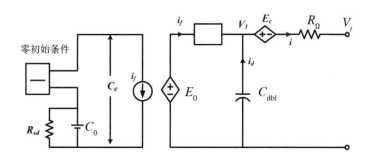

图 5.16　具有恒流源的第一原理电池模型

在等效电路中，扩散过程用一般的 CPE 描述；开路电压和浓差极化用能斯特方程表示；电荷转移极化用塔菲尔（Tafel）方程表示；欧姆压降用电阻 R_Ω 表示；双电层用电容 C_{dbl} 表示；电阻 R_{sd} 代表电池的自放电。

第一原理模型是结构和化学独立的。该模型的参数可以从器件的实验响应数据中推导出来，这就不需要了解电化学特性和设计细节。该模型基于以下事实：在任何电流放电之前，内部电压 E_0、双层电容器电压 V_1 和终端电压 V_t（变量如图 5.16 所示）都是相同的。在这种情况下，电荷转移电位和浓差极化电位为零。当负载连接到端子时，最初放电电流几乎完全由双层电容器提供。随着双层电容器放电，V_1 降低，电荷转移电位建立，法拉第电流 i_f 开始增加。当电流 i_f 增加到 E_{ct} 没有明显变化时，i_d 变得最小。在这种情况下，法拉第电流 i_f 提供了大部分负载电流。该区域的电位降主要是由欧姆电阻引起的。

例如，通用电池单元的参数如下[7]：

本体电解液浓度：$C_0 = 2.616$（无量纲，但代表浓度的数值）

扩散过程参数：

$$C_d(t) = C_0 - Ki_f(t)t^q;\ K = \frac{1}{227.5};\ q = 0.68$$

断路电压（能斯特方程）：$E(t) = 1.95 + 0.052\ln C_d(t)$

电荷转移极化（塔菲尔方程）：$E_{ct} = 0.118 + 0.28\ln(i_f)$

欧姆电阻：$R_\Omega = 0.05\,\Omega$

双层电容：$C_{dbl} = 50\,\text{F}$

浓度极化：$E_c(t) = 0.04\ln\dfrac{C_d(t)}{C_0}$

5.5.2 经验模型

经验模型是所有模型中最简单的，主要针对电化学装置的简单输入－输出关系而开发。这些模型使用与实验或理论模型数据匹配的任意数学关系来描述设备的性能。通过与实验数据的曲线拟合，建立数学或经验关系。行为的物理原因不如设备某些参数之间的终端关系重要。这些模型中不存在设备功能的物理基础。设计变化的影响是不可能用经验模型来分析的。通常只描述设备行为的一个子集，例如电池的恒流放电特性。这些模型不提供混合动力和电动汽车的电路仿真和分析所必需的器件的终端 $i\text{-}v$ 特性。然而，经验模型对于快速估计特定类型电池包的电动汽车续航里程非常有用。

一种广泛使用的经验电池模型是基于放电电流与电池容量关系的普克特（Peukert）方程。该模型基于电池的恒流放电特性。一系列恒流放电实验给出了不同恒流水平的 I 与 t_{cut} 数据；t_{cut} 是指在恒流放电期间，终端电压达到截止电压极限 V_{cut} 的时间。所获得的数据用于拟合普克特方程，以建立如下模型：

$$I^n t_{cut} = \lambda \tag{5.35}$$

其中 I 是恒定放电电流，n 和 λ 是特定电池的曲线拟合常数。n 是一个介于 1 和 2 之间的数字，对于较小的电流，该值接近 1，但对于较大的电流，趋向于 2。 该模型没有指定初始容量，也没有对电压变化或温度以及老化因素进行建模。 普克特的模型没有给出任何终端 $i\text{-}v$ 信息。

例 5.2

通过电池恒流放电实验，求普克特方程的曲线拟合常数 n 和 λ：

(i)(t_1,l_1)=(10,18);(ii)(t_2,l_2)=(1,110)

解决方案

公式 5.35 是普克特使用恒流放电方法的经验公式。对 5.35 式两边取对数

$$\log_{10}(I^n \times t_{cut}) = \log_{10}(\lambda)$$

$$\Rightarrow \log_{10}(I) = -\frac{1}{n}\log_{10}(t_{cut}) + \frac{1}{n}\log_{10}(\lambda)$$

与直线方程 $y=mx+b$ 相比，在对数图上，I 与 t_{cut} 曲线呈线性关系，如图 5.17 所示。直线的斜率为

$$m = \frac{\Delta y}{\Delta x} = \frac{\log(I_1) - \log(I_2)}{\log(t_1) - \log(t_2)} = \frac{\log\left(\dfrac{I_1}{I_2}\right)}{\log\left(\dfrac{t_1}{t_2}\right)}$$

因此，

$$n = -\frac{\log\left(\dfrac{t_1}{t_2}\right)}{\log\left(\dfrac{I_1}{I_2}\right)}$$

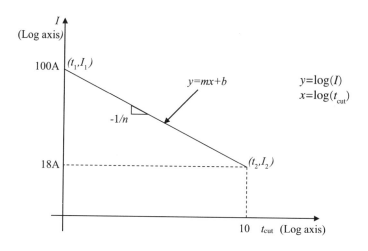

图 5.17　使用恒流放电的普克特方程图

如图所示，　$n = \dfrac{-1}{18\big/110} = 1.27 \quad [\because t_1 = 10t_2]$

另一个常数现在可以根据普克特方程计算：

$\lambda = 110^{1.27} \times 1 = 391.4 \ \text{A·h}$　或　$\lambda = 18^{1.27} \times 10 = 392.8 \ \text{A·h}$

另一个众所周知且更通用的电池经验模型是基于 Shepherd 方程[15]。 Shepherd 模型的最简单形式是

$$E = E_0 - iR - \left(\frac{\lambda}{\lambda - it}\right)Ki$$

其中 E 是电池电压，i 是电流，t 是时间。该模型的参数为 E_0、R、K 和 λ，分别代表电池参考电压、内阻、极化常数和参考容量。模型参数具有一定的物理意义，并将电化学行为与电池的终端 i-v 特性联系起来。在该模型中，输出响应表示为时间的函数；但是，该模型难以用于恒流放电以外的放电模式。

5.5.2.1　恒流放电续航里程预测

具有恒定电流放电特性的普克特方程可用于开发电池的部分消耗模型（FDM）电池。电池的 FDM 可用于预测电动汽车的续航里程。使用普克特方程，我们可以建立 Q 和 I 之间的关系。电池的实际容量为

$$Q = I \times t_{\text{cut}}$$

$$\Rightarrow t_{\text{cut}} = \frac{Q}{I}$$

代入普克特方程

$$I^n\left(\frac{Q}{I}\right) = \lambda$$

$$\Rightarrow Q = \frac{\lambda}{I^{n-1}}$$

因为 0<n-1<1，对于 $I>1$，Q 随着 I 的增加而减小。

由 5.3.7 节，我们知道

$$SoD = \int i(\tau)\mathrm{d}\tau$$

$$且\ DoD = \frac{SoD}{Q(i)}$$

SoD 是电池对电路产生的电荷量。假设在 $t=t_0$ 时，电池已充满电。让我们考虑一个小的时间间隔 $\mathrm{d}t$。因此，

$$\mathrm{d}(DoD) = \frac{\mathrm{d}(SoD)}{Q(i)},\ \mathrm{d}(SoD)=i(t)\mathrm{d}t$$

对于恒电流放电，我们知道 $Q = \dfrac{\lambda}{I^{n-1}}$ 。令 $Q = \dfrac{\lambda}{i^{n-1}}$ ，对于时变电流

因此 $\mathrm{d}(DoD) = \dfrac{i\mathrm{d}t}{\lambda / i^{n-1}} = \dfrac{i^n}{\lambda}\mathrm{d}t$

积分，我们得到 $\displaystyle\int_{t_0}^{t}\mathrm{d}(DoD) = \int_{t_0}^{t}\frac{i^n}{\lambda}\mathrm{d}t$

$$\Rightarrow DoD(t) - DoD(t_0) = \int_{t_0}^{t}\frac{i^n}{\lambda}\mathrm{d}t$$

$DoD(t_0)=0$，如果电池在 $t=t_0$ 完全充电。

因此，部分消耗模型如下所示：

$$DoD(t) = \left[\int_{t_0}^{t}\frac{i^n}{\lambda}\mathrm{d}t\right]\times100\% \tag{5.36}$$

基于电流放电的 FDM 需要知道放电电流 $i(t)$ 。因此，应当在 $i(t)$ 已知时，使用该模型来预测电动汽车的续航里程。

例 5.3

电动汽车所用电池包的恒流放电特性为

$$\ln I = 4.787 - 0.74\ln t_{\mathrm{cut}} - 0.0482(\ln t_{\mathrm{cut}})^2$$

在 SAE 计划 J227a 规程的电动汽车测试期间，从电池汲取的电流具有图 5.18 所示的曲线。表 5.3 给出了 3 个 SAE 计划的电流量级。

求出电动汽车在这 3 个计划中每一个的续航里程。

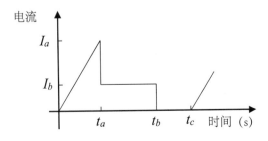

图 5.18　从电池汲取电流的模式

表 5.3　驾驶计划的电流数据

计划	I_a (A)	I_b (A)
B	100	35
C	216	55.6
D	375	88.7

解决方案

应用 FDM（方程式 5.36）计算 DoD=100% 的行驶循环次数。

由 FDM，

$$1 = \int_{t_0}^{t_{100\%}} \frac{i^n}{\lambda} dt$$

首先，我们需要根据给定的电池特性确定 λ 和 n

$$\frac{-1}{n} = -0.74 \Rightarrow n = 1.35$$

$$\frac{1}{n} \ln(\lambda) = 4.787 \Rightarrow \lambda = 645 \times 3600 \, \text{A} \cdot \text{s}$$

因此，

$$1 = \int_{0}^{t_{100\%}} \frac{i^{1.35}}{645 \times 3600} dt$$

对于计划 B，在 1 个循环中耗尽的部分

$$每循环DOD \Rightarrow f_{cyc} = \int_{0}^{72} \frac{i^{1.35}}{645 \times 3600} dt$$

$$\Rightarrow f_{cyc} = \int_{0}^{72} \frac{i^{1.35}}{645 \times 3600} dt = 4.31 \times 10^{-7} \left[\int_{0}^{19} \left(\frac{100t}{19} \right)^{1.35} dt + \int_{19}^{38} (35)^{1.35} dt \right]$$

$$= 4.31 \times 10^{-7} \left[9.41 \left(\frac{1}{2.35} \right) 19^{2.35} + 121.5(38 - 19) \right]$$

$$\Rightarrow f_{cyc} = 2.74 \times 10^{-3}$$

设 N=#100%DoD 所需的循环数，

$$\therefore 1 = N \times f_{cyc} \Rightarrow N = \frac{1}{f_{cyc}}$$

$$\therefore N = \frac{1}{2.74 \times 10^{-3}} = 365 \, \text{cycles}$$

从表 5.3 中可以得出，对于计划 B，电动汽车在大约 4 个循环行驶 1 mile

因此，电动汽车续航里程 $= \dfrac{365}{4} =$ 计划 B 91 miles

测量值，$N=369 =>$ 误差 $=1.08\%$

J227a 计划 C: 由 FDM，$N=152$；电动车续航里程 $=152/3=51$ miles

　　测量值，$N=184 =>$ 误差 $=17.4\%$

J227a 计划 D: FDM，$N=41$；电动车续航里程 $=41/1=41$ miles

　　测量值，$N=49 =>$ 误差 $=16.3\%$

5.5.2.2　功率密度法续航里程预测

使用普克特方程开发电池模型的另一种方法是使用其拉贡（Ragone）关系，即比功率与比能量特性。拉贡关系和相应的曲线图在对数尺度上呈一阶近似线性。电池的比功率和比能量是

$$(SP)^n (SE) = \lambda \qquad\qquad (5.37)$$

其中 n 和 λ 是曲线拟合常数。

例 5.4

表 5.4 中给出的数据是从质量为 15 kg 的电池上进行的实验中得到的。数据用于绘制如图 5.19 所示的拉贡图。使用数据点（8110）和（67.5,10），计算普克特方程 n 和 λ 的常数。

表 5.4　恒功率放电试验数据

P(W) 测量值	t_{cut}(h) 测量值	E_P(W·h) 计算值	SP(W/kg) 计算值	SE(W·h/kg) 计算值
150	6.75	(150)(6.75) = 1013	150/15 = 10	1013/15 = 67.5
450	0.85	381	30	25.4
900	0.23	206	60	13.7
1650	0.073	120	110	8

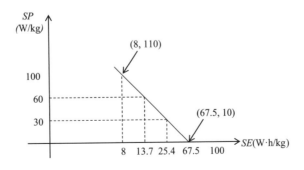

图 5.19　示例 5.4 的拉贡图

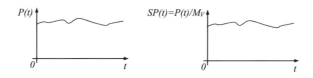

图 5.20　功率和比功率

解决方案

n=0.8894 ，λ=523.24Ah

给定电池端功率曲线 $p(t)$，可以通过将功率曲线 $p(t)$ 除以车辆总质量 m_V 来获得比功率 $SP(t)$ 曲线（图 5.20）。假设电池在 t=0 时充满电。

令 $f_r(t)$= 电池从 0 到 t 提供的可用能量部分，其中 $fr(0)=0$，因为 $SoD(0)=0$。现在，考虑时间间隔 dt，其中一部分可用能量 df_r 由电池提供

$$\mathrm{d}f_r = \frac{\mathrm{d}E}{E_{\text{avail}}} = \frac{\dfrac{\mathrm{d}E}{m_V}}{\dfrac{\mathrm{d}E_{\text{avail}}}{m_V}} = \frac{\mathrm{d}(SE)}{SE_{\text{avail}}}$$

如果 dE 是电池通过 dt 提供给电路的能量，而 E_{avail} 是总可用能量，则

$$\mathrm{d}E = p\mathrm{d}t$$

现在 E_{avail} 是瞬时功率的函数，我们知道

$$\mathrm{d}(SE) = (SP)\,\mathrm{d}t$$

因此，

$$SE_{\text{avail}} = f(SP)$$

我们将使用普克特方程将比功率和比能量联系起来，如下所示：

$$(SP)^n \times SE_{\text{avail}} = \lambda$$

因此，

$$\mathrm{d}f_r = \frac{SP}{\dfrac{\lambda}{(SP)^n}}\mathrm{d}t = \frac{(SP)^{n+1}}{\lambda}\mathrm{d}t$$

积分，　　$$\int_{f_r(0)}^{f_r(t)} \mathrm{d}f_r = \int_0^t \frac{(SP)^{n+1}}{\lambda}\mathrm{d}\tau$$

$$\Rightarrow f_r(t) = \int_0^t \frac{(SP)^{n+1}}{\lambda}\mathrm{d}\tau \tag{5.38}$$

公式 5.38 是使用功率密度方法的 FDM。如果 t= 已使用 x% 可用能量的时间，则

$$\frac{x}{100} = \int_0^t \frac{(SP)^{n+1}}{\lambda}\mathrm{d}\tau$$

注意，　　$$1 = \int_0^{t_{100\%}} \frac{(SP)^{n+1}}{\lambda}\mathrm{d}\tau$$

在 $t_{100\%}$，100%，即系统已使用所有可用能量。

5.6　动力电池

过去 100 年来，铅酸蓄电池一直为汽车行业服务，用于为传统内燃机车辆的电气附件供电，但其功率和能量密度不符合电动汽车和混合动力汽车的要求。零排放汽车的推动导致了美国、欧洲和日本在先进电池方面的大量研发工作。替代电池技术追求的理想特性是高功率和能量密度、更快的充电时间和更长的循环寿命。直到最近几年，由于电动汽车缺乏市占有率，研发进展缓慢。与此同时，电子行业在过去几十年的增长导致了替代电池的巨大进步，如镍镉（NiCd）、镍金属氢化物（NiMH）和锂基电池技术。可充电锂离子电池是手机和笔记本电脑的首选技术。对这些电池技术的进一步研究导致了几种用于电动和混合动力汽车应用的电池技术的发展。镍氢电池目前用于商用混合动力电动汽车，而锂离子电池用于电动汽车特斯拉跑车。新兴的插电式混合动力汽车也可能使用锂离子电池技术。虽然镍氢电池和锂离子电池是当今电动和混合动力电动汽车应用领域的领跑者，但其他几种电池技术已被用于各种原型车辆中。在本节中，我们不仅会回顾有前途的电池技术，还会回顾已经在各种原型电动汽车中尝试过的电池技术。

电动和混合动力汽车应用电池技术的未来取决于系统成本、原材料可用性、大规模生产能力和生命周期特性等因素。必须注意的是，电动和混合动力汽车行业涵盖范围广泛，不仅限于道路车辆。由于各种原因，某些技术可能更适合某些应用。表 5.5 总结了有前景的电池技术和铅酸电池技术的代表性特性，以及从各种文献中获得的信息。本章将介绍替代电池技术的化学成分和其他信息。

表 5.5　电动和混合动力电动汽车电池的特性

电池类型	比能量（W·h/kg）	比功率（W/kg）	能量效率（%）	循环寿命
铅酸	35~50	150~400	80	500~1000
镍镉	30~50	100~150	75	1000~2000
镍氢	60~80	200~400	70	1000
铝 - 空气	200~300	100	<50	无
锌 - 空气	100~220	30~80	60	500
钠硫	150~240	230	<85	1000
氯化镍钠	90~120	130~160	80	1000
锂聚合物	150~200	350	无	1000
锂离子	90~160	200~350	>90	>1000

5.6.1　铅酸电池

在最初的开发阶段，铅酸电池一直是电动汽车最受欢迎的电池选择。铅酸电池历史悠久，可以追溯到 19 世纪中叶，目前是一项非常成熟的技术。第一个铅酸电池早在 1859 年就生产出来了。在 20 世纪 80 年代初期，每年生产超过 1 亿个铅酸电池。铅酸电池的长期存在是由于

- 成本相对较低;

- 原材料（铅、硫）容易获得;

- 易于制造;

- 良好的机电特性。

铅酸蓄电池可以设计成高功率，且价格便宜、安全可靠。已为他们建立了回收基础设施。然而，比能量低、低温性能差、日历和循环寿命短是它们在电动汽车和混合动力电动汽车中使用的障碍。

通常，铅酸电池是充满电解液的电池，其中游离酸覆盖了所有的极板。这就需要电池保持直立的位置，这在某些便携式情况下是很困难的。开发密封电池的努力面临着一个问题，即在电池充电过程中，接近最高充电或过充电状态时，氢气和氧气爆炸性混合物会积聚起来。这个问题在阀控式铅酸（VRLA）电池中得到了解决，方法是为在正极释放的氧气提供一条路径，使其到达负极并在此处重新结合形成硫酸铅。有两种制造密封 VRLA 电池的机制，凝胶电池和 AGM（吸收性玻璃微纤维）电池。这两种类型都是基于将硫酸电解液固定在隔板中，并且活性材料留下足够的孔隙率，让氧气通过隔板扩散到负极板[16]。

典型电池单元的结构由正极和负极组（元件）交错构成。电池中的极板连接如图 5.21 所示。在正极板栅格上敷有硬膏状的活性材料，如图 5.22 所示。格栅由适当选择的铅合金制成，是便携式电池的框架，用于容纳活性材料。在标准车辆蓄电池中，正极的活性材料由过氧化铅（PbO$_2$）制成，负极由海绵铅（Pb）制成，两者均浸入稀硫酸电解液中，以制成电池单元。

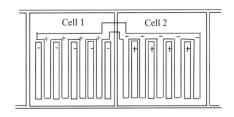

图 5.21 带极板贯穿连接的铅酸电池单元示意图

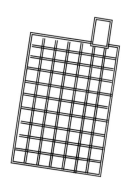

图 5.22 铅酸蓄电池栅格

5.6.2　镍镉电池

镍镉电池的优点是低温性能优于铅酸电池，放电电压平坦，寿命长，可靠性好。电池的维护要求也很低。1.2~1.3 V 之间的较低实际单元电压意味着必须串联更多电池才能获得所需电压。镍镉电池的比能量为 30~50 W·h/kg，与铅酸电池类似。

镍镉电池最大的缺点是成本高，而且镉中含有毒性。从长远来看，通过有效回收，环境问题可能会得到解决，但镍镉电池提供的电量不足是不考虑将这些电池用于电动和混合动力汽车的另一个重要原因。镍镉电池的缺点导致了镍氢电池的快速发展，镍氢电池被认为更适合电动汽车和混合动力汽车的应用。

5.6.3　镍氢 (NiMH) 电池

镍氢电池是镍镉电池的继任者，并且已经在量产混合动力电动汽车中使用。镍氢电池的正极为氢氧化镍 [Ni(OH)$_2$]，负极为金属氢化物。镍氢电池的化学反应已在第 5.2 节中介绍。负极由压缩的细金属颗粒组成。金属合金在一定的温度和压力下能吸收大量的氢分子，形成金属氢化物。这可以被认为是另一种储存氢气的方法。NiMH 中使用的专有合金配方称为 AB5 和 AB2 合金。在 AB5 合金中，A 是稀土元素的混合物，B 是部分取代的镍。在 AB2 合金中，A 是钛和 / 或锆，而 B 仍是部分取代的镍。AB2 合金具有更高的储氢容量且成本更低。NiMH 电池的标称单元电压为 1.2 V，与 NiCd 相同；NiMH 电池还具有平坦的放电特性。NiMH 的容量明显高于 NiCd，比能量范围为 60~80W·h/kg。NiMH 电池的比功率可高达 250 W/kg。

镍氢电池能够在中等荷电状态下运行，并以 1%~2% 的荷电状态波动提供数千次浅放电循环。此功能特别适用于电量保持型 HEV，在这种情况下，电池需要在 10 年内行驶 100 000 miles 以上。镍氢电池的成本优势也有利于设计用于高功率密度的电池，但当设计用于电动汽车所需的高比能量时，情况并非如此。因此，镍氢电池成为电量保持型混合动力汽车的使能技术。

NiMH 的组件是可回收的，但回收基础设施尚未到位。镍氢电池的寿命比铅酸电池长得多，而且安全且耐滥用。镍氢电池的缺点是成本相对较高，自放电率高于镍镉电池，高温下充电接受能力差，电池效率低。镍氢电池很可能在未来的牵引应用中作为领先的可充电电池存活下来，而强大的挑战仅来自锂离子电池。

5.6.4　锂离子电池

与氢相比，锂金属具有较高的电化学还原电位（3.045 V）和最低的原子质量（6.94），当与合适的正极结合使用时，有望实现 3V 电池电位。20 世纪 70 年代锂原电池问世后不久，人们对二次锂电池的兴趣猛增，但主要困难是锂金属与水分的强烈反应性限制了液体电解质的使用。20 世纪 70 年代末，牛津大学的研究人员发现锂可以嵌入（吸收）钴或镍的晶格中，形成 LiCoO$_2$ 或 LiNiO$_2$，这为锂离子电池的发展铺平了道路 [17]。在锂离子电池中，通过使用石墨或炭形式的嵌锂（吸附）碳（Li$_x$C）作为负极，同时使用锂金属氧化物作为正极，绕过了金属锂的使用。石墨能够承载锂，组合成分为 LiC$_6$。大多数锂离子电池使用层状氧化物或锂的磷酸铁作为正极。氧化钴的层状正极价格昂贵，但被证明是最令人满意的。也可以使用成本更低的氧化镍，但其结构更复杂。其性能与氧化钴电极相似。由于锰更便宜、可广泛获得且毒性更小，因此也使用了基于氧化锰的正极。另一种正极材料是磷酸铁锂（LiFePO$_4$），它可以以较低的成本提供稳定且良好的性能。

使用 LiCoO$_2$ 的锂离子电池的电池单元放电操作如图 5.23 所示。在电池单元放电期间，锂离子 (Li$^+$) 从负极释放，通过有机电解质流向正极。在正极中，锂离子迅速结合到锂化合物材料中。该过程是完全可逆的。电极处的化学反应如下：

在负极，

$$\text{Li}_x\text{C}_6 \underset{\text{充电}}{\overset{\text{放电}}{\rightleftharpoons}} 6\text{C} + x\text{Li}^+ + xe^-, \quad 0 < x < 1$$

在正极，

$$x\text{Li}^+ + xe^- + \text{Li}_{(1-x)}\text{CoO}_2 \underset{\text{充电}}{\overset{\text{放电}}{\rightleftharpoons}} \text{LiCoO}_2$$

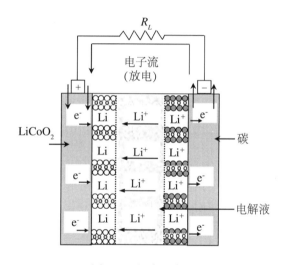

图 5.23　锂离子电池

在电池单元充电操作期间，锂离子从正极向负极移动。锂离子电池单元的标称单元电压为 3.6V，相当于 3 节 NiMH 或 NiCd 电池单元。

锂离子电池的组件也是可回收的，但回收基础设施尚待开发。锂离子电池的成本低于材料成本较高的同类镍氢电池。一些锂离子电池化学成分涉及相对便宜的材料。较低的材料成本并不能直接反映在电池包成本上，因为锂离子电池包需要更昂贵的管理系统来解决安全问题。

锂离子电池的主要缺点是对过电压和过放电非常敏感。锂离子电池单元正极过电压会导致溶剂氧化和活性物质放热分解。过电压和过放电可导致不可逆的电池单元损坏，可能伴随着电池着火[18]。

汽车工业基本上已经将锂离子电池作为基础，在所有类型的电动汽车和混合动力汽车上使用分层阴极和石墨阳极。具体的锂离子电池化学成分取决于电动汽车的类型，可选择 LiNiCoMnO$_2$ (NMC)、LiNiCoAlO$_2$ (NCA)、Li2TiO$_3$ (LTO) 和 LiFePO$_4$

(LFP)。对于纯电动汽车，选择的锂离子类型是 NMC 和 NCA，它们具有最高的体积质量能量密度、长寿命和可接受的滥用耐受性，因此它们普遍用于乘用电动汽车。它们的电池单元电压为 3.6 V，容量为 150~200 mA·h/g。尽管 LFP 的电池电压较低，为 3.2V，容量为 150mA·h/g，但由于成本较低，已在全电动巴士中得到应用。

5.6.5　锂聚合物电池

锂聚合物是由固态电解质发展而来的，即能够传导离子但又是电子绝缘体的固体。固态电解质起源于 20 世纪 70 年代对聚合物中离子传导的研究。这些电池被认为是固态电池，因为它们的电解质是固体。最常见的聚合物电解质是聚乙烯氧化物与适当的电解质盐的复合物。

最有前途的锂聚合物电池正极材料是氧化钒 V_6O_{13}[16]。这种氧化物在每个氧化物分子中与多达 8 个锂原子交错，并发生以下正极反应：

$$\text{Li}_x + \text{V}_6\text{O}_{13} + xe^- \xrightleftharpoons[\text{充电}]{\text{放电}} \text{Li}_x\text{V}_6\text{O}_{13} \text{其中} 0 < x < 8$$

锂聚合物电池具有最高的比能量和功率的潜力。固体聚合物取代了其他类型电池中更易燃的液体电解质，可在 60℃ 以上的温度下传导离子。在电动和混合动力电动汽发生车事故的情况下，使用固体聚合物还具有很大的安全优势。由于锂是嵌入碳电极中，因此锂呈离子形式，比纯金属锂的反应性更小。薄锂聚合物电池的另一个优点是可以形成任何尺寸或形状的电池，以适应电动和混合电动汽车底盘内的可用空间。锂聚合物电池的主要缺点是电池单元需要在 80~120℃ 的温度范围内运行。具有高比能量的锂聚合物电池最初为电动汽车开发的，也有可能为混合动力电动汽车应用提供高比功率。锂聚合物电池的其他关键特性是良好的循环和日历寿命。

5.6.6　锌 – 空气电池

锌 – 空气电池具有氧气的气态正极和消耗金属锌的负极。实际的锌 – 空气电池只能通过用新的锌电极替换放电产物氢氧化锌来进行机械式充电。放电后的电极和氢氧化钾电解液被送到回收设施。在某种程度上，锌 – 空气电池类似于燃料电池，燃料是锌金属。在德国梅赛德斯 – 奔驰邮政货车上测试的锌空气电池模块的比能量为 200W·h/kg，但在 80% 的放电深度下，其比功率仅为 100W/kg（放电深度和比功率的定义见第 3.4 节和第 3.5 节）。根据目前的技术，锌空气电池的续航里程可以在 300~600kW 之间。

人们对其他金属空气系统也进行了研究，但由于技术存在严重缺陷，该工作已停止。这些电池包括铁空气电池和铝空气电池，其中铁和铝分别用作可机械回收的负极。

实用的金属 – 空气电池有两个非常吸引人的优点：（i）正极可以优化放电特性，因为电池是在电池外充电的；（ii）使用合适的基础设施，充电时间很快。

5.6.7　钠硫电池

钠与锂类似，具有较高的电化学还原电位（2.71 V）和较低的原子质量（23.0），因此是一种极具吸引力的电池负极元素。此外，钠在自然界中含量丰富，价格低廉。硫是正极的一种可能选择，也是一种容易获得的低成本材料。由于钠和固体聚合物（如锂电池所用聚合物）的高反应性，使用含水性的电解质是不可能的。电解质溶液解决方案来源于 1966 年福特汽车公司的科学家发现 β- 氧化铝。β- 氧化铝是一种具有复杂晶体结构的钠铝氧化物。

尽管钠硫电池有几个吸引人的特点，但也存在一些实际限制。钠硫电池的单元工作温度约为 300°C，这需要足够的隔热和热控制单元。该要求迫使电池具有一定的最小尺寸，从而限制了仅用于电动汽车的电池的开发，因而该市场尚未建立。钠硫电池的另一个缺点是没有过充电机制。在充电结束时，一个或多个电池单元会产生高电阻，这会拉低串联电池单元的整个电压。另一个主要问题是安全问题，因为熔融钠和硫之间的化学反应会在发生事故时导致过热或爆炸。通过有效的设计已经解决了安全问题，并且制造出的钠硫电池已被证明是安全的。

钠硫电池的实际局限性和制造难度导致其开发计划的中止，特别是在开发出更简单的钠金属氯化物电池概念时。

5.6.8　金属氯化钠电池

金属氯化钠电池是钠硫电池的衍生产品，具有过充电和过放电的内在特性。结构类似于钠硫电池，但正极硫电极用氯化镍（$NiCl_2$）或氯化镍和氯化亚铁（$FeCl_2$）的混合物代替。负极和电解液与钠硫电池相同。$NaNiCl_2$ 电池单元的示意图如图 5.24 所示。为了在正极和电解质（两者都是固体）之间提供良好的离子接触，在 $NiCl_2$ 和 β- 氧化铝的层间中引入了第二电解质氯铝酸钠 ($NaAlCl_4$)。$NaAlCl_4$ 电解质是电池的重要组成部分，尽管它会将电池的比能量降低约 10%[17]。其工作温度也很高，与钠硫电池类似。氯化镍和氯化亚铁正极的基本电池反应如下：

$$NiCl_2 + 2Na \underset{充电}{\overset{放电}{\rightleftharpoons}} Ni + 2NaCl \ (2.58 \ V)$$

$$FeCl_2 + 2Na \underset{充电}{\overset{放电}{\rightleftharpoons}} Fe + 2NaCl \ (2.35 \ V)$$

金属氯化钠电池中单元是在放电状态下组装的。正极由镍或铁粉 Fe 和 NaCl（盐）的混合物制成。组装后充电时，正极室由相应的金属构成，负极室由钠构成。这个过程有两个显著的优点：（i）纯钠是通过在 β- 氧化铝中扩散就地制造的；（ii）电池的原材料（食盐和金属粉末）价格低廉。尽管铁比镍便宜，但后者作为金属成分更有吸引力，因为它的复杂性更少且工作温度范围更广。

氯化钠电池通常被称为 ZEBRA 电池，最初是 20 世纪 80 年代初期英国和南非科学家之间的研究合作产生的。ZEBRA 电池已被证明在所有使用条件下都是安全的。ZEBRA 电池具有很高的潜力，可用作电动汽车和混合动力电动汽车的电池。

ZEBRA 电池有几个测试程序。

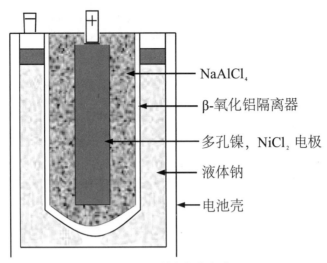

图 5.24　钠镍氧化物电池

5.6.9　先进电池的研发

　　电池研发活动的重点是改进锂离子电池技术和探索具有强大潜力的新型化学物质。锂离子电池的研究工作有两个方面：一个是更有效的电极设计，尽可能减少非活性材料；另一个是改进包装，以实现更高的体积能量密度（kW·h/L）。锂离子以外的下一代电池的潜在候选产品是锂空气电池、锂硫电池和固态电池。这些潜在技术的共同点是用金属锂阳极代替石墨，这种阳极提供了所有电化学偶中最高的能量密度。研究方法包括开发更高电压的阴极材料、更高比容量的阴极和阳极。有待解决的主要问题是锂循环过程中枝晶的形成。

　　在商业化方面，通用汽车公司于 2020 年 3 月为其电动汽车平台推出了新的Ultium 电池，其特点是 LG 化学的新化学材料 NCMA（镍钴锰铝）阴极[19]。Ultium电池包布局如图 5.25 所示。大幅软包电池单元可以垂直或水平堆叠在电池包内，这将使工程师能够优化每种车辆设计的电池能量存储和布局。Ultium 的能量容量选项在 50~200kW·h 之间，完全充电后可以行驶 400 miles。镍含量高达 90% 的富镍化学电池所需的钴比当前一代的 NCM（镍钴锰）电池单元少 70%。NCMA 比 NCM的能量密度更高，可以制造更轻、更便宜的电池。这将使该行业更接近 100 美元 /kW·h 的目标。通用汽车还正在开发零钴和零镍阳极，以减少对贵重和半贵重元素的依赖。

　　电池研发以美国先进电池联盟（USABC）制定的目标为指导，该联盟隶属于美国汽车研究委员会（USCAR），该联盟是美国汽车制造商的联盟组织，成立于1992 年，旨在加强汽车技术合作研发。USABC 促进高能量密度和高功率密度储能技术的发展，设定支持电动、混合动力和燃料电池汽车的目标。为长期发展和长期商业化设定了目标，即开发具有合理目标的电池，开发电动汽车用电池，这将直接与内燃机车辆竞争。比功率和比能量长期目标已被积极设定为 400W/kg 和 200W·h/kg，以促进研发。USABC 为先进电动汽车电池设定的部分目标列于表 5.6。这些电池的日历寿命目标为 10 年，而为了商业化和长期目标，循环寿命已设定为 80% DoD 下 1000 次循环。

图 5.25　滑板底盘中的 Ultium 电池包布局

表 5.6　USABC 电动汽车高级电池包目标

参数	长期商业化的最低目标	长期目标
比能量 (C/3 放电率)，(W·h/kg)	150	200
比功率 (80% DoD 每 30s)	300	400
比功率 (20% DoD 每 10s)	150	200
充电时间 (h)	4~6	3~6
成本 [$/(kW·h)]	150	100

　　USABC 还为混合动力电动汽车设定了两个级别的动力辅助目标，一个是 25kW 级别，另一个是 40kW 级别。USABC 为动力辅助混合动力电动汽车储能系统设定的目标子集列于表 5.7。这些电池的日历寿命目标为 15 年，而规定 SoC 增量的循环寿命设定为 300000 次循环。25kW 和 40kW 功率辅助混合动力电动汽车的充放电效率均设置为 90%。

　　USABC 还规定了两种主要 PHEV 电池类型的目标：提供 10miles 全电范围（PHEV-10）的高功率 / 能量比电池和提供 40miles 全电范围（PHEV-40）的低功率 / 能量比电池。PHEV-10 的目标是为重达 1950kg 的"跨界多用途车"设定的，PHEV-40 的目标是为重达 1600kg 的中型轿车设定的。表 5.8 中列出了为 PHEV 开发设定的几个重要目标。这些电池的日历寿命也设定为 15 年，PHEV-10 和 PHEV-40 的充放电效率均设定为 90%。所有电动和混合动力电动汽车储能系统的指定目标都列在 USABC 网站的 USCAR 下，网址为 www.uscar.org.

表 5.7   USABC 混合动力汽车 HEV 高级储能系统的标

参数	助力（最小）	助力（最大）
脉冲放电功率，10 s(kW)	25	40
峰值再生脉冲功率，10 s(kW)	20	35
总可用能量（kW·h）	0.3 at C/1 rate	0.5 at C/1 rate
最大重量（kg）	40	60
最大体积（L）	32	45
成本 :@100 000 件 /a(美元)	500	800

表 5.8   USABC PHEV 储能系统的目标

参数	PHEV-10	PHEV-40
脉冲放电功率，10 s (kW)	45	38
峰值再生脉冲功率，10 s (kW)	30	25
电量消耗模式的可用能量（kW·h）	3.4	11.6
电量保持模式的可用能量（kW·h）	0.3	0.5
电量消耗寿命 / 放电吞吐量（循环 /MW·h）	5000/17	5000/17
电量保持寿命循环（循环）	300 000	300 000
最大重量（kg）	60	120
最大体积（L）	40	80
成本 :@100 000 件 / 年（美元）	1700	3400

5.7   电池包管理

电池可以串联、并联或组合配置。电池包，即电动和混合动力车辆中的储能装置，由多个单独的电化学电池包成，这些电池单元串联在一起，以提供所需的电压。串联的电池单元可以再并联，以增加存储系统的容量。电池包还包括通常位于电池包外部的电子设备。电池包的电子电路控制电池单元的充电、放电和平衡。电子电路及其控制器硬件和软件算法负责管理电池包并保护电池包中的电池单元。电池管理系统的主要功能是保护电池单元不在安全区域外工作。这确保了电池的更长寿命并最大限度地降低了更换成本。

电池包管理技术是通用的，适用于任何基于储能的系统，例如电动和混合动力汽车、分布式发电机组和便携式消费电子产品。在所有应用中，储能系统的最严格使用是在混合动力汽车中，它会经历脉冲充电 / 放电循环。因此，电池包管理必须是最先进的类型。第 5.7.1~5.7.4 节介绍电池管理系统、SoC 测量技术、电池单元平衡方法和电池充电方法的基本要素。

所提出的电池管理系统和电池单元平衡方法同样适用于超级电容器组能量存储设备。超级电容器电池也是电化学电池，它们串联以形成能量存储系统，以所需的电压水平供电。

5.7.1 电池管理系统

电池管理系统（BMS）由一组基于电压、电流和温度测量的算法组成，用于计算基本电池参数并确定给定时间的充电/放电功率限制。根据 BMS 的复杂程度，可以从单个电池单元或单元组或整个电池包进行测量。如果在电池包中使用，BMS 还负责为电池单元平衡电路生成命令信号。BMS 确保可靠性，并防止过充电、过放电、短路和热滥用。储能系统的 BMS 具有以下全部或部分功能：

- 荷电状态（SoC）估计；
- 电池单元健康状态（SoH）监控和电池包保护；
- 温度控制；
- 充电/放电功率控制；
- 单元均衡；
- 数据记录。

BMS 中产生的测量、参数估计和输出如图 5.26 所示。一旦系统通电，BMS 就会初始化，这在混合动力电动汽车钥匙接通时发生。初始化期间的唯一功能是记录系统关闭期间的自放电。如果自放电过多，则报告给 SoH 监控算法。电池管理的其他参数在电池包接通时的每个测量周期内进行估计。

SoC 提供有关电池可用容量的信息。这不仅对于保护蓄电池包是必要的，而且对于车辆动力传动系统控制也是必要的。SoC 也应保持在一定范围内，以延长电池的使用寿命。在复杂的管理系统中，确定电池包中单个电池单元或单元组的 SoC，以验证 SoC 在电池单元之间的均匀分布。SoC 通常表示为额定容量的百分比，而不是最大可用容量，由于老化和环境影响，最大可用容量可能会减少。然而，SoC 也可以根据最大可用容量进行计算。该 SoC 计算可用于单元均衡，因为串联中的所有单元通常经历相同的环境。

SoH 是电池包的工作状态，衡量电池包与新电池包相比的供电能力。与电池包中的其他单元相比，容量和功率随着老化而衰减，表明电池单元的健康状况正在恶化。在算法中使用电池单元的容量和其他参数来估计电池包的健康状态 (SoH)。SoH 信息对于电池安全和提供最大容量的功率非常有用。SoH 估计算法基于将测量和估计的电池单元与参考或相邻单元进行比较。与附近电池单元相比，一个单元的电压和 SoC 异常表明该单元的健康状况不佳。类似地，电池包的过度自放电会引起一个信号，并与预设限值进行比较，以估计电池包的 SoH。SoH 信息可用于更换电池包中受损的单元，而不用更换整个电池包。

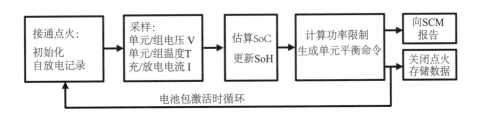

图 5.26 BMS 中的参数估计和电池包管理

温度是影响储能系统 SoC 的主要环境因素。电池包中不同电池单元之间的温度不平衡会导致 SoC 不平衡。此外，温度会影响自放电速率。电池包中的热管理系统是电池包冷却系统设计的一部分，但电池单元的温度信息应有效用于电池单元的保护和健康监测。

在 BMS 中，根据 SoC 和端子电压计算电池在给定时间的最大可用功率，确保不违反工作电压、电流、SoC 和其他设计限制。BMS 设置充电和放电期间的功率限制，以保护电池。不当充电可能会严重损坏电池。这些限制将报告给电动和混合动力车辆动力系统控制的监督控制器。

有 3 个级别的管理系统：电池包级管理、模块化组级管理和单元级管理。电池包级管理是最基本的管理方式，可以监控电池包的整体电压和 SoC。然而，监控到单个电池单元的电压、电流和温度参数时，才可以实现最完整的单元均衡和平衡。电池包级别的充电和放电电源管理使单个电池单元极易损坏。在模块化组级管理中，单元组被视为电池平衡和均衡的模块；BMS 算法依赖于单元组电压、电流和温度测量，而不是整个电池包或单个单元的测量。对于采用单元均衡器电路的电池包，BMS 根据其测量和估计的参数，生成用于单元电压均衡的命令信号。电路响应这些信号以平衡单元或单元组。

数据记录是储能管理系统的另一个重要功能。电压、电流、温度、SoC 和充放电循环次数的数据可以作为时间函数存储，用于 SoH 监控、诊断和故障分析。

5.7.2　SoC 测量

储能系统的 SoC 通过测量随 SoC 变化的物理参数来计算。SoC 随电压、充放电率、自放电率、温度和老化而变化。根据监测的参数，SoC 计算可以是基于电压的方法，也可以是基于电流的方法。更准确的 SoC 计算方法在基于同时使用电压和电流测量观测器的中得到。

基于电压的 SoC 测量适用于电压与 SoC 直接相关的电池单元化学成分。开路电压和 SoC 之间的关系必须是预知的，才能很好地估计 SoC。基于电压的测量完全不适用于锂离子电池，因为这些电池的电压在大多数充放电循环过程中都相当稳定。

在基于电流的估算中，SoC 是通过使用电荷的基本定义由电流的积分得到

$q = \int_0^t i(t)\mathrm{d}t$ 。简单的 SoC 测量图如图 5.27 所示。使用电流传感器直接测量进出存储

设备的充电和放电电流。当初始条件是电池的完全充电时，测量电流的积分给出了 SoD。知道电池的初始容量 C_p，SoC 由下式计算

$$SoC(t) = C_P - SoD(t)$$

这种方法也被称为库仑计数。如果仅基于当前信息，该方法往往会累积错误。一种改进 SoC 估计的方法是将可直接测量的参数（电压和电流）纳入存储系统的数学模型，以实现基于观测器的 SoC 估计方法。这是一种闭环库仑计数法，与图 5.27 中的开环方法相反。闭环方法基于反馈，反馈可以通过经验设计或使用卡尔曼

Kalman 滤波器生成[20]。

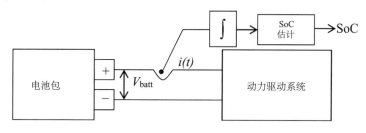

图 5.27 电池 SoC 测量

5.7.3 电池单元电量平衡

电池包串联串中的单个电池是电池单元。储存在电池单元中的可用能量是 $E_{avail}=qV$，这表明电荷和电压都需要在串联串中平衡，以最大化电池包的输出。当一串串联的电化学单元作为一个电池包充电时，单个单元中的轻微参数不匹配和温度差异会导致充电和电压不平衡。不平衡通过降低电池包的吞吐量对车辆性能产生不利影响。

电化学电池单元中的化学反应取决于温度和压力。电池单元之间的温度差异会改变自放电率，从而导致电池单元间充电不平衡。低电池单元温度会降低化学活性，从而增加单元的内部阻抗。增加的内阻降低了端电压，从而降低了电池单元容量。此外，制造差异和不同的老化特性导致单个单元之间的参数不匹配，从而导致电压和容量不平衡[21-22]。

电荷不平衡也表现为电压差。随着电池包经历重复的充电/放电循环，不平衡往往会增加。较弱的电池单元往往充电较慢，而较强的电池单元充电较快。该过程会缩短电池包寿命并降低其利用率。充放电循环次数对某些电池化学性质的影响比其他电池更大。例如，锂离子电池对过压和欠压非常敏感。建议使用锂离子电池，将充放电率限制在不超过 2C，并将电池单元充电到至少 40% 的荷电状态，以尽量减少老化。

通过平衡单个电池单元的电压和电荷，可以确保电池包的最大吞吐量。电池单元平衡方法是利用电子电路控制来平衡单元串联串的电压和 SoC。为电池单元串联串充电所采用的最简单策略是监控单元电压，并在其中一个单元（最强的单元）达到单个电池的电压极限时停止充电。延长充电是另一种选择，即使最强的单元达到其容量，仍会继续充电，以使较弱的单元达到容量。当充电继续使较弱的单元达到最大电压时，会导致较强的单元过电压。对于某些电池化学性质而言，过度充电根本不是一个选项，而有些情况下，该过程会排出氢气（析气），并从过度充电的单元中去流失水分。高温下单元增多的气体析出会缩短其寿命。

如果更强单元在充电电流达到电压极限后，有一条路径分流充电电流，则更强单元中的过充电可以避免。同样，在电池包放电期间，最简单的保护是在第一个单元达到最小电压极限时关闭电池包。因此，该单元是串联串中最薄弱的，这限制了电池包的容量。如果继续放电以从较强的单元中提取能量，则较弱的单元电压将降至最低电压水平以下，可能会对电池造成损坏。

简单的电池单元平衡策略导致电池包利用率不足。改进的单元平衡电路提供了一条路径，在较弱的单元达到最低电压时绕过它们，前提是电池包的电压水平仍高于系统的最低电压水平。电力电子转换器电路用于转移充电电流，以提升较弱的电池单元或耗尽较强电池单元的电荷，从而实现电池单元电压均衡。在介绍电力电子设备和概念后，第 9 章介绍单元平衡的电路拓扑。

5.7.4 电池充电

二次电池的充电分几个阶段完成，不同阶段使用不同的充电电流。这些阶段电流也基于电池单元的化学性质，以尽量减少对电池的损坏。初始充电阶段是大容量充电阶段，此时电池以最大电流充电，以补充放电过程中损失的大部分电荷。最后几个百分比的 SoC 在吸收充电阶段得到补充。该阶段的充电电流保持较低，以防止对电池单元造成任何损坏。均衡阶段也可用于完全充电和平衡电池包中的所有电池单元。浮充阶段在电池完全充电后开始，以补偿由于自放电而随时间损失的能量。微处理器控制器根据算法设置充电模式，以调整特定类型化学电池的充电。

电池充电电路可以应用恒定电流或恒定电压或两者的任意组合来设计充电曲线。在称为 I- 充电的恒流充电方法中，充电器中的电流调节器保持设定的电流水平。充电电流水平由电流调节器针对不同的充电阶段进行调整。充电电流也可以以脉冲的形式施加，通过脉冲宽度调制（PWM）控制输出电压。充电速率通过调节脉冲宽度来控制。脉冲之间的短暂持续时间使单元内的化学反应得以稳定。使用脉冲充电可避免可能导致气体析出的过度化学反应。图 5.28 显示了一个带有 I- 充电和 PWM 控制的多步充电模式示例。

对于恒压充电，在大容量充电阶段，充电器将施加大于蓄电池上限的电压进行充电。在吸收充电阶段，通常也会进行恒压充电。在浮充阶段，充电器在蓄电池两端施加略低于蓄电池上限电压的直流电压。蓄电池电压的轻微下降会导致蓄电池中的电量得到补充。这种充电形式也称为涓流充电，用于补偿电池单元中的自放电。

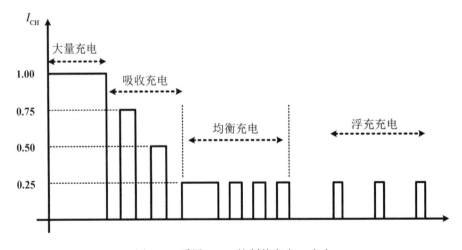

图 5.28　采用 PWM 控制的多步 I- 充电

问题 5.1

估计一个 12V、100A·h 铅酸蓄电池的重量。通过计算参与整个化学反应的反应物质量来实现这一点。此外，假设电解液中 H_2O 的质量是 H_2SO_4 质量的 2 倍。忽略电池外壳质量、电极栅格质量、隔板质量和电流母线质量。（注意，对于 Pb 和 PbO_2，$n=2$；对于 H_2SO_4，$n=1$。）

问题 5.2

在镍镉电池单元中，氢氧化镍 NiOOH 是充电后正极板中的活性物质。在放电过程中，通过接受来自外部电路的电子，它还原为低价态氢氧化镍 $Ni(OH)_2$：

$$2NiOOH + 2H_2O + 2e^- \xrightleftharpoons[\text{充电}]{\text{放电}} 2Ni(OH)_2 + 2OH^- \quad (0.49\ V)$$

金属镉是带电负极板中的活性物质。在放电过程中，它氧化成氢氧化镉 $Cd(OH)_2$，并向外部电路释放电子：

$$Cd + 2OH^- \xrightleftharpoons[\text{充电}]{\text{放电}} Cd(OH)_2 + 2e^- \quad (0.809\ V)$$

氢氧化钾（KOH）电解液中发生的净反应为：

$$Cd + 2NiOOH + 2H_2O \xrightleftharpoons[\text{充电}]{\text{放电}} 2Ni(OH)_2 + Cd(OH)_2^- \quad (1.299\ V)$$

估计 11.7V、100A·h Ni-Cd 电池的重量。忽略电解 KOH 成分的质量。

问题 5.3

12V 电池连接到串联 R_L 负载，如图 P5.3 所示。电池的额定容量为 80 A·h。在 $t=0$ 时，开关闭合，电池开始放电。

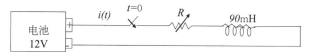

图 P5.3 采用 PWM 控制的多步 I- 充电

a. 如果稳态放电率为 C/2，则计算并绘制蓄电池放电电流 i(t)。忽略电池电压降。

b. 计算并绘制 SoD（t），单位 A·h，0<t<2h

c. 计算并绘制 SoC（t），假设在 t=0 时，蓄电池充电至额定容量。同时假设额定容量为实际容量。

d. 计算 80% DoD 对应的时间。

问题 5.4

以下是 12V 铅酸蓄电池的恒功率放电特性：

SP (W/kg)	SE (W·h/kg)
10	67.5
110	8

电池特性用普克特方程表示，其形式如下：

$$(SP)^n(SE) = \lambda \quad (n \text{ 和 } \lambda \text{ 是曲线拟合常数})$$

a. 假设 log（SP）和 log（SE）之间存在线性关系，推导出常数 n 和 λ。

b. 假设电池质量为 15kg，如果理论能量密度 SE_T=67.5W·h/kg，求电池的容量 Q_T。

问题 5.5

电动汽车电池包由 4 个模块并联，每个模块有 6 个串联的 12V、100A·h 铅酸蓄电池包成。蓄电池电流的一个稳态驱动（放电）循环如图 P5.5（a）所示。蓄电池的稳态再生制动（充电）循环如图 P5.5（b）所示。

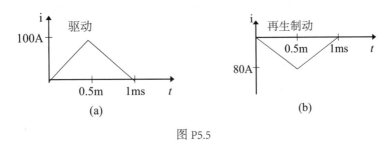

图 P5.5

a. 假设没有使用再生制动。达到 80% DoD 需要多长时间？

b. 如果采用再生制动，每 50 个行驶循环有 1 个再生制动循环，达到 80% 的 DoD 需要多长时间？

（注：本题中，忽略容量随放电率的变化。假设实际容量等于额定容量）

问题 5.6

假设铅酸蓄电池具有以下经验特性：

$$(SP)^{0.9}(SE) = 216E4$$

其中 SP= 比功率，SE= 比能量。EV 参数如下：

m=700kg，M_B=150kg，C_D=0.2，A_F=2m^2，C_0=0.009，C_1=0

此外，取 ρ=1.16kg/m^3 和 g=9.81m/s^2

a. 导出并绘制 $F_{TR}(t)$ 与 t 的关系。（假设道路平坦）

b. 导出并绘制 $P_{TR}(t)$ 与 t 的关系。

c. 使用部分消耗模型（FDM）的功率密度方法，计算基于 SAE J227a 时间表 B 驾驶循环的 EV 续航里程。SAE J227a 驾驶循环和 EV 的电流曲线如图 P5.6（a）和 P5.6（b）所示（假设没有再生制动）。

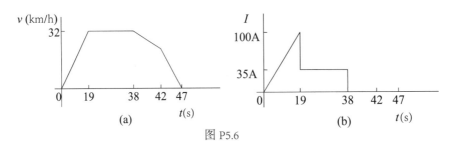

图 P5.6

参考文献

[1] D. Linden, Handbook of Batteries, 2nd edition, McGraw-Hills Inc., New York, NY, 1995.

[2] C. Mantell, *Batteries and Energy Systems*, McGraw-Hills Inc., New York, NY, 1983.

[3] K. Kordesch and G. Simadar, *Fuel Cells and their Applications,* John Wiley & Sons Inc., Chichester, 1996.

[4] J. O'M Bockris, *Fuel Cells: Their Electrochemistry*, McGraw-Hills Inc., New York, NY, 1969.

[5] J.S. Newman, *Electrochemical Systems*, Prentice Hall, Englewood Cliffs, NJ, 1991.

[6] T. Erdey-Gruz, *Kinetics of Electrode Process,* John Wiley & Sons Inc., New York, NY, 1972.

[7] L. Xia, *Behavioral Modeling and Analysis of Galvanic Devices*, PhD dissertation, University of Akron, Akron, OH, 2000.

[8] A.J. Bard and L.R. Faulkner, *Electrochemical Methods: Fundamentals and Applications*, John Wiley & Sons Inc., New York, NY, 1996.

[9] J.R. Elliott and C.T. Lira, *Introductory Chemical Engineering Thermodynamic*s, Prentice Hall, Upper Saddle River, NJ, 1999.

[10] T. T. Hartley and C. F. Lorenzo, "Insights into the fractional order initial value problem via semi-infinite systems," *Critical Reviews in Biomedical Engineering*, 36(1.20), 1–21, 2008.

[11] R.L. Hartman II, *An Aging Model for Lithium-ion Cells*, PhD dissertation, University of Akron, Akron, OH, 2008.

[12] T.T. Hartley and A.G. Jannette, "A first principles model for nickel-hydrogen batteries," *3rd International Energy Conversion Engineering Conference*, AIAA (American Institute of Aeronautics and Astronautics), San Francisco, CA, August 2005.

[13] M. Chen and G.A. Rincon-Mora, "Accurate electrical battery model capable of predicting runtime and I-V performance," *IEEE Transactions on Energy Conversion*, 21(2), 504–511, June 2006.

[14] S. Abu-Sharkh and D. Doerffel, "Rapid test and non-linear model characterization of solid-state lithium-ion batteries," *Journal of Power Sources*, 130, 266–274, 2005.

[15] C.M. Shephard, "Design of primary and secondary cells," *Journal of the Electrochemical Society*, 112, 657–664, July 1965.

[16] D.A.J. Rand, R. Woods and R.M. Dell, *Batteries for Electric Vehicles*, John Wiley & Sons Inc., New York, NY, 1998.

[17] R.M. Dell and D.A.J. Rand, *Understanding Batteries*, Royal Society of Chemistry, London, 2001.

[18] M.J. Isaacson, R.P. Hollandsworth, P.J. Giampaoli, F.A. Linkowsky, A. Salim and V.L. Teofilo, "Advanced lithium ion battery charger," *The Fifteenth Annual IEEE Battery Conference on Applications and Advances*, pp. 193–198, Long Beach, CA, January 2000.

[19] Online https://media.gm.com/media/us/en/gm/home.html, accessed March 4, 2020.

[20] G.L. Plett, "Extended Kalman filtering for battery managements systems of LiPB-based HEV battery packs: Part 1. Background," *Journal of Power Sources*, 134, 252–261, 2005.

[21] W.F. Bentley, "Cell balancing considerations for lithium-ion battery systems," *Twelfth Annual IEEE Battery Conference on Applications and Advances*, pp. 223–226, New York, NY, January 1997.

[22] R. Manfred Laidig and W. Job Wurst, "Technology implementation of stationary battery failure prediction," *Proceedings of the Ninth Annual IEEE Battery Conference on Applications and Advances*, pp. 168–172, Long Beach, CA, January 1995.

[23] N.H. Kutkut and M. Deepak Divan, "Dynamic equalization techniques for series battery stacks," *IEEE Telecommunications Energy Conference*, pp. 514–521, Boston, MA, October 1996.

替代能源储存6

燃料电池、超级电容器、压缩空气罐和飞轮可替代电池作为电动和混合电动汽车的便携式储能装置。许多这样的能量存储设备对于固定发电同样有用。替代品将根据技术挑战、能量转换效率和燃料来源进行评估。燃料电池的动力来自一次能源中的氢。以氢气为燃料产生的电能，驱动燃料电池电动汽车（FCEVs）的电动动力系统。除了开发燃料电池电动汽车，氢燃料输送方法必须就位。一种可行的基础设施是建立加氢站，使用通过输电网提供的电力生产氢气并将其储存在储罐中。对此的替代方案是使用重整技术车载制氢。

超级电容器，类似于电池，是另一种电化学装置，可以在其中存储能量并由电动动力系统按需使用。近年来，超级电容器技术取得了长足的进步，尽管它不太可能达到足够高的特定能量水平以用作车辆的唯一能量存储装置。然而，超级电容器与电池或燃料电池相结合，有可能为下一代车辆提供具有足够比能量和比功率的优秀便携式储能系统。

另一种类型的能量存储概念已被用于开发压缩空气车辆。压缩空气车辆最近受到关注，因为其井－轮效率与FCEVs相当，但燃料链要简单得多。压缩空气汽车的燃料基础设施要求与燃料电池汽车相似；来自电网的电力将用于压缩当地加气站的空气，并将其分配给压缩空气车辆的储气罐。

飞轮是另一种储存装置，能量以机械形式储存为动能。能量储存在旋转的圆盘中，并根据需要释放。同样，电能是储存能量的来源。与所讨论的替代方案相比，飞轮技术还没有足够的竞争力。

替代能源存储设备必须克服技术挑战，才能为大规模生产的替代车辆提供能源；与其他设备技术相比，某些设备技术非常先进。对于所有替代能源存储设备，能源都是电能，它本质上是二次能源，电能又不得不来自不可持续的或不可再生的资源。在最终用户方面，除了压缩空气车辆之外，所有替代车辆的动力系统都是电动的。

本章介绍替代能源储存装置及其燃料来源。燃料电池和超级电容器装置的工作原理和建模是本章的重点；压缩空气和飞轮将简要介绍。

6.1　燃料电池

燃料电池是一种电化学装置，它通过化学反应产生电能，很像电池。电池和燃料电池的主要区别在于，燃料电池只要有燃料就可以发电，而电池则通过储存的化学能发电，因此需要经常充电。

　　燃料电池的基本结构见图 6.1，由一个阳极和一个阴极组成，与电池类似。供给电池的燃料是氢和氧。燃料电池的概念与电解水相反，是氢和氧结合形成电和水。提供给燃料电池的氢燃料每个分子由两个氢原子组成。该分子包括两个独立的原子核，每个原子核包含一个质子，同时共享两个电子。燃料电池分解这些氢分子来发电。完成这项任务的确切本质取决于燃料电池的类型，尽管对于所有燃料电池来说，这一反应都是在阳极上进行的。由于化学反应释放氢离子和电子，氢分子在阳极分解成四部分。催化剂加速反应，电解质允许两个氢离子（本质上是两个单质子）通过放置在两个电极之间的电解质移动到阴极。电子通过外部电路从阳极流到阴极，从而产生电力。为了完成整个电池反应，氧气或空气必须通过阴极。阴极反应分两个阶段进行。首先，分子中两个氧原子之间的键断裂，然后每个电离的氧原子通过外部电路抓住来自阳极的两个电子，从而带负电。带负电的氧原子与阴极上带正电的氢原子平衡，这种结合生成水 H_2O。燃料电池中发生的化学反应是

阳极：　$H_2 \rightarrow 2H^+ + 2e^-$

阴极：　$2e^- + 2H^+ + \dfrac{1}{2}(O_2) \rightarrow H_2O$

电池单元：　$H_2 + \dfrac{1}{2}O_2 \rightarrow H_2O$

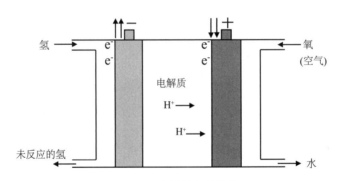

图 6.1　基本燃料电池结构

　　1846 年，威廉·罗伯特·格罗夫爵士建造了第一个初步版本的燃料电池。当美国国家航空航天局（NASA）开发了替代能源装置时，燃料电池首次在太空中得到应用。该电源最初用于月球车，目前仍在 NASA 的航天飞机上使用。近年来，人们对燃料电池在其他领域的应用产生了极大的兴趣，如电动汽车和固定动力系统。由几家美国研究机构和公司赞助的研究试图通过两个主要目标来提高电池性能：对更高功率电池的需求，这可以通过更高的反应速率来实现，以及对可以在内部重整碳氢化合物并且更能耐受反应物流中的污染物需求。出于这个原因，研究集中在寻找电极和电解质的新材料上。有几种不同类型的燃料电池，各有优缺点。尽管温度越高，反应速率越高，但对于车辆应用来说，较低的工作温度是理想的。对于固定

应用，需要快速运行和热电联产能力。热电联产是指利用燃料电池的废热以常规方式发电的能力。

6.1.1 燃料电池特性

理论上，燃料电池等温运行意味着燃料电池化学反应中的所有自由能都应转化为电能。燃料电池中的氢"燃料"不像内燃机那样燃烧，绕过了热到机械的转换。此外，由于操作是等温的，因此这种直接电化学转换器的效率不受加在热机上的卡诺循环效率的限制。燃料电池在等温条件下将化学反应的吉布斯自由能转化为电子形式的电能。在恒定温度和压力下运行的燃料电池的最大电能由吉布斯自由能的变化给出

$$W_{el} = -\Delta G = nFE \tag{6.1}$$

其中 n= 阳极反应产生的电子数，F= 法拉第常数 $= 96485 C/mol$，E 是可逆电位。在 1 个大气压和 25°C 的标准条件下，反应 $H_2(g) + (1/2)O_2(g) \rightarrow H_2O(l)$ 的吉布斯自由能变化为 -236 kJ/mol 或 -118 MJ/kg。当 $n = 2$ 时，相同条件下的最大可逆电位为 $E_0 = 1.23$ V，使用式 (6.1)。氢氧燃料电池在实际运行条件下的最大可逆电位由能斯特方程给出，如下[1]：

$$E = E_0 + \left(\frac{RT}{nF}\right) \ln \left\lfloor \frac{C_H \cdot C_O^{1/2}}{C_{H_2O}} \right\rfloor \tag{6.2}$$

式中，T 是以开尔文为单位的温度，R 是特定气体常数，C_H、C_O 和 C_{H_2O} 是反应物和产物的浓度或压力。

氢 / 氧电池单元的电压 – 电流输出特性如图 6.2 所示。每个电池单元约 1V 的较高电位是理论预测，在实际电池中无法实现。由于欧姆损耗导致电池单元电势降低的线性区域是实际燃料电池工作的区域。电池单元中的电阻元件限制了燃料电池的实际可实现效率。电池的工作电压随着电流消耗的增加而下降，这一知识对于设计燃料电池驱动的电动和混合动力汽车非常重要。由于电池电势很小，所以几个电池串联堆叠以获得所需的电压。燃料电池的主要优点是对规格大小的敏感性较低，这意味着燃料电池的总体系统效率从千瓦级到兆瓦级是非常相似的。

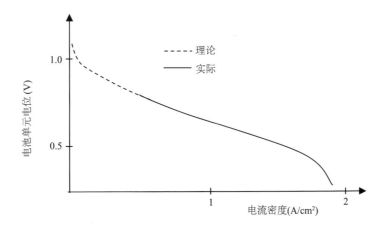

图 6.2 氢 / 氧电池的电压 – 电流关系

6.1.2　燃料电池类型

有六种主要类型的燃料电池，分别是碱性、质子交换膜、直接甲醇、磷酸、熔融碳酸盐和固体氧化物燃料电池。下面给出了在车辆和固定应用背景下每种类型的相关特征的简短描述[2-3]。

6.1.2.1　碱性燃料电池

在碱性燃料电池（AFC）中，使用氢氧化钾（KOH）的水溶液作为电解质。与使用酸性电解质的其他一些燃料电池相比，碱性电解质的性能与酸性电解质一样好，同时对电极的腐蚀性显著降低。AFC 已经在实际使用了很长时间，其电气效率高达 60%。它们需要纯氢作为燃料，并在低温（80°C）下运行，因此适用于车辆应用。余热可用于加热，但电池温度不足以产生可用于热电联产的蒸汽。

6.1.2.2　质子交换膜燃料电池

质子交换膜燃料电池（PEM）使用固体电解质，在低温（约 80°C）下工作。全氟磺酸膜 Nafion 是固体聚合物电解质的一个例子。这些燃料电池也称为固体聚合物膜燃料电池。PEM 燃料电池的电效率低于碱性电池（约 40%）。然而，坚固而简单的结构使得这些类型的燃料电池非常适合车辆应用。PEM 和 AFC 燃料电池是目前正在考虑用于车辆应用的两种类型。PEM 电池的优势在于，与 AFC 所需的纯氢相比，它们可以耐受燃料中的杂质。

6.1.2.3　直接甲醇燃料电池

直接甲醇燃料电池（DMFC）是以甲醇为燃料的研究成果，它可以搭载在车辆上，并经过重整以向燃料电池供应氢气。DMFC 的工作原理与 PEM 相同，不同之处在于温度升高到 90~120°C 的范围，这样甲醇就可以内部转化为氢气。DMFC 的电效率很低，约为 30%。这种类型的燃料电池仍处于设计阶段，因为正在寻找一种良好的电催化剂，既能有效地重整甲醇，又能在甲醇存在的情况下还原氧气。

6.1.2.4　磷酸燃料电池

磷酸燃料电池（PAFC）是最老的类型，其起源可以追溯到燃料电池概念的产生。使用的电解液为磷酸，电池工作温度约为 200°C，这使得一些热电联产成为可能。该电池的电效率在 40% 左右的。这些类型的燃料电池被认为对于运输应用来说体积太大，而对于固定应用存在更高效率的设计。

6.1.2.5　熔融碳酸盐燃料电池

熔融碳酸盐燃料电池（MCFC）最初开发为直接用煤炭运行，在 600°C 下运行，阴极侧需要 CO 或 CO_2，阳极侧需要氢气。电池使用碳酸盐作为电解质。这些燃料电池的电效率高达 50% 左右，但多余的热量可用于热电联产，以提高效率。由于所需的高温，这些燃料电池并不特别适合车辆应用，但可以用于固定发电。

6.1.2.6 固体氧化物燃料电池

固体氧化物燃料电池（SOFC）使用固体离子导体作为电解质，而不是溶液或聚合物，从而减少了腐蚀问题。然而，为了在这种陶瓷中获得足够的离子电导率，系统必须在非常高的温度下运行。最初的设计使用钇稳定氧化锆作为电解质，需要高达 1000℃ 的温度才能运行，对能够在较低温度下用作电解质的材料的研究产生了"中温固体氧化物燃料电池"。这种燃料电池还具有 50%~60% 的高电效率，余热也可用于热电联产。虽然对于车辆应用来说不是一个好的选择，但它是目前固定发电的最佳选择。

表 6.1 总结了上述几个燃料电池特性。表 6.2 列出了燃料电池中使用的各种燃料的可用能量和相对成本。选择燃料电池作为电动和混合动力汽车的主要能源取决于许多问题，从燃料电池技术本身到支持系统的基础设施。根据本节的讨论，用于车辆应用的燃料电池选择应是碱性或质子交换设计，而对于固定应用，它将选择固体氧化物燃料电池。燃料电池的尺寸、成本、效率和启动时间尚未达到电动和混合动力汽车应用可接受的阶段。燃料电池运行所需的控制器的复杂性是另一个需要进一步关注的方面。尽管它的可行性已在太空计划以及原型车中得到充分证明，但不成熟的状态使其成用于电动和混合动力汽车还有很长时间。

表 6.1　燃料电池类型

燃料电池种类	燃料	电解质	工作温度	效率	应用
磷酸	H₂ 重整（LNG 甲醇）	磷酸	约 200℃	40%~50%	固定（>250kW）
碱性	H₂	氢氧化钾溶液	约 80℃	40%~50%	移动
质子交换膜	H₂ 重整（LNG 甲醇）	聚合物离子交换膜	约 80℃	40%~50%	EV/HEV，行业高达 80kW
直接甲醇	甲醇、乙醇	固体聚合物	90~100℃	约 30%	EV/HEV，便携式设备（1W~70kW）
熔融碳酸盐	H₂、CO（煤气，LNG 甲醇）	碳酸盐	600~700℃	50%~60%	固定（>250 kW）
固体氧化物	H₂、CO（煤气，LNG 甲醇）	钇稳定氧化锆	约 1000℃	50%~65%	固定

表 6.2　可用能源和燃料成本

燃料	可用能量 (MJ/kg)	相对成本 (MJ)
氢： 工厂 95% 纯度 缸内 99% 纯度	118.3 120	1.0 7.4
LPG（丙烷）	47.4	0.5
汽油	46.1	0.8
甲醇	21.8	3.3
氨	20.9	3.6

6.1.3　燃料电池模型

　　燃料电池是一种电化学装置，与电池类似，所有物理过程基本相同。燃料电池和电池之间的唯一区别在于前者的能源是外部的，而后者储存在电池内部。Lei Xia利用电化学的基本原理开发了燃料电池的集总参数模型[4]。燃料电池模型的结构如图 6.3 所示。

　　模型参数如下：

　　燃料浓度：$C_0 = 10$

　　扩散过程参数：　$R_{TL} = 0.001\ \Omega, C_{TL} = 200\ \text{F}$

　　开路电压（能斯特方程）：　$E = 1.4 + 0.052(2p_0)\ln C_d$　（p_0 是标准化燃油流速）

　　电荷转移极化（塔菲尔方程）：　$E_{ct} = 0.1 + 0.26\ln(i_f)$

　　欧姆电阻：$R_{\Omega} = 0.002\ \Omega$

　　双层电容器：$C_{dbl} = 3000\ \text{F}$

　　浓差极化：$E_c = 0.06\ln\left[1 - \dfrac{i}{100}\right]$

给定的参数适用于单个单元。多个电池单元串联堆叠，形成一个应用的燃料电池装置。该模型可用于预测给定流量下的输出 $i\text{-}v$ 特性。

　　燃料电池和电池的集总参数模型之间的主要区别在于扩散过程参数的表示。燃料电池中的扩散过程与电池完全不同。在电池中，电解质不仅为离子的大量传输提供介质，而且还储存能量。因此，电池中电解质的相对体积或物理尺寸需要相对较大。与燃料电池相比，电池中电解质使用量的差异可归因于其更快的响应特性。在燃料电池中，电解质在扩散过程中仅作为电流传导介质。燃料中的电解质层设计得相当薄，刚好足以在电极之间提供电绝缘。燃料电池扩散过程的不同性质在模型中用 RC 网络表示，主要用于表示瞬态响应。浓差极化函数在燃料电池模型中也有不同的表示；它被建模为放电电流的函数。

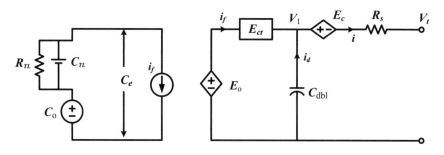

图 6.3　基于电化学基本原理的燃料电池模型

6.1.4　储氢系统

　　在燃料电池驱动的电动和混合动力汽车基础设施的未来发展中，氢存储的方案发挥着关键作用。大气压下的氢气能量密度相当低，不适合储存。氢气可以以压缩或液化气体的形式储存，或者通过使用金属氢化物或碳纳米管以更先进的方式储存。压缩形式的气体储存是一种已经使用了很长时间的选择。在这种方法中，需要大量的能量来将气体压缩到可以进行储存的水平，通常是在几百个大气压的压力下[5]。液态氢的产生需要进一步压缩以及制冷到低温，并且不太可能成为车辆应用的可行储存方式。

用于储氢的先进方法包括使用金属氢化物或碳纳米管。在这里，气体被压缩到较低的压力水平（几个到几十个大气压），然后送入一个容器中，该容器中装有一种材料，该材料可以根据压力、温度和储存的氢气量来吸收和释放 H_2。金属氢化物的使用降低了储存的体积和压力要求，因为当满载时，这些金属氢化物实际上可以包含两倍于等体积液态氢的氢原子。唯一的问题是它比其他解决方案重得多。然而，目前几家汽车制造商正在努力将其纳入车辆结构中，这可能会导出现致整体可接受的车辆重量。使用基于碳纳米管的材料进行储氢的前景非常令人兴奋，因为它可以消除大部分重量损失。然而，应该指出的是，碳纳米管作为储氢材料的用途仍然存在很大争议。

普及燃料电池电动汽车必须克服的问题之一是车载加压氢气的安全性。商业实体和公共事业机构（例如空气产品和化学品公司 Air Products and Chemicals, Inc.[6] 和桑迪亚国家实验室 Sandia National Laboratories[7]）都对氢气处理的安全性进行了探索。已经发布了对其安全处理的建议[6]。此外，福特报告表明，通过适当的工程设计，氢燃料汽车的安全性可能优于丙烷或汽油汽车[5]。

6.1.5 重整装置

许多汽车行业一直在探索使用甲醇、乙醇或汽油作为燃料，并将其在车上重整为用于燃料电池的氢气。重整装置是将碳氢化合物（如甲醇）分解成氢气和其他副产品的燃料处理器。与氢气相比，该方法的优点是碳氢燃料易于处理，纯氢的储存和生产困难则证明了这一点。

车用燃料电池常用的重整技术有蒸汽重整、部分氧化重整和自供热重整。两种可用的蒸汽重整装置使用甲醇和天然气作为燃料。汽油也可以用作燃料，但重整它是一个昂贵且复杂的过程。甲醇是重整器最有前途的燃料，因为它很容易重整成氢气并且在室温下是液体。下面简要说明甲醇蒸汽重整器的工作原理。

甲醇（CH_3OH）蒸汽重整器的第一步是将甲醇与水混合。然后将这种甲醇 - 水混合物加热到 250~300°C 并在低压下与催化剂反应。铂是重整器中使用最广泛的催化剂，但也可以使用其他金属，例如锌和铜。在甲醇蒸汽重整器中发生的化学反应是

$$CH_3OH \rightarrow CO + 2H_2$$

$$2H_2O\,(gas) \rightarrow 2H_2 + O_2$$

$$H_2 + O_2 + CO \rightarrow CO_2 + H_2O$$

催化剂首先将甲醇分解成两种成分，一氧化碳和氢气。产生的热量将水分解成氢气和氧气。水分解产生的剩余氧气与污染物一氧化碳结合产生另一种温室气体二氧化

碳。因此，甲醇蒸汽重整器排放的主要污染物是 CO_2，尽管其浓度与内燃机的排放相比是最小的。

　　使用重整器的理由是，用于生产和分配此类燃料的基础设施已经到位，尽管由于甲醇燃料的高腐蚀性[3]，甲醇燃料的广泛转化并非易事。虽然氢气将导致真正的零排放车辆，但应注意的是，重整碳氢化合物燃料，包括甲醇和其他可能的生物质燃料，只会将排放源转移到重整工厂。其他需要考虑的因素是甲醇与氢气处理的安全性，包括甲醇剧毒而氢气是无害的。甲醇蒸气往往会积聚在封闭空间中，从而像汽油一样导致形成潜在的爆炸性混合物，而氢气即使从通风不良的区域也很容易逸出。基于甲醇的运输，从油井到车轮的整体效率将与今天以汽油为基础的内燃机汽车所能达到的水平相当，甚至更低。

6.1.6　燃料电池电动汽车

　　燃料电池电动汽车（FCEVs）有一个燃料存储系统，该系统包括一个用于将原始燃料重整为氢气的燃料处理器、燃料电池堆及其控制单元、功率处理单元及其控制器，驱动单元包括电机和动力传动系统。燃料电池具有电流源型特性，且电池单元输出电压低。几个燃料电池单元必须串联堆叠以获得更高的电压，然后输出电压需要升压，以便与驱动交流驱动电机的 DC/AC 逆变器连接（假设使用功率密度高的交流电机）。FCEV 系统的框图如图 6.4 所示。燃料电池输出电压比较低；DC/DC 转换器用于在将电压馈送到电动机驱动器之前升压和调节电压。燃料电池和电动机之间的电力电子接口电路包括用于升压的 DC/DC 转换器、为 AC 电动机供电的 DC/AC 逆变器、用于控制的微处理器 / 数字信号处理器以及用于储能的电池 / 电容器。燃料电池堆的时间常数比电负载动态的时间常数慢得多。电池存储系统需要在瞬态和过载情况下提供电力，以及吸收由于再生制动引起的能量反向流动。高压电池包可以直接与高压直流链路连接，如图 6.4 所示；这需要电池包使用大量电池单元串联在一起。或者，可以用双向 DC/DC 转换器链路连接低压电池包和高压直流母线。燃料电池的电力输出馈入低压直流母线，该母线也由电池包维持。带有低压电池包的 FCEV 架构如图 6.5 所示。该架构与丰田 Mirai FCEV 中使用的架构非常接近，组件规格也与 Mirai 相似[8]。FCEV 动力系统中的电池包可以用超级电容器代替。

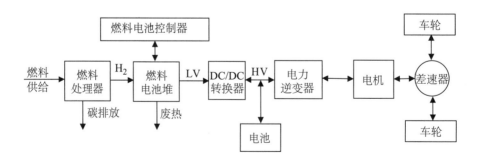

图 6.4　基于燃料电池的电动汽车架构

由于低电压和高电流输出特性,燃料电池性能对负载变化很敏感。燃料电池控制器使用电压和电流反馈信息调节进入燃料电池堆的氢气流量,以达到一个反应速率,该反应速率可提供所需的电能,同时排出的过量氢气最少。试图在不改变流量的情况下从燃料电池中汲取更多能量会耗尽氢气的浓度,从而降低输出电压并可能导致燃料电池膜损坏[9]。作为流量函数的燃料电池特性曲线如图6.6所示。当氢气利用率接近100%时,电池进入限流模式,此时电池内部损耗较大。燃料电池控制器必须避免在电流极限状态下运行,以保持良好的运行效率。燃料电池堆的输出功率输送能力随着氢气流量的降低而降低,但如果牵引需要较低的功率,则以较低的流速运行燃料电池可将浪费的燃料降至最低。理想的控制器以与电池消耗燃料完全相同的速率将燃料输送到电池,以产生所需驱动功率的电力。然而,由于燃料电池的缓慢响的应特性,需要储备能量以提供不间断运行。

燃料电池反应的副产品是水,以蒸汽的形式与多余的氢一起离开电池。水蒸气可以用来加热车辆内部,但排出的氢气对系统来说是一种浪费。

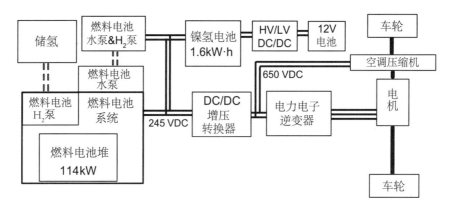

图 6.5 架构和组件规格与 Toyota Mirai 相似的 FCEV

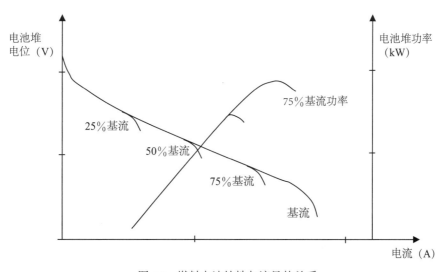

图 6.6 燃料电池特性与流量的关系

案例研究：丰田 Mirai FCEV

　　丰田 Mirai FCEV 是丰田制造的中型氢燃料电池轿车，首次亮相于 2014 年 11 月的洛杉矶车展。Mirai 是一款节能的氢燃料电池汽车，加满箱后的总续航里程为 312 英里，在城市、高速公路和混合驾驶的所有 3 个类别中的燃油经济性等级为 66miles/gge。Mirai 从 0-60 miles/h 加速时间为 9.0s。截至 2019 年底，该车全球销量突破 10 000 辆，销往日本、北美和欧洲。 基于 2017 丰田 Mirai 的动力系统组件及其规格如下所示[8]：

整备质量：1930 kg

燃料电池：固体聚合物电解质燃料电池；电池堆包含 370 个单元，114kW、
　　　　　　3.1kW/L、2.0kW/kg

储　　　氢：10 000psi，5kg H₂

电　　　机：永磁交流电机；113kW，峰值扭矩 335 N•m

电　池　包：镍氢 NiMH，1.6kW·h，245 V（标称）

动力系统 DC/DC 升压转换器：245~650 VDC

　　风冷式镍氢电池包安装在后备箱中，电动机和空气压缩机在前轮之间。燃料电池堆和增压 DC/DC 转换器位于车辆中央下方。行李箱和后排乘客座椅下方有两个氢气罐。

　　Mirai 是一种以燃料电池为主的电动汽车，具有强大的负载跟踪控制策略[8]。在加速过程中，燃料电池在电池包的协助下提供大部分动力。 随着巡航时高动态的速度变化，燃料电池功率跟随动态负载变化。燃料电池在稳态巡航时提供所有动力，此时电池包处于非激活状态。车辆停止后燃料电池没有电力输出。在低速短距离滑行期间，电池包提供所有电力，此时流向燃料电池堆的氢气停止，并且燃料电池断路，电压下降。燃料电池开路电压为 315V，重载时电压降至 225V 左右。燃料电池系统的峰值效率在全功率的 10% 时为 63.7%，在全功率的 25% 时为 58% 左右。

　　例 6.1

　　燃料电池电动汽车的电动机在 SAE 计划 D J227A 行驶循环中消耗的电流为

$$I = \begin{cases} 9.36t + 1.482\text{E} - 3t^3 \text{ A} & \text{当 } 0 < t < 28 \text{ 时} \\ 61.42 \text{ A} & \text{当 } 28 < t < 78 \text{ 时} \\ 0 \text{ A} & \text{其他情况} \end{cases}$$

车辆中使用的 PEM 燃料电池的燃料流量为

$$N_f = \frac{405I}{nF} \text{ g/s}$$

a. 计算计划 D 的 1 个循环所需的燃料量（氢气）。

b. 使用计划 D 计算车辆 5L 氢气存储容量的续航里程。

解决方案

a. 给定方程式中的燃料流速为

$$N_f = \begin{cases} 0.01964t+3.11\text{E}-6t^3 & 0< t<28 \\ 0.1289 & 28<t<78 \\ 0 & \text{其他情况} \end{cases}$$

一个循环所需的燃料（氢气）量可以通过对 $t=0$ 到 $t=78s$ 的 $N_f(t)$ 进行积分来获得。使用数值积分，我们可得

$$\int_0^{78} N_f(t)\mathrm{d}t = 15.10 \text{ g}$$

b. 对于计划 D，1 个循环相当于 1 miles。

因此，5 kg 氢气的续航里程为 $5000/15.1 = 331 \text{ miles}$。

6.2 超级电容器

超电容器（Ultracapacitors）和超级电容器（supercapacitors）是传统电容器的衍生产品，其能量密度以牺牲功率密度为代价增加，以使设备的功能更像电池。超电容器和超级电容器这两个术语经常互换使用。超级电容器有两种类型：对称超级电容器和非对称超级电容器。 在对称超级电容器中，没有电化学反应，完全是非法拉第过程。这类超级电容器使用两个相同的可极化碳电极并且是对称设计的。在本书中，我们将这种类型的电容简称为超电容器（ultracapacitors）。 非对称超级电容器专为法拉第和非法拉第过程同时发生而设计，从而提高了设备的能量密度。不对称超级电容器通常被称为超级电容器（supercapacitors）。

6.2.1 对称超级电容器

电容器是通过分离相等的正负静电荷来存储能量的设备。电容器的基本结构由两个导体组成，称为板，由电介质隔开，电介质是绝缘体。传统电容器的功率密度非常高（约 1012W/m³），但能量密度非常低（约 50W·h/m³）[10]。这些传统电容器，通常称为"电解电容器"，广泛用于电路中，作为时间常数的中间能量存储元件，与作为电动汽车的主要能源的能量存储设备相比，这是一个完全不同的领域，是一个小得多的量级。电容器用电容量来描述，它与绝缘材料的介电常数成正比，与两个导电板之间的间距成反比。就结构的尺寸参数而言，电容由下式给出

$$C = \frac{\varepsilon A}{d}$$

其中 ε 是介电材料的介电常数，A 是面积，d 是电荷的分离距离。传统电容器是通过包裹金属箔板来建立的，该金属箔板由介质膜隔开。介质膜的厚度将金属电

极中的电荷分开。电容器的额定电压由介电强度（由 V/m 给出）和薄膜厚度决定。

就物理参数而言，电容是通过任一板之间的电荷量与它们之间的电位差之比来测量的，即

$$C = \frac{q}{V}$$

其中 q 是平行板之间的电荷，V 是它们之间的电压。

尽管建立电容的物理原理相同，但超级电容器的结构与传统电容器的结构完全不同。超级电容器包含一种电解质，除了像电解电容器那样以静电荷存储常规能量外，还能够以离子的形式存储静电荷。超级电容器的内部功能不涉及任何电化学反应。超级电容器中的电极由具有高内表面积的多孔碳制成，有助于吸收离子并提供比传统电容器更高的电荷密度。与电解电容器相比，离子的移动速度比电子慢得多，从而能够实现更长的充电和放电时间常数。超级电容器内没有离子或电子转移；该过程只是电荷分离或极化。因此，电池中的化学过程完全是非法拉第的。

超级电容器不使用传统的电介质，而是使用两层相同基底的活性炭板，以促使电荷分离，其距离约为离子直径 1nm。超级电容器的结构如图 6.7（a）所示。碳板由极小的粉末颗粒制成，形成糊状结构，便于形成大的表面积。碳糊或基体被导电电解质浸渍。极短距离和较大表面积的有效电荷分离形成双电层（EDL），产生极高的电容。超级电容器中的正负碳基体由可渗透离子的电子分离器分离。EDL 出现在多孔活性炭和电解质之间的界面上。双层包括致密层和扩散层[11]。致密层形成在固体电极和电解质接触的界面处。扩散层渗透到电解液中。金属箔或电极放置在正负碳基体上，用于向外部电路输送电流的。每个碳基体形成一个电容器；因此，每个超级电容器本质上是两个电容器的串联组合。使用碳基双层而非固体电介质的缺点是额定电压在 2~3 V 之间。

图 6.7（b）更详细地显示了 EDL 结构的孔隙率。碳基质有 3 种类型的孔隙：大孔、中孔和微孔。微孔小到离子直径的 1.5~2 倍，这意味着孔内只能容纳一个完整的离子。存在比离子直径小的被称为亚微孔的孔，但离子不能进入这些孔。离子在大孔和中孔中层层积聚，从而在电解质中产生电场。当电容器充电时，电解质中的离子会慢慢耗尽，充电速度也会减慢。

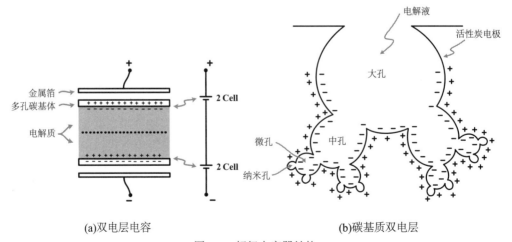

(a)双电层电容   (b)碳基质双电层

图 6.7　超级电容器结构

超级电容器的功率密度和能量密度分别为 106 W/m³ 和 104 Wh/m³ 量级。 与电池相比，能量密度要低得多（5~25 × 104 W·h/m³），但放电时间要快得多，与 5×10³ s 的电池相比，放电时间为 1~10 s，循环寿命要长得多，与 100~1000 次的电池相比，为约 105 次)[10, 12-13]。

目前的研究和开发目标是制造容量在 4000W/kg 和 15W·h/kg 左右的超级电容器。使用超级电容器作为一次能源的可能性影响相当深远，尽管它们可能还要到改进，以在混合动力汽车中提供足够的能量存储。另一方面，具有高比功率的超级电容器非常适合作为中间能量传输装置，与电动和混合动力车辆中的电池或燃料电池协作，以提供突然的瞬态功率需求，例如在加速和爬坡期间。这些装置还可以高效地用于在再生制动期间捕获回收的能量。

6.2.2 非对称超级电容器

带有水性电解质的对称超级电容器最早出现在 20 世纪 70 年代末。非对称超级电容器的设计始于 20 世纪 80 年代。非对称装置使用一个可极化碳电极和一个非极化电极以及非水电解质。化学活动包括法拉第过程和非法拉第过程，这有助于提高电池的工作电压。非对称超级电容器也可以称为伪电池，它比对称超级电容器具有更高的能量密度，并且能够产生非常高的脉冲功率。

俄罗斯 ESMA 设计的一种非对称超级电容器使用了一种活性炭负极，就像对称超级电容器中的负极，和一种非极化的法拉第正极[14]。正极由氢氧化镍制成。电解液是碱性电池中使用的 KOH 水溶液。电池结构如图 6.8 所示。这种正极的电容明显大于尺寸相同的负极的电容，这与对称超级电容器不同。非对称超级电容器的总电容大约等于可极化电极的电容。

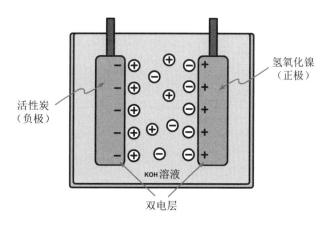

图 6.8 非对称超级电容器

6.2.3 超级电容器建模

超级电容器依赖于碳电极处电解质的极化。活性炭的大量孔隙增加了表面积，允许许多电子积聚。存储在电极中的电子数量与超级电容器的电容量成正比。由于活性炭中的孔隙大小不均匀，因此电容量取决于频率。电解质中的离子可以以最高频率为最大的孔（大孔）充电，因为它们最靠近集电器并提供最小的电阻路径。大孔对总电容的贡献代表了具有最快时间常数的超级电容器的高频特性。在中频下，离子也能够迁移到中孔。这部分的电容量较低，但与大孔相比，扩散电阻较高。在非常低的频率下，离子能够渗透到微孔中，从而确定它们对双层电容的贡献。

　　超级电容器的行为模型使用具有多个时间常数的分布式 RC 网络。Zubieta 和 Bonert 开发的三分支非线性模型如图 6.9 所示[15]。含有 R_{fast}、C_{fast0} 和 C_{fast1} 元素的第一个 RC 分支模拟了大孔隙中的电荷累积行为。这代表秒时间范围内的最高频率行为。非线性电容 C_{fast1} 模拟了离子填充孔隙时有效表面几何形状随电压的变化。R_{med} 和 C_{med} 的第二个分支在秒的时间范围内对中孔周围的行为进行建模。第三个分支的参数为 R_{slow} 和 C_{slow}，是代表微孔周围活动的最慢分支，具有最慢的时间常数。该模型还包括一个用于表示泄漏的并联电阻器和一个用于端子和电极的串联电感器。该模型用于表示 30min 或更短时间间隔内的超级电容器行为，这对于电动和混合动力车辆中的电机驱动系统来说是足够的。

　　麻省理工学院开发的基于快、中、慢分支的三时间常数模型如图 6.10[16] 所示。该模型是多伦多模型的简化版本，该模型消除了对电压的非线性依赖。该模型描述了超级电容器在较短时间内的行为。

　　超级电容器模型也可以基于使用电化学图像谱（EIS）获得的频率响应数据来开发。EIS 很好地模拟了系统的动态行为，但除非考虑不同的直流偏置，否则导出的模型不能准确预测电压相关行为。使用嵌入在 EIS 系统中的算法来识别参数。图 6.11[17] 是 Aachen 开发的基于 EIS 的模型。模型中的串联电阻 R_s 代表接触和电解质电阻，而串联电感 L_s 代表端子和电极电感。并联 RC 网络代表了复杂的孔隙行为。该模型不包括任何泄漏电阻来代表超级电容器的长期行为。模型的频域阻抗由下式给出

$$Z(s) = R_s + sL_s + \frac{\tau}{\sqrt{s\tau}\tanh(\sqrt{s\tau})}$$

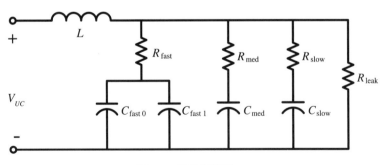

图 6.9　多伦多模型

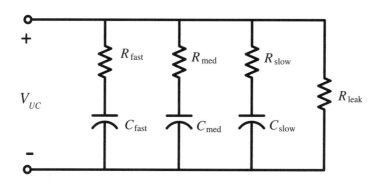

图 6.10　短期三时间常数模型

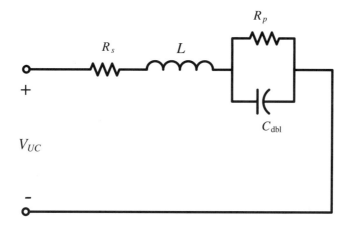

图 6.11　Aachen EIS 模型

6.3　压缩空气储存

　　压缩空气存储是另一种能量存储的替代方法，使用电能将空气压缩并存储在罐中。罐中的压缩空气在涡轮机中膨胀，将储存的能量转化为驱动车辆的功。该概念可以单独用于替代车辆的驱动，也可以与混合动力车辆中的内燃机或电动机结合使用。第一批压缩空气车辆于 19 世纪中期在巴黎制造，但即使在反复尝试开发可行的原型车辆后，这一概念也从未转化为商业化。近年来，法国开发商 MDI 展示了先进的压缩空气车辆，但此类车辆的商业生产尚未开始。目前，可接受的罐尺寸中压缩空气的低能量含量限制了车辆的行驶里程。然而，该技术作为清洁高效的市内交通的可行替代方案具有优点，进一步的研究和开发是一个有吸引力的选择。一些汽车行业正在追求这项技术。

　　压缩空气车辆的部件和气流如图 6.12 所示。图 6.12 所示的空气压缩机应位于压缩空气车辆的加注站，在该加注站中，电动压缩机压缩空气，使气体通过空气冷

却器，然后再转移到车辆上。空气压缩产生大量的热量，因此，工作流体通过热
交换器返回环境温度。车辆本身有一个罐，里面装有高压压缩空气，通常约为 30
MPa。压缩空气在合适的热力学条件下驱动两个膨胀涡轮机，用于车辆驱动。由于
工作流体快速膨胀所涉及的热力学，从膨胀涡轮机中出来的空气非常冷。

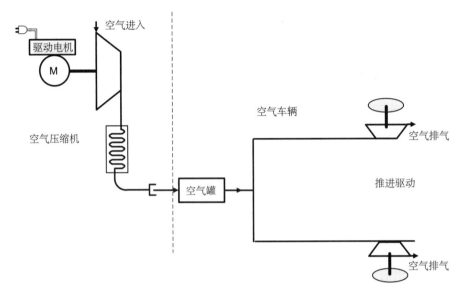

图 6.12　压缩空气车辆及其能源供应

　　压缩空气车辆的效率与压缩和膨胀过程的热力学有关。压缩空气储能的热力学
分析表明，当压缩和膨胀过程分布在多个阶段，并采用集成级间冷却时，可大幅提
高整体能源利用率，以获得显著优势[18]。在压缩过程中，初始的空气量被压缩至车
辆气罐容积，然后进行散热，以将空气温度恢复至原始环境温度。如果将空气压缩
过程中产生的热量用于生活用水和空间供暖，则可以提高整体能源利用率。类似地，
当膨胀过程分布在多个带有集成级间冷却的阶段时，其效率也要高得多。在多级涡
轮机中，在工作流体进入下一个涡轮机进一步膨胀之前，在每一级使用环境空气重
新加热空气。多级涡轮机本质上是从环境中提取热量，这是在压缩过程中释放的，
尽管完全恢复是不可能的。压缩和膨胀过程必须尽可能接近理想的等温极限；这在
实践中可以通过在中间阶段添加和去除热量的多阶段多变过程来实现。与单级过程
相比，多级过程的效率提高显著。

　　压缩空气汽车的尾气是干净的空气，因此这些汽车将获得零排放汽车认证。
然而，在加气站压缩空气的能源是电力，而从油井到车轮的能源效率取决于电能是
如何从一次来源产生。当然，理想的情况是使用可再生能源发电。而从油井到车轮
的能量分析表明，压缩空气汽车的效率介于纯电动汽车和 FCEV 之间，后者更差[19]。
开发这种使用非常规能量存储方法的压缩空气替代车辆是有道理的。要克服的工程
障碍与膨胀后的结冰和级间换热器效率有关。

6.4 飞轮

飞轮是一种以机械形式储存能量的能源供应装置。飞轮将动能储存在一个旋转的轮子内，就像由复合材料制成的转子或圆盘。飞轮在汽车中的应用历史悠久，如今所有内燃机都经常使用飞轮来存储能量并平滑发动机提供的突变脉冲动力。然而，内燃机发动机飞轮所需的储能量很小，并且受到车辆快速加速需求的限制。目前正在研究飞轮在多个不同容量中的使用。飞轮可用于配备标准内燃机发动机的 HEV，作为动力辅助装置。或者，飞轮可以用来取代电动汽车中的化学电池，作为一次能源，也可以与电池一起使用。然而，在将飞轮视为电动汽车 / 混合动力汽车的能源之前，必须在提高飞轮比能量方面取得技术突破。今天的飞轮相当复杂、庞大和沉重。飞轮的安全性也是一个问题。

飞轮设计目标是最大化能量密度。 存储在飞轮中的能量 U 由下式给出

$$\lambda_m = 0.115 \frac{\text{V·s}}{\text{rad}}$$

其中 J 是极惯性矩，ω 是角速度。在不增加惯性（与质量成正比）的情况下，以更高的速度旋转可以增加储能。反过来，增加角速度 ω 会增加离心应力，在给定安全系数的情况下，离心应力不得超过破坏应力。单位质量的储能可以表示为

$$\frac{U}{m} = k \frac{\sigma}{\rho}$$

其中 k 是一个常数，取决于几何形状，σ 抗拉强度，ρ 是材料的密度。因此，飞轮中使用的材料必须是轻质、高抗拉强度的材料，复合材料能够很好地满足这些条件。

飞轮作为能源有几个优点，其中最重要的是高比功率。理论上，飞轮的比功率为 5~10 kW/kg，在不超过安全工作应力的情况下，2 kW/kg 很容易实现。使飞轮具有吸引力的其他性能特征可归因于其机械特性。飞轮不受极端温度的影响。人们并不担心有毒化学物质的处理和废弃材料的处置，这使得飞轮比化学电池更环保。飞轮储能可靠，具有良好的可控性和重复性。飞轮中的储能状态在任何时候都可以通过测量转速精确地知道。飞轮的能量转换过程接近 98%，相比电池为 75%~80%。飞轮的使用寿命是电池的许多倍，而且维护要求很低。飞轮的充电量只是电池所需充电量的一小部分，在飞轮充电站中完全充电的时间可以少于 10min。在短时间内吸收或释放高功率的能力也有助于再生制动过程。

尽管飞轮有几个优点，但仍有一些明显的缺点。实施飞轮储能系统的主要困难在于操作和容纳该装置所需的额外设备。在电动和混合动力汽车应用中，额外的重量和费用会产生很大的影响。为了减少风阻损失，飞轮需要封闭在真空室中。由于液体润滑轴承不能在真空中生存，真空条件对轴承增加了额外的限制。另一种选择是使用磁浮轴承，而磁浮轴承本身正处于开发阶段。飞轮最大的额外重量来自安全容器，在发生爆裂故障时，安全容器防止突然的能量和材料的危险释放。

飞轮类似于电池，通过充电 / 放电过程来存储和提取能量，因此被称为 "机电电池"。在充电期间，转子的轴与电动机 / 发电机耦合，转子旋转以存储动能，在放电期间将存储的动能转换为电能。 接口电子设备对于调节功率输入和输出以及

监测和控制飞轮是必需的。现代飞轮由碳纤维等复合材料代替钢制成，以提高能量密度，最高可达 200W·h/kg。与用于钢制飞轮的大金属件相比，复合材料飞轮具有额外的优点，即在发生灾难性爆裂的情况下，这些飞轮会以流体的形式分解。

问题

6.1

燃料电池 EV 电机在 SAE J227A 计划 D 驾驶循环中所消耗的电流为

$$I = \begin{cases} 9.5t+1.5 \text{ A} & \text{当} 0<t<28 \text{ 时} \\ 55 \text{ A} & \text{当} 28<t<78 \text{ 时} \\ 0 \text{ A} & \text{其他情况} \end{cases}$$

车辆中使用的 PEM 燃料电池的燃料流量为

$$N_f = \frac{405I}{nF} \text{ g/s}$$

a. 计算计划 D 中 1 个循环所需的燃料（氢气）量。

b. 计算 200 miles 航程所需的氢气量。

6.2

燃料电池的效率与燃料电池堆中每个电池单元的平均电压 V_{fc} 有关。

参考氢的低热值（LHV），燃料电池的效率由下式给出：

$$\eta_{fc} = \frac{V_{fc}}{E_0}$$

电池单元实际平均电压用于确定 PEM 燃料电池中氢气使用率，公式如下

$$H_2 \text{ 使用率} (\text{kg/s}) = 1.05 \times 10^{-8} \times \frac{P(t)}{V_{fc}}$$

在 SAE J227a 计划 B 驾驶循环期间，FCEV 所需的功率为

$$P_{TR}(t) = \begin{cases} 222t + 0.03t^3 & \text{当} 0<t\leq 19 \text{ 时} \\ 830 & \text{当} 19<t\leq 38 \text{ 时} \end{cases}$$

行驶循环中没有再生制动。用计算含 8kg 氢气燃料的 FCEV 的续航里程。考虑使用纯氢运行的 PEM 燃料电池效率为 40%，可逆电位 $E_0 = 1.23$ V。

参考文献

[1] A. J. Appleby and F. R. Foulkes, *Fuel Cell Handbook*, Van Nostrand Reinhold, New York, NY, 1989.

[2] N. Andrews, "Poised for growth: DG and ride through power," *Power Quality*, 13(1), 10–16, January/February 2002.

[3] M.A. Laughton, "Fuel cells," *Power Engineering Journal*, 16(1), 37–47, February 2002.

[4] L. Xia, *Behavioral Modeling and Analysis of Galvanic Devices*, PhD dissertation, University of Akron, Akron, OH, 2000.

[5] Ford Motor Co, "Direct-Hydrogen-Fueled Proton-Exchange-Membrane Fuel Cell System for Transportation Applications: Hydrogen Vehicle Safety", Report no. DOE/CE/50389-502, Directed Technologies Inc, Arlington, VA, May 1997.

[6] R.E. Linney and J.G. Hansel, *Hydrogen Energy Progress XI: Proceedings of 11th World Hydrogen Energy Conference*, T.N. Veziroglu (Editor), International Association for Hydrogen Energy, Stuttgart, Germany, 1996.

[7] J.T. Ringland et al., "Safety Issues for Hydrogen Powered Vehicles," Report no. SAND-94–8226, UC407, Sandia National Laboratories, Albuquerque, NM, March 1994.

[8] H. Lohse-Busch, M. Duoba, K. Stutenberg, S. Iliev and M. Kern. "Technology Assessment of a Fuel Cell Vehicle: 2017 Toyota Mirai," Argonne National Laboratory Report no. ANL/ESD-18/12, June 2018.

[9] EC&G Services, Parson's Inc., *Fuel Cell Handbook*, 5th edition, U.S. Department of Energy, Office of Fossil Energy, Morgantown, WV, October 2000.

[10] R.M. Dell and D.A.J. Rand, *Understanding Batteries*, Royal Society of Chemistry, London, 2001.

[11] F. Belhachemi, S. Rael and B. Davat, "A physical based model of power electronic double-layer supercapacitors," *IEEE Industry Applications Society Conference Record*, 5, 3069–3076, October 2000.

[12] S. Dhameja, *Electric Vehicle Battery Systems*, Newnes, Boston, MA, 2002.

[13] D.A.J. Rand, R. Woods and R.M. Dell, *Batteries for Electric Vehicles*, John Wiley & Sons Inc., New York, NY, 1998.

[14] I.N. Varakin, A.D. Klementov, S.V. Litvinenko, N.F. Starodubsev and A.B. Stepanov, "Application of ultracapacitors as traction energy sources," *7th International Seminar on Double Layer Capacitors and Similar Energy Storage Devices*, Deerfield Beach, FL, December 1997.

[15] L. Zubieta and R. Bonert, "Characterization of double layer capacitors for power electronic applications," *IEEE Transactions on Industry Applications*, 36(1), 199–205, January/February 2000.

[16] J.M. Miller, *Propulsion Systems for Hybrid Vehicles*, Institution of Electrical Engineers (IEE), London, 2004.

[17] S. Buller, E. Karden, D. Kok and R. W. De Doncker, "Modeling the dynamic behavior of supercapacitors using impedance spectroscopy," *IEEE Transactions on Industry Applications*, 38(6), 1622–1626, November/December 2002.

[18] U. Bossel, "Thermodynamic analysis of compressed air vehicle propulsion," *Proceedings of European Fuel Cell Forum*. Online www.efcf.com/reports, (E14).

[19] P. Mazza and R. Hammerschlag, "Wind-to-wheel energy assessment," *Proceedings of European Fuel Cell Forum*, Institute for Lifecycle Environmental Assessment, Seattle, WA. Online www.efcf.com/reports, (E18).

电机7

电机是一种机电设备,用于将电能转换为机械能,反之亦然。在车辆系统中,电机利用所提供能量,向变速驱动桥提供驱动动力或转矩以驱动车辆。当车辆制动时,机器会在再生过程中反向处理功率流,将机械能转换为电能。当能量从电能转换为机械时,术语称之为"电动机",当功率流方向相反时,机器将机械能转换为电能,术语称之为"发电机",电机中的制动模式称为再生制动。在电机中任一方向的能量转换过程中都会存在电、机械和磁损耗,这会影响转换效率。对于任何能量转换过程,系统总是会损失一些能量。然而,与其他类型的能量转换装置相比,电机的转换效率通常非常高。

在电动汽车中,电动机是唯一的驱动装置,而在混合动力汽车中,电动机和内燃机以串联或并联的组合提供驱动力。在电动和混合动力车辆中,电动牵引电机将来自储能装置的电能转换为驱动车轮的机械能。与内燃机相比,电动机的主要优点在于,电动机在低速时提供全转矩,瞬时额定功率可以是电动机额定功率的2~3倍。这些特性使车辆在标称额定电机参数的情况下,提供更加优异的加速性能。

电动机可以是直流DC型或交流AC型。DC系列电机在20世纪80年代和之前的许多电动汽车原型车中使用,这是因为它与道路负载特性的出色匹配和易于控制。然而,由于直流电机的尺寸和维护要求,不仅在汽车行业,而且在所有电机驱动应用中,直流电机的使用都已过时。最近的电动和混合动力汽车采用交流和无刷电机,包括感应电机、永磁电机和开关磁阻电机。交流感应电动机技术已经相当成熟,在过去50年中,感应电动机驱动器已经进行了重要的研究和开发活动。感应电机的控制比直流电机复杂得多,但借助快速数字处理器,可以轻松应对管理计算的复杂性。为正弦电机开发的矢量控制技术通过参考系变换技术使交流电机的控制类似于直流电机的控制。计算复杂性源于这些参考系变换,但今天的数字处理器能够在相对较短的时间内完成复杂的算法。

感应电动机的竞争对手是永磁(PM)电动机。永磁交流电机的转子上有磁铁,而定子结构与感应电机相同。永磁电机可以是表面安装式,也可以将磁体嵌入永磁(内置式IPM)电机的转子中。根据气隙中的磁通分布,永磁电机也可分为正弦型或梯形型。梯形电机具有集中三相绕组,也称为无刷直流电机。永磁电机与感应电机一样由六开关逆变器驱动,但控制相对简单。在永磁电机中使用高密度稀土磁体可提供高功率密度,但与此同时,这些电机的磁体成本处于不利的一面。在电动和混合动力汽车上，与其他较小功率 PM 电机相比，电机尺寸相对较大，这加剧了成本问题。然而，混合动力汽车电机比电动汽车电机小得多，并且永磁电机可实现的性能和效率可能足以克服成本问题。内永磁电机（IPM）具有优良的性能特点，远优于表面式永磁电机，但制造复杂是这些电机的缺点之一。

牵引电机的另一个候选者是开关磁阻（SR）电机。这些电机具有优良的容错特性，其结构相当简单。SR 电机的转子上没有绕组、磁铁或保持架，这有助于提高转矩 / 惯性比，并允许更高的转子工作温度。与其他技术相比，SR 电机的恒功率转速范围尽可能宽，因此非常适合牵引应用。与开关磁阻电机相关的两个问题是噪声和转矩脉动。有成熟的技术可以解决这两个问题；此外，对于一些牵引应用，噪声和转矩脉动不是一个大问题。

7.1   简单电机

电机中的转矩是利用电磁理论的基本原理以两种方式之一产生的：（i）利用洛伦兹力原理，通过两个正交磁动势（mmf）的相互作用；（ii）通过使用转子朝着最小磁阻位置移动的可变磁阻磁通路径原理。直流（DC）和交流（AC）电机，包括永磁 PM 电机，工作在第一个原理上，而开关磁阻电机和同步磁阻电机工作在后一个原理上。本节解释了产生电压和产生转矩的基本机器现象，然后介绍基于两种不同原理的两种简单机器配置。

7.1.1   基本机器现象

电机在电动模式下将电能转换为机械能，在发电模式下将机械能转换为电能。通过适当改变控制算法，同一台电机既可以用作电动机，也可以用作发电机。在电机中，导致这种机电能量转换的两种基本现象同时发生。具体如下：

（1）导体在电场中移动时会感应出电压。

（2）当载流导体置于电场中时，导体会受到机械力。

7.1.1.1   运动电压

当导体在均匀磁场中以 $\vec{v}$ 的速度运动时，导体中会产生由以下公式给出的电压：

$$\vec{e} = (\vec{v} \times \vec{B}) \cdot l \tag{7.1}$$

感应电压称为运动电压或速度电压。上面是法拉第电磁感应定律的数学定义，可以写为

$$e = -\frac{\mathrm{d}\lambda}{\mathrm{d}t} = -N\frac{\mathrm{d}\Phi}{\mathrm{d}t} \tag{7.2}$$

其中 λ 是磁链，Φ 是磁通量，N 是匝数。

对于图 7.1 所示长度为 l 的导体，它在垂直于纸面的磁场 $\vec{B}$ 中以速度 $\vec{v}$ 移动，感应电压为

$$e = Blv \tag{7.3}$$

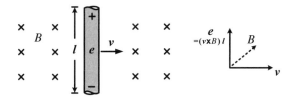

图 7.1　导体中的感应电压

7.1.1.2　电磁力

放置在磁场中的载流导体会受到洛伦兹力方程给出的力。对于在均匀磁场 $\vec{B}$ 中载有电流 i 的导体，该电磁力由下式给出

$$\vec{f} = i(\vec{l} \times \vec{B}) \tag{7.4}$$

让我们考虑一个由一对磁铁和一个长度为 l 的导体所建立的磁场，该导体载有电流 i，如图 7.2 所示。在这种情况下的力是

$$f = Bil \tag{7.5}$$

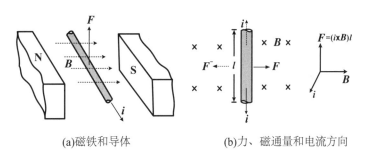

(a)磁铁和导体　　　　　　　(b)力、磁通量和电流方向

图 7.2　磁场中载流导体上的力

7.1.2　简单直流（DC）电机

让我们考虑在磁场中放置一个简单的单匝回路，以理解感应电压和转矩产生的原理。如图 7.3 (a) 所示，该磁场可通过一对磁极建立，磁通量从北极 N 导向南极 S。单匝线圈放置在磁极对之间的间隙中，在磁场的作用下可以绕枢轴自由旋转。磁极对和单圈回路构成了简单的电机，我们将用它来讨论电磁能量转换的原理。图 7.3b 显示了受磁场影响的单匝回路的另一个视图。单匝线圈在绕枢轴旋转时切割磁场。

7.1.2.1　感应电压

简单机器的单匝线圈旋转部分是转子，而永磁体构成定子。定子磁极对的磁通为机器建立磁场。假设磁极对之间的磁通是均匀的，沿负 y 方向从 N 流向 S 极，如

图 7.3（b）所示。现在，如果单匝导体在这个均匀磁场中以恒定角速度 ω 旋转，根据公式 7.1，将在线圈两个侧边感应出电压。长度为 l 的单匝回路面对磁极经过的边称为线圈边。

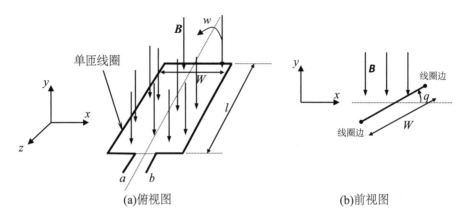

图 7.3   磁场中的单匝线圈

连接线圈边的背面的线圈宽度为 W，称为线圈端匝。以角速度 ω 旋转的单匝线圈与磁场 $\vec{B}$ 形成角度 θ，如图 7.3 所示。在任一时间，线圈边的叉积 $(\vec{v} \times \vec{B})$ 是 $vB\cos\theta$，这个结果总是与线圈边的长度 l 平行。因此，根据公式 7.1，每个线圈边的感应电压为 $vBl\cos\theta$。由于 $(\vec{v} \times \vec{B})$ 始终垂直于端匝，因此在端匝上不会感应出电压，宽度为 W 的端匝积为 0。因此，单匝回路中感应的总电压（包括两个线圈边和端匝）为

$$e_{ab} = 2vBl\cos\theta$$

由于线速度 v 可以用角速度 ω 表示为 $v = \omega(W/2) = \omega r$，因此单匝回路中感应的电压可以表示为

$$e_{ab} = 2Blr\omega\cos\theta \tag{7.6}$$

感应电压也可以从法拉第定律的另一种形式 $\left(e = -N\dfrac{\mathrm{d}\Phi}{\mathrm{d}t}\right)$ 推导出来，单匝线圈的磁链表示为

$$\Phi(\theta) = -2Blr\sin\theta \tag{7.7}$$

线圈的峰值磁链为

$$\Phi_P = 2Blr \tag{7.8}$$

如图 7.3 所示的简单电机，在均匀磁场中以恒定速度旋转时会产生正弦电压。端子 ab 处产生的交流电压需要整流为单向电压，以获得直流输出。这是通过在简单机器的单圈导体末端连接成对的换向器和电刷来实现的，用以产生直流电压，如图 7.4 所示。换向器连接到线圈的末端，并随其旋转。电刷固定，以便与外部电路连接。两个电刷与定子磁极的一个对齐，以便通过换向器收集该磁极和一个线圈边通过该换向器区段时产生的电压。因此，电刷处的电压是单向的。换向器和电刷装置是一个机械整流器，将线圈侧上的交流电压 e_{ab} 转换为单向或直流电压 E_{12}。磁通

量、感应电压和直流电压如图 7.5 所示。电刷端子处的平均直流电压为

$$E_{12} = \frac{2}{\pi} \int_{\frac{\pi}{2}}^{\frac{3\pi}{2}} \Phi_P \omega \cos(\omega t) d(\omega t) = \frac{2}{\pi} \Phi_P \omega \tag{7.9}$$

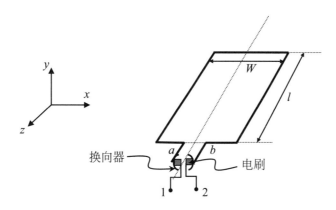

图 7.4 连接至单匝线圈的换向器和电刷

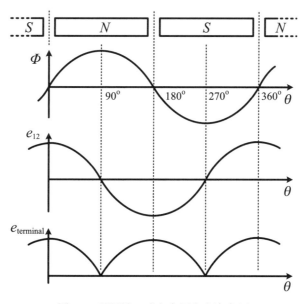

图 7.5 磁通量、感应电压和直流电压

7.1.2.2 力和转矩

在图 7.4 的单匝线圈中，端子 1—2 处的电路断路。如果在端子 1 和 2 之间连接一个电阻器，只要导体在磁场中运动，电流就开始在线圈内流动。该电流是直流电机中的电枢电流；对于单匝线圈，电阻 R 的电流由下式给出：

$$I_a = \frac{e_{12}}{R} = \frac{2Blr}{R}\omega_m\cos\theta$$

根据公式 7.5，当电流流过导体时，线圈边会受到一个力。如图 7.6 所示，线圈边的力由下式给出：

$$F_1 = F_2 = BI_a l$$

机器的电磁转矩可由形成一对力偶的两个力 F_1 和 F_2 得出。电枢绕旋转轴转动时的转矩 T_e 为

$$T_e = F_1 d = F_1 W \cos\theta$$

$$\Rightarrow T_e = \Phi_P I_a \cos\theta$$

产生的平均转矩为

$$T_e = \frac{2}{\pi}\int_{\frac{\pi}{2}}^{\frac{3\pi}{2}} \Phi_P I_a \cos(\omega t)\mathrm{d}(\omega t) = \frac{2}{\pi}\Phi_P I_a \tag{7.10}$$

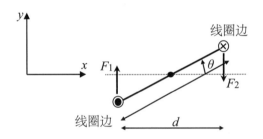

图 7.6   电流引起的作用于线圈边的力

7.1.2.3   直流电机反电动势和转矩

在实际的机器中，线圈会绕在一个铁结构上，这个铁结构就是电机的转子。磁路中的转子可以绕垂直轴自由转动。铁的磁阻远小于空气的磁阻。转子铁材料必须具有比空气高得多的相对磁导率，以促进磁通流量从一个定子磁极通过转子流向另一个定子磁极。转子铁及其弯曲的形状在定子和转子之间提供了恒定宽度的气隙。在定子和转子磁极之间保持的均匀气隙，允许磁通量在定子和转子之间径向定向分布。

图 7.3 所示的简单机器只有两个电极，一个 N 极和一个 S 极。公式 7.9 中的数字 "2" 代表机器中的两极。在实际机器中，可以有两个以上的极，但始终成对，以便更好地利用定子和转子周围的空间，以及获得机器的不同转矩 - 速度特性。一般来说，高速电机的极对数量较少，而高转矩电机的极对数量较多。此外，当一个线圈中有多个匝而不是图 7.3 中所示的简单机器的单匝时，机器几何结构得到更好的利用。增多匝数会增加感应电压。多匝布置，也称为 "导体"，如图 7.7 所示。与

单匝线圈类似，沿 z 方向的线圈侧称为线圈边。在电机中，许多导体沿转子表面呈径向搭接排列，并根据所用的极数以串联－并联组合方式连接。在直流电机中，导体连接器以叠绕组或波绕组的两种绕组模式之一排列。简单电机的感应电压和转矩方程可通过使用每根导体的匝数 N_t、极数 P 和所用绕组布置类型来概括。然后方程就变成了

$$E_a = K_m \Phi_P \omega \tag{7.11}$$

$$T_e = K_m \Phi_P I_a \tag{7.12}$$

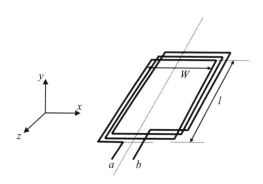

图 7.7　多匝导体

其中 K_m 是机器常数，由 $K_m = \dfrac{N_t P}{\pi a}$ 给出。a 是导体排列中使用的平行路径数；

波形绕组 $a=2$，叠绕组 $a=P$。E_a 是感应电压或运动电压，通常称为机器的反电动势。公式 7.12 表明，对于直流电机，当磁通保持恒定时，反电动势 E_a 与速度成正比，而转矩与电流成正比，因为对于设计好的电机，K_m 是恒定的。

如前所示，导体中的端匝不会产生电压或转矩，但只会由于线圈长度中该段的电阻而产生损耗。因此，机器设计的目标之一是最小化端匝长度。

所示简单机器中的磁通量从旋转部件径向引导到静止部件。转子围绕旋转轴旋转，从而产生旋转运动。这些机器被称为径向磁通机器。电机也可以构造成提供线性运动的机器，称为直线机器。直线机器中的可移动部件相对于固定结构具有直线或平移运动。

7.1.3　简单磁阻电机

当转子绕其旋转轴旋转时，磁阻电机的磁通量具有可变磁阻路径。随着转子位置的变化，定子和转子磁极中的凸极都为磁通量提供了可变磁阻路径。绕组在固定部件上，而转子是一堆没有任何绕组或磁铁的叠片。图 7.8 显示了一个只有一个相的简单磁阻电机。气隙的磁阻随转子角位移 θ 而变化。当转子和定子在 $\theta = 0°$ 时完全对齐时，气隙的磁阻最小。最小磁阻位置对应于流过线圈的电流产生的最大电感。当转子到达具有最大气隙的位置时，磁阻变为最大，这发生在 $\theta = 90°$ 时。这个位置的电感是最小的。定子线圈电感变化作为 θ 的函数可以表示为

$$L(\theta) = L_1 + L_2 \cos(2\theta)$$

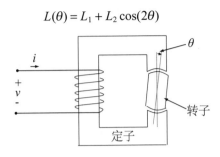

图 7.8　简单的磁阻机器

简单磁阻电机的转矩可以表示为

$$T_e = \frac{1}{2}i^2 \frac{\partial L}{\partial \theta} \tag{7.13}$$

当为机器提供交流电压时，单相简单磁阻电机作为同步电机运行。只要定子励磁频率与转子转速同步，机器就会产生转矩。如果初始转子位置为 δ，则转子速度 ω，转子角位移为

$$\theta = \omega t + \delta$$

在同步速度下，励磁电流 $i = I_m \cos \omega t$ 产生的平均转矩为

$$T_e = -\frac{1}{4}L_2 I_m^2 \sin \delta$$

简单的磁阻电机只能在同步速度下产生平均转矩。初始位置为 45° 时转矩最大，为 0° 时转矩为零。如果转子最初处于对齐位置，机器将无法开始旋转。

用于大功率应用的磁阻电机是多相的，无论它们是同步型还是开关型。 两种类型的机器都使用电力电子逆变器来控制它们的转矩和速度。然而，转矩产生的基本原理与本节中描述的简单磁阻电机基本相同。开关磁阻电机的原理和特性将在本章后面进一步讨论。

7.2　电机材料

电机由有助于机电能量转换的活性材料和用于框架、支撑结构的被动材料制成。电机中的活性材料是用于电负载的载流导体和用于磁负载的磁性材料。被动材料包括支撑结构、旋转部件的轴承、与负载或原动力进行机械耦合的轴以及绝缘材料。在实际机器中，可以有两个以上的极，但始终成对，以便更好地利用定子和转子周围的空间，以及机器的不同转矩–速度特性。此外，当一个线圈中有多个匝而不是单匝时，机器几何结构可以更好地利用，以帮助提高感应电压。这种具有两个线圈边的多匝布置称为导体。两个线圈边是主动元件，每个边都受到相反极性磁极的影响。在机器中，许多导体沿转子表面呈径向排列，并根据所用的极数以串联–并联组合方式连接。导体需要通过端部匝连接，端匝是完成电流回路所必需的，但不会产生电压或转矩。机器设计中的设计目标之一始终是最小化端匝长度，以最小化由于线圈长度中该段的电阻引起的损失。

7.2.1 导体

电机的绕组由导体制成，导体可以导电或允许电子流动。这些绕组的材料需要具有高导电性，以减少电阻损耗，从而提高效率和降低绕组的温升；并具有非磁性，以消除磁损耗。铜因其高导电性而成为电机绕组的首选材料。铜还具有很高的抗拉强度、导热性和热膨胀性能。铝的电阻率比铜高，但由于熔点低，通常用于感应电机的转子条。尽管铝的电导率约为铜的 60%，但它的重量仅为铜的 30%，这使其对重量敏感的应用具有吸引力。与铜导体相比，铝通常也更便宜。一种称为铜包铝（CCA）的新型导体正在兴起，它与铝相比具有更高的导电性和可靠的端接优势。漆包绞线也是避免导体内涡流损耗过大的一种选择，但这种方法非常昂贵。

7.2.2 磁性材料

承载磁通量的电机部件由磁性材料和永磁体制成，人们希望它们是不导电的。这是因为不断变化的磁场会在这些材料中引起涡流电流，从而导致额外的损耗。磁通承载材料本质上是铁磁性的，可分为软磁材料和硬磁材料两种。软材料易于磁化和退磁，通常作为定子和转子铁芯叠片材料。硬磁材料是永磁体，需要更多的能量来磁化和退磁。

机器铁芯材料的电磁特性由 B-H 关系式 $B=\mu H$ 定义，其中 B 是磁通密度，以特斯拉（T）或韦伯（Wb/m²）为单位，H 是磁场强度，以安匝 /m 为单位，μ 是材料的磁导率。磁导率由 $\mu = \mu_0 \mu_r$ 给出，其中 $\mu_0 = 4\pi \times 10^{-7}$ H/m，是自由空间的磁导率，μ_r 是相对磁导率。空气的相对磁导率为 1。磁性材料的 B-H 关系是非线性的，很难用数学函数来描述。机芯材的特性通常用图 7.9 所示的 B-H 特性来描述。特性中的非线性是由于较高电流的磁通饱和磁滞效应造成的。当通过绕组中的电流施加外部磁化力时，磁偶极矩倾向于在特定方向上对齐。这就建立了一个大磁通量，如果没有施加在铁芯上的外部磁化力，这种磁通量就不会存在。移除外加磁场力后，磁偶极矩会向随机方向松散，但有很少偶极矩会保持其在先前存在的磁化力的方向。偶极矩的方向保持现象称为磁滞。磁滞导致磁通密度 B 是一个多值函数，取决于磁化方向。磁化力完全消除后留在铁芯中的磁效应称为剩磁（图 7.9 中用 B_r 表示）。剩余磁通的方向取决于磁场电流的变化方向。改变磁取向所需的能量浪费在铁芯材料中，称为磁滞损耗。磁化特性中的磁滞回线面积与磁滞损耗成正比。特性中的饱和反映了一个事实，即一旦施加足够的磁化力，磁通量达到最大或饱和水平，仍有更多的磁偶极矩保持定向。

引起磁取向变化所需的能量在铁芯材料中的浪费，被称为磁滞损耗。磁化特性中的磁滞回线面积与磁滞损耗成正比。

随着电机尺寸的减小（电阻效应变得更加占主导地位），铜导体的可用的横截面积减小的速度快于 mmf 的需求。因此，在较小的电机中，单位铜损耗增加而效率降低；这被称为与小型机器相关的励磁惩罚。永磁电机（PM）在较小的机器中几乎无损耗的励磁是有利的，而在较大的机器中，励磁惩罚很小并且磁体成本变得过高。然而，永磁电机因其最小的励磁损耗和高功率密度而成为电动和混合动力汽车应用中的热门选择。PM 电机也被用于大型风力涡轮机应用中，尽管双馈感应电机仍然是风能行业使用的领先电机。

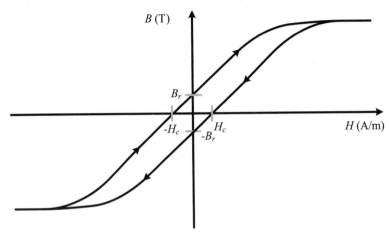

图 7.9　磁性材料的 B-H 特性

　　永磁电机的行为就像是一个恒流源，其 μ_r 比空气略高，为 $\mu_r \approx 1.05\sim1.07$。磁体可以在线性 $B\text{-}H$ 特性的任何点运行，并保持永磁。然而，如果磁通密度降低到特性曲线的拐点（B_d）之外，一些磁性将永久丧失。在这种情况下，当去除大于极限的退磁磁场时，新特性将是另一条平行但低于原始特性的直线。

　　钕铁硼（NdFeB）、铝镍钴（AlNiCo）、钐钴（SmCo）和铁氧体是永磁电机的磁体的可用选择。表 7.1 给出了少数硬磁材料的关键参数值。为了比较，用于定子和转子结构的软磁材料的参数值在表 7.2 中给出。钕铁硼（NdFeB）有两种类型，烧结和黏合，烧结选项具有更高的磁通密度，推动了 PM 电机的开发和采用。烧结钕铁硼在室温下的剩余磁通密度 B_r 在 1.1~1.25 T 范围内，足以在相对较大的气隙（例如 1 mm）上产生 0.8 ~ 0.9 T 的磁通密度，磁体厚度为 3~4 mm。温度每升高 1℃，剩余磁通密度 B_r 降低约 0.1%。磁通密度的拐点（B_d）随温度迅速增加，这将 NdFeB 的 $T_{\max}$ 限制在 100~140°C 范围内，具体取决于成分。这些烧结钕铁硼材料的成本很高，主要是因为烧结工艺的制造复杂性。Fe (77%) 和 B (8%) 的成本相对较低，但 Nd 是较为盛行的稀土元素之一。黏结钕铁硼磁体的生产成本较低，但 B_r 较低，为 0.6~0.7 T。

表 7.1　硬磁材料参数

材料	H_c(A/m)	B_r(T)	B_d(T)	T_c(C)
铁氧体	200 000	0.4	0.10	300
铝镍钴	119 366	0.68	0.02	860
钐钴	11 060	1.2	0.01	820
钕铁硼（烧结）	636 620	1.5	0.10	310

表7.2　软磁材料参数

材料	H_c(A/m)	B_{sat}(T)
M–47	22	2.08
软磁复合材料（SMC）	210	1.5
纳米晶体	4.6	1.8
钒铁钴（钴钢）	35	2.2

在所有这些磁体中，铁氧体是数量最多、成本最低的永磁体。剩余磁通密度 B_r 为 0.3~0.4T，远低于所需的间隙磁通密度范围。铁氧体的 B_r 较高，B_d 也较高。铁氧体具有高电阻率、低铁芯损耗，可在高达 100℃ 的温度下工作。温度升高会增加 B_r，降低 B_d。铁氧体和其他永磁体的 $B\text{-}H$ 特性如图 7.10 所示。钐钴（SmCo）永磁体的 B_r 值较高，通常在 0.8~1.1 T。SmCo 在拐点处的磁通密度很好地进入第三象限。随着温度的升高，剩余通量密度 B_r 有所降低，而 B_d 有所增加。随着温度的升高，这些磁体对退磁的敏感性增加。电阻率是铜的 50 倍，成本相对较高，反映了稀土元素和昂贵金属的成本。

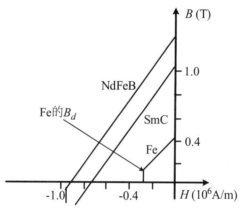

图7.10　常用永磁体的特性

PM 电机的设计要求之一是确保磁体免受极端操作点的影响，因为如果磁通密度降低到低于其 B_d 的临界点，可能会发生退磁。PM 电机的设计可承受相当大的过载电流（额定电流的 2~5 倍）而不会损坏磁体。主要危险可能来自逆变器定子短路故障。如果 B_d 为负值或为 0，则通常可以容忍这种短路电流而不会造成损坏。然而，稳态短路电流伴随着一个相同幅度的初始瞬态。提供保护的一种方法是设计额外的定子漏电感。在典型应用中，磁体的边角和接近气隙附近的部位退磁最为严重，这可以通过在内部隔磁槽顶部添加气穴来解决。气穴在最大工作电流和温度的整个工作范围内，保护磁铁免于退磁。

通过添加重稀土（HRE）元素的镝（Dy）或铽（Tb），NdFeB 磁体的抗退磁性能以及其高温性能得到改善。Dy 的添加量不仅取决于退磁应力，还取决于应用的预期最高温度。镝在自然界中从未作为游离元素被发现，尽管它存在于各种矿物中，例如磷钇矿，但对 Dy 的需求一直超过其供应。NdFeB 磁铁可以有高达 10% 的 Nd 被 Dy 取代，并且按照目前电动汽车和风力涡轮发电机等清洁能源应用中镝的使用率，这将很快耗尽其可用供应。

晶界扩散（GDB）NdFeB 磁体是降低永磁体中 HRE 含量的解决方案之一。在传统的方法中，在初始熔化过程中向 NdFeB 中添加 HRE 材料，这需要在整个磁体中嵌入更多的 HRE 材料。在晶界扩散过程中，富 HRE 化合物应用于磁体表面，扩散到磁体表面正下方的晶界中，但在磁体内部的晶界中扩散不多。扩散过程的结果是，磁铁的角部和边缘富含 HRE，而不是内部 [1]。这与 IPM 机器所需高度兼容，在 IPM 机器中，磁铁的边角比内部区域更容易发生永久性退磁。这可以从使用有限元分析的 IPM 电机的退磁分析中观察到。

7.3 直流电机

直流电机有两组绕组，一组在转子中，另一组在定子中，它们建立了两个磁通对，因此，相互作用的磁动势（mmf）会产生转矩。两个 mmf 的正交性对于产生最大转矩至关重要，它由一组称为换向器和电刷的机械部件保持。转子中的绕组称为电枢绕组，而机器静止部分中的绕组称为励磁绕组。工作时需向电枢和励磁绕组提供直流电流。电枢绕组承载大部分电流，而励磁绕组承载小的励磁电流。绕组中的电枢和励磁电流相应建立了电枢和励磁 mmf。mmf 的大小是绕组匝数和电流的乘积。根据电源的数量以及电枢和励磁绕组之间的连接类型，可以有几种类型的直流电机。当电枢和励磁绕组由独立控制的直流电源供电时，它被称为他励直流电机。他励直流电机通过对电枢和励磁电流的独立控制提供最大的转矩和速度控制灵活性。除了由同一直流电源同时为电枢和励磁绕组供电外，直流并励电机具有与他励电机相似的电枢和励磁绕组并联配置。在并励电机中，电源的简单性因控制的灵活性降低而受到影响。在另一种类型的直流电机中，称为串励直流电机，电枢和磁场绕组串联连接，电机由单一电源供电。由于电枢和励磁绕组承载相同的电流，因此磁场绕组由粗线绕制，以提供与他励电机相同的 mmf 或安匝数。该系列机器的最大优势是非常高的启动转矩，有助于实现快速加速。然而，由于电枢绕组和励磁绕组的串联连接，失去了控制灵活性。

直流电机的优势如下：

• 由于线性，易于控制；
• 独立的转矩和磁通控制能力；
• 成熟的制造技术。

直流电机的缺点如下：

• 电刷磨损导致高维护；
• 最高速度低；
• 换向器工作引起的 EMI；
• 低功率重量比。

如图 7.11 所示，电动或混合动力电动汽车中使用的他励直流电机有两个独立的 DC/DC 转换器，由相同的电源为电枢和励磁绕组供电。DC/DC 转换器处理电源的固定电源电压，向电枢和励磁电路提供可变直流电压。为电枢绕组供电的转换器的额定功率远大于为励磁绕组供电的转换器的额定功率。转换器电路的控制输入是电机的所需转矩和速度，转换器的输出是施加到直流电机的电枢和励磁电路的电压。

对于他励直流电机，独立的电枢电压和励磁电流控制，除了满足电机的转矩 - 速度要求外，还提供了额外性能优化的可能性。用于测量电机驱动器性能的指标包括效率、每安培转矩、转矩脉动、响应时间等。各个性能指标的权重取决于应用和设计要求。电动和混合动力汽车应用中最关键的性能指标是效率。接下来对直流电机的分析，以他励直流电机为基础，旨在为下一章直流驱动器的性能分析奠定基础。

直流电机的电枢等效电路如图 7.12（a）所示。该电路由电枢绕组电阻 R_A、电枢绕组自感 L_{AA} 和反电动势 e_A 组成。图中显示的变量如下：

V_A = 电枢电压，

I_A = 电枢电流，

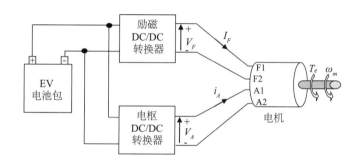

图 7.11　直流电机驱动，包括电力电子设备和电池电源

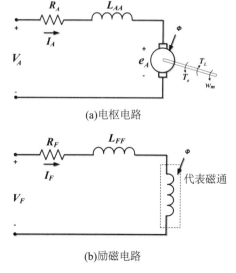

(a)电枢电路

(b)励磁电路

图 7.12　直流电机的等效电路表示

T_e = 电机转矩，

ω_m = 轴转速，

Φ = 电枢链接磁通（主要来自励磁电流）。

在电枢电路周围应用 KVL，电压平衡方程为

$$V_A = R_A i_A + L_{AA} \frac{\mathrm{d} i_A}{\mathrm{d}t} + e_A \tag{7.14}$$

其中

$$e_A = K\Phi\omega_m \tag{7.15}$$

$$T_e = K\Phi i_A$$

e_A 被称为反电动势，K 是一个机器常数，它取决于机器结构、绕组数量和铁芯材料特性。直流电机的励磁等效电路如图 7.12（b）所示。励磁电路由励磁绕组电阻 R_F 和励磁绕组的自感 L_{FF} 组成。V_F 是施加到励磁绕组上的电压。

励磁绕组电路公式为

$$V_F = R_F i_F + L_{FF} \frac{\mathrm{d} i_F}{\mathrm{d}t}$$

他励和并励直流电动机的励磁绕组的电阻非常高，因为绕组中有很多匝。因此，励磁电路中的瞬态响应比电枢电路快得多。励磁电压通常也不经常调整，并且出于所有实用目的，来自直流电源馈电的简单电阻器表征励磁电路的电气单元。励磁电流建立的磁通负责机器中转矩的产生。励磁磁通量是励磁电流的非线性函数，可以用下式描述

$$\Phi = f(i_F)$$

直流电机的转矩 – 速度关系可以从公式 7.14 和 7.15 导出，并由下式给出

$$\omega_m = \frac{V_A}{K\Phi} - \frac{R_A}{(K\Phi)^2} T_e \tag{7.16}$$

正转矩轴代表电动特性，而负转矩区域代表发电特性。

7.4 三相交流电机

交流电机和直流电机的主要区别在于，前者的电枢电路位于结构的固定件中，而后者的电枢电路位于转子中。在定子中安装电枢电路的好处是消除了直流电机的换向器和电刷。交流电机需要交流电源，该交流电源可以使用直流/交流逆变器从直流电源获得。机器可以是单相或多相类型。单相交流电机用于低功率设备应用，而高功率电机始终采用三相配置。交流电机产生转矩所需的第二个 mmf（相当于直流电机的磁场 mmf）来自转子电路。根据建立第二个 mmf 的方式，交流电机可以是感应式或同步式。对于两种类型的交流电机中的任何一种，定子绕组的配置都相似。

7.4.1 正弦定子绕组

交流电机的三相定子绕组沿定子圆周呈正弦分布，如图 7.13（a）所示，以建立正弦 mmf 波形。尽管绕组集中显示在三相 aa'、bb' 和 cc' 的位置，但每个相绕组的匝数沿定子圆周呈正弦变化。这种 a 相绕组的空间正弦分布如图 7.13b 所示，在图 7.13（a）中用等效集中绕组 aa' 表示。在水平放置的定子轴上，a 相绕组的等效分布如图 7.14（a）所示，就好像定子横截面在 $\theta=0$ 处沿径向分开再纵向展开一样。流经这些 a 相定子绕组的电流会产生一个正弦的 a 相 mmf $F_a(\theta)$，如图 7.14（b）所示。由于定子和转子钢的高磁导率，mmf 主要存在于气隙中，并且在方向上趋于径向，这是因为气隙相对于定子内径的长度较短。绕组的正弦分布可以表示为

$$n_{as}(\theta) = N_P \sin\theta, \ 0 \le \theta \le \pi$$

$$= -N_P \sin\theta, \ \pi \le \theta \le 2\pi$$

其中 N_P 是最大匝数或以每弧度匝数表示导体密度。假设 a 相绕组具有等效匝数 N_s（即 $2N_s$ 导体），这将产生与实际绕组分布相同的基本正弦分量。因此，图 7.14（b）中导体密度在 0 和 π 之间的积分总共有 N_s 个导体（占半个绕组匝数的一半），即

$$N_s = \int_0^\pi N_P \sin\theta \, \mathrm{d}\theta = 2N_P$$

$$\Rightarrow N_P = \frac{N_s}{2}$$

a 相绕组中的正弦导体密度分布为

$$n_s(\theta) = \frac{N_s}{2} \sin\theta, \ 0 \le \theta \le \pi \tag{7.17}$$

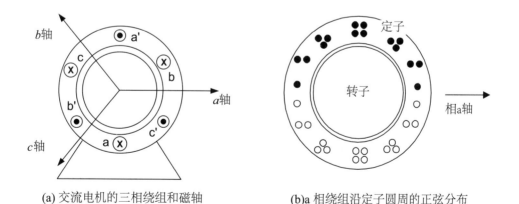

(a) 交流电机的三相绕组和磁轴   (b)a 相绕组沿定子圆周的正弦分布

图 7.13 交流电机的三相绕组和磁轴以及 a 相绕组沿定子圆周的正弦分布

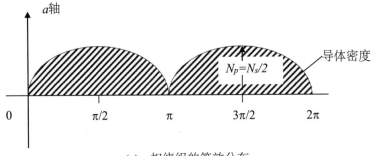

(a) a 相绕组的等效分布

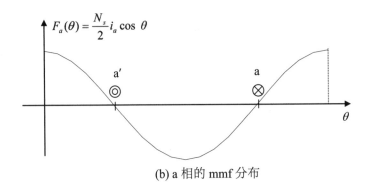

(b) a 相的 mmf 分布

图 7.14　a 相绕组的等效分布与 a 相的 mmf 分布

等效导体密度用于计算气隙磁场参数，包括磁场强度、磁通密度和 mmf。磁场强度 H 和电流 i 之间的基本关系由安培定律给出，该定律指出 H 围绕闭合路径的线积分等于封闭的净电流（$\oint H \cdot dl = \sum Ni$）。 $\sum Ni$ 是定义封闭净电流的安匝积，在磁路术语中称为总磁动势 (mmf)。当电流 i_a 流过 a 相绕组时，所讨论的交流电机中的径向磁场强度 H_a 在气隙中建立，可以使用安培定律推导出为

$$H_a(\theta) = \frac{N_s}{2l_g} i_a \cos\theta$$

其中 l_g 是气隙的长度。磁通密度 $B_a(\theta)$ 和 mmf $F_a(\theta)$ 可以导出为

$$B_a(\theta) = \mu_0 H_a(\theta) = \frac{\mu_0 N_s}{2l_g} i_a \cos\theta$$

式中，μ_0 是自由空间或空气的磁导率，并且

$$F_a(\theta) = l_g H_a(\theta) = \frac{N_s}{2} i_a \cos\theta \tag{7.18}$$

mmf、磁通密度和磁场强度相对于绕组分布在空间上都发生相移 90°。角度 θ 是在相对于 a 相磁轴的逆时针方向上测量的。图 7.14（b）中的场分布为正电流。无论

电流方向如何，mmf 的峰值（正或负）总是会出现在 a 相磁轴上，这是单相绕组产生的 mmf 的特性。

7.4.2　极数

图 7.13（a）中两个等效的 a 相导体代表机器的两个极。电机设计有多对磁极，以有效利用定子和转子铁芯材料。在多极对电机中，电和磁变量（例如感应电压、mmf 和磁通密度）在电机的一个机械旋转周期期间完成更多的循环。电气和机械旋转角度以及相应的速度如下

$$\theta_e = \frac{P}{2}\theta_m$$

$$\omega_e = \frac{P}{2}\omega_m$$

（7.19）

其中 P 是极数。4 极电机横截面如图 7.15（a）所示，a 相位 mmf F_a 作为 θ_e 或 θ_m 的函数，如图 7.15（b）所示。mmf 在数学上表示为

$$F_a(\theta_e) = \frac{N_s}{P} i_a \cos(\theta_e)$$

（7.20）

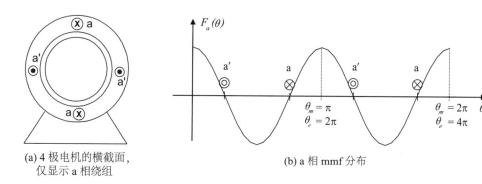

(a) 4 极电机的横截面，仅显示 a 绕组　　　　　　(b) a 相 mmf 分布

图 7.15　4 极电机的横截面与 a 相 mmf 分布

7.4.3　三相正弦绕组

三相电机的 b 相和 c 相具有与上一节中描述的 a 相相同的绕组，只是它们在空间上相对于彼此偏移 120°，如图 7.13（a）所示。由 b 和 c 相中的电流产生的 mmf 可以表示为

$$F_b(\theta) = \frac{N_s}{2} i_b \cos\left(\theta - \frac{2\pi}{3}\right)$$

$$F_c(\theta) = \frac{N_s}{2} i_c \cos\left(\theta + \frac{2\pi}{3}\right)$$

（7.21）

7.4.4 空间矢量表示

三相交流电机电路之间存在大量耦合，这使分析成为一项艰巨的任务。轴变换或参考系理论对于解耦相电压表达式以及实现最佳性能的控制算法是必要的。空间矢量表示法是一种方便的方法，用于表示交流电机中正弦空间分布的电和磁变量的等效合成效果，其方式类似于使用相量来描述电气设备中的正弦时变电压和电流。空间矢量提供了一种非常有用且简便的表示机器方程的形式，不仅简化了三相变量的表示，而且便于三相和两相变量之间的转换。两相系统是三相变量在 dq（双轴）坐标系中的等效表示，这是控制实现所必需的。dq 坐标系将在 7.4.6 节中详细说明。

参考系变换的概念源于帕克变换[2]，它提供了一种革命性的分析三相电机的新方法，借助于一组与转子一起旋转的两个虚拟绕组（称为 dq 绕组），将三相变量（电压、电流和磁链）转换为两相变量。空间矢量的符号后来演变为三相机器变量的一组简便表示法，无论是在三相 abc 坐标系中还是在虚拟的两相 dq 坐标系中[3-5]。空间矢量比相量更复杂，因为它们代表时间变化才及空间变化。空间矢量和其他矢量一样，有大小和角度，但大小可以是时变的。例如，三相交流电机定子 mmf 可以用空间矢量表示为

$$\vec{F}_a(t) = \frac{N_S}{2} i_a(t) \angle 0°$$

$$\vec{F}_b(t) = \frac{N_S}{2} i_b(t) \angle 120° \qquad (7.22)$$

$$\vec{F}_c(t) = \frac{N_S}{2} i_c(t) \angle 240°$$

请注意，空间矢量是复数，而"→"用于表示矢量特征。时间依赖性也被明确地显示出来。矢量的大小代表正弦空间分布的正峰值，角度代表峰值相对于 a 相磁轴的位置（转换选择）。现在可以通过矢量加法方便地将各个相位的空间矢量相加，从而得出所得到的定子 mmf 为

$$\vec{F}_s(t) = \vec{F}_a(t) + \vec{F}_b(t) + \vec{F}_c(t) = \hat{F}_S \angle \theta_F \qquad (7.23)$$

其中 $\hat{F}_S$ 是定子 mmf 空间矢量幅度，θ_F 是相对于 a 相参考轴的空间方向。

一般来说，如果 f 表示三相交流电机中的一个变量（mmf、磁通、电压或电流），则相应的合成空间矢量可以计算为

$$\vec{f}_{abc}(t) = f_a(t) + a f_b(t) + a^2 f_c(t)$$

式中，$f_a(t)$、$f_b(t)$ 和 $f_c(t)$ 是变量的相空间矢量的大小，a 和 a^2 是空间运算符，用于处理 3 个绕组之间沿定子圆周的 120° 空间分布。运算符 $a = e^{j2\pi/3}$，$a^2 = e^{j4\pi/3}$，因此，空间矢量也可以表示为

$$\vec{f}_{abc}(t) = f_a(t) + f_b(t) \angle 120° + f_c(t) \angle 240° \qquad (7.24)$$

空间矢量可用于表示交流电机定子电路或转子电路中的任何正弦变量。例如，定子

的磁通密度、电流和电压空间矢量可以表示为

$$\vec{B}_S(t) = \frac{\mu_0 N_S}{2l_g} i_a(t) + \frac{\mu_0 N_S}{2l_g} i_b(t)\angle 120° + \frac{\mu_0 N_S}{2l_g} i_c(t)\angle 240° = \hat{B}_S \angle \theta_B$$

$$\vec{i}_S(t) = i_a(t) + i_b(t)\angle 120° + i_c(t)\angle 240° = \hat{I}_S \angle \theta_I \qquad (7.25)$$

$$\vec{v}_S(t) = v_a(t) + v_b(t)\angle 120° + v_c(t)\angle 240° = \hat{V}_S \angle \theta_V$$

对于 3 个平衡相变量 f_a、f_b 和 f_c，空间矢量 $\vec{f}_{abc}$ 的大小是相变量大小的 3/2 倍；在时间 t，其空间方向 a 相对于相参考轴的角度为 ωt。这里，ω 是相位变量的角频率。因此，对于平衡的变量集，空间矢量的幅值是恒定的，但相位角（空间方向）是时间的函数。对于如图 7.16 所示的定子电流，任何时刻的空间矢量都可以通过 3 个相位变量的矢量和来获得。请注意，有一组唯一的相位变量，它们相加得到合成空间矢量 $\vec{f}_{abc}$，因为对于一组平衡的变量，$f_a + f_b + f_c = 0$。下面给出带有数值的例子来补充理论。

例 7.1

三相电机在 $\omega t = 40°$ 时的定子电流为

$$i_a = 10\cos 40° = 7.66\text{A}$$
$$i_b = 10\cos(40° - 120°) = 1.74\text{A}$$
$$i_c = 10\cos(40° - 240°) = -9.4\text{A}$$

计算合成空间矢量。

解决方案

在 $\omega t = 40°$ 时的空间矢量为

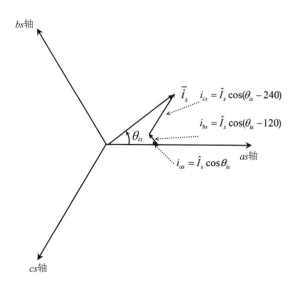

图 7.16　*abc* 坐标系中的空间矢量及其分量

$$\vec{i_S} = i_a(t) + i_b(t)\angle120° + i_c(t)\angle240°$$

$$= 7.66 + 1.74\angle120° + (-9.4)\angle240°$$

$$= \frac{3}{2}(7.66 + j6.43)$$

$$= \frac{3}{2}\cdot10\angle40$$

$\vec{i_s}$ 在 a 相轴上的投影是 15cos40=11.49，即 i_a 的 3/2 倍。

例 7.2

a. 三相交流电机在时间 $\omega t = 0$ 时的相电压幅值为 $v_a = 240$ V，$v_b = -120$ V、$v_c = -120$ V。计算产生的空间矢量电压。

b. 在不同的时间，当 v_a=207.8 V，v_b=0 V、v_c=-120 V 时，重新计算空间矢量。

c. 绘制两种情况下气隙中的空间矢量分布图。

解决方案

a. 使用等式 7.24 得到的空间矢量为

$$\vec{v}_S(t) = v_a(t) + v_b(t)\angle120° + v_c(t)\angle240°$$

$$\Rightarrow \vec{v}_S(t_0) = 240 + (-120)(\cos120° + j\sin120°) + (-120)(\cos240° + j\sin240°)$$

$$= 360\angle0° \text{ V}$$

b. 使用等式 7.24 得到的空间矢量为

$$\vec{v}_S(t) = v_a(t) + v_b(t)\angle120° + v_c(t)\angle240°$$

$$\Rightarrow \vec{v}_S(t_0) = 207.8 + (0)(\cos120° + j\sin120°) + (-207.8)(\cos240° + j\sin240°)$$

$$= 360\angle30° \text{ V}$$

c. 该图如图 7.17 所示。

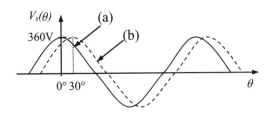

图 7.17　示例 7.2a 和 b 的空间矢量图

例 7.3

三相交流电机在时间 t_0 的相电压幅值为 $v_a = 240$ V，$v_b = 50$ V、$v_c = -240$ V。计算产生的电压空间矢量并绘制气隙中的空间矢量分布。

解决方案

使用公式 7.24 得到的空间矢量为

$$\vec{v}_S(t) = v_a(t) + v_b(t)\angle 120° + v_c(t)\angle 240°$$

$$\Rightarrow \vec{v}_S(t_0) = 240 + (50)(\cos 120° + j\sin 120°) + (-240)(\cos 240° + j\sin 240°)$$

$$= 418.69\angle 36.86°\ \text{V}$$

电压空间矢量及其正弦曲线如图 7.18 所示。

例 7.2 中给出的电压是两个不同时间的平衡集，分别对应于（a）和（b）部分的 $\omega t=0$ 和 $\omega t=30°$。在这两种情况下，产生的电压空间矢量的峰值大小保持不变，且这些峰值沿机器轴线的位置分别为 $\theta=0$ 和 $\theta=30°$，这与电压的时间依赖性相对应。这不是巧合，但对于平衡的电压组来说也是如此。在例 7.3 中，电压不平衡，空间矢量的大小取决于相电压的瞬时值。

空

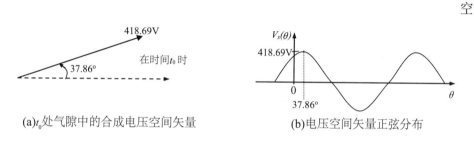

(a)t_0 处气隙中的合成电压空间矢量　　　(b)电压空间矢量正弦分布

图 7.18　电压空间矢量及其空间分布

7.4.4.1　空间矢量的解释

空间矢量通过一种简便的矢量形式，表达了 3 个单独的相变量产生的相同的合成效果。例如，气隙中的定子 mmf 分布是三相电流 i_a、i_b 和 i_c 作用的结果，而等效空间矢量电流 $\vec{i}_S(t)$ 是这样形成的，即该合成电流流过 N_s 匝的等效绕组，将产生相同的合成 mmf 分布。

借助于空间矢量，可以方便地表示电学量和磁学量之间的关系。使用等式 7.22、7.23 和 7.25，我们可以写出

$$\vec{F}_S(t) = \frac{N_S}{2}\vec{i}_S(t) \tag{7.26}$$

mmf 和电流矢量的大小与标量常数 $N_S/2$ 有关，并且它们具有相同的角方向。

磁通密度可以类似地表示为

$$\vec{B}_S(t) = \frac{\mu_0 N_S}{2l_g}\vec{i}_S(t) \tag{7.27}$$

7.4.4.2　逆关系

相量可以通过使用复变量数学建立的逆关系从空间矢量中导出。我们知道

$$|A|\angle\theta = |A|\cos\theta + j|A|\sin\theta$$

将此应用于（7.24），我们得到

$$\vec{f}_{abc}(t) = f_a(t) - \frac{1}{2}(f_b(t) + f_c(t)) + j\frac{\sqrt{3}}{2}(f_b(t) - f_c(t)) = \frac{3}{2}f_a(t) + j\frac{\sqrt{3}}{2}(f_b(t) - f_c(t))$$

因为对于平衡三相系统和没有中性点连接的电路，$f_a(t) + f_b(t) + f_c(t) = 0$。因此，$a$ 相变量的逆关系为

$$f_a(t) = \frac{2}{3}\text{Re}\left[\vec{f}_{abc}(t)\right] \tag{7.28}$$

同样，可以表示为

$$f_b(t) = \frac{2}{3}\text{Re}\left[\vec{f}_{abc}(t)\angle 240°\right] \tag{7.29}$$

和

$$f_c(t) = \frac{2}{3}\text{Re}\left[\vec{f}_{abc}(t)\angle 120°\right] \tag{7.30}$$

7.4.4.3　平衡系统中的合成 mmf

在交流电机的典型操作中，为定子绕组提供一组平衡的电压，由于绕组是电对称的，因此一组平衡的电流流过绕组。假设转子断路，流经定子绕组的所有电流都是建立定子 mmf 所需的磁化电流。三相电流的大小和频率相同，但相互之间的时间偏移为 120°。时域中的电流可以表示为

$$i_a(t) = \hat{I}_M \cos\omega t \tag{7.31}$$
$$i_b(t) = \hat{I}_M \cos(\omega t - 120°)$$
$$i_c(t) = \hat{I}_M \cos(\omega t - 240°)$$

上述平衡电流的空间矢量为（使用公式 7.24）

$$\vec{i}_M(t) = \frac{3}{2}\hat{I}_M \angle \omega t \tag{7.32}$$

由此产生的合成定子 mmf 空间矢量为

$$\vec{F}_{ms}(t) = \frac{N_S}{2}\vec{i}_M(t) = \frac{3}{2}\frac{N_S}{2}\hat{I}_M \angle \omega t = \hat{F}_{ms}\angle \omega t \tag{7.33}$$

结果表明，定子 mmf 具有恒定的峰值幅度 $\hat{F}_{ms}$（因为 N_S 和 $\hat{I}_M$ 是常数），以与施加的定子电压的角速度相等的恒定速度绕定子圆周旋转。这个速度称为同步速度。与单相定子 mmf 不同［如图 7.14（b）所示］，三相交流电机定子的峰值 mmf 沿定子圆周同步旋转，峰值始终位于 $\theta = \omega t$ 处。三相绕组的 mmf 峰值位置随时间变化，而单相绕组的 mmf 峰值位置不随时间变化。 mmf 波是空间角 θ 的正弦函数。该波具有恒定的幅度和空间角 ωt，与时间呈线性关系。角 ωt 使整个波以恒定角速度 ω 围绕气隙旋转。因此，在固定时间 t_x，波是空间中的正弦波，它的正峰值从参考 $\theta = 0$ 偏移 ωt_x。3 个不同时间的合成空间矢量如图 7.19 所示。由平衡的多相电流激励的多相绕组产生的效果与使永磁体绕垂直于磁体的轴旋转或直流励磁磁极的旋转产生的效果相同。

三相定子 mmf 被称为旋转 mmf，可以等效地看作是围绕定子圆周以恒定速度旋转的磁体。注意，如公式 7.20 中所述的 $F_a(\theta_e)$、$F_b(\theta_e)$ 和 $F_c(\theta_e)$ 的矢量和，与公式 7.21 中所述的 $i_a(t)$、$i_b(t)$ 和 $i_c(t)$ 的矢量和，用公式 7.31 的平衡集替换后，我们将得到相同的结果。

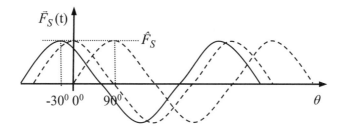

图 7.19　$\omega t = -30°$、$0°$ 和 $90°$ 的合成 mmf 空间矢量

练习 7.1

证明　$F_a(\theta_e) + F_b(\theta_e) + F_c(\theta_e) = \dfrac{3}{2}\dfrac{N_S}{2}\hat{I}_M \angle \omega t$

$i_a(t) = \hat{I}_M \cos \omega t$

$i_b(t) = \hat{I}_M \cos(\omega t - 120°)$

$i_c(t) = \hat{I}_M \cos(\omega t - 240°)$

7.4.4.4　互感 L_m 和感应定子电压

在理想情况下，没有转子的定子绕组的等效电路由施加在定子电压源和一组绕组组成，该绕组即磁化或互感的电感。实际电路在这个理想电路上进行了扩展，增加定子绕组电阻和与磁化电感串联的定子漏感。三相交流电机的磁化电感，包括三相之间的互耦合效应，可表示为[4-5]

$$L_m = \frac{3}{2}\left[\frac{\pi \mu_0 r l}{l_g}\left(\frac{N_S}{2}\right)^2\right] \tag{7.34}$$

其中 r 是气隙半径，l 是转子轴向长度，l_g 是气隙长度。请注意，公式 7.34 的形式与 $L = \dfrac{N^2}{\Re}$ 给出的简单电感器的形式相同，其中 N 是匝数，并且

$$\Re = 磁阻 = \frac{磁通路径长度}{\mu \times 横截面积}$$

由于磁化电流以空间矢量形式流过 L_m，在定子绕组中感应的电压为

$$\vec{e}_{ms}(t) = j\omega L_m \vec{i}_M(t) \tag{7.35}$$

由磁化电流 $\vec{i}_M(t)$ 建立的磁通密度 $\vec{B}_{ms}(t)$ 为（来自公式 7.27）

$$\vec{B}_{ms}(t) = \frac{\mu_0 N_S}{2l_g}\vec{i}_M(t)$$

由此得出

$$\vec{i}_M(t) = \frac{2l_g}{\mu_0 N_S}\vec{B}_{ms}(t) \tag{7.36}$$

使用公式 7.34 中的 L_m 表达式和以 $\vec{B}_{ms}(t)$ 表示的 $\vec{i}_M(t)$ 表达式，感应电压为

$$\vec{e}_{ms}(t) = j\omega\frac{3}{2}\pi r l\frac{N_S}{2}\vec{B}_{ms}(t)$$

感应电压可以解读为由以同步速度旋转的磁通密度 B_{ms} 感应的反电动势。对于 P 极电机，感应电压的表达式为：

$$\vec{e}_{ms}(t) = j\omega\frac{3}{2}\pi r l\frac{N_S}{P}\vec{B}_{ms}(t) \tag{7.37}$$

7.4.5 交流电机类型

交流电机中产生转矩所需的第二个旋转 mmf 由转子电路建立。两个旋转的 mmf 的相互作用，基本上以同步速度相互跟随变化，这是产生转矩的原因。建立转子 mmf 的方法区分了不同类型的交流电机。从广义上讲，交流电机可以分为两类，同步电机和异步电机。图 7.20 显示了两种交流电机的横截面。在同步电机中，转子始终以同步速度旋转。转子 mmf 是通过使用永磁体或通过将直流电流馈入转子线圈而产生的电磁体来建立的。后一种类型的同步电机通常是用于发电系统的大型电机。永磁电机更适合电动和混合动力汽车应用，因为与转子供电的同步电机相比，它们提供更高的功率密度和卓越的性能。本章稍后将讨论几种类型的永磁交流电机。转子馈电同步电机将不会在本书中进一步讨论，因为它们对电动和混合动力汽车应用不很适用。在异步型交流电机中，转子以不同但接近同步速度的速度旋转。这些机器被称为感应电机，在更常见的配置中仅由定子供电。转子电路中的电压由定子感应而来，进而感应转子旋转 mmf，因此称为感应电机。交流电机类型中的感应电机是下一节中要介绍的主题。

7.4.6 *dq* 建模

dq 建模提供了一种分析三相电机的方法，借助一组两个彼此正交称为 *dq* 虚拟绕组的帮助，将三相变量（电压、电流和磁链）转换为两相变量。在 *dq* 坐标系中，*d* 轴是与转子磁场对齐的直轴，而 *q* 轴与直轴正交。该转换允许将 abc 坐标系中的三相变量用 *d* 轴和 *q* 轴变量表示为等效的两相坐标系，该坐标系在给定参考系中具有任意速度[2][4]。参考系与 *dq* 轴的旋转速度有关。当 *dq* 坐标系是静止的并且 *d* 轴与静止的 *a* 轴对齐时，则该变换称为 αβ 变换。abc 坐标系的坐标变量和转子 mmf 轴如图 7.21 所示。图中所示转子磁体代表永磁体或在转子中感应的 2 极转子磁场。

(a)感应电机   (b)表面 PM   (c)内部 PM 电机

图 7.20   异步和同步交流电机

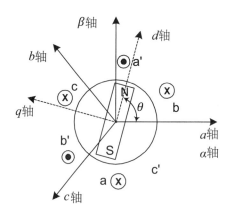

图 7.21   简单 2 极交流电机的 abc、dq 和 $\alpha\beta$ 坐标

dq 建模的目的是将三相 abc 变量转换为在合适的参考系中和 dq 变量，从而使三相交流电机的定子和转子变量之间的耦合消失。空间矢量法保留在 dq 参考系中，因为这些矢量有助于以简单的形式表达交流电机的复杂三相方程，并且还为 abc 和 dq 参考系之间的转换提供了简单的关系。

从数学上讲，对于一般变量 f（表示电压、电流或磁链），q 轴和 d 轴变量（a、b 和 c 变量）为

$$f_q = \frac{2}{3}\left[f_a \cos\theta + f_b \cos(\theta - 120°) + f_c \cos(\theta + 120°) \right]$$

（7.38）

$$f_d = \frac{2}{3}\left[f_a \sin\theta + f_b \sin(\theta - 120°) + f_c \sin(\theta + 120°) \right]$$

这种变换关系适用于定子和转子变量。需要第三个变量来获得唯一的变换，该变换来自中性端子。将中性端变量表示为零序分量，我们有

$$f_0 = \frac{1}{3}\left[f_a + f_b + f_c \right]$$

（7.39）

对于平衡系统或没有中性线连接的 Y 接绕组，零序分量不存在，导致

$$f_a + f_b + f_c = 0 \Rightarrow f_0 = 0$$

此后，我们将考虑忽略零序分量的 d 和 q 变量。

dq 参考系中的变量可以用空间矢量的形式表示为

$$\vec{f}_{qd}(t) = f_q(t) - jf_d(t) = \frac{2}{3}e^{-j\theta}\left[f_a(t) + e^{j\frac{2\pi}{3}}f_b(t) + e^{-j\frac{2\pi}{3}}f_b(t) \right]$$

$$= \frac{2}{3}e^{-j\theta}\vec{f}_{abc}(t)$$

（7.40）

结果表明 dq 空间矢量 $\vec{f}_{qd}(t)i$ 是空间矢量 $\vec{f}_{abc}(t)$ 沿 d 轴和 q 轴的 2/3。等式 7.40 的实部和虚部相等，abc 和 dq 变量之间的变换矩阵为

$$\begin{bmatrix} f_q(t) \\ f_d(t) \\ 0 \end{bmatrix} = T_{abc\to qd}\begin{bmatrix} f_a(t) \\ f_b(t) \\ f_c(t) \end{bmatrix}, \quad T_{abc\to qd} = \frac{2}{3}\begin{bmatrix} \cos(\theta) & \cos(\theta - 2\pi/3) & \cos(\theta + 2\pi/3) \\ \sin(\theta) & \sin(\theta - 2\pi/3) & \sin(\theta + 2\pi/3) \\ 0.5 & 0.5 & 0.5 \end{bmatrix}$$

这种转变被称为帕克（Park）变换。abc 变量是通过帕克变换的逆变换从 dq 变量中获得的

$$T_{qd\to abc} = \begin{bmatrix} \cos(\theta) & \sin(\theta) & 1 \\ \cos(\theta - 2\pi/3) & \sin(\theta - 2\pi/3) & 1 \\ \cos(\theta + 2\pi/3) & \sin(\theta + 2\pi/3) & 1 \end{bmatrix}$$

（7.42）

公式 7.38 中 2/3 乘法系数的选择并不是唯一的。因为转换是从三相变量集到两相变量集，有几种选择可以定义 abc 轴变量和 dq 轴变量之间的关系。选择 2/3 使得 dq 变量为 $\vec{f}_{abc}$ 在 d 和 q 轴上的投影的 2/3 倍；$\frac{2}{3}\cdot\vec{f}_{abc}$ 给出了与单个相位时域变量的峰值相同的空间矢量幅值。另一种可能的选择是 dq 变量设为 $\vec{f}_{abc}$ 在 d 和 q 轴上的投影的 $\sqrt{\frac{2}{3}}$ 倍。dq 变量和 abc 变量之间的 $\sqrt{\frac{2}{3}}$ 比值在 dq 和 abc 参照系中不需要任何乘数就能使变换等效。因此，称为功率守恒变换。为了使等效 dq 绕组建立与 abc 绕组相同的定子 mmf $\vec{F}_s(t)$，等效正弦分布正交绕组的匝数必须为 2/3N_s 或 $\sqrt{\frac{2}{3}}N_s$ 取决于所选择的转换比。我们将任意选择 2/3 的乘数来定义变换。

7.5　感应电机

有两种类型的感应电机，分别是鼠笼式感应电机和绕线转子感应电机。鼠笼式感应电机因其坚固的结构和低成本而成为行业的主力军。转子绕组由形成鼠笼形状的短路铜条组成。感应电动机的鼠笼如图 7.22 所示。绕线转子感应电机的转子绕组端子通过外部连接滑环引出，用于速度控制。鼠笼式感应电机是电动和混合动力汽车以及大多数其他通用应用中最受关注的电机之一，因此将进一步讨论。

感应电机的定子绕组与上一节中讨论的完全相同。转子通常由叠片制成，具有沿轴向围绕圆周表面的模制铜或铝转子条。转子条在端部通过导电端环短路。三相感应电机的等效电路以及 a 相定子和转子磁轴的方向如图 7.23 所示。转子绕组已短路，转子和定子轴之间的磁轴角度 θ_r 是转子速度 ω_r 的积分。

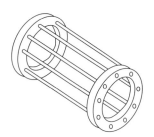

图 7.22　感应电动机的鼠笼

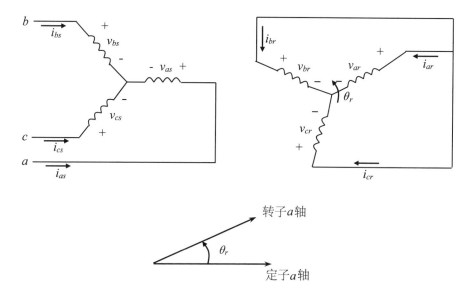

图 7.23　三相感应电机的定子转子电路和磁轴

当向定子绕组施加一组平衡的电压时，所建立的磁场以第 7.3.4 节所述的同步速度旋转。根据法拉第定律，只要转子以非同步速度旋转（使转子速度为零），转子导体就会切割定子磁场，转子电路中存在磁通变化率，这将在转子条中感应出电压。这也类似于变压器的工作，其中由初级绕组建立的随时间变化的交流磁通在次级绕组中感应电压。感应电压将导致转子电流在转子电路中流动，因为转子绕组或转子条在感应电机中是短路在一起的。感应电机可以被认为是具有短路次级或转子绕组的变压器。转子感应电压和电流具有正弦空间分布，因为它们是由正弦变化（空间正弦）的定子磁场产生的。转子条电流的合成效果是产生作用于气隙的正弦分布的转子 mmf。

转子速度和定子同步速度之间的差值是转子从定子磁场中滑动的速度，称为转差速度：

$$\omega_{\text{slip}} = \omega_e - \omega_m \tag{7.43}$$

其中，ω_e 是同步速度，ω_m 是电机或转子速度。转差速度与同步速度的比为称为转差率：

$$s = \frac{\omega_e - \omega_m}{\omega_e} \qquad\qquad (7.44)$$

转子条电压、电流和磁场与转子的转差速度或转差频率有关。转差频率由下式给出：

$$f_{\text{slip}} = \frac{\omega_e - \omega_m}{2\pi} = sf, \quad f = \frac{\omega_e}{2\pi} \qquad\qquad (7.45)$$

从定子的角度来看，转子电压、电流和转子 mmf 都具有同步频率，因为转子转速 ω_m 是叠加在转子变量的转差速度 ω_{slip} 上。

7.5.1　每相等效电路

　　感应电动机的稳态分析通常使用每相等效电路进行。假设如图 7.24 所示是平衡的，单相等效电路可用于三相感应电机。每相等效电路由定子回路、转子回路以及中间磁路参数组成。代表磁化电流路径的电感与等效的铁芯损耗电阻一起位于电路的中间。对于定子和转子的电气参数，电路包括定子绕组电阻和漏抗以及转子绕组电阻和漏抗。与转差有关的等效电阻表示由于气隙耦合电磁电路中的能量转换而在轴处传递的机械功率。在定子端子处提供的电输入功率转换为磁功率并穿过气隙。在克服转子回路中的损耗后，气隙功率 P_{ag} 转换为在轴上传递的机械功率。

　　虽然每相等效电路不足以设计具有良好动态性能的控制器，例如电动或混合动力汽车所需的控制器，但该电路有助于加深对感应电机的基本了解。绝大多数感应电机应用是用于可调速驱动器，在这些驱动器中，设计用于良好稳态性能的控制器就足够了。该电路允许分析许多稳态性能特征。

　　电路模型的参数如下：

E_{ms} = 每相定子感应电动势；
V_s = 每相定子端电压；
I_s = 定子端电流；
R_s = 每相定子电阻；
X_{ls} = 定子漏抗；
X_m = 磁化电抗；
X'_{lr} = 涉及定子的转子漏抗；
R'_r = 涉及定子的转子电阻值；
I'_r = 涉及定子的每相转子电流。

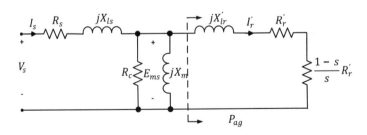

图 7.24　感应电机每相稳态等效电路

请注意，此处描述的每相等效电路相关的电压和电流是相量，而不是空间矢量。功率和转矩的关系是

$$P_{ag} = \text{气隙功率（电磁功率）} = 3|I_r'|^2 \frac{R_r'}{s}$$

$$P_{dev} = \text{产生的机械功率} = 3|I_r'|^2 \frac{(1-s)R_r'}{s}$$

$$= (1-s)P_{ag}$$

$$= T_e \omega_m$$

$$P_R = \text{转子铜损} = 3|I_r'|^2 R_r'$$

电磁转矩由下式给出

$$T_e = 3|I_r'|^2 \frac{(1-s)R_r'}{s\omega_m}$$

$$= \frac{3R_r'}{s\omega_s} \frac{V_s^2}{(R_s + R_r'/s)^2 + (X_s + X_r')^2}$$

（7.46）

机器的稳态转矩 - 速度特性如图 7.25 所示。电机产生的转矩取决于转差率和定子电流等变量。感应电动机的启动转矩虽然取决于设计，但低于电动机可达到的峰值转矩。电机始终在转矩 - 速度曲线的线性区域运行，以避免与高转差率运行相关的更高损耗。换句话说，在较小的转差率下操作机器可以提高效率。

转子电路电阻值决定了最大转矩将出现的速度。一般来说，启动转矩较低，最大转矩出现在转差率较小时同步转速附近。电机在线路启动期间从固定交流电源汲取大电流，随着电机达到稳态速度，该电流逐渐减弱。如果负载需要高启动转矩，电机将缓慢加速。 这将使大电流流过更长的时间，从而产生发热问题。

速度低于额定条件时的非线性是由于漏抗的影响。在较高的转差率时，转子变量的频率很高，从而导致转子漏感的阻抗效应占主导地位。在这种情况下，气隙磁通不能保持在额定值。此外，较大的转子电流值（在高转差率值时流过转子）会导致定子绕组漏抗 $R_s + j\omega L_{ls}$ 两端的显著电压降，这会降低感应电压，进而降低定子 mmf 磁通密度 $\hat{B}_{ms}$。

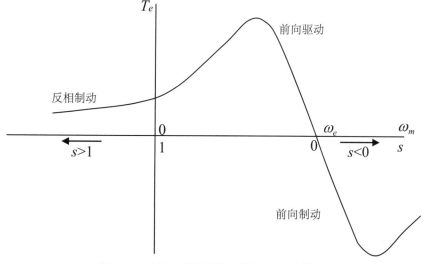

图 7.25　感应电动机的稳态转矩 − 速度特性

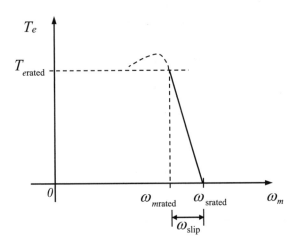

图 7.26   额定磁通条件下感应电机的转矩 – 速度特性

7.5.2   简化转矩表达式

简化的线性转矩表达式足以分析电机与负载的相互作用，因为在电力电子馈电电路的帮助下，感应电机始终在最大磁通密度 $\hat{B}_{ms}$ 的线性区域内运行。图 7.26 中的实线显示了感应电动机转矩 – 转速特性曲线中的相关部分。同步速度由外加电压频率设定，线性区域的斜率由设计参数和材料特性设定。因此，假设定子磁通密度在其额定值下保持恒定，稳态转矩可以线性表示为转差的函数：

$$T_e = K_{IM}\omega_{\text{slip}}$$

这里 K_{IM} 是一个常数；该常数源于与产生转矩相关的感应电机的几何形状和匝数。电磁转矩是由定子和转子 mmf 试图相互对准的趋势产生的。转子 mmf 是由转子电流引起的。转矩产生的原理本质上在于洛伦兹力定律（$F = Bil$）。因此，感应电机在稳态时产生的电磁转矩可以表示为

$$T_e = k_M \hat{B}_{ms} \hat{I}'_r \tag{7.47}$$

其中 k_M 是机器常数。$\hat{B}_{ms}$ 是三相电机的等效峰值定子 mmf 磁通密度，$\hat{I}'_r$ 是峰值等效转子电流。请注意，这些与单相等效电路每相的数量不同。Mohan[5] 表明，该机器常数为 $k_M = \pi r l \dfrac{N_S}{2}$，其中 r 是气隙半径，l 是机器的轴向长度，N_S 是等效匝数。

为了找到 $\hat{B}_{ms}$ 和转子电流 $\hat{I}'_r$ 之间的关系，让我们用空间矢量 $\vec{F}_r(t)$ 来表示转子 mmf。除了磁化电流 $\vec{i}_M(t)$ 之外，定子绕组还必须承载电流，以支持通过变压器作用在转子中感应的电流以产生。$\vec{F}_r(t)$ 这些转子电流是涉及定子而言的，或者换句话说，是附加的定子电流，由 $\vec{i}'_r(t)$ 表示（幅度为 $\hat{I}'_r$），并且与 $\vec{F}_r(t)$ 的关系为

$$\vec{i}'_r(t) = \frac{\vec{F}_r}{N_S/2}$$

总定子电流是励磁电流和涉及定子的转子电流之和

$$\vec{i}_S(t) = \vec{i}_M(t) + \vec{i}_r'(t) \tag{7.48}$$

这些空间矢量如图 7.27 所示。为简化起见，在该图中忽略了转子漏感 L_{lr}'。尽管这是一种理想的情况，但它是一个非常重要的假设，可以帮助我们掌握感应电机中转矩产生的基本概念。忽略转子漏抗相当于假设转子条电流产生的所有磁通都穿过气隙并连接定子绕组，并且转子中没有漏磁通。感应电机的额定转速接近同步转速，电机通常在额定条件附近运行，转差率很小。在小转差率下，转差值 ω_{slip} 非常小，因为漏感无论如何都很小，所以可以忽略转子漏感的影响。Mohan[5] 表明，在这种简化假设下，由法拉第定律引起的转子条电流与定子磁通密度和转差速度成正比，其峰值可由下式给出

$$\hat{I}_r' = k_r \hat{B}_{ms} \omega_{\text{slip}} \tag{7.49}$$

其中 k_r 是机器设计常数。

将方程 7.49 中的 $\hat{I}_r'$ 代入转矩方程得

$$T_e = k_m k_r \hat{B}_{ms}^2 \omega_{\text{slip}}$$

固定定子磁通密度的电磁转矩为

$$T_e = K_{IM} \omega_{\text{slip}} \tag{7.50}$$

式中 $K_{IM} = k_m k_r \hat{B}_{ms}^2$

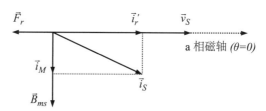

图 7.27　$t = 0$ 时定子和转子变量的空间矢量图

简单的转矩表达式提供了一种方便的方法，可以在额定工作点附近线性地确定感应电机的转矩 – 转速关系，这与直流电动机的转矩 – 转速关系非常相似。该表达式可用于找到电动和混合动力车辆感应电机的稳态工作点，这是通过找到电机的转矩 - 速度特性和道路负载力 – 速度特性的交点来实现的。当电机以同步转速旋转时，转差速度为零，电机不产生任何转矩。实际上，即使在空载条件下，电机也永远不会达到同步速度，因为需要一个小的电磁转矩来克服包括摩擦和风阻损失在内的空载损失。在机器的额定扭矩范围内，转差速度很小，因此忽略转子漏感是合理的，它给出了线性转差 – 速度关系。在空载条件下，机器以接近同步速度运行，转差率非常小。随着电机从空载状态加载，转差率开始增加，速度接近额定转速状态。超出额定条件，机器以更高的转差率运行，忽略漏感的假设开始失效。这部分转矩

速度特性在图 7.26 中用虚线表示。

电动汽车、混合动力汽车和其他高性能应用的感应电机由可变电压、可变变频交流电源供电。改变频率会改变机器的额定磁通量和同步速度，这实质上会导致图 7.26 中的线性转矩 – 速度曲线沿速度轴向原点水平移动。

例 7.4

在水平道路上，车辆道路载荷特性计算为 $T_{TR} = 24.7 + 0.0051\omega_{wh}^2$。感应电机线性区域中的转矩 – 速度关系由 $T_e = K_{IM}(40 - \omega_m)$ 给出，包括传动系统的齿轮传动比。在 35 rad/s 的速度下可获得 40 N·m 的额定转矩。找到车辆的稳态工作点。

解决方案

感应电动机转矩常数为

$$K_{IM} = 40/(40 - 35) = 8\,\text{N·m}/(\text{rad·s}^{-1})$$

通过求解车辆道路负载特性和电机转矩速度特性，得到稳态工作点，从而给出

$$\omega^* = 36.08\ \text{rad/s and } T^* = 31.34\ \text{N·m}$$

根据方程 7.46 的稳态转矩关系，通过控制电机驱动单元施加的电压和频率来保持感应电机的转矩和速度输出。改变 f 会改变 ω_e，这是基于频率和同步速度的关系 $\omega_e = \dfrac{4\pi f}{p}$。感应电机由电力电子转换器驱动，它根据转矩和速度需求，将的恒定电压转换为可变电压、可变频率并输出。

图 7.28 显示了感应电机的转矩 – 速度特性的包络线。使用电力电子控制的驱动器，可以在较高速度下实现感应电机的恒功率特性，这一特性对于电动和混合动力汽车电机驱动器非常重要。电动汽车中使用的第一代感应电机驱动控制器使用转差率 – 转矩控制表进行转差率控制（恒定 V/Hz 控制）。这种用于车辆应用的驱动器的性能非常差，因为 V/Hz 控制的概念是基于机器的稳态等效电路。使用矢量控制可显著提高机器的动态性能。与矢量控制理论有关的感应电机 *dq* 轴变换理论将在第 8 章中介绍，该章讨论高性能交流电机控制方法。

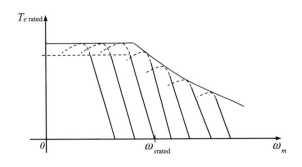

图 7.28　感应电机的转矩 – 速度工作包络线

7.5.3 再生制动

使用电动机驱动车辆的优点之一是通过在车辆制动期间再生能量以节省能量。再生能量可用于为电动或混合动力汽车的电池充电。需要注意的是，在车辆制动过程中，尤其是在指令突然停车时，不可能捕获所有可用能量。制动过程中可用的能量是车辆在加速过程中获得的动能。因为能量通常太高，无法由用于驱动的电动机进行处理。在相对较短的时间内处理高能量将需要大型电机，或者换句话说，需要具有非常高额定功率的电机，这是不切实际的。因此，即使电动机驱动器设计有再生能力，电动和混合动力汽车也必须配备机械制动系统。然而，再生可以重新捕获大部分动能，从而扩展车辆的续航里程。车辆监控控制器根据驾驶员制动命令、可能的再生量和车辆速度来决定机械系统所需的制动量。

在再生制动模式下，车辆动能驱动电机轴，能量从车轮流向储能系统。电机将从车辆动能中获得的机械能转换为电能。从机器的角度来看，这与在发电机模式下操作机器没有什么不同。再生制动可以使电动汽车的续航里程增加一小部分（10%~15%）。

当感应电机以负转差率运行时，即同步速度小于电机速度（$\omega_m > \omega_e$），感应电机作为发电机工作。在再生或发电模式下，负转差率使电磁转矩为负。在负转差率运行模式下，转子条中感应的电压和电流与正转差率模式下的电压和电流极性相反。电磁转矩作用在转子上，以阻止转子旋转，从而使车辆减速。

电动和混合动力汽车的电机驱动器始终是四象限驱动器，这意味着电机由驱动器控制，以正或负速度提供正或负转矩。可以借助图 7.29 对四象限感应电机驱动，解释从正向驱动到再生的过渡。感应电机转矩 – 速度曲线在几种工作频率下的线性段如图所示。考虑频率 f_1 和 f_2，曲线在负转矩区域延伸，以显示再生期间的特性。假设在最初，车辆在感应电机提供的正转矩驱动下向前行驶，并且在这种情况下的稳态工作点位于点 "1"。现在，车辆驾驶员踩下制动踏板以使车辆减速。车辆系统控制器立即将电机驱动频率更改为 f_2，以使得 $\omega_{s2} < \omega_{m1}$。工作点立即转移到点 "2"，因为由于系统的惯性，电机速度不能瞬时改变。在 "2" 点，转差率和电磁转矩为负，电机正在再生。车辆将从这种情况开始减速。随着电机速度下降并低于同步速度，需要将工作频率更改为较低的值，以便维持发电模式运行。如图 7.29 所示，电力电子驱动器负责为感应电机在不同同步速度下不同频率的线性转矩 – 速度曲线切换。驱动电路通过改变电源电压的频率来做到这一点。只要有可用的动能并且驾驶员希望使车辆减速，再生制动模式就会继续。与启动类似，再生也必须以受控方式实现，以便不超过机器的额定功率。在所需的停止时间内要转换的动能量决定了机器要处理的功率。

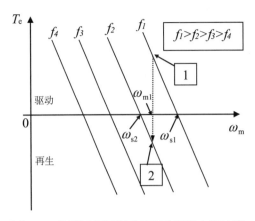

图 7.29   使用四象限驱动从驱动到发电的过渡

7.6 永磁电机

永磁电机（PM）使用磁铁来产生气隙磁通量，而不是用直流换向器电机中的励磁线圈或在感应电机中使用定子电流的磁化分量。这种配置消除了转子铜损以及励磁电路的维护需求。PM 电机可以大致分为两类：

·PM 同步电机（PMSM）：与感应电机一样，电机具有均匀旋转的定子磁场。感应波形是正弦波形，因此可以进行 *dq* 变换和矢量控制。

·PM 梯形或无刷直流电机（PM BLDC）：这些电机中的感应电压本质上是梯形的；相电流本质上是矩形或方波。这些永磁电机也称为方波电机或电子换向电机。定子磁场采用方波脉冲进行离散切换。

在交流电机中使用永磁体励磁有几个优点。永磁体以紧凑的方式提供无损耗的励磁，而不会与外部固定电路连接。对于较小的机器来说尤其如此，因为通过电路提供转子磁场总是会产生激励损失。大型同步电机使用转子导体提供励磁，因为励磁机电路中的损耗（相对于励磁惩罚）相对很小，尤其是与磁铁的高成本相比。对于较小的机器，所需的 mmf 很小，并且电阻效应通常变得相当可观且占主导地位，从而导致效率降低。小功率电机绕组的较小横截面积进一步恶化了电阻损耗效应。此外，可用于绕组的横截面积随着电机尺寸的减小而减小。在布置紧凑的小型电机中，PM 的无损耗励磁是一个明显的优点，唯一的缺点是永磁体成本高。尽管如此，永磁电机仍然是电动和混合动力汽车驱动的有力竞争者，尽管这些电机的尺寸更大。量产混合动力乘用车的牵引电机均采用永磁电机。引导这一趋势的因素是永磁电机驱动器的优异性能和高功率密度。

7.6.1 PM 同步电机

永磁同步电动机（PMSM）是一种具有正弦 mmf、电压和电流波形的同步电动机，其中磁场 mmf 由永磁体提供。稀土磁性材料的使用增加了气隙中的磁通密度，从而增加了电机功率密度和转矩惯性比。在需要伺服式操作的高性能运动控制系统中，永磁同步电机可以提供快速响应、高功率密度和高效率。在机器人和航空航天执行器等特定应用中，对于给定的输出功率，最好使重量尽可能低的产品。PMSM与感应电机和直流电机类似，由电力电子逆变器供电以控制运行。这些机器通过对电机电流进行整形来保持平稳的转矩输出，这需要高分辨率的位置传感器和电流传感器。 控制算法使用来自传感器的反馈在数字处理器中实现。通过施加与转子磁通相反的定子磁通,可以在PMSM恒定功率区域内实现更高速度运行的弱磁通模式。电机高速限制取决于电机参数、电流额定值、反电动势波形和逆变器的最大输出电压。

永磁同步电机（PMSM）和感应电机在转矩响应方面具有良好的性能，并且具有坚固的电机结构，尽管永磁电机中的磁性基片断裂是一个问题。转差速度的计算使得感应电机的控制比永磁同步电机的控制更加复杂。在没有转子保持架的情况下，永磁同步电机具有较低的惯性，这有助于缩短电气响应时间，但由于时间常数更小，感应电机的电气响应特性将最快。磁路的电时间常数由 L/R 比决定。感应电机中的瞬态负载电流仅受小漏感的限制，而永磁电机中的时间常数电感是高得多的自感。与具有相同额定功率的感应电机相比，PMSM 具有更高的功率密度，尺寸更小。与感应电机相比，PMSM 由于没有转子铜损，更高效且更易于冷却。感应电机由于没有永磁体，成本较低且齿槽转矩为零。此外，感应电机对较高的工作温度不太敏感。感应电机可以在几倍于额定电流的情况下维持较高的峰值定子电流，而不会产生磁铁退磁的危险。感应电机和 PMSM 都受到弱磁速度范围的限制。

永磁同步电机(PMSM)中的永磁体不仅价格昂贵，而且对温度和负载条件敏感，这是永磁 PM 电机的主要缺点。尽管有一些高功率应用正在使用 PMSM，但大多数 PMSM 都存在于中小功率应用中。

永磁同步电机（PMSM）的定子带有一组三相正弦分布的铜绕组，类似于第 7.2 节中描述的交流电机绕组。在三相定子绕组中施加的一组平衡三相电压，会产生一组平衡的正弦电流，这在气隙中建立了恒定幅度的旋转 mmf。定子电流使用转子位置反馈进行调节，以便施加的电流频率始终与转子同步。转子中的永磁体具有适当的形状，并且它们的磁化方向受到控制，以使产生的转子磁链呈正弦曲线。通过定子和转子这两个部件磁场的相互作用在轴上产生电磁转矩。

永磁同步电机（PMSM）根据转子中永磁体的位置和形状进行分类。转子的三种常见布置是表面贴装式、嵌入式和内部或埋入式。表面式和内部式永磁 PM 机器配置如图 7.30 所示。表面和嵌入式磁体之间的区别在于后者中的磁体位于转子表面内部，但仍暴露在气隙中。表面贴装式和嵌入式转子永磁同步 PMSM 电动机通常统称为表面式永磁同步电动机。在表面式永磁同步电机中，磁体采用环氧树脂胶合或楔块固定在圆柱形转子上。非磁性不锈钢或碳纤维套筒也用于容纳磁体。这种转子的制造很简单，尽管转子的机械强度仅与环氧树脂胶相当。在嵌入式永磁同步电机中，磁体被放入转子表面的槽中，这使磁体更加牢固。

第三种类型的永磁同步电机是内永磁同步电机（IPMSM），因磁体埋入转子内部而得名。内永磁同步电机的制造过程有些复杂，因为必须在磁体插入转子叠片后，然后再进行磁化。然而，由于这些电机的设计提供了高功率密度和高效率，IPMSM 已成为电动和混合动力汽车应用的首选电机。转子结构也很坚固，因为磁体被埋在里面，并且没有像表面式永磁同步电动机 SPMSM 那样有被剥落的缺点。
对于电动和混合动力汽车应用，与其他较小功率的永磁电机应用相比，电机尺寸相
对较大，由于牵引 IPMSM 中使用的稀土磁体材料成本高昂，这加剧了成本问题。
转子中的磁体可以有不同的排列方式，例如 I 型 [如图 7.30（c）所示]、V 型或双
V 型。 V-I 型布置也已用于量产车辆。

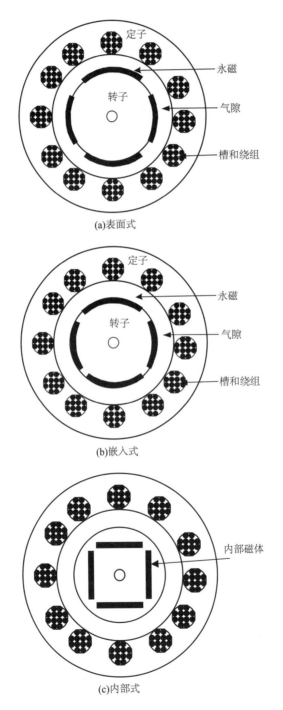

图 7.30   永磁电机

永磁同步电机（PMSM）的定子电路类似于感应电动机或绕线转子同步电动机的定子电路，施加的电压由定子绕组电阻降和绕组中的感应电压平衡。假设定子 mmf 呈正弦分布，静止 abc 参考系中的定子相电压方程为

$$\vec{v}_{abcs} = \bar{R}_s \vec{i}_{abcs} + \frac{d}{dt} \vec{\lambda}_{abcs} \qquad (7.51)$$

则磁链为

$$\vec{\lambda}_{abcs} = \bar{L}_s \vec{i}_{abcs} + \bar{\lambda}_f$$

$\bar{\lambda}_f$ 是由永磁（PM）通量建立的静止 abc 体系的磁通。模型中忽略了涡流和磁滞损耗，因为 PM 是不良电导体，涡流可以忽略不计。这些机器可以承受较大的电枢电流，而不会显著退磁。接下来讨论表面 PMSM 和内部 PMSM 的磁通和转矩模型。

7.6.1.1 表面永磁同步电机（PMSM）磁通和转矩

在表面永磁同步电机（PMSM）中，定子和转子之间磁通路径的磁导率在定子圆周周围相等，因此它们的 d 轴和 q 轴电感近似相等，可以表示为

$$L_m = L_{md} = L_{mq}$$

尽管存在磁体，但磁路的均匀性是因为磁体的磁导率大约等于空气的磁导率。安装磁体所需的空间增加了有效气隙的径向距离，使 PMSM 中的自感相对较小。简化的每相等效电路揭示了表面永磁同步电动机及嵌入式永磁同步电动机，在 d 轴和 q 轴电感差异较小时的转矩产生的机理。在每相等效电路中，逆变器驱动电机的电压和电流的基频分量被视为稳态和缓慢变化瞬态工况下的平衡三相组。永磁 PM 电机可以用图 7.31（a）所示的每相等效电路来表示。电流源 I_F 表示产生 PM 磁通 λ_f 的等效磁体电流 i_{fd} 的 RMS 值。以等效电流表示的 PM 磁通由 $\lambda_f = L_m i_{fd}$ 给出。假设定子绕组呈正弦分布，只有磁通密度的基波分量与定子绕组相连。由于有效气隙大得多，PM 电机的磁化电感 L_m 比感应电机小得多。

从定子端子来看，PM 磁通的影响被视为由 $E = j\omega L_m I_m$ 给出的反电动势电压。这种反电动势或感应电压如图 7.31（b）中每相等效电路所示。定子每相 RMS 电流 I_s 表示，它超前参考轴（在本例中为 d 轴）一个角度 γ。仅当转子速度与定子频率同步时，PM 电机才提供连续转矩。对于每相模型，转矩由下式给出

$$T_e = 3 \times \frac{P}{2} L_m I_F I_S \sin\gamma \qquad (7.52)$$

当 $\gamma = 90°$ 时转矩最大。这个最大转矩条件的矢量图如图 7.32（a）所示。这种情况下的输入功率因数是滞后的。这种模式下的操作在逆变器电源电压的限制范围内是可行的。在更高的速度下，合适的工作工况是整功率因数，这可以最大限度地提高逆变器的额定电压 – 电流利用率。图 7.32（b）给出了这种工况的矢量图。电机也可以通过增加电压角 δ 以超前功率因数运行，如图 7.32（c）所示。对于一些允许使用负载换向逆变器的大型同步驱动器来说，这种情况是理想的。

转矩方程表明，当定子电流与磁场轴正交时，转矩在 $\gamma = 90°$ 时达到最大。通过控制定子电流的幅值和角度，持续保持这种正交性是矢量控制的基础，将在下一章中讨论。$\gamma > 90°$ 的电机运行被称为弱磁运行，这在较高的运行速度下是必要的。可以注意到在能量再生时，通过电流控制使转子角 γ 为负值。

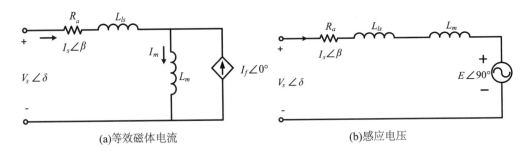

(a)等效磁体电流　　　　　　　(b)感应电压

图 7.31　PM 同步电机等效电路

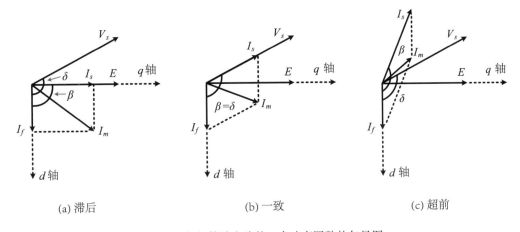

(a) 滞后　　　　　(b) 一致　　　　　(c) 超前

图 7.32　每相等效电路的三个功率因数的矢量图

7.6.1.2　内永磁同步电机（PMSM）磁通和转矩

永磁同步电机（PMSM）的直轴和正交轴电感在内永磁同步电机的运行中起着重要作用。因为这些机器的转子是同步的，因此可以方便地在 dq 坐标系中开发机器模型。内 PMSM 中的磁体埋在转子内。这导致 d 轴和 q 轴的磁阻不相等，因为空间在直轴上被磁体占据，在正交轴上被铁占据。由于沿 d 轴磁通路径的有效气隙较大，虽然定子和转子之间的气隙长度相同，但 d 轴电感 L_d 小于 q 轴电感 L_q。这些电感包括磁化电感和漏感，如下所示：

$$L_q = L_{ls} + L_{mq} \tag{7.53}$$

$$L_q = L_{ls} + L_{md} \tag{7.54}$$

与表面或嵌入式永磁同步电机（PMSM）相比，内永磁同步电机 d 轴和 q 轴电感的较大差异使其更适合弱磁运行，提供更宽的恒功率区域。扩展的恒功率范围能力对于电动和混合动力汽车应用来说非常重要，因为它可以省去多个齿轮传动比。由于直轴和正交轴的磁阻路径不相等，埋入式和嵌入式永磁同步电机中存在磁阻转矩。

当转换到 dq 坐标系时，q 轴和 d 轴上的内永磁同步电机电压表达式变为

$$v_q = R_s i_q + \frac{\mathrm{d}}{\mathrm{d}t}\lambda_q + \omega_r \lambda_d$$

$$v_d = R_s i_d + \frac{\mathrm{d}}{\mathrm{d}t}\lambda_d - \omega_r \lambda_q$$

（7.55）

其中 q 轴和 d 轴磁链为

$$\lambda_q = L_q i_q$$

$$\lambda_d = L_d i_d + \lambda_f$$

这里 i_d，i_q 是 dq 轴定子电流，R_s 是定子相电阻，ω_r 是转子速度，ω_r 单位为电气上的 rad/s，λ_f 是由永磁体建立的磁链的幅值。理想情况下，q 轴上没有 PM 磁通分量。不同的定子槽 / 极组合和转子磁体布置反映在模型参数值中。

电磁转矩由下式给出：

$$T_e = \frac{3}{2}\frac{P}{2}\Big[\lambda_f i_q + (L_d - L_q) i_d i_q\Big]$$

（7.56）

其中 P 是极数。由于 $L_d < L_q$，磁阻转矩的贡献可以随着负 i_d 电流的增加而增加。互转矩分量和磁阻转矩分量之间的分配取决于设计和控制。

7.6.2　永磁（PM）无刷直流（DC）电机

具有梯形反电势波形的永磁交流电机是永磁无刷直流（PM BLDC）电机 [6]。这些电机中的梯形反电动势波形是由于电机使用了集中绕组，而不是使用永磁同步电机中的正弦分布绕组。永磁无刷直流电动机广泛应用于从计算机驱动器到精密医疗设备的各种应用中。这些机器流行的原因是控制简单。在三相电机中，电气上每转一圈只需要 6 个离散的转子位置，以使相电流和相反电动势 emf 同步，从而有效地产生转矩。一组 3 个霍耳传感器安装在定子上，相隔 120°，面对固定在转子上的磁轮，以给出该位置信息。这样就不需要 PMSM 中所需的高分辨率编码器或位置传感器，但位置传感器简化的代价在于性能。在永磁无刷直流电机中，矢量控制是不可能的，因为反电动势是梯形的。

永磁无刷直流（PM BLDC）电机的三相反电动势波形和理想相电流如图 7.33 所示。反电动势波形相对于转子位置是固定的。提供的是方波相电流，使其与相应相的峰值反电动势段同步。控制器使用转子位置反馈信息来实现这一目标。电机基本上像直流电机一样运行，带有电子控制器；因此，该电机被称为无刷直流电机。

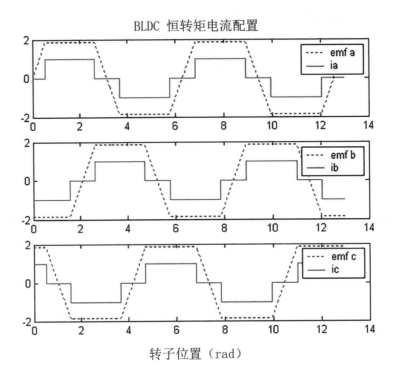

图 7.33   永磁无刷直流电机三相反电动势和理想相电流

转子中的永磁（PM）可被视为恒流源，在定子绕组中产生反电动势。假设三相的 3 个定子绕组相同，它们之间有 120°（电）相位移。因此，可以假设三相中每一相的定子绕组电阻和自感是相同的。令

R_S= 定子相绕组电阻

$L_{aa}=L_b=L_c=L=$ 定子相自感

$L_{ab}=L_{ac}=L_{bc}=M=$ 定子互感

三相电压平衡方程为

$$\begin{bmatrix} v_a \\ v_b \\ v_c \end{bmatrix} = R \cdot \begin{bmatrix} i_a \\ i_b \\ i_c \end{bmatrix} + \begin{bmatrix} L & M & M \\ M & L & M \\ M & M & L \end{bmatrix} \cdot p \cdot \begin{bmatrix} i_a \\ i_b \\ i_c \end{bmatrix} + \begin{bmatrix} e_a \\ e_b \\ e_c \end{bmatrix} \qquad (7.57)$$

其中 p 是算子 d/dt，e_a、e_b 和 e_c 是三相反电动势。反电动势与相磁链有关，如下所示：

$$e = \frac{d\lambda}{dt} = \frac{d\lambda}{d\theta} \cdot \frac{d\theta}{dt}$$

而，$\dfrac{d\theta}{dt} = \omega_r$ 是转子速度。则

$$e = \omega_r \cdot \frac{d\lambda}{d\theta} \qquad (7.58)$$

与反电动势类似，电流也偏移了 120°，它们满足条件 $i_a + i_b + i_c = 0$ 。因此，我们有

$M \cdot i_b + M \cdot i_c = -M \cdot i_a$；其他两相也存在类似的表述。方程 7.57 可以简化为

$$\begin{bmatrix} v_a \\ v_b \\ v_c \end{bmatrix} = R \cdot \begin{bmatrix} i_a \\ i_b \\ i_c \end{bmatrix} + \begin{bmatrix} L-M & 0 & 0 \\ 0 & L-M & 0 \\ 0 & 0 & L-M \end{bmatrix} \cdot p \cdot \begin{bmatrix} i_a \\ i_b \\ i_c \end{bmatrix} + \begin{bmatrix} e_a \\ e_b \\ e_c \end{bmatrix}$$

电流随施加电压的变化率可以表示为

$$p \cdot \begin{bmatrix} i_a \\ i_b \\ i_c \end{bmatrix} = \frac{1}{L-M} \cdot \left[\begin{bmatrix} v_a \\ v_b \\ v_c \end{bmatrix} - R \cdot \begin{bmatrix} i_a \\ i_b \\ i_c \end{bmatrix} - \begin{bmatrix} e_a \\ e_b \\ e_c \end{bmatrix} \right] \qquad (7.59)$$

传递到转子的电功率等于轴上可用的机械功率 $T_e \omega_r$。利用这个等式，永磁无刷直流电机（PM BLDC）的电磁转矩为

$$T_e = \frac{e_a \cdot i_a + e_b \cdot i_b + e_c \cdot i_c}{\omega_r} \qquad (7.60)$$

对于前面描述的控制策略，一次只激活两相电流，两相中相等电流的转矩表达式简化为

$$T_e = \frac{2 \cdot e_{max} \cdot I}{\omega_r} \qquad (7.61)$$

由于电流被控制为仅与最大反电动势同步，因此在公式 7.61 中使用 e_{max}，而不是 e 作为时间或转子位置的函数。假设磁线性，公式 7.58 可以写成

$$e = K \cdot \omega_r \cdot \frac{dL}{d\theta}$$

因此，最大反电动势为

$$e_{max} = K \cdot \left[\frac{dL}{d\theta} \right]_{max} \cdot \omega_r \text{ 或 } e_{max} = K' \cdot \omega_r \qquad (7.62)$$

方程 7.61 和 7.62 非常类似于与常规直流电机相关的方程 $T = K \cdot \Phi \cdot I$ 及 $E = K \cdot \Phi \cdot \omega$。因此，从转子位置反馈信息和逆变器从一相切换到另一相，可以认为永磁无刷直流（PM BLDC）电机的工作类似于 DC 电机。

7.7 磁阻电机

磁阻电机是基于磁阻原理产生转矩的电机，其在定子上有绕组，转子相当简单且成本低，没有任何绕组或磁体。磁阻电机的种类有：

- 同步磁阻机；
- 永磁 PM 辅助同步磁阻电机；
- 开关磁阻机；
- 互感耦合磁阻电机。

图 7.34 显示了其中 3 种类型的磁阻电机的横截面。同步磁阻（SyncRel）电机具有与感应和永磁 PM 同步电机类似的定子绕组布置，旨在在气隙中产生正弦旋转 mmf。转子凸极沿气隙产生磁阻变化，利用磁阻原理产生转矩。虽然使用同步磁阻电机可能难以实现牵引电机的功率密度和宽速度范围要求，但使用永磁 PM 辅助

同步磁阻（PM-SyncRel）电机可能实现某些应用的目标。PM-SyncRel 电机的基本工作原理与内永磁同步电机 IPMSM 非常相似，但磁阻转矩段在前者中所占比例更高。 牵引电机的另一个候选者是开关磁阻（SR）电机。开关磁阻电机在定子齿周围有集中绕组，每一相绕组在其转矩产生的时段独立产生转矩。互感耦合开关磁阻电机（MCSRM）是 SR 电机的一种变体，采用全节距绕组设计，其中互感变化用于产生转矩，而不是自感变化。MCSRM 可以使用三相电压源转换器代替用于传统 SRM 的不对称半桥转换器。

(a) 同步   (b) 互耦合   (c) 开关磁阻

图 7.34   磁阻电机

7.7.1   同步磁阻电机

同步磁阻（SyncRel）电机中的转矩是通过转子磁阻和定子磁动势（mmf）之间的相互作用产生的。在三相 SyncRel 电机中，正弦分布的定子绕组产生 mmf，其振幅恒定，但是绕定子和转子之间的气隙以同步速度旋转，如图 7.35 所示，图示是 2 极定子 - 转子配置同步电机的概念图。定子 mmf 磁阻沿转子磁阻的 d 轴最小，而沿转子的 q 轴最大。在定子通电的情况下，转子试图将自身与定子 mmf 对准其最小磁阻位置（θ=0）。 因此，如果 d 轴和 mmf 方向之间存在角度差，将在逆时针方向产生电磁转矩，如图 7.35 所示。通过控制保持恒定的负载角 θ 时，转子以同步速度旋转，电磁能将持续转换为机械能。

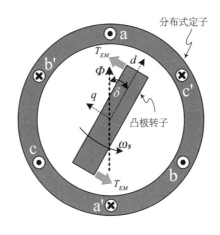

图 7.35   同步磁阻电机中的定子旋转 mmf 和等效 2 极概念转子

同步磁阻（SyncRel）电机中的定子电流即负责磁化（定子 mmf）也负责产生转矩。描述传统绕线同步电机的帕克方程可用于将 SyncRel 建模为

$$v_{ds} = r_s i_{ds} + p\lambda_{ds} - \omega\lambda_{qs} \tag{7.63}$$

$$v_{qs} = r_s i_{qs} + p\lambda_{qs} + \omega\lambda_{ds} \tag{7.64}$$

这里，v 和 i 分别代表定子电压和电流，r_s 是每相定子电阻，ω 是参考系的电角速度，λ 表示磁链，可以写成

$$\lambda_{ds} = (L_{ls} + L_{md})i_{ds} = L_d i_{ds} \tag{7.65}$$

$$\lambda_{qs} = (L_{ls} + L_{mq})i_{qs} = L_q i_{qs} \tag{7.66}$$

这里，L_{ls} 是定子漏感，L_{md} 和 L_{mq} 分别是直轴和交轴磁化电感。SynRM 电磁转矩的一般表达式为

$$T_e = \frac{3}{2}\frac{P}{2}[\lambda_{ds}i_{qs} - \lambda_{qs}i_{ds}] \tag{7.67}$$

其中 P 是极数。就 dq 轴电感和恒流操作而言，转矩表达式可以重写为

$$T_e = \frac{3}{2}\frac{P}{2}(L_{ds} - L_{qs})i_{ds}i_{qs} \tag{7.68}$$

在同步磁阻电机中，d 轴和 q 轴电感之差 $(L_{ds} - L_{qs})$ 和两个电感之比（L_{ds}/L_{qs}）是两个关键参数。为了获得更高的性能，最好将这两个参数设置得尽可能大。为了在 SynRM 驱动器中实现宽的恒功率和高功率因数，需要大的凸极比。在具有多个隔磁槽的轴向和横向叠片转子结构中都可以实现大的凸极比。隔磁槽的位置、形状和数量是关键参数，需要针对应用的特定设计目标进行优化。多屏障同步磁阻转子设计是实用类型，其目标是高转矩密度和功率因数和 / 或最小化转矩脉动。

7.7.2　永磁（PM）辅助同步磁阻电机

在转子隔磁槽内添加永磁体是提高同步磁阻电机（称为 PM-SyncRel 电机）的性能和功率密度的一种方法。可以在每个转子隔磁槽中插入一个永磁体。转子磁体径向放置，磁化方向抑制 q 轴磁通，这有助于凸极比。实际上，磁体的磁通对同步磁阻电机的 d 轴磁通有益。作为电流函数的 d 轴和 q 轴磁链可以表示为

$$\lambda_{ds} = (L_{ls} + L_{md})i_{ds} = L_{ds}i_{ds} \tag{7.69}$$

$$\lambda_{qs} = (L_{ls} + L_{mq})i_{qs} - \lambda_f = L_{qs}i_{qs} - \lambda_f \tag{7.70}$$

忽略饱和状态和转矩波动，平均转矩可以表示为

$$T_e = \frac{3}{2}\frac{P}{2}(L_{ds} - L_{qs})i_{ds}i_{qs} + \lambda_f\, i_{ds} \tag{7.71}$$

7.7.3　开关磁阻电机

开关磁阻电机（SRM）是一种双凸极单励磁阻电机，定子上有独立的相绕组。

定子和转子由磁钢叠片制成，后者没有绕组或磁铁。SRM 可以是有不同相位配置的各种定子 - 转子磁极组合。四相 8-6 SRM 和三相 12-8 SRM 的横截面图如图 7.36 所示。三相 12–8 电机是单定子基本 6–4 结构的几何结构的 2 倍复制版本。2 倍复制版本机器可以认为是 4 极 / 相机器，对于 6–4 结构可以称为 2 极 / 相机器。在径向相反的极上的定子绕组以串联或并联形式连接在一起，形成电机的一相。

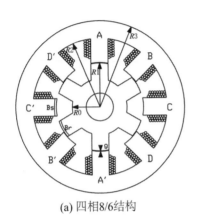 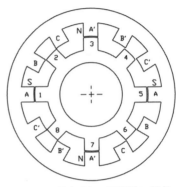

(a) 四相8/6结构　　　　　(b) 12/8二倍复制（双通道）结构

图 7.36　三相 SR 电机的横截面

当定子相通电时，最相邻的转子磁极对被吸引向通电的定子，以最小化磁路的磁阻。因此，通过给各相连续顺序通电，可以在任一方向上产生恒定旋转转矩。

一个相的对齐位置定义为当该相的定子和转子磁极彼此完全对齐，达到最小磁阻位置时的方向。在该位置，不饱和相电感最大（L_a）。随着转子磁极沿任一方向远离对齐位置，相电感逐渐减小。当转子磁极与一相的定子磁极对称错位时，该位置称为未对准位置。相位在该位置具有最小电感（L_u）。虽然电感的概念对于像 SRM 这样的高饱和机器不适用，但不饱和对齐和未对齐电感是控制器的两个关键参考位置。

存在其他几种定子和转子极数的组合，例如 10-4、12-8 等。4-2 或 2-2 配置也是可能的，但它们的缺点是如果定子和转子磁极完全对齐，则不可能产生启动转矩。定子 / 转子磁极组合数量较多的配置，转矩脉动较小，不存在启动转矩问题。

在各种可调速驱动和伺服应用中，开关磁阻电机几乎没有独特之处，使其成为现有的交流和直流电机的有力竞争者。由于没有转子绕组和永磁体，机器结构更简单。电机中的大部分损耗发生在定子中，定子相对更容易冷却。由于其较高的自感，SRM 的启动转矩可以非常高，而不会出现过大的浪涌电流问题。SRM 的另一个巨大优势是，最大允许转子温度更高。SRM 可以设计为具有宽的恒功率区域，这是一个对牵引应用特别有吸引力的特性。SRM 还具有其他交流电机所不具备的一些独特的容错功能。由于每个相绕组都与转换器开关元件串联，因此在 SRM 驱动转换器中的直流母线之间不存在击穿故障的可能性。独立的定子各相使驱动器在失去一个或多个相位的情况下仍能运行，并且驱动器可以安全关闭，而不是突然停止。

SRM 也有一些缺点，其中转矩波动和噪声是最关键的。与其他机器相比，双凸极结构和独立的各相产生的转矩的离散性质导致更高的转矩波动。较高的转矩脉动还导致直流电源中的电流纹波非常大，需要使用大的滤波电容器。由于激振力和定子的低阶圆周振型之间的共振，SRM 的声学噪声可能相对较高。

由于没有永磁体，定子绕组和转换器的励磁负荷增加，这就增加了转换器的 kVA 要求。与永磁无刷电机相比，单位定子铜损耗将更高，从而降低效率和每安培转矩。然而，SRM 不像永磁电机那样，SRM 在恒功率下的最大速度不受固定磁通量的限制，因此在 SRM 中，扩展恒功率运行区域是可能的。这种控制比感应电机的磁场定向控制更简单，尽管为了使转矩脉动最小化，SRM 驱动器可能需要进行大量计算。

7.7.3.1　SRM 工作原理

SRM 电机转子极数的常规选择是

$$N_r = N_s \pm k_m \tag{7.72}$$

其中 k_m 是一个整数，因此 k_m 对 q 取余 $\neq 0$ ，N_s 是定子极数。在选择定子和转子极数时，式 7.72 中定子和转子最常见的选择是带负号的 $k_m=2$。基本循环频率由下式给出：

$$f = \frac{n}{60} N_r \ \text{Hz} \tag{7.73}$$

式中，n 为电机转速，单位为 rev/m，N_r 为转子极数。SRM 的"步距角"或"行程角"由下式给出：

$$步距角 \ \varepsilon = \frac{2\pi}{N_{ph} \cdot N_{rep} \cdot N_r} \tag{7.74}$$

行程角是与转子每转的控制频率相关的重要设计参数。N_{rep} 表示基本 SRM 的不同配置，也可以表示为每相的极对数。N_{ph} 是相数。N_{ph} 和 N_{rep} 一起设置定子极数。

SRM 总是被驱动到饱和状态，以最大限度地利用磁路，因此，磁链 λ_{ph} 是定子电流和转子位置的非线性函数，由下式给出

$$\lambda_{ph} = \lambda_{ph}(i_{ph}, \theta)$$

SRM 的电磁曲线由图 7.37 中所示的 λ-i-θ 特性定义。为了获得最高的每安培转矩，需要尽可能高的凸极比（最大和最小不饱和电感水平之间的比率），但是随着转子和定子极弧的减小，转矩脉动趋于增加。在图 7.38 中看到的 SRM 的 T-i-θ 特性中的转矩降是对驱动系统中预期转矩脉动的间接测量。转矩降是指在相同电流水平下，一相的峰值转矩与两相重叠处的相同转矩之间的差异。转矩降越小，转矩波动就越小。SRM 的 T-i-θ 特性取决于定子 – 转子磁极重叠角、磁极几何形状、材料特性、磁极数和相数。

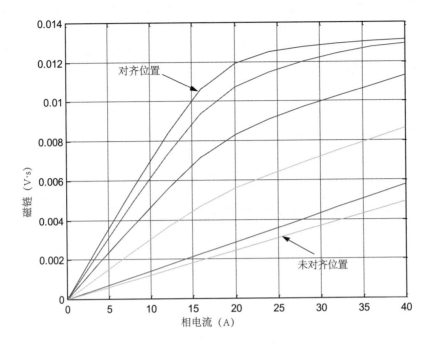

图 7.37　4 相 SRM 的磁通 - 角度 - 电流特性

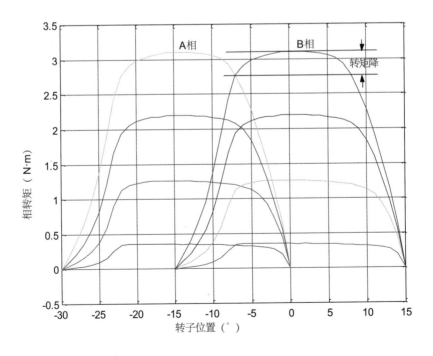

图 7.38　4 相 SRM 在 4 个恒电流水平的转矩 - 角度 - 电流特性

SRM 的设计目标是最大限度地减少铁损、具有良好的启动能力、最大限度地减少因磁通分布和饱和度变化而产生的不良影响以及消除相互耦合。Lawrenson[7] 和 Miller[8] 等人详细讨论了相数、极数和极弧选择的基本设计规则。SRM 的综合设计方法见 [9]。

控制 SRM 每一相定子电流流动的一般方程可写为

$$V_{ph} = i_{ph}R_s + \frac{\mathrm{d}\lambda_{ph}}{\mathrm{d}t} \tag{7.75}$$

其中 V_{ph} 是直流母线电压，i_{ph} 是瞬时相电流，R_s 是绕组电阻，λ_{ph} 是连接线圈的磁通。假设磁线性（其中 $\lambda_{ph}=L_{ph}(\theta)\,i_{ph}$），电压表达式可以简化为

$$V_{ph} = i_{ph}R_s + L_{ph}(\theta)\frac{\mathrm{d}i_{ph}}{\mathrm{d}t} + i_{ph}\frac{\mathrm{d}L_{ph}(\theta)}{\mathrm{d}t}\omega \tag{7.76}$$

其中 k_v 是电流相关的反电动势系数，$\omega = \dfrac{\mathrm{d}\theta}{\mathrm{d}t}$ 是转子角速度。

公式 7.76 中的最后一项是"反电动势"或"运动电动势"，它对 SRM 的影响与反电动势对直流电机或永磁无刷直流（PM BLDC）电机的影响相同。

7.7.3.2 能量转换

SRM 中的能量转换过程可以使用功率平衡关系进行评估。将等式 7.76 乘以两侧的 i_{ph}，瞬时输入功率可表示为

$$
\begin{aligned}
P_{\mathrm{in}} = V_{ph}i_{ph} &= i_{ph}{}^2 R_s + \left(L_{ph}i_{ph}\frac{\mathrm{d}i_{ph}}{\mathrm{d}t} + \frac{1}{2}i_{ph}{}^2\frac{\mathrm{d}L_{ph}}{\mathrm{d}\theta}\omega \right) + \frac{1}{2}i_{ph}{}^2\frac{\mathrm{d}L_{ph}}{\mathrm{d}\theta}\omega \\
&= i_{ph}{}^2 R + \frac{\mathrm{d}}{\mathrm{d}t}\left(\frac{1}{2}L_{ph}i_{ph}{}^2 \right) + \frac{1}{2}i_{ph}{}^2\frac{\mathrm{d}L_{ph}}{\mathrm{d}\theta}\omega
\end{aligned} \tag{7.77}
$$

第一项为定子绕组损耗，第二项为磁储能的变化率，第三项为机械输出功率。磁储能的变化率总是超过机电能量转换项。当电流在正的 $\frac{\mathrm{d}L_{ph}}{\mathrm{d}\theta}$ 斜率期间保持恒定时，所提供的能量能最有效地利用。磁储能不一定会消失，但如果使用适当的转换器拓扑，则可以由电源回收。在线性 SRM 的情况下，能量转换效率最多可达 50%，能量分配如图 7.39（a）所示。效率较低的缺点是，对于给定功率转换的 SRM，转换器的伏安额定值会增加。如果电机在磁饱和条件下运行，则输入能量分配的增加有利于能量转换。饱和状态下的能量分配如图 7.39（b）所示。

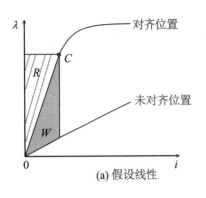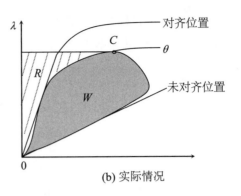

(a) 假设线性　　　　　　　　　　(b) 实际情况

W = 转换为机械功的能量
R = 返回到直流电源的能量

图 7.39　一个完整工作行程中的能量分配

7.7.3.3　转矩生产

当定子相励磁时，转子趋向于达到最小磁阻位置，从而在 SRM 中产生转矩。对于这种在磁阻原理下运行的设备，瞬时转矩的一般表达式为

$$T_{ph}(\theta,i_{ph}) = \left.\frac{\partial W'(\theta,i_{ph})}{\partial \theta}\right|_{i=常数} \tag{7.78}$$

其中 W' 是共能，定义为

$$W' = \int_0^i \lambda_{ph}(\theta,i_{ph})\,di$$

显然，瞬时转矩不是恒定的。机器的总瞬时转矩由各相转矩之和给出

$$T_{\text{inst}}(\theta,i) = \sum_{\text{phases}} T_{ph}(\theta,i_{ph}) \tag{7.79}$$

SRM 机电特性由图 7.38 所示相的静态 T-i-θ 特性定义。当磁饱和可以忽略时，瞬时转矩表达式变为

$$T_{ph}(\theta,i) = \frac{1}{2}i_{ph}^2 \frac{dL_{ph}(\theta)}{d\theta} \tag{7.80}$$

线性转矩表达式也遵循方程式 7.77 中的能量转换项（最后一项）。相电流需要与转子位置同步，以有效产生转矩。对于正转矩或驱动转矩，切换相电流，使转子从未对齐位置向对齐位置移动。另一方面，相电流必须与制动或再生转矩的电感减小区域一致。电机和发电运行模式的相电流以及电感曲线如图 7.40 所示。电流方向在转矩产生中无关紧要。驱动系统的最佳性能取决于相电流相对于转子角位置的适当定位。因此，向控制器提供位置反馈信号的转子位置传感器至关重要。

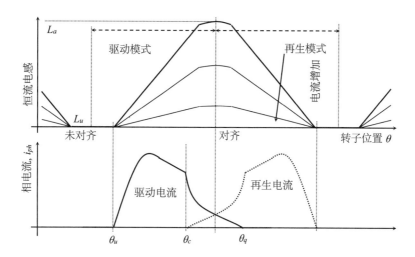

图 7.40　驱动和再生模式的相电流以及相应的转子位置和理想电感曲线

7.8　牵引 IPM 机器设计

汽车行业专注于电力驱动系统的性能，同时努力让客户接受电动和混合动力电动汽车，并考虑更高续航里程或减少电池质量，以降低整体系统成本。在此过程中，使用钕铁硼 NdFeB 磁体的 IPM 同步电机成为牵引电机的首要设计选择，主要是因为这些电机可以实现优异的功率 / 转矩密度和效率，以满足电力驱动传动系统的要求。

在此过程中，当几乎所有车辆制造商都采用 IPM 同步电机时，牵引电机的可持续性和成本最初被忽视，该电机使用稀土和重稀土材料。在某些应用中，已经使用了感应电机，尽管这些电机无法与内永磁同步电机（IPMSM）的功率密度相比。目前正在进行研究，以开发性能良好的替代机器，这些机器不使用稀土磁体材料或尽量减少稀土和重稀土磁体材料的使用。尽管如此，IPMSM 仍然是使用最广泛的牵引电机，因此，本节将讨论这种电机的设计。

7.8.1　初始机器尺寸：电磁设计

电机设计从基于规范的电磁设计开始，其中包括某些性能参数和约束，而在设计过程中必须假设几个参数。将转子体积与机器的电磁负载联系起来的初始尺寸分析方程是电磁设计的起点[10]。电负载（A）与电导体相关，以及这些电导体与 RMS 电流密度相关的强化程度强度相关。磁负载与磁性材料的强化程度有关，并以气隙中的峰值径向磁通密度（$B_{g,\ max}$）来衡量。铁芯材料饱和及铁损设定了将 $B_{g,\ max}$ 驱动到最大可实现点的限制。

机器电气（A_{pe}）和机械（A_{pm}）领域产品的设计约束由 $A_{pm} > A_{pe}$ 给出，决定了机器的槽 RMS 电流密度 J_{RMS}。强制冷却牵引电机的 RMS 电流密度约为 20 A/mm^2。电机中产生的转矩可表示为[10]

$$T = 3 \times N_{ph} \times r_g \times L \times B_g \times A_c \times J_{\mathrm{RMS}} \tag{7.81}$$

式中 N_{ph} 是定子每相的匝数，A_C 是槽导体面积，r_g 是转子气隙半径。牵引电机每单位体积的典型转矩范围在 50~100 kN·m/m³ [11]。对于牵引机，转子和定子之间的气隙通常在 0.6~1 mm 之间。

7.8.2　热分析

电机能量从电能转换为机械能或从机械能转换为电能的过程中，不可避免地会出现损耗，这最终会限制电机的额定功率。机器内的各种损失转化为热量，需要以与热量产生率平衡的速度排出热量。热设计与需要深入分析的电磁设计一样重要。为了分析和设计热力系统，在建立热力模型之前，需要进行功率损耗分析，以识别和建模所有热源。

电机中的所有损耗可分为电损耗、磁损耗和机械损耗。电损耗包括直流或铜损以及由趋肤和邻近损耗组成的交流损耗。磁损耗或铁损包括叠片材料中的磁滞损耗和涡流损耗以及永磁体（PM）中的涡流损耗。机械损失是摩擦损失和风阻损失。未计入这些类别的任何电机损耗都归入杂散损耗。所有这些损耗都需要准确建模，因为这些损耗是热分析的输入。热源和传热系数取决于材料特性，这些参数允许设计人员建立机器的热模型，使用该模型可以估计电机内部的温度分布。

7.8.3　机械 / 结构分析

结构完整性的机械应力分析是机器设计过程中与电磁和热分析并行的另一个步骤。对于电机，在应力分析中需要考虑两种类型的力：（i）因其激励和转矩产生的电磁径向力；（ii）因转速作用在其转子上的离心力。在弹性区域，应变与施加的应力成正比，符合胡克定律。在该区域的应力去除后，变形的材料会恢复到原来的形状。 弹性区域的最大应变边界由材料屈服强度（σ_y）定义。超出其弹性极限的是塑性区域，胡克定律不再适用，发生不可恢复的变形。弹性区域通常小于塑性区域。分析的目的是评估电机在额定运行条件下的应力，以验证其是否保持在材料的弹性区域内，并且没有永久变形。

电机设计将转矩和功率包络线作为运行速度的函数，如图 7.41 所示。热分析有助于在不超过最大允许稳态温度极限的情况下找到最大连续输出转矩或功率。

7.8.4　定子和绕组设计

定子设计包括导体的选择和槽 / 极组合。牵引电机中使用的两种导体是绞合导体和条形导体。条绕定子具有槽填充系数更高、更短的端部绕组、更好的热性能、改进的高压保护和全自动化制造工艺等优点。然而，条绕设计的一个众所周知的问题是交流绕组效应会在较高速度下降低电机效率。绞合导体更适合高速机器设计，因为在选择匝数方面有更大的灵活性。

电机极数 P 的选择取决于运行速度范围、驱动器的最大开关频率、可用的直流链路电压和铁损限制。此外，绕组配置和定子结构的选择也决定了具有合适绕组因

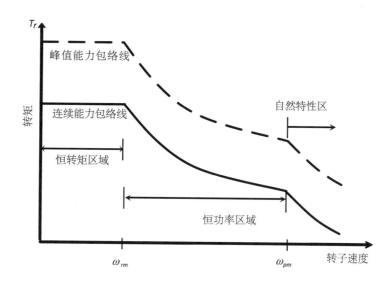

图 7.41 牵引电机转矩 - 速度包络线

数的转子极数。然而，漏磁通随着磁极数的增加而增加，磁极数非常高的机器（例如 $P > 16$）功率因数和转矩密度会降低。设计的槽 / 极组合是根据许多性能因素选择的，包括噪声、绕组设计、反电动势谐波和转矩脉动、基频。绕组分布可以是整数或分数，具体取决于表示为 q 的槽 / 极 / 相数量。表 7.3 显示了几个电机示例的槽 / 极组合示例。虽然有多种选择，但 $q = 2$ 是平均转矩、损耗和中等谐波含量之间的折中，这在商用车辆中最常见。更高的 q 设计将提供更多的正弦反电动势、更低的 PM 损耗、更高的平均转矩，但也将具有更高的导体损耗和更薄的齿，与 $q = 2$ 相比，这将增加铁损。必须注意的是，只有 $q = 1.5$ 的分数槽设计才能提供可能的平行路径绕组设计，其中振型阶数对于牵引电机应用仍然是合理的。

表 7.3 电动汽车电机的槽 / 极组合

槽 / 极 / 相（q）	极（p）	槽（$3 \times q \times P$）	模式（m）	车辆示例
2	8	48	8	2017 丰田普锐斯
2	8	48	8	日产 Leaf
2	12	72	12	2016 宝马 i3
3	12	108	12	示例未生产

对于绕组设计，导体之间的串联或并联连接主要取决于可用的直流链路电压和额定速度。对于串联连接，相电流必须通过每个导体，这将增加导体的尺寸，以获得恒定的电流密度。随着并联路径数量的增加，恒电流密度下的电流和导体尺寸减小。还发现，与串联配置相比，并联绕组连接降低了不平衡磁拉力（UMP）[12-14]。此外，必须确保并联路径之间没有环流。绞合导体中液体冷却的最大电流密度在

19~20 A/mm² 范围内，条形导体中的最大电流密度为 24~26 A/mm²。电流密度和最大允许电流决定了导体的尺寸。

7.8.5 转子设计

内永磁电机 IPM 的转子设计涉及磁体的选择和尺寸以及转子配置。在永磁体中，烧结钕铁硼型磁体因其高能产出而在电动汽车应用中很常见。转子磁体配置的设计候选有单 V、双 V 和三角形，双 V 形状是量产电动和混合动力电动汽车中最常用的配置。与单 V 形转子配置相比，双 V 形提供更低的纹波、更高的平均转矩和更高的凸极。三角形配置是性能和制造复杂性的折中方案，因此用于一些量产车型中。图 7.42 是一个双 V 形设计示例。

磁体的长度和宽度会影响磁通量分布、最大平均转矩、转矩脉动以及磁体总重量。两个磁体之间的角度、隔磁槽和中心桥的长度会影响最大平均转矩和转矩脉动。因此，需要优化磁体的尺寸和角度，以达到平均转矩、最大速度和功率要求。转子中存在两个主要的桥，即顶部桥（靠近气隙）和中心桥。随着桥厚度的增加，它会降低机械应力并增加漏磁通。从制造的角度来看，建议两个桥的厚度大于 1.4 mm。圆整拐角处的边缘也有助于减少机械应力和转矩波动。

例 7.5

使用软件设计工具 MotorCAD 针对给定的规格和约束条件，设计电动汽车系统的电机。该电机将用于电动汽车的驱动系统，该系统需要 150 kW 的功率才能从 0 达到 45 miles/h 的车速。车轮半径为 0.35 m。最高车速为 150 miles/h。考虑从车辆到电机的转矩减低比为 10∶1。使用 Motor-CAD 设计满足上述要求的电动机。

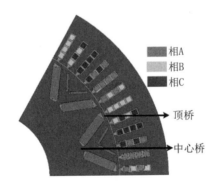

图 7.42 牵引电机转矩 - 速度包络线双 V 转子布局和带条形绕组的定子

限制条件：

直流母线电压：650 V

功率因数：≥ 0.65

槽电流密度：≤ 28 A(RMS)/mm²

45 miles/h 时的效率：≥ 0.95

功率密度：30kW/L

所需的设计输出为：（a）电机的转矩‑速度曲线；（b）电机的功率‑速度曲线；（c）效率图、导体损耗和铁损；（d）峰值功率条件下的磁通量图；（e）设计参数（L_d、L_q、R、BEMF 常数）。

答案

对给定的转矩目标和 TRV 进行初始尺寸确定，根据以下关系，给出转子体积

$$ROD \leftarrow \frac{TRV}{\text{Rotor Volume}} \quad 及 \quad SOD = \frac{ROD}{SR}$$

其中 ROD = 转子外径，TRV = 每单位转子体积的转矩，SOD = 定子外径，SR = 裂（ROD/SOD，通常在 0.5~0.8 之间）。

线‑线 RMS 电压和线电流由下式给出

$$V_{LLRMS} = \sqrt{6}/\pi \times V_{dc} \times 0.9$$

$$I_L = P_{\max}/(\sqrt{3} \times V_{LLRMS} \times pf \times \eta)$$

电机设计为 8 极，q=2，因此三相电机有 48 个槽。对于 f_{elec}=320 Hz 的电气频率，计算每相导体的数量如下

$$导体 / 相 = \frac{V_{ph}(\text{RMS})}{4.44 f_{elec} k_{w1} \lambda_{m1}}$$

式中，k_{w1} 是绕组因数，λ_{m1} 是 PM 磁链的基本分量。绕组因数取 k_{w1}=0.945。基本 PM 磁链与几何结构有关，如下所示：

$$\lambda_{m1} = B_{m1} \times ROD \times \frac{l_{stk}}{\text{Pole}/2}$$

式中，B_{m1} 是基本气隙磁通密度，范围是 0.9~1T。

表 7.4 给出了所设计机器的几何结构和参数。

表 7.4 所设计 150kW IPM 的几何结构和参数

参数	规格	单位
相电流	404	A
转子外径	150.5	mm
定子外径	214	mm
长度	138	mm
基本速度	5500	r/min
最大速度	18,200	r/min
纵横比	0.7	—
裂比	0.7	—
槽	48	—
极	8	—
绕组因数	0.945	—
槽填充	0.4	—

使用 MotorCad 设计的机器横截面结构如图 7.43 所示，150kW IPM 电气参数如

表 7.5 所示，运行速度范围内的转矩和功率包络线图如图 7.44 所示，所设计机器的
特性如图 7.45 所示。

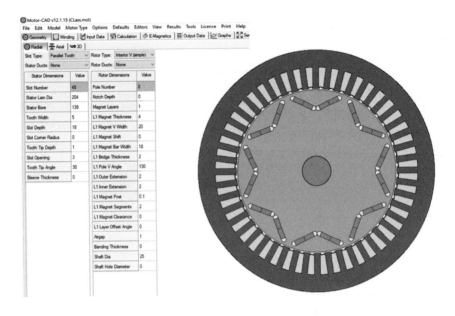

图 7.43　使用 MotorCad 设计的机器横截面结构

表 7.5　150 kW IPM 电气参数

参数	规格	单位
L_d	0.2387	mH
L_q	0.4482	mH
R	0.02465	Ω
BEMF 常数（K_e）	0.8222	V·s/rad

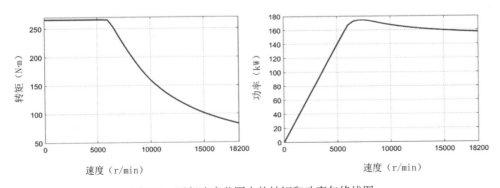

图 7.44　运行速度范围内的转矩和功率包络线图

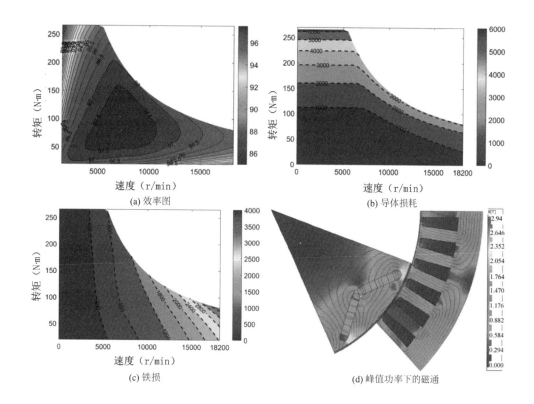

(a) 效率图 (b) 导体损耗

(c) 铁损 (d) 峰值功率下的磁通

图 7.45 所设计机器的特性

问题

7.1

一个 460V、60Hz、6 极、1176 r/min、Y 形连接的感应电机，在额定条件下具有以下定子参数：

$$R_s = 0.19\,\Omega, R_r = 0.07\,\Omega, X_s = 0.75\,\Omega, X_r = 0.67\,\Omega, X_m = \infty$$

当电机以额定电压供电时，找出制动转矩为 350 N·m，逆变器频率为 40 Hz 时的电机转速。

7.2

三相感应电机由可变电压、固定频率源操作。

a. 根据转差率（而不是转矩和速度）推导机器效率的表达式。P_{loss} 中仅包括定子和转子铜损和铁损。模型铁损被建模为等效电路中的恒定电阻。为了简化分析，假设铁损电阻和磁化电抗与其他参数相比较大。在此假设下，可以使用近似等效电路，其中铁损电阻和磁化电抗直接跨过定子端子。

b. 电机效率是否取决于端电压？计算电机效率最大时的转差率。

7.3

找出使他励直流电机的损耗最小的运行条件。（首先根据励磁电流和电枢电流编写 P_{loss} 方程。假设所有非线性函数均为线性，建立电枢电流和励磁电流之间的关系，然后找到最小 P_{loss} 的条件。）

7.4

指出永磁直流电机不可能在每个工作点（T^*，ω^*）达到最大效率的理由。（首先，用 T、ω 和机器磁通量 Φ 写出 P_{loss} 的方程式）。

7.5

如问题 7.2 所述，解释为什么串励直流电机不可能在任何工作点（T^*，ω^*）将损耗降至最低。

7.6

a. 相对于直流电源，永磁无刷直流电机的转矩常数为 0.12 N·m/A。当连接到 48V 直流电源时，以 r/min 为单位估计其空载转速。

b. 如果电枢电阻为 0.15Ω/ 相，且控制器晶体管中的总压降为 2V，则确定失速电流和失速转矩。

7.7

考虑一个三相 6/8SRM。定子各相按顺序励磁，励磁所有三相所需的总时间为 25 ms。求转子的角速度。用 rad/s 和 r/min 表达你的答案。

7.8

以下磁通量方程描述了三相 6/4 SRM 的非线性特性：

$$\lambda_j(i,\theta) = \lambda_s(1 - \exp(-i_j f_j(\theta))), \ i_j \geq 0$$

其中 $\lambda_s=$ 饱和磁通 $=0.2$ V·s， $f(\theta) = a + b \times \cos(N_r\theta - (j-1)2\pi/m)$
这里，$j=1,2,3$ 表示相数，$m=3$。此外，给定 $a = 0.024$ 和 $b = 0.019$。

a. 推导相转矩 $Tj(i, \theta)$ 的表达式。

b. 绘制 6 个角度的 λ-i-θ 特征，包括未对齐和对齐位置。取最大电流为 100 A。

c. 绘制转子位置未对齐和对齐之间的 T-i-θ 特性。取转矩特性的最大电流为 100A 和 10A 阶跃电流。

参考文献

[1]M.P. Thompson, E. Chang, A. Foto, J.G. Citron-Rivera, D. Haddad, R. Waldo and F.E. Pinkerton, "Grain-boundary-diffused magnets," *IEEE Electrification Magazine*, 5(1), 19–27, March 2017.

[2]R.H. Park, "Two-reaction theory of synchronous machines – Generalized method of analysis – Part I," *AIEE Transactions*, 48, 716–727, July 1929.

[3]P. Vas, *Electric Machines and Drives: A Space-vector Theory Approach*, Oxford University Press, Oxford, 1992.

[4]D.W. Novotny and T.A. Lipo, *Vector Control and Dynamics of AC Drives*, Oxford University Press, Inc., New York, NY, 1997.

[5]N. Mohan, *Electric Drives – An Integrated Approach*, MNPERE, Minneapolis, MN, 2001.

[6]T.J.E. Miller, *Brushless Permanent Magnet and Switched Reluctance Motor Drives*, Oxford University Press, Oxford, 1989.

[7]P.J. Lawrenson, J.M. Stephenson, P.T. Blenkinsop, J. Corda and N.N. Fulton, "Variable-speed switched reluctance motors," *IEE Proceedings, Part B*, 127(4), 253–265, July 1980.

[8]T.J.E. Miller, *Switched Reluctance Motors and their Control*, Magna Physics Publishing, Hillsboro, OH and Oxford Science Publications, Oxford, 1993.

[9]M.N. Anwar, I. Husain and A.V. Radun, "A comprehensive design methodology for switched reluctance machines," *IEEE Transactions on Industry Applications*, 37(6), 1684–1692, November–December 2001.

[10]D.A. Torrey, *AC Electric Machines and their Control*, E-Man Press LLC, Amsterdam, NY, 2010.

[11]J.R. Hendershot, *Design of Brushless Permanent-Magnet Machines*, Motor Design Books, Venice, FL, 2010.

[12]Y. Yang, S.M. Castano, R. Yang, M. Kasprzak, B. Bilkin, A. Sathyan, H. Dadkhah and A. Emadi, "Design and comparison of interior permanent magnet motor topologies for traction applications," *IEEE Transactions on Transportation Electrification*, 3(1), 86–97, March 2017.

[13]M. Sarif Islam, A. Ahmed, I. Husain and A. Sathyan, "Asymmetric bar winding for high speed traction electric machine," *IEEE Transactions on Transportation Electrification*, 6(1), 3–15, March 2020. doi:10.1109/TTE.2019.2962329.

[14]M.A. Kabir, *High Performance Reluctance Motor Drives with Three-phase Standard Inverter*, Doctoral Dissertation, Electrical Engineering, NC State University, December 2017.

交流电机控制8

　　与直流电机相比，交流电机的稳健性使其在各种电机驱动应用中具有吸引力，包括电动和混合动力汽车。只有当交流电机控制器可以提供与直流电机相当或更好的性能时，稳健性优势才有意义。直流电机控制简单是由于换向器和电刷的机械布置保持了定子和转子磁通之间的正交，而无须任何控制器参与。快速响应是牵引应用的关键要求；电机驱动器必须在命令更改后立即响应转矩变化。在直流电机中，转矩与电枢电流成正比，不涉及任何动力学，这使得响应是瞬时的。交流电机驱动器可以设计为具有快速响应特性，但代价是控制器复杂性。

　　第 7 章前面讨论的交流电机标量控制方法不具备牵引应用所需的快速响应特性。交流感应电机所需的控制方法是矢量控制，其中励磁电流的幅度和相角都受到控制[1][2]。交流电机采用定子电流矢量控制，以克服定子电阻、电感和感应电压的影响，其方式与直流电机相同。定子电流被转换成一个参考系，其中两个参数可以独立控制，一个用于转子磁通，另一个用于电磁转矩。使用传感器反馈信号和基于模型的计算，转子磁通相对于定子转矩产生电流分量，保持 90° 空间方向。本章的第一部分介绍了矢量控制所必需的 *dq* 建模，然后介绍了控制算法。

　　基于 *dq* 建模的矢量控制方法也用于永磁（PM）同步电机。任何具有正弦激励的机器都可以采用矢量控制方法。矢量控制很难应用于机器电气变量无法转换为合适的双轴坐标系的机器。永磁无刷直流（BLDC）和开关磁阻（SR）电机使用方波型激励产生转矩，控制器算法主要针对独立相开发，在相位换相过程中采用平滑控制。

8.1　交流电机矢量控制

　　电动和混合动力电动汽车驱动驱动需要具有快速响应特性的精确转矩控制。感应电机驱动器能够提供类似于使用矢量控制方法的直流电机的高性能。尽管矢量控制使控制器复杂化，但感应电机的低成本和坚固结构是优于直流电机的优势。

　　在速度和位置控制应用中，控制的关键变量是转矩。尽管从未直接测量转矩，但来自机器模型的转矩估算器常用于生成电流命令。最内层控制环路中的电流控制器通过将指令电流与来自传感器的反馈电流测量值进行比较来调节电机电流。如有必要，速度控制是通过比较指令速度信号与反馈速度信号在外环中实现的。两个环路是级联排列，外环的速度控制器输出为内环的电流指令。在某些高性能位置控制应用中，例如在电动和传统车辆的附件驱动执行器中，位置在最外层环路中进行控制，将速度控制器置于中间环路中。通过外环产生的阶跃变化命令到产生转矩阶跃变化的能力，代表了高性能应用中电机驱动系统的控制程度。感应电机中的矢量控制使机器能够在从一种稳态到另一种稳态的瞬时过渡中产生转矩阶跃变化，从而显著提高驱动系统的动态性能[3]。

矢量控制或磁场定向的目的是使感应电机模拟他励直流电机或永磁无刷直流电机（永磁梯形电机）的工作。为了理解矢量控制，让我们回顾一下直流电机中的转矩产生机制。图 8.1 显示了由他励产生磁场的直流电机的简化图。磁场磁链空间矢量 $\vec{\lambda}_f$ 是静止的并且沿着电机的 d 轴。由于换向器和电刷的作用，即使转子在旋转，电枢电流空间矢量 $\vec{i}_a$ 始终沿 q 轴。磁场和电枢电流之间的正交性确保了产生转矩的最佳条件，从而提供最高的转矩 / 安培比。直流电机的电磁转矩由下式给出：

$$T_e = k_T \lambda_f i_a \qquad (8.1)$$

式中，k_T 是一个机器常数，取决于机器的几何形状和设计参数。矢量符号被删除，因为这些变量在直流电机中是常量。他励直流电机中的电枢和励磁电路是完全独立的或解耦的，允许独立控制转矩和磁场。独立磁通控制特别适用于电动车辆类型的应用，其中在转矩 - 速度特性的恒定功率区域中，在高于额定转矩条件的更高速度下使用弱磁。恒功率范围有助于最大限度地降低驱动的传动齿轮要求。

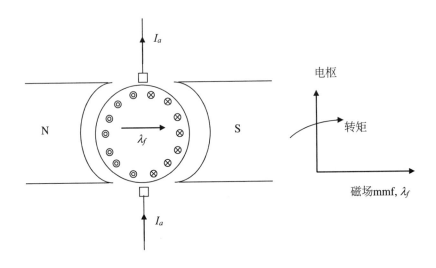

图 8.1   他励直流电机的转矩

对于永磁无刷直流 PM BLDC 电机，转子位置传感器和电力电子转换器取代了直流电机的机械换向器和电刷；这些组件同步工作，以保持定子电流空间矢量 $\vec{i}_s(t)$ 和转子磁通 $\vec{\lambda}_r(t)$ 矢量之间的平均正交性。这些机器中的反电动势是梯形的，而不是正弦的；因此，矢量控制是不可能的。转矩脉动是 PM BLDC 电机的一个问题，因为方波电流用于产生转矩，与梯形反电动势同步。相比之下，在直流换向器电机中，电枢和磁场 mmf 之间的正交性持续保持，这有助于提供更平滑的转矩。然而，在永磁同步电机的情况下，反电动势是正弦的，使用矢量控制，可以像感应电机一样实现平滑的转矩控制。

根据上面的讨论，瞬时转矩控制的主要要求是电枢电流的可控性、受控或恒定的磁场通量，以及定子 mmf 轴和转子 mmf 轴之间的正交空间角。对于直流 DC 和永磁无刷直流 PM BLDC 电机，后两个要求分别通过换向器和电刷以及位置传感器和逆变器切换自动满足。但是，请注意，仅在 PM BLDC 电机的平均基础上保持正交性，其影响会体现在性能上。对于感应电机和 PM 同步电机，这些要求在 *dq* 模型和参考系变换的帮助下得到满足。在每一个瞬间都满足这 3 个要求时，实现瞬时转矩控制。请注意，机器的电枢是承载电源提供的大部分电流的部件。在直流电机中，电枢在转子中，而对于交流电机，电枢在定子中。电枢电流的控制是在电流调节器的帮助下实现的，例如电流滞环调节器或 PI 电流调节器。为了克服定子绕组中的电枢绕组电阻、漏感和感应电压的影响，必须进行电枢电流控制。对于弱磁运行，需要减少转子磁通，这是通过励磁电流控制来实现的。该任务在他励直流电机中很简单。在感应和 PM 正弦电机中，*dq* 建模将电流产生转矩和磁通的分量解耦，并随后控制这些分量，以实现控制目标。

8.2 交流电机控制建模

交流电机控制从 *dq* 建模开始，它提供了实现转矩控制所需的所有必要的变换方程。在 *dq* 模型中，以机器变量（电流、磁链等）表示的电磁转矩 T_e 常用于估计闭环控制的转矩。这些机器变量可以使用传感器测量，这比转矩测量简单得多。方程式 7.46 的稳态转矩表达式和方程式 7.50 的简化转矩表达式不适用于动态控制器的实施，这是因为三相交流电机的定子和转子变量之间存在显著耦合。

我们在第 7 章前面已经看到，一组平衡的三相电流 $i_a(t)$、$i_b(t)$ 和 $i_c(t)$ 分别流过 120° 空间位移的一组平衡的 a、b 和 c 定子绕组，各自建立一个旋转的 mmf $\vec{F}_S(t)$；此 mmf 具有恒定的峰值幅度，它以同步速度围绕定子圆周旋转。*dq* 变换基于以下概念：d 轴和 q 轴等效定子电流，指定为 $i_{ds}(t)$ 和 $i_{qs}(t)$，沿 d 轴和 q 轴流过一组虚构的正交绕组，建立相同的定子旋转 mmf $\vec{F}_S(t)$。就一般变量 f（代表电压、电流或磁链）而言，从 abc 参考系到 dq 参考系的转换，由下式给出（为方便起见，此处与第 7 章重复）

$$f_q = \frac{2}{3}[f_a \cos\theta + f_b \cos(\theta - 120°) + f_c \cos(\theta + 120°)]$$

$$f_d = \frac{2}{3}[f_a \sin\theta + f_b \sin(\theta - 120°) + f_c \sin(\theta + 120°)]$$

(8.2)

$$f_0 = \frac{1}{3}[f_a + f_b + f_c]$$

空间矢量形式的变换是

$$\vec{f}_{qd}(t) = \frac{2}{3}e^{-j\theta}\vec{f}_{abc}(t)$$

(8.3)

这种变换关系适用于定子变量和转子变量。这里考虑的所有三相系统都假定是平衡的。

　　三相交流电机电流变量，无论是在 *abc* 坐标系还是在 *dq* 坐标系的投影，形成相同的空间矢量，如图 8.2 所示。*dq* 轴的方向相对于 *abc* 轴为任意角度 θ。直轴和交轴定子电流 i_{ds} 和 i_{qs} 是一组虚构的两相电流分量，其他 *dq* 变量也是如此。*dq* 参考系可以相对于定子是静止或以任意速度旋转，例如以转子速度或以同步速度。同样，当使用静止的 *dq* 参考系时，*dq* 轴可以相对于我们选择的参考 *a* 相轴处于任意角度。

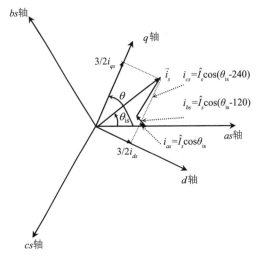

图 8.2　从三相变量到 *dq* 轴变量的转换

8.2.1　旋转参考系

　　虽然 *dq* 绕组的速度可以是任意的，但其中 3 种最适合用于机器分析。*dq* 绕组的这 3 个速度分别是 $0, \omega_m$ 和 ω_e。零速度称为静止参考系，其中更常见的是静止 *d* 轴与定子的 *a* 相轴对齐。在这种情况下，方程 8.2 和 8.3 中的变换角 θ 为 0。*d* 轴和 *q* 轴变量在平衡正弦稳态下以同步频率振荡。当 ω_e 被选为 *dq* 参考系的速度时，定子和转子 *dq* 绕组中的所有相关变量都显示为平衡正弦稳态下的直流变量。对于参考 *dq* 绕组的任意速度，角变换为

$$\theta = \int_0^t \omega(\xi)\mathrm{d}\xi + \theta_0 \tag{8.4}$$

例 8.1
交流电机中的三相电流是

$$i_a(t) = 10\cos 377t$$

$$i_b(t) = 10\cos\left(377t - \frac{2\pi}{3}\right)$$

$$i_c(t) = 10\cos\left(377t + \frac{2\pi}{3}\right)$$

计算（a）静止参考系；（b）同步参考系中 dq 参考系中的电流。

解决方案

（a）使用等式 8.2 和 $\theta=0$，静止参考系中的 dq 电流变量为

$$i_d{}^s(t) = -10\sin(377t)$$

$$i_q{}^s(t) = 10\cos(377t)$$

（b）使用公式 8.2 和 $\theta=\omega t=377t$ 和 $\theta_0=0$，同步旋转参考系中的 dq 电流变量为

$$i_d{}^e(t) = 0$$

$$i_q{}^e(t) = 10$$

8.2.2 感应电机 dq 模型

让我们假设三相模型中的定子和转子电压和电流随时间任意变化。三相感应电机定子和转子电路中，空间矢量形式的电压平衡方程为

$$\vec{v}_{abcs} = R_s\vec{i}_{abcs} + p\vec{\lambda}_{abcs}$$

$$\vec{v}_{abcr} = R_r\vec{i}_{abcr} + p\vec{\lambda}_{abcr}$$

对于短路转子绕组的鼠笼式感应电机，转子绕组电压 $\vec{v}_{abcr}$ 为 0，出于一般性考虑，将这样表示。为简单起见，此处表示的转子变量没有转子到定子的参照符号，但隐含地包含在方程中。定子和转子磁链包括定子和转子绕组电路之间以及定子和转子绕组之间的耦合效应。考虑到所有磁耦合，并假设磁线性（$\lambda = Li$），abc 参考系中电压方程的相变形式可以推导为

$$v_{abcs} = R_s\vec{i}_{abcs} + L_s(p\vec{i}_{abcs}) + L_m(p\vec{i}_{abcr})\mathrm{e}^{j\theta_r} + j\omega_r L_m\vec{i}_{abcr}\mathrm{e}^{j\theta_r} \tag{8.5}$$

$$\vec{v}_{abcr} = R_r\vec{i}_{abcr} + L_r(p\vec{i}_{abcr}) + L_m(p\vec{i}_{abcs})\mathrm{e}^{-j\theta_r} - j\omega_r L_m\vec{i}_{abcs}\mathrm{e}^{-j\theta_r} \tag{8.6}$$

其中 $\omega_r = p\theta_r = \dfrac{\mathrm{d}\theta_r}{\mathrm{d}t}$ 是转子速度，并且 $L_S = L_{ls} + L_m$，$L_r = L_{lr} + L_m$，L_{ts} 和 L_{tr} 分

别为定子和转子的漏感。可以使用空间矢量方法[1]或参考系变换[4]进行推导。

乘以 $\mathrm{e}^{j\theta}$ 并应用 dq 变换，方程式 8.5 和 8.6 可以变换为以速度 ω 旋转的一般参考系

$$\vec{v}_{qds} = R_s\vec{i}_{qds} + L_s(p\vec{i}_{qds}) + L_m(p\vec{i}_{qdr}) + j\omega(L_s\vec{i}_{qds} + L_m\vec{i}_{qdr}) \tag{8.7}$$

$$\vec{v}_{qdr} = R_r\vec{i}_{qdr} + L_r(p\vec{i}_{qdr}) + L_m(p\vec{i}_{qds}) + j(\omega - \omega_r)(L_r\vec{i}_{qdr} + L_m\vec{i}_{qds}) \tag{8.8}$$

任意 dq 参考系中感应电机模型的矩阵形式为

$$\begin{bmatrix} v_{ds} \\ v_{qs} \\ v_{dr} \\ v_{qr} \end{bmatrix} = \begin{bmatrix} R_s & -\omega L_s & 0 & -\omega L_m \\ \omega L_s & R_s & \omega L_m & 0 \\ 0 & -(\omega-\omega_r)L_m & R_r & -(\omega-\omega_r)L_r \\ (\omega-\omega_r)L_m & 0 & (\omega-\omega_r)L_r & R_r \end{bmatrix} \begin{bmatrix} i_{ds} \\ i_{qs} \\ i_{dr} \\ i_{qr} \end{bmatrix}$$

$$+ \begin{bmatrix} L_s & 0 & L_m & 0 \\ 0 & L_s & 0 & L_m \\ L_m & 0 & L_r & 0 \\ 0 & L_m & 0 & L_r \end{bmatrix} \begin{bmatrix} pi_{ds} \\ pi_{qs} \\ pi_{dr} \\ pi_{qr} \end{bmatrix}. \tag{8.9}$$

感应电机的 dq 等效电路模型原理图如图 8.3 所示。

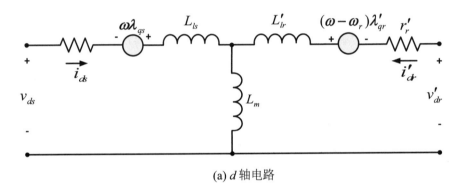

(a) d 轴电路

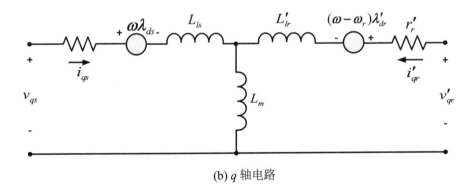

(b) q 轴电路

图 8.3　感应电机的 d 轴和 q 轴等效电路

8.2.3　功率和电磁转矩

根据 dq 变量分析进入三相电机的功率，以得出用于电机控制环路的电磁转矩表达式。进入感应电机的功率是相电压和相电流的乘积，如下所示

$$P_{\text{in}} = (v_{as}i_{as} + v_{bs}i_{bs} + v_{cs}i_{cs}) + (v_{ar}i_{ar} + v_{br}i_{br} + v_{cr}i_{cr}) \tag{8.10}$$

输入功率嵌入在定子和转子变量的电压空间矢量和电流空间矢量共轭乘积的实

部中。实部的计算方法如下：

$$\operatorname{Re}\left(\vec{v}_{abc}\vec{i}_{abc}^*\right)=\operatorname{Re}[(v_a+v_b\angle120°+v_c\angle240°)\cdot(i_a+i_b\angle-120°+i_c\angle-240°)]$$

$$=\frac{3}{2}(v_ai_a+v_bi_b+v_ci_c)$$

使用感应电机功率输入方程中的上述关系，我们得到

$$P_{in}=\frac{2}{3}\left[\operatorname{Re}\left(\vec{v}_{abcs}\vec{i}_{abcs}^*\right)+\operatorname{Re}\left(\vec{v}_{abcr}\vec{i}_{abcr}^*\right)\right]$$

现在，使用公式 8.3，

$$P_{in}=\frac{2}{3}\left[\operatorname{Re}\left[\left(\frac{3}{2}\mathrm{e}^{j\theta}\vec{v}_{qds}\right)\left(\frac{3}{2}\mathrm{e}^{-j\theta}\vec{i}_{qds}^*\right)\right]+\operatorname{Re}\left[\left(\frac{3}{2}\mathrm{e}^{j\theta}\vec{v}_{qdr}\right)\left(\frac{3}{2}\mathrm{e}^{-j\theta}\vec{i}_{qdr}^*\right)\right]\right] \tag{8.11}$$

$$=\frac{3}{2}\left[\operatorname{Re}\left(\vec{v}_{qds}\vec{i}_{qds}^*\right)+\operatorname{Re}\left(\vec{v}_{qdr}\vec{i}_{qdr}^*\right)\right]$$

输入功率的标量形式表达式为

$$P_{in}=\frac{3}{2}(v_{ds}i_{ds}+v_{qs}i_{qs}+v_{dr}i_{dr}+v_{qr}i_{qr}) \tag{8.12}$$

乘数 3/2 是因为 dq 和 abc 变量的比率选择了系数 2/3。如果我们选择 $\sqrt{2/3}$ 作为 dq 和 abc 变量之间的比例常数，等式 8.12 的输入功率表达式将不会有这个 3/2 因子。

扩展等式 8.12 的右侧，并提取输出机电功率 P_e[1] 后，我们得到

$$P_e=\frac{3}{2}\operatorname{Im}\left[\omega_rL_m\vec{i}_{qds}\vec{i}_{qdr}^*\right] \tag{8.13}$$

式中，ω_r 是两极电机的转子角速度。因此，P 极电机的电磁转矩为

$$T_e=\frac{3}{2}\frac{P}{2}L_m\operatorname{Im}\left[\vec{i}_{qds}\vec{i}_{qdr}^*\right]=\frac{3}{2}\frac{P}{2}L_m(i_{qs}i_{dr}-i_{ds}i_{qr}) \tag{8.14}$$

利用定子和转子磁链表达式，可以导出电磁转矩的几种替代形式。下面是几个转矩表达式

$$T_e=\frac{3}{2}\frac{P}{2}\operatorname{Im}\left[\vec{i}_{qds}\vec{\lambda}_{qdr}^*\right]=\frac{3}{2}\frac{P}{2}(\lambda_{ds}i_{qs}-\lambda_{qs}i_{ds}) \tag{8.15}$$

$$T_e=\frac{3}{2}\frac{P}{2}\frac{L_m}{L_r}\operatorname{Im}\left[\vec{i}_{qds}\vec{\lambda}_{qdr}^*\right]=\frac{3}{2}\frac{P}{2}\frac{L_m}{L_r}(\lambda_{dr}i_{qs}-\lambda_{qr}i_{ds}) \tag{8.16}$$

在异步电机的矢量控制中，采用了 dq 变量表示的转矩表达。实现矢量控制，有几个可用的参考系可供选择。例如转子磁场定向参考系、定子磁场定向参考系或气隙磁场定向参考系。控制器输入端的 abc 变量被转换为所选参考系中的 dq 变量。根据 dq 变量进行控制计算，生成的命令输出再次转换回 abc 变量。逆变器控制器执行命令，以在驱动系统中建立所需的电流或电压。

本节推导的转矩表达式适用于电机控制器的实施，而方程式 7.50 的简化转矩

表达式适用于系统级分析。

8.3　感应电机矢量控制

　　矢量控制是指在选定的参考系中定子和转子关键变量的幅值和相角控制。更具体地说，高性能感应电机驱动器中使用的控制方法称为磁场定向控制。磁场定向一词用作矢量控制的一种特殊情况，其中定子和转子 mmf 之间的 90° 空间定向由电机控制器持续保持。矢量控制是一个通用术语，也用于转子和定子关键变量之间的角度不同于 90° 的控制。

　　将变量转换为旋转参考系有助于感应电机的瞬时转矩控制，类似于直流电机的控制。考虑 dq 参考系中公式 8.16 中的电磁转矩表达式：

$$T_e = \frac{3}{2}\frac{P}{2}\frac{L_m}{L_r}(\lambda_{dr}i_{qs} - \lambda_{qr}i_{ds})$$

　　如果我们选择一个以同步速度旋转的参考系，转子磁链矢量 $\vec{\lambda}_{qdr}(t)$ 沿 dq 参考系的 d 轴持续锁定，则 λ_{qr}=0。得到的转矩方程为

$$T_e = \frac{3}{2}\frac{P}{2}\frac{L_m}{L_r}\lambda_{dr}i_{qs} \qquad (8.17)$$

　　现在，请注意上述转矩表达式与公式 8.1 中的直流电机转矩表达式之间的相似性。i_{qs} 电流的瞬时变化与恒定 λ_{dr} 将导致转矩的瞬时变化，与直流电机的情况类似。我们可以得出这样的结论：通过适当的参考系变换，可以使交流电机看起来像直流电机，因此可以进行类似的控制。有几种方法可以在感应电机上实现矢量控制。可以通过转换为多个同步旋转的参考系中的任意一个来实现，例如转子磁通参考系、气隙磁通参考系和定子磁通参考系[1, 5]。该任务是转子磁通定向参考系中最简单的任务，将在下一节中介绍。另外，根据转子磁通角的测量方法，矢量控制分为直接矢量控制和间接矢量控制。

8.3.1　转子磁场定向矢量控制

　　在转子磁链定向矢量控制方法中，选择转子磁链矢量方向作为参考坐标系的 d 轴。还假设参考系以转子磁链矢量的速度旋转。在转子磁通定向参考系中，q 轴转子磁通 $\lambda_{qr}{}^{rf}$=0，转矩为

$$T_e = \frac{3}{2}\frac{P}{2}\frac{L_m}{L_r}\lambda_{dr}{}^{rf}i_{qs}{}^{rf} \qquad (8.18)$$

　　如果转子磁通保持恒定，则转子磁通参考系中 q 轴定子电流的瞬时控制会导致电机转矩的瞬时响应。可以假设电流控制器具有高带宽，因此它可以立即建立定子指令电流。因此，控制器的动态主要与转子电路相关。转子磁通定向参考系中的转子磁通和电流以及定子电流如图 8.4 所示。从公式 8.9 导出的转子磁通参考系中的转子电压和电流方程为

$$v_{qr}{}^{rf} = R_r i_{qr}{}^{rf} + p\lambda_{qr}{}^{rf} + (\omega_{rf} - \omega_r)\lambda_{dr}{}^{rf}$$

$$v_{dr}{}^{rf} = R_r i_{dr}{}^{rf} + p\lambda_{dr}{}^{rf} - (\omega_{rf} - \omega_r)\lambda_{qr}{}^{rf}$$

图 8.3 中的磁链为

$$\lambda_{qr}{}^{rf} = L_{lr} i_{qr}{}^{rf} + L_m\left(i_{qs}{}^{rf} + i_{qr}{}^{rf}\right) = L_m i_{qs}{}^{rf} + L_r i_{qr}{}^{rf}$$

$$\lambda_{dr}{}^{rf} = L_{lr} i_{dr}{}^{rf} + L_m(i_{ds}{}^{rf} + i_{dr}{}^{rf}) = L_m i_{ds}{}^{rf} + L_r i_{dr}{}^{rf}$$

鼠笼式感应电机的转子电压为零。此外，在转子磁通定向参考系中，q 轴磁链为零 $\lambda_{qr}{}^{rf}=0$。因此，转子 dq 电路电压平衡方程变为

$$0 = R_r i_{qr}{}^{rf} + (\omega_{rf} - \omega_r)\lambda_{dr}{}^{rf} \tag{8.19}$$

$$0 = R_r i_{dr}{}^{rf} + p\lambda_{dr}{}^{rf} \tag{8.20}$$

实现一种形式的矢量控制（间接方法）所需的一个重要关系是转差关系，它由公式 8.19 得出：

$$\omega_{rf} - \omega_r = s\omega_{rf} = -\frac{R_r i_{qr}{}^{rf}}{\lambda_{dr}{}^{rf}} = \frac{R_r}{L_r}\frac{L_m i_{qs}{}^{rf}}{\lambda_{dr}{}^{rf}} \tag{8.21}$$

从 q 电路磁链表达式，我们得到

$$\lambda_{qr}{}^{rf} = L_m i_{qs}{}^{rf} + L_r i_{qr}{}^{rf} = 0 \Rightarrow i_{qr}{}^{rf} = -\frac{L_m}{L_r} i_{qs}{}^{rf} \tag{8.22}$$

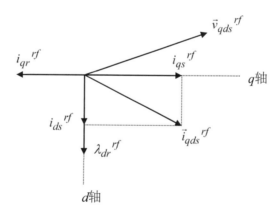

图 8.4 转子磁通定向参考系中的 d 轴和 q 轴电流

公式 8.22 描述了在转矩指令定子电流 $i_{qs}{}^{rf}$ 发生变化后，转子电流将出现瞬时响应，没有任何延迟。 转子磁通定向矢量控制方法的主要动态特性在于 d 轴转子磁通 $\lambda_{dr}{}^{rf}$ 的行为。根据下式，$\lambda_{dr}{}^{rf}$ 与 d 轴转子和定子电流有关

$$\lambda_{dr}{}^{rf} = L_r i_{dr}{}^{rf} + L_m i_{ds}{}^{rf} \tag{8.23}$$

现在，使用方程 8.20 和 8.23，可以很容易地建立以下动态关系

$$i_{dr}{}^{rf} = -\frac{L_m p}{R_r + L_r p} i_{ds}{}^{rf} \tag{8.24}$$

$$\lambda_{dr}{}^{rf} = \frac{R_r L_m}{R_r + L_r p} i_{ds}{}^{rf} \tag{8.25}$$

等式 8.25 表明，$i_{dr}{}^{rf}$ 仅在 $i_{ds}{}^{rf}$ 变化时存在，并且在稳态下为零。方程式 8.25 给出了导致转子磁通 $\lambda_{dr}{}^{rf}$ 变化的相关动态关系。在稳态下，转子磁通为

$$\lambda_{dr}{}^{rf} = L_m i_{ds}{}^{rf}$$

因此，为了改变转子磁通指令，必须改变 $i_{ds}{}^{rf}$，这将导致 d 轴转子电流 $i_{dr}{}^{rf}$ 出现瞬变。与这些动态相关的时间常数为 $\tau_r = \dfrac{L_r}{R_r}$，通常称为转子时间常数。

8.3.2　直接和间接矢量控制

实现矢量控制的关键是找到转子磁通相对于静止参考系轴的瞬时位置。该角度定义为 θ_{rf}，相对于 a 相参考轴位置如图 8.5 所示。根据测量或计算转子磁链角的本质，矢量控制方法可以采用两种方法之一，即直接方法和间接方法。

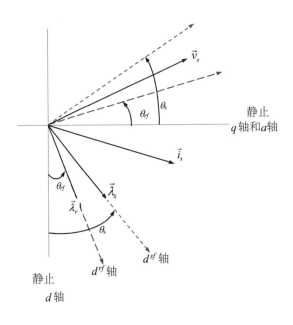

图 8.5　静止 , 转子磁通（rf）定向和定子磁通（sf）定向参考系关系

8.3.2.1　直接矢量控制

在直接矢量控制方法中，转子磁通角是通过直接测量电机电量来计算的。使用

机器的 dq 模型，测量值用于计算转子磁通矢量，该矢量直接给出转子磁通角 θ_{rf}。电变量的测量可以用几种不同的方法之一进行。例如，放置在气隙中的磁通感应线圈或霍耳传感器可用于测量气隙磁通 $\vec{\lambda}_{qdm}$。下标 "m" 表示定子和转子之间气隙中的相互磁通。感应电机的 dq 模型给出了以下数学关系：

$$\vec{\lambda}_{qdm}{}^{s} = L_m\left(\vec{i}_{qds}{}^{s} + \vec{i}_{qdr}{}^{s}\right) \tag{8.26}$$

$$\vec{\lambda}_{qdr}{}^{s} = L_m\vec{i}_{qds}{}^{s} + L_r\vec{i}_{qdr}{}^{s} \tag{8.27}$$

上标 "s" 用于参考系，因为气隙磁通测量是相对于静止参考系中的定子进行的。现在，我们的目标是用可测量的量来表达 $\vec{\lambda}_{qdr}$。根据公式 8.26，转子电流可以写为

$$\vec{i}_{qdr}{}^{s} = \frac{\vec{\lambda}_{qdm}{}^{s}}{L_m} - \vec{i}_{qds}{}^{s}$$

将转子电流代入等式 8.28

$$\vec{\lambda}_{qdr}{}^{s} = \frac{L_r}{L_m}\vec{\lambda}_{qdm}{}^{s} - (L_r - L_m)\vec{i}_{qds}{}^{s}$$

$$\Rightarrow \lambda_r = \left|\vec{\lambda}_{qdr}{}^{s}\right|,\quad \theta_{rf} = \angle\vec{\lambda}_{qdr}{}^{s}$$

该方法非常简单，只需要了解两个电机参数，即转子漏感 $L_r{-}L_m{=}L_{lr}$ 和 L_r/L_m 之比。

转子漏感是一个相当恒定的值，而 L_r/L_m 之比因磁通路径饱和而变化很小。然而，最大的缺点是需要在气隙中安装磁通传感器。

通过使用电压和电流传感器来测量定子施加的电压和电流，可以避免使用磁通传感器。通过对测量结果中的相电压直接积分来计算定子磁通

$$\vec{\lambda}_{qds}{}^{s} = \int\left(\vec{v}_{qds}{}^{s} - R_s\vec{i}_{qds}{}^{s}\right)\mathrm{d}t$$

转子磁通矢量可以使用以下数学关系从定子磁通矢量获得：

$$\vec{\lambda}_{qdr}{}^{s} = \frac{L_r}{L_m}\left(\vec{\lambda}_{qds}{}^{s} - L_s'\vec{i}_{qds}\right)$$

式中 $L_s' = L_s - \dfrac{L_m^2}{L_r}$，该方法需要 3 个电机参数 R_s, L_s' 和 L_r/L_m。该方法的主要困难在于，由于温度依赖性，定子电阻 R_s 会发生显著变化，以及在低速时通过相电压积分获得定子磁通。由于主要是电阻压降项，积分在低速时尤其不准确。

8.3.2.2 间接矢量控制

在更常用的间接矢量控制方案中，转子位置传感器用于导出速度和转子位置信息，而公式 8.24 的转差关系用于导出转子磁通角。间接矢量控制方法中转子磁通角计算的实现如图 8.6 所示。

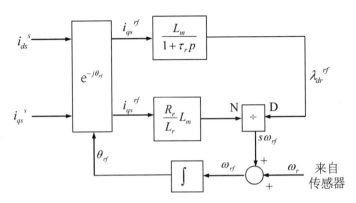

图 8.6   间接矢量控制方法中的转子磁通角计算

8.3.2.3   矢量控制的实施

矢量控制驱动和其他电机驱动系统一样，有 3 个主要部件：电机、功率转换器和控制器。图 8.7 显示了调速矢量控制驱动器的实施框图。控制器处理来自转换器和电机的输入命令信号和反馈信号，并为 PWM 逆变器或转换器生成栅极信号。

在闭环速度控制系统中，有一个输入是速度参考值，将其与测得的速度反馈信号进行比较，以生成用于保持所需速度的控制信号。矢量控制器需要参考系变换和几个通常在数字信号处理器中实现的计算。传感器向控制器提供电流反馈信息以进行矢量计算。矢量控制器的第一步是将反馈电流信号运算转换为合适的 dq 参考系。接下来的步骤是计算转矩和参考系角度。矢量控制器为电流调节的 PWM 逆变器输出三相参考电流 i_a^*、i_b^* 和 i_c^*。下一级的电流控制器为电力电子转换器开关生成 PWM 栅极信号，以在电机中建立所需的电流。转矩和角度的计算可以在转子磁通参考系中进行，使用转矩方程 8.18 和图 8.7 框图。对于达到机器额转速的速度，使用额定转子磁通 $\bar{\lambda}_r$。对于更高的速度，通量指令会降低，以在恒功率模式下操作机器。这种运行模式被称为弱磁模式。在间接控制方法中，位置和速度传感器用于提供转子位置和电机速度反馈信息（实现如图 8.7 所示）。

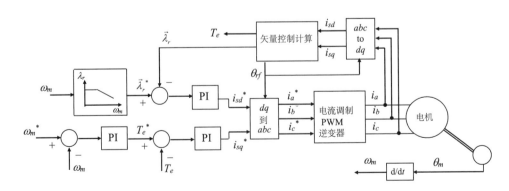

图 8.7   矢量控制的实施

8.4 永磁（PM）同步电机矢量控制

电动和混合动力汽车中使用的永磁（PM）电机采用正弦 mmf 设计，采用矢量控制以获得最快的响应特性和平滑的转矩控制。

8.4.1 参考系中的电压和转矩

对于永磁同步电机（PMSM）的矢量控制，将 *abc* 变量转换为转子参考系，该转子参考系也是同步电机稳态时的同步参考系。 PMSM 的 *dq* 方程早在第 7 章中介绍过，为了方便起见，在此重复：

$$v_q = R_s i_q + \frac{\mathrm{d}}{\mathrm{d}t}\lambda_q + \omega_r \lambda_d$$

$$v_d = R_s i_d + \frac{\mathrm{d}}{\mathrm{d}t}\lambda_d - \omega_r \lambda_q$$

(8.28)

其中，*dq* 轴磁链是

$$\lambda_q = L_q i_q$$

$$\lambda_d = L_d i_d + \lambda_f$$

d 和 *q* 轴电感为

$$L_d = L_{ls} + L_{md}, \qquad L_q = L_{ls} + L_{mq}$$

式中 L_{ls} 是漏电感。

q 轴和 *d* 轴的等效电路表示如图 8.8 所示。

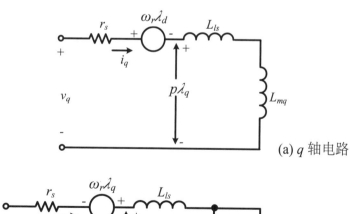

(a) *q* 轴电路

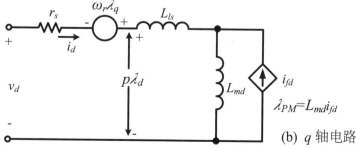

(b) *q* 轴电路

图 8.8　*dq* 参考系中的 IPM 同步电机模型

电磁转矩由下式给出：

$$T_e = \frac{3}{2}\frac{P}{2}\left[\lambda_f i_q + (L_d - L_q)i_d i_q\right]$$ （8.29）

其中 P 是极数。

转子位置信息给出了 d 轴和 q 轴的位置，由下式给出

$$\theta_r = \int_0^t \omega_r(\xi)\,\mathrm{d}\xi + \theta_r(0)$$

控制目标是通过控制逆变器开关的触发角来调节电压 v_d 和 v_q 或电流 i_d 和 i_q。

8.4.2　永磁同步电机 PMSM 仿真模型

永磁同步电机 dq 模型的状态空间表示法可用于电机的计算机仿真。dq 同步参考系常用的表达为

$$\begin{aligned}
\frac{\mathrm{d}i_d}{\mathrm{d}t} &= -\frac{R_s}{L_d}i_d + \frac{L_q}{L_d}\omega_r i_q + \frac{v_d}{L_d} \\[2mm]
\frac{\mathrm{d}i_q}{\mathrm{d}t} &= -\frac{R_s}{L_q}i_q - \frac{L_d}{L_q}\omega_r i_d - \frac{1}{L_q}\omega_r \lambda_f + \frac{v_q}{L_q} \\[2mm]
\frac{\mathrm{d}\omega_m}{\mathrm{d}t} &= \frac{1}{J}\left(T_e - T_l - B\omega_m - F\frac{\omega_m}{|\omega_m|}\right) \\[2mm]
\frac{\mathrm{d}\theta_r}{\mathrm{d}t} &= \frac{P}{2}\omega_m
\end{aligned}$$ （8.30）

其中 J 是转子和负载惯量，F 是库仑摩擦，B 是黏性负载，T_l 是负载转矩，P 是极数，ω_r 是电气转子速度，θ_r 是电气转子位置，而 ω_m 是机械转子速度，θ_m 是机械转子位置。电气转子位置与机械转子位置的关系下：

$$\theta_r = \frac{P}{2}\theta_m$$

电气转子速度与机械转子速度的关系是

$$\omega_r = \frac{P}{2}\omega_m$$

8.4.3　永磁（PM）同步电机驱动

永磁（PM）同步电机的优点在于，它可以在矢量控制模式下驱动，从而提供高性能，而永磁梯形电机必须用方波电流驱动。当然，在永磁同步电机中实现矢量控制需要高精度的位置信息。典型的永磁同步电机驱动器由永磁同步电机、三相桥式逆变器、栅极驱动器、位置传感器、电流或电压传感器、微处理器或数字信号处理器以及接口电路组成，如图 8.9 所示。

永磁同步电动机的矢量控制比感应电动机简单，因为电动机总是以同步速度旋

转。在矢量计算中，只需要同步旋转的参考坐标系。系统控制器设置参考或命令信号，可以是位置、速度、电流或转矩。控制器所需的变量是来自传感电路的反馈信号（位置、速度、电流或电压）或信号处理器内获得的估计值。参考和实际变量信号之间的误差信号被转换为逆变器开关的栅极控制信号。开关遵循栅极指令，通过向三相定子绕组注入所需的定子电流来减少误差信号。

矢量控制用于电动和混合动力汽车应用中的永磁 PM 同步电机驱动，以提供所需的高性能。公式 8.29 中的 PM 同步电机转矩表达式表明，如果 d 轴电流保持恒定，则产生的转矩与 q 轴电流成比例。对于 i_d 强制为零的特殊情况，$\lambda_d = \lambda_f$，并且

$$T_e = \frac{3}{2} \cdot \frac{P}{2} \cdot \lambda_f \cdot i_q$$
$$= k_e i_q$$

（8.31）

式中 $k_e = \frac{3}{2} \cdot \frac{P}{2} \cdot \lambda_f =$ 电机常数。由于磁链是常数，因此转矩与 q 轴电流成正比。

转矩方程类似于他励直流电机的转矩方程。因此，使用参考系变换，可以像控制直流电机一样控制永磁同步电机。对于给定的转矩指令，低于基速的指令 i_q 从机器电磁转矩方程中获得：

$$i_q^* = \frac{2}{3} \times \frac{2}{P} \times \frac{T_e^*}{\lambda_f}$$

（8.32）

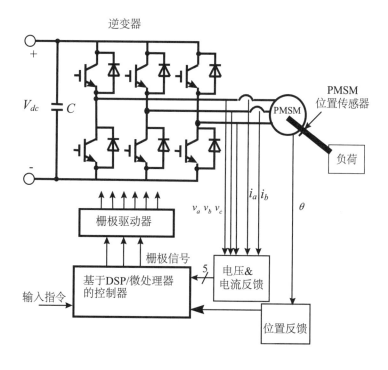

图 8.9 典型永磁同步电机驱动器结构

8.4.3.1　弱磁

永磁同步电机可以在类似于直流电机的弱磁模式下运行，以扩大恒功率范围并实现更高的速度。注入负 i_d 将削弱气隙磁通。弱磁模式的实施技术如图 8.10 所示。

在电机基速以上，使用弱磁算法找到满足最大电流和电压限制的定子电流的退磁分量。根据机器的速度，弱磁算法计算出一个常数：

$$f(\omega_r) = \frac{\omega_b}{\omega_r};\ \ \omega_b < \omega_r < \omega_{max}$$
$$= 1;\ \ \ \ 0 < \omega_r < \omega_b$$

（8.33）

式中，ω_b 是基度，ω_r 是转子速度，ω_{max} 是最大机器速度。对于低于基速的转子转速，$f(\omega_r)=1$，i_d 命令为零。对于高于基速的速度，定子电流的弱磁分量如下所示：

$$i_d^* = \frac{\lambda_m^* - \lambda_{af}}{L_d} \times k_f \times \frac{\omega_b}{\omega_r}$$

（8.34）

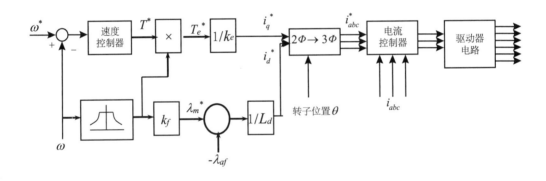

图 8.10　带弱磁控制的 PMSM 矢量控制器结构

8.4.3.2　电流和电压控制器

永磁（PM）同步电机驱动器中的电流调节器可以在 dq 参考坐标系中设计，其中 d 轴和 q 轴电流指令由外环控制器生成。然后使用转子位置反馈信息将这些 dq 电流指令转换为 abc 电流指令。然后，abc 参考坐标系中的电流控制器为逆变器生栅极信号。电流控制器的简化框图如图 8.11 所示。然后，电流控制器使用反馈电流信号将指令电流转换为 PWM 信号，反馈电流信号通过驱动电路施加到电压源逆变器（VSI）上。

实现电流控制器的另一种方法是使用 PI 控制器将 dq 电流命令转换为 dq 电压命令。然后，电压指令信号可用于电压 PWM 方案，例如正弦 PWM 或空间矢量 PWM。这种方法的框图如图 8.12 所示。电流控制器的更多细节在第 8.6 节中讨论。

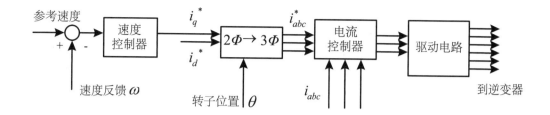

图 8.11　使用电流控制器的 PM 同步驱动控制

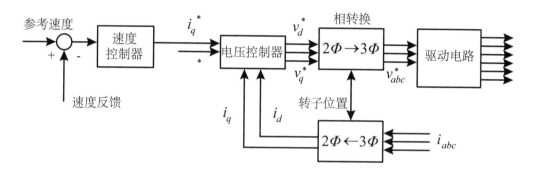

图 8.12　使用 PWM 电压控制器的 PM 同步驱动控制

8.4.4　IPM 同步电机控制

　　从电机的角度来看，内永磁（IPM）同步电机可以提供高功率和 / 或转矩密度和高效率；从控制侧看，同时与扩展速度范围的操作兼容，这使得该技术广泛应用于电动和混合动力汽车，尽管磁体成本很高。扩展速度范围功能源于 d 轴和 q 轴电感的差异，通过定子电流控制实现弱磁控制，以抵消永磁体产生的恒定磁气隙磁通。电机控制器的功能是为电力驱动电路生成指令，电力驱动电路是用于电动和混合动力车辆系统的以 PWM 形式控制的 VSI。控制器在逆变器和电机电流限制以及电源电压限制的约束下运行。理想的控制功能包括较低转速时的每安培转矩最大化或绕组损耗最小化、扩展速度期间的每单位电压转矩最大化、平稳过渡的弱磁模式和快速响应驾驶员需求。

8.4.4.1　电流约束

　　电力驱动的电流限制取决于逆变器的额定电流和电机的热额定值。 逆变器限值由功率器件的开关损耗和传导损耗决定。对于电机，限制是由交流电机的电、磁和机械损耗设定的，其中电或铜损耗和磁或铁损耗占主导地位。机器的热时间常数

（可以从小于 1kW 大小的机器的几秒钟到大型机器的几分钟）远大于逆变器的热时间常数（可以是几十毫秒），由于前者的热质量，逆变器需要额定值是电机额定值的 150%~300%，以满足更高的加速转矩要求。

假设交流电机的最大电流定义为 $I_{s,\,max}$，这将 d 轴和 q 轴电流指令限制在由下式给出的圆内

$$i_d^{s*2} + i_q^{s*2} = i_d^{e*2} + i_q^{e*2} \leq I_{s,max}^{\ 2} \tag{8.35}$$

8.4.4.2　电压约束

电机控制器还必须在电压约束限制下运行，因为功率转换器受最大直流链路电压和调制方法的限制。随着速度的增加，电压约束变得更加突出，因为电源用于迫使电流进入机器，对抗与速度成正比的机器反电动势。如果直流链路和调制方法下的最大相电压为 $V_{s,\,max}$，则电压约束可以表示为

$$V_d^{s*2} + V_q^{s*2} = V_d^{e*2} + V_q^{e*2} \leq V_{s,max}^{\ 2} \tag{8.36}$$

在稳态下，忽略 R_s，

$$V_d = -X_q I_q$$
$$V_q = X_d I_d + \omega_r \lambda_f$$

又 $V_s^2 = V_d^2 + V_q^2$

$$\Rightarrow V_s^2 = (X_q I_q)^2 + (X_d I_d + \omega_r \lambda_f)^2$$
$$\Rightarrow \left(\frac{V_s}{X_q}\right)^2 = I_q^2 + \left(\frac{X_d}{X_q}\right)^2 \left(I_d + \frac{\omega_r \lambda_f}{X_d}\right)^2 \tag{8.37}$$

或者可以用磁链的形式写成

$$\lambda_s^2 = (\lambda_f + L_d I_d)^2 + (L_q I_q)^2 \tag{8.38}$$

由于稳态时 $V_s = \omega_r \lambda_s$，对于给定的 V_s 和 ω_r（λ_s 固定），I_q-I_d 轨迹是一个椭圆。图 8.13 以图形方式显示了使用公式 8.35 和 8.38 表达的 IPMSM 的电压和电流约束。指令的电流和电压矢量对必须同时满足稳态电机方程和调节器施加的限制。由于电压约束与速度有关，所以在此电流和电压约束下，转矩最大化的目标是作为速度的函数实现的。

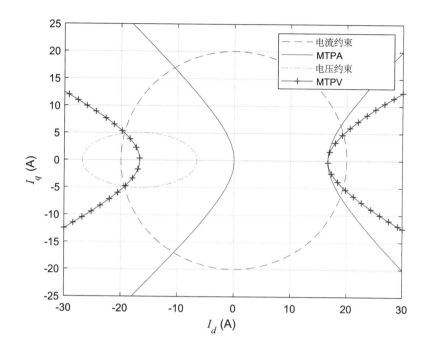

图 8.13 IPMSM 电压和电流约束以及 MPTA 和 MTPV 轨迹

8.4.4.3 每安培最大转矩 (MTPA)

定子电流大小由 $I_s = \sqrt{I_d^2 + I_q^2}$ 给出，代入转矩方程得到

$$T_e = \frac{3}{2}\frac{P}{2}\left[\lambda_f + (L_d - L_q)I_d\right]\sqrt{I_s^2 - I_d^2}$$

式中唯一的变量是 I_d。因此，我们可以通过取转矩对 I_d 的导数，并将表达式设置为零，即 $\dfrac{\partial T_e}{\partial I_d}$，来获得 MTPA 的条件。由此产生的 MTPA 条件如下：

$$I_d^2 + I_d \frac{\lambda_f}{L_d - L_q} - I_q^2 = 0 \tag{8.39}$$

8.4.4.4 每伏特最大转矩 (MPTV)

IPMSM 的转矩方程和电压约束由下式给出

$$T_e = \frac{3}{2}\frac{P}{2}\left[\lambda_f + (L_d - L_q)I_d\right]I_q$$

用电压约束代替 I_q，转矩方程为

$$T_e = \frac{3}{2}\frac{P}{2}\left[\lambda_f + (L_d - L_q)I_d\right]\frac{\sqrt{\left(\dfrac{V_s}{\omega_r}\right)^2 - \left(\lambda_f + L_d I_d\right)^2}}{L_q}$$

方程中唯一的变量是 I_d，因此，我们可以通过取转矩对 I_d 的导数，将等式设置为零 $\frac{\partial T_e}{\partial I_d}=0$，以得出最大值的条件。得到的 MTPV 条件是

$$(L_d - L_q)\cdot\left(L_d\cdot L_q\right)^2 - \left[\lambda_f + (L_d - L_q)I_d\right]\cdot\left(\lambda_f\cdot L_d + L_d{}^2\cdot I_d\right) = 0 \tag{8.40}$$

对于参考转矩 T_e^* 的每一个值，在给定的速度下，如果不超过电流极限和磁通极限，则根据其中一个优化准则获得唯一的 I_q^* 和 I_d^* 值。使用公式 8.39 和 8.40 得到的 MTPA 和 MTPV 曲线如图 8.13 所示。

8.4.4.5 特征电流、有限驱动系统和无限驱动系统

在有限驱动系统中，即使速度没有机械限制，电压约束也会限制最大运行速度。在这种情况下，椭圆的中心在圆的外面，即 $[\lambda_f > L_d, I_{s,\max}]$[6]。在无限驱动系统中，最大速度受到机械约束的限制，如离心力或轴承上的应力。最大速度不受电流或电压限制，椭圆中心位于圆内，即 $[\lambda_f < L_d, I_{s,\max}]$。

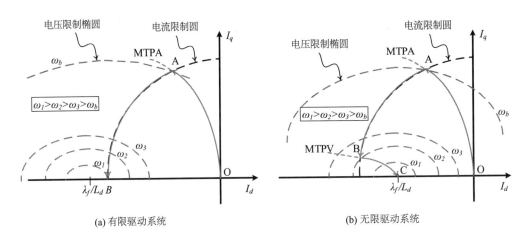

(a) 有限驱动系统   (b) 无限驱动系统

图 8.14   有限驱动系统和 无限驱动系统

图 8.14（a）和（b）分别显示了有限驱动系统和无限驱动系统，对于给定的转矩命令，I_q^* 和 I_d^* 的指令轨迹是增加中的运行速度的函数。

磁负载、机器电感和特征电流对功率因数和转矩 - 转速运行区域有影响。IPMSM 设计根据运行速度和特征电流之间的关系，定义机器是有限驱动系统还是无限驱动系统。特征电流如下

$$I_c = \frac{\lambda_f}{L_d}$$

当由弱磁负载或较大 d 轴电感导致的特征电流较小时，较小的超前角将导致 I_d 电流达到电流约束极限。进一步扩大恒功率转速范围需要减小 q 轴电流大小，这意味着 CPSR 本质上非常有限。这种情况受到更高电感值的不利影响，这也会导致功率因

数降低。在低功率因数电机中，电枢感应电压占终端相电压的大部分。无限驱动系统弱磁运行如图 8.14b 所示，其中 A 点表示电流极限与基速 ω_b 的交点，B 点表示在额定电流下 PM 的最大弱磁，B 到 C 表示电流幅值减小的扩展速度运行区域。

例 8.2

特斯拉 Model 3 的车辆参数为：整车质量 = 1611 kg，车轮半径 = 0.447 m，正面面积 = 2.16 m², 轴距 = 2.7 m。电机参数为：L_d = 0.42 mH, L_q = 0.52 mH, R_{ph} = 0.028 Ω，电机转矩常数 K_e = 0.24（相，峰值），并且 λ_f = 0.06 V·s/rad（相，峰值），电池额定功率为 75 kW·h，标称直流母线电压为 375 V。

开发仿真模型，控制器在 MTPA 条件下运行，使用公路行驶循环，绘制电机 i_d 和 i_q 电流以及电机转矩。

解决方案

首先，我们从 MTPA 条件下的定子电流和 PMSM 转矩方程推导出 i_d 和 i_q 电流作为转矩的函数。定子电流 RMS 大小与电机 i_d 和 i_q 分量有关，如

$$\sqrt{2}i_s = \sqrt{i_d{}^2 + i_q{}^2}$$

PM 电机转矩由下式给出

$$T_e = \frac{3}{2}\frac{P}{2}[\lambda_f + (L_d - L_q)i_d]i_q$$

按照第 8.4.4.3 节中的类似程序，可以获得在 MPTA 条件时的 i_q 和转矩 T_e。通过将 i_d 替换为 i_q 和定子电流方程中的指令转矩，并且设 $\frac{\partial T_e}{\partial i_q} = 0$ ，我们得到一个四阶超越方程，它表示由下式给出的 MTPA 条件

$$i_q{}^4 + \frac{4T_e\lambda_f i_q}{3P(L_d - L_q)^2} - \left(\frac{4T_e}{3P(L_d - L_q)}\right)^2 = 0$$

对于给定的转矩，通过求解 i_q 得到 4 个解，其中只有一个解是有效的。在模拟中，考虑了最小的解。一旦获得 i_q，就可以根据下式计算 i_d

$$i_d = \frac{4T_e}{3P(L_d - L_q)i_q} - \frac{\lambda_f}{L_d - L_q}$$

为了获得公路行驶循环中随时间变化的 i_d 和 i_q 电流，如图 3.25 所示的车辆仿真模型，使用 Tesla Model 3 电机参数运行，其中机器加载了车辆道路负载模型。车辆控制器生成转矩命令，用于计算 MTPA 条件下的参考 i_d 和 i_q 电流，而不考虑母线电压限制。结果绘制在图 8.15 中。

8.5 电流控制方法

电流控制环路构成内部控制环路，使用来自传感器的电流反馈信息为逆变器栅极生成 PWM 信号。将测得的三相电流与外环控制器生成的 3 个参考电流命令进行

比较。在 PWM 方案中利用测量值和参考信号之间的误差来生成栅极开关信号。许多电流控制 PWM 方法已经被开发出来，从相当简单到相当复杂。其中一些方法包括滞环电流控制器、PI 电流控制器、预测电流控制器等。下面将描述两种更简单的方法，即滞环电流控制器和 PI 电流控制器。

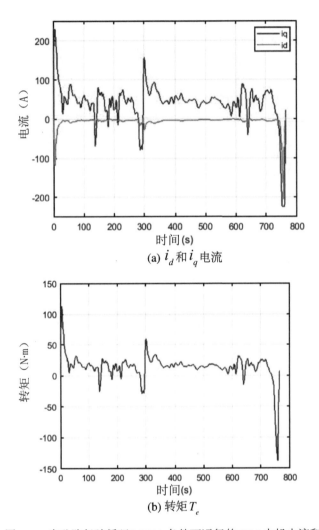

(a) i_d 和 i_q 电流

(b) 转矩 T_e

图 8.15　在公路行驶循环 MTPA 条件下运行的 IPM 电机电流和转矩

8.5.1　滞环电流控制器

在滞环电流控制器中，测量电流和参考电流之间的误差与滞环进行比较，如图 8.16 所示。如果电流误差在滞环范围内，则 PWM 输出保持不变。如果电流误差超过滞环范围，则 PWM 输出会反转，迫使 d_i/d_t 斜率的符号发生变化。从数学上讲，可以由下式得到 PWM 输出

$$PWM = \begin{cases} 0 & \text{如果} \Delta i < -h/2 \\ 1 & \text{如果} \Delta i > h/2 \end{cases}$$

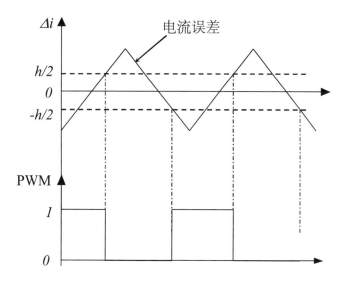

图 8.16　滞环电流控制和 PWM 输出

"0" 是 PWM 输出信号切断受控相中的电源电压，迫使电流衰减，而 "1" 是 PWM 输出向该相施加电压，导致电流增加。然后，电压将迫使电流变化，使其保持在滞环宽度内。

这种控制器的优点是误差保持在用户已知的特定范围内。在滞环控制器中，开关频率是未知的，这给滤波器的设计带来了困难。应仔细监控开关频率，以免超过逆变器限制。在实际实施中，使用频率限制以便不超过逆变器最大开关频率。滞环宽度是根据器件开关频率的限制来设计的。如果滞环宽度 h 选择得很窄，那么开关频率会很高，与功率器件的最大开关频率不兼容。另一方面，如果宽度太宽，则电流误差将太大。

滞环电流控制器可用于三相 PWM 逆变器，每相都有自己的 PWM 控制器。如果实际电流比参考电流高出滞环宽度的一半，则桥式逆变器的下桥臂开关接通以减小相电流。三相滞环控制的难点在于，基于滞环控制器的输出，可能存在对各相开关条件的冲突要求。困难来自三相系统的相位和每相的独立滞环控制器的相互作用。这种困难的后果是电流不在滞环宽度内。例如，a 相的电流增加指令需要通过 b 相或 c 相下桥臂的返回路径。如果在这一瞬间，b 相和 c 相碰巧接通了上桥臂开关，a 相的电流将不会增加以跟随指令，而是会续流。在这种情况下，a 相的电流误差可能会超过滞环电流带。利用 dq 变换理论，可以先将三相电流变换为两相 dq 电流，然后在 dq 参考系中施加滞环控制。

8.5.2　PI 电流调节器

电机矢量控制实现中最常用的电流调节器是 PI 控制器，可设计为生成 v_{ds} 和 v_{qs}，并添加前馈补偿项以导出 v_d 和 v_q 命令。电流控制器在 dq 参考系中实现，因此使用直流变量来调整 PI 参数更容易，而不是在 abc 参考系中针对正弦变化的电流变量来调整 PI 参数。逆变器在发电和电机模式下均采用空间矢量脉宽调制（SVPWM）进行控制。这种安排要求将 dq 电流指令转换为 dq 电压指令。机器 abc 相电流反馈到控制器中，控制器使用 Park 变换将变量转换为 dq 参考坐标系。相电流反馈转换为 dq 变量，然后生成 dq 电压指令，该指令使用电压源 PWM 逆变器实现。补偿项是与速度相关的反电动势项，在 PI 补偿器的设计中可以假定其为常数。

PI 电流调节器是设计基于线性化对象传递函数。为了推导出电流指令和电压指令 v_q^* 之间的关系，将 q 轴机器模型线性化，以给出

$$v_q' = v_q^* - \omega_r \left(L_d i_d + \lambda_f \right) \approx R_s i_q + L_q \frac{di_q}{dt} \tag{8.41}$$

因此，线性化机器模型的 q 轴传递函数为

$$\frac{i_q}{v_q'} = \frac{1}{R_s + sL_q} = \frac{(1/L_q)}{s + (R_s/L_q)}$$

d 轴相电路的传递函数类似于 q 轴方程。d 轴线性化模型可以导出为

$$v_d' = v_d^* + \omega_r \left(L_q i_q \right) - \frac{d\lambda_f}{dt} \approx R_s i_d + L_d \frac{di_d}{dt} \tag{8.42}$$

PM 磁通量是恒定的，因此在公式 8.42 中，λ_f 的导数为 0。因此，线性化机器模型的 d 轴传递函数为

$$\frac{i_d}{v_d'} = \frac{1}{r + sL_d} = \frac{(1/L_d)}{s + (r/L_d)}$$

借助线性化传递函数，PI 补偿器参数 k_p 和 k_i 可以使用标准补偿器设计，利用波特图和指定增益和相位裕度技术进行调整。由控制器消除电流信号中的误差并生成 dq 电压命令。用于生成 v_q^* 和 v_d^* 空间矢量命令的控制框图如图 8.17 所示。$v_{q,\text{comp}}$ 和 $v_{d,\text{comp}}$ 前馈补偿项分别从公式 8.41 和公式 8.42 获得。VSI 转换器将 PWM 电压施加到电机绕组，从而建立 i_a、i_b 和 i_c 电机相电流。d 轴和 q 轴的 PI 补偿器框图如图 8.18 所示。

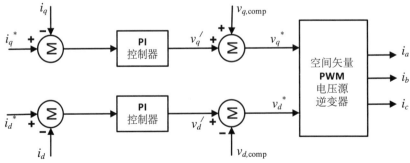

图 8.17　电机相电流生成控制框图

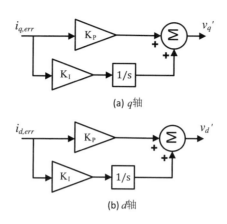

(a) q轴

(b) d轴

图 8.18 PI 补偿器

8.6 SRM 控制

相励磁脉冲相对于转子位置的适当定位是从 SR 电机驱动系统[7]中获得有效性能的关键。开通时间、总导通时间和相电流大小决定了转矩、效率和其他性能参数。要采用的控制类型取决于 SRM 的运行速度。

SRM 驱动器的控制参数是开通角（θ_{on}）、关断角（θ_{off}）和相电流。导通角定义为 $\theta_{\text{dwell}} = \theta_{\text{off}} - \theta_{\text{on}}$。确定控制参数的复杂性取决于为特定应用选择的控制方法。根据控制器的不同，可以为一个或多个相生成电流命令。在电压控制的驱动器中，电流通过控制相电压来间接调节。

在低速时，由于反电动势可以忽略不计，电流在接通后几乎瞬间升高，必须通过控制平均电压或调节电流水平来限制电流。使用的控件类型对驱动器的性能有显著影响。随着速度的增加，反电动势增加，并与施加的母线电压相反。对于在转子和定子磁极重叠区域开始时建立相电流，相位超前是必要的。电压 PWM 或斩波控制用于向电机施加最大电流，以保持所需的转矩水平。此外，相励磁提前关闭，以便在达到负转矩产生区域之前，相位电流完全衰减至零。

在更高的速度下，SRM 进入单脉冲运行模式，在该模式下，电机通过提前开通角和调整导通角来控制。在非常高的速度下，一旦电流幅值较高且转子位置合适，反电动势将超过施加的母线电压，这将导致电流在达到峰值后减小，即使在正的 $dL/d\theta$ 区域施加正母线电压。控制算法根据速度输出 θ_{dwell} 和 θ_{on}。在 θ_{dwell} 结束时，相开关关闭，以便在相位上施加负电压以尽快换相。超出对齐位置反电动势将极性反转，如果电流没有衰减到可以忽略的水平，会导致该区域的电流增加。因此，换相必须先于对齐位置几度，以便电流在达到负 $dL/d\theta$ 区域之前衰减。

在高速运行范围内，当反电动势超过直流总线电压时，导通窗口对于电流或电压控制变得过于有限，并且必须禁用所有斩波或 PWM。在这个范围内，θ_{dwell} 和 θ_{adv} 是唯一的控制参数，并且控制是基于大约 θ_{dwell} 调节转矩和 θ_{adv} 决定效率的假设来完成的。

8.6.1　超前角计算

理想情况下，开通角提前，以便在极重叠开始时达到参考电流电平 i^*。在未对齐的位置，相电感几乎是恒定的，因此，在开通期间，反电动势可以忽略[8]。此外，假设电阻降很小，SRM 相电压方程可以写成

$$V_{ph} = L(\theta)\frac{\Delta i}{\Delta \theta}\omega \tag{8.43}$$

现在，$\Delta i = i^*$，并且 $\Delta\theta = \theta_{\text{overlap}} - \theta_{\text{on}} = \theta_{\text{adv}}$，其中 θ_{overlap} 是磁极重叠开始的位置，θ_{on} 是开通角，θ_{adv} 是所需的相开通超前角。因此，我们有

$$\theta_{\text{adv}} = L_u\omega\frac{i^*}{V_{dc}} \tag{8.44}$$

上述简单的超前角 θ_{adv} 计算方法对于大多数应用来说已经足够了，尽管它没有考虑由于在计算中忽略了反电动势和电阻压降而导致的误差。

8.6.2　电流控制驱动

在转矩控制驱动器中，例如在高性能伺服应用中，转矩命令是通过调节内环中的电流来执行的，如图 8.19 所示。给定工作点的参考电流 i^* 由负载特性、电机速度和控制策略确定。宽带宽电流传感器从每个电机相向控制器提供电流反馈信息。这种控制模式允许快速重置电流水平，并用于需要快速电机响应的地方。对于转矩只随速度增加的负载，例如风扇或鼓风机，可以在外环中引入速度反馈以实现精确的速度控制。

更简单的控制策略是生成一个电流命令，供所有相接连使用。电子换向器（参见图 8.19）根据 θ_{on}、θ_{off} 和瞬时转子位置，选择适当的相以调节电流。电流控制器根据来自电子换向器的信息生成各相的栅极信号。施加负 V_{dc} 时，换向相中的电流迅速降至零，而接入相则根据指令电流产生转矩。这些驱动器中的相变不是很平滑，这往往会增加驱动器的转矩脉动。

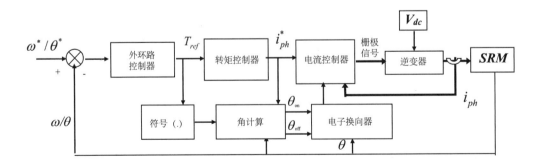

图 8.19　电流控制驱动器

问题

8.1

感应电机具有以下参数：

5 HP, 200 V，三相，60 Hz，星形连接。

$R_s = 0.28\ \Omega$,	$L_s = 0.055$ H	匝比 = 3
$R_r = 0.18\ \Omega$,	$L_r = 0.056$ H	$L_m = 0.054$ H

电机以额定电压供电。在以下情况，求出 d 轴和 q 轴稳态电压和电流 (a) 同步参考系；(b) 转子参考系中，当转子被锁定时（$\omega_r = 0$）。

8.2

采用间接磁场定向控制的 440 V、10HP、4 极、60 Hz 感应电机的参数如下所示：

$R_s = 0.768\ \Omega$	$XL_s = 2.56\ \Omega$	$X_m = 51.2\ \Omega$	$R_r = 0.768\ \Omega$	$XL_r = 2.56\ \Omega$

在以下条件下绘制该机器的参考系相量图：

a. $\omega_r = \omega_{\text{rated}}$

    I. $T_e = 40$ N.m

    II. $T_e = 0$

b. $\omega_r = 0$

    I. $T_e = 40$ N·m

    II. $T_e = 0$

相量图应包括复矢量变量 $\vec{\lambda}_r, \vec{I}_r, \vec{\lambda}_s, \vec{I}_s$ 和 $\vec{V}_s$，即（$\vec{\lambda}_r = \lambda_{qr} - j\lambda_{dr}$）。

8.3

10 HP、60 Hz、三相、Y 形连接、6 极鼠笼式感应电动机的参数如下：

额定电压 = 220 V

额定转速 = 1164 r/min

$R_s = 0.294\,\Omega/\text{PH}$	$X_{ls} = 0.524\,\Omega/\text{PH}$	$R'_r = 0.156\,\Omega/\text{PH}$	$X'_{lr} = 0.279\,\Omega/\text{PH}$
$X_m = 15.457\,\Omega/\text{PH}$	$J = 0.4\ \text{kg·m}^2$		

（a）电机在额定运行条件下稳态运行。计算定子参考系中的定子和转子电流，然后计算产生的转矩。

（b）电机在与（a）部分相同的条件下运行。利用（a）中获得的结果计算气隙磁通和转子磁通矢量。

8.4

感应电机用作小型电动汽车的牵引电机，其大小与日产 Leaf 相似。规格：30kW，295 Hz，三相，Y 形连接，4 极，鼠笼式感应电动机。参数如下：额定相电压 =280 V；额定转速 = 8846 r/min；R_s = 87.6 mΩ/PH；L_{ls} = 0.1506 mH/PH；R'_r = 36.14 mΩ/PH；L'_{lr}= 0.1149 mH/PH；L_m = 2.367 mH/PH；和 J = 0.3 kg·m^2

电机通过 15：1 的齿轮传动比与车轮传动轴相连。车辆重量为 1500 kg，车轮半径为 0.3 m。车辆驾驶员遵循以下速度曲线：

•0~1s，静止；

•1~5s，0~36 miles/h 的线性加速度；

•5~6s，36 miles/h 的恒定速度；

•6~9s，36~10 miles/h 线性减速；

•9~10s，10 miles/h 的恒定速度。

车辆的负载包括

• 空气阻力（单位 N）是 $F_{AD} = \frac{1}{2}\rho C_D A_F v^2$，其中，空气的密度 ρ = 1.225 kg/m^3，阻力系数 C_D = 0.35，车辆正面面积 A_F = 2.3 m^2，v 为车速，单位为 m/s。

• 滚动阻力（单位 N）为 $F_R=C_{rr}mg$，其中 C_{rr}=0.03 为滚动阻力系数，m 为车辆质量，g 为 9.8 N/kg

• 具有坡度的道路上的重力为 $F_g=mg\sin(\arctan(\alpha))$，其中 α = 10% 为道路坡度。

开发仿真模型

（a）基于车辆速度的道路负荷模型开发。

（b）构建一个模拟车辆机械动力学的子系统。

（c）设计一个外部速度控制环路，以遵循给定的速度指令。

（d）使用间接转子磁通定向系统模拟车辆和电机。给出指令速度、车辆实际速度、感应电机转矩和定子电流 i_{ds} 和 i_{qs}（在转子磁通参考系中）的曲线图，所有这些都与时间有关。

参考文献

[1] D.W. Novotny and T.A. Lipo, *Vector Control and Dynamics of AC Drives*, Oxford University Press, Oxford, 1996.

[2] B.K. Bose, *Modern Power Electronics and AC Drives*, Prentice Hall, Upper Saddle River, NJ, 2001.

[3] W.V. Lyon, *Transient Analysis of Alternating Current Machinery*, John Wiley & Sons, Inc., Hoboken, NJ, 1954.

[4] P.C. Krause and O. Wasynchuk, *Analysis of Electric Machinery*, McGraw Hill, New York, NY, 1986.

[5] N. Mohan, *Electric Drives – An Integrated Approach*, MNPERE, Minneapolis, MN, 2001.

[6] S.-K. Sul, *Control of Electric Machine Drive Systems*, John Wiley and IEEE Press, Hoboken, NJ, 2011.

[7] T.J.E. Miller, *Switched Reluctance Motors and their Control*, Magna Physics Publishing, Hillsboro, OH and Oxford University Press, Oxford, 1993.

[8] T.L. Skvarenina (Editor), *Power Electronics Handbook: Chapter 13 Switched Reluctance Machines*, CRC Press, Boca Raton, FL, 2001.

电力电子转换器9

电力电子电路将电能从一种电压水平和频率转换为用于电力负载的另一种电压水平和频率。电力电子电路的基础是功率半导体器件。功率器件充当电源电路中的电子开关，以改变电路配置。功率器件自 20 世纪 70 年代开始商业化，在过去的 40 年中取得了巨大的进步。这些器件现在可在单个封装中提供高达数千伏和数千安的额定值。可在单个封装中提供 2 个或 6 个开关配置，适用于某些功率转换器拓扑。

功率器件被连接以形成一个电路或拓扑结构，该电路或拓扑结构可以根据器件开关状态采用两种或更多种配置。在控制器电路中生成的命令会导致开关状态的变化。这些电力电子电路拓扑被称为电力转换器电路。在功率转换器电路中，通常使用电感和电容等附加储能电路元件。功率转换器中不使用电阻器，以避免损耗，但功率器件、存储元件、电线和连接器的寄生电阻始终存在。转换器根据来自控制单元的信号处理电源。4 种基本功率转换器电路如下：

• DC/DC 转换器：将直流电压从一个电平转换为另一个电平。

• DC/AC 逆变器：将直流电压转换为交流电压。交流电压可以是由脉宽调制 (PWM) 信号组成的方波或正弦电压。

• AC/DC 转换器或整流器：将交流电压整流为直流电压。

• AC/AC 转换器：将一个电平和频率上的交流电压直接转换为另一个电平和频率。这些被称为交交变频器。

在本书中，将讨论电动和混合动力汽车动力系统和高压部分中使用的电源转换器电路。DC/DC 转换器既用于电力传输路径，也用于为 12 V 电子设备供电。有许多不同的拓扑可用于 DC/DC 电源转换。DC/AC 逆变器用于交流电机的电力驱动。本章将详细讨论电动和混合动力汽车的转换器拓扑及其实现。

9.1 电力电子开关

电力电子装置或开关有 2 个端子或 3 个端子；第 3 个端子（如果存在）用于小信号控制输入。根据控制终端的信号变化或电路条件的变化，设备操作从"开"状态切换到"关"状态，反之亦然。当电路条件要求时，两端设备会改变状态，而三端设备会随着其控制输入的变化而改变状态。

在讨论实际的功率器件之前，让我们考虑一个理想的受控开关，如图 9.1（a）所示。该开关具有 3 个用于电源连接的端子和 1 个控制输入。开关操作是根据电压和电流轴建立的象限来定义的。象限在图 9.1（b）中以开关导通 *i-v* 平面的逆时针方向标记。其所示的理想开关是 1 个四象限开关，这意味着它可以处理双向电流和双向电压。在理想的开关中，当器件导通时，整个器件没有电压降。理想情况下，工作点将沿着轴，理想开关要么承载电流通过且压降是零，要么阻断电压且电流是零。理想的开关也是瞬间开启和关闭，没有任何延迟；因此，理想的开关没有功率损耗。实际的半导体开关与理想的开关有很大的不同。实际的开关有导通压降，需要有限的时间来开启和关闭；此外，实际设备不具备四象限能力，除非与其他设备结合使用。

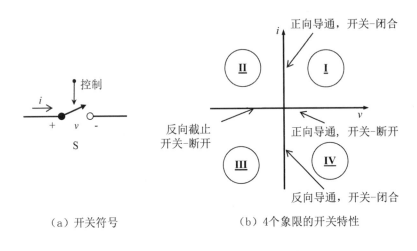

（a）开关符号　　　　　（b）4个象限的开关特性

图 9.1　理想开关及其导通特性

　　功率转换器中使用的实际器件有其自身的特定特性[1]。特定应用及其功率要求决定了转换器拓扑中使用的器件类型。双极结型晶体管（BJT）具有更高的额定功率和出色的导通特性，但基极驱动电路非常复杂，因为它们是电流驱动器件。另一方面，金属氧化物半导体场效应晶体管（MOSFET）是电压驱动器件，因此栅极驱动特性要简单得多。与 BJT 相比，MOSFET 的开关频率要高得多，但 MOSFET 的最大可用器件额定功率要小得多。绝缘栅双极晶体管（IGBT）器件于 20 世纪 80 年代初发明，结合了 MOSFET 和 BJT 的优点。因为 IGBT 具有高额定功率，是当今大多数中高功率应用的首选器件，尽管 SiC 和 GaN FET 正以其更高的频率、更低的损耗和更高的工作温度特性进入市场。在电动汽车开发的早期，当直流电机是主要机器选择时，大功率转换器通常由硅控制器整流器（SCR）制成，它们具有非常高的额定功率。然而，与其他器件不同，SCR 不能通过栅极信号关闭，需要换向电路才能将其关闭。门极关断晶闸管（GTO）器件与 SCR 类似，不同之处在于它可以通过门极信号关断，尽管门极信号中关断它们所需的电流通常是打开它们所需电流的 4~5 倍。20 世纪 80 年代后期，人们试图将 MOSFET 的门控特性和 SCR 的导通特性结合起来，导致了称为 MOS 可控晶闸管（MCT）的器件的出现。然而，MCT 在某些条件下的故障并没有使这些设备流行起来。除了上面提到的开关之外，还有一个叫作二极管的双端装置，它普遍用于所有转换器中。二极管与功率转换器中的其他受控设备结合使用，为感应电路提供电流路径，或阻断反向电压。下面将讨论在电动和混合动力汽车应用中具有重要意义的器件的工作特性。

9.1.1 二极管

二极管是一个两端不可控的开关，由电路使其导通和截止。二极管正极和负极之间的正电压使器件导通，允许电流通过，直至其额定值。如图 9.2 所示，二极管导通期间会有一个小的正向压降。二极管仅在一个方向上导通电流，并在负方向上阻断电压，这使其成为象限 II 开关。二极管可以阻止反向电压直至达到其击穿水平。

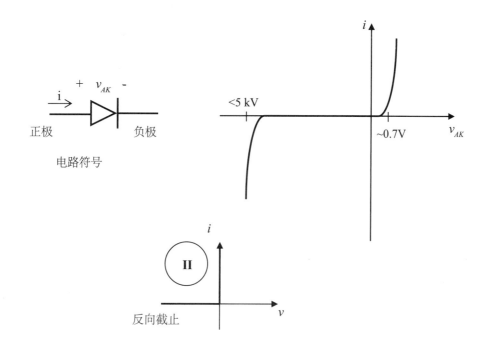

图 9.2 二极管符号、特性和工作象限

9.1.2 BJT

BJT 是一个三端控制开关。BJT 是一种同时使用负电荷载流子（电子）和正电荷载流子（空穴）的晶体管，因此顾名思义，它们是双极器件。BJT 的电路符号和 i-v 特性如图 9.3 所示。当足够的正基极电流 i_B 流过 npn-BJT 的基极时，晶体管允许大的正集电极电流 i_C 流过器件，具有小的正集电极到发射极电压 v_{CE}（称为饱和电压）降。基极电流的幅值决定了集电极电流的放大率。功率 BJT 是一个可控开关，可以借助基极电流接通或关闭。功率 BJT 始终作为开关运行，要么在具有足够高的基极电流的饱和状态下，要么在具有零基极电流的截止状态下运行。该器件允许正向电流或阻断电压，因此是象限 I 开关。在象限 II 和 IV 中的稳态操作是不可能的。

9.1.3　MOSFET

MOSFET 是一种类似于 BJT 的受控开关。然而，MOSFET 是单极器件，其中半导体沟道传导是由于负电荷载流子（电子）或正电荷载流子（空穴）引起的。MOSFET 的 3 个端子是栅极、漏极和源极，分别类似于 BJT 的基极、集电极和发射极。与 BJT 类似，MOSFET 是一个象限 I 开关，允许电流正向流动或阻断漏极和源极之间的正向电压。与 BJT 不同，MOSFET 是一种电压驱动器件，因为它们不需要像双极晶体管那样的任何偏置电流，而是通过在栅极和源极之间施加电压来控制。电压控制还为 MOSFET 提供了更快的开关能力。 MOSFET 的电流 – 电压特性如图 9.4（a）所示。与 BJT 相比，这允许功率 MOSFET 在更高的频率下工作，尽管可用的最大器件电压和电流额定值远小于 BJT。

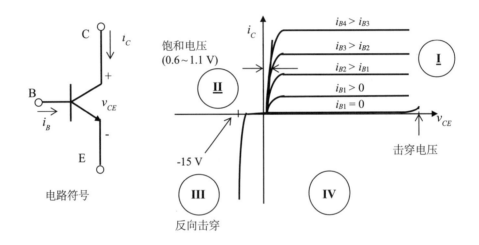

(a) 器件符号和 *i-v* 特性

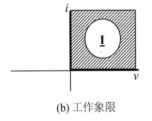

(b) 工作象限

图 9.3　npn 功率 BJT

9.1.4　JFET

结栅场效应晶体管（JFET）是一种类似于 MOSFET 的三端器件，可以用作电子控制开关。它也是一种像 MOSFET 一样的单极器件，并且是电压控制的。与 MOSFET 不同，JFET 通常是常接通器件，当栅极和源极端子之间没有电压时，电荷通过源极和漏极端子之间的半导体沟道流动。需要在栅极和源极端子之间施加反向偏置电压，以"夹住"导电通道，阻止电流并关闭设备。

9.1.5 IGBT

IGBT 结合了功率 BJT 优良的导通特性与功率 MOSFET 的优良栅极特性。IGBT 具有与 MOSFET 一样的高输入阻抗和与 BJT 一样的低导通损耗。IGBT 不存在二次击穿问题。通过芯片和结构设计，等效漏源电阻 R_{DS} 被控制为类似于 BJT 的行为。IGBT 的导通特性如图 9.4（b）所示。

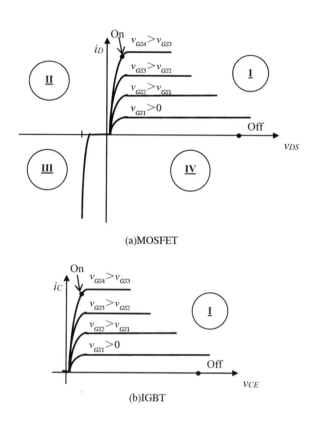

图 9.4　MOSFET 和 IGBT 的电流 – 电压特性

9.1.6 双向开关

电动和混合动力车辆可以在车辆制动期间或减速时通过电机的再生运行模式重新获取能量，这可用于为电池充电。对于再生运行模式，功率转换器需要允许双向功率流动，这要求 DC/DC 或 DC/AC 转换器拓扑的功率器件或开关是双向的。图 9.5 给出了如何通过组合 BJT 和二极管来实现双向开关的示例。

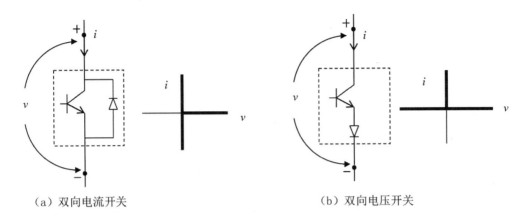

（a）双向电流开关　　　　　　　　　　　　（b）双向电压开关

图 9.5　双向电流开关和双向电压开关

9.1.7　电气特性

功率半导体器件的电气特性会影响开关和导通特性，这对于评估损耗和其他性能属性（如热极限、电磁干扰和短路能力）至关重要。电流、电压、温度和功耗的最大值与电气性能有关，并由制造商针对其产品类型推荐。以下介绍了几种对应用设备选择至关重要的电气特性和额定值。

集电极电流（I_C）：集电极电流 I_C 表示双极器件（如 IGBT）的载流能力。 集电极电流也分为连续额定值和峰值额定值。 连续电流称为器件的持续载流能力，而集电极峰值电流 I_{CP} 表示器件所能承受的大于额定持续电流的最大脉冲电流。 制造商的数据表通常会给出 25℃ 时的额定值，必须根据结温降低额定值才能在更高温度下运行。

漏极电流（I_D）：漏极电流 I_D 表示 MOSFET 型器件的载流能力。漏极电流分为连续额定值和峰值额定值。连续电流指的是器件的连续载流能力，而峰值漏极电流或脉冲漏极电流 $I_{D, pulse}$ 表示器件所能承受的大于额定连续电流的最大脉冲电流。制造商的数据表通常会给出 25℃ 时的额定值，必须根据结温降低额定值才能在更高温度下运行。

集电极 - 发射极电压（V_{CE}）：集电极 – 发射极电压 V_{CE} 是在 25℃ 温度下，当栅极和发射极端子短接在一起时，BJT 和 IGBT 的集电极 – 发射极结可以支持的最大电压。

正向偏置安全工作区（FBSOA）：这显示了集电极电流 I_C 作为不同工作脉冲下集电极 – 发射极电压 V_{CE} 的函数。

栅极 – 发射极电压（V_{GE}）：栅极到发射极电压 V_{GE} 代表栅极和发射极端子之间的允许范围。由于氧化物击穿和介质破裂，超过 V_{GE} 可能导致永久性器件退化。

最大功耗：器件的最大功耗与给定的外壳温度（T_C）、最大结温（T_J）和热阻（$R_{th\,(J\text{-}C)}$）有关。该器件的最大功耗由下式给出

$$P_{\text{total}} = \frac{T_{\text{JMax}} - T_{\text{C}}}{R_{th(J-C)}}$$

器件的允许功耗随着结温的升高而增加。

热阻 R_{th} 与器件的热传导特性有关，由每单位功率的温度 (°C/W) 给出。

集电极 – 发射极饱和电压 ($V_{CE\,(sat)}$)：$V_{CE\,(sat)}$ 是导通状态的集电极到发射极电压降，与导通期间的 BJT 或 IGBT 功率耗散有关。该电压是集电极电流 (I_C)、栅极 – 发射极电压 (V_{GE}) 和结温的函数，它是在额定 I_C 下指定的。V_{CE} 的范围在饱和区域内，其中 $V_{CE\,(sat)}$ 随着 I_C 的增加而增加，但随着 V_{CE} 的增加而减小，这提高了沟道电导率。

短路耐受时间 (t_{sc})：当负载电流过载时，集电极电流迅速上升，使功率器件将电流幅度限制在安全水平一段时间，使控制电路检测到故障状况并关闭设备。在电机驱动应用中，这是一个特别有用的功能，可使用功率器件安全关闭并管理负载或设备短路状况。

开通时间：器件的开通时间（t_{on}）是器件集电极或漏极电流达到 100% 水平所需的总时间。该时间是开启延迟时间（$t_{d,on}$）和电流上升时间（t_{rise}）之和。在电流上升期间，器件两端的电压从阻断电压下降到集电极 – 发射极饱和电压或漏极 – 源极导通电压。$t_{d,on}$ 是在 10% 的基极 - 发射极或栅极 – 源极电压值与 90% 的漏极 – 源极或集电极 – 发射极电压值之间测量的。t_{rise} 是在集电极 – 发射极或漏极 – 源极电压的 90% 值和 10% 值之间测量。

关断时间：器件的关断时间（t_{off}）是器件集电极或漏极电流达到零，器件完全关断所需的总时间。该时间是关断延迟时间（$t_{d,off}$）和电流下降时间（t_{fall}）的总和。$t_{d,off}$ 是在基极 – 发射极或栅极 - 源极电压的 90% 值与集电极 – 发射极或漏极 – 源极电压的 10% 值之间测量。t_{fall} 在集电极 - 发射极或漏 – 源电压的 10% 值和 90% 值之间测量。

结温：这是功率器件 pn 结处的温度。由于温度不能直接测量，只能通过间接方式确定，因此 "虚拟" 一词通常与结温一起使用。半导体开关操作期间的结温是热系统设计最相关的参数，也是估计寿命的参数。电压和电流的乘积，即功率耗散损耗最大的点，将是 pn 结处的最热点。

开通能量（E_{on}）：功率器件在开通和关断期间，在器件内部产生的能量是开关损耗的贡献者，进而影响系统的效率和热管理。开通能量是在单个集电极或漏极电流脉冲开通期间测量的，由下式给出

$$E_{on} = \int_0^{t_{Eon}} v_{CE}(t) \cdot i_C(t) \mathrm{d}t \text{ (BJT 和 IGBT) 或者}$$

$$E_{on} = \int_0^{t_{Eon}} v_{DS}(t) \cdot i_D(t) \mathrm{d}t \text{ (MOSFET)}$$

式中，t_{Eon} 是从集电极或漏极电流上升到其标称值的 10% 时开始，到集电极 - 发射极或漏极 - 源极电压下降到其标称值的 2% 时结束的时间跨度。

关断能量（E_{off}）：关断能量是在单个集电极或漏极电流脉冲关断期间测量的，由下式给出

$$E_{off} = \int_0^{t_{Eoff}} v_{CE}(t) \cdot i_C(t) \mathrm{d}t \text{ (BJT 和 IGBT) 或者}$$

$$E_{\text{off}} = \int_0^{t_{Eoff}} v_{DS}(t) \cdot i_D(t)\mathrm{d}t \text{ (for MOSFET)}$$

其中 t_{Eoff} 是从集电极－发射极或漏极－源极电压上升到其标称值的 10% 到集电极或漏极电流下降到其标称值的 2% 时结束的时间跨度。

反向恢复时间（t_{rr}）和能量（E_{rec}）：二极管导通期间存储在二极管中的电荷需要在二极管阻断能力恢复之前立即完全去除。这种电荷称为反向恢复电荷。关断时二极管内部产生的能量就是反向恢复能量。电流的开关率（di/dt）越高，反向恢复电荷越高。去除反向恢复电荷所需的时间是反向恢复时间（t_{rr}）。 反向恢复能量由下式给出

$$E_{rec} = \int_0^{t_{rr}} v_R(t) \cdot i_F(t)\mathrm{d}t$$

式中，t_{rr} 是从二极管电压 v_R 上升到其标称值的 10% 时开始，到反向二极管电流 i_{RM} 下降到其标称值的 2% 时结束的时间跨度。

栅－源电压 V_{GS}：MOSFET 的栅－源电压会影响导通电阻，并且是器件输出特性的决定因素。 器件制造商将在数据表中指定栅－源电压的允许范围。

漏－源导通电阻 $R_{DS,on}$： 漏－源导通电阻 $R_{DS,on}$ 是 MOSFET 的关键参数。$R_{DS,on}$ 随施加的栅－源电压而显著变化。较低的 V_{GS} 值可用于由于较高 $R_{DS,on}$ 导致的传导损耗不太重要的应用，例如同步整流。$R_{DS,on}$ 影响 MOSFET 的传导损耗，由下式给出

$$R_{DS,on}(I_D) = \frac{V_{DS}}{I_D}$$

$R_{DS,on}$ 的典型值和最大值由制造商在室温下的数据表中提供。此外，还提供了作为结温函数的 $R_{DS,on}$ 特性曲线，因为导通电阻随结温升高而增加。由于这个正温度系数，可以并联多个 MOSFET 器件。

MOSFET 电容：MOSFET 在栅源（C_{GS}）、栅漏（C_{GD}）和漏源（C_{DS}）之间具有电容，这是影响栅极驱动设计和器件开关特性的关键参数。这些电容不能直接测量，但可以从可测量的输入、输出和反向传输特性中计算出来。电容之间的关系由下式给出

$$C_{\text{iss}}=C_{GS+}C_{GD}$$
$$C_{\text{oss}}=C_{DS+}C_{GD}$$
$$C_{\text{rss}}=C_{GD}$$

雪崩特性：MOSFET 的雪崩特性定义了脉冲雪崩电流 I_{AV} 可以维持的雪崩持续时间 t_{AV}。考虑到最大结温，允许在脉冲雪崩电流限制下运行。雪崩脉冲越长，最大允许雪崩电流越低。

9.1.8 Si、SiC 和 GaN 功率器件

半导体是一种材料，其束缚着原子核周围占据不同能级的电子，即价带和导带。在半导体器件中，在偏压条件下从价带向上移动到导带的电子构成电流。硅基半导

体功率器件是一项成熟的技术，广泛应用于电力行业。由于其成熟性和可靠性，Si 器件几乎完全用于汽车行业，从辅助电源转换器到电机驱动器以及牵引逆变器。对于低压电机驱动，MOSFET 是首选器件，而对于电动和混合动力电动汽车牵引系统，IGBT 是首选器件。

基于宽禁带（WBG）半导体的下一代电力电子器件，特别是碳化硅（SiC）和氮化镓（GaN）器件，近年来取得了重大进展，走到了前沿，并在许多应用中找到了一席之地。WBG 器件中电子向上带移动所需的能量远大于 Si。例如，SiC 需要 3.2eV，GaN 需要 3.4eV，而 Si 需要 1.1eV。与同等规模的 Si 相比，WBG 器件所需能量的增加转化为更高的电场击穿性能。这也导致 WBG 设备在发生故障之前能够承受更高的温度。此外，SiC 的导热系数是 Si 的 3.5 倍。这些特性促使 WBG 器件在更高电压和功率水平下进行高频、高温操作。与 Si 器件相比，SiC 和 GaN 功率器件具有更快的开关速度和更低的功率损耗，使系统设计得更小、更紧凑，同时提供卓越的性能。SiC 器件现在以 900V、1200V、1700V 和 3300 V 的电压水平在市场上销售，而 6600V 和 10 000V 的器件正在兴起。GaN 器件可提供高达 600 V 的电平，而更高电压电平的器件正在开发中。SiC MOSFET 对牵引逆变器和充电器极具吸引力。功率和频谱中的各种可用设备如图 9.6 所示。随着电动汽车向 800 V 标称电池电压迈进，SiC MOSFET 的吸引力越来越大，因为超过 99% 效率水平的逆变器变得可行。表 9.1 给出了 3 个具有相似额定值的市售功率器件的参数。

需要注意的是，Si-IGBT 是双极性器件，而 SiC-MOSFET 是单极性器件，在比较这些器件的任何应用时，其导通性和电流波形都是根本不同的。虽然在 SiC MOSFET 中使用更高的开关频率可以降低滤波器要求和更好的电机电流调节，但 EMI 效应会增强，需要通过其他方式来缓解。或者，SiC MOSFET 的开关速度可以与 Si IGBT 的开关速度相同，以保持 dv/dt 和 di/dt 速率，从而使 EMI 效应保持不变，但效率优势有助于系统级的燃油经济性和 / 或降低电池容量要求。

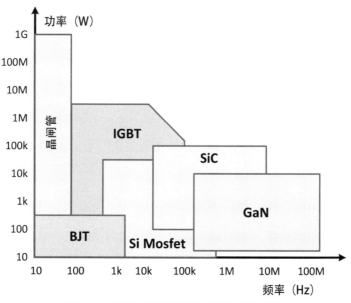

图 9.6 半导体功率器件的功率和频率水平

表 9.1   3 种商用功率器件的额定值和关键参数比较

	Si 超级结	SiC MOSFET C3M0065090J	E-mode GaN GS66508B
电压	700 V	900 V	650 V
电流	46 A at 25° C; 29 A at 100° C;	35 A at 25° C; 22 A at 100° C;	30 A
$R_{DS,on}$（mΩ）	45	65	50
R_{DSA}（mΩ·cm^2）	10	3.5	6.6
$R_{ds}{}^* E_{OSS}$（mΩ·μJ）	462	1040	350
V_{th}(V)	3.5	2.1	1.3
雪崩	Yes	Yes	No
栅极电压级别	±20	+19/−8	+/−10
二极管特性	差	卓越	卓越

9.2   DC/DC 转换器

DC/DC 转换器将系统电压从一个级别更改为另一个级别。转换器的输入是经过过滤的直流电压，尽管它可能不受调节。输出为稳压直流电压；还为许多应用设计了多个输出。除了开关器件外，DC/DC 转换器还具有电感和电容存储元件。功率器件的开关频率非常高，通常高达几百千赫兹。高开关频率有助于最小化存储元件的尺寸。这些开关转换器的效率也非常高，在 90% 以上。

根据是否使用变压器隔离，开关转换器可大致分为隔离型和非隔离型 DC/DC 转换器。基本的非隔离式 DC/DC 转换器只有一个开关和一个二极管；这些类型的转换器也可以具有一个电感器和一个电容器作为能量存储元件。还有其他类型的非隔离式 DC/DC 转换器，它们在电路拓扑结构中使用两个开关和两个二极管以及附加的储能元件。在许多应用中，包括电动汽车和混合动力汽车中的某些应用，都需要输入和输出之间的电气隔离。隔离式 DC/DC 转换器源自基本拓扑结构，但具有高频变压器隔离。

大功率 DC/DC 转换器主要用于电动和混合动力汽车的 3 个地方：电动动力系统的升压、12 V 电子设备的高到低压接口和储能电池单元平衡转换器。非隔离式 DC/DC 转换器通常用于电动和混合动力汽车的动力系统中，以将电池电压提升到更高的水平，以用于驱动电动机驱动。电动和混合动力汽车中的 12 V 电子设备由高压到低压 DC/DC 转换器供电，该转换器需要是隔离型的。本节下文将讨论这些非隔离和隔离转换器拓扑。第 9.4 节讨论了用于储能电池平衡的 DC/DC 转换器。

9.2.1   非隔离 DC/DC 转换器

DC/DC 转换器可以设计为对输入直流电压升压或降压。根据两个开关以及电感器和电容器的位置，3 种基本的二阶 DC/DC 转换器拓扑是 buck、boost 和 buck-boost 转换器。buck 转换器是降压转换器，boost 转换器是升压转换器，而 buck-boost 转换器可以在任一模式下工作。改进的拓扑结构可用于 2 个开关器件和 2 个二极管，以及额外的存储元件。因此，转换器的阶数也随着附加组件的增加而增加。高阶转换器的示例是 Cuk 和 Sepic 转换器。所有这些 DC/DC 转换器都用于将未稳压的直流电压转换为已稳压的直流输出电压；因此，转换器被称为开关稳压器。

DC/DC 转换器可以在连续导通模式（CCM）或非连续导通模式（DCM）下运行。导通与 DC/DC 转换器中的电感器电流有关。如果电感电流保持连续并始终高于 0，则转换器处于 CCM 模式。如果电感电流的最小值为零，则转换器处于 DCM 模式。下面借助 CCM 波形解释转换器的操作。

9.2.1.1 降压转换器

采用 MOSFET 实现的降压转换器的电路拓扑如图 9.7（a）所示。BJT 也可用于开关 S。电路中的电压和电流波形如图 9.7(b) 所示。平均输出电压 $\langle v_{\mathrm{o}} \rangle$ 小于输入直流电压 v_{in}；因此，该电路被称为降压转换器。转换器的操作主要涉及根据控制器命令切换功率器件的开关状态。晶体管开关导通的占空比 D 定义为

$$D = \frac{\text{开关接通时间}}{\text{周期}(T)} \tag{9.1}$$

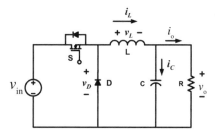

(a) 采用 MOSFET- 二极管实现的降压转换器

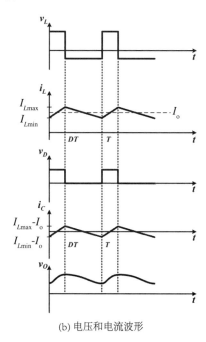

(b) 电压和电流波形

图 9.7　采用 MOSFET - 二极管实现的降压转换器和电压和电流波形平

周期 T 时间是固定的，并设定了转换器的开关频率。电路操作有两种模式，一种是开关 S 接通，另一种是开关断开。开关接通一段时间 DT_s，断开一段时间 $(1-D)$ T。当开关接通时，电感器电流增加，从而对电感器充电。当开关断开时，二极管被迫导通，以保持电感电流的连续性；电感器放电，电流减小。通过电感器的充放电，能量从输入端转移到输出端。与开关频率相比，滤波电容器 C 和输出电阻器 R 提供了非常大的时间常数。因此，输出电压纹波将非常低；通常，波动小于 1%。

输入和输出平均电压和电流与占空比的关系如下

$$\frac{\langle v_o \rangle}{V_{in}} = \frac{\langle i_{in} \rangle}{I_o} = D \tag{9.2}$$

式中 $\langle v_o \rangle$ 和 $\langle i_{in} \rangle$ 分别是平均输出电压和平均输入电流，$I_o = \langle i_o \rangle$ 是平均输出电流。

9.2.1.2 升压转换器

升压转换器将直流电压从一个电平升高到另一个电平。图 9.8 (a) 显示了采用 MOSFET 实现的升压转换器的电路拓扑。BJT 也可用于开关 S。电流和电压波形如图 9.8 (b) 所示。电路在一个切换周期中有两种操作模式，具体取决于开关是接通还是断开。当开关接通一段时间 DT_s 时，输入电流 i_{in} 增加，从而将能量存储在电感器中。输入电流与电感电流 i_L 相同。当开关断开时，二极管变为正向偏置并开始导通。来自感应器的能量流向负载。电感器电流减小，直到周期结束，开关再次接通。与降压转换器相比，需要一个大的滤波电容器 C，因为高 RMS 电流流过它。

输入和输出平均电压和电流与占空比有关

$$\frac{\langle v_o \rangle}{V_{in}} = \frac{\langle i_{in} \rangle}{I_o} = \frac{1}{1-D} \tag{9.3}$$

式中 $\langle v_o \rangle$ 和 $\langle i_{in} \rangle$ 分别是平均输出电压和平均输入电流，$I_o = \langle i_o \rangle$ 是平均输出电流。

9.2.1.3 降压–升压转换器

降压–升压转换器拓扑可以对输入电压实现升压或降压。采用 MOSFET 实现的降压–升压转换器的电路拓扑如图 9.9 (a) 所示。电流和电压波形如图 9.9 (b) 所示。与降压和升压转换器类似，降压–升压转换器在一个开关周期内也有两种工作模式。当开关 S 接通一段时间 DT_S 时，输入电流流过电感，在其中储存能量。该模式下二极管反向偏置，滤波电容 C 维持负载电流。当开关在 $(1-D)$ T_S 期间断开时，二极管变为正向偏置，存储的电感能量转移到负载。电感电流减小，直到 CCM 中的开关再次接通。降压–升压转换器的输出电压极性被反转。

输入和输出的平均电压和电流与占空比的关系如下

$$\frac{\langle v_o \rangle}{V_{in}} = \frac{\langle i_{in} \rangle}{I_o} = \frac{D}{1-D} \tag{9.4}$$

式中 $\langle v_o \rangle$ 和 $\langle i_{in} \rangle$ 分别是平均输出电压和平均输入电流，$I_o = \langle i_o \rangle$ 是平均输出电流。

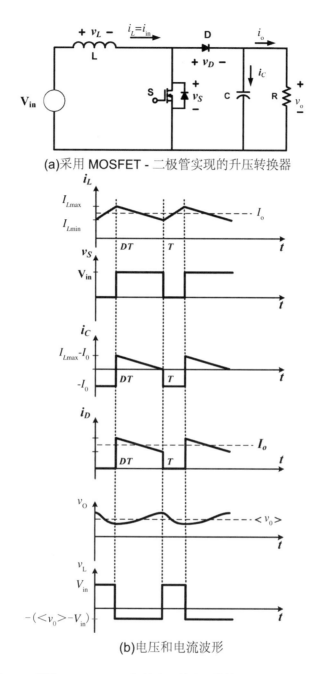

(a)采用 MOSFET - 二极管实现的升压转换器

(b)电压和电流波形

图 9.8   采用 MOSFET - 二极管实现的升压转换器和电压和电流波形

到目前为止，已经讨论了基本转换器的 CCM。CCM 和 DCM 之间的边界取决于电感器相对于电路其他参数的大小。如果其他参数保持不变，当电感器尺寸减小到临界尺寸 L_{crit} 以下时，转换器进入 DCM。L_{crit} 值越小，电感设计的选择范围就越广。对于相同的开关频率和负载电阻，降压转换器的 L_{crit} 最高，而升压转换器的 L_{crit} 最小。

在 DCM 中，3 种基本拓扑中每一种的最小电感电流为零。在很短的时间间隔内，电感电流保持为零。DC/DC 转换器经常进入 DCM，因为它们经常在空载条件下运行。在 DCM 中，电压增益不仅是 D 的函数，而且是开关频率、负载和电路参数的函数；这使得 DCM 中的分析更加复杂。读者可参考文献 [2] 和 [3] 对 DCM 操作进行分析。

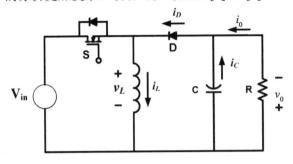

(a)采用 MOSFET - 二极管实现的降压-升压转换器

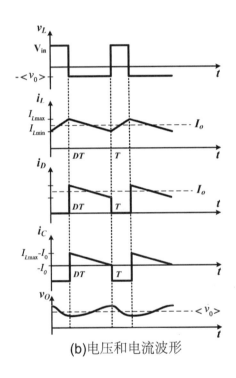

(b)电压和电流波形

图 9.9　采用 MOSFET‐二极管实现的降压‐升压转换器以及电压和电流波形

9.2.1.4　四阶 DC/DC 转换器

目前提出的 DC/DC 转换器只有一个开关和一个二极管，并且是二阶的。最少的开关数量可确保转换器的高效率，尽管开关上的工作负荷很高。但是，基本转换器不适用于某些输入－输出条件，尤其是在输入电压范围较宽的情况下。基本转换器的级联和级联组合产生了其他有吸引力的 DC/DC 转换器拓扑，例如 Sepic 和 Cuk 转换器[3]。这些转换器有两个电感器和两个电容器；因此，转换器是四阶的。

9.2.1.5　转换器的级联

　　在 DC/DC 转换器中，功率通过直接过程或间接过程从输入传输到输出负载。在间接过程中，开关器件利用无源元件中的中间储能进行功率传输；在直接过程中，功率直接传输，不需要任何中间能量存储。对于到目前为止讨论的单开关 DC/DC 转换器，无论降压还是升压转换器，既使用直接也使用间接机制传输功率。直接和间接功率的比例取决于电压转换比；当转换比为 1 时，功率完全采用直接法处理。对于通过器件开关处理所有输入功率的转换器，开关元件工作负荷和储能要求更高。对于单开关降压 – 升压转换器，Cuk 转换器和 Sepic 转换器，整个电源操作使用间接机制进行处理。然而，由于开关数量最少，这些转换器仅适用于最高约 300 W 的应用，不适用于更高功率的应用。此外，当输入电压范围较宽时，转换器也不适用。

　　在电动和混合动力汽车应用中，需要提供高效率和可靠性的转换器配置。 提供直接功率传输路径的能力降低了组件工作负荷和能量存储要求，从而提高了效率；这些类型的转换器拓扑可以通过级联两个 DC/DC 转换器来获得，如图 9.10 所示。这些转换器的效率性能可与简单的降压或升压转换器相媲美。两个转换器的总增益，增益 Conv1 和 Conv2 串联（级联）（图 9.10）是

$$G_{cascade} = \frac{V_{out}}{V_{in}} = G_{Conv1} \cdot G_{Conv2}$$

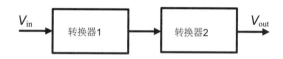

图 9.10　两个转换器级联

9.2.1.6　同步整流

　　MOSFET 沟道通过反转源极和漏极连接来反向传导电流的能力使得可以在原本使用二极管的情况下使用 MOSFET 开关。该器件在其 i-v 特性的第三象限中运行，其中电流从源极流向漏极。MOSFET 的这种第三象限操作称为同步整流。该装置阻断负电压并传导正电流。图 9.11 显示了带同步整流器的转换器示例，其中降压转换器的二极管已被 MOSFET 取代。在同步整流模式中使用 MOSFET 有助于最大限度地减少反向电流导通期间的功率损耗，因为在其他情况下，使用传统二极管整流器会因其相对较大的正向压降而显著增加功率损耗。对于二极管，导通损耗与其正向压降 V_F 和正向导通电流 I_F 的乘积成正比。另一方面，带有 MOSFET 开关的整流器呈现电阻 i-v 特性，如图 9.12 所示。MOSFET 导通损耗等于 $I_{RMS}{}^2 R_{DS,on}$，其中 I_{RMS} 是开关 RMS 电流，$R_{DS,on}$ 是 MOSFET 导通电阻。具有较低 $R_{DS,RMS}$ 的 MOSFET 可用于提高转换器效率，但通常会增加一些成本。

　　在同步整流模式下，器件的控制方式为：当二极管正常导通时，器件工作在"导通"状态，当二极管反向偏置时，器件工作在"关闭"状态。栅极开关控制中插入

的死区时间会导致 MOSFET 中的体二极管导通，而必须随反向电压消散的能量取决于二极管的导通时间。一旦 MOSFET 接通进行同步整流，开关就会进行软开关操作，电流从二极管换向至 MOSFET 沟道。

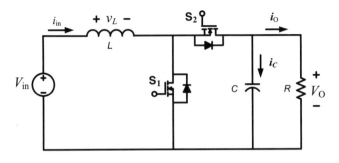

图 9.11　带同步整流器的升压转换器

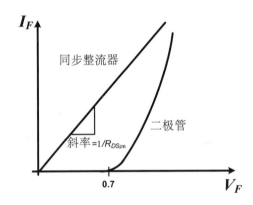

图 9.12　同步整流器和二极管特性

9.2.2　隔离式 DC/DC 转换器

变压器在需要对输入电压大幅度升压或降压的应用中也很有用。这一概念在电力电子转换器中同样有用，因为电力电子转换器的输入端和输出端之间需要较大的电压比。通过选择合适的变压器匝数比，可以将晶体管和开关上的电压和电流工作负荷降至最低，以提高效率。输出电压极性也可以通过变压器绕组极性轻松设置。通过使用多个次级绕组和转换器次级侧电路，变压器可以实现多个直流输出。此外，许多应用，包括 EV/HEV 系统的某些部分，都需要输入和输出之间的电气隔离。通过结合由铁氧体、非晶或纳米晶材料制成的高频变压器来提供电压电压阶跃和隔离。与以 50Hz 或 60Hz 运行的电源变压器相比，在数十或数百数千赫兹范围内的更高开关频率下运行有助于大大减少这些变压器的尺寸和重量。转换器中可能还需要额外的控制以避免变压器磁芯饱和。但是，与非隔离式转换器相比，在 DC-DC

转换器中添加变压器会增加尺寸和重量，也会影响效率。由于变压器引入的寄生元件，可能存在开关频率限制。

　　初级和次级绕组与功率器件的连接有多种方法，从而产生不同的转换器拓扑。初级绕组排列可以是单端、推挽、半桥或全桥，如图 9.13 [3] 所示。次级布置可以是半波、中心抽头全波或全桥全波。图 9.14 显示了其中两个次级布置。对于多个绕组，关键的设计考虑是确保每个绕组的伏 – 秒平衡。 未能保持伏 – 秒平衡将导致磁芯饱和，从而损坏转换器。

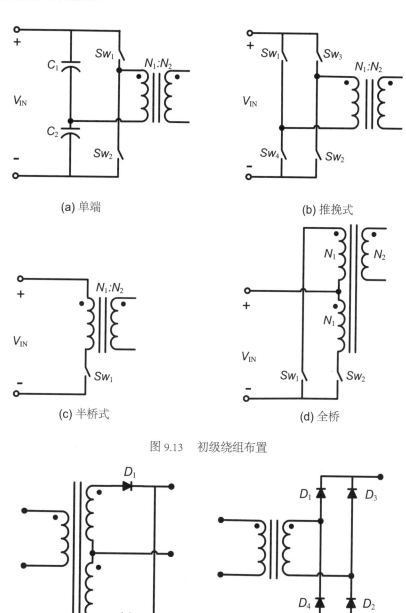

(a) 单端　　　　　　　　　　　　　　　　　(b) 推挽式

(c) 半桥式　　　　　　　　　　　　　　　　(d) 全桥

图 9.13　初级绕组布置

(a)中心抽头半波　　　　　　　　　　　　　(b) 全桥全波

图 9.14　次级绕组布置

隔离式 DC/DC 转换器可以源自降压拓扑或升压拓扑。此外，根据使用的开关数量，DC/DC 转换器可以是单开关型或多开关型。单开关转换器类似于降压或升压转换器，但具有变压器隔离。两单开关隔离式 DC/DC 转换器是正激和反激式转换器。分别源自降压拓扑和升压拓扑。这些是组件数量最少的最简单的隔离式 DC/DC 转换器。然而，磁性元件以单极、单象限模式使用。功率器件上的开关工作负荷为 2 倍输入电压 $2V_{in}$。这些拓扑用于低功率应用，大约 100 W 或更小。

多开关 DC/DC 转换器充分利用变压器磁性，用于更高功率的应用。根据开关的数量和使用的变压器类型，有 3 种类型的隔离式多开关 DC/DC 转换器：推挽式、半桥式和全桥式。推挽式转换器的输入侧使用带中心抽头变压器，而半桥和全桥转换器使用不带中心抽头变压器。变压器的次级侧可以使用带中心抽头的半桥二极管配置或不带中心抽头的全桥二极管配置。多开关转换器可以是源自降压型或升压型转换器。全桥转换器拓扑最适合超过 500 W 的应用。电动和混合动力汽车应用中，用于高压到低压接口的常见大功率 DC/DC 转换器是全桥转换器类型。

降压推挽式转换器的电路拓扑如图 9.15 所示。该电路在输入侧使用两个开关，在输出侧使用一个用于储能的电感器。中心抽头变压器用于电压调节和电气隔离。开关 S1 和 S2 在一个开关周期内以相等的占空比交替接通和断开。每个开关的占空比可以在 0~0.5 之间变化。当两个开关都断开时，控制器在两个器件的开关转换之间保证最小的死区时间，以避免电源电压直通的可能性。推挽转换器的电压增益为

$$\frac{V_o}{V_{in}} = 2\frac{N_2}{N_1}D, \quad 0 < D < 0.5$$

转换器拓扑比半桥和全桥拓扑更简单，但主要缺点是二极管和功率器件的开关负荷超过 $2V_{in}$。此外，开关模式中的任何轻微不理想，都会造成变压器铁芯容易饱和。推挽式隔离转换器用于高达约 500 W 的中等功率应用。

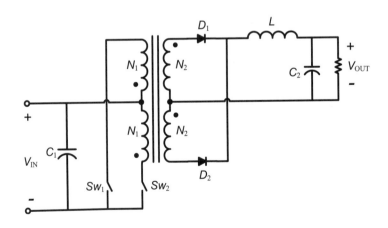

图 9.15　推挽式隔离 DC/DC 转换器

半桥转换器使用有源开关在变压器的初级侧产生对称的交流波形。变压器铁芯磁通采用双向波形激励，从而提供更好的磁芯利用率并使其不易发生磁通饱和。具

有中心抽头次级的半桥转换器的电路拓扑如图 9.16 所示。 开关的工作方式与推挽式转换器相同，每个开关的最大占空比为 0.5。 半桥转换器的电压增益为

$$\frac{V_o}{V_{in}} = \frac{N_2}{N_1} D, \quad 0 < D < 0.5$$

半桥转换器中每个开关的最大阻断电压是 V_{in}，而不是像推挽转换器那样的 $2V_{in}$。 半桥转换器是中等功率范围内最常用的隔离式 DC/DC 转换器。开关器件工作负荷是 V_{in}，开关数量小于全桥转换器。

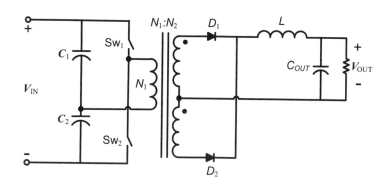

图 9.16   半桥隔离式 DC/DC 转换器

全桥转换器拓扑也在变压器的初级侧产生对称的交流波形，但有 4 个有源开关。图 9.17 （a）显示了在次级侧具有全二极管桥的全桥转换器的电路拓扑。开关成对操作；开关 Sw_1-Sw_4 和 Sw_2-Sw_3 交替切换，每个开关的最大占空比为 0.5。在从一对到另一对的转换之间还插入了死区时间，以避免电源电压之间的直通。全桥转换器的电压增益为

$$\frac{V_o}{V_{in}} = \frac{N_2}{N_1} D, \quad 0 < D < 0.5$$

全桥转换器低压侧使用的二极管桥的替代方案是使用带有两个二极管的中心抽头变压器。拓扑如图 9.17 （b）所示。由于二极管承载大电流且价格昂贵，因此该替代方案通常用于成本最小化。图 9.17 （b）中显示的拓扑是单向的，但可以通过用两个受控开关替换两个二极管轻松转换为双向拓扑。次级开关的适当控制允许拓扑在升压模式下运行，功率从低压侧流向高压侧。使用开关也比使用二极管更有效。

中型电动或混合动力汽车中高低压 DC/DC 转换器的典型额定功率约为 2kW。低压输出为车辆中的 12V 电子设备供电。12V 接地始终连接到车辆底盘，因此，要求该转换器拓扑为隔离型。该应用常用的转换器拓扑是全桥类型之一。车辆中使用的该转换器的开关频率约为 100kHz。在大多数电动和混合动力车辆中，这种转

换器是单向的，尽管使用双向转换器有一些优势。升压模式操作是可能实现的，采用图 9.17 中所示的拓扑结构，但开关位于次级，这可省去混合动力电动汽车中内燃机发动机的 12 V 启动机。混合动力汽车有一个大功率电机，与传统的 12 V 启动器相比，它可以更高效、更快地启动发动机。升压模式操作也有助于极端天气启动条件。在极冷的启动情况下，高压电池可能无法提供所有所需的发动机启动功率；12V 电池可以为大功率电机提供额外的启动电源，帮助启动内燃机发动机。

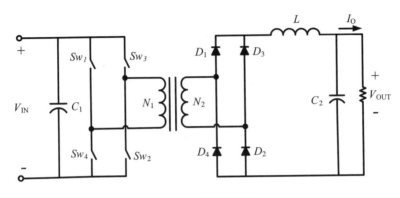

(a) 二极管桥次级

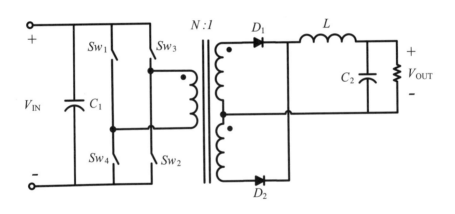

(b) 中心抽头次级

图 9.17   全桥隔离式 DC/DC 转换器

9.3   EV 动力系统转换器

EV 动力系统的主要电力电子转换器是为牵引电机提供电力的逆变器、用于连接高压系统和低压系统的 DC/DC 转换器以及插电式电动汽车车载充电器（OBC）。EV 或 PHEV 中使用的电源转换器的位置如图 9.18 所示。动力系统中的逆变器可以是升压型或非升压型，这取决于是否使用比电池包电压更高的直流链路电压来为电机供电。较高的直流链路电压是优选的，以便电机可以设计为具有较高的最大运行速度。升压 / 非升压逆变器的可靠性至关重要，并且必须在设计时考虑短路能力和长寿命。充电器不在电动动力系统的关键运行路径中，其运行操作循环比也较小。需要说明的是，动力系统有不同规格的转换器，带有栅极驱动器主 DC/DC 转换器，以及牵引逆变器和各种辅助电源 DC/DC 转换器，这些辅助转换器可以是降压型或反激式或推挽型，额定功率较小。下面讨论不同动力系统转换器的选择和尺寸。

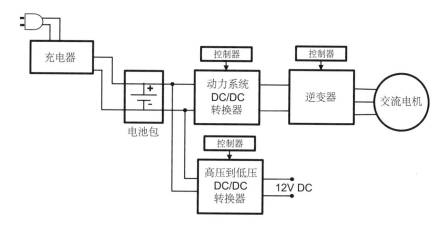

图 9.18　EV/PHEV 电动动力系统电力电子转换器

9.3.1　动力系统升压转换器

在许多电动和混合动力汽车的电力传输路径中使用升压型非隔离式 DC/DC 转换器。DC/DC 转换器可将电池包输出电压提升至更高水平，以便在配备电池的电动或混合动力电动汽车中实现牵引电力驱动的高效运行。在车辆再生制动期间，转换器需要双向操作，以恢复和充电电池包；但是，它不必是隔离式的。 通过克服与速度成比例的较高反电动势电压，较高的直流链路电压使电机能够以较高的速度运行。因此，为了在相同的功率输出下以更高的速度运行电机，需要增加直流链路电压。在相同的功率输出下，更高的机器运行速度有助于最小化其尺寸并提高其功率密度。此外，将电压升高到更高的水平有助于电机的发电机运行模式，因为对于受控发电，在最大运行速度下，直流链路电压必须高于反电动势电压。此外，对于更高电压的直流母线，电机将从直流链路获得相同功率的电流更少。因此，直流母线电流 / 电压纹波会更小。这将有助于减小逆变器输入端的滤波器尺寸。电机的电气损耗将随着电流的降低而降低，这也将降低对冷却系统的要求。从电池尺寸的角度来看，升压有助于最大限度地减少串联电池的数量。 除了降低等效电池串联电阻外，串联电池数量的减少还可以节省电池管理系统的组件和成本。电池包容量不受减少电池数量的影响，因为它由串联连接的每个电池的容量决定。添加升压转换器的其他优点是减小了电机驱动的滤波扼流圈和直流支撑电容器（DC-link 电容器）的尺寸，以及由于电流要求较低而减小了线束尺寸。直流链路母线电压可根据电机运行速度和功率要求进行调节，以将逆变器的开关损耗降至最低。在电动动力系统中添加增压段的缺点是成本增加、需要输入侧滤波器以及故障点数量增加。需要在系统级别评估整个动力系统，包括电池，以比较增压系统和非增压系统。

　　升压 DC/DC 转换器在燃料电池电动汽车的动力系统中至关重要，因为燃料电池的输出电压通常很低且不受调节。DC/DC 转换器提高电压电平并调节输出电压。这种转换器拓扑只需单向，因为可再生燃料电池尚待开发。DC/DC 转换器还可用于连接电动或混合动力车辆中的两个能量存储设备。例如，当电池 - 超级电容器组合用于储能系统时，其中一个组件直接连接到直流母线，而另一个则通过 DC/DC 转换器进行缓冲。超级电容器可用于捕获尽可能多的再生制动能量，因为它的功率密度很高；电池包可以设计为提供车辆的零排放续航里程。

　　半桥双向非隔离 DC/DC 转换器源于基本拓扑，是用于主直流母线升压操作的最常用的转换器拓扑之一。拓扑结构如图 9.19 (a) 所示。在升压模式下，当下部开关 S_2 和二极管 D_1 工作时，电源从低压侧（即电池包侧）流向高压直流链路侧。在降压模式下，上开关 S_1 和二极管 D_2 开始工作；控制 S_1 允许电力从高压直流链路侧流向电池包。可为升压转换器设计交错结构，使电池提供的纹波电流显著降低。此外，在直流母线侧，交错式的转换器可观察到直流母线电容器中较低的纹波电流，从而降低对直流链路母线电容器的要求 [4-5]。三相交错升压转换器如图 9.19 (b) 所示。交错升压结构本质上需要多个升压电感和更多的开关。然而，通过对无源元件的正确选择和尺寸调整，可以设计优化的转换器，以获得系统级的收益。

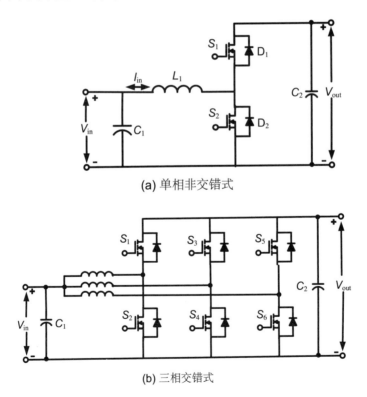

(a) 单相非交错式

(b) 三相交错式

图 9.19　DC-DC 半桥升压转换器

图 9.20（a）和（b）[6] 显示了适用于电源直流升压的另外两种转换器拓扑。图 9.20a 显示了 Cuk 转换器，当电源从 V_{in} 流向直流母线 V_{DC} 时，该转换器会提高电压。在此增压模式下，S_1 和 D_2 处于激活状态，S_2 和 D_1 处于非激活状态。在降压模式下，当 S_2 和 D_1 处于激活状态，S_1 和 D_2 处于非激活状态时，电压从 V_{DC} 降至 V_{in}。C_t 和 C_2 分别是耦合电容器和直流支撑电容器（DC-link 电容器）。图 9.20（b）显示了组合式 SEPIC/Luo 转换器，当需要升压操作时，它作为 SEPIC 转换器工作，当需要降压操作时，它作为 Luo 转换器工作。在 SEPIC 操作模式下，电源从低压电池包侧流向高压直流链路侧，从而提高输入电池电压 V_{in}。在此模式下，S_1 和 D_2 处于激活状态，S_2 和 D_1 处于非激活状态。在 Luo 操作模式下，电源从高压直流链路侧流向低压电池包侧，降低输入的直流链路电压。在此模式下，S_2 和 D_1 处于激活状态，S_1 和 D_2 处于非激活状态。表 9.2 显示了 3 种转换器拓扑结构中，有源和无源元件的工作负荷[6]。半桥转换器与 Cuk 和 SEPIC/Luo 转换器相比，其优点是：电感尺寸更小，有源元件的电压和电流额定值更低，元件数量更少，故障点更少，效率更高。半桥转换器的主要缺点是，由于电感尺寸较小，输出电流可能会变得不连续，从而影响 DC-link 电容器的尺寸。

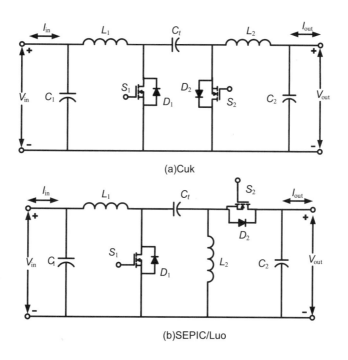

图 9.20　直流升压转换器

在一些 EV/HEV 应用中，DC/DC 转换器用于储能系统和高压逆变器直流链路间的缓冲，两个直流电压可能重叠，具体取决于电动动力系统设计、储能系统部件和设计以及运行条件。牵引蓄电池具有额定或标称电压，但始终在一个范围内工作，该范围取决于蓄电池的充电状态。例如，一个由 50 节单体电池组成的锂离子电池，标称额定电压为 144V，工作电压范围为 126~172 V；DC/DC 升压转换器级的输出可能与电池包的工作范围的输入重叠。 在燃料电池电动汽车中，燃料电池的输出电压在很宽的工作范围内变化，并且可能需要 DC/DC 转换器的降压和升压操作来向电力驱动系统提供电力。在这些情况下，具有双向降压和升压操作的级联 DC/DC 转换器（图 9.21）是一种合适的转换器拓扑。级联拓扑具有更高的开关数量，但在操作期间，只有一个桥在切换，而另一个是未激活的。级联升压 - 降压或降压 - 升压双向转换器的元件工作负荷显著降低，有助于提高效率。此外，这些基于半桥的转换器的相位交错提供了纹波消除的额外好处。

表 9.2　非隔离式 DC/DC 转换器中的有源和无源元件的工作负荷

	单桥	Cuk	SEPIC/Luo
耦合电容器额定电压	—	$V_{in} + V_o$	V_{in}
开关额定电压	V_o	$V_{in} + V_o$	$V_{in} + V_o$
二极管额定电压	V_o	$V_{in} + V_o$	$V_{in} + V_o$
电感平均电流 [a]	$\dfrac{I_o}{1 - d_1}$ ，升压 $\dfrac{I_o}{d_2}$ ，升压	$I_{L1} = I_o \dfrac{d_1}{1 - d_1}$ $I_{L2} = I_o$	$I_{L1} = I_o \dfrac{d_1}{1 - d_1}$ $I_{L2} = I_o$ ，升压 $I_{L1} = I_o \dfrac{(1 - d_2)}{d_2}$ $I_{L2} = I_o$ ，降压

a：d_1 和 d_2 分别是升压和降压操作的占空比

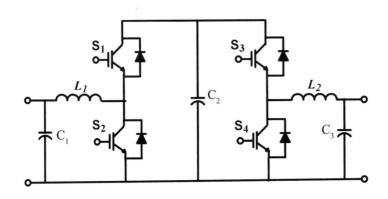

图 9.21　升压 - 降压级联 DC-DC 转换器

9.3.2　牵引逆变器

六开关电压源逆变器（VSI）用于电动和混合动力汽车应用中，电源通常在直流链路上提供恒定电压。逆变器的功能是将可用的车载直流电源转换为准确的交流电流和电压，以满足驾驶员对车辆驱动的需求。三相电流控制六开关 VSI 是汽车行业普遍采用的电流型功率转换器。当直流电源或电池包输出电压直接馈入逆变器的直流链路时，逆变器被称为非升压型，而当使用前端 DC-DC 级将电池包电压提升至更高的直流链路电压水平时，逆变器将被称为升压型。非升压牵引逆变器拓扑如图 9.22 所示。六开关 VSI 拓扑用于感应电机、内部永磁电机或任何其他三相同步电机。作为两电平逆变器的 VSI 通常是硬开关的。根据独特的应用要求，T 型等三电平逆变器也是逆变器的理想选择。无论选择 2 还是 3 电平，牵引逆变器的总体设计目标是提高效率和可靠性，同时保持低成本、尺寸和质量

图 9.23 显示了一种升压逆变器拓扑，该拓扑允许增加直流链路母线电压以实现更高的电机最大速度。所示逆变器拓扑使用 SiC MOSFET 器件，但同样可以使用 IGBT 器件实现。DC-DC 升压转换器是三相交错的，可以显著降低纹波。DC-DC 升压级可在零电压开关（软开关）下运行，这将提高系统效率并降低电池包总线滤波要求。

自 1996 年推出第一款现代电动汽车 EV1 以来，汽车行业采用的首选功率器件是 Si-IGBT，这是出于成本、良好的效率以及围绕 5~10kHz 开关频率开发的 EMI 管理方法，和良好的约 10μs 短路能力。SiC 和 GaN 功率器件在过去 10 年中取得了巨大进步，现在正在挑战用于牵引应用的 Si-IGBT。一些电动汽车已经采用了 SiC 技术。与 GaN HEMT 相比，SiC MOSFET 更加成熟，尽管 GaN 有可能成为未来的最终选择。对于 800V 等高压系统，SiC MOSFET 具有独特的优势，即更低的器件损耗和更高的工作频率，以实现更好的电流调节和减少死区时间，从而减少电压和电流失真。与 Si-IGBT 相比，SiC MOSFET 的另一大优势是消除了反并联二极管，这对后者来讲是必不可少的。在 MOSFET 中，正负电流都可以流动，因为通道可以双向导通。

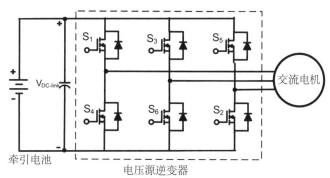

图 9.22　动力系统非升压牵引逆变器

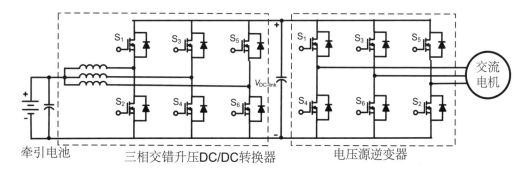

图 9.23　具有交错 DC/DC 级的动力系统升压逆变器

牵引逆变器与电机控制器集成在一起，电机控制器使用 PWM 方式和控制命令为逆变器功率器件生成栅极开关信号，以处理功率流并以所需的电压和频率提供输出电压。牵引逆变器由功率器件、栅极驱动器、功率级或母线排、直流母线和 EMI 滤波器、散热器、控制器和传感器组成。每个组件的设计都旨在满足逆变器系统要求和封装限制。牵引逆变器设计的总体目标是效率和功率密度，这对于电动 / 混合动力汽车的燃油经济性和空间限制至关重要。在操作方面，逆变器设计为在六步模式和 PWM 模式下运行。第 10 章将进一步讨论电机控制和逆变器 PWM 控制；这里我们重点介绍逆变器的设计方面。

9.3.2.1 功率器件选择

功率器件的选择基于电流额定值、电压额定值、器件损耗和短路能力。电流额定值基于在规定的最小电池包电压或直流链路电压下，设备在牵引电机峰值功率水平下可承载的最大电流。由开关损耗和导通损耗组成的器件损耗与最大连续电流额定值密切相关，因为器件电流额定值总是在较高的环境温度下降。在峰值功率水平下，器件损耗达到最大值，这会提高器件结温，并且必须降低电流值以使器件保持在安全工作区域内。器件电压额定值是根据器件必须承受的电压水平指定的，包括开关关断瞬态期间的过冲和器件必须承载的最大 RMS 电流，包括一些安全裕度。关于直流链路电压，额定电压可以从下式获得

$$V_{DC,\,rating} = V_{nom,DC} \times \left(1 + \frac{s_1}{100}\right) \tag{9.4}$$

式中 s_1 为安全裕度。

功率器件的开关损耗还取决于栅极驱动，可以在 EMI（与 dv/dt 相关）、电压过冲、开关损耗和短路能力之间进行权衡调整。在栅极驱动部分对此的进一步讨论。

功率器件的封装和热管理有多种选择。在封装方面，可以使用 TO-247 类型的分立器件，其中几个器件并联放置，以增加电流承载能力，或者可以使用半桥或六组件。TO-247 封装随着时间的推移进行了优化，并提供了整体逆变器封装及其冷却组件的灵活性。模块可以是平底板型或集成针翅型。扁平基板模块较便宜，但它们需要使用热接口模块（TIM），例如由氮化铝制成的模块。来自器件的热量通过冷却液（通常水与乙二醇混合物的比例为 1 : 1）被强制通过放置在 TIM 下方散热器内的通道或管子排出。使用针翅模块，可以使水直接流过针翅部位，由于热阻抗降低，这是一种更有效的散热过程。另一种正在出现的技术是双面冷却，模块设计用于从设备的顶部和底部表面散热。尽管热阻非常低，散热过程得到了显著改善，但双面冷却确实使整体机械封装复杂化。

9.3.2.2 母线排和封装

传统的电力电子转换器封装使用基于铜排的层压总线结构和功率器件模块。总体目标是构建具有全数字控制的集成电力电子模块（IPEM）。随着对高功率密度

转换器的需求增加，母线排形状系数和与电源模块的互联在整个系统级设计中发挥着重要作用。层压设计的替代方案是基于印刷电路板（PCB）的设计。由于易于设计、可制造性和简化的系统组装 [5-7]，PCB 母线排是一种有吸引力的替代方案。虽然现在大多数乘用电动汽车制造商牵引逆变器采用 400V 系统，其直流链路电压为 150~450V，但直流链路电压高达 870V 的 800V 系统已进入市场，为 EV 动力系统提供系统级优势。与 800V 系统相比，400V 系统需要在更高的相电流下运行，这会增加母线排和电力电缆的温度和损耗。此外，高电流操作还降低了直流链路电容器的可靠性，因为需要并联电容器单元，这会牺牲功率密度和成本。

母线排设计是牵引应用的一个重要设计元素，其目标是最小化直流回路电感（这是寄生成分固有存在的），以提高系统性能、可靠性和效率，并减少电磁辐射。换向回路由直流链路电容器、功率模块内部的传导路径以及它们之间母线排上的杂散电感组成。最小化回路电感可确保在功率器件关断期间功率半导体开关上的电压过冲受到限制，该电压必须低于器件额定电压。对于 WBG 系统，该设计甚至更为关键，在这些系统中，需要更高的工作频率并伴随着信号边缘速率的增加。低 ESL 直流链路电容器、优化的母线排布局和高性能模块都有助于降低回路电感。母线排的形状系数和与电源模块的互联在整个系统级设计中发挥着重要作用。

由于母线排、电路导体走线和连接器的原因，逆变器功率级中存在许多不可避免的寄生成分。寄生电感的等效电路模型如图 9.24 所示，其中 L_{DS} 表示功率模块的集总寄生电感，L_{P1} 和 L_{P2} 与母线排相关。L_{P3} 和 L_{P4} 表示输入直流端子与电容器 / 模块端子之间的杂散电感。包含功率模块和直流链路存储电容器的回路中的寄生电感较大，这是因为它们的尺寸，并且可能需要 EMI 补偿。在功率模块端子附近增加低 ESL 去耦电容器是降低回路电感的另一种有效方法 [7]。这些去耦电容器在图 9.24 的等效电路中显示为集总参数 C_{decoup}。这种布置产生了两个回路；由于去耦电容靠近模块端子放置，回路 1 的电感明显小于回路 2。这有助于有效降低逆变器的直流回路电感。采用中央电解直流链路电容器的母线排设计会导致不同相的换向回路不对称，并导致开关电压过冲以及某一特定相的开关损耗。因此，逆变器的换向回路应设计得尽可能对称，尤其是在大功率应用中。

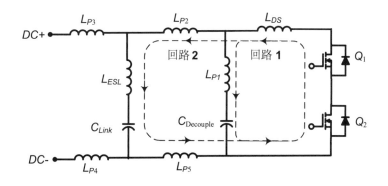

图 9.24 半桥配置中涉及直流链路电容器和去耦电容器的换向回路

9.3.2.3　直流母线滤波

直流母线电压滤波组件包括用于储能的大容量电容器，以及用于降低 EMI 的共模和差模滤波器。逆变器以及滤波器、栅极驱动器、传感器和控制器如图 9.25 所示。由于电池包端子与逆变器间有一定的距，因此会有几个微亨的线路电感，这需要在逆变器中进行局部储能，由大容量直流链路电容器（在图 9.25 中表示为 C_{bulk}）来完成。直流链路大容量电容器必须吸收和提供由逆变器的 PWM 开关引起的纹波电流，以保护电池和其他组件。汽车牵引逆变器中使用的大容量电容器是大型聚丙烯薄膜电容器，根据工作电压（直流链路标称电压的 1.2~1.5 倍）、RMS 电流、工作温度、寿命以及寄生电感和电阻来选择。电流要求来自不同的场合，例如加速期间的高电流或长时间的中等电流，例如长时间在有坡度上的公路巡航。车辆级仿真有助于从系统级考虑生成这些要求。

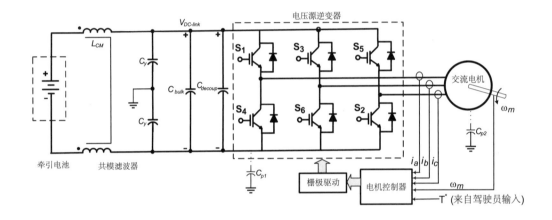

图 9.25　牵引逆变器及相关滤波器组件和控制器

逆变器功率器件、带屏蔽的交流电缆和电机相对于车辆底盘都有显著的寄生电容。高 dv/dt，即交流逆变器端子上每个 PWM 开关事件的电压变化率，会向地感应共模（CM）脉冲，从而导致严重的 EMI。为了减轻 EMI，CM 滤波器以 CM 扼流圈和 Y-Cap 安规电容的形式包含在逆变器或母线排布线中（在图 9.25 中显示为 L_{CM} 和 C_y）；L_{CM} 和 C_y 一起作为二阶噪声滤波器来减轻 EMI。然而，直流母线上允许的 CM 扼流圈和 Y-Cap 安规电容的数量受到 SAE 1772 直流充电[8] 的限制。

牵引电机绕组和底盘接地之间的寄生电容（图 9.25 中用 C_{p2} 表示）是显著的，通常在 5~25 nF 的范围内。在逆变器和电机相隔一定距离并通过屏蔽交流电缆连接的系统中，会有额外的寄生电容。这些电容和逆变器 PWM 电压波形的开关 dv/dt 将产生显著的共模电流，如电机匝间电流和轴承电流，这些电流基本上必须由逆变器提供。这不仅会导致逆变器损耗和降额，还会导致电机绕组的绝缘损坏。带有 CM 扼流圈的输出滤波器可放置在电机端子之前，以缓解该问题。然而，最好的解决方案是紧密连接封装，比如像雪佛兰 Volt[9] 那样将逆变器直接安装到电机外壳上。

9.3.2.4 栅极驱动设计

栅极驱动器接收来自电机驱动控制器的 PWM 栅极指令信号，并对其进行缓冲，以将其传送到具有完全电气隔离的 VSI 功率器件的栅极。 作为电源转换器系统的关键部分，栅极驱动器设计要求包括隔离、驱动能力、最小延迟和可靠运行。电机控制器以车辆底盘为参考电位，这与高压直流系统是隔离的。栅极驱动器提供这种隔离，并确保所有功率器件栅极连接相对于控制器接地是浮地。典型的隔离式栅极驱动器框图如图 9.26 所示，它由控制信号传输、隔离式偏置电源供给以及可能包括电流提升电路的驱动级组成。 该偏置电源实际上与开关器件共享相同的浮动接地，这对高压应用提出了严格的电压隔离要求。需要始终保持适当的电压电平，并使用负偏压来防止 dv/dt 引起的导通。同时，隔离屏障上的电容耦合也变得至关重要，尤其是在使用具有高开关 dv/dt 的 SiC 器件时。 由于功率器件使用高电压进行切换，因此隔离的控制器信号必须不受这些高电压瞬变的影响。这种栅极驱动参数特点称为共模噪声抗扰度（CMTI），其测量单位为 kV/μs。

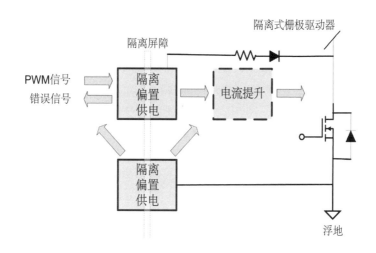

图 9.26 典型隔离式栅极驱动器的框图

栅极驱动器的另一个重要功能是提供基于硬件的快速故障保护。栅极驱动电路中包含的保护功能包括去饱和、抗击穿、过流、欠压和过热。去饱和保护可防止功率器件工作在线性区域，这会导致巨大的功耗，导致其快速失效。当器件被选通时，集电极电压（对于 IGBT）或漏极电压（对于 MOSFET）必须保持在某个阈值以下。去饱和保护是防止器件故障的最快速方法之一，它是通过使用比较器电路监控集电极或漏极电压来实现的。这对于 SiC MOSFET 特别有用，它具有约 2μs 的短时短路额定能力。IGBT 的短路电流持续能力约为 10μs。防击穿保护对于防止半桥相臂的上下器件同时导通至关重要；这种保护是使用硬件电路实现的，以实现快速响应。

过流保护在硬件中通过比较器电路实现，以实现最快的响应，防止电流超过逆变器的最大电流限制。栅极驱动器中使用了欠压检测，以确保始终有足够的栅极电压，从而使器件始终处于完全饱和状态。

9.3.2.5　控制器和传感器

用于电机驱动的控制器卡，即电子控制模块（ECM），包含栅极驱动器、承载电机和逆变器控制器的 DSP、电压和电流传感器以及与车辆控制模块的接口。控制算法完全依赖于电流传感器和转子位置传感器。

准确可靠的电流感应对于保持牵引电机驱动系统的完整性至关重要。 电流感应信号必须与载流导体隔离。交流输出端产生高开关电压，要求电流检测电路具有高抗噪能力。电动汽车逆变器的最大 AC RMS 电流可高达 1000A，具体取决于额定功率和直流链路电压。电流传感器放置在母线排中，由于流过它们的高电流，母线排会产生损耗和温度升高。因此，电流传感器需要高达 125℃ 的高温能力。传感器带宽也是一个关键参数，对于电机驱动系统的良好闭环控制很重要。需要 40kHz 或更高的带宽，具体取决于 PWM 开关频率，并且需要具有直至最大基频时的最小相移。 最大基频通常在 500~1200Hz 范围内，具体取决于电机极数和最大运行速度。电流传感器的关键要求是测量范围、精度、带宽、电压隔离、抗噪性、温度范围、外形尺寸、重量和成本。电流传感器电路设计必须解决偏移、增益不平衡、延迟和量化问题。可以使用的电流传感器类型有霍耳传感器、电流互感器、电阻分流器和巨磁阻（GMR）传感器。 霍耳传感器可以是有铁芯或无铁芯的，并提供所有类型电流传感器的最高精度测量。铁芯型霍耳传感器广泛用作汽车牵引逆变器电流传感器。测量的输出信号与载流电源导体隔离，引入的延迟相对较小。物理尺寸和质量以及有限的测量范围（由于有限的磁饱和）是这些铁芯型霍耳传感器的缺点。为了克服铁心型霍耳传感器的缺点，无芯霍耳传感器应运而生。电流互感器顾名思义就是使用变压器原理，因此只能用于交流电流测量。测量是隔离的，但精度有些受限。电阻分流式传感器是所有传感器中，最容易集成到占位面积小的转换器功率级中的。但是，虽然电阻值很小，但会有损耗，需要一个散热器来进行热管理。感测到的信号在被馈送到控制器之前必须通过隔离屏障进行处理，由于容易受到噪声影响，这总是具有挑战性的。在选择分流式传感器时，需要在损耗和抗噪性之间进行权衡。GMR 传感器因其小巧紧凑的外形、高带宽和隔离式测量而变得越来越有吸引力。GMR 使用电阻随电流大小而变化的材料。精度低于霍耳传感器。

9.3.2.6　热设计

热设计对于电力电子转换器至关重要，尤其是集成封装中的大功率模块。电力驱动系统中的功率半导体器件和无源元件，特别是电感器，需要冷却才能在低于其熔断电流和最高结温的条件下工作。最终从功率模块和电感器中提取的热量越有效，通过电动传动系统的电流就越多，从而实现更高的功率密度设计。有效的冷却还可以确保长期可靠性，因为电子产品中的大多数故障机制是由于无法从有源和无源组件中散热。基于平面堆叠结构设计方法，可以将冷却板直接安装到电源模块的基板上以提供冷却。图 9.27 显示了基于丹佛斯（Danfoss）开发的紊流器（ShowerPower）冷却技术的冷却方法的热量分布，这是通过热有限元模拟分析获得的。

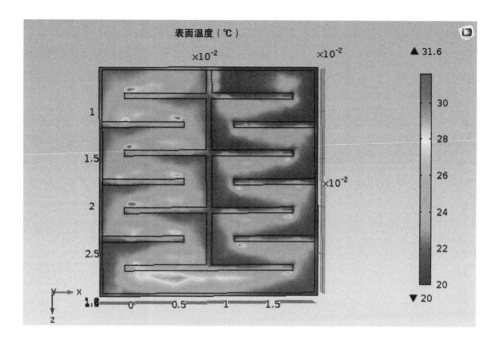

图 9.27　功率模块基板下方的湍流器单元的表面温度模拟[5]

例 9.1

SiC 逆变器用于标称电压为 800V 的电池包，使用 SVPWM 驱动牵引电机。逆变器由 Wolfspeed SiC CAB450M12XM3 MOSFET 制成，其参数为：V_{DS}=1200V，I_{DS}=450 A，$R_{ds,on}$=4.625 mΩ，E_{on}=11.7μJ，E_{off}=11.3μJ。需要评估牵引交流电机给定稳态工作点的功率器件和逆变器性能。工作点数据为：电机输入功率 =250 kW；V_{DC}=800V；调制指数 M=0.907，功率因数 =0.7。对于仿真，可以假设结温为 100℃。

在仿真模型中使用交流电动机的等效电路表示，估计逆变器功率设备的热损耗（导通和开关）。

解决方案

给定工作点交流电机负载的等效电路模型可以简化为 R-L 模型。这是从相电压和相角获得的。RMS 相电压可根据以下给定数据进行计算：

$$V_{\text{phase}} = M \frac{V_{DC}}{\sqrt{2}\sqrt{3}}$$

电机等效电阻 R_{eq} 由下式获得

$$R_{eq} = \frac{1}{3}\frac{V_{\text{phase}}^{2}}{P}$$

其中 P = 系统的有效功率（机械功率）；V_{phase} = RMS 相电压；
等效电感 L_{eq} 模拟电机功率因数，可通过以下公式确定

$$相角 \ \varphi = \tan^{-1}\left(\frac{\omega L_{eq}}{R_{eq}}\right)$$

电机负载由 PSIM 或 PLECS 中内置的开关逆变器模型驱动，以获得功率器件上的
RMS 电流和电压。仿真模型如图 9.28 所示。得到的电压和电流波形如图 9.29 所示，
它们是在 PSIM 平台中使用 SVPWM 获得的。然后，使用特定结温（T_j）下的
$R_{ds,\text{on}}$，E_{on}，E_{off} 器件数据参数，使用功率器件上的 RMS 电流和电压来评估主要导通
和开关损耗。

仿真结果为：P_{out}=250.82kW，P_{loss}=2.19kW，逆变器效率 =99.13%。这里，假设
器件结温度（T_j）为 100℃。

为了评估器件上的热负荷（结温升），可以使用给定的热阻 $R_{\theta\,(\text{junction-case})}$（结壳）
和 $R_{\theta(\text{heatsink})}$（散热器）值来实现器件和散热器热模型。对于冷却液 / 环境温度（T_{coolant}），
可根据动态模拟中计算的损耗更新结温，如图 9.28 所示。根据特定负载条件下施
加在设备上的热负荷，可以确定安全运行能力和效率，以比较使用不同功率设备的
逆变器的性能。

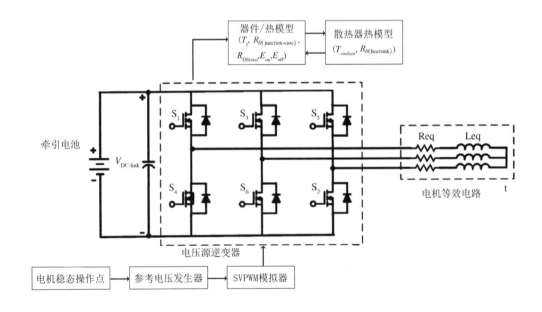

图 9.28　在给定工作点使用等效电机模型评估功率器件性能的仿真模型

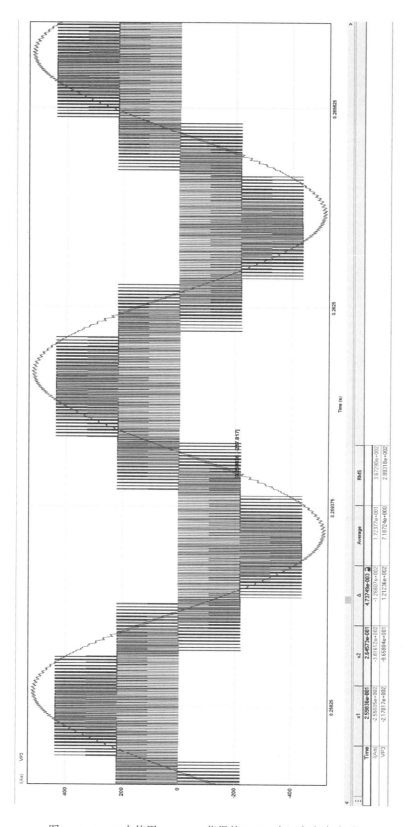

图 9.29　PSIM 中使用 SVPWM 获得的 PWM 电压和电流波形

9.3.3　高压到低压 DC/DC 转换器

电动和混合动力汽车 EV/HEV 中使用高压到低压 DC/DC 转换器为 12V 电子设备供电。中型电动或混合动力汽车中高压到低压 DC/DC 转换器的典型额定功率约为 2~3 kW。低压输出为车辆中的 12V 电子设备供电。12V 接地始终连接到车辆底盘；因此，这种转换器拓扑的要求是隔离型。用于此应用的转换器拓扑通常是全桥类型，带有如图 9.30 所示的带中心抽头的二极管或同步整流器。EV/HEV 中使用的该转换器的开关频率约为 100 kHz。

在大多数 EV/HEV 中，高压 HV 到 12V 转换器是单向的，尽管使用双向转换器有一定的优势。图 9.30 中的转换器可以通过将两个二极管替换为两个受控开关来轻松转换为双向拓扑。

由于二极管承载大电流且价格昂贵，因此该替代方案通常用于成本最小化。次级开关的适当控制允许拓扑在升压模式下运行，功率从低压侧流向高压侧。使用开关也比使用二极管更有效。这种 12V 到高压 HV DC/DC 转换器的升压模式操作有助于去除混合动力电动汽车中的 12V 启动机。混合动力汽车有一个大功率电机，与传统的 12V 启动机相比，它可以更高效、更快地启动发动机。当升压模式运行可用时，在极端启动条件下（如冷启动期间），12V 蓄电池可为大功率电机提供额外的启动功率。在极端寒冷的情况下，高压蓄电池可能无法提供所有发动机启动功率；在这种情况下，12V 电池可以通过在升压模式下运行的 12V 到高压 HV 转换器补充所需的额外功率。此外，如果高压电池发生故障，升压操作可能会启用高压侧的某些功能。

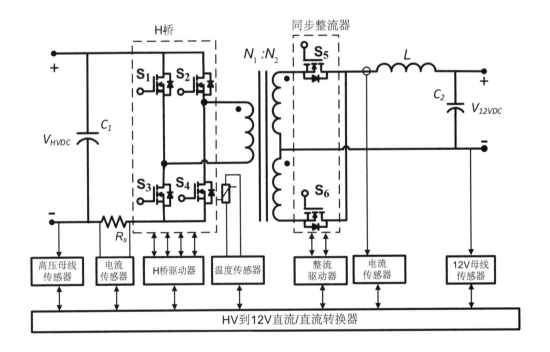

图 9.30　带传感器和控制器的高压到 12 V DC/DC 转换器

9.3.4　车载电池充电器 OBC

车载电池充电器 OBC 连接到 110V 或 240V 交流的住宅或商用单相交流电源，或商用 400V 直流快速充电器。OBC 可设计为通用组件，可插入单相交流电源或三相交流电源，能够处理宽输入电压范围，并根据蓄电池充电状态向车辆蓄电池包提供调节输出电压。

目前使用的 OBC 基于两个转换器的级联设计，前端将电网交流电压转换为中间直流电压（通常高达 400V），而第二级是隔离的 DC/DC 转换器，中间有一个 DC-link 大型直流链路存储电容器，用于过滤交流电网频率。前端转换器有两种常用拓扑结构，一种是带二极管桥的交错功率因数校正（PFC）升压转换器，另一种是无桥 PFC 升压转换器。这两种拓扑如图 9.31 所示。这两种转换器的效率大致相同，硅 IGBT 的效率都在 98% 左右，但在无桥 PFC 拓扑中，电流和电压传感要求更为复杂。对于无桥 PFC 拓扑，EMI 的滤波器组件也往往更大。

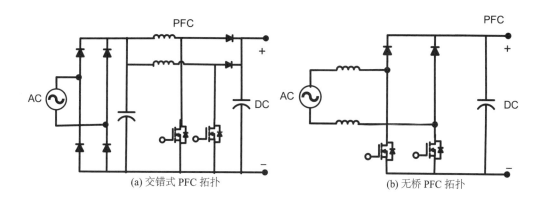

图 9.31　OBC 的前端拓扑

多种拓扑结构适用于 OBC 的 DC/DC 级，例如移相全桥（PSFB）和 LLC 谐振转换器，其中前者在汽车行业中最为流行。PSFB 使用具有控制技术的固定频率 PWM，以允许功率器件的零电压开关（ZVS）。ZVS 有助于降低开关损耗，也有助于降低 EMI。LLC 谐振转换器拓扑支持 ZVS 和零电流开关（ZCS），几乎消除了整个工作范围内的所有开关损耗。这种损耗降低有助于实现比 PSFB 高 3% 的效率增益。与 PSFB 相比，谐振 LLC 的控制稍微复杂一些，但 EMI 滤波要求较少。雪佛兰 Volt Gen 1 使用 PSFB 拓扑，但在 Gen 2 中，拓扑切换到 LLC 谐振转换器[10]。

OBC 的设计目标包括功率密度、高效率、性能、可靠性和成本。与电动汽车的任何其他电源组件类似，OBC 需要高功率密度。小外形尺寸和高功率密度使汽车制造商能够为客户提供更多可用空间并减少整车质量。除了减少从交流电网汲取的电力的能量损失外，高效率还有助于提高功率密度。

图 9.32 显示了用于电动和插电式混合动力汽车的典型电池充电器的电路原理

图，包括传感器和控制器 IC 块。该电路由输入端的桥式整流器和一个 PFC 电路组成，然后是一个全桥 DC/DC 转换器。交错式升压 DC/DC 转换器显示为电池充电器中的 PFC 电路。升压转换器用于临界导通模式（BCM），以最小化二极管的损耗和成本。在 BCM 中，MOSFET 的导通时间保持固定，但关断时间是变化的，新的开关间隔在电感电流达到零时开始。随着 MOSFET 开通一段固定时间，峰值电感电流与输入电压成正比。每个开关间隔内的平均电流与输入电压成正比，因为电流波形呈三角形。如果输入电压是正弦波，则输入电流遵循正弦波形，并高度精确地消耗来自电源的正弦波电流。PFC 电路中的两个交错式升压 DC/DC 转换器以 180° 相移相互同步。使用这种交错式拓扑结构，消除了高频纹波电流并降低了 EMI 滤波器要求。

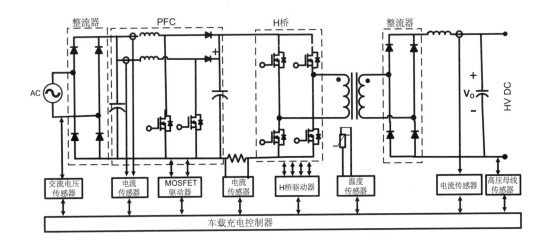

图 9.32   OBC 电路拓扑

9.4   电池单元平衡转换器

随着整个电池包经历充电 – 放电循环，单个电池单元的电压和充电量将在串联电池串中发生变化。串联电池串中的单元电荷不平衡会降低整体容量以及电池包的平均寿命。电池单元充电均衡用于避免长期不平衡。个性化的电池单元平衡方法使用无源或有源组件在电化学电池包充电和放电期间监控和平衡电荷或电压。电池单元平衡电子设备还可以在放电期间监控 SoC 和 / 或电压，以便电池包的容量不受电池串中最弱电池单元的限制。前面第 4 章讨论了整体电池单元的管理方法。在本节中，将介绍电池单元平衡用的电力电子设备。一些电池单元平衡电路本质上是耗散的，而另一些使用 DC/DC 转换器电路将电荷从一个电池单元转移到另一个电池单元，或在电池单元和电源之间转移。根据操作特点，平衡方法可大致分为两类：被动或耗散平衡方法和主动或非耗散平衡方法。下面讨论两种类型的单元平衡电路。

9.4.1 被动平衡方法

在被动平衡方法中，单个电池单元的电压通过耗散多余的能量或提供分流路径以绕过充电电流来平衡。在最常见的方法中，电阻或齐纳二极管等耗散元件连接在电池单元上，以防止电池单元过度充电。如图 9.33（a）所示，直接连接在每个电池单元上的耗散电阻器将始终从电池单元中吸取电流，但使用了较大的电阻值，因此电流泄漏最小。选择电阻器的值是以确保在电池单元充电和放电期间电荷均衡。对于电压较高的电池单元，电阻器产生的电流量较大；电压越高的电池单元放电速度越快，电流随着电压的下降而逐渐减小。串联电池串中的所有单元都通过电阻器中的功耗实现平衡。

如图 9.33（b）[11] 所示，通过添加一个与电阻器串联的开关，可以改善电阻器的连续耗散。开关可以使用 MOSFET 或 BJT 来实现。测量和监控每个电池单元电压以控制开关的闭合和断开。电池单元电压监测和开关控制可以由微处理器集中完成。在电池单元充电期间，所有开关最初都将保持断开状态。一旦电池单元电压达到其极限，该电池单元的开关就会闭合，充电电流会通过电阻旁路。开关电阻器方法最大限度地减少了电阻器的损耗，但增加了开关、电压传感器和中央处理器的成本和复杂性。通过使用如图 9.33（c）[12] 所示的本地模拟分流电子电路，可以避免使用中央处理器。电子电路监控每个电池单元电压，并将其与设置为电池单元电压极限的参考值进行比较。当电池单元达到参考电压时，运算放大器比较器将连接电阻 R 的达林顿开关与电池单元并联。电流按比例分流通过电阻器，然后电池单元以恒定电压充电。电池包充电继续进行，直到所有电池单元完全充电。模拟分流均衡电路可以平衡即使是高度不匹配的单元的电压，并且对每个单元都是完全在本地实现的。

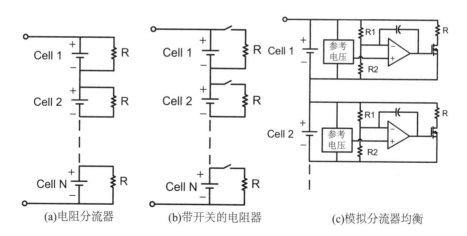

(a)电阻分流器　　　(b)带开关的电阻器　　　(c)模拟分流器均衡

图 9.33　无源电池单元电压均衡

使用齐纳二极管的电池单元平衡电路如图 9.34 所示。一种方法中，将一个 sharpknee 齐纳钳位二极管连接在每个电池单元或一组电池单元上，以提供用于电池电压均衡的电流分流路径。平衡电路如图 9.34（a）所示。最小可用齐纳电压高于大多数电化学电池单元的电压；因此，齐纳二极管必须连接至少一对电池单元。当电池电压达到齐纳击穿电压时，齐纳二极管击穿，将两个或多个电池两端的电压钳位到齐纳击穿电压。该方法的缺点是当齐纳二极管钳位电池单元电压时，特别是在以高充电电流对电池单元充电时，功耗会很大。

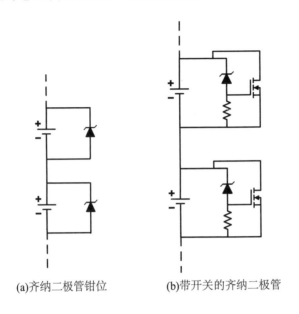

(a)齐纳二极管钳位   (b)带开关的齐纳二极管

图 9.34   无源电池电压均衡

图 9.34（b）显示了另一种模拟均衡方法，该方法可以使用并联晶体管开关和齐纳二极管进行设计。当电池单元电压达到其上限时，齐纳钳位二极管击穿。然后齐纳二极管和电阻电路为晶体管开关提供导通信号，然后旁路充电电流。整个均衡电路是本地的，不需要中央处理器。

被动方法的主要缺点是在耗散元件中浪费能量。此外，相对较大的电流可能需要通过均衡电路旁路，以实现电池单元的平衡。模拟平衡电路中的组件也对温度有很强的依赖性，这可能是无法容忍的。否则，这些方法成本更低且更易于实施。

9.4.2   主动平衡方法

在有源电池平衡方法中，非耗散元件（电容器和电感器）与开关结合使用，以选择性地将能量从过充电电池转移到欠充电电池。电子开关和相关电路主动控制开关的闭合和断开，以在电池单元之间传输能量。中央微处理器监控电池包和电池单元的状况，控制开关以实现电池单元电压均衡。电动汽车和混合动力汽车储能系统的电流充放电值相当高，持续时间较短。因此，电荷均衡电流可以具有相同的数量级。使用非耗散元件进行电池单元均衡，电池单元之间的电荷转移最大限度地减少了电动和混合动力汽车的能量损失。有源平衡电路更复杂且难以实现，但可确保尽可能高的充电 / 放电效率。在一些主动平衡方法中，电荷在相邻电池单元之间局部重新分配以实现电池单元电压均衡，而在更复杂的方法中，电荷相对于恒定参考电压全局重新分配。

使用开关电容器网络可以解释从最强电池单元到最弱电池单元的能量转移来实现电池平衡的概念。图 9.35[13] 显示了用于 N 个电池单元的开关电容器网络的电路原理图，该网络具有一对通用开关和跨越每个电池单元的飞跨电容器（flying capacitor）。每个相邻单元都有一个相似的电路。均衡器需要单刀双掷 (SPDT) 开关。开关可以使用两个晶体管开关、齐纳二极管和变压器来实现；参考文献 [13] 中给出了替代的无变压器 SPDT 实现方案。变压器耦合开关适用于隔离要求高的均衡器。使用飞跨电容器可以将来自一个电池单元的电荷转移到较低电压的相邻电池单元。例如，当图中的电池单元 1 达到其极限时，跨过 Sw_1 和 Sw_2 的飞跨电容器 C_1 连接到顶部导轨触点，直到 C_1 充电到电池单元 1 的电压水平。在此过程中，电池单元 1 的电压会略有下降。然后，开关网络将 C_1 连接到电池单元 2，以将其电压提升到相同的水平。使用这种电荷泵技术，电荷可以转移到相邻的电池单元中，然后转移到远处的电池单元，以平衡整个电池包。该方法的缺点是电压与相邻单元相等，而不是相对于参考电压。这种电荷转移技术对于一长串电池单元来说本质上是缓慢的。

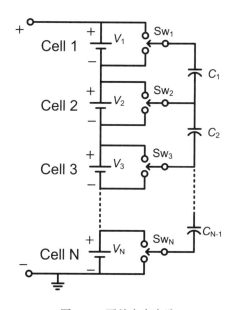

图 9.35 开关电容电路

电荷可以通过 DC/DC 转换器在电池单元之间转移，而不是通过飞跨电容器进行布线。电池单元电压均衡程度和电荷转移效率取决于所用 DC/DC 转换器电路的类型 [14-15]。此外，根据所使用的电路拓扑，电荷可以转移到远处或相邻的单元。下面讨论三类基于 DC/DC 转换器的单元平衡电路；这些是：（i）独立 DC/DC 转换器、（ii）集中式 DC/DC 转换器和（iii）电流分流器 DC/DC 转换器。

9.4.2.1 独立 DC/DC 转换器

使用隔离 DC/DC 转换器的电荷均衡方法如图 9.36（a）所示。DC/DC 转换器在充电过程中只能单向地将能量从过充电池单元传到蓄电池直流母线，也可以双向地将能量从不平衡电池单元来回传输到蓄电池包直流母线或其他电池单元。该方法效率高，可精确调节每个电池单元的电压。然而，每个单元的单个 DC/DC 转换器的高组件数增加了单元平衡电路的成本。对于大型电池系统（如电动和混合动力车辆中的电池系统），DC/DC 转换器模块可以跨一个单元组连接，而不是单个电池单元。

一个单元组的单向反激 DC-DC 转换器模块如图 9.36（b）所示。当在单元组中检测到过电压时，多余的能量通过晶体管开关的 PWM 控制传输到直流母线，从而精确调节电池单元电压。开关的控制可以是中央微处理器，也可以是带有预设电压的简单比较器。隔离变压器匝数比必须满足条件 $a \leq N$，其中 N 是组中电池单元的数量。用于单元电压均衡的双向反激 DC/DC 转换器电路如图 9.36（c）所示。双向电池单元均衡电路在充电和放电期间转移能量，从而提高电池包利用率并延长电池单元寿命。通过控制每个模块的两个开关，可以向任意方向传输能量。充电期间的电池单元均衡与反激式 DC/DC 转换器的实现方式相同，其中开关的反并联二极管在能量从磁化电感到直流母线的传输期间导通。在此模式下，直流母线侧的晶体管开关断开。在电池包放电期间，通过直流母线侧转换器开关的 PWM 控制，能量可以从直流母线传输到较弱的电池单元，从而保持电池单元电压均衡。

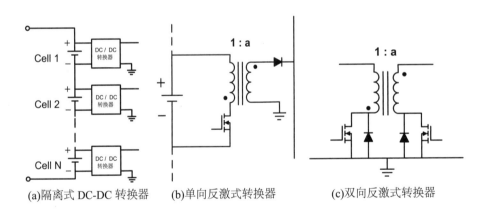

(a)隔离式 DC-DC 转换器   (b)单向反激式转换器   (c)双向反激式转换器

图 9.36　有源电池电压均衡

9.4.2.2 集中式 DC/DC 转换器

通过使用由多绕组变压器构建的集中式反激或正激 DC/DC 转换器，可以简化单个 DC/DC 转换器的控制和硬件复杂性[14-15]。带有集中式 DC/DC 转换器的反激式转换器配置如图 9.37a 所示。变压器的初级连接到直流母线，而次级分布在 N 个单元组中。隔离变压器匝数比必须满足条件 $a \leq N$，其中 N 是单元组的数量。电池单元均衡电路旨在将能量从电池包传输到具有欠压的较弱电池单元。集中式 DC/DC

转换器仅使用一个开关，该开关在检测到弱电池单元之前一直处于断开状态。当在充电过程中检测到其中一个电池单元或单元组中的欠压时，开关闭合以将电池包能量传输到变压器的磁化电感。一旦磁化电感被充电，开关就会断开，充电电流会自动转向在其二极管阴极具有最低电压的电池单元均衡器电路部分。在理想情况下，存储的能量的最大部分将被转移到电压最低的电池单元，而无须任何额外的控制。因此，反激式转换器优先将能量传输到电压最低的电池单元。电荷转移一直持续到所有电池单元电压均等为止。在实践中，变压器寄生效应，尤其是变压器的漏感决定了磁化电感存储能量在电池单元之间的分布。变压器漏感 L_{ls} 是控制充电电流的主要元件。充电电流由下式给出

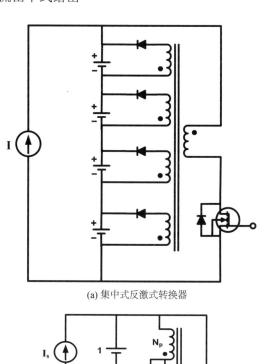

(a) 集中式反激式转换器

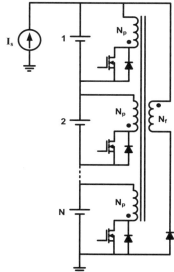

(b)集中式正激式转换器

图 9.37　充电均衡

$$I_{ch}(t) = \frac{V_{bat} - a V_{bx}}{L_{ls}} t \qquad (9.6)$$

其中，V_{bat} 是蓄电池总电压，V_{bx} 是单元组模块电压。

实际困难是次级绕组之间所有漏感的匹配。同轴绕组变压器可用于这些转换器，以严格控制寄生效应[15]。

如图 9.37（b）所示，正激转换器和多绕组变压器也可用于将能量从过度充电的电池单元转移到弱单元组模块。当一个单元组过度充电时，相应的 DC/DC 转换器模块开关闭合，通过变压器的磁化电感将能量从该电池单元转移到其他单元。能量从过度充电的模块转移到较弱的模块，大部分能量转移到最低电压的模块。电荷转移电流与过充电模块和较弱模块的端电压之差成正比，与二次绕组中的漏电感成反比，类似于公式 9.5。因此，最低电压的单元组接受最多的电荷。漏感在确定电荷转移电流方面起着关键作用。当所有有源开关都断开并且磁化电感中仍有存储的能量时，绕组 N_f 和二极管 D_f 提供了有保证的复位路径。当所有开关都断开时，模块的二极管也会断开。在这种情况下，剩余能量通过二极管 D_f 返回到电池包直流母线。复位绕组和模块绕组之间的匝数比由下式给出

$$a = \frac{N_f}{N_m} \leq N$$

其中 N 是电池单元组模块的数量。

9.4.2.3　电流分流器 DC/DC 转换器

电流分流器单元均衡电路使用 DC/DC 转换器将能量传输到相邻单元[14]。图 9.38（a）所示为只能通过串联单元组向下传输能量的电流分流器电路。每个分流器模块由一个 MOSFET 开关、一个二极管和一个储能元件组成。最后一个单元组需要一个反激转换器模块，以便在需要时将多余的能量传输回电池包。

双向电流分流器电路拓扑如图 9.38（b）所示，每个模块有两个 MOSFET 开关和一个电感器。电荷可以转移到过充电电池单元上方或下方的电池单元。最后一个电池单元也不需要单独的反激模块。分流器模块连同两个相应的单元组组成一个半桥转换器，为电感负载供电。在正常运行期间，分流器模块被禁用。当单元组过充电时，相应的 MOSFET 开关闭合，将能量从单元组传输到电感器。当开关断开时，电感器中存储的能量会根据电感器的位置，向上或向下转移到单元组。

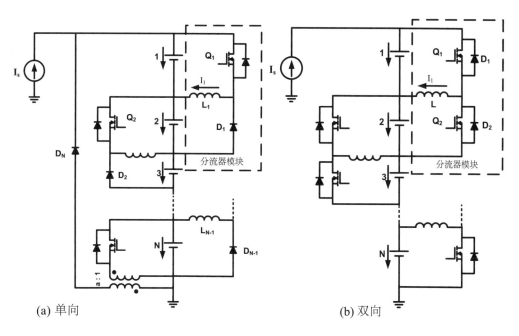

(a) 单向   (b) 双向

图 9.38   电流分流器电路

参考文献

[1] B.J. Baliga, Power Semiconductor Devices, PWS Publishing Company, Boston, MA, 1995.

[2] J.G. Kassakian, M.F. Schlecht and G.C. Verghese, Principles of Power Electronics, Addison Wesley Publishing Company, Reading, MA, 1991.

[3] I. Batarseh, Power Electronic Circuits, John Wiley & Sons Inc., Hoboken, NJ, 2004.

[4] D. Rahman, A. Morgan, R. Gao, W. Yu, D.C. Hopkins and I. Husain, "Design methodology for a planarized high power density EV/HEV traction drive using SiC power modules," IEEE Energy Conversion Congress & Expo (ECCE2016), Milwaukee, WI, September 2016.

[5] M.A. Awal, D. Rahman, Y. Luo, W. Yu and I. Husain, "Dynamic interleaving of multi-phase synchronous DC-DC converters with ZVS," Applied Power Electronics Conference (APEC2019), Anaheim, CA, March 2019.

[6] R.M. Schupbach and J.C. Balda, "Comparing DC-DC converters for power management in hybrid electric vehicles," IEEE International Electric Machines and Drives Conference, 3, 1369–1374, June 2003.

[7] R. Sree Krishna, B. Aberg, M. Olimmah, L. Yang, D. Rahman, A.N. Lemmon, W. Yu and I. Husain, "Estimation, minimization, and validation of commutation loop inductance for a 135 kW SiC EV traction inverter," IEEE Journal of Emerging and Selected Topics in Power Electronics, 8(1), 286–297, 2020.

[8] S.E. Shultz, "Exploring the high-power inverter," IEEE Electrification Magazine, 5(1), 28–35, March 2017.

[9] M. Anwar, M. Hayes, A. Tata, M. Teimorzadeh and T. Achatz, "Power dense and robust traction inverter for the second-generation Chevrolet volt extended-range EV," SAE International Journal on Alternative Power, 4(1), 145–152, 2015.

[10] D. Cesiel and C. Zhu, "A closer look at the on-board charger," IEEE Electrification Magazine, 5(1), 36–42, March 2017.

[11] M.J. Isaacson, R.P. Hollandsworth, P.J. Giampaoli, F.A. Linkowsky, A. Salim and V.L. Teofilo, "Advanced lithium ion battery charger," The Fifteenth Annual IEEE Battery Conference on Applications and Advances, pp. 193–198, Long Beach, CA, January 2000.

[12] Y. Eguchi, H. Okada, K. Murano and A. Sanpei (inventors), Sony Corporation (assignee), Battery Protection Circuit, US patent 5,530,336, 1993.

[13] C. Pascual and P.T. Krein, "Switched capacitor system for automatic series battery equalization," IEEE Applied Power Electronics Conference, Twelfth Annual, 2, 848–854, February 1999.

[14] N.H. Kutkut and M. Deepak Divan, "Dynamic equalization techniques for series battery stacks," IEEE Telecommunications Energy Conference, pp. 514–521, Boston, MA, October 1996.

[15] N.H. Kutkut, H.L.N. Wiegman, D.M. Divan and D.W. Novotny, "Charge equalization for an electric vehicle battery system," IEEE Transactions on Aerospace and Electronic Systems, 34(1), 235–246, January 1998.

电机驱动器 10

　　电机驱动器是集成的电力电子转换器和电动机控制器，可响应用户需求，处理和控制从电源流向电机的电能，反之亦然。在电动汽车（BEVs）中，驱动器将恒定的直流电池电压转换为直流电机的直流电压或交流电机的交流电压。控制器根据驾驶员输入指令、传感器反馈信号和所用电机类型的控制算法，为电力电子电路装置生成栅极控制信号。驾驶员的输入被转换为电机驱动器的转矩命令。转矩指令与反馈信号一起设置电机的工作点参数，并相应地控制驱动系统内部电源开关的接通和断开。在交流驱动的情况下，驱动控制器包括逆变器控制调制方案，将电机控制电流命令转换为功率转换器的栅极信号。在车辆行进过程中，电机驱动器以所需的电压和频率向电机提供动力，进而在车轮上提供所需的扭矩。在再生过程中，电机驱动器处理从车轮到能量存储系统的功率流。

10.1　电力驱动部件

　　电机驱动器由电力电子转换器和相关控制器组成。电力电子转换器处理从电源到电机输入端子的大功率流。控制器的功能是处理信息并为功率转换器半导体开关产生开关信号。电机驱动部件与电源和电机之间的相互作用如图 10.1 所示。功率转换器可以是为直流电机供电的直流驱动器，也可以为交流电机供电的交流驱动器。两种驱动器的转换器功能如图 10.2 所示。功率转换器由大功率快速动作半导体器件制成，如第 9 章所述。在过去的 20 年里，功率半导体技术的巨大进步使得紧凑、高效和可靠的直流和交流电动机驱动器得以发展。在电动和混合动力汽车中，电机驱动常用的动力器件是 IGBT。

　　驱动控制器管理和处理系统信息以控制电动传动系统中的功率流。控制器根据用户输入的指令进行操作，同时遵循第 8 章中讨论的电机控制算法。电动动力系统的电机驱动器需要有快速响应特性和高效率；因此，这些属于高性能驱动器的范畴。这些电机驱动控制算法是计算密集型的，需要更快的处理器，并与数量相对较多的反馈信号连接。现代控制器是数字的而不是模拟的，这有助于最大限度地减少漂移和错误，并通过它们在短时间内处理复杂算法的能力来提高性能。控制器本质上是一个嵌入式系统，其中微处理器和数字信号处理器与外围设备和接口电子模块一起用于信号处理。处理器与系统其他组件之间的通信需要由 A/D 和 D/A 转换器组成的接口电路。数字 I/O 电路为功率半导体器件引入数字输入信号并执行栅极驱动信号。控制器硬件的更多细节将在第 11 章中讨论。

  本章讨论用于控制电机中的功率流和能量转换的直流和交流驱动器，重点是用于电动和混合动力车辆驱动的驱动器。尽管直流电机结构复杂，但直流驱动器比交流电机简单得多。更简单的直流驱动模型是理解驱动系统和车辆道路负载之间相互作用的有用工具。另一方面，交流电机驱动的复杂性在于驱动系统，尽管交流电机不如直流电机复杂。交流驱动器使用标准的六开关逆变器拓扑和 PWM 策略在机器中生成三相正弦波形。开关磁阻电机（SRM）驱动器需要非对称半桥功率转换器拓扑结构，本章末尾将对此进行讨论。

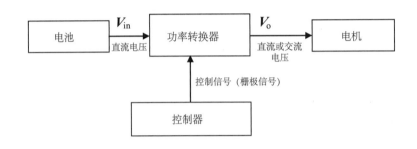

图 10.1　电机驱动框图

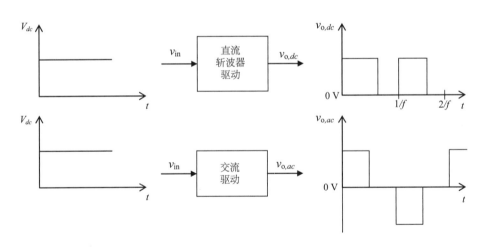

图 10.2　DC/DC 和 DC/AC 转换器功能

10.2　直流驱动器

  用于电动和混合动力汽车应用的直流驱动器是直流 / 直流转换器，例如直流斩波器、谐振转换器或隔离式全桥转换器。直流斩波器更常用于驱动直流电动机驱动。本章将分析一个二象限斩波器作为一个有代表性的直流驱动器。二象限斩波器的简单性和他励直流电机的转矩速度特性将用于展示电力电子电机驱动与车辆道路负载的相互作用。关于各种其他类型的直流驱动器的详细信息，可以在几本关于电动机驱动器的教科书中找到 [1-4]。

10.2.1 二象限斩波器

二象限直流斩波器允许双向电流和功率流与单向电压供应。一个二象限斩波器的原理图如图 10.3 所示。电机电流 i_0 是感应电流，因此不能瞬时变化。晶体管 Q_1 和二极管 D_1 组合构成双向电流开关 S_1。类似地，开关 S_2 由晶体管 Q_2 和二极管 D_2 构成。两个开关的通断条件构成 4 种开关状态（SWS），其中两种是允许的，两种是限制的，如表 10.1 所示。在允许的开关状态 SWS_1 和 SWS_2 中，开关 S_1 和 S_2 必须在断开时承受正电压，在接通时承受正电流和负电流。因此，使用了双向电流开关。

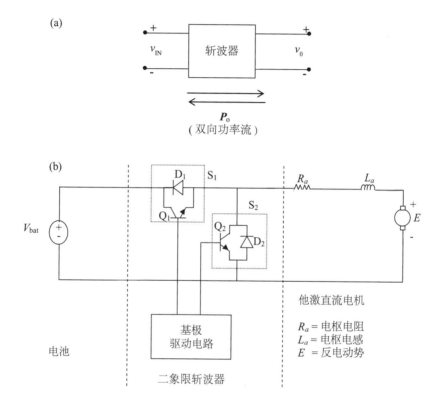

图 10.3 直流电动机驱动

在象限 I 操作中，Q_1 导通，允许电流和功率从电池流向电机。电机端电压 v_o 和电流 i_o 均大于或等于零。Q_2 在象限 I 操作中需要保持连续截止，因此，$i_{b2} = 0$。当 Q_1 截止时，D_2 导通，因为 i_o 是连续的。象限 I 操作发生在车辆加速和匀速巡航期间。斩波器工作模式在该象限中的开关状态 1 和 2 之间切换，如图 10.4 所示。

表 10.1   二象限斩波器的开关状态

开关状态	S1	S2	备注
SWS0	0(OFF)	0(OFF)	不适用于 CCM，因为 i_0 是电感性的
SWS1	0	1(ON)	$v_0=0$；$v_{S1}=v_{IN}$（允许） $i_{IN}=0$；$i_{S2}=-i_0$
SWS2	1	0	$v_0=v_{IN}$；$v_{S2}=v_{IN}$（允许） $i_{IN}=i_0$；$i_{S1}=i_0$
SWS3	1	1	不允许，因为 v_{IN} 会短路

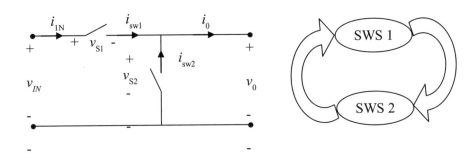

图 10.4   象限 I 操作

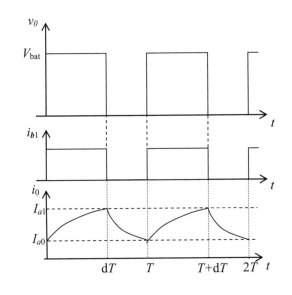

图 10.5   输出电压、Q_1 的栅极驱动和电机电流

晶体管 Q_1 以固定斩波频率切换，以维持直流电机所需的电流和转矩输出。图 10.5 显示了带有夸大纹波的电机电流 i_0，实际上纹波幅度与 i_0 的平均值相比要小得

多。滤波要求设置切换时间段，以便提供平滑的电流和转矩输出。根据需要电机输出的特定扭矩，确定外环路车辆控制器的输出占空比 d，它设置晶体管 Q_1 的导通时间。d 是一个介于 0 和 1 之间的数字，当乘以周期 T 时，给出晶体管的导通时间。Q_1 的栅极驱动信号是 d 的函数，因此，假设理想开关条件，电机的输入电压也取决于 d。图10.6显示了允许开关状态下的电路配置，以帮助对驱动系统进行稳态分析。稳态分析是在理想条件下进行的，即器件的导通和截止不存在开关损耗和延迟。

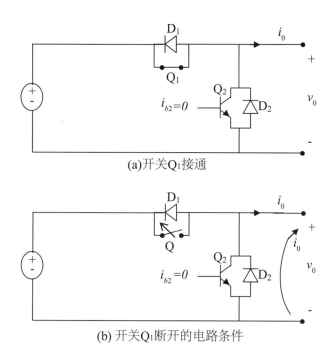

(a)开关Q_1接通

(b) 开关Q_1断开的电路条件

图 10.6　开关 Q_1 接通和开关 Q_1 断开的电路条件

10.2.2　开环驱动

从系统的角度来看，二象限斩波器驱动直流电机，该电机为变速器和车轮提供动力，用于车辆驱动，如图 10.7 所示。系统的输入来自车辆驾驶员对加速踏板和制动踏板的操作。加速和恒速巡航由 Q_1 控制，在象限 I 中操作；而制动由 Q_2 控制，在象限 II 中操作。在简化的车辆控制策略中，加速踏板的斜率决定了所需的车辆响应，踏板的角度用于设置 Q_1 的占空比 d_1。两个开关的驱动信号如图10.8所示。类似地，制动踏板的斜率与所需的制动量有关，并且制动踏板的角度用于设置 Q_2 的占空比 d_2。不得同时踩下两个踏板。

如第 7 章所述，使用电机驱动车辆的优点之一是在车辆制动期间通过再生节省能源。来自车轮的能量由功率转换器处理，并在再生制动期间输送到电池或任何其他类型的储能装置。对于二象限斩波器，每个循环的再生量是占空比的函数，如下文所示。因此，电动或混合动力车辆的实际占空比指令将与踏板角度呈非线性关系，而不是后续简化分析中的假设。然而，这种简单化的假设将很好地了解系统控制。

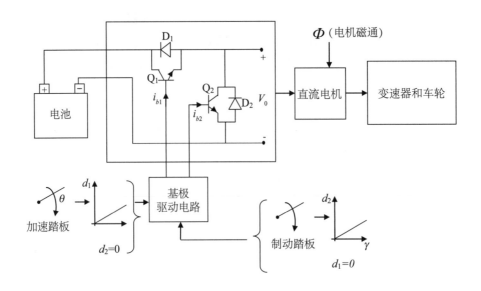

图 10.7   双向功率流的开环驱动

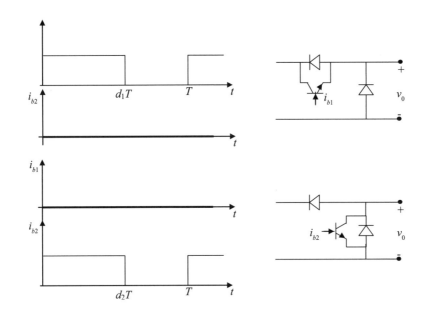

图 10.8   加速和再生期间两个晶体管的基极驱动信号

如第 7 章所述，使用电机驱动车辆的优点之一是在车辆制动期间通过再生节省能源。来自车轮的能量由功率转换器处理，并在再生制动期间输送到电池或任何其他类型的储能装置。对于二象限斩波器，每个循环的再生量是占空比的函数，如下文所示。因此，电动或混合动力车辆的实际占空比指令将与踏板角度呈非线性关系，而不是后续简化分析中的假设。然而，这种简单化的假设将很好地了解系统控制。

10.2.2.1 象限稳态分析

在使用二象限斩波器加速车辆的过程中，功率和电流从电源流入电机。尽管电流的平均值是非零正值，但电流可以是连续的或不连续的，具体取决于所需的扭矩。这两种情况给出了二象限斩波器的两种工作模式，即连续导通模式（CCM）和非连续导通模式（DCM）。让我们首先分析 CCM，假设推动车辆前进所需的扭矩和斩波频率足够高，以保持持续进入电机的正电流，如图 10.5 所示。电流 i_o 是电枢电流。因此，$i_o=i_a$。忽略由于 ω 中的纹波引起的反电动势 E 中的纹波，我们可以假设 E 是一个常数。

在 $0 \leqslant t \leqslant dT$ 期间，电机的等效电路如图 10.9 所示。沿电路回路应用基尔霍夫电压定律（KVL）

$$V_{\mathrm{bat}} = R_a i_a + L_a \frac{\mathrm{d}i_a}{\mathrm{d}t} + E$$

初始条件是 $i_a(0) = I_{a0} > 0$。这是一个一阶线性微分方程，求解得到

$$i_a(t) = \frac{V_{\mathrm{bat}} - E}{R_a}\left(1 - \mathrm{e}^{-t/\tau}\right) + I_{a0}\mathrm{e}^{-t/\tau}$$

SWS2 的最终条件是

$$i_a(\mathrm{d}T) = \frac{V_{\mathrm{bat}} - E}{R_a}\left(1 - \mathrm{e}^{-\mathrm{d}T/\tau}\right) + I_{a0}\mathrm{e}^{-\mathrm{d}T/\tau} = I_{a1} \tag{10.1}$$

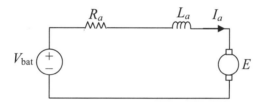

图 10.9 Q_1 导通时的等效电路

在 $dT \leqslant t \leqslant T$ 期间，电机的等效电路如图 10.10 所示。

让 $t' = t - dT$。应用 KVL

$$0 = R_a I_a + L_a \frac{\mathrm{d}i_a}{\mathrm{d}t} + E$$

求解线性微分方程

$$i_a(t') = -\frac{E}{R_a} + \left(I_{a1} + \frac{E}{R_a}\right)\mathrm{e}^{-t'/\tau} = \frac{E}{R_a}\left(-1 + \mathrm{e}^{-t'/\tau}\right) + I_{a1}\mathrm{e}^{-t'/\tau}$$

在稳态，$i_a(t' = T - \mathrm{d}T) = I_{a0}$。因此

$$I_{a0} = \frac{E}{R_a}\left(-1 + \mathrm{e}^{-T(1-d)/\tau}\right) + I_{a1}\mathrm{e}^{-T(1-d)/\tau} \tag{10.2}$$

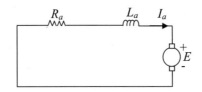

图 10.10　Q_2 截止时的等效电路

使用方程 10.1 和 10.2 求解 I_{a0} 和 I_{a1}，我们得到

$$I_{a0} = \frac{V_{\text{bat}}}{R_a}\left(\frac{\mathrm{e}^{dT/\tau} - 1}{\mathrm{e}^{T/\tau} - 1} \right) - \frac{E}{R_a},$$

$$I_{a1} = \frac{V_{\text{bat}}}{R_a}\left(\frac{1 - \mathrm{e}^{-dT/\tau}}{1 - \mathrm{e}^{-T/\tau}} \right) - \frac{E}{R_a}.$$

电枢电流纹波为

$$\Delta i_a = I_{a1} - I_{a0}$$

$$= \frac{V_{\text{bat}}}{R_a}\left[\frac{1 + \mathrm{e}^{T/\tau} - \mathrm{e}^{dT/\tau} - \mathrm{e}^{(1-d)T/\tau}}{\mathrm{e}^{T/\tau} - 1} \right] \qquad (10.3)$$

如果电枢电流 i_a 有波动，电机转矩 T_e 也会有波动，因为电机转矩与电枢电流成正比（$T_e = K\Phi i_a$）。速度也与电磁转矩成正比（参见第 7 章中的公式 7.16）。因此，对于电动和混合动力车辆应用，T_e 中的显著波动是不希望的，因为扭矩波动会导致速度 ω 波动，从而导致颠簸行驶。为了平稳行驶，需要减少 T_e 的波动。

10.2.2.2　减少 i_a 中的纹波

可以通过以下两种方式之一降低电枢电流纹波：（ⅰ）增加串联电枢电阻和（ⅱ）增加斩波器开关频率。

在电枢中增加串联电感会增加电时间常数 τ。新的时间常数是

$$\tau = \frac{L_f + L_a}{R_a}$$

式中，L_f 是增加的串联电感（图 10.11）。随着 τ 的增加，Δi_a 在固定的切换周期 T 内减小。由于实际电感具有串联电阻，因此需权衡 L_f 导致的 $i^2 R$ 损耗的增加。此外，由于时间常数的增加，电气响应时间也会增加。

提高斩波器的开关频率，即降低 T 也会降低电枢电流纹波。开关频率的上限取决于使用的开关类型。 开关频率也必须小于控制器的计算周期，这取决于所使用的处理器的速度和控制算法的复杂性。 使用更高开关频率的代价是功率器件中的开关损耗更高。

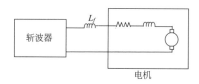

图 10.11 添加的与斩波器串联的电感 L_f

10.2.2.3 加速（连续导通模式，CCM）

在加速模式下，电流和功率从电池或其他能源装置流入电机。CCM 模式的条件是

$$I_{a0} > 0 \Rightarrow I_{a0} = \frac{V_{\text{bat}}}{R_a}\left(\frac{e^{d_1 T/\tau} - 1}{e^{T/\tau} - 1}\right) - \frac{E}{R_a} > 0$$

$$\Rightarrow V_{\text{bat}}\left(\frac{e^{d_1 T/\tau} - 1}{e^{T/\tau} - 1}\right) > E$$

注意 $0 \leqslant \dfrac{e^{d_1 T/\tau} - 1}{e^{T/\tau} - 1} \leqslant 1$ ，因为 $0 \leqslant d_1 \leqslant 1$。其遵循 $V_{\text{bat}} > V_{\text{bat}}\left(\dfrac{e^{d_1 T/\tau} - 1}{e^{T/\tau} - 1}\right)$ 。

因此，CCM 的条件是

$$V_{\text{bat}} \geqslant V_{\text{bat}}\left(\frac{e^{d_1 T/\tau} - 1}{e^{T/\tau} - 1}\right) > E \tag{10.4}$$

功率转换器的电气时间常数比电机和车辆的机械时间常数快得多。对电机转矩 - 速度特性和车辆力 – 速度特性之间的相互作用的分析最好在一个时间段的平均基础上进行。在电机电枢回路应用 KVL 给出

$$v_a(t) = R_a i_a(t) + L_a \frac{\mathrm{d}i_a}{\mathrm{d}t} + K\Phi\omega(t)$$

两侧取平均

$$\langle v_a \rangle = R_a\langle i_a \rangle + k\Phi\langle \omega \rangle \tag{10.5}$$

平均电枢电路可以用图 10.12 中的电路表示。CCM 中的平均电枢电压为

$$\langle v_a \rangle = \frac{1}{T}\int_0^T v_a(\tau)\mathrm{d}\tau = \frac{V_{\text{bat}}\mathrm{d}_1 T}{T} = \mathrm{d}_1 V_{\text{bat}} \tag{10.6}$$

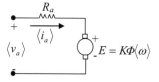

图 10.12 平均电枢电路

平均转矩方程为

$$T_e(t) = K\Phi i_a(t)$$

$$\Rightarrow \langle i_a \rangle = \frac{\langle T_e \rangle}{K\Phi}$$

将平均电流代入方程式 10.6

$$d_1 V_{\text{bat}} = R_a \frac{\langle T_e \rangle}{K\Phi} + K\Phi\langle\omega\rangle$$

$$(10.7)$$

$$\Rightarrow \langle\omega\rangle = \frac{d_1 V_{\text{bat}}}{K\Phi} - \frac{R_a}{(K\Phi)^2}\langle T_e \rangle$$

图 10.13 定性地显示了由等式 10.7 给出的 CCM 中的二象限斩波器驱动的他励直流电机的平均速度 – 转矩特性。在加速模式下增加占空比 d_1 的效果是在第一象限中将空载速度和其余特性垂直向上移动。

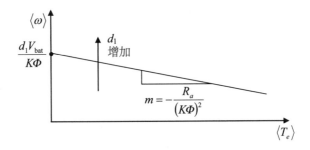

图 10.13　斩波器驱动的直流电机转矩 - 速度特性

10.2.2.4　加速（非连续导通模式，DCM）

当加速模式下电机所需的转矩不够高时，斩波器可能进入非连续导通模式 DCM，此时电枢电流变得不连续，如图 10.14 所示。在 DCM 中，$I_{a0} \leq 0$ 且 $V_{\text{bat}} > E$（因为功率仍在从能量源流入电机）。操作仍在象限 1。DCM 的操作条件是

$$V_{\text{bat}}\left(\frac{e^{d_1 T/\tau} - 1}{e^{T/\tau} - 1}\right) \leq E < V_{\text{bat}}$$

$$(10.8)$$

如果不使用 DCM 中的开关 Q_2，电机电枢电流不能变为负值。Q_1 仅用于控制从电源到电机的功率流。在 $d_1T+\Delta T$ 和 T 之间的时间间隔内，要使 i_a 变为负值，D_1 必须导通。然而，在此区间内 $v_0 = V_{\text{bat}} > E$；因此，i_a 不能变成负数。此外，i_a 不能变为正值，因为这需要 $v_0 = V_{\text{bat}}$，这需要 Q_1 导通，但 $i_{b1} = 0$。因此，在此时间间隔内 $i_a = 0$。

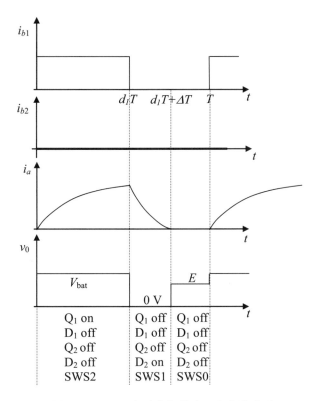

图 10.14　DCM 加速期间的电压和电流波形

10.2.2.5　加速（不可控模式，UNCM）

　　当车辆在陡峭的斜坡上滑行时，驱动电机有可能获得较大的反电动势值。 在这种情况下，如果 $E > V_{bat}$，则无法强制电流进入电机，使用 Q_1 变得毫无意义。电源电压饱和限制可防止驱动器向电机提供更多功率，使车辆移动得比重力所达到的速度更快。因此，驾驶员无法使用加速踏板控制车辆；只能使用制动踏板使车辆减速。如果在这种情况下不使用制动踏板，则车辆进入不可控模式。当 $E > V_{bat}$ 时，i_a 开始下降，一旦达到 0，二极管 D_1 变为正向偏置并导通。i_a 继续向负方向增加，直到达到其稳态值

$$i_a = 常数 = \frac{-E + V_{bat}}{R_a} \tag{10.9}$$

　　此阶段的操作模式在象限 II。电流和开关条件如图 10.15 所示。踩下加速踏板以增加 d_1 不会以任何方式控制车辆，实际上车辆正在向下滚动，同时以不受控的方式再生到能量源中。控制器故障保护算法必须在此阶段启动，以防止电池过度充电。当然，驾驶员可以通过从加速踏板切换到制动踏板并通过使用 Q_2 强制控制再生来重新获得控制权。这将有助于在下坡时使车辆减速。

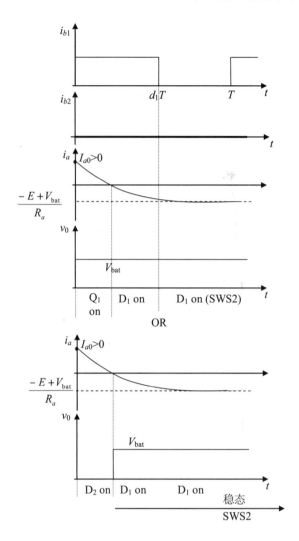

图 10.15   UNCM 加速期间的电压和电流波形

10.2.2.6   制动操作（稳态 CCM）

在车辆制动期间，回收能量的最有效方式是通过电机驱动系统中的再生。让我们假设 $E < V_{bat}$ 并且踩下制动踏板。Q_1 在此期间保持截止，而制动通过栅极信号 i_{b2} 控制。对于再生，功率流必须从电机流向能源存储侧，要求电枢电流 i_a 为负。导通 Q_2 有助于 i_a 变为负值（从之前的正值），并且可以在相对较短的时间内建立平均负电流，用于车辆制动和再生。CCM 制动操作期间的电压和电流波形如图 10.16 所示。

与加速过程中的 CCM 类似的分析将得出制动过程中稳态 CCM 的 I_{a1} 和 I_{a2} 值

$$I_{a1} = \frac{1}{R_a}\left\{V_{bat}\left(\frac{1-\mathrm{e}^{-d_2'T/\tau}}{1-\mathrm{e}^{-T/\tau}}\right) - E\right\}, d_2' = 1 - d_2$$

$$I_{a2} = \frac{1}{R_a}\left\{V_{bat}\left(\frac{\mathrm{e}^{d_2'T/\tau}-1}{\mathrm{e}^{T/\tau}-1}\right) - E\right\} < 0$$

（10.10）

制动过程中的电流纹波为

$$\Delta i_a = \frac{V_{bat}}{R_a}\left[\frac{-e^{-d_2'T/\tau}+1+e^{T/\tau}-e^{d_2T/\tau}}{e^{T/\tau}-1}\right] \quad (10.11)$$

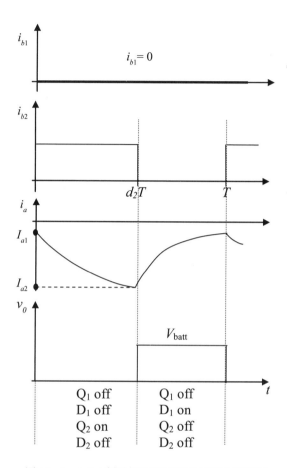

图 10.16　CCM 制动操作期间的电压和电流波形

在制动 CCM 期间，$I_{a1} < 0$ 且 $E < V_{bat}$。另外，请注意

$$0 < \left(\frac{1-e^{-d_2'T/\tau}}{1-e^{-T/\tau}}\right) = \frac{e^{T/\tau}-e^{d_2T/\tau}}{e^{T/\tau}-1} < 1$$

因此，制动期间连续导通的条件为：

$$0 < V_{bat}\left(\frac{1-e^{-d_2'T/\tau}}{1-e^{-T/\tau}}\right) < E < V_{bat} \quad (10.12)$$

制动 CCM 中的平均电压方程为

$$\langle v_a \rangle + R_a\langle i_a \rangle + 0 = E = K\Phi\langle\omega\rangle \quad (10.13)$$

平均电机转矩为

$$\langle T_e \rangle = -K\Phi \langle i_a \rangle \tag{10.14}$$

平均电机端电压为

$$\langle v_a \rangle = \frac{1}{T}\int_0^T v_a(\tau)\mathrm{d}\tau = \frac{1}{T}V_{\mathrm{bat}}(T - d_2 T) = (1 - d_2)V_{\mathrm{bat}} \tag{10.15}$$

将公式 10.15 中的 $\langle v_a \rangle$ 和公式 10.14 中的 $\langle i_a \rangle$ 代入公式 10.13，得到

$$(1 - d_2)V_{\mathrm{bat}} - \frac{R_a}{K\Phi}\langle T_e \rangle = K\Phi \langle \omega \rangle$$

平均转速 – 转矩特性为（图 10.17）

$$\langle \omega \rangle = \frac{(1 - d_2)V_{\mathrm{bat}}}{K\Phi} - \frac{R_a}{(K\Phi)^2}\langle T_e \rangle, \ \ \langle T_e \rangle < 0, \ \langle \omega \rangle > 0 \tag{10.16}$$

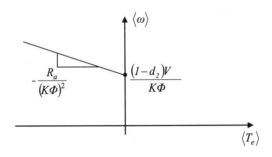

图 10.17　直流电机驱动器制动期间的速度 - 转矩特性

10.2.2.7　再生电力

如图 10.18 所示，只有在电流从电机流入电池时，电力才会在循环的一部分中再生。当晶体管 Q_2 导通时，功率仅消耗在开关和接触电阻中。当 Q_2 关闭且二极管 D_1 导通时，称为 $i_{\mathrm{bat}}(t)$ 的电流流入电池。因此，瞬时再生功率为 $P_{\mathrm{reg}}(t) = V_{\mathrm{bat}} \times i_{\mathrm{bat}}(t)$。平均再生功率为

$$\langle P_{\mathrm{reg}} \rangle = \frac{1}{T}\int_{d_2 T}^T P_{\mathrm{reg}}(\gamma)\mathrm{d}\gamma \tag{10.17}$$

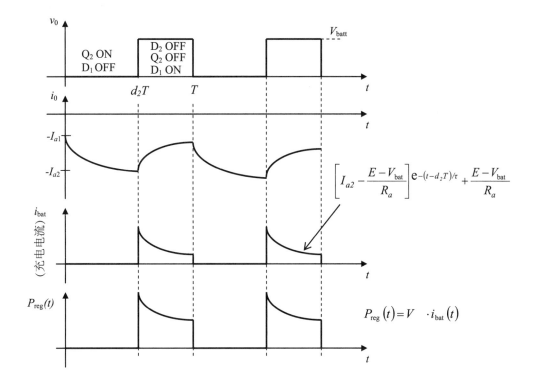

图 10.18　再生制动期间的电压、电流和功率波形

使用类似于在加速期间对 CCM 所做的分析和公式 10.10 的结果，可得出如下电池电流：

$$i_{\text{bat}}(t) = \begin{cases} \left[I_{a2} - \dfrac{E - V_{\text{bat}}}{R_a} \right] e^{-(t - d_2 T)/\tau} + \dfrac{E - V_{\text{bat}}}{R_a} & , \quad d_2 T < t \leqslant T \\ 0 & \qquad\qquad 除此之外 \end{cases} \tag{10.18}$$

将公式 10.18 代入公式 10.17 并积分得到的平均再生功率为

$$\langle P_{\text{reg}} \rangle = \frac{V_{\text{bat}}^2}{R_a} \left[\left(\frac{E}{V_{\text{bat}}} - 1 \right)(1 - d_2) + \frac{\tau}{T} \left\{ \frac{e^{(1-d_2)T/\tau} + e^{d_2 T/\tau} - e^{T/\tau} - 1}{1 - e^{T/\tau}} \right\} \right] \tag{10.19}$$

每个循环的再生能量为

$$\int_0^T P_{\text{reg}}(\gamma)\,\mathrm{d}\gamma = \int_{d_2 T}^T P_{\text{reg}}(\gamma)\,\mathrm{d}\gamma = \langle P_{\text{reg}} \rangle T$$

10.3　工作点分析

以下讨论介绍车辆系统在电机扭矩 – 速度特性与道路负载 – 特性相交处的稳态工作点分析。在电机速度 – 转矩平面的 3 个不同象限中选择了 4 个工作点进行分析，这些象限代表了上一节中讨论的 4 种斩波器工作模式。这些模式是象限Ⅰ中的加速 CCM（场景 1）、象限Ⅳ中的加速 CCM（场景 2）、象限Ⅱ中的加速 UNCM（场景 3）和象限 2 中的制动 CCM（场景 4）。 这 4 种情况如图 10.19 所示。

现在，回想一下第 2 章的牵引力与车速特性，它基本上定义了电动或混合动力车辆负载的速度 – 扭矩特性。图 2.11 的牵引力与速度特性可以转换为已知齿轮传动比和车轮半径的等效车辆负载的速度 – 扭矩特性。通过将两个速度 – 扭矩特性叠加在同一图上，可以获得在电机驱动系统和道路负载特性的某些条件下，车辆的稳态工作点。 图 10.20 显示了电机和道路负载特性交汇处的稳态工作点。

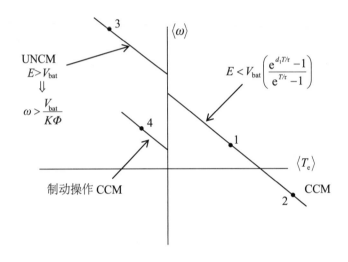

图 10.19　4 种斩波器模式下的电机转速 - 转矩特性

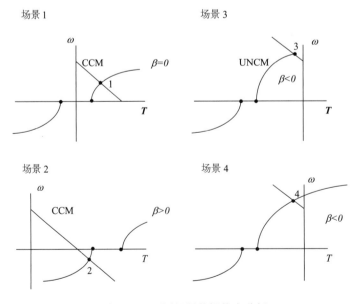

图 10.20　不同场景的操作点分析

场景 1

在这种情况下，车辆在水平道路上以恒定速度向前行驶。斩波器处于加速 CCM 工作状态。

场景 2

斩波器在加速 CCM 下工作，但车辆在陡峭的上坡路上向后移动。如果占空比尚未达到 100%，则可通过进一步踩下加速踏板并增加电机的扭矩输出，直至将 d_1 增加到 1。增加 d_1 将垂直向上提升电机转速 - 转矩特性，从而在第一象限中实现可能的稳态工作点。如果电机额定值已达到极限，则无法进一步增加扭矩以克服道路负载阻力。坡度太陡超出了电机的容量，车辆向后滚动。在这种情况下，车轮会向后驱动电机。

场景 3

车辆正在下坡，斩波器在加速模式下运行。加速踏板的角度与稳态工作点无关。能源将不受控制地再生。

场景 4

车辆使用制动踏板以受控方式下坡。车辆下坡的速度由驾驶员控制。

例 10.1

如图 10.7 所示，配有 72 V 电池包的电动汽车传动系由一个两象限斩波器供电。d_1 是加速操作的占空比，d_2 是制动操作的占空比。

各种参数如下：

EV 参数为

$m = 1000$ kg，$C_D = 0.2$，$A_F = 2$ m^2，$C_0 = 0.009$，$C_1 = 0$，

$\rho = 1.1614$ kg/m^3，$g = 10.81$ m/s^2，

$r_{wh} = $ 车轮半径 $= 11$ in $= 0.28$ m

电机和控制器参数是

额定电枢电压 $V_{a,\text{rated}} = 72$ V，

额定电枢电流 $I_{a,\text{rated}} = 400$ A，

$R_a = 0.5\Omega$，$L_a = 8$mH，$k\Phi = 0.7$ V·s

$f_s = $ 斩波器开关频率 $= 400$ Hz

a. 求串联滤波器电感 L_f，使最坏情况下电机电枢电流纹波为额定值 $I_{a,\text{rated}}$ 的 1%。

b. 水平道路上的车辆道路荷载特性为 $T_{TR}=24.7+0.0051\omega_{wh}^2$。如果 $d_1=0.7$，在平坦道路上的电动汽车稳态速度是多少？假设变速器系统的总传动比为 1。找到斩波器导通模式 [场景 1]。

c. 对于 b 中的工作点，电枢电流的纹波百分比是多少？

d. 坡度为 5.24％（$\beta=3°$）时的车辆道路荷载特性为 $T_{TR}=119.1+0.0051\omega_{wh}^2$。

$d_1=0.7$ 时的 EV 稳态速度是多少？[场景 2]。

e. 在 -5.24% 坡度的坡道上，使用制动踏板，$d_2 = 0.5$ 的时，电动汽车 EV 的速度是多少？[情景 4]。

解决方案

a. 从（10.3）到 $x = e^{T_p/\tau}, x > 1$

$$\Delta i_a = I_{a1} - I_{a0}$$

$$= \frac{V_{bat}}{R_a}\left[\frac{1 + x - x^{d_1} - x^{(1-d_1)}}{x-1}\right]$$

最坏的情况是 $d_1 = 0.5$。所以

$$0.01 \times 400 = \frac{72}{0.5}\left[\frac{1 + x - x^{1/2} - x^{1/2}}{x-1}\right] \Rightarrow 1.0278 + 0.972x - 2\sqrt{x} = 0$$

解出 x，$x=1$，1.1110。因为 $x > 1$，所以取 $x = 1.1110$。

求解 x 我们得到，$x = 1, 1.1110$。由于 x > 1，取 $x = 1.1110$。

因此

$$1.118 = e^{T_P/\tau} \Rightarrow \tau = 8.96 T_P = 22.4 \text{ ms}$$

现在

$$\tau = \frac{L_a + L_f}{R_a} = 22.4 \times 10^{-3}$$

$$\Rightarrow L_f = 3.2 \text{ mH}$$

b. 使用公式 10.7，电机稳态转矩－速度特性为

$$\langle \omega_m \rangle = \frac{0.7 \times 72}{0.7} - \frac{0.5}{0.7^2}\langle T_e \rangle \Rightarrow \langle \omega_m \rangle = 72 - 1.02\langle T_e \rangle$$

稳态工作点是电机转矩－速度特性与车辆道路负载特性 $T_{TR}=24.7+0.0051\omega_{wh}^2$ 的交点。求解这两个方程，工作点为

$$T^* = 32.4 \text{ N·m} , \quad \omega^* = 38.9 \text{ rad/s}$$

现在

$$V_{bat}\left(\frac{e^{d_1 T_P/\tau} - 1}{e^{T_P/\tau} - 1}\right) = 72 \cdot \frac{e^{0.7*2.5/22.4} - 1}{e^{2.5/22.4} - 1} = 49.6$$

并且 $E = k\Phi\langle\omega\rangle = 0.7 \times (38.9) = 27.2$

所以，$V_{bat}\left(\frac{e^{d_1 T/\tau} - 1}{e^{T/\tau} - 1}\right) > E$　因此，斩波器在 CCM 模式下运行。

同时还显示 $I_{a0} > 0$，验证操作确实在 CCM 中。

c. b 部分工作点的电枢电流纹波为

$$\Delta i_a = \frac{72}{0.5}\left[\frac{1 + 1.118 - 1.118^{0.7} - 1.118^{(1-0.7)}}{1.118-1}\right] = 3.37 \text{ A}$$

纹波电流幅度仍小于额定电流的 1%。

$$\langle i_a \rangle = \frac{\langle T^* \rangle}{k\Phi} = \frac{32.4}{0.7} = 46.3 \text{ A}$$

因此，纹波百分比为

$$\% \text{ ripple} = \frac{\Delta i_a}{\langle i_a \rangle} \times 100\% = \frac{3.37}{46.7} \times 100\% = 7.28\%$$

d. 坡度为 5.24% 的稳态工作点位于电机转矩 - 速度特性 $\langle \omega_m \rangle = 72 - 1.02 \langle T_e \rangle$ 和车辆道路荷载特性 $T_{TR} = 119.1 + 0.0051 \omega_{wh}^2$ 的交点处。这两种解决方案是 $\omega^* = -40.8$，233。正确的解决方案是 $\omega^* = -40.8$，因为另一个速度太高。在这种情况下，由于驱动装置的功率不足，车辆实际上正在向后滚动。可以验证，车辆的最大坡度为 2.57%。

e. 坡度为 –5.24% 的车辆道路载荷特性为 $T_{TR} = -119.1 + 0.0051 \omega_{wh}^2$，公式 10.14 中制动 CCM 的电机转矩速度特性为 $\langle \omega_m \rangle = \frac{(1-d_2)V_{\text{bat}}}{K\phi} - \frac{R_a}{(K\phi)^2} \langle T_e \rangle \Rightarrow \langle \omega_m \rangle = 51.4 - 1.02 \langle T_e \rangle$。从两个扭矩 – 速度特性求解工作点，$T^* = -57.4$，347。解是负值，因为斩波器处于制动模式。这给出了稳态速度为 $\omega^* = 51.4 - 1.02 \; (-57.4) = 109.9 \text{rad/s}$。车辆速度是

$$V^* = 0.28 \times 109.9 = 30.77 \text{m/s} = 68.8 \text{mph}$$

现在，$E = 0.7 \times 109.9 = 76.9 \geq 72 \dfrac{1 - e^{-0.5*0.1116}}{1 - e^{-0.1116}} = 37$，这满足公式 10.12 给出的 CCM 制动条件。

10.4 交流驱动器

交流电机的同步速度与电源频率成正比 $\omega_s = \dfrac{120f}{P}$，这意味着可以通过改变交流输入电压的频率来控制速度。电力电子转换器（通常称为逆变器）从可用能源（通常以固定直流电压的形式）向交流电机（感应或同步）提供可变电压、可变频率输出。逆变器由 6 个开关组成，通过适当的控制，将可用的直流电压整形成所需幅值和频率的平衡三相交流电压。电压源逆变器如图 10.21 所示，在恒压电源电动和混合动力汽车应用中很常见。

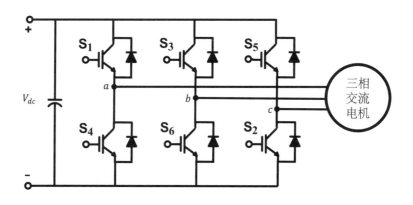

图 10.21　六开关电压源逆变器

逆变器可以在六步模式或脉宽调制（PWM）模式下运行，但通常设计为在指定的 PWM 频率下运行时，将电压峰值、设备负荷和电磁干扰降至最低。PWM 频率取决于逆变器功率器件的能力和牵引电机的最大运行速度。对于有 P 极的牵引机，最大运行速度 N_{max} 的基频由下式给出：

$$f_1 = \frac{N_{max} \times P}{120}$$

PWM 频率通常比基频高一个数量级，以便为良好的电流调节提供足够的带宽。例如，如果八极牵引机的最大转速为 12000 r/min，则基频为 800 Hz，8 kHz PWM 频率就足够了。对基于 IGBT 的逆变器，PWM 开关频率通常限制在 5~10 kHz 之间，以将设备开关损耗降至最低，并保持良好的逆变器效率。控制器设计旨在电机转速更低时，降低开关频率，甚至进入六步开关模式，其中开关频率等于基频，以减少逆变器损耗。使用基于 SiC 和 GaN 的逆变器，可以在保持高效率的同时使用高 PWM 开关频率，更高的可用带宽可用于更好的电流调节，从而改善牵引电机的扭矩输出性能。

除了预期的基波电压分量外，逆变器输出总是有许多谐波分量。PWM 用于最小化输出电压信号的谐波含量。产生 PWM 信号的方法有几种，如正弦 PWM、状态矢量 PWM、均匀采样 PWM 和选择性谐波消除。电子控制器使用 PWM 方法和控制命令为逆变器功率器件生成栅极开关信号，以处理功率流并以所需电压和频率提供输出电压。

10.4.1　六步操作

六步操作是使用六开关逆变器产生交流电压的最简单方法。为了便于分析，让我们用理想开关代替晶体管和二极管，从而得到一个简化的等效逆变器电路，如图 10.22 所示。直流电压在此表示为 V_{dc}。理想逆变器的特点是：(i) 开关可以双向承载电流，(ii) 可能的开关状态总数为 $2^6 = 64$。某些开关状态是不允许的。例如，S_1 和 S_4 不能同时闭合。逆变器的运行可分为 $0 \sim 2\pi$ 弧度之间的 6 个区间，每个区间为 $\pi/3$ 弧度持续时间。在每个间隔中，3 个开关闭合，3 个断开。此操作称为六步操作。在此期间用操作开关标识的 6 个间隔周期如下：

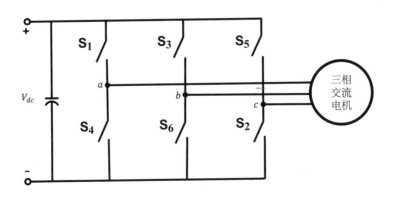

图 10.22　理想的六开关电压源逆变器

$$1 \to 0 < wt < \pi/3: \qquad S_1 S_5 S_6$$
$$2 \to \pi/3 < wt < 2\pi/3: \qquad S_1 S_2 S_6$$
$$3 \to 2\pi/3 < wt < \pi: \qquad S_1 S_2 S_3$$
$$4 \to \pi < wt < 4\pi/3: \qquad S_4 S_2 S_3$$
$$5 \to 4\pi/3 < wt < 5\pi/3: \qquad S_4 S_5 S_3$$
$$6 \to 5\pi/3 < wt < 2\pi: \qquad S_4 S_5 S_6$$

电子开关的栅极信号和六步操作产生的输出交流电压如图 10.23 所示。线 - 线电压和线 - 中性点电压（相电压）如图所示。

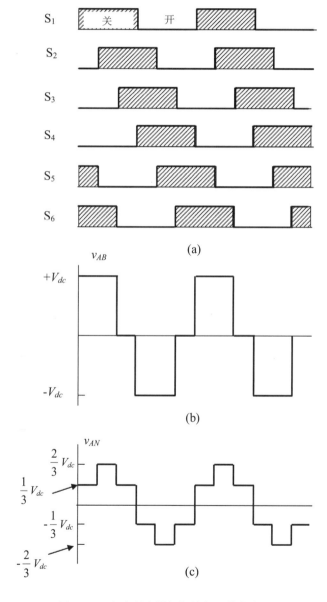

图 10.23 六步逆变器栅极信号和输出电压

在三相电机中，使用三线制，线路端子 *a*、*b* 和 *c* 与电机相连，中性端子 *n* 保持隐藏。线对线电压（线电压）和线对中性点电压（相电压）之间的关系如下：

$$v_{ab} = v_{an} - v_{bn}$$

$$v_{bc} = v_{bn} - v_{cn}$$

（10.20）

$$v_{ca} = v_{cn} - v_{an}$$

有 3 个未知数和两个线性独立方程（v_{an}，v_{bn}，v_{cn}）。因此，我们需要另一个方程来找到反解。对于平衡的三相电气系统，我们知道 $v_{an}+v_{bn}+v_{cn}=0$。因此，线电压和相电压关系可以写成矩阵格式

$$\begin{bmatrix} 1 & -1 & 0 \\ 0 & 1 & -1 \\ -1 & 0 & 1 \\ 1 & 1 & 1 \end{bmatrix} \begin{bmatrix} v_{an} \\ v_{bn} \\ v_{cn} \end{bmatrix} = \begin{bmatrix} v_{ab} \\ v_{bc} \\ v_{ca} \\ 0 \end{bmatrix}$$

相电压的解是

$$v_{an} = -\frac{1}{3}[v_{bc} + 2v_{ca}]$$

$$v_{bn} = \frac{1}{3}[v_{bc} - v_{ac}]$$

（10.21）

$$v_{cn} = -\frac{1}{3}[v_{bc} + v_{ac}]$$

相电压对于三相系统的每相分析非常有用。六步逆变器输出的相电压 v_{an} 可以使用公式 10.21 导出，如图 10.24 所示。现在，问题是逆变器需要哪种类型的开关。让我们首先考虑开关 S_1。当 S_1 断开时，$v_{S1}=V_{dc}$。当 S_1 闭合时，S_4 断开。六步逆变器的相电压如图 10.24 所示。可以对输出电压进行滤波，以使电源更加正弦。当为诸如电动机之类的电感负载供电时，电源自然会被过滤。只有电源的基波分量有助于产生电磁转矩，而高次谐波分量是系统中部分损耗的原因。感应电机与高次谐波分量的相互作用在 10.4.1.1 节中进行了分析。相电压的基波分量和通过开关进入 a 相绕组的电流如图 10.25 所示。由于电动机是感应式的，因此线电流滞后于相电压。因此，我们必须使用双向电流开关，因为 i_a 既是正的又是负的。

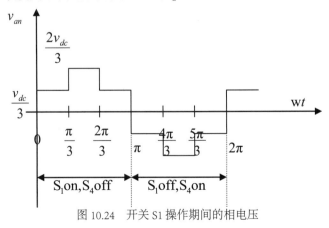

图 10.24　开关 S1 操作期间的相电压

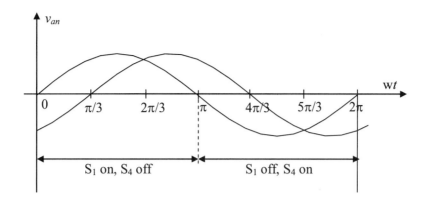

图 10.25　S1 工作期间的相电压和电流

让我们考虑第 3 个切换间隔，其中 $2\pi/3 < \omega t < \pi$。在此期间闭合的开关是 S_1、S_2 和 S_3。该区间的逆变器配置如图 10.26 所示。线 - 线方波电压可以用傅立叶级数分析的基波和谐波分量表示为

$$v_{ab} = \frac{2\sqrt{3}}{\pi}V_{dc}\left\{\sin\left(\omega t + \frac{\pi}{6}\right) + \frac{1}{5}\sin\left(5\omega t - \frac{\pi}{6}\right) + \frac{1}{7}\sin\left(7\omega t + \frac{\pi}{6}\right) + \cdots\right\} \quad (10.22)$$

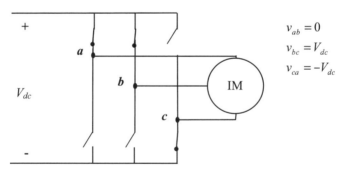

图 10.26　第三个切换间隔中的逆变器开关连接

请注意，存在的谐波是 $6n \pm 1$（n 是整数）分量，并且不存在三次谐波。与线电压相移 30° 的谐波相电压为

$$v_{an} = \frac{2}{\pi}V_{dc}\left\{\sin(\omega t) + \frac{1}{5}\sin(5\omega t) + \frac{1}{7}\sin(7\omega t) + \cdots\right\} \quad （10.23）$$

主要谐波分量如图 10.27 所示。

谐波对输出功率没有贡献，但它们肯定会增加功率损耗，从而降低效率并增加机器的热负荷。谐波损耗不会随负载显著变化。基本气隙 mmf 与谐波气隙 mmf 的相互作用产生转矩脉动，这在低速时可能很显著。

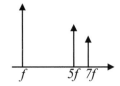

图 10.27　逆变器输出电压中的主要谐波分量

10.4.2　脉冲宽度调制

脉冲宽度调制 PWM 技术用于减轻逆变器中谐波的不利影响 [3, 5]。输出 PWM 电压中的谐波并没有消除，而是转移到了更高的频率，这使得滤波更加容易。基波输出电压幅值的可控性是 PWM 的另一个优点。多年来发展起来的 PWM 技术有正弦 PWM、均匀采样 PWM、选择性消谐 PWM、空间矢量 PWM 和随机 PWM。下面讨论两种常用的 PWM 技术，正弦 PWM 和空间矢量 PWM。

10.4.2.1　正弦 PWM

在正弦 PWM 方法中，将正弦控制信号 V_a 与高频三角波 V_T 进行比较，以生成逆变器开关栅极信号。V_T 的频率确定逆变器开关频率 f_c。正弦信号的幅值和频率是可控的，但三角形信号的幅值和频率保持不变。正弦控制信号 V_a 调制开关占空比，其频率 f 是逆变器的期望基频。对于三相电压产生，将同一 V_T 与 3 个正弦控制电压 v_A、v_B 和 v_C 进行比较，它们彼此相差 120°，以产生平衡输出。开关成对控制（S_1、S_4）、（S_2、S_5）和（S_3、S_6）。当一对开关中的一个闭合时，另一个开关断开。实际上，在成对开关的控制信号变化之间必须有一个熄灭脉冲，以确保逆变器中没有短路。这是必要的，因为实际的开关需要有限的时间来打开和关闭。三相正弦脉宽调制信号如图 10.28 所示。开关控制信号遵循以下给出的逻辑：

$v_A > V_T$ 时, S_1 闭合
$v_C > V_T$ 时, S_2 闭合
$v_B > V_T$ 时, S_3 闭合
$v_A < V_T$ 时, S_4 闭合
$v_C < V_T$ 时, S_5 闭合
$v_B < V_T$ 时, S_6 闭合

振幅调制指数为

$$m = \frac{V_{a,\text{peak}}}{V_{T,\text{peak}}} = \frac{A}{A_m} \qquad (10.24)$$

其中 A = 参考正弦波的幅度，A_m = 三角载波的幅度。让我们定义载波频率和基频的比率为

$$p = \frac{f_C}{f}$$

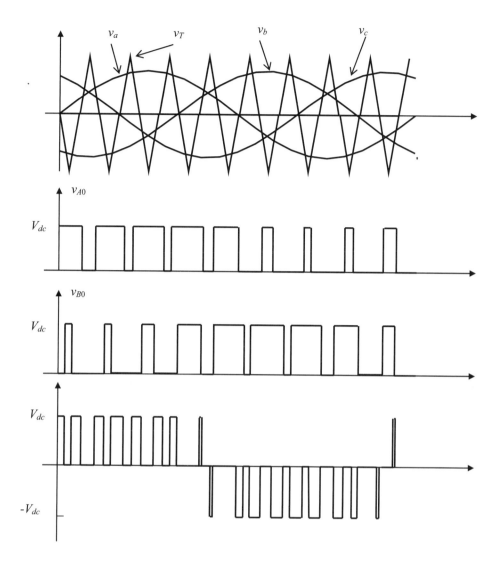

图 10.28 三相正弦脉宽调制

逆变器基波输出相电压 V_{ph} 的 RMS 值为

$$V_{ph,1} = m\frac{V_{dc}}{2\sqrt{2}}, \ m \leqslant 1 \tag{10.25}$$

其中 V_{dc} 是逆变器的直流输入电压。注意，$V_{ph,1}$ 随 m 增加，直到 $m = 1$。对于 $m > 1$，调制不再是正弦 PWM，其被称为过调制。线 – 线电压中基波的 RMS 值为

$$V_{LL,1} = m\frac{\sqrt{3}\,V_{dc}}{2\sqrt{2}}, \ m \leqslant 1 \tag{10.26}$$

根据 p 的值，有两种调制类型，称为同步调制和异步调制。在同步调制中 $p = 3n$，$n = 1$，2，…使载波相对于三相参考电压 v_a、v_b 和 v_c 对称。否则，调制称为异步调制。异步调制的特点如下：

（1）脉冲模式从一个周期到另一个周期之间，不会以相同的方式重复。

（2）引入了次谐波f和一个直流分量。

（3）次谐波引起的低频转矩和速度脉动，称为频率差拍振动。

（4）对于较大的p，频率差拍振动可以忽略不计。对于小的p，频率差拍振动可能很重要。

（5）对于小p，使用同步调制。p优选是3的奇数倍。

当$m=1$时，达到正弦调制的边界。对于大于1的值，相电压的基波分量和m之间的关系不再是线性的。对于足够大的m值，输出相电压变为方波，基波的最大振幅等于$2V_{dc}/\pi$（与方程式10.23有关）。这基本上是逆变器的六步操作。注意，线性正弦PWM在边界上基波的振幅仅为最大值的78.5%。$m>1$的调制称为过调制，在这种调制范围内引入了低阶谐波。

10.4.2.2　正弦PWM中的谐波

逆变器输出相电压包含载波频率f_C的奇数倍的谐波（f_C、$3f_C$、$5f_C$、…）。波形还包含以f_C倍数为中心的边带，由下式给出

$$f_h = k_1 f_C \pm k_2 f = (k_1 p \pm k_2) f$$

其中$k_1 + k_2$是一个奇整数。对于k_1的奇数整数，谐波频率中心位于$k_1 f$，而对于k_1的偶数整数，边带对称定位，没有中心。请注意，频带频率谐波的幅度随着与频带中心距离的增加而迅速减小。$k_1 = 1$和$k_1 = 2$的谐波频率分量以及带宽如图10.29所示。谐波带宽是谐波被认为占主导地位的频率范围。频率带宽随m的增加而增加。边带中的主要谐波位于频率$(p \pm 2) f$和$(2p \pm 1) f$处。

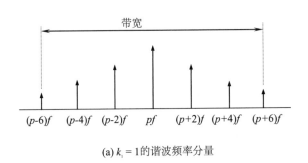

(a) $k_1 = 1$的谐波频率分量

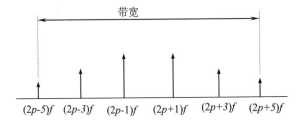

(b) $k_1 = 2$的谐波频率分量

图 10.29　$k_1=1$ 和 $k_1=2$ 的谐波频率分量

10.4.2.3 空间矢量（SV）PWM

嵌入在交流电机 dq 模型和矢量控制器中的电压空间矢量为三相 PWM 逆变器的控制提供了一种高度兼容的方法。控制器为驱动电机而产生的直轴和正交轴电压的 dq 电压指令被转换为等效 PWM 信号，施加到 6 个逆变器开关的栅极。对于变频驱动应用，空间矢量 PWM 由于其优于其他电压 PWM 技术的性能而非常受欢迎。

三相电压源逆变器只能呈现 8 种（$2^3 = 8$）状态之一，因为某一相臂中的每个开关都可以呈现接通或断开位置。这 8 种状态中的每一种都与一组特定的三相电压值相关联。根据状态，电机相绕组端子连接到直流链路的上侧或下侧。对于终端电压，使用 3 位数字状态定义 8 个电压矢量，分别为 000、100、110、010、011、001、101 和 111。例如，状态 011 表示连接到直流母线下侧的 a 相，而 b 相和 c 相连接到上侧。或者，0 表示下部开关接通，1 表示上部开关接通。这意味着逆变器可以产生从 $\vec{V}_0$ 到 $\vec{V}_7$ 8 个稳定的电压矢量，下标指示逆变器的相应状态。这些电压矢量是

$$\vec{V}_0 = \begin{bmatrix} 0 \\ 0 \\ 0 \end{bmatrix}, \quad \vec{V}_1 = \begin{bmatrix} 1 \\ 0 \\ 0 \end{bmatrix}, \quad \vec{V}_2 = \begin{bmatrix} 1 \\ 1 \\ 0 \end{bmatrix}, \quad \vec{V}_3 = \begin{bmatrix} 0 \\ 1 \\ 0 \end{bmatrix}$$

$$\vec{V}_4 = \begin{bmatrix} 0 \\ 1 \\ 1 \end{bmatrix}, \quad \vec{V}_5 = \begin{bmatrix} 0 \\ 0 \\ 1 \end{bmatrix}, \quad \vec{V}_6 = \begin{bmatrix} 1 \\ 0 \\ 1 \end{bmatrix}, \quad \vec{V}_7 = \begin{bmatrix} 1 \\ 1 \\ 1 \end{bmatrix}$$

表 10.2 给出了开关状态、电压矢量和相关的开关条件。

表 10.2　空间矢量切换状态

开关状态	接通器件	电压矢量
0	S4S6S2	$\vec{V}_0$
1	S1S6S2	$\vec{V}_1$
2	S1S3S2	$\vec{V}_2$
3	S4S3S2	$\vec{V}_3$
4	S4S3S5	$\vec{V}_4$
5	S4S6S5	$\vec{V}_5$
6	S1S6S5	$\vec{V}_6$
7	S1S3S5	$\vec{V}_7$

8 个电压矢量代表 2 个零矢量（$\vec{V}_0$ 和 $\vec{V}_7$）和 6 个激活状态矢量，形成一个六边形（图 10.30）。一个简单的电路分析将揭示，在 6 种激活状态下，相电压幅值以 $\frac{1}{3} V_{dc}$ 为步长在 $\pm \frac{2}{3} V_{dc}$ 之间变化。这类似于六步操作，其中六步的电压幅度变化也相似。例如，在矢量状态 $\vec{V}_1$ 中，开关 S1、S2 和 S6 接通，a 相连接到直流母

线的上侧，b相和c相连接到下侧。在此状态下，逆变器相电压为
$v_{an} = \frac{2}{3}V_{dc}$，$v_{bn} = -\frac{1}{3}V_{dc}$，$v_{cn} = -\frac{1}{3}V_{dc}$。这是 10.24 的六步操作，是图 10.23 中区间

$\pi/3 < \omega t < 2\pi/3$ 中的步骤。将三相 abc 变量转化为 dq 变量，d 和 q 电压为
$v_d = \frac{2}{3}V_{dc}$，$v_q = 0$。因此，电压矢量 $\vec{V_1}$ 的大小为 $\frac{2}{3}V_{dc}$，是沿 dq 平面中的 d 轴。

可以类似地表明，6 个激活状态矢量中的每一个都具有 $\frac{2}{3}V_{dc}$ 的幅值，并且在 dq 平

面上相互位移 60°。6 个激活状态矢量形成一个六边形，如图 10.30 所示，零矢量保
留在原点。6 个激活状态矢量可以用空间矢量的形式表示为

$$\vec{V_k} = \frac{2}{3}V_{dc}e^{j(k-1)\pi/3} \tag{10.27}$$

其中 $k=1$，…，6。请注意，相同的符号 $\vec{V_k}$ 用于表示 abc 坐标系中与开关位置相
关的电压矢量，以及数学术语中的空间矢量。空间矢量可以很容易地与两坐标 dq
坐标系中的 d 和 q 变量相关联。

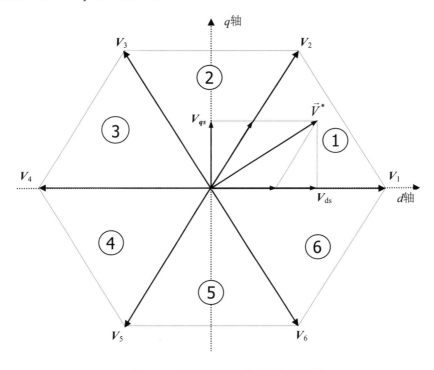

图 10.30   逆变器开关状态和空间矢量

与逆变器的六步操作相比，SV PWM 在固定时间段内以包括零向量的调制方式
操作。六步操作仅使用以 $V_1 \rightarrow V_2 \rightarrow V_3 \rightarrow V_4 \rightarrow V_5 \rightarrow V_6 \rightarrow V_1$ 的顺序移动的 6 个激活状态
操作，每个状态的持续时间为 60°。SV PWM 的目标是生成栅极信号，以便在逆变
器的输出端获得谐波优化的 PWM 电压。

10.4.2.4　SV PWM 开关信号的产生

连续空间矢量调制技术基于这样一个事实，即六边形内的每个参考电压矢量 $\vec{V}^*$ 都可以表示为两个相邻的激活状态矢量和零状态矢量的组合。因此，在每个周期中施加的所需参考矢量是通过在四个逆变器状态之间切换来实现的。空间矢量 $\vec{V}^*$ 所在的扇区决定了两个激活状态矢量，它们将用于生成 PWM 周期的栅极开关信号 [6]。相角由 $\theta = \arctan\left(\dfrac{V_{qs}}{V_{ds}}\right)$ 且 $\theta \in [0, 2\pi]$ 得出。相角与 V_{qs} 和 V_{ds} 的相对大小有关。例如，在扇区 1 中 $0 \leqslant \arctan\left(\dfrac{V_{qs}}{V_{ds}}\right) < \dfrac{\pi}{3}$；因此 $0 < V_{qs} < \sqrt{3}V_{ds}$。以下条件用于确定空间向量所在的扇区。

Sector 1：$0 < V_{qs} < \sqrt{3}V_{ds}$ ；

Sector 2：$V_{qs} > \left|\sqrt{3}V_{ds}\right|$ ；

Sector 3：$0 < V_{qs} < -\sqrt{3}V_{ds}$ ；

Sector 4：$0 > V_{qs} > \sqrt{3}V_{ds}$ ；

Sector 5：$V_{qs} < -\left|\sqrt{3}V_{ds}\right|$ ；

Sector 6：$0 > V_{qs} > -\sqrt{3}V_{ds}$ 。

假设 $\vec{V}_k$ 和 $\vec{V}_{k+1}$ 分别是扇区 k 和相邻激活扇区（$k+1$）中参考向量 $\vec{V}^*$ 的分量。为了获得每个功率器件的最佳谐波性能和最小开关频率，状态序列被安排成仅通过切换一个逆变器支路来执行从一个状态到下一个状态的转换。如果该序列从一个零状态开始，切换逆变器极，直到达到另一个零状态，则满足该条件。为了完成循环，顺序颠倒，以第一个零状态结束。例如，如果参考矢量位于扇区 1，则状态序列必须为…0127210…，而扇区 4 为…0547450…，空间矢量调制策略的核心部分是计算每个调制周期的激活和零状态时间。这些是通过将施加的平均电压等于所需值来计算的。图 10.31 显示了矢量的接通时间。

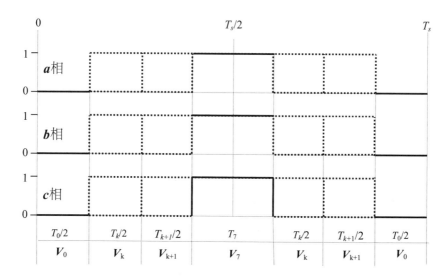

图 10.31　矢量接通时间示意图

下面，T_k 表示激活状态矢量 $\vec{V}_k$ 所需的接通时间，T_{k+1} 表示激活状态向量 $\vec{V}_{k+1}$ 所需的接通时间，$(T_0 + T_7)$ 是零状态矢量覆盖完整时间段 T_s 的时间 [6]。接通时间通过以下等式计算：

$$\int_0^{T_s/2} \vec{V}dt = \int_0^{T_0/2} \vec{V}_0 dt + \int_{T_0/2}^{T_0/2+T_k} \vec{V}_k dt + \int_{T_0/2+T_k}^{T_0/2+T_k+T_{k+1}} \vec{V}_{k+1} dt + \int_{T_0/2+T_k+T_{k+1}}^{T_s/2} \vec{V}_7 dt \quad (10.28)$$

其中 $T_0+T_k+T_{k+1}+T_7=T_s$

通过将 $\vec{V}_0$ 和 $\vec{V}_7$ 视为零矢量，将 $\vec{V}^*$，$\vec{V}_k$ 和 $\vec{V}_{k+1}$ 视为 PWM 周期内的恒定矢量，方程式 10.28 可简化为

$$\frac{T_s}{2}V = \frac{T_0}{2}V_0 + \frac{T_k}{2}V_k + \frac{T_{k+1}}{2}V_{k+1} + \frac{T_7}{2}V_7 \quad (10.29)$$

$$\Rightarrow T_sV = T_kV_k + T_{k+1}V_{k+1}$$

使用 $\vec{V}$ 的空间矢量关系和方程 10.27 和 10.29，可以证明

$$\begin{bmatrix} T_k \\ T_{k+1} \end{bmatrix} = \frac{\sqrt{3}T_s}{V_{dc}} \begin{bmatrix} \sin\frac{k\pi}{3} & -\cos\frac{k\pi}{3} \\ -\sin\frac{(k-1)\pi}{3} & \cos\frac{(k-1)\pi}{3} \end{bmatrix} \begin{bmatrix} V_{ds} \\ V_{qs} \end{bmatrix} \quad (10.30)$$

占空比与接通时间有关

$$\begin{bmatrix} T_k \\ T_{k+1} \end{bmatrix} = T_s \begin{bmatrix} D_k \\ D_{k+1} \end{bmatrix} \quad (10.31)$$

将公式 10.30 与公式 10.31 进行比较，可以得到占空比为

$$\begin{bmatrix} D_k \\ D_{k+1} \end{bmatrix} = \sqrt{3} \begin{bmatrix} \sin\frac{k\pi}{3} & -\cos\frac{k\pi}{3} \\ -\sin\frac{(k-1)\pi}{3} & \cos\frac{(k-1)\pi}{3} \end{bmatrix} \begin{bmatrix} \frac{V_{ds}}{V_{dc}} \\ \frac{V_{qs}}{V_{dc}} \end{bmatrix} \quad (10.32)$$

零矢量的接通时间如下所示：

$$\begin{bmatrix} T_0 \\ T_7 \end{bmatrix} = 1/2 \begin{bmatrix} T_S - T_k - T_{k+1} \\ T_S - T_k - T_{k+1} \end{bmatrix} \quad (10.33)$$

因此，公式 10.31 和 10.33 给出了 PWM 周期内的导通时间 T_k、T_{k+1}、T_0 和 T_7，占空比由公式 10.32 给出。控制器三相 PWM 发生器的接通时间确定如下：

$$\begin{bmatrix} T_A \\ T_B \\ T_C \end{bmatrix} = \begin{bmatrix} V_k & V_{k+1} & V_7 \end{bmatrix} \begin{bmatrix} T_k \\ T_{k+1} \\ T_7 \end{bmatrix} (k = 1,\cdots,6) \quad (10.34)$$

其中 T_A、T_B 和 T_C 是每相的接通时间，$\vec{V}_k$ 是前面定义的 6 个激活工作状态之一。对于图 10.29 中所示的实例，$\vec{V}^*$ 位于扇区 1。接通时间由下式获得：

$$\begin{bmatrix} T_A \\ T_B \\ T_C \end{bmatrix} = \begin{bmatrix} V_1 & V_2 & V_7 \end{bmatrix} \begin{bmatrix} T_k \\ T_{k+1} \\ T_7 \end{bmatrix} = \begin{bmatrix} 1 & 1 & 1 \\ 0 & 1 & 1 \\ 0 & 0 & 1 \end{bmatrix} \begin{bmatrix} T_k \\ T_{k+1} \\ T_7 \end{bmatrix}$$

栅极开关信号接通时间由 SV PWM 控制器设置，这通过将旋转参考矢量 $\vec{V}^*$ 分解为组成其相邻空间矢量的两个分量实现。根据两个空间矢量计算的占空比有助于建立交流电机的平衡三相电压。

结果表明，只有 78.5% 的逆变器容量用于正弦 PWM 方法。在 SV PWM 方法中，通过为每个逆变器支路使用单独的调制器来提高逆变器的能力，生成 3 个参考信号，形成一个平衡的三相系统。这样，普通 SV PWM 可获得的最大输出电压可提高到逆变器容量的 90.6%。SV PWM 算法相当复杂且计算量很大，但仍然在当今可用的数字信号处理器的能力范围内。

例 10.2

使用 SiC 六开关电压源逆变器作为驱动日产 Leaf 电机的逆变器，其参数为：车辆质量 =1521kg，车轮半径 =0.4m，正面面积 =2.16m^2，轴距 =2.7m。电机参数为：L_d=1.52mH，L_q=1.54mH，R_{ph}=0.046Ω，电机扭矩常数 K_e=0.46（相，峰值），且 $\lambda_m = 0.115$ V·s/rad（相，峰值）。电池额定功率为 40kW·h，标称直流母线电压为 360V。

逆变器器件 AEC-Q101 汽车级 N 沟道 Rohm SCT3022ALHR SiC MOSFET（分立式 TO-247 封装）的参数为：$V_{DS} = 650$V，$I_{DS} = 65$A，$R_{ds,on} = 22$mΩ，$E_{on}= 252$μJ，$E_{off}=201$μJ。

使用计算机仿真模型和分析，计算并绘制逆变器 RMS 电流、逆变器损耗、电机功率和能量需求，作为公路行驶循环时间的函数。

解决方案

仿真和分析分两步进行，首先从车辆仿真模型生成数据，然后使用基于方程的模型。车辆模型如图 3.25 所示，使用 MATLAB / Simulink 开发的仿真模型，用于公路行驶循环，以推导电机和逆变器的工作点。驱动循环是根据速度与时间的关系给出的，使用驾驶员模型进行调节。然后，车辆仿真模型生成电机输入电压 v_d 和 v_q、电机和逆变器电流 i_d 和 i_q，以及电机输出转矩 T 和速度 ω。在该车辆仿真模型中，未对逆变器细节进行建模，因为这需要大量计算，需要很长时间来处理一个驱动循环。

利用 $v_d(t)$、$v_q(t)$、$i_d(t)$ 和 $i_q(t)$ 仿真数据分量，得到电机峰值电压 $v_{a\text{-peak}}(t)$ 和电机峰值电流 $I(t)$。使用这些数据，调制指数 $M(t)$ 和功率因数 $\varphi(t)$ 可以从下式获得

$$M(t) = \frac{\sqrt{3}V_{a,\text{peak}}(t)}{V_{DC}}$$

$$\varphi(t) = \tan^{-1}\frac{Q}{P}$$

其中有功功率 $P(t) = v_d \cdot i_d + v_q \cdot i_q$，无功功率 $Q(t) = v_q \cdot i_q - v_d \cdot i_q$。

根据上述计算值，并使用器件参数值，可以计算逆变器功率器件产生的损耗。设备 RMS 电流可按以下公式计算[7-8]：

$$I_{q,\mathrm{rms}}(t) = I(t)\sqrt{\frac{1}{8} + \frac{1}{3\pi}M(t)\cos\varphi(t)}$$

其中 $I(t)$ = 峰值输出电流，$M(t)$ = 调制指数，$\varphi(t)$ = 功率因数。

每个器件的导通损耗为

$$P_{\mathrm{cond},Q}(t) = R_{ds(on)}\left(I(t)\sqrt{\frac{1}{8} + \frac{1}{3\pi}M(t)\cos\varphi(t)}\right)^2$$

每个器件的开关损耗为

$$P_{sw,Q}(t) = \frac{1}{\pi}f_{sw}(E_{\mathrm{on}} + E_{\mathrm{off}})\frac{I_{\mathrm{RMS}}V_{dc}}{I_{RMS(nom)}I_{dc(nom)}}$$

图 10.32 给出了逆变器 RMS 电流和功率损耗曲线。这些损耗计算假设为正弦电流。由于 MOSFET 器件的同步整流，SiC 二极管的导通时间非常短，因此在驱动循环能量分析中可以忽略与二极管相关的损耗。

电机功率输出和能量由模拟扭矩和速度数据计算得出；结果绘制在图 10.33 中。

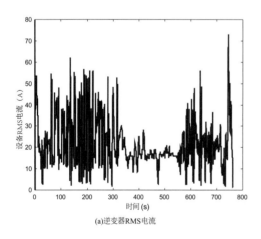

(a)逆变器RMS电流

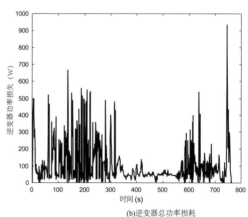

(b)逆变器总功率损耗

图 10.32   SiC 逆变器在公路行驶循环操作中

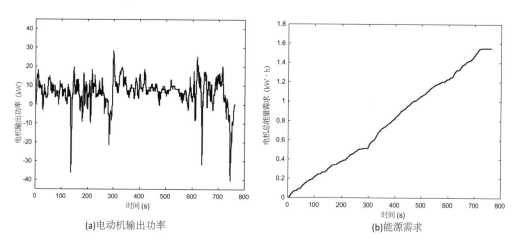

(a)电动机输出功率   (b)能源需求

图 10.33   公路行驶循环中的电动机运行

10.5   SRM 驱动器

SRM 驱动器的电力电子驱动电路与交流电机驱动器的电力电子驱动电路有很大不同。SRM 中产生的转矩与电流方向无关。因此，与需要双向电流的感应电动机或同步电动机不同，单极转换器足以用作 SRM 的功率转换器电路。SRM 的这一独特特性以及定子相位相互电气隔离这一事实产生了各种各样的电源电路配置。特定 SRM 驱动器所需的转换器类型与电机结构和相数密切相关。选择还取决于具体的应用。

最灵活和最通用的四象限 SRM 转换器是图 10.34 所示的桥式转换器，它每相需要两个开关和两个二极管[9-10]。开关和二极管的额定值必须能够承受电源电压和任何瞬态过载。在磁化期间，两个开关都接通，能量从电源传输到电机。如有必要，可以根据控制策略在导通期间通过切换开关中的一个或两个来实现斩波或 PWM。换向时，两个开关都断开，电机相通过续流二极管快速退磁。该转换器的主要优点是每个相的独立控制，这在需要相位重叠时尤为重要。唯一的缺点是每相需要两个开关和两个二极管。该转换器特别适用于高压、大功率驱动器。

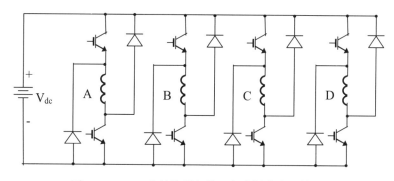

图 10.34   SRM 的转换器拓扑：经典桥式电源转换器

为 SRM 开发了许多其他类型的转换器，其主要目标是通过利用 SRM 的相独立特性来减少功率器件的数量[11-12]。这些转换器包括电容裂相式转换器、米勒转换器和节能 C-Dump 电容储能型转换器。开关数量减少的转换器容错性较差，因此不适合牵引应用。

问题

问题 10.1 和 10.2 的参数

$$V_{bat} = 144 \text{ V}, \; k\Phi = 0.6 \text{ V·s}, \; L_a = 8\text{E-4 H}, \; R_a = 0.1 \; \Omega, \; f_s = 500 \text{ Hz}$$

10.1

在二象限斩波器加速期间，DCM 中的时间 γ（参见图 P10.1）可以推导出为

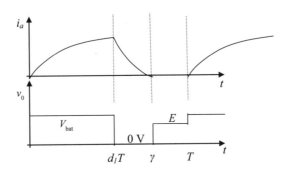

图 P10.1

$$\gamma = -\tau \ln\left[\frac{E}{E + V_{\text{bat}}(e^{d_1 T/\tau} - 1)}\right], \quad \tau = \frac{L_a}{R_a}$$

导出在 DCM 中运行的二象限斩波器加速运行的 $\langle \omega \rangle$–$\langle T \rangle$ 特性。（暂时不要用数值代替参数。）不要试图用 $\langle T \rangle$ 来求解 $\langle \omega \rangle$。而是根据 $\langle \omega \rangle$ 求解 $\langle T \rangle$。对于给定参数和 d_1=0.9、0.5 和 0.1，绘制 $\langle T \rangle$–$\langle \omega \rangle$。

10.2

计算给定参数的 CCM 中最坏情况下的电枢电流纹波。如果要求最坏情况下的纹波小于 10 A，那么滤波电感的值是多少，或者开关频率应更改为什么值？

10.3

求两象限斩波器馈电直流电机的 DCM、CCM 和 UNCM 加速运行的 T-ω 平面图。也就是说，找出每种模式对 T 和 ω 的限制。

提示：从 E 的条件开始。求解 d_1 的不等式。然后，利用 ω-T 特性消除 d_1。另外，请记住 $0 \leq d_1 \leq 1$。

绘制给定参数的这些区域，并绘制给定的安全工作区域：

$-100\text{N·m} \le T \le 100\text{N·m}$

$-300\text{rad/s} \le \omega \le 300\text{rad/s}$

$-30\text{HP} \le P \le 30\text{HP}$

10.4

描述制动操作的 UNCM。画出电枢电流和端电压的波形。计算该模式的速度 – 转矩特性。这个模态在 $\omega\text{-}T$ 平面图的哪个象限？

10.5

考虑由图 P10.5 所示的二象限斩波器驱动的电动汽车传动系统。d_1 是加速操作的占空比，而 d_2 是制动操作的占空比。各种参数如下：

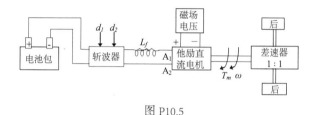

图 P10.5

电动汽车参数是

$m = 1050\text{kg}$，$M_B = 150\text{kg}$，$C_D = 0.25$，$A_F = 2\text{m}^2$，$C_0 = 0.01$，$C_1 = 0$，

$\rho = 1.1614\text{kg/m}^3$，$\text{g} = 10.81\text{m/s}^2$，

r_{wh} = 车轮半径 = 0.28m

电机和控制器参数是

$R_a = 0.1\ \Omega$，$L_a = 2\text{mH}$，$k\Phi = 0.6\ \text{V·s}$，$I_{a,\text{rated}} = 200\text{A}$，

f_s = 斩波器开关频率 = 500Hz

L_f = 串联滤波器电感 = 1.6mH

在以下每种情况下，确定在 CCM、DCM 或 UNCM 中是否稳态操作。

    a. $d_1 = 0.4$，$d_2 = 0$，$V = 25\text{m/s}$

    b. $d_1 = 0.8$，$d_2 = 0$，$V = 45\text{m/s}$

    c. $d_2 = 0$，$V = 25\text{m/s}$，$T = 40\text{N·m}$

注：V 为车辆稳态速度，T 为电机转矩。可以忽略摩擦和风阻损失，并假设电机轴和车轮之间的功率损失为 0。

10.6

交流逆变器以正弦脉冲模式运行。晶体管基极电流波形如图 P10.6 所示。在图 P10.6 中绘制线 – 线电压 v_{AB}、v_{BC} 和 v_{CA}，以及线 – 中性点电压 v_{AN}。简要评论电压是平衡的吗？（i_{cj} 代表 $j = 1\text{~}6$，分别是晶体管 $1\text{~}6$ 的基极电流）。

10.7

460V、60Hz、6 极、1176r/min、Y 形连接的感应电动机在额定条件下的定子

参数如下：

$$R_s = 0.19 \, \Omega, R_r = 0.07 \, \Omega, X_s = 0.75 \, \Omega, X_r = 0.67 \, \Omega \,, X_m = \infty$$

电机由六步逆变器供电。逆变器通过 DC/DC 转换器从电池包供电。

电池包电压为 72 V。忽略所有损耗：

i. 确定 DC/DC 转换器的输出。

ii. 说出转换器的类型及其转换率。

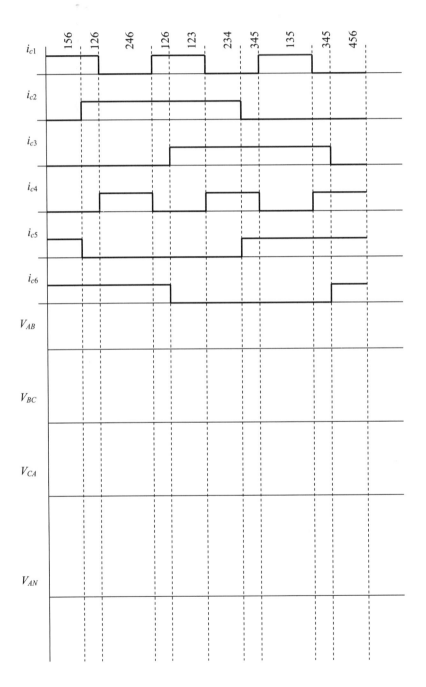

图 P10.6

10.8

问题 10.7 中的电机用于驱动电动汽车，该电动汽车需要 300 N·m 的转矩才能在平坦的道路上匀速行驶，配置如图 P10.8 所示。在频率和电压保持额定值不变的情况下，确定其运行速度和转差。

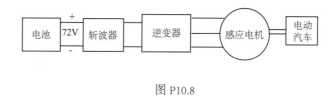

图 P10.8

10.9

问题 10.7 中的车辆向下移动，因此需要 250 N·m。

i. 来自逆变器的电机输入电压是多少？ 因此，确定转换器的转换率。 频率保持在额定值，电机以额定速度运行。

ii. 如果电机的输入电压保持在额定值，并且电机以额定转速运行，那么逆变器的工作频率应该是多少？

10.10

为矢量控制感应电机驱动器供电的 PWM 逆变器的直流链路电压为直流 300V。空间矢量 PWM 用于通过逆变器向电机提供指令电压。静止参考系中的电压指令为 $\vec{V}^S = 210e^{j0.44}$ 。这个电压命令的扇区是什么？要使用哪两个逆变器电压矢量？计算 x、y 和 z 施加命令电压的百分比。

10.11

以下通量方程描述了三相 6/4 SRM 的非线性特性：

$$\lambda_j(i,\theta) = \lambda_s(1 - \exp(-i_j f_j(\theta))), \ i_j \geqslant 0$$

式中 λ_s= 饱和磁通 =0.2V·s， $f(\theta) = a + b \times \cos(N_r\theta - (j-1)2\pi/m)$

这里，j =1、2、3 表示相数，m =3。假设 a =0.024，b =0.0110。同样给定，相电阻 R_{ph}=0.3。

编写如下条件时的计算机程序并绘制 a 相电流图。当电机以单脉冲模式通电时，在机械角为 45° 和 75° 之间，速度为 100r/min、1000r/min 和 10 000r/min。施加电压为 24 V。

参考文献

[1]J.G. Kassakian, M.F. Schlecht and G.C. Verghese, Principles of Power Electronics, Addison Wesley Publishing Company, Reading, MA, 1991.

[2]M.H. Rashid, Power Electronics: Circuits, Devices and Applications, Prentice Hall, Upper Saddle River, NJ, 2003.

[3]N. Mohan, T.M. Undeland and W.P. Robins, Power Electronics: Converters, Applications and Design, John

Wiley & Sons. Inc., Hoboken, NJ, 1995.

[4]G.K. Dubey, Power Semiconductor Controlled Drives, Prentice Hall, Englewood Cliffs, NJ, 1989.

[5]A.M. Trzynadlowski, Introduction to Modern Power Electronics, John Wiley & Sons Inc., Hoboken, NJ, 2016.

[6]C. Hou, DSP Implementation of Sensorless Vector Control for Induction Motors, MS Thesis, University of Akron, Akron, OH, 2001.

[7]K. Berringer, J. Marvin and P. Perruchoud, "Semiconductor power losses in AC inverters," Conference Record of the 30th IEEE Industry Applications Society Conference and Annual Meeting, 1, 882–888, Orlando, FL, 1995.

[8]B. Ozpineci, L.M. Tolbert, S.K. Islam and M. Hasanuzzaman, "Effects of silicon carbide (SiC) power devices on HEV PWM inverter losses," IECON'01, 27th Annual Conference of the IEEE Industrial Electronics Society (Cat. No. 37243), 2, 1061–1066, Denver, CO, 2001.

[9]R.M. Davis, W.F. Ray and R.J. Blake, "Inverter drive for switched reluctance motor: circuits and component ratings," IEE Proceedings, 128(pt. B, 2), 126–136, March 1981.

[10]T.J.E. Miller, Switched Reluctance Motors and Their Control, Magna Physics Publishing, Hillsboro, OH and Oxford University Press, Oxford, 1993.

[11]C. Pollock, "Power converter circuits for switched reluctance motors with the minimum number of switches," IEE Proceedings, 137(pt. B, 6), 373–384, November 1990.

[12]S. Mir, I. Husain and M. Elbuluk, "Energy-efficient C-dump converters for switched reluctance motors," IEEE Transactions on Power Electronics, 12(5), 912–921, September 1997.

车辆控制器和通信 11

在电动和混合动力汽车中，各种动力系统成部件都需要控制器，例如电机驱动器、电力电子转换器、电池管理、内燃机发动机、变速器和燃料电池。混合动力电动汽车还需要一个监控控制器来为各种动力系统子系统生成命令。电动助力转向（EPS）、防抱死制动系统（ABS）、多媒体娱乐单元和气候控制系统等辅助系统也需要控制器来运行。控制器负责根据命令输入和反馈信号，按照控制规律和算法为执行器生成输出命令信号。控制器还承载通信模块，组件和子系统通过该通信模块相互通信。命令信号、传感器反馈信号和系统输出变量将车辆驾驶员、监控控制器和子系统互连起来，并且组件通过汽车通信网络从一个单元到另一个单元传输信息。控制器局域网（CAN）是用于此类通信的最常用协议。CAN 使用串行多主机通信协议，每个控制器承载网络的物理层。

本章的前两节介绍车辆控制器、微控制器和控制器软件，而其他两节讨论车辆通信和 CAN。

11.1　车辆控制器

由于超大规模集成电路（VLSI）技术在过去几十年中取得了巨大的进步，控制器设备或处理器如今具有很高的计算能力和速度。动力传动系统和辅助部件基于算法和传感器反馈信号进行控制，这些信号在微处理器控制单元（MCU）中实现，而 MCU 本质上是一个微控制器。这些也被称为嵌入式控制器单元，包括控制算法软件和 MCU 硬件[1-2]。控制器的任务包括：

• 根据控制要求为执行器生成命令信号。

• 基于系统变量、约束和传感器反馈信号的保护和故障管理。

• 将数据处理和记录信息显示给用户，以便在开发期间进行测试，在操作期间进行维护。

MCU 或微控制器是一种高度集成的设备，包括执行应用控制功能所需的部件。根据所需的处理能力和功能，可以为应用选择 4 位、8 位、16 位或 32 位微控制器。系统的嵌入式控制单元，特别是动力系统部件的嵌入式控制单元，称为电子控制单元（ECU）。ECU 模块是汽车各个系统的大脑。该 ECU 的核心是协调和控制系统功能的微控制器；系统性能由微控制器的特性和功能决定。在现代车辆中，有 50~100 个微控制器，而 20 世纪 90 年代中期大约有 15 个。除了动力系统组件

ECU 外，微控制器还用于汽车的各种应用中，例如燃油喷射、行车电脑、车窗升降、无钥匙进入、安全带紧固件、安全气囊系统和仪表板显示。

根据系统和要求，控制任务可以由一个或多个控制器设备管理。设计人员可以从众多处理器中进行选择，以实现来自不同供应商的系统控制算法。

11.1.1　微控制器类型

微控制器是一种微型集成电路，控制器所需的所有组件都内置在一个芯片中。完整的微控制器将中央处理器单元（CPU）与存储器和各种外围组件集成在一起，如定时器 / 计数器单元、模数（A/D）转换器、串行接口单元、通信单元、输入 / 输出（I/O）端口和单个 IC 上的脉宽调制（PWM）模块。微控制器的 CPU 是微处理器，它是用于计算的基础器件。微控制器将事件驱动控制应用所需的所有内存和外围组件集成在一块硅片中。不同的存储器类型包括只读存储器（ROM）、随机存取存储器（RAM）和可擦除可编程 ROM（EPROM）。微控制器组件的总线结构如图 11.1 所示。

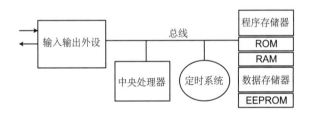

图 11.1　微控制器结构框图

数字信号处理器（DSP）也用于汽车嵌入式控制应用，特别是对于具有密集计算要求的动力系统组件。DSP 设计有专用的硬件电路，用于快速处理信号。使用 DSP 的汽车应用示例包括电机驱动、电力电子控制、语音合成和识别、通信系统、雷达信号分析和图像处理。

微控制器和 DSP 在数字表示方面可以分为浮点处理器或定点处理器，高端微控制器可以同时支持这两种类型的数字处理。由于编程的灵活性，浮点系统的算法开发时间可以大大缩短。定点处理器使计算涉及非整数变量的数学表达式变得更加困难。但是，在需要严格管理控制执行时间的应用中，定点处理器具有优势。乘法和除法分别通过寄存器左移或右移来管理相应的位数，以最大限度地减少代码执行时间，因为 CPU 以二进制为基础运行。根据左移或右移，移一位相当于乘以或除以 2 的幂。通过移位操作，可以准确控制控制循环时间，并且可以消除循环执行时间超限。

汽车微控制器制造商已采用多核架构，以满足动力系统类型 ECU 以及多媒体应用中严格和苛刻的性能要求。在多核架构中，两个或更多 CPU 内核在同一个芯片中实现。与单核微控制器相比，双核微控制器在相同频率下提供接近两倍的性能，具体取决于软件架构。提高性能的另一个好处是，与执行相同任务的单核处理器相比，多核处理器的耗电量和发热量更低[3]。

近年来，ARM 处理器在各种汽车 MCU 应用中广受欢迎。ARM 是从先进的 RISC 机器演变而来的，是一系列精简指令集计算（RISC）架构，适用于为各种环境配置的计算机处理器。ARM 处理器的核心架构包括芯片上系统 SoC（system on chip）和模块上系统 SoM（system on module），其中包括内存和各种接口。与具有复杂指令集计算（CISC）架构的处理器相比，具有 RISC 架构的处理器通常需要更少的晶体管，这有助于降低成本、功耗和散热。

还有一种趋势是将诸如现场可编程门阵列（FPGA）等逻辑资源纳入 SoC 和 SoM 数字控制平台，为数字控制系统带来新机遇。首先，SoC 的嵌入式逻辑资源显著增强了外设的配置灵活性。特定外设的引脚排列和数量不再受 IC 制造商的限制。其次，FPGA 可以编程为专用于特定任务的计算核心，以减少程序执行时间。最后，FPGA 可用于实现更精确、高效和先进的 PWM。

随着更严格的安全标准和汽车原始设备制造商之间的激烈竞争，新车具有更先进的技术功能，如具有 ADAS（高级驾驶辅助系统）、OTA（空中）无线升级功能的信息娱乐系统和主动底盘／车身控制系统。随着这些新功能的应用，MCU 的数量也会增加。将多个 MCU 的功能集成到一个庞大的 MCU 中以简化车辆的电气系统架构是一种趋势，例如将电机驱动 MCU 与车辆控制 MCU 相结合。如上所述，FPGA 嵌入式 SoC 数字平台具有高度的灵活性和性能，将是理想的候选者。随着特斯拉自动驾驶专用 ASIC 的推出，不难想象，未来会有更高性能的车辆控制和动力系统控制专用 ASIC。

制造商提供的微控制器通常属于一个系列。该系列具有类似类型的微控制器，但在内存大小、最大频率、封装兼容性、嵌入式外围设备数量甚至增强型外围设备方面具有不同的功能。在微控制器上开发的应用程序可以轻松移植到同一系列中的另一个微控制器。因此，在选择微控制器时，应该选择一个系列，以便为未来的升级提供增长路径。

11.1.2　微控制器组件

微控制器的主要组件有：中央处理器（CPU）、内存、数据总线和地址总线、数据 I/O 电路和外围设备。下文简要介绍这些组件。

11.1.2.1　中央处理器

微控制器的 CPU 是执行指令和做出决策的基本微处理器。一个或多个独立的实际处理器（也称为内核）构成单个计算单元，用于读取和执行程序指令（即软件代码）。程序指令和数据存储在内部或外部存储器中，CPU 可以通过地址总线顺序访问这些存储器。CPU 通过数据总线从内存中读取指令并执行指令。CPU 的主要处理部分是执行数学和逻辑运算的算术逻辑单元（ALU）。指令指定的数据被加载到 ALU 中进行处理。执行后，结果存储在指定的寄存器或内存区域中。微控制器是使用二进制编码的数字系统，二进制编码系统是布尔逻辑中表示 "1" 或 "0" 的位。控制器、微处理器或 DSP 的基本参数是处理数据宽度。CPU 可以一次处理 4 位、8

位、16 位、32 位或 64 位数据，具体取决于硬件设计。

11.1.2.2　存储器和寄存器

存储器有 5 种基本类型：RAM、ROM、EPROM、电可擦可编程 ROM（EEPROM）和闪存。RAM 具有读取和写入的能力，因此可以检索（读取）存储的信息并存储（写入）新信息。这种类型的存储器通常是静态类型的，这意味着一旦微控制器断电，存储器内容就会丢失。ROM 允许读取数据，但不允许写入内存。ROM 是一种非易失性存储器，即使在断电后仍能保留其内容。ROM 用于存储在软件指令执行期间不会改变的用户代码。EPROM 设备允许用户使用紫外线擦除存储器的内容并对其进行重新编程。EPROM 通常在用户代码经常更改的开发阶段使用。EEPROM 是一种 ROM，其内容可以电擦除和重新编程。闪存是与 EEPROM 类似的最新类型的非易失性存储器。编程后，闪存的内容将保持不变，直到通过软件启动擦除周期，并且设备尚未断电。闪存的内容可以电擦除。

微控制器片上存储器通常由 ROM、闪存和部分 RAM 组成。初始化程序存储在 ROM 中，使控制器在启动阶段复位后基本自动初始化。闪存包含应用程序代码，包括在启动阶段之后执行的控制算法。如果 RAM 用于代码，则需要外部或内部存储设备加上通信，以便在启动时或运行时将程序加载到嵌入式控制器 RAM 中。

寄存器用于临时数据存储位置，同时执行用户的软件代码。寄存器文件由用于数据存储的内存位置组成。寄存器文件通常由 RAM 存储器位置组成。微控制器还包含特殊功能寄存器（SFR），允许用户配置和定义外设的功能。通过在相应 SFR 中设置的适当配置，可以将微控制器引脚配置为通用 I/O 或特殊功能引脚。当配置为特殊功能引脚时，这些引脚被中断驱动，并用于与微控制器时钟信号同步的精确时序的特殊操作。

11.1.2.3　计时器和计数器

微控制器配备了多个计时器，这些计时器为触发事件或执行某段用户代码提供时间基准。计时器 / 计数器是以固定频率递增或递减的数字计数器。对于 16 位计时器 / 计数器，计数可以持续到 216 或 65536，然后溢出。计数器可以根据用户在 SFR 中设置的指令重置。计时器可以通过微控制器晶体时钟源或外部时钟进行计时。计数频率也是可配置的。事件计数器 SFR 也可以加载设定值；一旦通过与时钟频率同步向上或向下计数达到设定值，就会触发动作，例如设置中断或生成脉冲。

现代微控制器支持用于专用应用的特殊计时器和计数器。例如，PWM 生成和位置传感器接口包含在电子电机控制中，而信号去抖动、角速度频率生成和 PWM 信号被内置用于内燃机控制中。

内部计时器非常适合设置恒定频率，例如生成 PWM 所需的频率。另一方面，根据 I/O 端口引脚上的上升沿或下降沿捕获编码器脉冲，以计算旋转设备的位置和速度，这是使用外部计时器的示例。

出于安全原因，大多数微控制器还配备了看门狗计时器。这可能是硬件或软件计时设备，当处理器出现故障（例如处理器挂起）时触发系统复位。处理器应该定期为看门狗定时器提供服务，如果不这样做，则意味着出现问题。看门狗定时器的目的是产生微控制器的复位。

11.1.2.4 外围设备

芯片上的外围设备使微控制器最适合在汽车上实现 ECU 的功能。外设的类型和功能在为应用选择微控制器时起着最重要的作用。它们可以帮助减轻主 CPU 的负载，例如，处理串行接口协议（CAN、SPI、UART、Flexray）、计算特殊滤波器类型 (FIR) 和生成控制信号（如 PWM 输出）。通信端口、I/O 端口、PWM 发生器和 A/D 转换器是微控制器中的重要外设，将在下面讨论。

微控制器中的通信模块帮助控制单元与外部设备进行通信，例如备份处理器、移位寄存器、数据记录器、数据转换器、诊断模块、监控设备、传感器或车辆上的其他控制器。串行接口通常用于使用 CAN、SPI（串行外围接口）和 LIN（本地互联网络）等通信模块的许多汽车应用中。串行通信模块通过一条数据线依次传输一组数据位，一次一个。微控制器还可以配备一个并行端口，其功能与串行端口相同，只是数据采用并行格式。并行通信比串行通信快得多，但需要地址解码。在汽车应用中，并行端口用于外部存储器总线，例如 DRAM 或闪存。

微控制器中的 I/O 引脚允许从外部源读取信号，并为其他电子元件输出信号。外部源可以是传感器或其他微控制器。电力电子栅极驱动器、执行器或其他数字设备需要输出信号。I/O 引脚可配置为通用引脚，供用户手动读取或写入选项，也可配置为专用外设的专用引脚。

PWM 外设允许用户以最小的硬件和软件开销以指定的频率和占空比生成数字信号。微控制器或 DSP 具有许多数字 PWM 输出，以及相关的计时器，这些计时器可以在最少的 CPU 监控下生成 PWM 信号。一旦 PWM 专用寄存器被初始化，CPU 唯一需要的操作就是更新占空比。该外设对于需要为功率半导体器件生成栅极信号的电动机驱动器或功率转换器特别有用。

A/D 转换器用于将外部模拟信号转换为微控制器的数字格式。例如，电机驱动器的测量反馈电流是模拟的，需要将其转换为数字格式以供控制器使用。片上 A/D 转换器可以将该命令输入转换为数字格式。相反，D/A 转换器会将微控制器内的数字信息转换为外部世界可以理解的模拟信号。虽然 A/D 转换器是一种常见的外围设备，但 D/A 转换器也可能存在于微控制器的片上。A/D 转换器中完成模数转换所需的时间对于确保正确执行控制算法至关重要。时间取决于完整转换所需的采样和转换两个步骤。根据所使用的 A/D 转换器，数字值可以存储为 8 位、10 位或 12 位。

11.1.3 功能安全标准 ISO 26262

国际标准化组织（ISO）于 2011 年定义的标准 ISO 26262 指导生产道路车辆中电气和电子系统的功能安全要求。ISO 26262 侧重于这些车辆系统在其整个生命周期中的特定安全需求。本标准还包括软件开发和设计的要求和指南。

随着系统变得越来越复杂，电子控制系统在汽车工业中的应用越来越多。 软件故障可能是灾难性的，危及车辆的安全。软件开发人员需要确保在任何情况下都不会发生故障。然而，详尽的测试是不切实际的。因此，系统的设计应首先防止故障或确保故障以受控方式发生。

需要符合 ISO 26262 的车辆系统包括驾驶员辅助系统、被动和主动安全系统以及驱动系统。ISO 26262 为开发人员提供了降低失败风险的指南。

11.2　控制器软件开发

微控制器硬件中的任务和操作由通过编码、调试、优化、测试和验证过程开发的软件控制。软件开发从使用编程语言编码开始，该编程语言可以是高级语言（如 C 或 C++）或建模语言（如 MATLAB/Simulink）[4]。几十年前就使用了汇编语言，但随着高效编译器的出现，由于易于编程，高级语言的使用开始了。代码生成过程正在更快地转向使用建模语言的自动代码生成器，例如 MATLAB/Simulink 或通用建模语言 (UML)。 使用自动代码生成、软件封装和独立于硬件的应用软件（例如 AUTOSAR）允许软件在多个硬件平台上具有更大的可重用性[5]。

11.2.1　AUTOSAR

AUTOSAR（AUTomotive Open System ARchitecture，汽车开放系统架构）是一个软件架构平台，旨在管理 ECU 实现的功能并解决跨通用平台的软件标准化问题。AUTOSAR 联盟由宝马、戴姆勒克莱斯勒、博世、大陆、大众和西门子于 2003 年成立，旨在满足汽车行业的微控制器软件开发需求。福特、通用汽车、丰田和 PSA（标致雪铁龙）后来作为核心成员加入了该联盟（http://www.autosar.org/）。该联盟将 AUTOSAR 架构描述为一种开放和标准化的汽车软件架构，由汽车制造商、供应商和工具开发商共同开发。软件标准化帮助汽车行业通过几个不同的微控制器执行相同的软件操作，并在不同的和扩展的应用程序中利用先前的软件资产。AUTOSAR 标准将作为降低成本的未来汽车开发平台。AUTOSAR 的主要动机是管理软件复杂性并提供产品修改、升级和更新的灵活性。

AUTOSAR 的基本设计理念是基础结构和应用程序的分离。AUTOSAR 通过实时环境（RTE）和基本软件（BSW）屏蔽依赖于微控制器的软件代码。然后，汽车 ECU 制造商可以开发 ECU，而无须考虑微控制器的类型。该软件存在于 RTE 之上，并且独立于硬件。AUTOSAR 软件配置如图 11.2 所示。

RTE 是将 AUTOSAR 软件和 / 或传感器和执行器组件与 BSW 接口的中间件层。RTE 允许 AUTOSAR 软件组件独立于到特定 ECU 的映射。

BSW 主要是连接 RTE 和微控制器的独立于硬件的中间件；但是，它包含操作系统。BSW 由服务层、ECU 抽象层、微控制器抽象层（MCAL）和其他软件组件组成。BSW 的服务层为应用软件提供以下操作系统服务：网络通信和管理服务、内存服务、诊断和 ECU 控制状态。

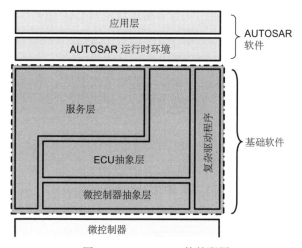

图 11.2　AUTOSAR 软件配置

ECU 抽象层响应应用软件的功能，并连接到 MCAL。该层为 MCAL 中的驱动程序和外部设备的驱动程序提供接口。这是通过一个应用程序编程接口（API）实现的，用于访问外围设备，而不管它们的物理位置和连接性如何。

MCAL 是位于 BSW 最底层的设备驱动程序。它可以直接访问与微控制器内部的外围设备和外部设备映射的内存。BSW 的 MCAL 段取决于硬件。

11.2.2　软件开发工具

软件代码开发需要通常由微控制器制造商提供的集成开发环境（IDE）。IDE 工具包括编译器、调试器、链接器和模拟器 / 仿真器。调试器具有在源代码级别进行调试的能力。所提供的仿真环境对微控制器、存储器配置和中断机制进行建模。使用工具开发过程框图如图 11.3 所示。在应用程序的开发阶段，应用程序开发人员从基于特定微控制器的评估板开始。评估板通常用于在目标 ECU 仍处于开发阶段的早期阶段评估应用软件。然后为应用程序开发带有微控制器的控制卡。然后使用 IDE 工具将软件下载到目标设备中。

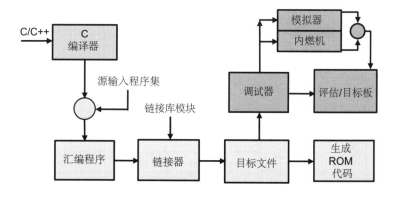

图 11.3　微控制器软件开发环境

　　硬件在环 HIL（hardware in the loop）仿真环境是验证基于微控制器的控制卡以降低开发成本或当整个系统不可用时的另一种有用方法。该系统是一个半实物仿真系统，与实际控制硬件相连。例如，在电机驱动系统（工厂）的开发过程中，可以将真实的电机控制器（硬件）连接到虚拟电机和负载模型，该模型将在 HIL 模拟器中实时运行。在半实物仿真中，通过精确的设备模型，设备的动态行为将非常接近真实设备。

11.2.3　应用控制器实现

　　基于微控制器的系统硬件开发项目从确定系统要求开始。需求分析包括定义系统应该做什么，它将如何与其他系统或用户接口，它应该如何响应不同的输入条件等。下一步是根据总线大小选择微控制器（8 位、16 位或 32 位）、输入和输出的数量和类型、处理能力和速度、内存的数量和类型、支持工具和所需的外围设备。外设包括 GPIO、PWM I/O、通信端口、A/D 转换器和存储器。在微控制器内的内存大小方面，就主程序闪存 Flash 而言，RAM 和 EEPROM 是重要的考虑因素。微控制器的速度至关重要，这与时钟源的频率以及内部总线、CPU 内核和 / 或内部PLL 的有关。操作和存储都要考虑温度范围。下面给出了电机控制器实现的示例。

　　牵引电机驱动器或伺服型驱动器（例如电动助力转向）都需要高性能电机控制器算法。控制器开发阶段相似，但算法、传感器、分辨率和故障管理将针对每个应用进行定制。通用电机驱动系统控制器中的信号处理和流程如图 11.4 所示。 电机控制器算法驻留在微控制器的内存中并由其 CPU 处理。控制器接收来自用户的命令信号，用户可以是车辆的更高级别的控制器。控制命令可以是电机的期望扭矩或速度。用户和 CPU 之间通过 CAN 通信。微控制器模拟和数字端口只能输入一定电压电平的信号。此外，在逆变器栅极驱动器的输入端需要更高电平（18V 或更高）的 PWM 输出信号；微控制器的 PWM 输出信号通常约为 3.3V。接口电子信号电路板调节微控制器的输入和输出，以便与各种传感器和栅极驱动器等外部设备连接。该图显示了位置传感器和 3 个霍耳效应电流传感器，用于位置、速度和相电流反馈信号。

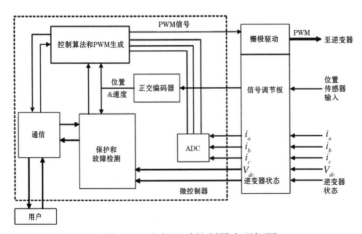

图 11.4　电机驱动控制器实现框图

信号调节电路：反馈电路测量传感器信号，并将其调整为微控制器输入范围内的电压。霍耳效应传感器或电阻分流传感器用于测量电流。用于感应交流电机相电流的传感器的信号输出是双向的。该电流必须转换为 ADC 输入范围内的电压。电机控制器也需要直流母线电压反馈，因为它是一个严格的正电压，因此更易于处理。唯一必要的操作是按比例降低高电压，以便永远不会超过 ADC 额定值。 电流和电压检测的模拟电路示例如图 11.5 所示。

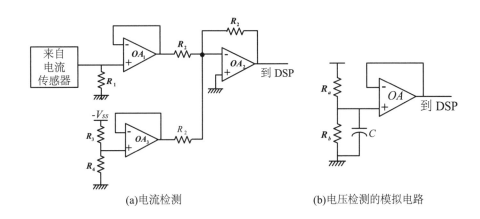

(a)电流检测   (b)电压检测的模拟电路

图 11.5   用于电流检测和电压检测的模拟电路

中断服务：嵌入式控制系统根据控制执行的方式可分为事件触发或时间触发。在事件触发系统中，处理算法或活动是由于事件的发生而启动的。在时间触发系统中，活动在预定时刻实时地周期性地启动。许多汽车应用程序都是事件驱动的控制系统，这意味着必须停止正常的执行代码以允许执行更高优先级的任务。当中断发生时，CPU 跳转到中断服务程序（ISR）并执行存储在该程序中的指令。ISR 完成后，CPU 返回到原分支处。服务中断时可能会发生更高优先级的中断；CPU 将分支到高优先级中断的 ISR，并在处理高优先级中断后返回到低优先级中断。

PWM 生成：PWM 是通过将计时器配置为向上或向上和向下计数（对称或非对称 PWM），直到以用户设置的速率达到用户选择的值而生成 PWM。因此，可以准确地选择 PWM 精度和频率。 然后在每一步将计时器值与另一个寄存器（称为比较寄存器）中包含的变量进行比较。也可以将两个 PWM 输出与一个定时器相关联并比较值，以控制形成逆变器支路上的两个开关。可以产生各种中断以使程序与 PWM 同步。中断功能是在发生预编程事件（例如 PWM 周期或下溢）时执行的程序。这非常有用，例如，这可以用于将各种程序测量（例如模数转换）与 PWM 同步。PWM 模块包括无差拍计时器，用于引入用户指定的死区时间延迟，以防止逆变器中的直通短路故障。 此功能对于交流驱动器至关重要。

模数转换：对于交流电机控制应用，具有 2 个或 3 个采样和保持单元的微控制器或 DSP 可用于测量交流相电流，此电流作为控制器反馈信号。在汽车应用中，所有三相电流均使用 A/D 通道进行测量。然而，在许多应用中，可以对两相电流进行采样以降低成本。总的 A/D 转换时间是采样时间和转换时间的总和。较高的采样时间可确保电容器充电至模拟输入电压。更高的转换时间可确保代表数字值的更高准确性。采样和转换时间在初始化期间在 A/D 配置寄存器中设置。 这种同步对于两个相电流测量的最佳精度很重要。 ADC 可以自动与 PWM 电路同步，以便在发生特定事件时启动转换，无须任何 CPU 监督以实现最佳精度。

正交编码器：电机控制微控制器和 DSP 配有一个特殊的正交编码器单元，用于处理位置反馈信号信息。编码器输出是两个正交方波，对其进行解码，使其在计时器中增加或减少计数器值。微控制器通过比较两个信号的超前来检测转子的运动方向，并相应地更新计时器的值。除此之外，编码器还有一个索引输出，这是一个数字输出，每转一圈产生一个小脉冲。通过离线测试实现的初始对准阶段是必要的，以使标志脉冲与转子相对于定子的特定位置同步。这允许程序在收到标志脉冲后获得绝对转子位置。这 3 个信号在这个外围模块中进行处理，以计算旋转的位置和方向，而无须任何 CPU 担此任务。

CAN 通信：用于汽车 ECU 的微控制器需要一个 CAN 模块来支持分布式实时控制，要求在给定的通信速率下具有非常高的安全性。CAN 模块可以使用具有仲裁协议和错误检测机制的多主机串行总线，可以发送和接收数据长度最多为 8 字节的优先消息，以实现高水平的数据完整性。CAN 模块需要具有时间戳功能，以提供通用且强大的串行通信接口。有关 CAN 通信的更多详细信息，请参见第 11.4 节。

程序执行时间：在电机控制算法中，必须以一定的速率执行不同的代码段，以确保代码的正确执行，从而确保系统的正确运行。 例如，电流反馈更新必须以 PWM 速率提供给处理器，以使更新的 PWM 占空比是基于最新的电流采样数据，而不是前一个 PWM 周期中存储的数据。然而，速度计算不需要以 PWM 速率更新，因为机器机械动力学比电气动力学慢得多。图 11.6 显示了 PWM 时钟周期中的程序分段示例，以执行与 PWM 计数器同步的各种功能。这里显示的是一个对称的 PWM 载波，PWM 定时器从零向上和向下计数到设定 PWM 频率的选定周期值。图 11.6 中的时间 "t_{ADC}" 对应于触发 ADC 转换的时间。选择这个时间是为了让 "A" 程序中使用的数据尽可能最新的测量值。不同的部分如下所述。

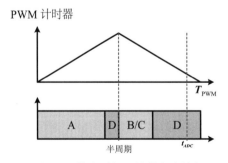

图 11.6　作为时间函数的程序执行

A 段：该程序段包括高优先级的时间关键型应用程序。在 PWM 周期开始时，它们在定时器下溢（零值）中断上执行。这些程序包括：交流驱动器中电流的 Park 变换、ADC 结果处理、位置更新、电流控制和 PWM 算法。

B/C 段：该段表示不需要在每个 PWM 周期中运行的控制代码，而是以固定的低速率运行。例如，参数自适应算法不需要在每个 PWM 周期中执行，而是与机器较慢的热时间常数有关。选择这些段与计时器周期中断同步，因此具有高优先级。

D 段：该段中包含的大多数程序具有低优先级，并在发生中断时停止执行。如果中断服务执行时间非常短，则可以允许中断异常。例如，与编码器索引相关的中断，它重置转子位置并且执行时间非常短，可以在该段中执行。此类别中的其他程序不是时间关键的，例如数据转换和到外部设备的串行传输。速度控制程序也可以包含在这些块中。该部分还可以包括诊断和监督程序。

11.3　车辆通信

车辆中的组件和系统通过网络通信系统连接在一起。命令信号、传感器反馈信号和系统输出变量将车辆驾驶员、监督控制器和子系统互连，并且组件信息通过汽车通信网络从一个单元传输到另一个单元。汽车中使用的网络通信类型称为 CAN。CAN 是一种特殊类型的局域网（LAN），它使用串行多主机通信协议。CAN 支持分布式实时控制，具有非常高的安全性和高达 1 Mbps 的通信速率。CAN 总线非常适合在嘈杂和恶劣环境中运行的应用，例如汽车和其他需要可靠通信或多路复用布线的工业领域。

以太网通信用于电动汽车和充电站之间的车载通信、测量和校准、诊断和通信。以太网也被用于自动驾驶和自信息娱乐。对于车对车（V2V）和车对基础设施（V2I）外部通信，5G 移动网络将在未来发挥关键作用，如前面 4.2.2 节所述。在本章中，我们将在介绍 OSI（开放系统互连）7 层模型之后重点介绍 CAN 协议。

11.3.1　OSI 7 层模型

网络通信的基础是 OSI 7 层网络模型，它描述了计算机节点之间通过公共网络进行通信的协议。该模型由 ISO 于 1983 年开发，旨在为行业提供一个开放的通信协议，以在物理链路上使用和构建具有定义接口的系统。7 层 OSI 模型以自上而下的排列结构，从顶部的应用层开始 [6]。图 11.7 显示了两个计算机节点的通信，一个是发送节点，另一个是接收节点，通过每个系统的 7 层网络进行通信。应用层充当系统计算机节点的人机界面（HMI）。OSI 的底层提供了到通信通道的物理链接，通过该链路，数据被传输到使用类似通信模型构建的其他系统。下面介绍 OSI 的 7 层。

第 7 层：应用层 —— 最终用户通过该层中的可执行应用程序与机器交互。该层支持用于高级应用程序的各种协议的集合。例如电子邮件、命令执行、文件传输和连接远程终端。

第 6 层：表示层 —— 表示层关注位（比特 bits）的语义。该层将发送节点 A 的应用层与环境细节隔离开来，并可以告诉接收节点 B 的格式。例如，该层描述了如何在具有不同数学格式的节点之间交换浮点数。该层负责协议转换和数据加密（如果实施）。

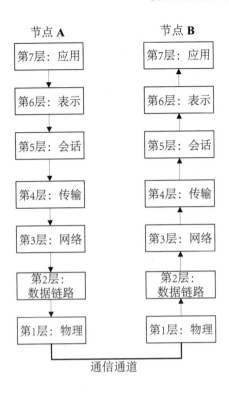

图 11.7　两个节点通过 7 层 OSI 网络模型的通信

第 5 层：会话层 —— 该层确保另一层发送的所有数据包的上下文都被保留。这是传输层的增强版本，很少有应用程序使用它。

第 4 层：传输层 —— 传输层确认通过网络传输的消息，并验证传输已经发生，没有任何数据丢失。该层将消息分成更小的数据包，分配序列号并进行传输。接收计算机重新组合数据包。如果数据包丢失并且无序到达，则该层会重新发送该数据包，并将其按正确的顺序重新发送。

第 3 层：网络层 —— 网络层负责通过最短距离路由或最快路由（以最佳路径为准）传输数据包。该层负责管理网络问题，例如数据包交换、数据拥塞和例行程序。互联网协议（IP）位于这一层。

第 2 层：数据链路层 —— 数据链路层负责控制相邻节点之间的错误，并通过物理层将帧传输到其他计算机。数据链路层用于集线器和交换机的操作。该层将比特分组到比特流中，并确保它们的正确传输。它在每一帧的开头和结尾加上几位，还加上校验和。接收节点验证校验和；如果校验和不正确，它会发送一条控制消息，请求重新传输。

第 1 层：物理层 —— 物理层负责通过物理电缆传输比特流。物理层定义了调制解调器、电缆、卡和电压等硬件项。"0" 和 "1" 的比特率和电压电平在此层中定义。传输可以是单向的或双向的。

11.3.2 车载通信

车载通信协议根据数据处理速度可分为 A 类至 D 类，其中 A 类最慢。在一个类中，有几种不同类型的通信协议。4 个等级的数据处理速度范围以及等级中的通信协议类型列于表 11.1。车辆中各种系统的数据处理速度要求决定了用于该系统的协议类别；并非所有设备都需要以相同的速度进行通信。例如，动力系统组件需要通过高速协议联网，因为它们是车辆的驱动关键组件。另一方面，乘客座位的操作对驾驶不是很重要，因此可以通过较慢的通信协议进行管理。

A 类是用于车身电气功能的慢速协议，例如电动座椅、电动车窗和电动后视镜。A 类协议是 LIN 和时间触发协议 /A (TTP/A)。

B 类网络用于向用户仪表和数据显示，例如仪表板显示和客舱气候控制。最常见的 B 类协议是 SAE J 1850。

C 类网络用于实时控制应用，例如车辆动态控制、动力系统控制、发动机控制和混合动力组件控制。

D 类网络包括汽车中最快的通信协议。此类还针对车载通信的未来协议。面向媒体的系统传输（MOST）和 Flexray 是 D 类协议的示例协议，它们正在进入现代汽车。MOST 是用于互连多媒体组件的车辆通信总线标准。可靠的高速通信网络对于当今汽车的安全关键部件也是必不可少的，特别是当线控系统被引入车辆时。线控技术包括线控转向、线控制动、线控油门等；这些技术将取代目前所有现有的液压和机械系统。此外，混合动力和电动汽车中所有电动动力系统的控制命令都是线控技术。安全关键和驱动组件需要可靠和确定性的时间触发协议，而不是诸如 CAN 中的事件触发协议。Flexray 联盟正在开发的 Flexray 协议提供高速、确定性、容错的消息传输，这对于线控驱动和电动动力系统组件至关重要。

表 11.1　车辆通信网络

网络级别	速度	通信协议	应用
Class A	<10 kbps	CAN (basic), LIN, SAE J2602, TTP/A	车身电气附件
Class B	10~125 kbps	CAN (low-speed) SAE J1850, ISO 9141-2	诊断和数据共享
Class C	125 kbps~1 Mbps	CAN (high-speed), SAE J 1039	实时控制
Class D	>1 Mbps	Flexray, MOST	安全关键，多媒体

11.4　控制器局域网

CAN 最初由博世于 1985 年开发，用于设备、传感器和执行器之间的车载通信。在 CAN 之前，汽车行业使用点对点布线，这需要对车辆中的每个电子设备进行数字和模拟输入和输出。这需要沉重的线束，从而增加了车载布线的重量、成本和复杂性。随着车辆中使用的电子设备数量逐渐增加，问题变得更加复杂。CAN 提供廉价、可靠的网络，使所有电气控制单元或车辆组件的电子接口能够相互通信。由于 CAN 的灵活性和优势，汽车行业从最初的发展就迅速采用了 CAN。意识到

CAN 的优势，其他行业也纷纷采用 CAN 进行网络通信。CAN 广泛用于航空航天领域，例如飞机部件的 ECU、飞行状态传感器和导航系统。轨道交通系统广泛使用 CAN 进行各种级别的通信，从组件的 ECU 到跟踪乘客数量。 CAN 通信广泛用于工业设备的 HMI 单元。 CAN 协议在医疗设备和医院手术室中有应用。

　　本书中介绍的 CAN 重点是车载通信，其中系统或设备需要分布式实时控制，包括故障管理和诊断。动力系统和辅助部件的工作点从车辆监控控制器传输到各个部件的 CAN 节点。类似地，来自组件的反馈信息被传输到 CAN 总线。图 11.8 显示了混合动力电动汽车中 3 类网络的 CAN 布局示例。根据其数据处理速度要求，这 3 个类别网络服务于 3 种类型的车辆系统或设备。更快的 C 类 CAN（也称为全 CAN）用于动力传动装置。如图 11.8 所示，A 类基本 CAN 速度较慢，用于车身通信。B 类 CAN 用于需要中速通信的设备，如座舱气候控制单元。

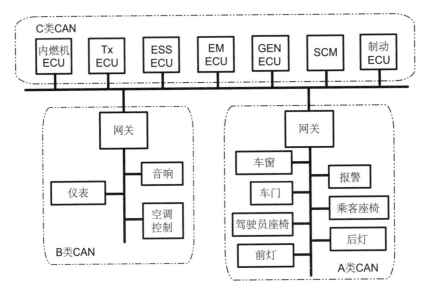

图 11.8　混合动力电动汽车中的典型 CAN 布局

　　每个需要接收和传输命令或消息的车辆组件都有一个 CAN 控制器来连接到 CAN 总线。控制器通常被称为系统或设备的 CAN 节点。对 CAN 控制器的要求有与设备的简单接口、消息过滤和缓冲、协议处理和物理层接口。动力系统设备的 ECU 具有用于 CAN 通信的专用硬件，以减少其主控制处理器的负担。慢速网络上的设备可能没有基于微处理器的控制单元，但确实需要 CAN 控制器来将设备与 CAN 总线连接。设备可以是简单的传感器，可以为动力系统组件之一的 ECU 提供信息，也可以是更复杂的单元，例如车辆监控控制器。

　　在 CAN 通信协议中，命令、反馈信号或任何信息都被转换成报文格式传输到 CAN 中。另一方面，消息可以被任何连接到网络的设备接收并解码。每个组件都会看到所有消息，并可以决定要接收的适当消息。 消息具有优先级结构；如果两个 CAN 节点尝试同时传输两条消息，则优先级较高的一个将被传输，而另一个则必须等待。另一方面，多个节点可以同时接收数据并对消息进行操作。CAN 高度灵活；添加节点或删除有缺陷的节点不需要对剩余 CAN 进行任何硬件或软件更改。

下面分别从物理层、传输层和编程方面对这些 CAN 通信协议进行详细介绍。

11.4.1　CAN 传输协议

CAN 协议只定义了 OSI 7 层通信模型的两个较低层：数据链路层和物理层。数据链路层具有处理消息帧编码、消息仲裁、过载通知、总线访问控制、识别消息接收、错误检测和错误标定的传输层。数据链路层还包括与设备应用层的接口，包括决定要发送和接收哪些消息。物理层执行设备的 CAN 节点和 CAN 总线之间的实际位传输。该层具有收发器、电线和连接器。

CAN 节点可以是发送器或接收器。发起消息传输的节点称为发送器。CAN 通信基于载波侦听多路访问（CSMA）协议。任何节点都可以在网络总线空闲时开始发送消息，这是 CAN 协议的多主机特性。每个节点必须在发送消息之前监视总线一段时间内没有活动。如果多个节点同时开始传输，则具有最高优先级的节点将成功传输消息。一个节点一直是发送者，直到它完成传输并且总线变为空闲状态或当它失去与另一个节点的消息传输仲裁时。当一个节点不发送消息时，另一个节点正在发送，它成为接收器，保持总线繁忙。

该信息使用一种定义的格式（称为报文）从节点传输到 CAN 总线。报文包含数据和其他与数据相关的信息。报文封装成帧，其中包含数据和与数据有关的其他相关信息。例如，每条报文都有一个描述传输数据含义的唯一标识符。标识符还定义了总线访问期间消息的优先级。每个节点都可以在接收数据时决定是否对其采取行动。设备的应用层利用对其有用的数据。它也是决定要传输的信息的应用层。

报文以固定的波特率传输。这也称为比特率。对于不同的网络，传输速率可能不同，但对于给定的网络，比特率是固定的和统一的。

CAN 比特信号的大小称为总线值。CAN 总线值使用反向逻辑定义为显性和隐性。

11.4.2　CAN 传输层

本节从位定时、消息帧、消息仲裁、错误检测和错误标定方面描述了 CAN 传输层协议。

11.4.2.1　位定时

CAN 传输层处理位定时、传输协议和消息帧。位定时取决于使用的 CAN 类别。车辆内存在多条 CAN 总线，用于以不同速率进行通信。对于每一类 CAN 协议，消息都在称为标称位（比特）时间的时间段内传输。标称位速率（比特率）是以下公式给出的标称位时间的倒数：

$$标称比特率 = \frac{1}{标称位时间}$$

CAN 总线的标称比特率可以是小于 1 Mbps 的任何值。

CAN 协议中的标称位时间被划分为 4 个时间段，如图 11.9 所示。消息传输从同步段（Sync_seg）开始，用于同步总线中的各个节点。信号的上升沿预计位于该段内。这是最小的时间段。传播段（Prop_seg）说明了网络中的物理传播延迟。其余两个段是相位缓冲段 1（Phase_seg1）和相位缓冲段 2（Phase_seg2），用于补偿边缘相位误差。Phase_seg1 用于正相位边沿误差，可以通过重新同步来延长。Phase_seg2 用于负相位边沿误差，可通过重新同步缩短。数据采样点位于 Phase_seg1 和 Phase_seg2 之间。Phase_seg2 长度应该足够大以进行信息处理。相位段的长度可以针对边缘相位误差进行调整。各个段的长度根据固定时间量子 T_Q 定义，该时间量子 T_Q 与振荡周期有关

$$T_Q = n \times T_{osc}$$

这里 n 是一个预分频器整数，其值范围在 1 到 32 之间。段的长度是

$$\text{Sync\_seg} = 1 \times T_Q$$

$$\text{Prop\_seg} = n_p \times T_Q, \quad n_p = 1, 2, \cdots, 8$$

$$\text{Phase\_seg1} = n_1 \times T_Q, \quad n_1 = 1, 2, \cdots, 8$$

$$\text{Phase\_seg2} = n_2 \times T_Q, \quad n_2 \geq n_1$$

为了同步，使用了一个同步跳转宽度（SJW），定义为 Phase_seg1 和 Phase_seg2 的最大允许调整量。SJW 给出为

$$\text{SJW} = n_{\text{SJW}} \times T_Q$$

图 11.9   CAN 消息标称位时间内的 4 个段

在 CAN 总线中的所有 CAN 控制器必须具有相同的比特率和比特长度。如果各个控制器的时钟频率不同，则必须使用 T_Q 调整比特率和比特长度。

11.4.2.2   CAN 消息帧

CAN 协议中有 4 种类型的消息帧：数据帧、远程帧、错误帧和过载帧。数据帧将数据从发送节点发送到接收节点。一个节点使用远程帧来请求另一个具有相同消息标识符的节点传输数据帧。节点检测到总线错误后发送错误帧。过载帧用于在两个数据帧和远程帧之间提供额外的延迟。错误帧和过载帧不一定在所有 CAN 实现中都使用。

CAN 数据帧由 7 个字段组成，每个字段都有不同的位数以用于特定目的。数据帧结构如图 11.10 所示。字段如下所述。

图 11.10　数据帧

帧起始 SOF（Start-of-frame）：帧起始 SOF 标记数据帧的开始。它只有一个显性位。所有节点都必须与 SOF 位的前沿同步。

仲裁段（Arbitration）：标准格式的仲裁段具有 11 位消息标识符和远程传输请求（RTR）位。RTR 位对于数据帧是显性的，对于远程帧是隐性的。在扩展消息格式中，消息标识符为 29 位。还有 RTR 位、SRR（替代远程请求）位和 IDE（标识符扩展）位。

控制段（Control）：控制段有六位。前两位保留用于将来的扩展，并且必须作为显性传输。其余四位表示数据的长度。

数据段（Data）：数据段包含要传输的数据。位数可以是 0~8 字节，首先发送最高有效位。

校验 CRC 段：CRC 字段具有 15 位，后跟 CRC 界符定。 CRC 定界符是一个隐性位。

应答段（Ack）：应答段由两位组成，一位用于确认槽，另一位用于确认定界符。发送节点为确认槽发送一个隐性位，而所有接收节点在收到有效消息后通过该槽发送一个显性位。 确认定界符始终为隐性位。

帧结束（EOF）：帧的结束由 7 个隐性位指定。

远程帧由 CAN 节点传输，以从远程节点请求它需要的某些数据。 远程帧有 6 个段：帧起始、仲裁段、控制段、校验段、应答段和帧结束。无论数据长度代码（DLC）中的值是多少，都没有数据字段。远程帧结构如图 11.11 所示。

图 11.11　远程帧

错误帧由 CAN 节点在检测到总线错误时发送。 错误帧结构如图 11.12 所示。该帧由 2 个字段组成：错误标志字段和错误定界符。错误标志字段包含不同节点生

成的错误标志的叠加。错误标志可以是主动标志或被动标志。主动错误标志由 6 个
连续的显性位组成。被动错误标志由 6 个连续的隐性位组成，除非它被其他节点的
显性位覆盖。错误定界符由 8 个隐性位组成。一个节点在发送错误标志后发送一个
隐性位并监视总线，直到它检测到一个隐性位。在检测到隐性位后，节点开始发送
另外 7 个隐性位。

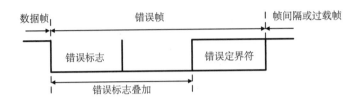

图 11.12　错误帧

过载帧与错误帧类似，由两个字段组成：过载标志字段和过载定界符。过载帧
结构如图 11.13 所示。当一个节点检测到以下两种情况之一时，它会发送一个过载帧：
（i）当接收节点由于内部条件而需要延迟下一个数据帧或下一个远程帧时。（ii）
当节点在总线间歇期间检测到显性位时。过载标志字段由 6 个显性位组成，过载定
界符由 8 个隐性位组成。

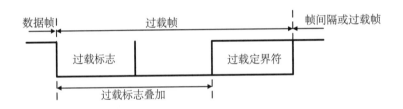

图 11.13　过载帧

帧间隔如图 11.14 所示，他通过 3 个隐性位将数据帧和远程帧分开。在帧间隔
期间，不允许其他节点开始传输数据或远程帧。在此间歇期间允许的唯一动作是发
出过载状态的信号。在帧间隔或接受新帧之后，总线可以保持空闲至任意仲裁长度
的时间内。任何需要传输消息的节点都可以在总线空闲时开始传输，其中一个显性
位指示 SOF。由于总线繁忙而出现挂起消息的节点，可在间歇后的第一位开始传输。

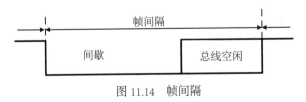

图 11.14　帧间隔

11.4.2.3　消息仲裁

如果两个节点同时开始传输，总线就会发生冲突。通过按位计算解决总线冲突

称为消息仲裁。该过程包括冲突检测和仲裁,以便最终可以传输所有消息而不必丢失任何消息。发送节点监视总线以查看它试图发送的逻辑状态是否已经存在于总线中。如果传输的位的电平与总线上监控的电平相同,则节点将继续消息帧传输。然而,如果一个节点发送一个隐性电平并且在总线上监控一个显性电平,则该节点已经失去仲裁并且必须停止发送任何进一步的位。具有显性位的消息通过,而另一个节点等待总线空闲而不破坏其消息。显性位状态(逻辑"0")将始终赢得对隐性位状态(逻辑"1")的仲裁,这意味着具有较低标识符值的消息具有较高优先级。 冲突本质上是通过首先通过具有较低标识符的消息来解决的。

　　例 11.1
　　让两个节点同时开始传输具有以下消息标识符的消息:
　　节点 1 – 0010010…
　　节点 2 – 0010110…
　　确定将通过总线传递的消息。

　　解决方案
　　对于第 5 个标识符位,节点 2 将注意到,当它试图传输隐性位时,总线具有显性位。节点 2 在此步骤中失去仲裁,并立即停止传输。该节点还将自身从消息发送器转变为消息接收器。节点 1 将继续完成其消息的传输,而节点 2 将等待下一个总线空闲期,并尝试再次传输其消息。

11.4.2.4　错误检测和错误标定

　　通过在每个节点进行自我评估、错误检测和错误标定,让 CAN 保持高水平的数据完整性。每个传输节点将传输的比特电平与总线上监控的电平进行比较。任何检测到无效消息的节点都会传输错误帧。这些损坏的消息将被中止并自动重新传输。
　　CAN 协议中的错误检测发生在消息级别和位级别。在消息层面,3 种错误检测方法是:循环冗余校验(CRC)、帧校验和确认错误校验。在位级别,有两种错误管理方法:位错误和位填充。
　　发送消息的数据帧中包含的 CRC 序列由 CRC 计算结果组成。CRC 序列由发送器使用预定义的算法计算。接收节点使用与发送器相同的算法来计算 CRC。 如果计算结果与传输的 CRC 序列不匹配,则检测到 CRC 错误。
　　接收节点通过评估 CRC 定界符、ACK 定界符、EOF 位字段和帧间隔中的位来对消息进行格式检查。 如果接收器在上述位置之一检测到无效位,则标记格式或帧错误。
　　总线上的所有节点都会确认每个消息有效。接收节点确认与发送消息吻合一致,消息中的任何不一致都会标记出来。每个接收节点通过将显性位发送到帧的 ACK 槽来确认一致的消息。如果发送器确定消息未被确认,则标记 ACK 错误。 ACK 错误可能由于传输错误或没有活动的接收器而发生。
　　发送节点在总线上发送一个位时同时也在监视总线。当传输的位与监控的位不同时，节点将这种情况解释为位错误。例外情况是在消息仲裁期间发送隐性位，或由于接收节点的确认而在 ACK 槽中看到总线中的显性位。检测到错误位的节点在下一个位传输时间立即开始传输错误标志。

CAN 中的错误仅限于发送和接收错误计数。当节点发送错误标志时，发送错误计数增加；当接收节点检测到错误时，接收错误计数增加。当节点成功传输消息时，传输错误计数将减少。类似地，当接收节点成功接收消息时，它会减少其接收错误计数。当错误计数介于 1 和 127 之间时，节点是错误 — 主动节点；当错误计数介于 128 和 255 之间时，节点是错误 — 被动节点。如果错误计数大于 255，则节点将处于总线关闭状态。错误 — 主动节点发送主动错误标志，而错误 — 被动节点发送被动错误标志。总线断开节点不允许对 CAN 总线产生任何影响。

CAN 控制器设计用于接收器在隐性到显性转换时同步。比特填充的方法用于保证在 NRZ（不归零）比特流中有足够的转换来保持同步。如果在从 SOF 到 CRC 的消息中传输了 5 个相同且连续的位电平，则发送节点会自动将一个相反极性的位插入或填充到比特流中。接收节点将自动从消息中删除填充位。如果任何节点检测到相同电平的 6 个连续位，则标记填充错误。例如，ID 为 0x340 的消息将被传输为

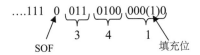

11.4.3　CAN 物理层

可以为 CAN 建立几个不同的物理层。物理层定义了总线拓扑、信号方法、总线终端、最大波特率和其他几个特性。最常见的物理层是高速 CAN。总线拓扑结构由两线差分总线组成，允许高达 1 Mbps 的通信传输速率。B 类低速 CAN 也采用两根线实现，允许传输速率高达 125 kbps。在这些两线制 CAN 总线中，一根线传送 CANH（CAN 高）信号，另一根线传送 CANL（CAN 低）信号，没有任何时钟信号。A 类基本 CAN 使用单线 + 接地的 CAN 接口，数据传输速率高达 33.3kbps。基本 CAN 用于非关键设备的通信。CAN 信号是 NRZ 串行数据，本质上不是自同步的。

连接到 CAN 总线的设备可能会长时间处于非活动状态。在此期间，CAN 节点可以进入休眠状态以节省资源。该节点的活动可以通过任何总线的唤醒信号或设备内部条件的变化来恢复。CAN 节点可以区分短暂的干扰和永久性故障。临时干扰可能由电压尖峰或其他电气噪声引起。永久性故障可能由 CAN 控制器故障、电线故障、连接不良、收发器故障或长期的外部干扰引起。当 CAN 节点出现故障时，它会被关闭并且不会对 CAN 总线产生进一步影响。

图 11.15 显示了具有直线拓扑的两线 CAN 总线网络，其中节点可以连接到该线路的任何位置。来自车辆设备的节点都并联连接。总线的两端是终端节点，最简

单的形式可以是电阻终端。还可以使用带有旁路电容器和两个 60Ω 电阻的端接阻抗来降低共模噪声。具有纯电阻和电阻 - 电容组合的 CAN 总线终端的电阻和电容终端分别如图 11.16（a）和（b）所示。

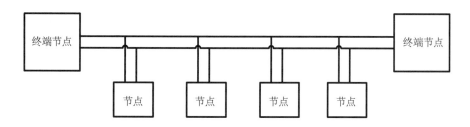

图 11.15　直线拓扑中的 CAN 总线网络

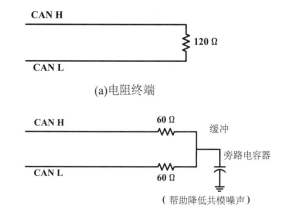

图 11.16　CAN 总线终端

网络中的显性和隐性 CAN 总线值的大小如下：

逻辑"0"="显性"；　CANH = 2.5 V 和 CANL = 1.5 V。

逻辑"1"="隐性"；　CANH = CANL = 2.5 V。

注意，CAN 总线值使用相反的逻辑。

与动力系统组件或任何其他车辆设备的 ECU 相关的典型 CAN 节点硬件由一个 CAN 收发器（例如 MCP 2551）和一个 CAN 控制器组成。CAN 控制器可以在微处理器中使用，也可以作为 CAN I/O 扩展器使用。CAN 节点硬件如图 11.17 所示。CAN 控制器硬件可用于为汽车和其他工业应用设计的微控制器和 DSP。

CAN 总线在繁忙时处于"0"状态。虽然在给定时间只允许一个节点进行传输信息，但是当两个节点都看到总线空闲时，两个节点可以同时开始传输。在显性位和隐性位同时传输期间，产生的总线值将是显性的。如前所述，仲裁过程解决了哪个节点首先传输其消息的问题。

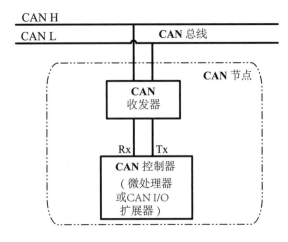

图 11.17　CAN 节点硬件

11.4.4　CAN 编程

CAN 的层和协议的基本概念对于为车辆电子单元组件开发 CAN 接口至关重要。为了开发 CAN 软件程序，还必须评估某个微处理器中 CAN 控制器的细节。对于各种微控制器和 DSP 中可用的各种 CAN 控制器，CAN 程序的一般结构基本相同；它们包括寄存器配置、定时器配置和 ISR 编程。

寄存器配置的任务包括定义要使用的 CAN 协议类型的位定时消息帧常数。还需要配置用于管理的传输和接收缓冲寄存器。传输层配置包括以下内容：

- 定义 T_Q。
- 定义 SJW。
- 定义 Prop_seg、Ph_seg1 和 Ph_seg2（连同 Sync_seg = 1 × T_Q；这将设置位周期）。
- 定义其他处理器特定参数。

发送和接收缓冲寄存器配置包括：

- 传输标识符、数据长度代码 DLC。
- 接收标识符（过滤器和掩码）。
- 接收配置位。

根据计时器中计算的时间传输消息。定时器寄存器和定时器中断被相应地设置，以周期性地传输消息。消息也是在中断的基础上接收的。中断是在与接收消息相关的寄存器上定义和启用的。

ISR 设法发送和接收消息。ISR 编程包括以下内容：

- 将要发送的数据加载到发送缓冲区并请求发送。
- 读取接收缓冲区，将数据复制到本地变量，并清除接收缓冲区标志。
- 重置中断标志并重新启用中断。

节点的数量仅在理论上仅受可用标识符数量的限制。设备的驱动能力施加了实际限制。比特率取决于总线的总长度和与收发器相关的延迟。

开发 CAN 的第一步是为需要通信的各种系统定义消息。这是通过开发消息列表来实现的。图 11.18 显示了一个消息列表示例。该列表包括来自混合动力电动汽车的发电机控制模块（GCM）、系统健康监视器（SHM）和监控模块（SCM）的消息子集。将发送消息的节点以及将接收和使用消息的节点在消息列表中标识。根据消息的优先级，每条消息都被赋予一个唯一的标识符。消息中包含的信号信息在消息列表中有详细说明。一旦根据消息列表配置硬件并且 CAN 节点物理连接到网络，就可以通过 CAN 分析器评估消息。CAN 分析和开发工具在设备开发过程以及系统集成、测试和调试过程中非常有用。

					发电机实际速度
					高压母线电压
GCM	SHM	GCM故障模式状态	0 × 468	100 ms	逆变器温度
					系统严重故障
					局部严重故障
					局部非严重故障
					局部诊断故障
					滚动计数
					与UALAN失去关键通信
					逆变器严重过热
					逆变器 A 相严重错误
					逆变器 B 相严重错误
					逆变器 C 相严重错误
					计算速度的严重错误
					瞬时严重过电流
					持续严重过电流
					严重欠压
					严重过压
					严重持续无效位置序列
					非严重高速度
					非严重逆变器过热
					无效的位置序列
					感测到无效位置
SCM	GCM	发电机电流指令	0 × 340	10 ms	连接发电机
					清除故障
					滚动计数
					发电机电流指令

CAN ID	字节	填充前的位	填充后的最坏情况位	最坏情况传输时间	周期性间隔	最坏情况总线利用率%	最佳情况传输时间	最佳情况总线利用率%
0 × 440	6	92	112	0.000225	0.01	0.02245	0.00018	0.0184
0 × 468	3	68	82	0.000165	0.1	0.001645	0.00014	0.00136
0 × 340	3	68	82	0.000165	0.01	0.01645	0.00014	0.0136

图 11.18　CAN 消息列表示例

参考文献

[1]N. Navet and F. Simonot-Lion, Automotive Embedded Systems Handbook, CRC Press, Boca Raton, FL, 2009.

[2]R. Jurgen (Editor-in-Chief), Automotive Electronics Handbook, Second Edition, McGraw-Hill Professional, New York, NY, 2019.

[3]P. Leteinturier, S. Brewerton and K. Scheibert, "Multicore benefits & challenges for automotive applications," SAE Publication 2008-01-989, SAE International, Warrendale, PA, 2008.

[4]Y. Dajsuren and M. van den Brand, (Editors), Automotive Systems and Software Engineering: State of the Art and Future Trends, Springer, Cham, Switzerland, 2019.

[5]M. Staron, Automotive Software Architecture: An Introduction, Springer, Cham, Switzerland, 2017.

[6]J.M. Miller, Propulsions Systems for Hybrid Vehicles, Institute of Electrical Engineers, London, 2004.

电动汽车和电网12

插电式电动汽车（PEVs）通过车辆储能单元的充电和放电功能与电力系统交互。对电池充电以补充电能容量，即在电池因车辆运行而耗尽时恢复电池 SOC，是 PEV 与电网之间最常见、最频繁的交互方式。有一些新兴技术和不断发展的概念可以实现从 PEV 到电网的能量传输，以支持电网功能，例如满足消费者电力负载需求，以及电网电压和频率支持。根据 PEV 的充放电能力，电动汽车与电网的交互模式可分为网到车（G2V）、车到网（V2G）和车到家（V2H）3 种模式。这三种交互模式将交通系统与电力系统结合在一起，其中电网是电动交通的燃料输送系统，而车辆要么是负载，要么是分布式能源（DER）。作为 DER 的电动汽车储能系统可以通过 PEV 储能的放电为电网提供辅助服务。该框架涉及的技术是基于电力电子的充电器和充电站，信息、通信平台和协议，电池技术和优化策略。

12.1 车辆电网接口

电动汽车和电网具有共生关系，双方可以在可持续的业务关系中互相帮助，同时为客户提供理想的服务。PEV 或电池电动汽车（BEVs）需要通过充电站分配可用的电力供应，而电网需要维持足够的基础设施以在不同的电力需求条件下维持供应。这种使用车载充电器或充电站将能量从电网传输到车辆的模式被称为更传统的 G2V 模式。只有当为 PEV 中的电池充电的电力来自清洁和可再生能源（如风能或太阳能）时，电动交通部门才能在为清洁环境做出贡献方面发挥关键作用。

电力系统基础设施有容量限制，电力公用事业公司的主要目标是在不同负载条件下可靠地向客户供电。在一天中的某些时间以及极端天气条件下，电力负载需求达到峰值。当发电存在不确定性时，例如可再生能源（太阳能和风能）发电，满足供需的挑战会加剧。太阳能和风能的间歇性对电网电压和频率稳定性以及整体电网管理产生不利影响。电力供应商，即电力公用事业公司，需要补偿或通过某种类型的基础设施，以解决电网管理中可再生能源发电的多变性。在包括住宅区在内的配电系统中，补偿变得复杂，在这些区域中，小型配电站正在整合。即使在住宅级别，通过基于来自系统操作员的调度信号来进行有功和无功功率管理，也是最有吸引力的提议。在公用事业规模和住宅层面增加储能是解决可再生能源发电的多变性和电网可靠管理的解决方案。存储成本是一个问题，但电动汽车的增长正在降低电池存储成本。

在新兴的智能电网概念中，电动汽车可以利用 V2G 模式对电池进行放电，从而在高峰需求时帮助电网。电动汽车带有一个相当大的储能单元，能够通过双向充电器或充电站将能量输送回电网。通过在极端情况下（如在炎热的夏季，空调的需求可能很高）提供有功功率，将能源输送回电网，以支持满足高负荷需求。充电器或充电站的电力电子设备还能够为电网提供无功功率以支持电压调节。 当 PEV 普及率增加时，V2G 模式会变得非常有效，这样 PEV 车队中就会存储足够的能量，从而为缓解峰值电力需求做出重大贡献。 对公用事业行业的好处是，他们不必承担维护调峰装置的负担，这不仅拥有成本高，而且运营成本也很高。

G2V、V2G、V2V 和 V2H 框架

G2V、V2G、V2V 和 V2H 框架为车辆、电网和家庭之间的交互提供了基础设施。到目前为止，可用的基础设施只有 G2V 技术，这对于电量消耗型电动汽车的车辆充电至关重要。具有双向功率流动能力的 PEV 充电器使 V2H 和 V2G 得以实现。车对车（V2V）技术旨在用于信息交换或能量交换，尽管后者需要中间物。

PEV（简称 EV）使用电力代替化石燃料为车载电池充电，除非车辆是零排放范围非常有限的电量保持插电式混合动力汽车。具有双向功率流能力的电动汽车存储装置既可以作为电网的负载，也可以作为家庭或电网的电源。V2G 和 V2H 提供了将 PEV 转变为 DER 的机会，其中车辆储能单元及其双向电源转换器可以在需要时为大容量电网或住宅电网供电，前提是车辆有多余的容量。随着电动汽车数量的增加，这种情况更有可能发生。对于 V2G 的运营，需要一个 PEV 和基础设施的集合，而对于 V2H，单个家庭的 PEV 可以响应住宅的电力需求。在 PEV 的帮助下增加 DER 肯定会提高电网的可靠性和弹性，并通过能源管理优化算法提高资源的供应和利用效率。

V2H 允许 PEV 连接到家庭，通过车载或非车载双向充电器进行充电和/或放电。V2H 框架建立在一个小型微电网中，该微电网建立在单个家庭中，涉及家庭要拥有一个或两个 PEV（智能家居）。V2H 微电网的功能如下：

• 通过有功功率交换平滑日常家庭负荷曲线。

• 为家庭甚至社区微电网提供无功功率。需要注意的是，无功功率可以独立于电池的使用而提供，因为充电器本身可以提供这种功能。

• 可以在社区内维持电力储备，减少社区和电网之间的电力和交易损失。

• V2H 避免了与 V2G 运营相关的基础设施和电价需求。在 V2H 运行中，负载和发电位于同一位置，与集中式电站的电力供应相比，可将输电和配电损失降至最低。

用于信息交换的 V2V 概念对于驾驶安全和自动驾驶非常有用。这是一个新兴技术领域，专注于与 5G 或其他未来网络的通信。在能源方面，V2V 允许 PEV 使用双向充电器将存储能量传输到本地电网，然后通过业务聚合商管理的控制器将能量分配给其他 PEV。聚合商的商业模式允许汇集 PEV，并实现 PEV 之间的交互，以及通过 V2V 平台与当地电网进行能源请求。聚合商的示例是 EV 充电站运营商或社区微电网运营商。预计将在未来发展的新商业模式中，聚合商将与车队运营商

合作。V2V 能量传输技术的特点如下：

- 涉及多个 PEV。
- 使用智能家居和充电站、停车场或社区微电网进行能量交换。
- 与 V2G 运营相比，需要更简单的基础设施，传输损耗较小，但需要聚合商业务模式。
- V2V 可与 DER 合作，用于社区微电网运行。

电动汽车内的储能单元具有以下潜力，即将电力传输到电网，以缓解峰值电力需求，并以类似于使用其他储能设备的方式提供辅助服务。这些 EV 服务称为 V2G 服务。V2G 允许 PEV 连接到电网并使用双向充电器将能量回馈到电网。PEV 的集合将具有足够的储能能力，来提供足够的电力，并对电网管理产生影响。为了使 V2G 概念有效，聚合商需要一定量的 PEV 来提供电网支持服务。影响 V2G 运营效率的因素是可用车辆的数量、车辆内储能单元的 SOC 以及车主选择参与特定类型的 V2G 运营的车辆的可用性。车主必须确保 V2G 运行后仍有足够的电量完成行程，车辆在一定时间内可用，并具符合设定的放电容量限制。聚合商还需要统计并保证有一定数量的车辆可用于参与公用事业公司的 V2G 操作。V2G 技术的特点如下：

- V2G 对大量 PEV 具有累积效应。
- V2G 可以通过智能家居、停车场和快速充电站进行电力交换。
- 可以纳入优化策略以提高能源使用效率和降低成本。
- V2G 可用于调峰、频率和电压调节以及周转备用。

12.2　电动汽车充电

电动汽车的充电由多个组件实现，包括车载充电器、家用充电器、快速充电器以及带有通信协议的连接器和充电站。EV 和 PEV 配有车载蓄电池充电器，用于为电池包充电，电池包可以连接到 120V/240V 交流电源或 400V 直流电源，具体取决于所提供的电源。或者，车辆也可以通过安装在车外的充电站的更大功率 AC 或 DC 充电器进行充电。最简单的解决方案是将车载充电器连接到住宅或商用单相交流电源。所谓的 1 级和 2 级交流充电器用作 120V（1 级充电器）和 240V（2 级充电器）电源线与车载充电器之间的接口，可分别为提供高达 1.92kW 和 19.2kW 的电量。IEC 分类（IEC 61851）允许 2 级家用交流充电器达到 26.6kW 充电功率。车载充电器的功率容量有限，使用美国家庭提供的标准 208V 或 240V 插头，需要超过 8h 才能增加 200miles 的续航里程。表 12.1[1] 给出了 SAE J1772 和 SAE J1773 标准中定义的不同交流和直流充电水平及其功率容量。

表 12.1　交流和直流充电水平以及电流和功率限制

充电连接	标称电压	最大电流（A）	持续功率（kW）
交流 1 级，单相	120 VAC	20	1.92
交流 2 级，单相	240 VAC	80	19.2
交流 3 级，单相	208 VAC，480 VAC，600 VAC	400	<100
直流 1 级	200~450 VDC	80	<36

充电连接	标称电压	最大电流（A）	持续功率（kW）
直流 2 级	200~450 VDC	200	<90
直流 3 级	200~600 VDC	400	<240

12.2.1　直流快速充电器

电动汽车用户里程焦虑的间接解决方案是快速充电选项，以提供与内燃机发动机车辆（ICEV）类似的驾驶员加油体验。额定功率为 120 kW 或更高的直流快速充电器，具有 400~800 VDC 充电电压（属于 3 级充电器），旨在提供快速充电选项，以解决 1 级和 2 级交流充电器的慢速充电率问题。虽然 PEV 车主仍会使用 1 级或 2 级充电器享受家庭充电的便利，但快速充电器安装在公共充电站中，有多个单元可同时为多辆车辆服务。PEV 需要配备 DC 端口，同时电网需要能够以高充电率提供电力。快速充电器开始出现在额定功率为 50 kW 的站点，但为了满足 EV 用户日益增长的需求，充电器的额定功率和安装数量都在快速增长。最近，美国安装了 120 kW 的充电器，并且正在发展到高达 350 kW 的功率水平。额定功率为 50 kW 的快速充电器需要超过 1h 才能为 200miles 的行程提供足够的电量，而 350 kW 超级快速充电器（XFC）只需大约 10 min 即可提供相同数量的能量。

12.2.1.1　480 V 快速充电器

直流快速充电器由三相交流插座以 480 VAC 或 400 VAC 线电压供电，通常具有两个功率转换级：三相 AC/DC 整流级和提供电流隔离的 DC/DC 级。前端包括一个功率因数校正（PFC）组件，以确保电网侧可接受的电能质量。直流快速充电器功率级的功能框图如图 12.1（a）所示。最先进的快速充电器中的整流器级由二极管桥制成，因此，功率流是单向的，但在未来，预计将被有源前端（AFE）取代，如图所示 12.1（b），以促进 V2G 应用的双向功率流。

前端将三相交流电压转换为直流电压，而随后的 DC/DC 级将直流电压转换为电动汽车所需的调压后的直流电压，并提供电流隔离。AFE 级通常在电流控制模式下运行，使用脉宽调制（PWM）方式，带有 PFC 功能，而 DC/DC 级则用于功率流控制。AFE 基于功率半导体模块，该模块通常基于反向导通的 IGBT，并在不高于 10 kHz 的开关频率下工作。在未来的拓扑结构中，SiC 功率模块将取代这些 IGBT 模块，其开关频率超过 30 kHz。在 AFE 的双向模式下，当电力从电网流向车辆时，使用 PWM 整流器控制算法，而对于 V2G 运行，则需要使用 PWM 逆变器控制算法。

快速充电器中的 DC/DC 级本质上是一个多级转换器，其中直流首先通过开关电源桥转换为高频交流，然后通过输出桥转换回直流。输入和输出电桥通过中频（MF）变压器耦合，该变压器通过电气隔离以电磁方式传输能量。该单元是所谓的固态变压器（SST），它通过电磁耦合场传输电能，输入和输出电压和电流通过电力电子转换器桥[2-3]处理。DC/DC 转换器级，特别是低压级，可以使用 SiC

MOSFET 这一新兴技术制造。电流隔离将车辆与电网隔离，还允许充电器输出级轻松并联。通过保持系统隔离的设计方案，充电系统保护车辆电池避免损坏。中频变压器需要精心设计，避免磁饱和和高压绝缘击穿。

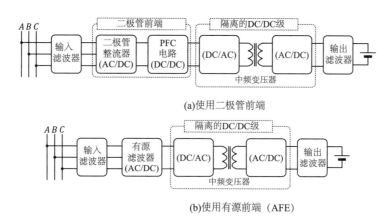

(a)使用二极管前端

(b)使用有源前端（AFE）

图 12.1　三相直流快速充电器的功率级

12.2.1.2　MV 快速充电器

当三相交流电由公用事业公司提供的中压（MV）级配电系统提供时，可以构建更高效的快速充电系统[4]。许多公用事业系统的配电电压水平为 12.47 kVAC（线 - 线）或 13.2 kVAC（线 - 线），然后降压至 60 Hz 的频率（低频）480 VAC（线 - 线）电压以传统的配电变压器方法供电。相比之下，部署直接连接到 MV 级的基于 SST 的快速充电器，除了可以集成在快速充电器中的许多智能控制功能外，还将提供效率和功率密度优势。SST 是一种基于电力电子技术的可控变压器，其中可以集成通信和智能功能，用于需求侧管理、电网侧电压和功率因数控制、消除客户侧谐波以及提供隔离和保护功能。SST 消除了笨重的低频降压变压器，还增加了许多智能电网功能。SST 区别于传统变压器的一个关键特征是它能够分离和缓冲中压配电网与低压馈线部分。 SST 替代传统的铁芯配电变压器，尺寸和重量减少至少 1/10，并具有显著的智能化，有彻底改变配电侧的潜力；SST 也是未来市场和能源交易智能代理的推动者。SST 的双向功率流能力提供了以受控方式将本地产生的电力反馈回电网的可能性，这使其成为电动汽车快速充电的理想选择。

基于 SST 的快速充电器的电力电子级包括前端整流器级（将高压交流转换为高压直流）和双有源桥式（DAB）级（将高压直流转换为低压直流），如图 12.1（b）所示。电流隔离由 DAB DC/DC 功率转换级中的中频变压器提供。对于中压快速充电器，由于高压连接和高压功率器件的有限可用性，功率转换器级要复杂得多，需要使用多级或级联转换器拓扑。图 12.2[4] 显示了用于 MV 快速充电系统的三相电源转换器的示例，该系统使用级联三相桥作为有源前端和双有源桥（DAB）型隔离 DC/DC 转换器级。转换器由可堆叠的三相 AC-DC 转换器块组成，该转换器块串联在中压三相 AC 电源侧，同时在低压直流（LVDC）侧并联耦合，车辆负载连接到低压DC(LVDC)侧，在车辆蓄电池系统的标称直流电压下提供更高水平的充电电流。串联配置可以通过 DAB DC-DC 转换器实现，该转换器为有源前端桥提供负载和隔离的 DC 母线之间的隔离。对于稳定的直流母线电压，任何中压或低压母线都需要最小的能量存储。LVDC 母线可设计为向单一电压等级的电动汽车供电，可以通过使用另一个 DC/DC 电源转换级为具有不同电池包电压的多种类型的电动汽车供电。该配置是完全双向的，既可以为当前使用的 G2V 电源供电，也可以为未来电力和运输系统的耦合应用提供 V2G 功率流。

　　与基于 Si-IGBT 的解决方案相比，使用更高电压的 SiC-MOSFET 可以实现更紧凑和高效的功率级设计。SiC 器件能够在更高的开关频率（几十千赫兹，而 Si 器件的开关频率低于 10 kHz）下工作，这使得用于滤波元件和电流隔离的电感器和变压器的尺寸显著减小，从而减小了整个系统的尺寸和重量。

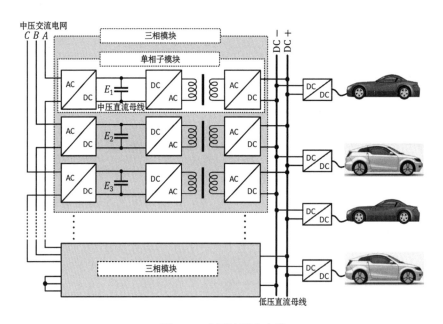

图 12.2　中压快速充电器

例 12.1

　　建造一个超级快速充电站，前端 MV SST 连接到 13.2 kV (LL RMS) 中压交流 (MVAC) 电网，允许电压变化为 ±5%。超级快速充电站采用模块化拓扑构建，如图 12.2 所示。前端功率转换器采用级联 H 桥的多级拓扑结构，由 6 个三相模块组成，每个模块具有 3 个单相子模块。每个子模块由 1 个 AC/DC 前级和 1 个隔离的 DC/DC 级组成，以建立 LVDC 配电母线。充电站设计用于向 LVDC 总线提供 1MW 的额定功率，并且能够在 MVAC 侧提供 / 吸收 445 kVar 能量。

　　计算以下内容：

　　a.MVAC 侧的总视在功率容量（假设总效率为 99%）。

　　b. 每个前端 AC/DC 级（子模块）的标称和最大输入 AC 电压电平。

c. 每个前端 AC/DC 级（子模块）的标称和最大额定电流。

d. 每个子模块和电站的热负荷（产生的总损耗）。

e.MVDC 母线的标称电压值（E_k，$k=1,2,\cdots$）（假设输入交流电压升压 15%）。

f. 假设功率因数为 1，MVAC 侧的标称交流输入电压和电网频率 60 Hz，绘制通过每个 AC/DC 级（子模块）在 LVDC 总线上消耗 1 MW 的功率流

g. 画出与（f）相同条件下 MVDC 总线上的电压变化；假设通过 DC/DC 级的是恒定功率流和每个 MVDC 总线上的 500 μF 电容。

解决方案

a. 对于效率为 $\eta=99\%$ 且额定输出功率为 1 MW 的情况，额定输入功率为

$$P_{mvac,nom} = \frac{1\ MW}{0.99} = 1012.1\ kW$$

对于额定无功功率容量 $Q_{mvac,nom}$=445kVar 的，视在功率容量为

$$S_{mvac} = (P_{mvac,nom}{}^2 + Q_{mvac,nom}{}^2)^{0.5} = 1.104MV\cdot A$$

b. 对于标称输入交流线 - 线（RMS）电压：V_{LL0}=13.2kV，线对中性点电压为

$$V_{LN,nom} = \frac{13.2}{\sqrt{3}} = 7.621\ kV\ RMS$$

每个子模块中 AC/DC 前端级的标称输入 AC 电压为

$$V_{sm,nom} = \frac{7.621\ kV}{6} = 1.27\ kV\ RMS$$

最大输入交流电压：对于 +5% 最大允许过电压，最大线 - 线电压为

$$V_{LL,max} = 13.2 \times 1.05 = 13.86\ kV\ RMS$$

按照类似的步骤，最大输入交流电压为

$$V_{sm,max} = 1.33\ kV\ RMS$$

c. MVAC 侧的额定功率为 $P_{mvac,nom}$=1012.1kW（来自 a）。子模块总数为 N=3×6=18。每个子模块中 AC/DC 级的额定功率容量为

$$P_{mvac,sm,nom} = \frac{P_{mvac,max}}{N} = 56.12\ kW$$

标称电流为

$$I_{mvac,nom} = \frac{P_{mvac,sm,nom}}{V_{sm,nom}} = 44.18\ A\ RMS$$

AC/DC 前端级在以最低允许 AC 输入电压传输功率 $P_{mvac,sm,nom}$ 时，消耗最大电流。最低允许电压为

$$V_{sm,min}=V_{sm,nom}\times0.95=1.21\text{kV RMS}$$

因此，最大额定电流为

$$I_{mvac,max}=\frac{P_{mvac,sm,nom}}{V_{sm,min}}=46.51\text{ A RMS}$$

d. 假设效率为 99%，每个子模块产生的总损耗为

$$P_{loss,sm}=P_{mvac,sm,nom}\times0.01=0.56\text{kW}$$

额定运行时，需要从每个子模块中提取 0.56 kW 的热量。充电站（18 个子模块）的总损耗为

$$P_{loss}=P_{loss,sm}\times18=12.1\text{kW}$$

e. 每个子模块的最大交流输入电压为 $V_{sm,max}=1.33\text{kV RMS}$，其峰值电压为

$$V_{sm,peak,ma}=V_{sm,max}\times\sqrt{2}=1886.1\text{ V}$$

对于 15% 的升压，标称 MVDC 母线电压值应设置为

$$E_k=V_{sm,peak,max}\times1.15=2,169\text{ V}$$

f. 设子模块中 AC/DC 级的 AC 输入电压和 AC 电流为

$$v_{sm}(t)=\sqrt{2}V_{sm,nom}\cos(2\pi f_1t);\; i_{sm}(t)=\sqrt{2}I_{mvac,nom}\cos(2\pi f_1t)$$

其中 f_1=60Hz。功率流如下所示：

$$P_{sm}(t)=v_{sm}(t)\times i_{sm}(t)=V_{sm,nom}I_{mvac,nom}[1+\cos(4\pi f_1t)]=P_{av}[1+\cos(4\pi f_1t)]$$

中压子模块的交流输入电压、电流和功率如图 12.3 所示。

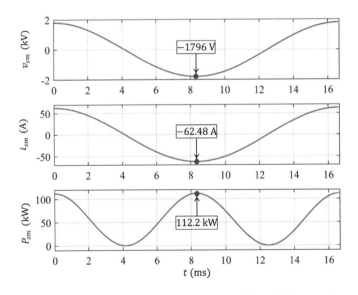

图 12.3　有源前端子模块电压、电流和功率

g. MVDC 母线电容器中的储能变化率如下所示：

$$\frac{\mathrm{d}}{\mathrm{d}t}\left(\frac{1}{2}C_{mvdc}v_{mvdc}{}^{2}\right)=P_{sm}(t)-P_{DC/DC}$$

这里，$P_{sm}(t)$ 表示从 MVAC 侧到 MVDC 母线的通过 AC/DC 级的功率，$P_{DC/DC}$ 表示通过隔离 DC/DC 级的功率流，因此

$$P_{DC/DC}=P_{mvac,sm,nom}=56.12\mathrm{kW}$$

现在，电容器电压的交流分量 /MVDC 母线电压 v_{mvdc} 可以导出为

$$\hat{v}_{mvdc}=\frac{1}{C_{mvdc}v_{mvdc}}\int[P_{sm}(t)-P_{DC/DC}]\mathrm{d}t$$

为简单起见，可在右侧使用 $v_{mvdc}=E_k$ 的参考值

$$\hat{v}_{mvdc}=\frac{1}{C_{mvdc}E_k}\int[P_{sm}(t)-P_{DC/DC}]\mathrm{d}t=\frac{1}{C_{mvdc}E_k}\int P_{av}\cos(4\pi f_1t)\mathrm{d}t=\frac{P_{av}\sin(4\pi f_1t)}{4\pi f_1C_{mvdc}E_k}$$

注意，$P_{sm}=P_{av}[1+\cos(4\pi f_1\mathrm{t})]$ 和 $P_{DC/DC}=P_{av}$。因此，总电压由下式给出

$$v_{mvdc}=E_k+\hat{v}_{mvdc}=E_k+\frac{P_{av}\sin(4\pi f_1t)}{4\pi f_1C_{mvdc}E_k}$$

电压变化如图 12.4 所示。

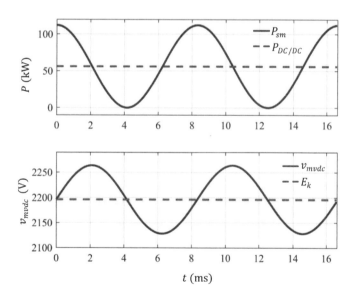

图 12.4　中压直流电压和功率波形

12.2.2　电动汽车充电站

电动汽车充电装置可以作为独立单元安装在业务实体中，也可以作为充电器集

群安装在类似于加油站的充电站，具有多种类型的充电节点，由来自同一电网的电力为多辆汽车供电。带有快速充电器的充电站正在逐步发展，随着充电器技术的进一步完善和成熟，未来预计会有更多的充电站。

对于这些快速充电器的电网耦合，有两个不同的方面需要考虑：第一，充电器与电网的耦合是在配电系统的低压还是中压；第二，快速充电器/站是交流耦合还是直流耦合。目前商业化的快速充电器是交流耦合的，充电系统连接到三相电源节点，线-线电压高达 480 VAC。这样的电源在公共设施中不易获得，因此使用专用服务变压器将配电系统的 12~35 kVAC 水平的中压降压，并以 480 VAC 或更低水平向单个直流快速充电器或充电站中的多个快速充电装置提供三相电源。中低压功率水平取决于一个国家或地区的特定配电系统。如图 12.5 所示，每个快速充电器单元都有一个 AC/DC 整流器和一个 DC/DC 转换器，用于为车辆电池提供直流电。快速充电站可能包括本地能量存储装置，以帮助减轻在充电站的峰值功耗需求期间产生的需求费用。较低电压水平的电力分配需要大型导体和笨重的低压配电和开关设备，以 60 Hz 的频率运行的厂用变压器增加了成本。

或者，可以设想通过将 MVAC 转换为较低的用户级 DC 电压来集中建立直流配电系统。这种中央转换可以通过降压 60 Hz 低频变压器与单个 AC/DC 电力电子转换器耦合或通过使用 SST 来完成。直流配电线路将电力输送至具有内部 DC/DC 转换器的单个直流快速充电器单元。图 12.6（a）和图 12.6（b）显示了两种类型的直流耦合电动汽车快速充电站。直流配电系统消除了多个 AC/DC 和 DC/DC 转换级，并促进了储能和其他输出直流电的可再生发电集成，如太阳能光伏系统。相比之下，交流连接系统的控制比直流连接系统更复杂，因为它们需要处理逆变器同步，以及系统孤岛运行期间的电压和频率调节。在交流和直流耦合充电站中，该系统通过共享一个大的公共电源，为不同 SOC 条件下的不同 PEV 电池容量提供服务，从而受益于负载多样化。通过根据电池需求调整充电曲线，系统功率需求可以从额定值大幅降低。

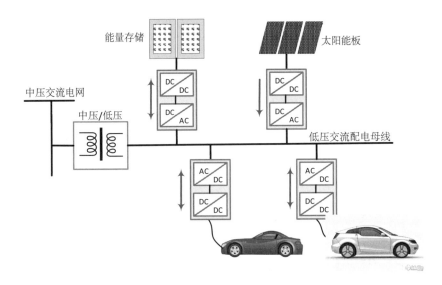

图 12.5　交流耦合充电站概念图

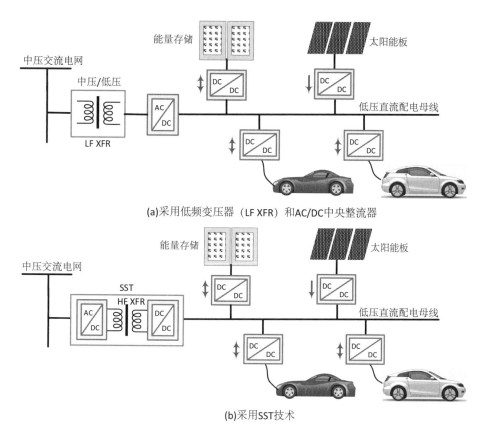

(a)采用低频变压器（LF XFR）和AC/DC中央整流器

(b)采用SST技术

图 12.6 基于直流耦合的电动汽车充电站

使用直接连接到中压的 SST 来建立直流配电系统的概念是一种新兴的概念，这得益于电力电子拓扑、控制和 SiC 器件的发展。基于 SST 的直流耦合电动汽车充电站如图 12.6（b）所示。 具有高频和高温工作能力的高压 SiC 功率器件的出现使 MV EV 快速充电器的发展成为可能[5]。

12.2.3 快速充电器对电网的影响

为像 PEV 那样的大容量电池包充电，电网的电力需求很大。电力需求也因电池大小和电池充电状态而异。除此之外，当多辆电动汽车同时充电时，电力需求会有很大的变化。这给公用事业公司带来了很大的压力，无论是在电网潮流管理方面还是在满足峰值电力需求方面。解决电源挑战的合适解决方案是在充电站内提供本地存储功能，以实现系统级优势，如图 12.6（a）和图 12.6（b）所示。本地存储允许电站所有者分析电站的电力需求，同时仍向单个客户提供所需的电力。储能还使电站所有者能够响应当地公用事业公司的需求，同时避免高峰需求费用，这可能是电力成本的一个很大比例，取决于公用事业费率结构。添加存储的缺点是充电站所有者的额外投资成本。

随着道路上电动汽车数量的增加，快速充电器，尤其是由电网供电的超级快充 XFC 的数量和额定值预计将迅速增长。单个 XFC 单元的额定功率可达到 360 kW

或更高，为客户提供快速便捷的充电服务。与目前部署的系统相比，具有多个 XFC 的 EV 充电站需要的功率要高出一个数量级，系统的总额定功率在多 MVA 范围内。多 MVA 充电站可能会严重影响为其供电的馈线的电能质量。最近的研究表明，单点的附加负载会导致馈线过载和沿馈线的电压变化超出允许限制 [6]。减轻 XFC 对配电网负面影响的一种方法是允许公用事业公司在用电高峰时段控制电站的需求。此外，充电站可以设计为向电网提供辅助服务，以帮助缓解其馈线的电能质量问题。连接到当今电网的快速充电器旨在以整功率因数从电网吸收电力。就 XFC 而言，如果充电站前端设计用于双向功率流以及功率因数控制，那么这些也可以用于提供辅助电网服务，例如电压和频率调节以及优化调度。从电力电子接口 DER 注入无功功率的能力对于简化公用事业的电压控制问题极为重要。

例 12.2

电动汽车充电站有 10 个快速充电器，每个充电器的额定功率为 240kW。平均电力需求为峰值额定功率的 60%。储能转换器的往返效率为 94%。该电站每天满功率时的平均利用率为 20%。如果并网连接的大小适合平均功率，则以 kW·h 为单位计算所需的存储容量。

解决方案

充电站每天的能耗为

$$240 \times 0.2 \times 24 = 1152 \text{kW·h}$$

如果平均额定功率是峰值额定功率的 60%，则需要调整储能器的大小以提供高于平均功率需求的电力需求。存储容量要求为

$$1152 \times 0.4 = 460.8 \text{kW·h}$$

考虑到存储及其功率转换器的往返效率，储能大小为

$$460.8 / 0.94 = 490 \text{kW·h}$$

12.3 微电网中的电动汽车

V2H、V2V 和 V2G 的运行和功能属于微电网系统的范围，微电网系统可以小到单户微电网，也可以是具有多源、多存储和分布式负载的大型网络微电网。在本节中，我们将讨论电动汽车在微电网中的作用以及它们共生存在的相关控制。

12.3.1 微电网和控制

微电网是一组相互连接的 DER，相对于它所连接的电网，它们充当单个可控实体。DER 是分布式发电机（包括太阳能光伏、风能、波浪能转换器、柴油发电机和燃料电池）、存储设备和可控负载。微电网可以在连接到主电网或孤岛时以受控、协调的方式运行。当电网因故障不可用或停止服务时，微电网还可以在独立的孤岛模式下运行。微电网将在称为公共耦合点（PCC）的单个节点处连接到更大的电网。这些都比大容量电力系统小几个数量级，但它们可以协调资产，并以与电网运营一致的方式大规模地将资产呈现给电网。微电网通过采用系统级方法来管理一组 DER 和负载，而不是单独操作它们，从而降低了 DER 带来的操作复杂性。

通过在减少环境影响的情况下最小化总能耗，可以提高整个系统的效率。同时，通过利用 DER 提供拥塞缓解、电压和频率控制以及供电安全性，可以提高可靠性。带有 PEV 的不断发展的交通系统可以是微电网的一个组成部分，微电网的连接目的是为业主提供服务，并与一组 PEV 一起向电网提供服务。

12.3.1.1　一级和二级控制

微电网运行通过分层控制结构进行管理，该结构将控制目标分布在一级、二级和三级 3 个控制层之间，通过利用连续层之间的时间尺度分离来实现所需性能。分层控制体系结构如图 12.7 所示。控制层显示为基于下垂的控制和基于振荡器的控制，这是用于微电网控制的两种方法。一级负责稳定电压和频率、实现 DER 的即插即用功能、避免循环电流、孤岛检测、能够在联网和孤岛条件下工作。二级控制的目标是在偏离标称设定点的情况下恢复微电网电压和频率，提高电能质量以及微电网与主电网之间的同步。尽管有多个实施级别，但组合控制目标是一个唯一的目标，即保持负载、发电和存储之间的功率平衡。DER 和连接线之间的接口是电力电子转换器，它们在分层控制结构下具有自己的电压和电流跟踪控制器。这些转换器控制器被称为本地控制器，位于最低层，但响应时间最快，设计用于跟踪一级控制层提供的参考。这些跟踪控制回路通常以变频器开关频率的相同或两倍进行更新，带宽范围从数百赫兹到几千赫兹；控制带宽受到无源滤波器组件、转换器开关频率和控制器实现延迟的限制 [7]。基于下垂的控制和基于振荡器的控制之间的关键区别之一是后者将本地控制与主控制层合并。接下来的两部分将详细介绍这两种类型的控制。

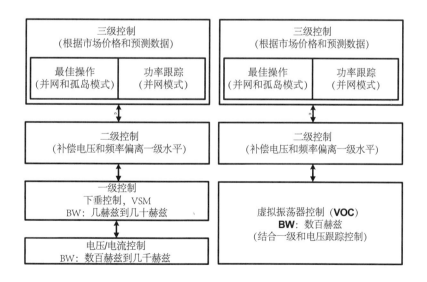

图 12.7　微电网中基于下垂和基于振荡器的分层控制

12.3.1.2　基于下垂的控制

一级控制层位于电压和 / 或电流跟踪控制器的顶部，通过瞬时将发电量与负载相匹配来确保功率平衡[8][9]。最广泛使用的一级控制方法是基于下垂的方法，该方法允许偏离标称电压和频率，从而实现分散的功率平衡，偏差信号用于局部调整发电电源的设定点。该方法不需要微电网内互联单元之间的直接通信。控制方法基于控制互连节点处的电压和频率，并允许这些变量偏离标称值，以实现功率平衡。低压配电网主要是电阻式的，有功潮流与电压大小密切相关，而无功功率与相角密切相关。在微电网中，可调度的 DER（如储能或分布式发电机组）被用来模拟适当的下垂响应，如有功功率与电压和无功功率与频率。下垂控制方法也适用于大容量电力系统，但这些网络主要是电感性的，其中使用的下垂关系是有功功率与频率和无功功率与电压的关系。

下垂型一级控制层实施的主要问题，可以归结为由两个基于电力电子转换器的DER、负载和连线阻抗形成的网络，如图 12.8 所示。

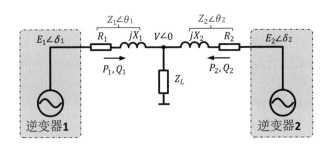

图 12.8　由两个电力电子逆变器构成的简化电网

图 12.6 所示网络的有功和无功潮流方程为

$$P_k = \left(\frac{E_k V}{Z_k} \cos\delta_k - \frac{V^2}{Z_k} \right) \cos\theta_k + \frac{VE_k}{Z_k} \sin\delta_k \sin\theta_k$$

$$Q_k = \left(\frac{E_k V}{Z_k} \cos\delta_k - \frac{V^2}{Z_k} \right) \sin\theta_k - \frac{VE_k}{Z_k} \sin\delta_k \cos\theta_k$$

对于 k=1,2。这里，P 是有功功率，Q 是无功功率，E 是逆变器输出端的电压，δ 是功率角。对于纯电阻或主要电阻线路阻抗，潮流方程简化为

$$P_k = \frac{VE_k}{R_k} \cos\delta_k - \frac{V^2}{R_k} \quad , \quad Q_k = -\frac{VE_k}{R_k} \sin\delta_k$$

功率角 δ_k 通常非常小，因此，如 $\delta_k \to 0$，$P_k \approx \frac{V(E_k - V)}{R_k}$ 和 $Q_k \approx -\frac{VE_k}{R_k}\delta_k$

通过调整逆变器电压的幅度和功率角（影响频率），可以动态控制网络中的有功和无功潮流。主要是电阻性输出阻抗的下垂曲线是

$$E_k=E_0-n_{p,k}(P_k-P_{0,k}),\ \omega_k=\omega_0+n_{Q,k}(Q_k-Q_{0,k})$$

下垂曲线如图 12.9 所示。　下垂系数的典型选择是

$$n_{P,k} = \frac{\Delta E}{2P_{\max}}\ \text{and}\ n_{Q,k} = \frac{\Delta \omega}{2Q_{\max}}$$

对于主要或纯感性线路阻抗，潮流方程可以简化为

$$P_k = \frac{VE_k}{X_k}\sin\delta_k\ \text{和}\ \ Q_k = \frac{VE_k}{X_k}\cos\delta_k - \frac{V^2}{X_k}$$

功率角 δ_k 通常非常小，因此，如 $\delta_k \to 0$，$P_k \approx \dfrac{VE_k}{X_k}\delta_k$ 和 $Q_k \approx \dfrac{V(E_k-V)}{X_k}$

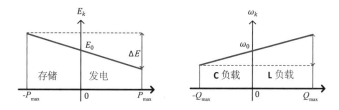

图 12.9　电阻性为主的网络中的有功功率与电压和无功功率与频率下垂控制曲线

相关的下垂控制曲线用于大容量电力系统。

下垂方法的一个子集是基于虚拟同步发电机（VSM）的方法，该方法将虚拟惯性响应与下垂控制相结合，以通过逆变器模拟同步发电机的行为。在功率计算步骤中，一个简单的一阶低通滤波器修改下垂控制器，使其在 VSM 中具有虚拟惯性响应。VSM 控制器表现出不同的瞬态响应，但与下垂控制器具有相同的稳态响应。

12.3.1.3　基于振荡器的控制

另一种新兴的微电网控制方法是基于振荡器的控制，尽管不同转换器单元之间的输出阻抗不匹配，但它可以实现更快的全局渐近同步和功率共享 [10-12]。虚拟振荡器控制（VOC）、可调度 VOC 和统一 VOC（uVOC）是近年来出现的基于振荡器的控制类型，它们具有更快的响应特性和出色的同步特性，并为分析、设计和实现提供了理论基础。一般来说，基于振荡器的控制是将电压跟踪控制层与一级控制相结合的时域控制器。与下垂和 VSM 控制不同，基于振荡器的控制不需要明确计算有功和无功功率控制。振荡器模型在控制器中实现，即在微控制器或数字信号处理器中。电力电子转换器仅用作电压放大器，通过物理网络耦合不同控制器单元中的振荡器。　在基于振荡器的系统中，不需要电压跟踪或电流跟踪回路。与基于相量域的下垂控制器相比，基于振荡器的控制器是时域控制器。　振荡器参数的任何修

改都会直接影响输出电压的动态响应。转换器单元自动实现有功和无功功率共享，而无须控制器进行任何明确的功率计算。然而，有功和无功功率调度信号可以从由高级别的较慢时间尺度控制器提供。

在基于下垂、VSM 或振荡器控制的微电网中需要二级控制器，以消除由标称条件下的有功和无功功率扰动引起的任何稳态误差。这些控制器使用闭环补偿器来更新所有可调度发电机的标称功率设定值，这依赖于 DER 之间某种类型的通信。二级控制器的总体目标是在标称频率下保持稳态运行，并在网络的各个节点恢复所需的电压，同时保持所有发电机之间的有功和无功功率共享[13-14]。

12.3.1.4　三级控制

三级控制是微电网运行的最高级别控制，根据收到的有关 DER 单元状态、市场信号和其他系统要求的信息，根据主电力系统的要求产生长期设定值。三级控制管理更多的全局责任，以确保微电网的稳定和经济运行，同时保持电力生产和电力消耗之间的平衡，并最大限度地利用可再生能源发电系统。可以采用集中式最优潮流控制器来最大限度地降低运营成本，并最大限度地提高微电网的整体能源效率。此外，三级控制与配电系统运营商（DSO）交换信息，以优化公用电网内的微电网运行。第三级控制挑战来自多个发电机和负载的不同特性、双向潮流和微电网的多功能基础设施。

12.3.2　V2H 和 H2V 电源转换器

电动汽车需要来自电网的电力来为电池充电，在价格或电力供应受限情况下的，车辆电池中存储的任何多余电量都可用于满足家庭用电需求。这在电力成本高且使用时间 TOU（time of use）费率的地区特别有用。除了基本的 G2V 和 / 或 H2V 充电功能之外，能够进行 V2H 操作的电源转换器需要具有双向能力。V2H 模式用于在紧急情况下为家庭供电，或在智能家居配置中与可再生能源一起分担负荷。V2H 模式可以通过响应与短时间运行大功率设备相关的急剧功率增加，来平衡家庭电力需求状况。更平稳的需求有利于电力供应商实现更易管理、更高效、更具成本效益的发电。V2H 运行还可以更好地利用可再生能源，从而储存多余的发电量，并用于平滑家庭负载曲线。

图 12.10 显示了一个能够进行 V2H 和 H2V 操作的电源转换器示例。电源转换器连接到车辆电池包，以将直流高压转换为 110 V 或 240 V 的交流电压，具体取决于操作区域。在 G2V 或 H2V 操作模式下，电源转换器能够利用从交流电源侧流向电池的直流电压电力，对车辆电池进行充电。电源转换器数字控制器调节电池的充电。在 V2H 模式下的方向相反，电力从车辆电池流向家庭交流负载。电动汽车电池包具有高容量和高可靠性；因此，通过在夜间电网电力需求低时为车辆电池包充电，并且公用事业提供商可能会提供价格优惠，可以在白天使用存储的能量以减轻需求高峰期的电力消耗。具有用户设置偏好的智能算法将确保电池中有足够的电量来满足驾驶需求。此外，存储的能量可以在紧急情况下用作备用电源。电源转换器

连接到家庭的配电板。

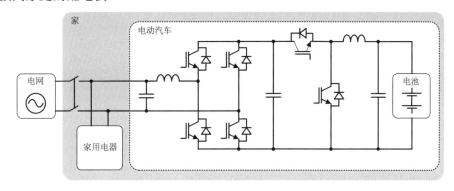

图 12.10　能够在 V2H 和 H2V 模式下运行的电力电子转换器

12.3.3　太阳能发电与电动汽车的集成

随着电动汽车使用量的增加，用于住宅应用的太阳能光伏装置最近也有了适度的增长。客户也看到了在太阳能电池板上增加存储单元的额外好处。典型的太阳能光伏发电和家庭负载分布如图 12.11 所示，该图显示发电和负载需求之间的不匹配。当储能装置加到太阳能发电时，白天多余的发电量可以储存起来，并在需求较高时使用，这也会导致更高的电力成本。尽管巨大的成本和价值障碍是部署太阳能光伏和储能组合系统的障碍，但出于可靠性和使用效益，房主可能会考虑安装光伏储能混合装置。此外，拥有光伏储能装置的房主也可能拥有一辆电动汽车，其中储能单元的组合和协调可能为房主提供重大价值。当利用太阳能光伏等可再生能源产生的电力对电动汽车储能进行充电时，可以设想这是一种理想的情况。同时拥有电动汽车和带储能的光伏的业主可以协调管理和控制其设备的运行，以降低电力和运输成本；然而，需要一种自动化和优化的算法以使效益最大化。

电动汽车内的存储单元可以为客户提供家庭层面的各种功能，如电力购买成本最小化、电压调节和负载调节。V2H 控制器可以根据不同的目标控制电动汽车的充电/放电动作。房主希望利用电动汽车资产降低每月购电成本，这本身就是一项重大投资。如果房主希望在离家出行时能够确保电动汽车的充电量符合要求，那么通过有效的控制策略可以实现，每天的购电成本就可以降低。对于 V2G 运营，需要进行有效沟通，这可能会危及客户的隐私问题。V2H 功能的电动汽车更简单、更容易地集成到家庭中，而没有挑战通信需求。

太阳能光伏 PV 和电动汽车 EV 集成运行所需的电力电子设备是一个多端口转换器，该转换器的端口可连接到车辆电池、家庭负载、家庭发电和电网，通过智能控制管理电源、负载和存储装置之间的功率和能量流。图 12.12[15] 显示了一种多端口电源转换器（MPC）配置，该配置可以将家用光伏单元与存储和 PEV 以及家庭负载集成在一起。该 MPC 配置为直流耦合架构，其中直流母线通过单独的电力电子转换器连接可再生能源、储能装置和电网。两个独立的 DC/DC 转换器连接可再生能源和能源，而 DC/AC 转换器连接到电网。家庭负载连接到 PCC 处的交流线路，

MPC 连接到电网。在所示的 MPC 架构，中间直流链路电压电平可以配置为与 EV 蓄电池电平相匹配，从而使功率能够以最小的功率转换级，在任一方向流动，从 EV 储能装置到家庭储能器，或家庭负载。

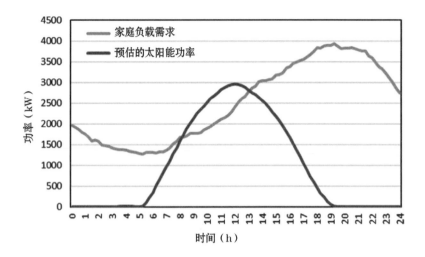

图 12.11　夏季一天的太阳能发电和家庭负载需求概况

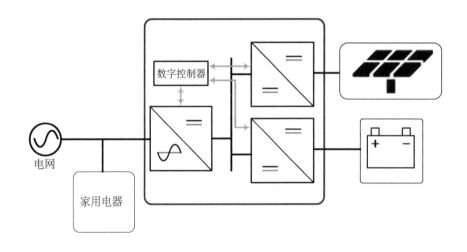

图 12.12　能够进行 V2H、H2V、V2G 和 G2V 操作的多端口转换器

太阳能光伏发电、存储和 PEV 的协调控制

本节提供了同时拥有 PEV 和 PV 的家庭系统的场景和问题表述，作为住宅层面协调控制和使用的示例 [16]。光伏系统和 PEV 中两个存储设备的协调控制可用于为客户和电力公司提供利益。房主将能够根据自己的需求控制家中可用的存储设备。具有协调控制的系统概览如图 12.13 所示。协调控制问题可以通过数学优化模型来定义，该模型通过决策变量、参数、目标函数和约束来表示管理问题。与电力需求、

太阳能光伏发电和存储设备特性相关的数据将包含在优化过程中。如果目标是控制特定日期的存储设备的充电/放电曲线，则需要这些参数的前一天预测数据。协调控制器的目标是在特定日期为存储设备做出最佳控制决策。

考虑以电力需求和太阳能光伏发电作为基于确定性参数的历史数据，家庭用电优化可以使用现成的方法，通过线性规划、混合整数线性规划、二次规划和动态规划的方法来解决。当基于 TOU 费率的成本结构可用于从公用事业公司购买电力时，可以使用动态规划（DP），通过控制存储设备充电/放电调度来降低电力购买成本。DP 方法通过考虑所有可能路径来确保达到全局最优路径[17]。DP 的一种特定算法是确定性对偶动态规划（DDDP），它考虑了确定性前向路径。然而，在现实世界的问题中，太阳能光伏发电和电力需求都是不确定的参数。因此，为了确保系统资源的准确协调，在开发稳健且现实的协调控制方案时，需要使用随机模型考虑这些不确定性。随机模型可以通过模型预测控制、随机梯度下降法、随机对偶动态规划（SDDP）、近似动态规划（ADP）和机器学习算法进行优化。基于动态规划的控制策略总是优于常规的基于状态流的启发式方法。

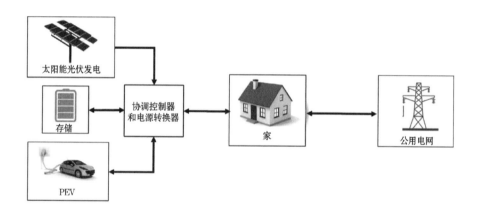

图 12.13　具有协调控制的系统概览

光伏储能混合系统和 PEV 储能在住宅层的联合使用的最大好处是配电或输电级停电期间的能源安全。当电网因恶劣天气或更高的负荷需求而停电时，配备光伏储能装置和 PEV 的房主可以考虑优先级、可用性和停电持续时间，以协调的方式控制能源使用和储存。控制器和转换器允许房主在能源使用上有更大的独立性，也可以参与和电网或其他消费者的交易性能源交换。对于具有相同光伏储能和 PEV 容量的家庭，协调控制策略的负载调节影响如图 12.14 所示。如果两个存储设备都得到协调控制，那么通过单独控制它们来减少电力需求差异，这对房主和电力公司都是有利的。电力公司受益于通过负载调节、减少电力回馈、推迟资产更换和网络升级进行的协调控制。总的来说，通过优化和协调控制与业主建立合作关系，电力公司可以更可靠地供电，并改善电能质量。太阳能光伏发电、存储和 PEV 的协调使用证明了电力和交通系统之间的密切联系。

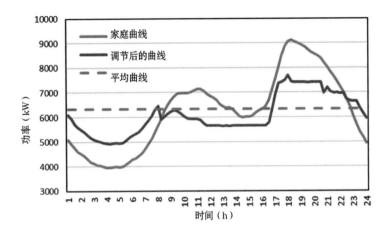

图 12.14　具有协调能源管理控制的调节后的家庭曲线

参考文献

[1]Society of Automotive Engineers (SAE), Electric Vehicle and Plug in Hybrid Electric Vehicle Conductive Charge Coupler, Standard SAE J1772, Warrendale, PA, October 2017.

[2]R. Gao, X. She, I. Husain and A. Huang, "Solid-state transformer interfaced permanent magnet wind turbine distributed generation system with power management functions," IEEE Transactions on Industry Applications, 53(4), 3849–3861, 2017.

[3]A.A. Milani, M.T.A. Khan, A. Chakrabortty and I. Husain, "Equilibrium point analysis and power sharing methods for distribution systems driven by solid-state transformers," IEEE Transactions on Power Systems, 33(2), 1473–1483, March 2018.

[4]M.A. Awal, I. Husain, M.R.H. Bipu, O.A. Montes, F. Teng, H. Feng, M. Khan, and S. Lukic, "Modular medium voltage ac to low voltage dc converter for extreme fast charging applications," 2020, doi: arXiv:2007.04369. [Online] Available at: https://arxiv.org/abs/2007.04369

[5]H. Tu, H. Feng, S. Srdic and S. Lukic, "Extreme fast charging of electric vehicles: A technology overview," IEEE Transactions on Transportation Electrification, 5(4), 861–878, 2019.

[6]T. Ortmeyer, L. Wu and D. Dean, "Parameter identification for optimal electric vehicle rate structures," NYSERDA Report 16-32, New York, NY, 2016.

[7]M.A. Awal, I. Husain, and W. Yu, "Passivity based predictive-resonant current control for resonance damping in LCL-equipped VSCs," IEEE Transactions on Industry Applications, 56(2), 1702–1713, 2020.

[8]J. Vasquez, J. Guerrero, A. Luna, P. Rodriguez and R. Teodorescu, "Adaptive droop control applied to voltage-source inverters operating in grid-connected and islanded modes," IEEE Transactions on Industrial Electronics, 56(10), 4088–4096, October 2009.

[9]Y. Sun, X. Hou, J. Yang, H. Han, M. Su and J.M. Guerrero, "New perspectives on droop control in AC microgrid," IEEE Transactions on Industrial Electronics, 64(7), 5741–5745, July 2017.

[10]M.A. Awal and I. Husain, "Unified virtual oscillator control for grid-forming and grid-following converters," IEEE Journal of Emerging and Selected Topics in Power Electronics, doi: 10.1109/JESTPE.2020.3025748.

[11]B.B. Johnson, M. Sinha, N.G. Ainsworth, F. Dorfler and S.V. Dhople, "Synthesizing virtual oscillators to control islanded inverters," IEEE Transactions on Power Electronics, 31(8), 6002–6015, August 2016.

[12]M.A. Awal, H. Yu, H. Tu, S. Lukic and I. Husain, "Hierarchical control for virtual oscillator based grid-connected and islanded microgrids," IEEE Transactions on Power Electronics, 35(1), 988–1001, 2020.

[13]A. Bidram, A. Davoudi, F.L. Lewis and J.M. Guerrero, "Distributed cooperative secondary control of microgrids using feedback linearization," IEEE Transactions on Power Systems, 28(3), 3462–3470, August 2013.

[14]J.W. Simpson-Porco, Q. Shafiee, F. Dorfler, J.C. Vasquez, J.M. Guerrero and F. Bullo, "Secondary frequency and voltage control of islanded microgrids via distributed averaging," IEEE Transactions on Industrial Electronics, 62(11), 7025–7038, November 2015.

[15]A.K. Bhattacharjee, N. Kutkut and I. Batarseh, "Review of multiport converters for solar and energy storage integration," IEEE Transactions on Power Electronics, 34(2), 1431–1445, February 2019.

[16]F. Hafiz, A.R. de Queiroz and I. Husain, "Coordinated control of PEV and PV-based storages in residential system under generation and load uncertainties," IEEE Transactions on Industry Applications, 55(6), 5524 – 5532,

December 2019.

[17]F. Hafiz, D. Lubkeman, I. Husain and P. Fajri, "Energy storage management strategy based on dynamic programming and optimal sizing of PV panel-storage capacity for a residential system," IEEE Transmission and Distribution Conference and Exposition, Denver, CO, 2018.

内燃机 13

内燃机是一种能量转换装置，通过燃烧过程提取燃料中储存的能量，并提供机械动力。这些设备在更广泛的意义上也被称为热机。往复式内燃机是当今生产的混合动力汽车的主要动力装置。在这些车辆中，内燃机发动机由功率相似或更低的电动机辅助。传统车辆的内燃机发动机设计为可在很宽的范围内运行，为了在整个运行过程中提供可接受的效率和性能，通常需要进行折中。另一方面，混合动力汽车中的内燃机发动机需要在扭矩 - 速度特性的窄带内运行，尤其是在串联型混合动力结构中。然而，内燃机发动机尚未专门为混合动力汽车设计；存在探索改进混合动力汽车内燃机发动机设计的重大机会。

道路车辆混合动力的主要目标是提高燃油经济性和减少排放。燃油经济性取决于内燃机的工作点，而排放控制单元的目标是消除废气中的有害污染物。在了解内燃机的工作原理后，本章将介绍燃油经济性计算和废气排放控制方法。对内燃机的讨论包括工作原理、空气标准循环和燃烧特性。为了解发动机运行效率，我们使用制动平均有效压力（BMEP）和制动油耗率等实用参数。

13.1　热机

将热传递转化为功的设备称为热机。热机的一个操作循环内经历恒压、恒体积、恒熵等过程，一个循环中的各个冲程将热能转化为有用功。用于热力学分析的理想循环是卡诺循环，尽管实际的热机使用不同的循环，其理论效率低于卡诺循环。由于卡诺循环的实际限制，以及可用于能源、工作流体和硬件材料的选择的特性差异，实际循环已经有了发展变化。

本节将讨论用于混合动力汽车应用的热机，主要是内燃机和燃气轮机。内燃机是一种利用气体作为工作流体的热机。内燃机发动机使用热循环，从发动机内的燃料燃烧中获取能量。内燃机可以是往复式的，活塞的往复运动通过曲柄机构转换为直线运动。汽车、卡车和公共汽车中使用的内燃机是往复式发动机，其过程发生在往复式活塞 – 气缸布置中。发电厂中使用的燃气轮机也是内燃式发动机，其过程发生在一系列相互连接的不同组件中。布雷顿（Brayton）循环燃气轮机发动机已适应汽车驱动发动机，具有燃烧燃料只需很少的精炼、燃料燃烧完全的优点。燃气轮机的运动部件更少，因为不需要转换涡轮机的旋转运动。用于汽车应用的燃气轮机的缺点是结构复杂、噪音水平高以及小型发动机的效率相对较低。尽管如此，混合动力电动汽车已考虑使用燃气轮机，并已开发出原型车辆。

热机的性能通过热机循环的效率来衡量，该效率定义为每个循环的净功输出 W_{net} 与每个循环传入发动机的热的比率。定义热机性能的另一种方法是使用平均有效压力 MEP。MEP 用单位活塞面积上假设不变的压力，此压力施加在活塞上面，折合到每单位气缸工作容积的，每工作循环中的有效功。从数学上讲，

$$\text{MEP} = \frac{|W_{net}|}{排量} \tag{13.1}$$

热机循环性能分析是根据循环中某些方便状态点的可用信息进行的。状态点所需的参数是压力、温度、体积和熵。如果两个状态点的两个参数已知，那么未知参数通常是从工作流体在两个状态点（如等压和等熵）之间的过程和热力学定律中获得的。热力学定律的讨论和热机循环的效率分析超出了本书的范围。仅对感兴趣的热机循环进行一般性介绍。在讨论热机的热力学循环时，将使用第 5 章前面讨论的熵概念。

13.1.1 往复式发动机

有两种类型的往复式内燃机，分别是火花点火式发动机（SI）和压缩点火式（CI）发动机。根据用于燃烧的燃料类型，这两种发动机通常称为汽油发动机和柴油发动机。两种发动机的区别在于启动燃烧的方法和循环过程。在火花点火发动机中，空气和燃料的混合物被吸入，火花塞点燃吸入的混合气。发动机的进气称为充气。现代汽油发动机车辆使用电子控制的直接燃油喷射，这有助于根据驾驶员的需求测量出精确的燃油供给。在压燃式发动机中，空气被吸入并压缩到很高的压力和温度，以至于在喷射燃料时会自发开始燃烧。火花点火发动机相对较轻且成本较低，并且与传统汽车一样用于低功率发动机。压燃式发动机更适用于更高功率范围内的动力系统，如卡车、公共汽车、机车、轮船和辅助动力装置。压燃式发动机的燃油经济性优于火花点火式发动机，这证明了它们在更高功率应用中的使用是合理的 [1]。

尽管迄今为止汽油发动机已用于乘用混合动力汽车，但柴油发动机在未来具有很大的替代潜力。柴油发动机越来越多地用于几种型号的乘用车辆，由于其高燃油效率，它们提供高行驶里程。柴油发动机中的 NO_x 排放问题可以通过催化转化和排放后处理组件来解决。有关排放及其控制的更多信息，请参见第 13.4 节。

图 13.1 给出了具有代表性的往复式内燃机的草图，包括此类发动机的术语标准。在发动机气缸内有进行往复运动的活塞。当气缸内容积最大时，活塞在气缸底部的位置称为下止点（BDC）。当气缸内容积最小时，活塞在气缸顶部的位置称为上止点（TDC）。当活塞处于上止点时这个气缸最小容积称为燃烧室容积。曲柄机构将活塞的直线运动转换为旋转运动，并将动力传递给曲轴。活塞从 TDC 移动到 BDC 时所扫过的容积称为排量，这是通常用于指定发动机尺寸的参数。压缩比定义为 BDC 处的容积与 TDC 处的容积之比。

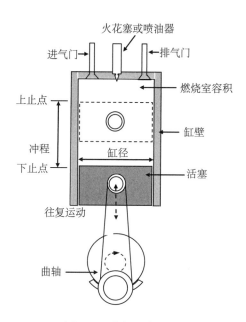

图 13.1　往复式内燃机

气缸体的直径称为缸径。火花点火汽车发动机的缸径通常在 70~100mm 之间。过小的缸径没有给气门留下空间，而过大的缸径意味着更大的质量和更长的火焰传播时间。较小的缸径使发动机的转速更高。活塞从 BDC 到 TDC 所经过的垂直距离称为冲程。行程通常在 70~100mm 之间。行程太短意味着扭矩不足。 冲程的长度受活塞速度的限制。 气缸的最小排量可以为 250 mL，而最大可以达到 1000 mL。为了获得可接受的缸径和冲程长度限制，常常会使用多缸发动机。取决于气缸的数量，多个气缸可以排列成直列、水平或 V 形配置。典型布置如表 13.1 所示。

表 13.1　汽车发动机气缸的布置

气缸数量	气缸布置
3	直列
4	直列，水平
5	直列
6	直列，水平，V 形（窄，60°，90°）
8	V 形（90°）
10	V 形（90°）
12	V 形，水平（超级跑车用）

为了获得良好的基础平衡，多个气缸的动力冲程间隔相等。具有良好基础平衡的发动机布置有：直列 4 缸和 6 缸、90°V 8 缸以及平置 4 缸和 6 缸。基础平衡不良的布置为 90°V 6 缸和直列 3 缸。在基础平衡不良的布置中，使用反向旋转的平衡轴来消除振动。

气缸中的气门布置称为气门机构。 气门机构可以是顶置气门（OHV）、单顶置气门（SOHC）或双顶置气门（DOHC）。OHV 具有凸轮轴、推杆、摇臂和气门，而 SOHC 和 DOHC 具有凸轮轴、摇臂和气门。SOHC 有一个凸轮轴放置在气缸盖中，而 DOHC 在气缸盖中有两个凸轮轴，一个用于进气门，另一个用于排气门。一个气缸中可以有 2、3、4 或 5 个气门。气门数量的选择取决于流量和复杂性之间的权衡。

13.1.2　实际循环和空气标准循环

汽车内燃机发动机通常是四冲程发动机，曲轴每转动两圈，其中活塞就执行 4 个气缸冲程。这 4 个冲程是：进气、压缩、膨胀和排气。4 个冲程内的操作如图 13.2 的压力 – 容积图所示。图中的数字 1~5 表示循环过程之间的不同状态点。进气是在进气门打开的情况下将充气吸入气缸的过程。工作流体在压缩阶段被压缩，活塞从 BDC 移动到 TDC，活塞对流体完成压缩。在下一个阶段中，通过火花点火或压燃式发动机的自燃，压缩流体点火过程中产生热量。下一个阶段是膨胀过程，也称为做功冲程。在这个冲程中，缸内气体推动活塞做功。排气过程从 BDC 开始，排气门打开。在排气过程中，发动机排出未利用的热量。

由于摩擦、压力和温度梯度、气体和气缸壁之间的热传递以及压缩充气和排放燃烧产物所需的功等不可逆性，实际循环具有极大的复杂性。这个过程的复杂性通常需要计算机模拟来进行性能分析。然而，通过对构成循环的过程的行为进行简化假设，可以获得对过程的重要洞察。理想化过程可以替代气缸内的燃烧和膨胀过程。这些理想循环称为空气标准循环。空气标准分析假设工作流体是理想气体，所有过程都是可逆的，燃烧过程被外部热源的传热过程所取代。下文简要介绍了两种空气标准循环，即奥托循环和柴油循环。

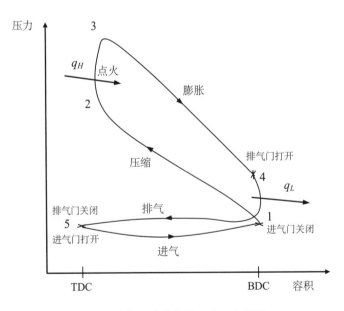

图 13.2　往复式内燃机的压力 - 容积图

13.1.2.1 空气标准奥托循环

奥托循环是火花点火发动机中使用的实际循环的理想空气标准版本。空气标准奥托循环假定当活塞处于上止点时，在恒定体积下，热量的增加瞬间发生。图 13.3 中的 p-v（压力 – 体积）图说明了该循环。进气冲程开始于进气门在 TDC 处打开以将新鲜充气吸入气缸。进气门在 5 和 1 之间打开以获取新鲜的燃油和空气的混合物。随着活塞向下移动，气缸内的容积会增加，以允许更多的充气进入气缸。活塞到达 BDC 时冲程结束，进气门在该位置关闭。BDC 处的这个状态点标记为 1。在 1 和 2 之间的下一个循环中，活塞对充气做功以压缩它，从而增加其温度和压力。这是活塞在两个气门都关闭的情况下向上移动时的压缩冲程。过程 1—2 是活塞从 BDC 移动到 TDC 时的等熵（可逆和绝热）压缩。在火花点火式发动机中，当高压高温流体被火花塞点燃时，燃烧在压缩冲程接近尾端时开始。因此，压力以恒定体积（即几乎瞬间）上升到状态点 3。过程 2—3 是当热量从 TDC 附近从外部源传递到空气时的快速燃烧过程。下一个冲程是膨胀冲程或做功冲程，此时气体混合物膨胀并对活塞做功，迫使其返回 BDC。过程 3—4 代表活塞做功时的等熵膨胀。最后一个冲程是排气冲程，从排气门在 4 附近打开开始。活塞开始向上移动，沿途排出气缸中的燃烧产物。在过程 4—1 中，大部分热量在活塞接近 BDC 时被排出。过程 1—5 代表燃烧燃料在基本恒定压力下的排气。在 5 时，排气门关闭，进气门打开；气缸现在准备好重新充气以重复循环。

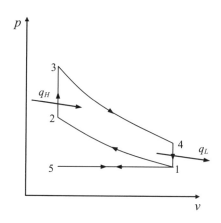

图 13.3 空气标准奥托循环的 p-v 图

火花点火发动机可以是四冲程发动机或二冲程发动机。二冲程发动机以二冲程奥托循环运行，其中进气、压缩、膨胀和排气操作都在曲轴旋转一圈中完成。二冲程循环用于较小的发动机，例如用于摩托车的发动机。

大多数火花点火发动机，或众所周知的汽油发动机，都在改进的奥托循环上运行。这些发动机使用的空燃比介于 10/1 和 13/1 之间。大多数量产车辆发动机的压缩比在 9—12 范围内。发动机的压缩比受发动机辛烷值的限制。高压缩比可能导致压缩期间空气 - 燃料混合物的自燃，这在火花点火式发动机中是绝对不希望的。火

花点火发动机最初是通过使用放置在进气路径中的化油器来限制允许进入发动机的
空气量而开发的。化油器的功能是通过遵循"伯努利原理"产生真空来抽取燃料。
但是，燃油喷射现在普遍用于带有火花点火的汽油发动机，而不是化油器。燃油喷
射最初用于柴油发动机。燃油喷射系统的控制目标是计算任何时刻进入发动机的空
气质量流量，并在其中混合正确量的汽油，以使空气和燃油的混合物适合发动机的
运行条件。近年来，满足严格的废气排放法规的要求增加了对燃油喷射系统的需求。

　　火花点火或汽油发动机的扭矩 - 速度特性如图 13.4 所示。 发动机的高扭矩范
围很窄，这也要求发动机有足够高的转速。窄的高扭矩区域对火花点火式发动机的
传动比要求很高。

　　火花点火发动机广泛应用于汽车，并且不断发展，使发动机易于满足当前的排
放和燃油经济性标准。目前，火花点火发动机是成本最低的发动机，但问题是能否
以合理的成本满足未来的排放和燃油经济性标准。火花点火发动机还有其他一些缺
点，包括用于限制进气的节气门。火花点火发动机的部分节气门开度操作性能很差，
而柴油发动机不存在这个问题。通常，节流过程会导致火花点火发动机的效率降低。
轴承摩擦和滑动摩擦造成的损失进一步降低了发动机的效率。

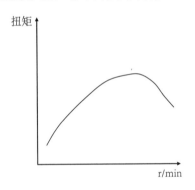

图 13.4　汽油机的扭矩 - 转速特性

13.1.2.2　空气标准柴油循环

　　柴油发动机的实际循环基于狄塞尔循环（柴油循环）。 柴油循环试图尽可能
接近卡诺（Carnot）效率。空气标准柴油循环假定热量增加发生在恒定压力下，而
热量排出发生在恒定体积下。该循环如图 13.5 中的 p-v（压力 – 体积）图所示。

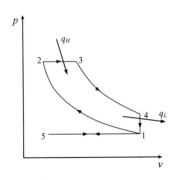

图 13.5　空气标准柴油循环的 p-v 图

循环从 5 到 1 之间的进气冲程开始，此过程将新鲜空气吸入气缸。进气门在 5 到 1 之间打开。下一个过程 1—2 中，活塞从 BDC 移动到 TDC，这与奥托循环发生等熵（恒定熵）压缩相同。在压缩比足够高的情况下，空气的温度和压力会达到这样的水平，即在压缩冲程快结束时，由于燃料的喷射，燃烧会自发开始。在 2—3 的燃烧过程中，热量在恒压下传递给工作流体，这也构成了膨胀或做功冲程的第一部分。过程 3—4 中的等熵膨胀弥补了做功冲程的其余部分。排气门在状态点 4 打开，允许压力在过程 4—1 期间在恒定体积下下降。在这个过程中，当活塞处于 BDC 时，热量被排出。燃烧燃料的排气在 1—5 期间发生，在基本恒定的压力下排放。然后排气门关闭，进气门打开，气缸准备吸入新鲜空气以重复循环。

压燃式发动机的额定压缩比范围为 13/1 至 17/1，使用的空燃比介于 20/1 和 25/1 之间。与汽油发动机相比，柴油机的压缩比更高，这有助于在燃烧过程中产生的功，从而提高柴油发动机的效率。柴油发动机的比功率低于汽油发动机。如图 13.6 所示，柴油发动机的扭矩范围也很广。

柴油发动机的主要缺点包括需要更坚固、更重的部件，这会增加发动机的质量以及喷射速度和火焰传播时间的限制。柴油发动机的改进旨在减少排气中的氮氧化物，以及发动机的噪声、振动和恶臭烟雾。最近开发的解决上述问题的汽车柴油发动机使其成为混合动力电动汽车应用的绝佳候选者。

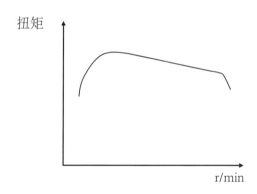

图 13.6　柴油发动机的扭矩 - 转速特性

13.1.3　燃气轮机发动机

燃气轮机用于固定发电以及运输应用，例如飞机驱动和船舶用动力。燃气轮机可以是开式或闭式。在开式中，工作流体从发动机内的燃料燃烧中获得能量，而在闭式中，通过热传递输入的能量来自外部来源。开式用于车辆驱动系统，将在此处进行考虑。燃气轮机在交通运输中的应用可归因于其有利的功率输出 / 重量比，这再次使其成为混合动力电动汽车的可行候选者。

燃气轮机发动机在布雷顿循环中运行，该循环使用恒压热传递过程，其间包括等熵压缩和膨胀过程。燃气轮机的主要部件以及能量流动方向如图 13.7（a）所示。空气标准循环的相应 p-v 图如图 13.7（b）所示，该图忽略了通过燃气轮机部件的空气循环中的不可逆性。恒定熵过程表示为 $s=c$。

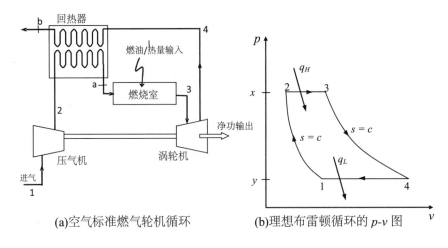

(a)空气标准燃气轮机循环　　　　　(b)理想布雷顿循环的 *p-v* 图

图 13.7　空气标准燃气轮机循环和理想布雷顿循环的 *p-v* 图

空气工作流体在空气标准分析中被认为是理想气体。在状态 1 的循环开始时，空气不断被吸入并在压缩机中压缩，以提高其压力和温度。压缩机通常是用于汽车应用的径向流动型。然后空气进入燃烧室或燃烧器，在燃烧室中发生燃烧，燃油喷射以提高空气温度。然后，高温高压混合物在涡轮机中膨胀和冷却，从而产生动力并做功。热的燃气轮机废气在回热器中利用，预热离开压气机后进入燃烧室之前的空气。这减少了燃烧室所需的燃料，提高了系统的整体效率。在开式燃气轮机中，新鲜空气在每个循环中被吸入，废气在经过回热器后被净化。涡轮机设计用于提供大于所需压气机工作输入的工作输出。轴上的多余功用于驱动燃气轮机汽车的车辆，或用于固定应用中的发电。图中的封闭区域表示净功输出。特别是，*p-v* 图中的面积 12*xy*1 代表每单位质量的压气机工作输入，面积 34*yx*3 代表每单位质量的涡轮机工作输出。

涡轮的功率输出通过喷入燃烧室的燃油量来控制。许多涡轮机都有可调叶片和 /或传动装置，以减少部分负载条件下的燃油消耗，并提高加速性能。燃气轮机的主要优点是唯一的运动部件是涡轮机的转子。涡轮机没有往复运动，因此比往复式发动机运转更平稳。燃气轮机的另一大优势是其多燃料能力。涡轮具有燃烧喷射到气流中的任何可燃燃料的灵活性，因为连续燃烧并不严重依赖于燃料的燃烧特性。燃气轮机中的燃料燃烧完全且清洁，从而使排放量保持在较低水平。

燃气轮机发动机有一些缺点，阻碍了它在汽车应用中的广泛应用。燃气轮机的复杂设计增加了制造成本。与往复式发动机相比，燃气轮机对节气门请求变化的响应时间较慢。在部分节流条件下，燃气轮机的效率降低，因此不太适合低功率应用。涡轮机需要中间冷却器、回热器和 /或再热器，以达到与火花点火或压燃式发动机相当的效率，这大大增加了燃气涡轮发动机的成本和复杂性[2]。

13.2　BMEP 和 BSFC

虽然扭矩是衡量特定发动机做功能力的一个指标，但如前所述，平均有效压力（MEP）是对几种不同发动机进行标准化比较的一个更有用的参数。对于往复式发动机，BMEP（制动平均有效压力）是一个更实用的参数，它可以衡量每缸排量每循环发动机所做的功。为了理解 BMEP，我们首先需要定义指示平均有效压力（IMEP）和摩擦平均有效压力（FMEP）。"指示"一词是指发动机气缸中的工作混合物在压缩和膨胀冲程中所做的净功。这项工的一部分是克服发动机机械摩擦和损失，以引入空气燃料混合物并排出多余的充气。剩余的是发动机曲轴上可用的功或扭矩。"制动"是指发动机曲轴上可用的功或扭矩，由测功机在飞轮处测量。测功机测量有助于避免与车辆动力系统相关的机械损失。就平均有效压力而言，我们可以写成

$$IMEP = BMEP + FMEP$$

计算的 BMEP 的结果给出了燃烧室中由于燃烧而产生的理论恒压值。虽然它不能描述实际燃烧压力，但它是一个很好的比较标准。

使用发动机的输出功率得出每个循环所做的功是

$$\text{Work per cycle} = \frac{P_b n_R}{N} \qquad (13.2)$$

其中 P_b 是发动机制动输出功率，N 是发动机转速，单位为 r/s。n_k 是动力冲程数，对于四冲程发动机为 2。需要注意的是，发动机功率是整个发动机的功率输出，而不仅仅是一个气缸。因此，BMEP 是通过除以发动机的总排量 V_d 获得的：

$$BMEP = \frac{P_b n_R}{V_d N} \qquad (13.3)$$

为了简化计算，功率可以表示为制动扭矩 T_b 和发动机转速 N 的乘积。注意，为了与公式 13.3 一致，发动机转速必须以每单位时间的转数表示；因此，需要乘以 2π。使用公式 13.3 中的这些值，扭矩以 N·m 表示，BMEP 的适当单位为

$$\frac{\left(\frac{\text{rev}}{\text{cycle}}\right)\left(2\pi \frac{\text{rad}}{\text{rev}}\right)(N·m)}{(m^3/\text{cycle})} \Rightarrow \frac{N}{m^2} \text{ 或 Pa (1 bar = 100 kPa)}$$

就扭矩而言的 BMEP 由下式给出

$$BMEP = \frac{4\pi \times T_b}{V_d} \left(N/m^2\right)$$

一个气缸的容积可通过以下公式计算：

$$V_d = \frac{\pi}{4} \times \text{缸径}^2 \times \text{冲程 (m}^3)$$

内燃机发动机的燃油消耗量以单位时间的燃油质量流量 m_f 来衡量。单位输出功率的燃料流量，称为燃料消耗率（SFC），是衡量发动机将燃料中储存的化学能转化为机械能的效率的指标。在实际应用中，更常用的参数是燃料的质量流量 m_{fuel} 与实测输出功率 P_b 的比值。与 BMEP 类似，此参数称为往复式发动机的制动油耗率（BSFC），功率 P_b 或扭矩 T_b 是在发动机曲轴上使用测功机测量的。发动机在飞轮处的输出功率可以表示为测得的发动机制动扭矩和速度的乘积。BSFC 的计算公式为

$$\mathrm{BSFC} = \frac{\dot{m}_f}{P_b} = \frac{\dot{m}_f}{T_b 2\pi N} \tag{13.5}$$

通过在各种转速/负载组合设定点下，对发动机进行实验室测试，根据经验获得发动机峰值扭矩曲线下的 BSFC 曲线图。发动机功率、扭矩和 BSFC 与转速的性能曲线是分析内燃机的有用工具。图 13.8 显示了柴油发动机的效率示意图示例，BSFC 等值线以 g/(kW·h)[3] 为单位绘制。图中 BMEP 使用 kPa 为单位，相应发动机扭矩以 N·m 为单位。可通过制动扭矩和发动机转速的乘积获得曲轴工作点的发动机功率。

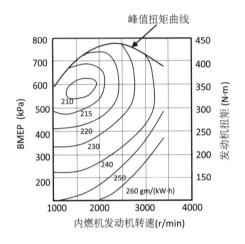

图 13.8　柴油内燃机的效率图示例

13.3　车辆燃油经济性

燃油经济性是与动力系统组件效率相关的车辆的关键性能指标。燃油经济性是根据标准驾驶循环的燃油消耗量计算的。生产或已建成车辆的燃油经济性，可以通过在道路上或在底盘测功机中，按照标准驾驶循环（例如公路驾驶循环或城市驾驶循环）实际驾驶车辆来计算。现实世界的燃油经济性因消费者使用而异；但是，如果消费者使用具有代表性的公路或城市标准驾驶循环，那么燃油经济性应该接近在使用测功机的实验室中获得的数字。

可以通过模拟预测燃油经济性来评估车辆的设计。从测试或模拟数据中获得的子系统模型或特性用于表征车辆。避免子系统的动态模型以简化车辆级仿真。标准驾驶循环以及车辆模型和道路负载特性可以在模拟中合理地预测燃油经济性，以及相当准确的子系统特性。为了预测燃油经济性，曲轴处的发动机输出功率和产生该功率所消耗的燃料是必要的。

需要 BSFC 和常规条件下的燃油比重，以预测燃油经济性。发动机的 BSFC 是发动机为产生一定量的能量而消耗的燃料质量。假设燃油比重在行驶循环中保持不变。这是一个近似值，因为比重取决于温度和其他因素。

汽车的燃油经济性由下式给出

$$\text{FE}(\text{m/L}) = \frac{\text{车辆速率，} v \text{ (m/s)}}{\text{燃料流量，} Q_f \text{ (L/h)} \times (\text{h}/3600 \text{ s})} \qquad (13.6)$$

燃料流量由燃料的质量流量获得

$$Q_f \text{ (L/h)} = \frac{\text{质量流量，} m_f \text{ (g/h)}}{\text{比重，} \rho_{\text{fuel}} \text{ (g/L)}} \qquad (13.7)$$

质量流量根据曲轴处的发动机功率和 BSFC 计算得出

$$m_f = P_b \text{ (kW)} \cdot \text{BSFC} \text{ (g/kW·h)} \qquad (13.8)$$

那么燃油流量为

$$Q_f \text{ (L/h)} = \frac{P_b \text{ (kW)} \times \text{BSFC} \text{ (g/kW·h)}}{\rho_{\text{fuel}} \text{ (g/L)}}$$

最后，燃油经济性由下式给出

$$\text{FE}(\text{m/L}) = \frac{3600 \times v \text{ (m/s)} \times \rho_{\text{fuel}} \text{ (g/L)}}{P_b \text{ (kW)} \times \text{BSFC} \text{ (g/kW·h)}} \qquad (13.9)$$

以 miles/gal 为单位的燃油经济性由下式给出

$$\text{FE}(\text{miles/gal}) = \frac{3600 \times v \text{ (m/s)} \times \rho_{fuel} \text{ (g/L)} \times (3.79 \text{ L/gal}) \times \text{miles}/1609 \text{ m})}{P_b \text{ (kW)} \times \text{BSFC} \text{ (g/kW·h)}}$$

$$= 8.4797 \frac{v \times \rho_{\text{fuel}}}{P_b \times \text{BSFC}} \qquad (13.10)$$

如果传动系效率可用，可以通过牵引功率中获得发动机功率。对于给定的牵引功率和传动系效率，发动机功率为

$$P_b = \frac{P_{TR}}{\eta_{DT}} \qquad (13.11)$$

虽然 BSFC 在对与功率输出相关的燃料使用标准评估时很有用，但燃油效率评估可以说明投入发动机的燃油中，有多少百分比用于机械功输出。通过将测量的制动功率除以喷射燃料的潜在功率，可以得出内燃机的效率表格。特定燃料的潜在功率取决于其能量含量和喷射速率。标准燃油经济性验证需要具有确定热值的标准燃油配方。能量含量可以用燃料的高位热值（HHV）来表示，即燃烧并冷却到其初始温度（排气中的水冷凝）时每单位量燃料释放的热量。HHV 和燃料质量流量的乘积给出了燃料的潜在功率。以下表达式用于计算内燃机的效率：

$$\text{燃油效率} = \frac{\text{实测功率}}{\text{燃油潜在功率}} = \frac{P_b}{m_f \text{HHV}} = \frac{T_b N}{m_f \text{HHV}} \qquad (13.12)$$

必须强调的是，对于涉及不同化学能载体的效率计算，必须考虑燃料的 HHV，而不是低位热值（LHV）[4]。HHV 的定义源自生成热，其中包括 25℃ 初始状态和 25℃ 最终状态之间化学反应的所有能量变化。HHV 和 LHV 之间的主要区别在于，前者中包含在燃烧产物中存在的水蒸气潜热，即假设水在 1 个大气压和 25℃ 下冷凝。HHV 基于真实能量含量，代表燃料与空气氧化释放的热量。例如，普通柴油的 HHV 为 19 733 BTU/lbs。

混合动力车的燃油经济性

在电量保持混合动力车辆中，所有动力均由发动机提供。即使车辆在一定时间内以电力驱动，来自储能系统（电池或超级电容器或两者）的能量最初是由车载燃料在某个时间点通过发动机提供的。这就是为什么必须使用荷电状态（SoC）修正算法来确保燃料提供的所有能量都已用于驱动车辆的原因。否则，用于为储能系统充电的燃油将无法计算，导致燃油经济性比实际情况更差。另一方面，如果在计算燃油经济性时不考虑用于为储能系统充电的燃料，则将获得比实际更好的结果。通过 SoC 修正，能量存储系统在测量燃油经济性的驾驶循环开始和结束时保持相同的 SoC。

插电式混合动力车的燃油经济性必须同时考虑使用的车载燃料和供应的车外燃料。插电式混合动力车辆的燃油经济性是根据标准 SAE J1711 测量的，该标准规定在驾驶循环期间供应的总燃油是车载燃油消耗和车外供电电量的燃油当量之和。为了正确计算燃油经济性，车载储能系统从墙上插座充电，直到 SoC 与初始值匹配。为车载储能系统充电的等效燃料来自下式

$$F_{elec} = \frac{E_{ob}}{\zeta_{fuel}} \tag{13.13}$$

式中 $\zeta_{fuel} = 38.322 \ kW \cdot h/gal$，是所供应电能的燃料当量，$E_{ob}$ 是由电力公司供应的车外电能。

例 13.1

混合动力电动汽车具有小型发动机、电动机 / 发电机和用于电力驱动辅助的超级电容器组。车辆以 25m/s 的恒定速度行驶 30 min，以发动机在 BSFC=270g/(kW·h) 和电动机运行。这种等速巡航所需的牵引功率为 15.2kW。然而，超级电容器组在再生制动期间额外捕获了 960 kJ 的能量。计算在 30 min 等速巡航期间内，所有超级电容器能量用于驱动时的燃油经济性。

解决方案

速度 v=25m/s；超级电容器捕获的能量 =960 kJ

超级电容 30min 供电 $= \dfrac{960 \times 1000 \ J}{30 \min \times 60 \ s/min} = 533.33 \ W$

给定 P_{TR}=15.2kW

传动系统效率 η_{DT}=90%

超级电容器组和发动机在 30min 内为车轮提供动力。所以

$$P_{UC} + P_{Eng} = P_{TR}/\eta_{DT}$$

发动机功率 P_{Eng}=15.2/0.9−0.533=16.36kW

燃油流量

$$Q_f = \frac{P_{TR}/\eta_{DT} \times \text{BSFC}}{\rho_{\text{fuel}}} = \frac{(16.36) \times 270}{720} = 6.135 \, \text{L/h}$$

燃油经济性

$$\text{FE} = \frac{v}{Q_f} = \frac{25 \, \text{m/s} \times 3600 \, \text{s/h}}{6.135 \, \text{L/h}} = 14670 \, \text{m/L}$$

$$= \frac{14670 \, \text{m/L} \times 3.79 \, \text{L/gal}}{1609 \, \text{m/mi}} = 34.55 \, \text{miles/gal}$$

13.4　排放控制系统

火花点火发动机和压燃式发动机的废气流都是环境污染的重要来源[5]。以汽油为燃料的火花点火发动机废气含有氮氧化物（NO_x）、一氧化碳（CO）和碳氢化合物（HC）。与汽油发动机相比，柴油机尾气排放的 CO 和 HC 含量较低，但 NO_x 含量相似。CO 是一种剧毒物质，必须先转化为 CO_2 才能释放到大气中。二氧化碳无毒，但确实会产生温室效应。

13.4.1　污染物的产生

内燃机废气流中污染物的来源是燃烧过程本身。碳氢化合物与过量氧气的完全燃烧将仅形成水和二氧化碳，如下所示：

$$[C_xH_y]+[O_2] \rightarrow [H_2O]+[CO_2]$$

然而，由于内燃机发动机运行的实际限制和约束，碳氢化合物不可能完全燃烧。由于化学反应取决于压力、温度、混合气浓度和时间，因此会形成中间反应产物。废气流中含有许多不同类型的碳氢化合物。虽然这些碳氢化合物大部分是中间反应产物，但也可能存在一些未燃烧的高分子量碳氢化合物燃料。氧气不足时会产生一氧化碳。汽油发动机点火延迟也有助于产生一氧化碳。

进气流中的大气氮在高温下与过量的氧气发生反应，生成有害且剧毒的 NO_x 化合物。在较高的燃烧温度下，燃烧空气中的分子氮（N_2）和氧（O_2）分离再结合；通常称为热氮氧化物生成的过程。燃烧过程中产生的大部分 NO_x 以一氧化氮（NO）的形式存在，并受以下反应控制：

$$O+N_2 \rightarrow NO+N$$
$$N+O_2 \rightarrow NO+O$$
$$N+OH \rightarrow NO+H$$

虽然数量要少得多，但一个重要的污染源是二氧化氮（NO_2）的产生，二氧化氮是通过 NO 和氧气的结合产生的，如下所示：

$$2NO+O_2 \rightarrow 2NO_2$$

释放到大气中的 NO 会与氧气结合形成 NO_2，这是一种有毒污染物。

　　汽油和柴油燃料都含有一定量的硫，柴油燃料的硫重量含量在 0.1% ~ 0.3% 范围内，而汽油重量低于 0.06%。发动机内硫的燃烧会导致硫氧化物（SO_x）的排放。

　　除上述排气成分外，柴油燃烧还会导致颗粒物（PM）排放。0.1% ~ 0.5% 的燃料以小颗粒排放，主要由烟尘和一些额外的吸附碳氢化合物物质组成。火花点火发动机和压燃发动机排气流中小于 $0.1\mu m$ 的微粒在肺部的沉积效率最高[6]。碳烟排放由燃料在高浓度条件下燃烧时排放的小块固体碳物质组成，此时存在的氧气量不足，无法完全燃烧燃料。与汽油相比，柴油发动机的颗粒物问题更大，尽管前者总是在空气过量的情况下运行。这是因为火花点火式发动机的燃料和空气在进入燃烧室之前已经预先混合，燃料成分几乎完全蒸发，只有一小部分混合物含有液体燃料。尽管这部分确实有助于汽油发动机中的颗粒物产生，但产生的量被认为可以忽略不计。由于柴油发动机中的燃料是在空气被压缩后喷射到燃烧室中的，因此在短暂的时间段内，喷射区域中存在高浓度的雾化（但未汽化）燃料，从而产生大量的碳烟排放。碳烟浓度的实际形成很大程度上取决于喷射系统和燃烧室的设计以及发动机运行速度和负载[7]。

　　1970 年美国的《清洁空气法》和随后的立法对从车辆尾管释放到大气中的污染物数量进行了限制。美国环境保护署（USEPA）已根据车辆质量将排放水平分为等级。例如，最大整备质量为 2721 kg（6000 lbs）和最大车辆总重量为 3855 kg（8500 lbs）的轻型车辆必须满足 USEPA 2 级排放要求。标准 2 排放要求已分解为 10 个分类，对于分类为有害的不同化合物具有不同的废气排放限制。该法规规定了污染物的最大限值，与燃料类型无关。其中两个分类是分阶段政策的一部分，并在 2006 年末被删除。剩下的八个分类是永久性的。表 13.2 显示了标准 2 规定的 8 个永久分类中每个分类的车辆允许排放限值。USEPA 规定，车辆制造商必须满足轻型车队平均达到标准 2 级类别 5 规格。虽然生产车辆允许按类别 8 规格销售，但其销量必须由低于类别 5 的同等销量抵消。

表 13.2　美国环保署标准 2 法规车辆分类

| 级别 | USEPA 允许的每级排放限值（g/mile） | | | | |
#	NMHC	CO	NO_x	PM	HCHO
8	0.125	4.2	0.20	0.02	0.018
7	0.090	4.2	0.15	0.02	0.018
6	0.090	4.2	0.10	0.01	0.018
5	0.090	4.2	0.07	0.01	0.018
4	0.070	2.1	0.04	0.01	0.011
3	0.055	2.1	0.03	0.01	0.011
2	0.010	2.1	0.02	0.01	0.004
1	0.000	0.0	0.00	0.00	0.000

缩写：NMHC- 非甲烷碳氢化合物；CO- 一氧化碳；NO_x- 氮氧化物；PM- 颗粒物；HCHO- 甲醛

　　柴油燃料中的硫并不是特别值得关注的，因为它的含量可以在燃料制造过程中控制，因此不包括在控制类别的污染物中。USEPA 已强制要求在 2006 年 6 月 30 日之后生产的所有供公路使用的柴油燃料的硫含量应低于 15×10^{-6}（0.015% 重量）[8]。

立法以及排放控制部件的安装导致进入大气的污染物排放大幅减少。例如，从 1966 年的前控制到 2004 年的排放控制，CO 排放水平从 87 g/miles 英里降至 1.7 g/miles[6]。同样，在同一时期，HC 和 NO_x 排放水平分别从 8.8 和 3.6g/miles 降至 0.09 和 0.07g/miles。2004 年的数据是所有企业排放量的平均值。

13.4.2　空燃比对排放的影响

通过内燃机发动机技术的进步和排放控制部件的开发，废气排放得到了改善。通过使用燃油喷射系统、精确点火正时、精确燃油流量计量和计算机化发动机管理系统，内燃机发动机技术的进步使燃油燃烧更加彻底，提高了效率，有助于减少排放。尽管发动机技术取得了种种进步，但如果不进行额外的处理，汽车尾气中的污染物量仍然很大。排放控制部件放置在废气流的路径中，有助于将污染物水平控制在可接受的水平内。

对于给定的内燃机，混合动力控制可以控制的影响燃油效率和排放的参数是发动机转速和负载。为了最大限度地提高燃油经济性，发动机工作的最佳区域是 BSFC 最低的区域。对于以串联模式运行的混合动力车辆，当驱动发电机以减少燃料使用时，内燃机发动机的工作点应位于该最低 BSFC 区域。内燃机的高燃油效率是高热效率的结果，因此，发动机室温度也是该区域最高的。然而，就排放而言，这可能不是理想的运行区域。排放量与内燃机中燃烧的混合气的空燃比密切相关。汽油发动机通常以化学计量比运行，以最大限度地提高燃油效率。化学计量意味着混合物的空燃比刚好适合完全燃烧。当量比 λ 是化学计量混合气与实际空燃比的比值，通常用于描述实际发动机中的相对空燃比。用数学术语来说，当量比是

$$\lambda = \frac{化学计量比}{实际空燃比}$$

图 13.9 定性地显示了汽油发动机当量比对 3 种主要污染物 CO、HC 和 NO_x 的相对影响。该图显示，最高水平的 NO_x 产生 $\lambda\approx1.1$，这也是最佳燃油经济性的比率[9]。在这些燃油经济性较高的区域，由于温度也较高，预计 NO_x 的生成量较高。另一方面，汽油发动机在 $\lambda\approx0.9$ 附近产生最佳功率，其中 NO_x 排放量较低，但 CO 和 HC 排放量较高。因此，燃料效率和排放之间的折中对于设置发动机工作点是必要的，以便对于两个参数都可以获得可接受的结果。控制目标通常是以化学计量比运行发动机，即以 $\lambda\approx1$ 运行，以使排气流中没有氧气。放置在排气流中的氧传感器向发动机控制单元提供反馈，以便为发动机维持适当的空/燃比，以最大限度地减少所有 3 种排放。在混合动力电动汽车中，混合动力控制策略必须与发动机管理系统一起发挥作用才能实现预期目标。

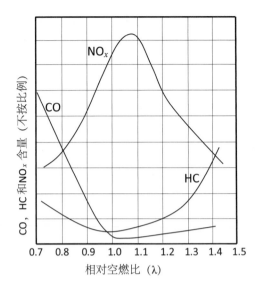

图 13.9   满负荷条件下空燃比对汽油发动机排放污染物的影响

13.4.3   NO$_x$ 流量

排出的 NO$_x$ 的总质量流量是排出的 NO 和 NO$_2$ 的质量流量之和。

$$\dot{m}_{NO_x,exh} = \dot{m}_{NO,exh} + \dot{m}_{NO_2,exh} \qquad (13.14)$$

就发动机映射而言，氮氧化物质量流量可以简单地表示为从公式 13.14 在相关域上获得的 NO$_x$ 质量流量值。这将有助于对特定行驶循环内车辆每英里的 NO$_x$ 排行进行计算建模。然而，相对于功率输出的 NO$_x$ 质量流量的表达可用于多个发动机之间的标准化比较。与燃料使用分析一样，再次计算制动特定值。制动 NO$_x$ 排放率（BSNO$_x$）是 NO$_x$ 质量流量除以测得的发动机制动功率[10]。

$$BSNO_x = \frac{\dot{m}_{NO_x,exh}}{P_b} = \frac{\dot{m}_{NO_x,exh}}{T_b 2\pi N} \qquad (13.15)$$

式中，P_b 为输出功率，T_b 为制动扭矩，N 为发动机转速（单位：r/s）。

热态发动机在测功机测试台中稳态条件下基线映射有助于了解发动机的 NO$_x$ 排放特性，并检查减少排放和燃油经济性间的权衡。带有排放采样、燃油流量测量和发动机诊断记录仪的测试台配置如图 13.10 所示。图 13.11 和图 13.12[10-11] 显示了在实验室使用测功机在 1.9L 柴油发动机上在其预期工作范围内进行的测试结果。测试用于收集数据以开发混合控制策略，柴油发动机扭矩负载和速度由测功机控制器调节和读取。燃料使用由流量计测量，并从测功机控制器读取。通过发动机的诊断端口从传感器读取质量空气流量。在涡轮增压器下游采集废气样本。收集的发动机进气和燃料质量流量数据以及体积排气含量数据用于确定发动机运行范围内的发动机排出 NO$_x$ 质量流量水平。对使用公式 13.5 和 13.15 计算 BSFC 和 BSNO$_x$ 的原始数据进行回归，以得出图 13.11 和图 13.12 中给出的基准发动机图。如前面第 13.2

节所述，BSFC 是内燃机燃料使用比较所必需的。

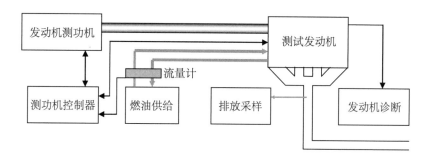

图 13.10　用于收集排放数据的测功机测试台

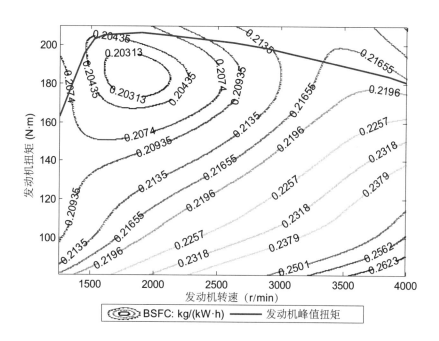

图 13.11　1.9 L 柴油发动机的 BSFC[11]

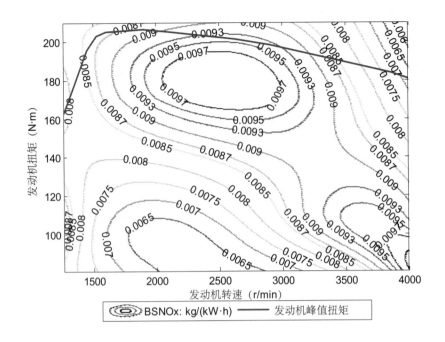

图 13.12   1.9 L 柴油发动机的 BSNO$_x$ [11]

在混合动力电动汽车中，启动机 / 发电机可通过变速器连接至内燃机发动机，用于启动发动机以及向电动动力系统提供驱动能量。变速器是一个单级减速器，旨在匹配电机和内燃机的工作转速范围。发动机和启动机 / 发电机的综合效率有助于开发此类混合动力系统的混合控制策略，如下所示

$$综合效率 = \frac{发电机输出功率}{燃料潜在功率}$$

$$= \frac{P_{gen,out}}{m_{fuel}\text{HHV}} = \frac{V_{DC}I_{DC}}{m_{fuel}\text{HHV}}$$

（13.16）

在混合动力车辆运行的串联模式下，内燃机发动机和启动机 / 发电机循环开启和关闭，以将储能系统保持在所需的 SoC 范围内。可根据燃油经济性、排放量和启动机 / 发电机的电机特性选择"开启"工作点。如果仅以高燃油经济性为目标，发动机应在低 BSFC 的区域运行。图 13.11 和图 13.12 的发动机示意图显示，燃油消耗低的运行区域也会产生高 NO$_x$。因此，在选择最佳内燃机发动机工作点时，必须在高燃油效率和减少排放之间进行折中。第 13 章讨论了混合控制策略"开启"工作点的选择。

例 13.2

柴油混合动力电动汽车串联模式运行期间的质量流量为 2.3 kg/h。 永磁启动机 / 发电机以 2.8∶1 的传动比通过皮带连接到发动机上。启动机 / 发电机输入扭矩和转速分别为 28.93 N·m 和 3500 r/min。假设发动机和启动机 / 发电机轴之间的耦合损耗可以忽略不计。产生的输出电压和电流分别为 300 VDC 和 31.8 A。计算发动机 BSFC、发动机效率和发动机 – 启动机 / 发电机组合效率。

解决方案

内燃机发动机制动扭矩为 T_b=28.93×2.8=81N·m

内燃机发动机转速为 N=3500/2.8=1250r/min

因此，内燃机制动功率输出，忽略皮带耦合损失是

$$P_b = 81 \times 1250 \times \frac{\pi}{30} = 10.6 \text{ kW}$$

内燃机发动机 BSFC 是

$$\text{BSFC} = \frac{\dot{m}_f}{P_b} = \frac{2.3}{10.602} = 0.217 \text{ kg/(kW·h)}$$

这等于 0.357 lbs/(HP·h)。

柴油 HHV 为 19733 BTU/lbs，相当于

$$\text{HHV} = 19733 \times 1055 \times 2.205 \text{ J/kg} = 45904.38 \times 10^3 \text{ J/kg} = 12.75 \text{ kW·h/kg}$$

根据燃料潜力计算出的内燃机输入功率为

$$P_{in} = \dot{m}_f \times \text{HHV} = 2.3 \times 12.75 = 29.32 \text{ kW}$$

因此，内燃机效率为 $\eta_{ICE} = \frac{10.602}{29.32} = 36.2\%$

综合效率为 $\eta_{\text{combined}} = \frac{300 \times 31.8}{29.32} = 32.5\%$

13.4.4　排放控制组件

车辆中的排放控制组件取决于所使用的内燃机类型，尽管汽油发动机和柴油发动机中的某些部件相似。汽油发动机通过在废气流路径中提供一个腔室，进一步氧化和减少污染物，并将部分废气流重新引入发动机内，从而控制排放。用于氧化和减少污染物的部件称为催化转化器，而第二种方法称为废气再循环（EGR）。催化转化器和 EGR 在降低汽油发动机车辆中的所有污染物方面非常有效。柴油发动机需要额外的后处理部件，以使污染物水平达到可接受的水平。我们将在本节中讨论 EGR 和催化转化器，然后讨论柴油发动机车辆排放控制的具体需求。

13.4.4.1　废气再循环

EGR 用于降低车辆排气管处 NO_x 水平。该方法使用 EGR 阀将部分排气流重新引入空气/燃油进气系统，以降低发动机燃烧室温度。添加的废气稀释空燃比并降低 λ，这有助于降低燃烧室温度。发动机工作温度越低，产生的 NO_x 量越低。EGR 将浓空气/燃油混合气（燃油浓）稀释为稀混合气（燃油稀），这会降低发动机性能。因此，当需要全部发动机功率或发动机处于冷态时，EGR 动作被禁用。

13.4.4.2　催化转化器

催化转换器通过氧化和还原将废气流中的有害污染物转化为更可接受的化合

物。只设计用于两个氧化过程的催化转化器称为二元催化转化器，而使用两个氧化和一个还原过程的催化转化器称为三元催化转化器。这两个氧化过程减少了废气流中的一氧化碳和碳氢化合物。二元催化转化器最初用于汽油发动机，但由于无法减少排放中的 NO_x，因此开发了三元催化器，现在已普遍使用。目前，二元催化转化器与额外的后处理组件一起用于柴油发动机，以减少 NO_x 和颗粒物。

三元催化转化器使用催化剂执行以下 3 个操作：

（1）将 NO_x 还原为氮和氧：$2NO \rightarrow O_2 + N_2$ 和 $2NO \rightarrow 2O_2 + N_2$

（2）将一氧化碳（CO）氧化成二氧化碳（CO_2）：$2CO + O_2 \rightarrow 2CO_2$

（3）碳氢化合物氧化成二氧化碳（CO_2）和水（H_2O）：$[C_xH_y] + [O_2] \rightarrow [H_2O] + [CO_2]$

催化剂可以加速这些化学反应过程。铂和铑用作还原催化剂，而铂和钯用作氧化催化剂。

当内燃机在化学计量比附近的窄带内运行时，三元催化转化器在减少 CO、NO_x 和 HC 排放方面非常有效。发动机管理和燃油喷射系统与催化转化器协同工作，可有效减少污染物的数量。排气流中的氧传感器向发动机管理系统提供反馈，该系统将燃料喷射系统的空气 / 燃料混合物的比例控制在化学计量比附近的窄带内。然而，在发动机的部分负载条件下或在高需求条件下，可能无法将比率保持在化学计量比附近。在化学计量比附近的范围之外，当空气 / 燃料混合物稀薄时，有利于氧化，因为排气流具有更多的 CO 和 HC。同理，当空气 / 燃料混合物浓时，有利于还原，因为由于发动机室温度高，排气将含有更多的 NO_x。催化转化器中使用的金属氧化物（氧化铈）能够在有过量氧气时储存氧气，并在需要时释放氧气。这种类型的氧化物被称为稳定剂。金属氧化物在废气流中有过量氧气的稀薄运行条件下储存氧气；在浓混合气运行时（没有足够氧气）释放氧，来帮助氧化过程。

除了催化转化器外，在某些条件下，二次空气喷射（SAI）方法应用于火花点火发动机中的排气流，可以燃烧掉多余的碳氢化合物。当催化转化器没有足够的时间预热时，该方法主要在发动机启动期间用于控制排放。

13.4.5 柴油废气排放的处理

柴油发动机对混合动力汽车很有吸引力，因为与汽油发动机相比，柴油发动机可以提供更高水平的燃油经济性。与同等性能的汽油发动机相比，一些采用高速直接喷射进行燃油雾化的最新技术柴油发动机可实现高达 35% 的体积油耗降低[12]。尤其是欧洲汽车行业已经有了用于乘用车的小型高效柴油发动机。与普通汽油燃料汽车相比，使用柴油发动机作为混合动力汽车的主要动力源可以显著提高燃油经济性。然而，如果混合动力汽车使用柴油发动机，则必须采用后处理系统，以满足 EPA 的要求。

虽然可以通过改变发动机运行参数来减少柴油发动机尾气中的排放量，但这些成就通常是以燃油效率为代价的。本节重点介绍柴油尾气的后处理部件；后处理是指在废气流中减少排放的方法，即后燃烧。

13.4.5.1 柴油氧化催化剂

通过在排气流中使用氧化催化剂，可以显著减少未燃烧的碳氢化合物和一氧化碳。与汽油废气催化转化器类似，柴油废气催化转化器通过使用贵金属催化剂促进化学反应来氧化废气流中的碳氢化合物和一氧化碳。然而，柴油发动机氧化催化转化器的设计与汽油发动机的设计有很大不同，因为必须优化性能，以便在柴油发动机排气温度低得多的情况下运行[13]。温度较低是因为柴油发动机总是在空气过量的情况下工作。

13.4.5.2 柴油微粒过滤器

颗粒物可以通过用柴油氧化催化剂处理来降低，因为它含有碳氢化合物。目前，氧化催化剂是量产轻型柴油车辆中唯一使用的微粒控制类型。然而，为了有效控制主要含有烟尘的颗粒材料，柴油颗粒过滤器（DPF）是必要的。有几种 DPF 设计，但最常见和最有效的设计是壁流式过滤器。过滤器为废气提供通道，迫使气体达到堵塞的末端，从而使其流经黏土衍生的捕获材料侧壁，从而过滤颗粒。据报道，这种设计的过滤器的捕集效率几乎为 100%[14]。DPF 使用中的问题在于快速堵塞和堵塞，需要定期清洁过滤器。

清除 DPF 中颗粒物的方法称为再生，它只涉及燃烧烟尘颗粒。再生可以被动地进行，也可以主动地进行。被动再生是通过保持足够高的排气温度来实现的，以便在车辆正常运行期间发生颗粒氧化。但是，所需的温度在 550~600℃ 之间，这对于柴油废气流来说通常是不合理的。商用重型柴油车的发动机尺寸符合燃油经济性要求；高负荷运行是常见的，因为大多数驾驶都是在公路上进行的，因此 DPF 的使用非常适合此类车辆。轻型乘用车在城市行驶条件下的运行频率更高，在这种条件下，不经常遇到高负荷运行导致高排气温度的情况。较低的排气温度不足以进行再生，因此在典型的量产型柴油乘用车中没有使用 DPF。在主动再生中，向燃油中添加催化添加剂以降低颗粒燃烧温度。添加催化剂可以与复杂的发动机管理策略相结合，通过改变燃油喷射率来提供更高的排气温度。

在混合动力汽车中使用轻型柴油发动机的一个优点是，混合动力控制策略可以通过串联模式运行，确保发动机即使在城市行驶条件下也能高负荷运行。发电机可以为发动机提供足够的负载，以满足所有城市行驶的需要，并尽可能将多余的能量用于蓄电池充电。在高负荷发动机温度足够高的情况下，DPF 的被动再生是可能的。在开发此类车辆时，发动机的选择或开发应考虑被动再生的标准。

13.4.5.3 降低 NO_x 的方法

与汽油发动机相比，柴油发动机通过催化转化器减少 NO_x 的效果较差，因为柴油发动机的排气温度较低，且排气流富氧。化学反应总是以最简单的方式发生，柴油废气流中的过量氧气会在促进催化剂中 NO_x 分解之前键合。当考虑混合动力汽车的运行情况时，通过催化促进降低柴油机排气中的 NO_x 化合物更加复杂。混合控制策略可能需要发动机的高效率，例如在串联运行模式中。高燃油效率是通过在给定速度下以高负载运行发动机来实现的，在这种情况下也会产生高 NO_x。混合动力车的这种运行场景在城市驾驶中很典型。对于混合动力汽车，公路行驶总是需要发动机在高负荷下运行。这将导致混合动力车辆的内燃机始终在高负载条件下运行，与传统的内燃机车辆相比，这将显著增加行驶循环的 NO_x 水平。

用于柴油机 NO_x 控制的两种现代技术是稀油氮氧化物捕集器，能够在较低的工作温度下储存 NO_x，直到看到较高的负载；以及一种称为选择性催化还原（SCR）的过程，在该过程中，使用氨气处理发动机排气以减少 NO_x[10]。

稀油 NO_x 捕集器是一种在稀薄（富氧）运行条件下吸附 NO_x，然后在富燃料环境中分解成无害的水和氮气的技术。该系统通过使用一种催化剂来运行，该催化剂通过形成一种新的化合物来促进 NO_x 在稀薄环境中的吸附和储存[15]。固有的问题是，为了创造富含燃料的环境，必须经常将过量的燃料喷射到排气流中以进行再生，这会降低燃料经济性。柴油乘用车最近才引入稀油氮氧化物捕集器。梅赛德斯 - 奔驰（Mercedes-Benz）是第一家在 2007 车型年生产的汽车中引入配备稀油氮氧化物捕集器的车型。

SCR 涉及向排气中注入还原剂，还原剂能够与 NO_x 化合物结合形成无害化合物。在这个过程中，最有效的还原剂是氨（NH_3）。术语"选择性"表现为氨与 NO_x 化合物选择性反应的独特能力，而不是被氧化形成 N_2、N_2O 和 NO[16]。

$$4NH_3 + 4NO + O_2 \rightarrow 4N_2 + 6H_2O \tag{13.17}$$

$$2NH_3 + NO + NO_2 \rightarrow 2N_2 + 3H_2O \tag{13.18}$$

$$8NH_3 + 6NO_2 \rightarrow 7N_2 + 12H_2O \tag{13.19}$$

柴油排放中超过 90% 的 NO_x 由 NO 组成，因此反应 13.17 占减少 NO_x 的大部分，NO 和 NH_3 以 1：1 的比例和过量氧发生反应。反应 13.18 是最理想的，因为它发生的温度比其他反应低，但需要 NO 和 NO_2 的比例为 1：1。反应 13.19 处理由于 NO 不足而不能通过 13.18 还原的剩余 NO_2。

只有借助专门设计的催化转化器，才能实现氨和 NO_x 化合物的有效结合。已开发出 3 种类型的催化剂用于商业用途：贵金属、金属氧化物和沸石。贵金属催化剂已被证明在 NO_x 还原方面具有很高的活性，但也能有效氧化 NH_3，使其几乎无法用作还原剂。出于这个原因，效果稍差的金属氧化物（由金属和氧组成的化合物）催化剂是传统 SCR 应用中最常见的。由具有微孔结构的矿物组成的沸石催化剂也可用于 SCR 系统；然而，它们的使用更适合燃气热电联产电厂，而不是柴油发动机。

虽然氨可以成为一种有效的 NO_x 还原剂，但由于氨本身是 EPA 规定的有毒化学物质，因此储存和运输成为一个问题。解决方案是将尿素水溶液注入热废气流中，它会迅速分解成氨和二氧化碳[17]。产生氨的多余尿素的分解导致未经处理的氨从排气管排出，称为氨泄漏。此外，希望仅将正确量的尿素添加到排气流中，以便节约供应，从而最大限度地延长重新填充尿素之前的时间。

尿素喷射可使用与汽油发动机上常见喷油器相当的喷射器单元。通过向喷射器发送脉宽调制（PWM）信号，可以控制喷射率。所需的喷射压力通常由安装在储气罐上的压力调节器维持。用于改装应用的商用系统通常具有压缩机和电机，可根据需要对储气罐重新加压。对于尿素喷射的控制，排气温度的监测提供了足够的反馈信息，以确定喷射速率。更复杂的控制系统包括与发动机电子控制单元（ECU）的接口，ECU 提供发动机转速和燃油喷射率反馈，以控制尿素喷射率。用于确定催化剂下游氨含量的传感器非常适合开发尿素喷射反馈控制器；然而，此类传感器目前处于原型阶段。

问题 13.1

混合动力电动汽车的参数值如下：$\rho = 1.16\ \text{kg/m}^3$，$m = 692\ \text{kg}$，$C_D = 0.2$，$A_F = 2\ \text{m}^2$，$g = 9.81\ \text{m/s}^2$，$C_0 = 0.009$，$C_1 = 1.75 \times 10^{-6}\ \text{s}^2\ /\text{m}^2$。用于车辆的内燃发动机类型具有如下力（车轮处）与速度特性：$F = 2.0\ \sin\ (0.0285x)\ \text{N}$，其中 $5 < x < 100$，x 是以 miles/h 为单位的车辆速度。车辆在 2% 坡度上以 60 miles/h 的额定巡航速度行驶，确定发动机排量。

参考文献

[1]M.J. Moran and H.N. Shapiro, Fundamentals of Engineering Thermodynamics, sixth edition, John Wiley & Sons, Inc., New York, NY, 2008.

[2]J.P. O'Brien, Gas Turbines for Automotive Use, Noyes Data Corporation, Park Ridge, NJ, 1980.

[3]J.B. Heywood, Internal Combustion Engine Fundamentals, McGraw-Hill, Inc., New York, NY, 1988.

[4]U. Bossel, "Well-to-wheel studies, heating values, and the energy conservation principle," in Proceedings of European Fuel Cell Forum, 2003. Online www.efcf.com/reports, (E10).

[5]G.C. Koltsakis and A.M. Stamatelos, "Catalytic automotive exhaust aftertreatment," Progress in Energy and Combustion Science, 23, 1–39, 1997.

[6]R. Stone and J.K. Ball, Automotive Engineering Fundamentals, SAE International, Warrendale, PA, 2004.

[7]J.P.A. Neeft, M. Makkee and J.A. Moulijn, "Diesel particulate emission control," Fuel Processing Technology, 47, 1–69, 1996.

[8]Environmental Protection Agency "Technical amendments to the highway and nonroad diesel regulation; final rule and proposed rule," 40 CFR Part 80, Federal Register, vol. 71, no. 83, May 2006.

[9]H.H. Braess and U. Seiffert, Handbook of Automotive Engineering, SAE International, Warrendale, PA, 2005.

[10]R.N. Paciotti, An Evaluation of Nitrogen Oxide Emission from a Light-Duty Hybrid Electric Vehicle to Meer U.S.E.P.A. Requirements Using a Diesel Engine, MS Thesis, Mechanical Engineering, The University of Akron, August 2007.

[11]S.M.N. Hasan, I. Husain, R.J. Veillette and J.E. Carletta, "A PM brushless DC starter/generator system for a series/parallel 2 × 2 hybrid electric vehicle," IEEE Transactions on Industry Applications, 16(2), 12–21, March–April 2013.

[12]R.B. Krieger, R.M. Siewert, J.A. Pinson, N.E. Gallopoulos, D.L. Hilden, D.R. Monroe, R.B. Rask, A.S.P. Solomon and P. Zima, "Diesel engines: One option to power future personal transportation vehicles," SAE International 972683, 1997.

[13]J.C. Clerc, "Catalytic diesel exhaust aftertreatment," Applied Catalysis B: Environmental, 10, 99–115, 1996.

[14]P. Walker, "Controlling particulate emissions from diesel vehicles," Topics in Catalysis, 28, 1–4, 165–170, April 2004.

[15]A. Hinz, L. Andersson, J. Edvardsson, P. Salomonsson, C.J. Karlsson, F. Antolini, P.G. Blakeman, M. Lauenius, B. Magnusson, A.P. Walker and H.Y. Chen, "The application of a NO_x absorber catalyst system on a heavy-duty diesel engine," SAE International 2005-01-1084, 2005.

[16]P. Forzatti, "Present status and perspectives in de-NO_x SCR catalysis," Applied Catalysis A: General, 222, 221–236, 2001.

[17]M. Chen and S. Williams, "Modeling and optimization of SCR-exhaust aftertreatment systems," SAE International 2005-01-0969, 2005.

动力传动、制动和冷却系统 14

内燃机通过动力传动系统的动力传递路径将动力传递给车轮。本章介绍动力传动系统中离合器、齿轮、变速器和差速器等关键机械动力传动部件，以及一些辅助部件。内燃机和动力传动系统共同构成了机械动力传输路径。其中一些动力传动部件对于电动汽车以及内燃机发动机和电动机的动力混合也是必不可少的。电动汽车动力传动系统包括从储能系统到电机的电气路径，以及从电机输出轴到车轮的机械路径。混合动力电动汽车的动力系统比电动汽车的动力系统更复杂，因为混合动力电动汽车和内燃机发动机的扭矩输出需要耦合。本章还将在介绍主要动力传动系统部件后，讨论混合动力传动系统。

在车辆动力传输路径的末端附近放置了一个关键元件，即车辆制动器。除了必须评估制动力以使车辆停止运动外，制动系统动力学类似于驱动动力学。现代车辆越来越多地使用电气元件取代液压系统。在许多情况下，这种电气化利用电机驱动的执行器替换液压执行器。电动助力转向和电子阀门控制就是此类部件的例子。内燃机发动机车辆的这种趋势提高了性能和燃油经济性。虽然其中一些电气组件已经在使用中，但其他一些正在排队等待在未来的车辆中实施。机电制动（EMB）系统就是这种系统的一个例子。这些组件是线控系统的支持技术，旨在通过电子控制和通信集成现代车辆系统功能。车辆控制性能的提高源于电机驱动系统高度动态特性和电气系统相对容易控制。本章将在介绍传统制动器之后简要介绍 EMB 系统。

车辆内有几个系统需要作为支持系统，有些用于动力系统部件，有些用于车辆乘员。车辆中的一些辅助系统是为乘客的安全和舒适而设计的。其中一些系统的任务可能与动力系统本身一样重要。车辆中的冷却系统满足乘员和动力系统部件的舒适性和安全性要求。在本章中，我们还将讨论车辆的冷却系统。虽然车辆有许多辅助系统，但这里的目的不是提供全面的覆盖范围，而是强调这些辅助系统的重要性。

14.1 动力传输组件

车辆的动力系统始于内燃机发动机或处理存储的能量的电机，动力传递到车轮上结束。动力系统通常也被称为车辆的动力传动系统。发动机、变速器、电动机、齿轮组、离合器、变速器、传动轴和主减速器是动力系统的主要部件。车辆中的能量最初存储在用于内燃机的柴油或汽油燃料中，或存储在用于电动机的电池的化学物质中。内燃机或电动机将储存的能量转换为机械形式。机械动力或能量仍然需要传递到车辆车轮处的终点。动力系统的下一个组件是带有内燃机发动机的变速器，而它可以是一个简单的用于减速的齿轮箱与电机。变速器和差速器由不同类型的齿轮和齿轮组组成。除驱动单元（内燃机和变速器或电动机和齿轮组或两者的组合）之外的动力系统部件统称为传动系统。

动力传动系的最后一部分是降低变速器 / 齿轮箱或驱动轴输出速度的主减速器。它由一个齿轮组组成，该齿轮组由两个或多个齿轮一起工作。主减速器包括差速器，当车辆转弯时，该差速器可适应内外轮的不同速度。差速器对于同一轴上的驱动车轮是必需的，以便驱动单元可以将动力传输到两个车轮，否则它们连接在一起。对于未连接并且可以自由旋转的非驱动轮，这不是问题。来自差速器的一半的动力通过半轴传递到从动轮。驱动装置外的变速器或齿轮箱通常与差速器不在同一平面上；动力需要以一定角度通过传动系统传递。万向节（U 形接头）和等速万向节（CV 形接头）用于完成此任务。

使用的动力传动系统部件还取决于车辆是前轮驱动还是后轮驱动。前轮驱动中的内燃机或电动机之后的动力系统组件非常紧凑，通常集成在一个装置中。在乘用车中前轮驱动很流行，其变速器位于发动机后面，动力输出方向发生变化。在后轮驱动中，当驱动装置位于车辆前部时，动力通过驱动轴在车辆的整个长度上传递。在后轮驱动车辆中，传动轴通过万向节将动力传递给差速器。后轮驱动用于一些乘用车，更常见于轻型卡车。动力同时传递到前轮和后轮的车辆称为全轮驱动车辆。全轮驱动有一个前差速器和一个后差速器。

在一些乘用车中，变速器、传动轴、差速器和主减速器组合成一个轻型装置，称为变速驱动桥。它通常与横向安装的发动机一起使用，使其旋转轴线平行于驱动轴和发动机曲轴的旋转轴线。这种安排不需要改变方向，从而实现更高效的动力传递。

在下文中，我们将回顾电动汽车的动力系统，以对具有较简单配置的集成组件有一个概括认识。有关组件的讨论以及相关分析将在后续章节中介绍。

电动汽车动力系统

电动汽车动力系统的部件包括电动机、齿轮箱、传动轴、差速器、半轴和车轮。电动机能够从零速启动并在很宽的速度范围内高效运行，这使得取消内燃机车辆中使用的离合器成为可能。单个传动比足以使车轮速度与电机速度相匹配。电动汽车可以设计为不带齿轮，但减速器的使用允许电动机在给定的车速下以更高的转速运行，由于在较高转速下对扭矩的要求较低，因此可以最大限度地减小电动机的尺寸。

在前轮驱动的情况下，电动机驱动齿轮箱，齿轮箱安装在前桥上，如图 14.1 所示。此配置适用于使用单个驱动电机的电动汽车。单电机通过一个公共轴驱动驱动桥，动力通过空心电机轴以差动方式向两个车轮提供动力[1]。在后轮驱动的情况下，动力系统更加复杂，这需要差速器来管理车辆的转弯。典型的后轮驱动电动汽车动力系统配置如图 14.2 所示。

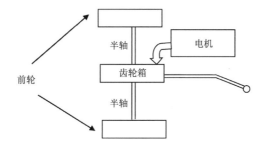

图 14.1 典型的前轮驱动

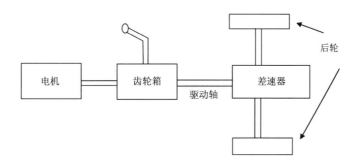

图 14.2 典型的后轮驱动

使用两个电机驱动两个前轮简化了动力系统，消除了差速器。两个驱动电机驱动两个车轮时，可能会出现几种配置。在一种布置中，安装在底盘上的电机可以通过两个短半轴连接到车轮上。车辆的悬架系统将车轮及其相关部件与车辆的其他部件隔离开来，以便根据道路状况更容易地操纵车辆。当车轮安装在底盘上时，车轮能够在不受电机重量影响的情况下自由移动。在另一种布置中，电机安装在半轴上，电机驱动轴是半轴的一部分。半轴的一端连接到车轮，另一端通过铰链连接到底盘。在电动汽车中，电机安装在车轮上是另一种可能。这种情况下的困难在于，由于车轮内部的电机，车辆的非簧载重量会增加，从而使牵引力控制更加复杂。为了最大限度地减少车辆的非簧载重量，并且由于可用空间有限，轮毂电机必须具有高功率密度。如前所述，使用减速器是可取的，这增加了有限空间的限制。大功率、高扭矩电机的成本是电动汽车使用轮毂电机的主要障碍。轮毂电机的另一个问题是由于在有限空间内有限的冷却能力而导致的制动发热。尽管如此，动力系统的简单性导致了许多电动汽车轮毂电机的开发项目。

14.2 齿轮

齿轮是一种用于机械动力传输的简单机器，具有增加扭矩或降低速度的机械优势。该机械装置利用能量守恒定律保持功率或能量的稳定流动，因为扭矩乘以速度是在传输过程中保持恒定的功率。在理想的齿轮箱中，运动是无摩擦的，齿轮输入点提供的功率和能量等于输出点可用的功率和能量。齿轮箱不用于增加电动机的轴速，因为这意味着不需要设计高扭矩电动机，其中电动机的尺寸与扭矩输出成正比。

因此，齿轮可用作增扭器或减速器。典型的齿轮机构如图 14.3 所示。

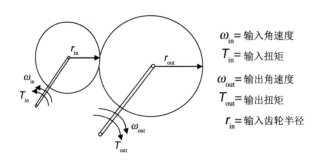

ω_{in} = 输入角速度
T_{in} = 输入扭矩

ω_{out} = 输出角速度
T_{out} = 输出扭矩

r_{in} = 输入齿轮半径

图 14.3　齿轮机构

　　齿轮在结构上是一个圆盘，其轮齿在轮缘周围以相等的间隔切割，以便与另一个圆盘的类似轮齿啮合。组合放置的圆盘将动力从一个齿轮传递到另一个齿轮。两个圆盘上的齿将主动轴和从动轴锁在一起，通过接触传递能量，即使有损失，也很小。

　　有 4 种主要类型的齿轮，分别是：直齿轮、斜齿轮、锥齿轮和蜗轮。几乎所有类型的齿轮都可以在汽车中找到。直齿轮是所有类型中最简单的一种，其齿与旋转轴平行。动力传递到由直齿轮连接的平行轴上。斜齿轮的齿与旋转轴是有倾斜角度的，但与直齿轮一样在平行轴之间传递动力。锥齿轮在相交而不是平行的轴之间传递动力。汽车的差速器使用锥齿轮。准双曲面齿轮是一种锥齿轮，其齿形成圆弧，并且轴不相交。这些齿轮连接的轴既不平行，也不相交，例如在动力传动系的主减速器中。图 14.3 中的齿轮示意图代表直齿轮或斜齿轮。下面使用该画法来开发齿轮的输入－输出关系。

　　假设使用理想的齿轮箱，建立的齿轮动力传递方程如下所示：

　　（1）$P_{losses} = 0$，效率 = 100%。

　　（2）齿轮是完全刚性的。

　　（3）无齿轮齿隙（齿间无间隙）。

　　用于推导稳态模型的变量在图 14.4 中给出。

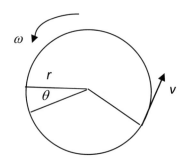

图 14.4　齿轮中的变量

14.2.1 传动比

对于半径为 r 的齿轮，切向速度和角速度由下式表示

$$\omega r = v$$

对于图 14.3 所示的两个不同半径的齿轮，轮齿接触点的切向速度相同

$$r_{in}\omega_{in} = v = r_{out}\omega_{out}$$

传动比是根据输入轴和输出轴之间的变速比来定义的。

$$GR = \frac{\omega_{in}}{\omega_{out}} = \frac{r_{out}}{r_{in}} \qquad (14.1)$$

假设齿轮系的效率为 100%

$$P_{out} = P_{in}$$

$$\Rightarrow T_{out}\omega_{out} = T_{in}\omega_{in}$$

根据两个轴上的扭矩，传动比为

$$GR = \frac{T_{out}}{T_{in}} = \frac{\omega_{in}}{\omega_{out}} \qquad (14.2)$$

齿轮传动比也可以由图 14.5 导出。在齿轮啮合点，提供的力和传递的力是相同的。这是牛顿第三运动定律的一个例子，它指出每个作用力都有一个大小相等方向相反的反作用力。在两个齿轮的组合中，两个齿轮之间的扭矩是不同的，与齿轮的半径成正比。

以半径和齿轮啮合力表示的输入扭矩为

$$T_{in} = Fr_{in}$$

$$\Rightarrow F = \frac{T_{in}}{r_{in}}$$

类似地，对于半径为 r_{out} 的输出齿轮，齿轮啮合处的力为

$$F = \frac{T_{out}}{r_{out}}$$

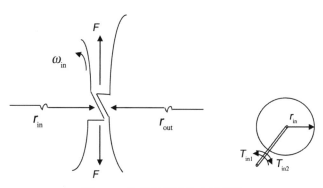

图 14.5　作用于齿轮的力和扭矩

这两个力和扭矩的作用方向相反。传动比可以通过将两个大小相等但方向相反的力相等来获得：

$$GR = \frac{T_{\text{out}}}{T_{\text{in}}} = \frac{r_{\text{out}}}{r_{\text{in}}} \tag{14.3}$$

对于任何齿轮，直径都与齿数成正比，从而

$$\frac{d_{\text{out}}}{d_{\text{in}}} = \frac{r_{\text{out}}}{r_{\text{in}}} = \frac{N_{\text{out}}}{N_{\text{in}}} \tag{14.4}$$

N_{out} 和 N_{in} 是齿数，d_{out} 和 d_{in} 是输出和输入齿轮的直径。使用方程 14.2~14.4，齿轮传动定律可以写成

$$\frac{T_{\text{out}}}{T_{\text{in}}} = -\frac{r_{\text{out}}}{r_{\text{in}}} = -\frac{N_{\text{out}}}{N_{\text{in}}} = -\frac{\omega_{\text{in}}}{\omega_{\text{out}}} \tag{14.5}$$

负号表示两个齿轮啮合中的扭矩方向相反。

齿轮定律可以扩展到多个齿轮啮合，如图 14.6 所示的四齿轮装置。多个齿轮啮合以传递动力的布置称为齿轮系。在所示的齿轮系中，齿轮 2 是驱动齿轮，而齿轮 4 是从动件。如果 N_2、N_3 和 N_4 是 3 个齿轮的齿数，则输入输出扭矩比由下式给出：

$$\frac{T_4}{T_3} \cdot \frac{T_3}{T_2} = \left(-\frac{N_4}{N_3} \right)\left(-\frac{N_3}{N_2} \right) = \left(-\frac{\omega_3}{\omega_4} \right)\left(-\frac{\omega_2}{\omega_3} \right)$$
$$\Rightarrow \frac{T_4}{T_2} = \frac{N_4}{N_2} = \frac{\omega_2}{\omega_4} \tag{14.6}$$

请注意，中间齿轮对最终扭矩比没有影响，但它使输出轴与输入轴的旋转方向相同。这些技术可用于从齿轮系中获得所需的旋转方向。

由 5 个齿轮组成的复合齿轮系如图 14.7[2] 所示。齿轮 3 的功能与图 14.6 的中间齿轮相同，即影响最终齿轮 6 的旋转方向，而不影响输入输出扭矩比。齿轮 4 和 5 形成一个复合齿轮级，两个齿轮安装在同一轴上。齿轮系的输入输出扭矩和速度关系为

$$\frac{T_2}{T_6} = -\frac{\omega_6}{\omega_2} = -\frac{N_2}{N_3} \cdot \frac{N_3}{N_4} \cdot \frac{N_5}{N_6} \tag{14.7}$$

齿轮 2、3 和 5 是驱动齿轮，而齿轮 3、4 和 6 是该齿轮系中的从动构件。由于齿轮啮合数为 3，因此输入和输出齿轮之间的角速度和扭矩方向相反。这种类型的齿轮系通常用于车辆的变速器中。通常，方向的符号由（-1）^{n} 给出，其中 n 是齿轮啮合的总数；传动比或齿轮系的值由下式给出

$$GR = \frac{\text{驱动齿数乘积}}{\text{从动齿数的乘积}} \tag{14.8}$$

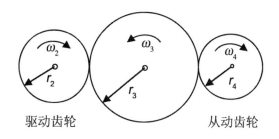

图 14.6 双啮合齿轮系

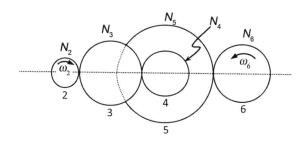

图 14.7 复合齿轮系

14.2.2 扭矩 – 速度特性

考虑到直流电机驱动的电动汽车系统，本节将展示使用齿轮传动的优势。图 14.8 显示了电动汽车传动系统的一部分，包括与齿轮箱连接的电动机。传动系统将根据系统扭矩 – 速度特性进行分析。

电动机通常设计为以更高的速度运行，以最小化电动机的尺寸。齿轮箱用作增扭器，以在车轮上降低速度并提供高扭矩。设电动机与车轮之间的总传动比为 GR，其中 ω_m 和 T_m 分别代表电动机的速度和转矩。车轮上的扭矩和速度分别为 ω_{out} 和 T_{out}。对于他励直流电机，稳态时的转速 – 转矩关系为

$$\omega_m = \frac{V_t}{k\Phi} - \frac{R_a}{(k\Phi)^2} T_m \qquad (14.9)$$

然而，

$$\frac{\omega_m}{\omega_{\mathrm{out}}} = GR = \frac{T_{\mathrm{out}}}{T_m}$$

代入 (14.9)，

$$\omega_{\mathrm{out}} = \frac{V_t}{GR(k\Phi)} - \frac{R_a}{(GRk\Phi)^2} T_{\mathrm{out}} \qquad (14.10)$$

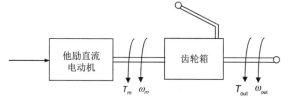

图 14.8 齿轮与电机的连接

例 14.1

电动汽车的动力系统如图 14.9 所示。

给定，$V_t = 50$ V，$R_a = 0.7$ Ω，$k\varPhi = 1.3$，$mg = 7848$ N。

齿轮箱齿轮：第一挡 $GR_1 = 2$，第二挡 $GR_2 = 1$，r_{wh} = 车轮半径 = 7 in = 0.178 m。

求每个挡位的车辆最大爬坡度。

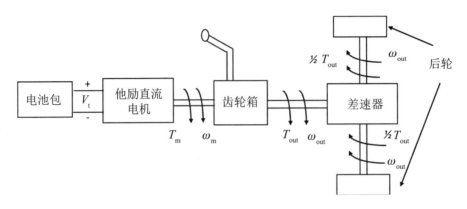

图 14.9　电动汽车动力传动系示例 14.1

解决方案

$$\text{Max.\% 坡度} = \frac{100F_{TR}}{\sqrt{(mg)^2 - F_{TR}^2}}$$

扭矩 - 速度关系为

$$\omega_{out} = \frac{V_t}{GR(k\varPhi)} - \frac{R_a}{(GRk\varPhi)^2} T_{out}$$

为求得 F_{TR}，设 $\omega_{out} = 0.0$

$$0 = \frac{V_t}{GR(k\varPhi)} - \frac{R_a}{(GRk\varPhi)^2} T_{out}$$

$$\Rightarrow T_{out} = \frac{V_t}{GR(k\varPhi)} \times \frac{(GRk\varPhi)^2}{R_a} = \frac{GR(k\varPhi)V_t}{R_a}$$

F_{TR} 和 T_{out} 之间的关系是

$F_{TR} = 2$（每个后轮 F_{TR}）

每个后轮 F_{TR} = 每个车轮的扭矩 $/r_{wh}$ =（$1/2 T_{out}$）$/ r_{wh}$

因此

$$F_{TR} = 2\frac{\frac{1}{2} T_{out}}{r_{wh}} = \frac{T_{out}}{r_{wh}}$$

替代可得，

$$F_{TR} = \frac{(GRk\varPhi)V_t}{r_{wh}R_a} = \frac{GR(1.3)50}{(0.178)(0.7)} = 521.7GR$$

在 1 挡,

$F_{TR} = 1043$ N

$$最大坡度 = \frac{100\,(1043)}{\sqrt{(7878)^2 - (1043)^2}} = 13.4\%$$

在 2 挡,

$F_{TR} = 521.7$ N, 最大坡度 = 6.7%

连接到齿轮箱的他励直流电机的稳态转矩 - 速度特性如图 14.10 所示,齿轮箱有 2 个挡位。图中还显示了两个挡位的最大百分比坡度。

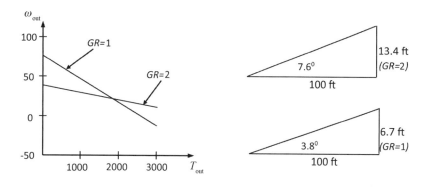

图 14.10　例 14.1 的曲线图

14.2.3　行星齿轮组

行星齿轮组是由 3 个部件组成的齿轮系统:外齿圈、行星齿轮架和中央太阳齿轮,如图 14.11 所示。行星齿轮安装在可移动臂或托架上,其自身可相对于齿圈或太阳齿轮旋转。在行星齿轮组中,一个基本部件通常保持静止,而动力通过其他两个部件传递;然而,所有 3 个部件都可以积极参与动力传递,例如在功率分流混合动力汽车中。

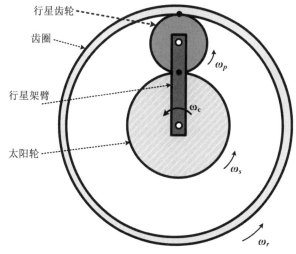

图 14.11　行星齿轮

　　行星齿轮具有功率密度高、体积小、齿轮减速大的优点。 在混合动力汽车中，这些齿轮可实现多个运动学组合和 3 个动力系统部件的同轴轴系传动。行星齿轮的缺点是轴承载荷高和设计复杂。

　　有几种方法可以将通过其中一个部件施加的输入旋转，转换为其他一个或两个部件的输出旋转。3 个齿轮部件的速度关系如下所示：

$$(r_r + r_s)\omega_p = r_r\omega_r + r_s\omega_s \tag{14.11}$$

　　其中 r_r 是齿圈的半径，r_p 是行星架的半径，r_s 是太阳轮的半径。 扭矩通过作用在齿轮齿上的力从输入装置传递到输出装置。如果有一个力 F 作用在行星齿轮上，那么作用于齿圈和太阳齿轮接触区域的反作用力只有 F 的一半，如图 14.12 所示。

　　行星齿轮按其半径向齿圈和太阳齿轮施加扭矩。 3 个齿轮之间的扭矩关系为

$$T_p r_r = T_r(r_r + r_s) \text{ 和 } T_p r_s = T_s(r_r + r_s)$$

　　其中 T_p 是行星架扭矩，T_r 是齿圈扭矩，T_s 是太阳轮扭矩。从 3 个齿轮的扭矩平衡，我们有

$$
\begin{aligned}
T_p &= T_r + T_s \\
&= \frac{r_r}{r_r + r_s}T_p + \frac{r_s}{r_r + r_s}T_p
\end{aligned}
\tag{14.12}
$$

　　3 个齿轮的半径比是通过设计设定的，这导致齿圈和太阳轮之间的扭矩分配比例是固定的。 如果通过行星架提供动力，并传递到齿圈和太阳轮，那么我们有

$$
\begin{aligned}
P_p &= P_r + P_s \\
\Rightarrow T_p\omega_p &= \frac{r_r\omega_r}{r_r + r_s}T_p + \frac{r_s\omega_s}{r_r + r_s}T_p
\end{aligned}
\tag{14.13}
$$

　　其中，P_p 是行星齿轮架功率，P_r 是齿圈功率，P_s 是太阳轮功率。

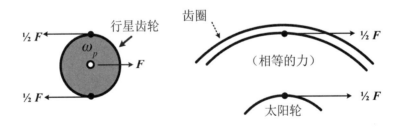

图 14.12　由于行星架的作用力而作用在太阳齿轮和齿圈上的反作用力

　　在功率分流混合动力车辆中，行星齿轮架连接到发动机，太阳齿轮连接到启动机 / 发电机，齿圈连接到电机，电机连接到差速器，因此也连接到车轮。施加在行星齿轮架上的扭矩通过齿圈和太阳齿轮传递到车轮和启动机 / 发电机。第 15.2.1 节

讨论使用行星齿轮组的功率分流混合动力车的控制策略。

14.3　离合器

离合器是一种机械装置，用于平稳地接合或分离原动机和负载之间的动力传输。离合器最常见的用途是在汽车的传动系统中，它将内燃机与车辆的传动系统连接起来。离合器允许动力源继续运行，而负载因惯性自由运行或怠速运行。当变速器的传动比改变以使车辆速度与所需的内燃机速度相匹配时，离合器接合和分离内燃机与道路负载。电动汽车可以取消离合器，因为电机可以从零速开始，并使用单个传动比一直运行到最大速度。

用于将车辆中的变速器与发动机连接起来的离合器类型称为摩擦离合器。离合动作使一个盘的转速达到另一盘。除了这里讨论的机械装置之外，离合动作还可以通过电动、气动或液压动作来实现操作。

汽车手动变速器中使用的摩擦离合器由驾驶员控制接合和分离。手动变速器汽车使用的离合器部件有：盖板、压盘和摩擦片。盖板用螺栓固定在发动机的飞轮上，因此，它总是随发动机旋转。压盘在盖板里面，它也随着发动机转动。带有摩擦面的圆盘位于盖板和压板之间。圆盘通过花键轴[3] 连接到变速器。借助连接到压盘上的一系列弹簧，变速器接合，以便从发动机传递动力。离合器接合时，压盘将摩擦片挤压在飞轮上，完成机械联动。驾驶员必须踩下离合器踏板，压盘远离摩擦片，变速器分离。

盘式和鼓式机械制动器都是摩擦离合器的例子。制动器将在第 14.6 节中详细讨论。

14.4　汽车差速器

汽车差速器是为后桥上的车轮提供差速运动的一种机构。当车辆转弯时，弯道外侧的后轮必须比内侧轮旋转得更快，因为前者的行驶距离更长。汽车差速器中使用的齿轮类型由行星齿轮和锥齿轮组成，其中一组齿轮系以协调的方式运行。图 14.13 给出了汽车差速器的简化示意图。为简单起见，该图省略了齿轮的齿。驱动轴一端连接到发动机的动力输出，另一端连接到传动小齿轮，传动小齿轮驱动锥（垂直）齿轮。锥齿轮连接到保持架，保持架驱动车轮半轴。保持架仅连接到一个车轮半轴，通过差速小齿轮连接另一个车轮半轴。只要车轮半轴上的两个车轮的速度相同，连接差速齿轮的差速小齿轮就不会转动。如果其中一个车轮因转弯而减速，则差速器小齿轮开始旋转以在另一个车轮上产生更高的速度。上述系统是一个简单的差速器，不适用于低牵引力条件下的全扭矩传递，例如在冰上[4]。

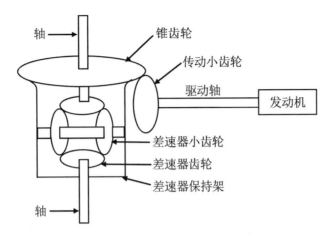

图 14.13   汽车差速器的简化示意图

14.5   变速器

在不同的速度、加速度、道路坡度和车辆转弯的各种驾驶条件下，最有效地将动力从内燃机传递到传动轴的机械组件称为变速器。 变速器系统包括各种旋转部件，例如齿轮、离合器、变速杆、轴承和轴。变速器允许车辆在从静止到最大车速的整个车辆速度范围内运行。变速器被设计和控制为与发动机转速和车速相匹配。变速器采用不同的传动比来满足驾驶员的扭矩和速度要求，同时满足加速度、速度和燃油经济性的有冲突的要求。图 14.14 显示了 4 速变速器的 4 个传动比下传递的牵引力与车速的关系曲线。

变速器的 3 种主要类型是：手动、自动和无级变速器（CVT）。对于手动变速器，驾驶员根据车速手动换挡，使用离合器踏板进行接合和分离。驾驶员技能在手动变速器中起着重要作用，可以最大限度地提高车辆的性能。在自动变速器中，换挡通过车辆控制器完成，无须驾驶员的任何干预。这些变速器还允许发动机在车辆停止时怠速运转。CVT 也不需要任何驾驶员干预，但提供无限多的传动比，而不是固定的传动比。下面对这 3 种变速器进行简述。

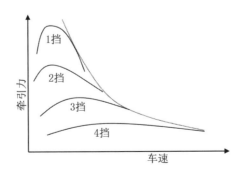

图 14.14   4 挡变速器的牵引力 – 车速曲线

14.5.1 手动变速器

手动变速器是具有多个主轴、副轴、直齿轮、同步器和安全装置的齿轮系，以生成从发动机到驱动轴的动力传输的多个传动比。不同的齿轮啮合通过使用离合器、变速杆、同步器和变速器中的锁止 / 解锁机构来锁定和解锁[3]。4 速手动变速器的简化示意图如图 14.15 所示。 变速器有输入轴、输出轴、1 个副轴、8 个齿轮、1个惰轮和 2 个同步器。同步器的作用是在啮合前保证主动齿轮与轴转速同步，在啮合后将齿轮锁定在轴上。有同步器就不需双离合器。

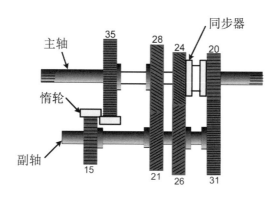

图 14.15 手动四速变速器

对于图 14.15 所示的齿轮系和同步器布置的变速器，其前进挡和倒挡传动比可根据齿轮中的齿数进行计算。例如， 假设齿轮 1~8 的齿数分别假定为 35、15、28、21、24、26、20 和 31。在 1 挡，输入轴通过 20/31 齿轮啮合将动力传输至副轴。副轴通过 15/35 齿轮啮合将动力传输至输出轴。两个同步器在空挡位置保持分离。因此，1 挡传动比为

$$GR_1 = \frac{T_{\text{out}}}{T_{\text{in}}} = \frac{31}{20} \cdot \frac{35}{15} = 3.617$$

在 2 挡，同步器 2 将二挡齿轮（28 齿）接合到输出轴上。输入轴通过副轴的右半部分和 2 挡中间齿轮（21 齿）将动力传输到输出轴。2 挡传动比是

$$GR_2 = \frac{T_{\text{out}}}{T_{\text{in}}} = \frac{31}{20} \cdot \frac{28}{21} = 2.067$$

在 3 挡，同步器 1 将 3 挡齿轮（24 齿）锁定到输出轴上。输入轴将动力传输至副轴，然后通过 26/24 3 挡齿轮啮合将动力传输至输出轴。3 挡传动比为

$$GR_3 = \frac{T_{\text{out}}}{T_{\text{in}}} = \frac{31}{20} \cdot \frac{24}{26} = 1.431$$

在 4 挡，同步器 1 将输入轴锁定到输出轴上。动力直接从输入流到输出，4 挡

传动比为 1。

在倒挡中，惰轮用于改变输入轴和输出轴之间的旋转方向。动力通过 20/31 齿轮啮合从输入轴传输到副轴。惰轮在 15/35 齿轮啮合之间啮合，以改变旋转方向。在这种情况下，两个同步器保持分离状态。倒挡传动比为

$$GR_{Rev} = \frac{T_{out}}{T_{in}} = -\frac{31}{20} \cdot \frac{35}{15} = -3.617$$

14.5.2　自动变速器

自动变速器使用液力偶合器和行星齿轮组将动力从发动机传递到驱动轴。液力耦合装置称为变矩器，它是自动变速器运行的核心。变矩器允许内燃机在车辆停止时空转而无须额外的驾驶员干预。这消除了对手动变速器车辆中存在的离合器踏板的需求。

自动变速器的另一个重要组成部分是齿轮组。所使用的行星齿轮组利用太阳轮、齿圈和行星架之间独特的扭矩和速度关系产生不同的传动比。行星齿轮组中的一个元件必须保持固定以进行扭矩传递。在自动变速器中，这是通过离合器和制动带实现的。离合器由液压驱动，用于控制行星齿轮组中不同齿轮的啮合和分离。制动带也由液压驱动，以抱住齿轮系部件并连接到外壳。行星齿轮组与离合器和制动带一起为变速器建立了各种传动比。

由于变矩器是自动变速器中的关键部件，因此下文将进一步详细讨论变矩器的构造和操作。

14.5.2.1　变矩器

变矩器是一种液力耦合装置，它允许在不同的车速下将动力从发动机传递到变速器。当车辆停止且发动机怠速运转时，只有少量扭矩传递到变速器。发动机转速随着驾驶员功率需求的增加而增加，扭矩传递量也增加。

变矩器由涡轮、叶轮或泵轮、壳体和变速器油组成。变矩器的零件如图 14.16 所示。泵轮是变矩器的驱动部件，而涡轮是从动部件。该泵轮为离心式，与发动机曲轴相连。涡轮通过花键连接到变速器的输入轴上。变矩器完全充满变速器油，这是泵轮和涡轮之间的唯一连接。将发动机动力传递给变速器的是流体动力学。发动机旋转使油液从中心位置进入泵轮，从泵轮的外缘流出。在涡轮中，流体通过外缘叶片进入，然后通过中心叶片流出。当流体进入涡轮并推动涡轮叶片时，涡轮开始以与泵轮相同的方向旋转。随着发动机转速的增加，更多的油液被泵入涡轮，传递的扭矩增加。当泵轮的速度远高于涡轮的速度时，流体以很大的力进入涡轮。

变矩器有一个定子，防止涡轮回流的液体以相反方向的高速撞击泵轮。定子安装在与变速器相连的固定轴上，位于泵轮和涡轮之间。当泵轮速度相对于涡轮较高时，定子保持静止，并在一个方向上锁定在轴上。在该位置，定子改变流体回流方向，以相同的旋转方向转向泵轮。这可以防止泵轮上的阻力和发动机功率损失。在较高车速下，当泵轮以几乎与涡轮相同的速度旋转时，液体离开涡轮时，剩余速度

很小。液体撞击定子的背面，然后定子能够以相反的方向自由旋转。

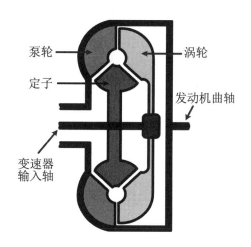

图 14.16　变矩器

　　如前所述，在较高的车辆速度（公路速度）下，发动机和泵轮的速度几乎与涡轮的速度相同。变速器输出轴转速与涡轮转速相同。理想情况下，变速器转速应与发动机转速完全匹配，因为差值对应着功率损失。然而，在实践中，变矩器中总是会出现滑动，从而导致功率损失。功率以流体中的热的形式耗散。在乘用车中，通过空气冷却变矩器壳体，或在卡车和多用途车中，通过添加带有辅助散热器的变速器冷却回路来去除热量。变矩器中的功率损失是自动变速器效率低于手动变速器的主要原因。

　　当发动机转速高于输出轴转速时，现代变矩器可以将发动机扭矩增加 2~3 倍。这允许变矩器在车辆从停止加速时提供高扭矩。在较高的车速下，发动机转速与输出轴转速相匹配，并且没有增加扭矩。

14.5.2.2　混合动力自动变速器

　　在开发功率分流式混合动力架构之前，包括变矩器在内的自动变速器已用于混合动力车辆。对于曲轴安装和皮带驱动的启动机 / 发电机混合动力车辆，自动变速器仍然是首选。考虑用于混合动力汽车应用的 3 种主要类型的有级自动变速器是 Simpson、Wilson 和 Lepelletier 类型 [5]。这 3 种类型的主要区别在于行星齿轮组的数量和类型，以及所需的离合器和制动带的数量和类型。在曲轴安装的启动机 / 发电机系统中，电机被封装在变矩器周围，转子安装在液力变矩器的挠性板上的叶轮上。

14.5.3　无级变速器

　　无级变速器 CVT 没有固定传动比的齿轮箱，使用的是滑动机构，允许系统在可能的最高和最低传动比之间有无限多个传动比（连续变化）。两种常见 CVT 是皮带轮系统和环面系统。在这两种类型中，都有 3 个主要部件：连接到发动机的驱动轴部件、连接到变速器的从动轴部件和提供可变速比的耦合机构。在皮带轮系统中，输入轴和输出轴与两个皮带轮相连，一条皮带用于连接耦合。在环面系统中，两个圆盘连接到轴上，轮子或滚子在圆盘上滑动，以将输入耦合到输出。此外，CVT 有一个电子控制单元（ECU）和各种传感器，用于向控制器提供反馈。控制器调整 CVT 的工作点，以最大限度提高燃油经济性和车辆加速度。皮带轮系统（也称为 Van Doorne 系统）更适用于低功率系统，尤其是前轮驱动车辆。环面 CVT 已在更大的系统中应用[3]。

皮带轮 CVT 的示意图如图 14.17（a）所示。CVT 3 个主要部件是：大功率金属或橡胶带、输入驱动皮带轮和输出驱动皮带轮。两个皮带轮均为锥形结构，皮带位于锥体顶部。每个滑轮都有两个圆锥体，可以彼此靠近或远离；这种运动会改变皮带轮的直径。当圆锥体靠近时，滑轮的直径增大。当锥体进一步分开时，皮带位于直径较小的槽中。通过调整两个皮带轮的锥面位置，传动比可以从最大传动比（低速挡：当驱动皮带轮直径最小，从动皮带轮直径最大时）持续变化到最小传动比（高速挡：当驱动皮带轮直径最大，从动皮带轮直径最小时）。驱动皮带轮与发动机曲轴相连，而从动皮带轮与变速器相连。

环面 CVT，如图 14.17（b）所示，有一个锥形盘连接到发动机（驱动盘）和另一个连接到变速器（从动盘）。滚子或轮子在两个盘上滑动，将动力从驱动盘传递到从动盘。滚轮用作动力传输的耦合装置，与皮带轮式 CVT 中的皮带类似。如图所示，当滚子在中间位置，两个圆盘以相同速度旋转时，传动比为 1。当主动盘中的滚子靠近中心接触时，而从动盘中的滚子靠近边缘，传动比较高。当接触情况相反时，传动比较低。

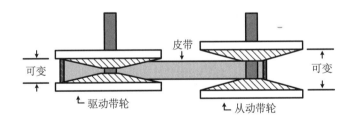

(a)带轮式

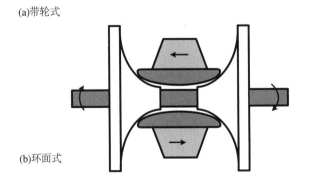

(b)环面式

图 14.17　CVT

14.5.4　eCVT/HEV 变速器

在功率分流混合动力汽车中，行星齿轮组和电子控制装置用于发动机和电动机之间向车轮的动力传输。行星齿轮组的行星齿轮架连接到发动机，太阳齿轮连接到启动机 / 发电机，齿圈连接到电机，电机也连接到差速器，因此连接到车轮。施加在行星齿轮架上的扭矩通过齿圈和太阳齿轮传递到车轮和启动机 / 发电机。根据等式 14.12，

$$T_p = T_r + T_s$$

$$\Rightarrow T_{\text{engine}} = T_{\text{wheels}} + T_{\text{gen}}$$

在动力分配中使用行星齿轮组会导致车轮和启动机 / 发电机齿轮之间固定的扭矩分配比例。在一些量产混合动力汽车中，发动机 / 车轮和启动机 / 发电机之间的分流比为 72% ~ 28%。

功率分流混合动力汽车的功率关系为

$$T_p\omega_p = \frac{r_r\omega_r}{r_r + r_s} T_p + \frac{r_s\omega_s}{r_r + r_s} T_p$$

$$\Rightarrow P_{\text{engine}} = P_{\text{engine to ring}} + P_{\text{engine to sun}}$$

在功率分流混合动力汽车中，所有动力都通来自内燃机储存的燃料。控制策略算法改变发电机或负载，以在车轮和启动机 / 发电机之间分配来自发动机的功率。除了直接来自内燃机的动力外，通过电子控制，电机还可以为车轮增加动力。由于动力分配是通过电子方式控制的，这些类型的变速器被称为电子无级变速器（eCVT）。第 15 章第 15.2.1 节给出了功率分流混合动力汽车控制策略的详细信息。

14.6　车辆制动器

车辆制动系统将车辆动能转化为热能，为驾驶员提供停车或减速的机制。汽车中的制动器是一种机械离合器，利用摩擦来减缓制动盘的旋转速度。驾驶员通过脚踏式联动装置控制制动动作。摩擦离合器由两个圆盘组成，每个圆盘都连接到自己的轴上。只要两个盘没有啮合，一个盘就可以自由旋转，而不会影响另一个盘。当旋转盘和固定盘通过操作动作接合时，两个盘之间的摩擦会降低旋转盘的速度。车辆的动能直接在盘之间传递，并因摩擦而浪费。

14.6.1　常规制动系统

传统的制动系统使用液压技术驱动摩擦离合器进行制动。整个液压系统充满一种特殊的制动液，制动液通过主缸活塞的运动加压并强制流过系统。图 14.18[6] 中还显示了两种主要的传统制动器，即盘式制动器和鼓式制动器的简化视图。

盘式制动器是乘用车前轮和后轮制动器的首选。盘式制动器的刹车片被压在一个叫作制动盘的旋转盘的机加工表面上，制动盘连接在车轮上。盘式制动器具有由卡钳装置控制的摩擦片，当接合时，卡钳装置会夹紧制动盘和车轮。刹车片的设计

有助于冷却和防止衰退。衰退导致制动摩擦系数随温度升高而降低。驱动制动卡钳所需的高作用力通常由动力辅助装置提供，该装置遵循来自驾驶员的制动命令输入提供助力。

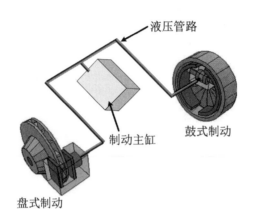

图 14.18　传统制动系统

鼓式制动器已逐渐被盘式制动器所取代，它使用内部膨胀的制动蹄，制动蹄被迫抵靠在旋转鼓的内侧机加工表面上。鼓式制动装置有圆柱形表面和制动蹄，而不是用来固定摩擦材料的制动片。鼓式制动器非常适用于手制动器；它们仍然用于某些车辆的后轮。在驾驶员的制动命令输入下，制动蹄抵靠在鼓上。可以将制动蹄设置为压在旋转鼓的外表面或内表面上，以减慢车轮旋转。如果将制动蹄应用于内表面，则制动鼓因旋转而产生的离心力将阻止制动蹄啮合。如果制动蹄压在制动鼓外表面上，离心力将有助于接合，但同时可能导致过热。

当驾驶员施加制动时，制动器执行命令以施加与汽车运动相反的制动力。制动力的动力学与第 2 章中研究的车辆动力学相似，只是制动力现在施加在车轮上，而不是来自驱动装置的牵引力。制动条件由轮胎 - 道路界面摩擦系数决定。让我们将 F_{bf} 和 F_{br} 视为施加在前后轮上的制动力，以了解制动动力学。根据牛顿第二定律，

$$\sum F_{xT} = m_v a_{xT} = F_{bf} + F_{br} + m_v g \sin(\theta) + F_{\text{Roll}} + F_{AD} \tag{14.14}$$

式中，a_{xT} 是 x_T 方向上的线性加速度或减速度。滚动阻力 F_{Roll} 和气动阻力 F_{AD} 有助于制动，重力的作用取决于道路坡度。

匀减速的速度变化过程中经过的时间和距离也可以从牛顿第二定律推导出为

$$t = \frac{m_v}{\sum F_{xT}} (V_0 - V_f)$$

$$x = \frac{m_v}{\sum F_{xT}} \left(V_0^2 - V_f^2 \right)$$

式中，V_0 和 V_f 分别是制动期间车辆的初始速度和最终速度。均匀减速度近似

表示停车时间与车速成正比，停车距离与车速的平方成正比。

让我们考虑应于 60miles/h[3] 的紧急制动，最大持续减速要求是 0.65 g。对于紧急制动，与滚动阻力和空气动力阻力相比，制动力将大得多。此外，如果我们假设道路平坦，那么对于紧急停车情况，公式 14.14 简化为

$$F_{bf} + F_{br} = m_v a_{xT} \qquad (14.15)$$

均匀减速消耗的平均功率为

$$P_{b,\text{avg}} = (F_{bf} + F_{br}) \times \frac{V_f + V_0}{2} \qquad (14.16)$$

均匀减速度下的初始功率将是 $P_{b,\text{avg}}$（平均值）的两倍。由于摩擦制动器将车辆动能转换为热能，因此制动系统设计必须评估散热率。

制动作用下车辆的自由体示意图如图 14.19 所示。车辆在前轴和后轴之间的静态重量分布如下：

$$W_f = \frac{m_v g b}{(a + b)}$$

$$W_r = \frac{m_v g a}{(a + b)}$$

在制动作用下，车辆重量将发生动态转移。设车辆的动态重量为 W_f' 和 W_r'。在 y_T - 方向应用牛顿第二定律

$$\sum F_{yT} = 0 = W_f' + W_r' - m_v g \qquad (14.17)$$

$$\Rightarrow W_f' + W_r' = m_v g$$

可以使用围绕车辆重心的力矩来计算动态重量。力矩为

$$\sum M_{cg} = 0 = F_{bf} \cdot h - W_f' \cdot a + F_{br} \cdot h + W_r' \cdot b \qquad (14.18)$$

$$\Rightarrow m_v a_{xT} h = W_f' \cdot a - W_r' \cdot b$$

公式 14.15 已用于推导上述关系。将等式 14.17 的两边乘以 b，再加上等式

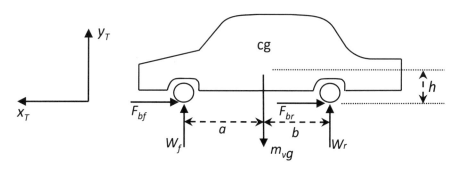

图 14.19　车辆在制动作用下的自由体图

14.18，我们可以得到

$$W_f' = \frac{m_v g b}{(a+b)} + \frac{m_v a_{xT} h}{(a+b)} \qquad (14.19)$$

和

$$W_r' = \frac{m_v g a}{(a+b)} - \frac{m_v a_{xT} h}{(a+b)} \qquad (14.20)$$

等式 14.19 和 14.20 中的第一项与静态重量相同；第二项是由于制动作用而从前轴和后轴上增加或减少的动态重量。方程式表明，在制动过程中，前轴承受的重量比后轴重。这意味着前轴比后桥承受更大的制动力。

前桥和后桥之间的动态重量比为

$$\frac{W_f'}{W_r'} = \frac{b + h a_{xT}/g}{c - h a_{xT}/g} \qquad (14.21)$$

前制动作用与后制动作用的分布为

$$\frac{F_{bf}}{F_{br}} = \frac{W_f'}{W_r'} \qquad (14.22)$$

作用在车辆上的制动力也是轮胎与道路界面的函数，如前面第 2 章所述。车轮可能的最大制动力等于摩擦系数乘以法向力

$$F_{b,\max} = \mu W_{wh}' \qquad (14.23)$$

式中，μ 是轮胎与路面之间的摩擦系数，W_{wh}' 是车轮上的动态重量。3 种不同路况的摩擦系数如图 14.20 所示。摩擦系数限制了在不同路面条件下可施加的最大制动力，超过该条件时，车轮会抱死。此外，摩擦力极限是车辆滑移速度的非线性函数。因此，必须仔细优化施加在车辆每个车轮制动片上的力，以确保最大的效率。

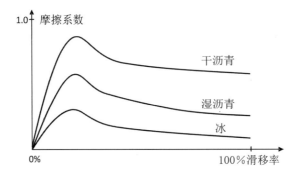

图 14.20   摩擦系数随轮胎与路面滑移率的变化

　　制动系统旨在根据动态重量比在前后制动器之间分配施加的制动力。由于两轴车辆在制动过程中的动态载荷转移，车辆的前轮和后轮将因此具有不同的制动行为和要求。由于前轴制动期间动态重量的增加，前制动器设计用于执行更高百分比的制动。为了获得良好的制动性能，还必须防止制动器抱死。前制动器抱死时车辆失去转向控制，后轮抱死时车辆倾向于摆动。防抱死制动系统（ABS）使用控制算法来防止车轮抱死。

　　额外的制动系统分析表明，为了获得最大的制动力，必须同时考虑前后制动力。与此处给出的简化分析相比，前后制动器高度相互依赖。先进的设计还必须考虑整体车辆稳定性，优化施加到旋转部件的力，以及关键的安全考虑。

　　除上述考虑外，制动系统的控制器设计必须考虑旋转部件和制动片相互作用的非线性特性。制动片位移与旋转部件夹紧力呈非线性关系，且与温度有关。根据执行器特性，通过施加相应的制动片位移来获得所需的制动力。使用高度动态和可控的机电执行器将使车辆制造商获得更好的性能和更高的可靠性。接下来将讨论EMB 系统。

例 14.2

　　以 85 mlies/h 速度行驶的 2000 kg 车辆必须以 0.65 g 的最大持续减速度停车。该车辆的轴距为 2.5 m，前 / 后静态重量分布为 49%/51%。重心位于离地面 0.5m 的高度。

a. 找到使车辆停止所需的总力和平均功率。

b. 找出制动器吸收的平均功率。

c. 查找制动期间的前后重量分布

解决方案

a. 停车所需的力为

$$F_b = F_{bf} + F_{br} = m_v a_{x_r} = 2000 \times 0.65 \times 9.81 = 12.753 \text{kN}$$

b. 制动器中消耗的平均功率为

$$P_{b,\text{avg}} = \frac{1}{2} F_b V_f = \frac{12.753 \times 37.97}{2} = 242.12 \text{ kW}$$

c. 前后重量分配是

$$\frac{W_f'}{W_r'} = \frac{1.275 + 0.5 \times 0.65 \text{ g/g}}{1.225 - 0.5 \times 0.65 \text{ g/g}} = 64\%/36\%$$

14.6.2　机电制动系统

　　机电制动系统 EMB 是传统制动系统的替代品，其中机电组件取代了液压执行器和控制装置[7-8]。EMB 避免在制动系统中使用液压油，并通过 ABS 或 VSC（车辆稳定性控制）等现代制动控制系统提高性能。EMB 技术允许引入纯线控动系统，该系统完全去除制动液和液压管路。制动力由高性能电动机直接在每个车轮上产生，这些电动机由 ECU 控制并由来自电子踏板模块的信号驱动。这种特定机制与基础控制结构相结合，转化为最直接和单个的车轮控制，因此提高了制动性能。

　　EMB 系统的控制单元与其执行器之间的布局和通信如图 14.21 所示。执行组件分别安装在车轮附近，通过电子信号执行命令。由于制动踏板位移现在完全独立于制动执行器行程的变化，因此制动踏板的感觉可以根据个人需要轻松调整。在 ABS 和其他控制模式期间，EMB 系统不会表现出传统液压制动系统中经常出现的不良噪声和振动踏板反馈。此外，EMB 系统比传统系统更环保，因为不需要液压油，同时它们允许简单直接的"插头和螺栓"组装过程。

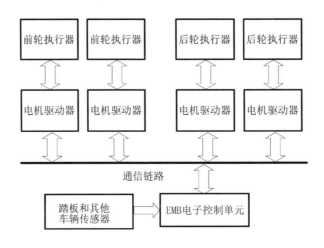

图 14.21　车辆上的 EMB 系统

　　电机及其控制器能够实现机电驱动的制动功能，以满足制动系统所需的规格要求。车辆的每个车轮都配有自己的制动执行器，可以独立于其他车轮进行控制。然后可以对每个车轮的制动行为进行单独控制，以实现最佳制动能力和提高车辆稳定性。这使得车辆在制动阶段能够保持稳定，即使车轮受到不同的表面条件的影响。电机驱动的执行器允许通过先进的控制算法，以改善整个车辆的制动性能，这是液压驱动所不可能实现的。除此之外，软件升级可以方便地调整整个系统，同时最大限度地减少机械变化的影响。

　　EMB 系统在动态响应和稳态运行方面有非常具体的要求。当需要制动操作时，电机必须具有快速响应和足够高的空载速度，以使分离的制动器在需要时能够迅速接触。另一方面，为了施加必要的制动力，一旦施加制动，电机必须在低速下产生高扭矩，直至完全失速。电机必须在两个旋转方向上都有快速响应，因为啮合和分离功能必须随机可用。因此，有必要配备适合四象限运行的控制器和机器，这可以从图 14.22 所示的 EMB 电机的典型运行循环中看出。电机在最大速度限制的扭矩控制模式下运行。

　　图 14.23 中所示的 EMB 系统由一个与行星齿轮和滚珠丝杠组件连接的旋转电

机组成，该组件将电机转矩和旋转转换为线性力和行程，以适应在钳式制动器中操作。图 14.23 所示是位于车轮的执行器组件。在配备 EMB 系统的四轮车辆的 4 个车轮组件中，会有 4 个这样的执行器。高速 / 低扭矩电机以及齿轮机构有助于最小化封装尺寸。齿轮降低了电机的高转速并增加了制动驱动的输出扭矩。

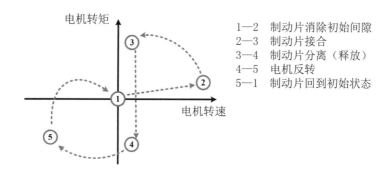

图 14.22　接合和分离 EMB 的电动机的四象限操作

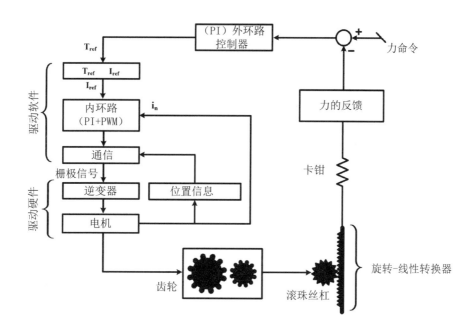

图 14.23　带电动执行器的 EMB 系统

系统控制器可以在外环路中的力控制模式下运行，并带有卡钳的力反馈。力指令通过制动踏板发出。位于 ECU 中的力控制器向各个车轮执行器发出信号，以实现所需的性能。力控制器为每个电机控制器生成扭矩指令。电机控制器处理指令信号和反馈信号，为功率转换器生成栅极信号。脉冲宽度调制或滞环电流控制器通常用于此目的。功率转换器驱动电机，电机产生所需的扭矩，并在制动卡钳上产生所需的力。

适用于 EMB 系统的电机类型为永磁电机或开关磁阻电机。永磁电机确实提供了更高的功率密度，但必须仔细评估温度敏感性，因为制动产生的摩擦热可能会损坏磁体。另一方面，开关磁阻电机提供简单且低的转子惯量，也适合于分离位置无传感器操作。

EMB 尚未被广泛接受，主要是因为制动系统的安全性至关重要。传统制动系统的第一个替代方案是将电子控制的优势与液压执行器结合起来。这使得实施控制算法成为可能，从而提高制动系统的性能和用户的舒适度。使用电动液压制动（EHB），制动踏板和车轮制动器之间的液压连接被线控传输所取代，具有相当大的优势。这简化了系统的液压结构，执行器的控制更加容易。EHB 控制单元接收来自连接到制动踏板的传感器的输入。在正常操作中，备用阀保持关闭，控制器通过电动机驱动的液压泵激活车轮的制动器。当控制器进入故障安全模式时，备用阀打开，允许通过传统的液压回路控制制动器。这种冗余使系统在发生电气故障时非常可靠。

14.7　冷却系统

电动和混合动力电动汽车特有的辅助系统要么是从现有系统改造而来，要么是从基础开发而来。电动汽车空调系统的压缩机需要由牵引蓄电池供电的电动机驱动。用于驱动的电机和逆变器需要开发动力系统电子冷却系统。牵引蓄电池需要足够的冷却以确保其运行和安全。本节讨论了两个冷却系统，一个与乘客的安全和舒适性有关，即气候控制系统；另一个是动力传动系统部件冷却系统，它对动力传动系统部件的可靠和安全运行至关重要。本文介绍的气候控制系统也适用于内燃机发动机车辆。

14.7.1　气候控制系统

车内的座舱气候通过一种制冷循环进行控制。工作流体通过两个热交换器在闭合回路中循环以冷却客舱。乘用车中的典型空调装置在稳态条件下需要大约 2 kW 的功率，但在峰值条件下可能需要高达 3 倍的功率。系统的功输入到称为压缩机的部件，用来压缩工作流体。

在传统的内燃机发动机车辆中，压缩机由发动机皮带驱动，但在混合动力车辆中，当发动机关闭时，纯电动运行模式需要电动机驱动。当用户需要空调时，不使用电动机驱动压缩机的混合动力电动汽车，必须打开发动机以驱动压缩机。在电动汽车中，必须使用电动机来驱动压缩机。气候控制系统中的其余组件在电动和混合动力电动汽车中与内燃机汽车中的相同。

在本节中，将讨论用于座舱气候控制的制冷循环热力学，然后介绍车辆空调系统部件。

14.7.1.1 蒸汽压缩制冷循环

当今最常见的制冷系统使用蒸汽压缩制冷循环，该循环源自理想的卡诺蒸汽制冷循环。逆转卡诺蒸汽动力循环可提供理想的制冷循环。这个循环是完全可逆的，但不是一个实际的循环。在讨论实际的蒸汽循环之前，让我们首先评估理想的蒸汽循环。在理想的循环中，制冷剂通过系统组件组成的管路中，在冷区和暖地区之间循环运行。理想循环的示意图和相关的温度－熵（$T\text{-}s$）如图 14.24[9] 所示。系统中的组件是蒸发器、压缩机、冷凝器和涡轮机。蒸发器和冷凝器是热交换器，制冷剂热量在两个不同温度区域进行热交换。制冷剂在状态 4 以液汽两相混合物形式进入蒸发器。在蒸发器中，制冷剂接收来自冷区的热量，同时部分制冷剂的状态从液体变为蒸汽。在从状态 4 到状态 1 的过程中，温度和压力保持不变。然后，压缩机将制冷剂从状态 1 绝热（恒定熵）压缩到状态 2。压缩机需要输入功来增加制冷剂的压力和温度。在状态 2 中，制冷剂处于饱和蒸汽状态。然后制冷剂进入冷凝器，在恒温恒压条件下，热量被传递到暖域。由于冷凝器中的热传递，制冷剂的状态从饱和蒸汽变为饱和液体。状态 3 下的液体制冷剂进入涡轮机，在那里绝热膨胀。当制冷剂返回初始状态 4 时，涡轮机中的温度和压力都会下降。在这个理想的卡诺循环中，所有过程在内部都是可逆的；制冷剂和两个区域之间的热传递发生在没有任何温度变化的情况下。

在实际的蒸汽压缩制冷循环中，与理想条件最显著的差异是换热器中不能可逆地完成的热传递。特别是，蒸发器处的制冷剂温度需要用实用尺寸的蒸发器保持在冷区温度 T_C 以下几度，以保持足够的传热速率。此外，冷凝器中的温度需要保持高于暖区温度 T_H 几度。另一个偏离理想循环的重点是压缩过程中制冷剂的阶段。如前所述，压缩过程中的制冷剂处于液气混合相；这就是所谓的湿压缩。实际上，由于液滴会损坏压缩机，因此要避免湿压缩。在实际的蒸汽循环中，制冷剂必须完全蒸发；这种过程被称为干压缩。理想循环的另一个不切实际的方面是涡轮机中从状态 3 到状态 4 的膨胀过程，在此过程中饱和液体转化为液 - 气混合物。与压缩机的输入功相比，该过程涡轮机产生的功输出非常小。这是因为在这些条件下工作的涡轮机效率非常低。在实际的蒸汽制冷循环中，涡轮机被一个简单的膨胀阀所取代。这是一个非常经济高效的解决方案，尽管必须牺牲涡轮机的工作输出。

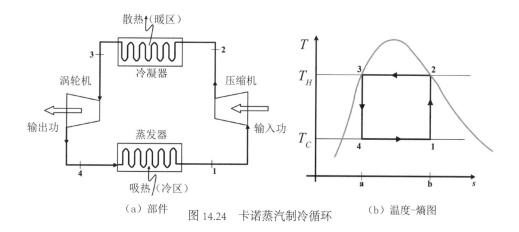

（a）部件　　　　　图 14.24　卡诺蒸汽制冷循环　　　　　（b）温度-熵图

蒸汽压缩制冷系统及其操作（*T-s*）如图 14.25 [9] 所示。让我们从蒸发器开始分析系统组件中的热传递和所做的功。功和能量转移在所示方向上是正的。过程中的动能和势能变化将被忽略。我们还将假设没有外来的热传递，压力变化仅发生在膨胀阀和压缩机中。

在蒸发器中，冷却区域的热量传递给制冷剂，导致制冷剂蒸发。每单位质量制冷剂的传热率由两种状态之间的焓变给出，如下所示：

$$\frac{\dot{Q}_C}{\dot{m}} = H_1 - H_4 \tag{14.24}$$

其中 $\dot{Q}_C$ 是传热率，m 是制冷剂的质量流量。$\dot{Q}_C$ 也称为制冷量，单位为 kW（SI 单位）或 Btu/h（英制单位）。另一个常用的制冷量单位是冷吨，等于 12,000 Btu/h。

压缩机将蒸发器中的蒸汽制冷剂压缩成高压蒸汽，同时提高温度。假设没有热量传入或传出压缩机，单位质量制冷剂的能量输入率由两种状态之间的焓变给出，如下所示：

$$\frac{\dot{W}_c}{\dot{m}} = H_2 - H_1 \tag{14.25}$$

在冷凝器中，热量在恒压（等压线）下从制冷剂传递到暖区。单位质量制冷剂的传热率为

$$\frac{\dot{Q}_H}{\dot{m}} = H_2 - H_3 \tag{14.26}$$

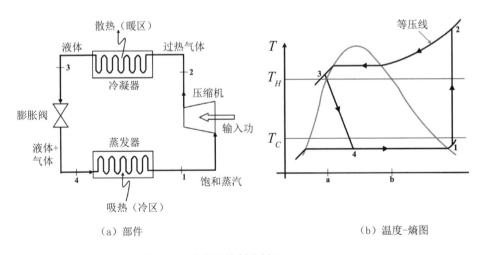

（a）部件　　　　　　　　（b）温度-熵图

图 14.25　蒸汽压缩制冷循环

然后，制冷剂在膨胀阀中从状态 3 膨胀到状态 4，达到蒸发器压力。当压力随着熵的增加而降低时，这个过程是不可逆的。同样，假设压缩机没有热量传递，单位质量制冷剂的能量传递率为

$$\frac{\dot{W}_{out}}{\dot{m}} = H_3 - H_4 \tag{14.27}$$

由于膨胀阀中没有功输出，$\dot{W}_{out} = 0$ 因此，
$$H_4 = H_3$$

空调系统或冰箱的目的是从低温环境中带走热量，称为冷负荷。制冷循环的性能是根据性能系数来衡量的，该系数是制冷效果与实现该效果所需的净功输入之比[10]。对于蒸汽压缩循环，性能系数为

$$COP_R = \frac{冷却效果}{净输入功} = \frac{\dot{Q}_C}{\dot{W}_C} = \frac{H_1 - H_4}{H_2 - H_1} \tag{14.28}$$

上述方程式既适用于具有不可逆性的实际蒸汽压缩循环，也适用于不存在这种影响的理想压缩循环，因为上述方程式是从质量和能量转换率平衡中推导出来的。尽管由于蒸发器、压缩机和冷凝器中的不可逆性，实际循环偏离了理想循环，但用理想循环评估系统是有见地的；理想化的评估确定了实际制冷系统性能的上限。

14.7.1.2 车载空调系统

汽车空调系统基于蒸汽压缩制冷循环运行，其部件类似，如图 14.25（a）所示。唯一增加的是放置在冷凝器和膨胀阀之间的接收器/干燥器。汽车空调系统中的部件类型及其功能如下所述。

压缩机负责将低压制冷剂气体压缩至高压和高温。压缩机本质上是一个泵，有吸入侧和排出侧。吸入侧从蒸发器出口吸入低压制冷剂。在某些情况下，通过蓄液器吸入。排出侧的高压压缩流体被输送至冷凝器。

压缩机在车辆的座舱气候控制中起着决定性的作用。连接到内燃机发动机输出轴的皮带或电机驱动压缩机。汽车工业中用于气候控制的常见压缩机类型有涡旋压缩机、旋转叶片压缩机和旋转斜盘压缩机。其中，涡旋压缩机在中速时提供高效率，并且能够承受高转速。因此，它们适用于能够以更高速度运行的电动机。电动压缩机还具有通过电机控制来调节速度的优点，这将改善空调系统的性能。

对于在没有内燃机发动机的情况下运行的压缩机，需要单向、速度控制的电动机驱动器。PM 机器或 SR 机器都适用于该应用。驱动结构类似于前面第 7 章和第 10 章中介绍的结构，只是不需要再生发电。PM 同步电机目前用于丰田和雷克萨斯混合动力电动汽车中使用的压缩机驱动器。来自高压侧和低压侧的压力传感器向电机控制器提供反馈，以调节电机速度和扭矩，以保持所需的座舱温度。用于这些永磁电机驱动控制的常见选择是无位置传感器空间矢量 PWM 控制器。间接位置感应是必不可少的，因为没有足够的空间装带有压缩机和电机的机械位置传感器。压缩机冷侧适合用于冷却电驱动逆变器的 IGBT。

冷凝器提供了将制冷剂热量释放到大气中的区域。当制冷剂流过冷凝器时冷却下来并冷凝成高压液体，从冷凝器底部排出。冷凝器必须位于有足够气流的位置。

发动机冷却风扇可用于散发冷凝器的热量；或者，可以添加一个或多个电动冷却风扇以实现有效的热辐射。

储液干燥器位于冷凝器后面的系统高压侧。其功能是储存液态制冷剂，当制冷剂在系统循环时清除制冷剂中的水分和污垢。清除污垢至关重要，以免堵塞空调系统后面的管路的膨胀阀孔。

膨胀阀接收来自储液干燥器的高压液体，并允许制冷剂压力下降，使其变相。该阀控制通过其节流孔的制冷剂量，以便将液态制冷剂输送至蒸发器进行蒸发。

蒸发器用作吸热装置，位于车内。液体制冷剂通过从吹过蒸发器散热片的热空气中提取热量来蒸发，从而冷却座舱空气。制冷剂的沸点很低，因此可以从通过的空气中吸收大量热量，并在其离开蒸发器时沸腾为低压气体。制冷剂带走的热量最终在冷凝器中释放到大气中。将蒸发器置于乘客舱内，可使乘客感到舒适。当较热的空气流经蒸发器的较冷散热片时，空气中的水分在其表面凝结。蒸发器还起到空气过滤器的作用，将空气中的灰尘和小颗粒吸附到其潮湿的表面，然后排放到车外。

蓄液器连接在蒸发器的出口端，用于收集液态制冷剂，也用于清除系统中的水分和污垢，类似于储液干燥器。蓄液器的功能对只能压缩气体而不能压缩液体的压缩机至关重要。

气候控制单元通过控制制冷剂压力和流入蒸发器的流量来维持车内温度。一个压力传感器位于在高压管路上，一个在低压管路上，向控制单元提供反馈，以将蒸发器中的压力保持在较低水平，以防止其结冰。

汽车中使用的制冷剂是 R-134a，出于环境考虑，它取代了以前使用的制冷剂 R-12。R-134a 的工作压力高于 R-12，这需要更强大的压缩机。

14.7.2　动力系统部件冷却系统

热系统设计和热管理是电力电子和电机性能及可靠性的关键组成部分。电动和混合动力汽车需要对电机和驱动器以及附加的电力电子元件（例如用于高压 - 低压接口的 DC/DC 转换器）进行充分的热管理。

通过辐射和对流的方法从电机、电机驱动器和电力电子元件中去除热能。热辐射是通过电磁波在有或没有任何中间介质的情况下传输能量的过程。这意味着即使在真空中也可以发生热辐射。材料内原子或分子的电子构型改变会引起热辐射。通过热辐射从系统传递能量的速率是复杂的，涉及辐射表面和能量吸收介质的特性。斯蒂芬 – 玻尔兹曼（Stefan-Boltzmann）定律的修改形式在宏观上将能量转移速率量化为[9]。

$$\dot{Q}_{rad} = \varepsilon \sigma A T_b^{\ 4} \tag{14.29}$$

其中 A 是表面积，ε（$0 \leqslant \varepsilon \leqslant 1$）是表面的发射率，$\sigma$ 是斯蒂芬 - 玻尔兹曼常数，T_b 是表面的绝对温度。

对流是指在一个温度下固体表面和在另一个温度下相邻移动的气体或液体（称为流体）之间的能量传递。热能通过流体内部的传导和流体的整体运动的综合效应，从固体表面传递到运动的流体。通过对流的能量传递率可通过以下经验公式[9]进行评估：

$$\dot{Q}_{conv} = hA(T_b - T_f) \tag{14.30}$$

其中 A 是表面积，T_b 是表面温度，T_f 是流体温度。传热系数 h 是一个经验参数，与流体的特性和流量以及系统的几何形状有关；这不是热力学性质。对流可以有两种类型：强制和自然。与自然对流相比，用于强制对流的风扇或泵会产生更高的传热系数。

电气组件冷却系统的开发首先要确定需求，这取决于车辆架构和该架构内组件等级的要求。首先需要识别车辆中的液冷部件和风冷部件。要采用的冷却类型取决于冷却要求以及车辆内部件的位置。大多数电力电子设备和电动动力系统牵引部件都使用液体冷却来实现紧凑型封装。在某些情况下，液体冷却系统可能已经可用于车辆中的其他组件，然后它就变成了在回路中添加电驱动组件的扩展。内燃机发动机和自动变速器也是液体冷却的。牵引电池，尤其是镍氢电池，以及小型电子设备可能是风冷的。然而，先进的锂离子电池需要液体冷却。在确定冷却要求时，必须评估组件的最坏运行情况。其中包括陡坡、坡道保持、极端温度和海拔高度。必须评估最坏情况下的运行占空比，以区分瞬态和连续冷却负荷。根据车辆的设计和任务以及部件的类型，动力系统和电子部件的连续和最高温度额定值有很大差异。为了设计可靠性和耐久性，部件冷却系统的尺寸通常适用于最高允许温度下的峰值运行条件。与内燃机发动机和变速器等机械设备相比，电力电子元件对过高的温度非常敏感，因为它们的热质量要低得多。

表 14.1 给出了轻型车辆动力传动系统和电子部件的代表性温度，作为一般参考。允许的工作温度和液体 / 空气流速通常由部件制造商指定。制造商提供的性能特征显示了各种负载下的效率，这对于通过车辆监控控制器确定工作点非常有用。效率和额定功率为计算冷却系统去除的热负荷提供了一个很好的起点。

表 14.1　车辆部件中的温度示例

部件	连续	最大
发动机和变速器	95° C	120° C
牵引电机	65° C	75° C
牵引逆变器，DC/DC 转换器	65° C	75° C
电子控制器	65° C	75° C
牵引电池	30° C	55° C

液体冷却系统包括一个热交换器，用于将热量排出到环境中；以及一个冷却液泵，用于液体冷却剂的强制循环。对系统进行热分析，得出所需的散热量、冷却液质量流量和泵尺寸。对于风冷系统，风扇和鼓风机的尺寸取决于所需的散热量。

在混合动力电动汽车中，由于允许工作温度显著不同，可能需要多个回路。冷却液回路的数量取决于最高部件工作温度、冷却液流量要求、部件包装以及同一回路内其他部件的接近程度。冷却液回路的设计目标是将管道的复杂性、长度和限制降至最低。加注点和冷却液储液罐必须包含在冷却液回路中，以确保适当的排气和脱气。

混合动力电动汽车动力系统部件冷却系统的示例如图 14.26 所示。动力系统结构有两个电机和一台需要液体冷却的内燃机。电机的逆变器和 DC/DC 转换器也需要液体冷却。电池采用舱内空气进行风冷。液体冷却系统分为 3 个回路：第一个回路用于冷却内燃机和变速器，第二个回路用于冷却牵引电机及其逆变器，第三个回路用于冷却发电机、其逆变器和 DC/DC 转换器。使用冷却液回路中的传感器监控温度，以控制冷却液泵的速度。设备将具有内部温度监控，用于热管理，但建议至少在入口位置监控冷却剂温度，尤其是在开发阶段。

图 14.26 显示了 3 个串联堆叠的热交换器，它们将位于车辆的前部。 内燃机发动机有一个单独的热交换器（即散热器），而两个电气部件冷却回路使用一个热交换器。第三热交换器用于车辆的空调系统，图中未完全示出。热交换器的串联布置提供了高效的封装，但由于增加了空气侧压力损失和共享风扇控制，因此需要更高的总风扇功率要求。在串联堆叠布置形式中，最低温度的换热器必须放在气流方向的最前面。热交换器的平行堆叠使正面面积最大化。进入每个热交换器的气流可以通过单独的风扇控制进行最佳控制。前向热交换器可以极大地受益于车辆运动产生的动态气压，但在较低的速度下需要足够的气流。由于设备负载较高且气流不足，较低的车速提出了更具挑战性的冷却系统设计要求。

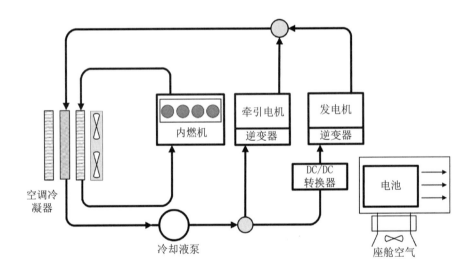

图 14.26 混合动力电动汽车中的冷却回路

问题
14.1
电动汽车 EV 传动系统采用他励直流电机，通过齿轮箱驱动 EV 后桥，如图 P 14.1 所示。

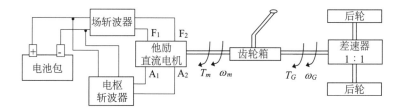

图 P14.1

车辆在水平道路上以 60 miles/h 的恒定速度以 4 挡行驶。所有必要参数如下所示：

mg=6867N，C_0=0.009，C_1=1.75E-6 s^2/m^2，A_F=2 m^2，C_d=0.2，ρ=1.16 kg/m^3，r_{wh} 车轮半径 =7.5 in，传动比 GR=0.4。

电机参数：$R_a = 0.2\,\Omega$，$R_F = 150\,\Omega$，$K = 0.8$ V·s/Wb，$\phi = 3.75\,I_F$，$B_g = 1.2\,I_F$

在以下计算中，假设从电机输出到车轮没有功率损失，并使用课堂上给出的电机功率损耗模型。假设斩波器输出是纯直流。

a. 计算电机的运行速度和转矩。

b. 当 $0.5 \leq I_F \leq 4$A 时，绘制 I_A-I_F 图。

参考文献

[1]R.L. Willis and J. Brandes, "Ford next generation electric vehicle powertrain," 12th Electric Vehicle Symposium, Anaheim, CA, pp. 449–458, December 1994.

[2]R.G. Budynas and J.K. Nisbett, Mechanical Engineering Design, McGraw Hill, New York, NY, 2008.

[3]R. Stone and J.K. Ball, Automotive Engineering Fundamentals, SAE International, Warrendale, PS, 2004.

[4]T.E. Scott, Power Transmission Mechanical, Hydraulic, Pneumatic, and Electrical, Prentice Hall, Upper Saddle River, NJ, 2000.

[5]J.M. Miller, Propulsions Systems for Hybrid Vehicles, Institute of Electrical Engineers, London, 2004.

[6]S. Underwood, A. Khalil, I. Husain, H. Klode, B. Lequesne, S. Gopalakrishnan and A. Omekanda, "Switched reluctance motor based electromechanical brake-by-wire system," International Journal of Vehicle Autonomous Systems, 2(3–4), 278–296, 2004.

[7]A. Omekanda, B. Lequesne, H. Klode, S. Gopalakrishnan and I. Husain, "Switched reluctance and permanent magnet brushless motors in highly dynamic situations: A comparison in the context of electric brakes," IEEE Industry Applications Magazine, 15(4), 35–43, July/Aug. 2009.

[8]H. Klode, A. Omekanda, B. Lequesne, S. Gopalakrishnan, A. Khalil, S. Underwood and I. Husain, "The potential of switched reluctance motor technology for electro-mechanical brake applications," Simulation and Modeling Mechatronics, SP2030, SAE Publication, Warrendale, PA, 2006.

[9]M.J. Moran and H.N. Shapiro, Fundamentals of Engineering Thermodynamics, sixth edition, John Wiley & Sons, Inc., New York, NY, 2008.

[10]R. Stone and J.K. Ball, Automotive Engineering Fundamentals, SAE International, Warrendale, PA, 2004.

混合动力汽车 15
控制策略

　　混合动力电动汽车动力系统包括电气和机械两个动力传输路径。动力系统由多个能量源和能量转换器组成；每一个组件的运行都需要协调。根据车辆架构不同，动力系统部件的配置也各不相同，但最常见的是串联、并联和功率分流架构。控制问题是通过协调使用多个部件来管理通过电气和机械传输路径的功率流，以实现特定目标，例如最大化燃油效率。为此目开发的控制策略在车辆监控控制器中实现。监控控制器保护驾驶员不受复杂控制问题的影响，并确保驾驶员需求得到持续一致的满足。

　　控制策略本质上是一种确定车辆动力传动系统部件工作点的算法。控制策略的主要目标是确保满足驾驶员需求，同时优化动力传动系统效率。监控控制器的主要输入是车速和踏板输入。道路、交通和 GPS 信息的辅助输入也可用于高级的监控控制器。控制器的输出是动力系统组件的命令信号，如电机或内燃机扭矩请求，以及某些组件的开 / 关命令。

　　电池包或储能系统（ESS）的荷电状态（SoC）水平也必须维持在延长系统寿命的水平内。控制策略决定了何时以及允许多少放电来满足驾驶员的需求。此外，当驾驶员发出车辆制动命令时，可以使用再生制动将车辆动能回收并存储在 ESS 中。

　　控制策略算法的其他目标包括以下全部或部分目标：提高动力传动系统效率和 / 或燃油经济性、减少排放和保持良好的驾驶性能。提高燃油效率和减少排放是相互矛盾的要求；优化算法可用于确定内燃机的最佳工作点。驾驶性能也是客户接受混合动力汽车的关键参数；控制器必须确保驾驶员的感觉与传统内燃机车辆几乎相同。必须仔细协调各种驱动装置的指令变化，以保持车辆的高驾驶质量。驾驶性能可以通过换挡和传动系振动来衡量。

15.1　车辆监控控制器

　　车辆监控控制器位于混合动力车辆动力系统控制的多级层次结构的中间。处于最高控制级别的是驾驶员，他使用速度和位置反馈来设置加速器和制动踏板输入。监控控制器接受驾驶员命令，并相应地控制各种动力传动系统子系统。电机驱动、储能装置、内燃机和启动机 / 发电机驱动等子系统都有自己的控制器，但操作设定值取决于监控控制器发出的命令。图 15.1 显示了驾驶员、车辆和监控控制器之间的交互作用。监控控制器中的控制策略使用来自所有子系统控制模块的反馈信号来实现。监控控制器通过控制器局域网（CAN）与子系统通信，还可以通过 A/D 通道接收来自传感器的直接输入。传感器数据不仅用于控制目的，如果车辆中的一个或多个子系统部件出现故障，还可以记录下来进行性能分析或故障分析。

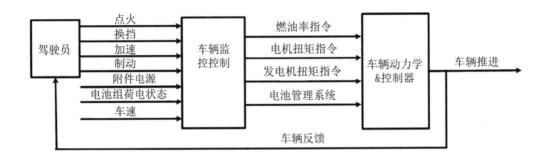

图 15.1　驾驶员与 SCM 和车辆的接口

驾驶员通过点火开关、变速器换挡杆、加速踏板和制动踏板与监控控制器进行通信。驾驶员处于控制器的顶层，使用车速和驾驶条件反馈设置加速器和制动踏板输入。一旦车辆准备好驾驶，踏板输入将从位置转换为驾驶员需求。监控控制器 – 驾驶员界面将加速踏板和制动踏板踩下解读为驱动 / 制动功率和扭矩请求。

监控策略的目标是确保满足驾驶员需求，同时优化动力系统效率。监控控制器的输入是驱动请求和车辆运行条件，例如速度和加速。道路、交通和 GPS 信息的辅助输入也可用于更高级的监控控制器。控制器的输出是动力系统组件的命令信号，例如电动机或内燃机扭矩请求、电池充电设定点和某些组件的开 / 关命令。电池包或 ESS 要求设置在一定范围内，以延长系统的使用寿命。控制策略决定了允许深度放电的时间和程度以满足驾驶员的需求。监控控制器还调节在车辆制动过程中应回收的动能以给电池充电。

控制策略的复杂性取决于混合结构是复合结构（如串并联）还是简单结构（如串联或并联）。复合混合架构中的控制策略可以分为两级结构：模式选择策略和模态控制策略。模式选择策略决定了动力传动系统的运行模式，如串联或并联。模态控制策略解决了特定混合动力运行模式下的控制问题。在简单的混合结构中，例如串联或并联混合结构中，一级算法就足够了；监控控制器实现混合动力运行的模态控制策略。这两个级别的控制策略将在本章的单独章节中讨论。模式选择策略仅适用于复合混合架构，而模态选择策略同时适用于复合和简单混合架构。

15.2　模式选择策略

对于我们讨论的复合混合动力架构模式选择策略，假设车辆动力系统中有一个内燃机和至少两个电机。混合动力汽车中最多可以有 4 种基本工作模式，即纯电动、串联、并联和功率分流。本文将对模式选择策略进行一般性讨论，因为串联混合动力的操作模式约束，对于串联混合动力电动汽车与允许附加有其他模式的车辆相似。此外，所讨论的控制策略是可能的实施方法的示例。根据复合混合动力架构中可用的动力系统组件、组件的相对尺寸和控制策略的目标，可以有各种其他模式选择策略。

监控控制器要做出的第一个决定是动力传动系统的运行模式。决策主要基于驾驶员需求和车速。驾驶员通过加速踏板输入发出扭矩请求，通过扭矩请求与车速的乘积转换为驾驶员功率需求。根据驾驶员功率需求和车速选择驱动模式。

在纯电动模式下，电池或其他 ESS 中存储的能量用于驱动一个或多个电力驱动电机进行驱动。在串联模式下，储存在化石燃料中的能量由内燃机转换为机械形式，驱动发电机产生电能。所产生的电力被电动驱动电机用来为车轮提供牵引力。在功率分流模式下，内燃机通过串联电气路径和直接机械路径为车轮提供牵引动力。来自内燃机的动力通过机械和电气传输路径进行分配。对于串联或分流操作，ESS 可以提供或吸收功率，这取决于功率需求、存储系统 SoC 和内燃机效率的考虑，来提供或吸收功率。在并联模式下，内燃机以最大能力运行，电机以电动模式运行，使用来自 ESS 和化石燃料的存储能量提供驱动力。功率分流模式与并联模式的不同之处在于其中一个电机作为发电机运行。

混合动力操作的模式选择受基于规则的控制规律支配，这取决于车辆操作点的当前和过去状态、驾驶员功率需求、车速和 ESS SoC。这些规则是基于子系统的操作限制、子系统的模型或性能图、设计人员的经验和灵感。能源管理的"负载均衡"概念经常用于基于规则的策略中。在这种类型的控制中，其中一个能量转换器，例如内燃机，主要用于提供驱动动力，而辅助子系统组件，例如电动机，则被调用以协助内燃机转换工作点到不同的位置，以提高燃油经济性和减少排放。基于规则的策略可以进一步分为以下两类[1]。

基于确定性规则的方法：开发确定性规则以确定混合动力操作模式以及从一种模式切换到另一种模式的条件[2-3]。在量产混合动力汽车中使用的最流行的基于确定性规则的策略是功率跟随器方法。驾驶员输入被解释为决定操作模式的功率请求。图 15.2 显示了操作模式对驾驶员功率需求（加速器输入）和车速的定性依赖性示例。在并联或串并联混合动力车辆中，在低功率需求水平下，只有在低于最低车速时使用电动机。如果功率需求超过最低水平，则发动机启动。在并联混合动力中，只有当功率需求大于最大发动机功率时，电动机才会辅助发动机。在串并联或功率分流架构中，动力系统将在纯电动模式之后处于功率分流模式。在纯电动模式和分流模式之间的低功率需求，可以使用串联模式。只有在非常高的功率需求水平下，才会使用并联模式。可以在纯并联混合动力汽车中使用驱动电动机的发电机模式或使用串并联混合动力汽车的发电机，使电池 SoC 保持在预设范围内。该方法的主要缺点是整体动力系统效率没有得到优化。

监控控制器还可以使用状态机来实现模式选择策略。状态机根据驾驶员需求、车速、子系统操作限制和故障（如有）执行各种混合模式之间的转换。通过状态机实现监控控制器有助于故障管理。虽然动力传动系统效率优化通常不在状态转换级别上解决，但此类优化可以在模态控制算法上解决。

基于模糊规则的方法：混合动力系统是一个非线性、多维、时变的装置，其中基于模糊逻辑的模式选择策略尤其有用[4-6]。基于模糊逻辑的控制系统使用驾驶员需求、车速、SoC、组件扭矩输出和估计的道路负载作为输入，并使用模糊规则库来确定车辆的运行模式。与确定性规则库相比，模糊规则库的主要优点是对不精确测量和参数变化的稳健性。设计良好的模糊规则库可以实时给出动力系统的次优性能。模糊规则库包括可根据驾驶条件实时调整的加权参数。基于模糊规则的控制算法也可以有效地用于开发混合运行模式下的模态控制策略。

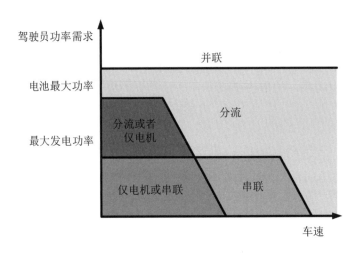

图 15.2　混合动力车辆的操作模式

在串并联混合动力电动汽车架构的帮助下，我们将进一步阐述基于确定性规则的控制策略方法。具有两个电机和一个内燃机的串并联混合架构可以使用行星齿轮组的机械装置或使用电子控制来实现。两种串并联混合动力汽车的模式选择策略如下。

15.2.1　机械功率分流混合模式

机械实现的功率分流架构使用行星齿轮或行星齿轮组，没有任何传动系统离合器。使用行星齿轮组的功率分配概念首先由 TRW[7-8] 引入。行星齿轮组中的非换挡变速器提供了类似无级变速器（CVT）的性能，同时能够在单个传动系统中安装 3 个动力系统部件。机械功率分流架构已迅速成为混合动力轿车、轻型卡车和 SUV 的设计选择。机械功率分流设计使电机、发电机和内燃机安装在单一传动系中，结构紧凑，易于组装。

图 15.3 显示了使用类似于丰田 Prius 中使用的行星齿轮组的串并联功率分流式动力系统架构。如前面 14.2.1 节所述，行星齿轮组具有 3 个部件，即齿圈、太阳轮和行星架。内燃机的输出轴与行星齿轮组的行星架相连。机械动力通过齿圈间接地从内燃机传递到主减速器和车轮。内燃机和主减速器之间没有直接耦合。发电机与太阳轮相连；电机与车轮连接到齿圈。内燃机的动力可以分流，部分功率通过太阳轮和电力传输路径传递给主减速器和车轮。内燃机驱动发电机，发电机为蓄电池充

电或为电机供电,或两者兼而有之。发电机运转产生反作用扭矩,作用于与内燃机轴耦合的行星齿轮。电机可以向齿圈增加扭矩,为车轮提供额外动力。在峰值加速度需求期间,发电机也可以在电机模式下运行,以向行星齿轮添加扭矩,然后通过齿圈将扭矩传输到车轮。两台电机都可以在电机模式或发电模式下工作。在车辆制动过程中,电机充当发电机,捕捉再生制动能量,将其转换为电能并存储在蓄电池中。通过行星齿轮联轴器和电机的双模式可实现的几种运行模式将进一步详细描述。

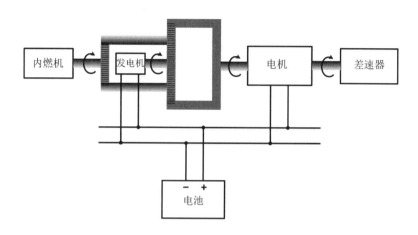

图 15.3　带行星齿轮组的串并联 HEV 动力传动系统部件布置

前面 14.2.1 节中讨论的齿圈、太阳齿轮和行星架之间的速度 – 扭矩关系适用于此处介绍的混合动力系统架构,并将在本节中使用。公式 14.13 中功率分流式混合动力汽车的功率关系为

$$P_{\text{engine}} = P_{\text{engine to ring}} + P_{\text{engine to sun}}$$

$$\Rightarrow T_p \omega_p = \frac{r_r \omega_r}{r_r + r_s} T_p + \frac{r_s \omega_s}{r_r + r_s} T_p \tag{15.1}$$

图 15.3 所示的与 3 个动力传动系统部件相连的 3 个齿轮的旋转方向将假定为正旋转方向。

15.2.1.1　纯电动(低速、倒车、电池充电)

在这种模式下,内燃机关闭,行星架静止,即 $\omega_p = 0$。启动机 / 发电机在空载条件下反向自由旋转。 启动机 / 发电机和电动机之间的速度关系由下式给出(来自公式 14.11)

$$r_r \omega_r = -r_s \omega_s$$

如图 15.4 所示,电机通过电池能量为车轮提供牵引力。没有动力通过行星齿轮组传输。加速器位置(功率需求)和车速决定电机电流设定点。

$$I_{\text{motor}} \propto T_{\text{motor}} = \frac{P_{\text{motor}}}{\omega_r} \qquad （15.2）$$

当车辆滑行或制动且发动机关闭时，电机在发电机模式下运行，可使用再生控制策略对蓄电池进行充电。

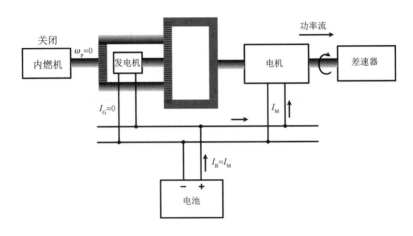

图 15.4　纯电动运行模式

15.2.1.2　发动机启动（低速）

启动机 / 发电机在电机模式下运行以启动发动机。使用正扭矩命令启动电机模式式，电机反向旋转，使电源从蓄电池流向启动机 / 发电机，再流向内燃机。发动机启动期间，车辆可能会在电机提供的牵引力下移动。发动机启动时的能量来源是蓄电池。

15.2.1.3　并联模式（急加速）

动力系统以并联模式运行，以实现车辆起步期间可能需要的急加速。启动机 / 发电机和电动机都使用电池电源辅助内燃机。并联模式下的功率流如图 15.5 所示。

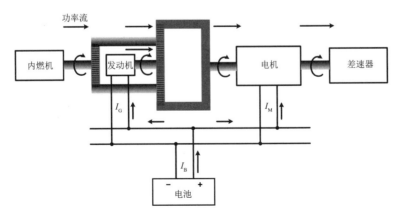

图 15.5　电气和机械动力系统组件的并联运行

使用公式 15.1 ，启动机 / 发电机功率由下式给出

$$P_{\text{sun to ring}} = \frac{r_s \omega_s}{r_r + r_s} T_p, \ \omega_s < 0 \tag{15.3}$$

太阳齿轮反向旋转，即从齿轮看发电机轴是逆时针，这使得 $P_{\text{sun to ring}} < 0$。太阳齿轮的反向旋转增加了内燃机扭矩，使启动机 / 发电机能够提供电动动力扭矩到主减速器。启动机 / 发电机输入是来自电池的电力。

15.2.1.4 功率分流模式（巡航、轻加速）

在这种模式下，内燃机的功率在启动机 / 发电机和电机轴之间分配，如图 15.6 所示。电机通过向主减速器的差速器输入轴增加更多扭矩来辅助发动机。 同时，一些发动机动力可能被转移到太阳轮，以使启动机 / 发电机在发电模式下运行，为电池充电。启动机 / 发电机正向旋转。因为传递到启动机 / 发电机的发动机扭矩百分比是机械固定的，通过控制内燃机转速来调节流向启动机 / 发电机的功率，并因此调节流向电池的发动机功率。所需的电池电量决定了启动机 / 发电机的电流，该电流设定启动机 / 发电机的扭矩。内燃机速度控制将在后面进一步讨论。

$$I_{\text{gen}} \rightarrow T_s = \frac{r_s}{r_r + r_s} T_p \tag{15.4}$$

太阳齿轮扭矩反过来确定发动机扭矩 T_p，因此，内燃机必须进行速度控制。

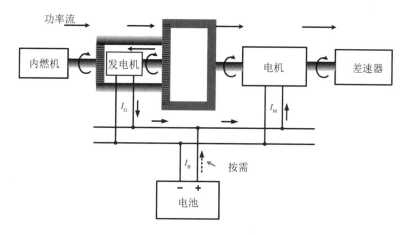

图 15.6 功率分流操作模式

15.2.1.5 发动机制动模式（驾驶员可选模式）

在此模式下，内燃机怠速运转并吸收一些功率。电机自由旋转（$I_{\text{motor}}=0$）。启动器 / 发电机反向旋转并发电。该模式下的功率流如图 15.7 所示。

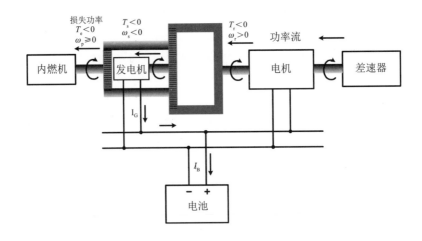

图 15.7　发动机制动操作模式

15.2.1.6　再生模式（车辆制动）

在这种模式下，发电机自由旋转（$I_g = 0$）。电机由车辆的动能驱动，并通过再生向电池输送能量。这种模式下的功率流如图 15.8 所示。

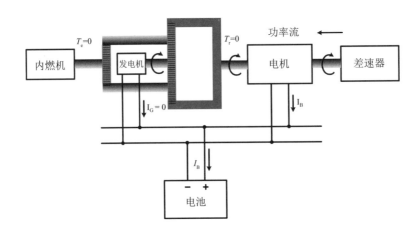

图 15.8　车辆再生模式

15.2.2　串并联 2 × 2 混合模式

串并联 2 × 2 架构是一种电子控制的功率分配架构（图 15.9）。内燃机通过离合器和变速器连接到前轮，而启动机 / 发电机连接到内燃机的输出轴。电动机为后轮提供动力，提供四轮驱动能力。该架构为混合动力电动汽车的运行模式提供了极大的灵活性。

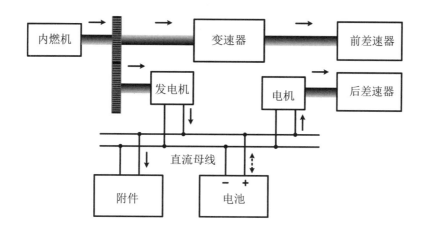

图 15.9 串并联 2 × 2 架构

15.2.2.1 纯电动（低速、倒车、电池充电）

保持内燃机关闭并保持离合器分离，车辆可以通过使用后牵引电机驱动，作为电动汽车运行。电池或任何其他类型的存储设备中存储的能量用于为电机提供动力，电机通过后差速器向后轮提供牵引力。当车辆滑行或制动并且发动机关闭时，可以使用再生控制策略对电池进行再充电，其中电动机在发电机模式下运行。

15.2.2.2 串联模式（低速）

在发电机的限制范围内，车辆也可以作为串联混合动力车辆运行，尤其是在驾驶员功率需求相对较低的城市行驶条件下。内燃机总扭矩被传递给发电机，发电机为电动机供电，存储系统充当缓冲器。电动机为后轮提供牵引力。变速器在串联模式下保持在空挡。

15.2.2.3 功率分流模式（巡航、轻加速）

当速度达到阈值或请求的功率超过串联模式下可提供的功率时，离合器接合，内燃机通过变速器提供驱动动力。在这种操作模式下，内燃机转速由功率分配控制模式算法设置，稍后将讨论。来自内燃机的动力分别通过机械传动路径和电气传动路径传递到前轮和后轮。使用这两个电机，这种功率分流操作类似于具有行星齿轮组的机械功率分流。与机械功率分配混合动力相比，机械和电气传动装置之间的功率分配比可以由发电机负载任意选择。可以选择功率分配比例，以优化 ESS 使用，并保持理想的前后牵引力比，但要考虑车辆的瞬态平滑性。

15.2.2.4 并联模式（急加速度）

在驾驶员高需求时，使用并联模式，内燃机和两台电机都并联工作，向车轮提供牵引力。发电机在电机模式下运行，内燃机和发电机扭矩在内燃机－发电机联轴器处混合后传递至前轮。电动机同时向后轮提供牵引力。两台电机的能量都来自ESS；这是一种消耗电量的操作，因此不能持续很长时间。这可以作为车辆在急加速需求期间使用的助力模式。

15.3　模态控制策略

模态控制算法使用驾驶员需求和系统反馈输入来满足需求，同时优化传动系统效率并最小化排放。储能装置 SOC 也保持在预设范围内，以满足性能要求，而不会损坏系统。模态控制策略中的控制规律决定了能量转换器的最佳参考扭矩和变速器的最佳传动比。控制规律可以基于优化算法生成，其中代表燃油经济性、排放、电机效率或电池寿命的成本函数最小化。实现最佳燃油效率的全局优化取决于功率需求和驾驶条件的先验知识，这只有在模拟中才可能实现。基于固定行驶周期的全局优化可用于确定实时潮流管理规则。在实际驾驶场景中，可以开发基于实时优化的控制策略 [9-10]。这种优化策略使用实时变量定义的瞬时成本函数。

动力系统子系统对在串联、并联和功率分流模式下可以提供的最大连续和峰值功率施加限制。然而，模态控制算法共享共同的计算来确定内燃机、电动机和发电机可以提供的最大功率。计算基于设备额定值、温度、直流母线电压、车速和其他参数，这些参数决定了每个子系统的工作点限制。例如，可以根据总线电压降低电机功率限制。总线电压取决于储能装置 SoC。电压降低时降低电机功率的目的是确保可接受的驾驶性能，防止当电池电量耗尽时电机进入关机模式而突然加速下降。电动机的功率限制还取决于温度。电机额定值因操作温度升高而降低。

串联、并联和功率分流模式需要不同的控制算法。不同模态控制策略的优化技术（如果使用）也不同。下面讨论模态控制策略以及优化技术的示例。必须指出的是，本节讨论的模态控制策略只是示例；根据可用动力传动系统组件的尺寸和所需的优化策略，可以有多种其他方式来实施模态控制策略。

15.3.1　串联控制

在串联混合动力或多模式混合动力的串联模式中，电动机提供从加速踏板测得的所有牵引功率需求。内燃机、发电机和 ESS 必须确保始终有足够的电力供电动机使用，以满足驾驶员的需求。在城市驾驶中，由于车速的变化和频繁的启动 / 停止操作，电力需求变化很大；混合动力电动汽车的电池放电 / 充电曲线变化很大。与峰值加速需求期间的峰值瞬态功率需求相比，电机所需的平均功率相对较低。

通过 ESS 充电的被动控制算法，内燃机受到的车辆负载的变化得以缓冲，该算法独立于主动车辆动力传动系统控制。ESS 控制基于开 / 关控制方法，也称为内燃机的恒温器控制。开关控制的标准可以通过电池的 SoC 限制来设置。通过设定最大和最小 SoC 限值，电机可随时满足驾驶员需求。图 15.10 显示了将 SoC 保持在指定范围内的发动机恒温器控制。

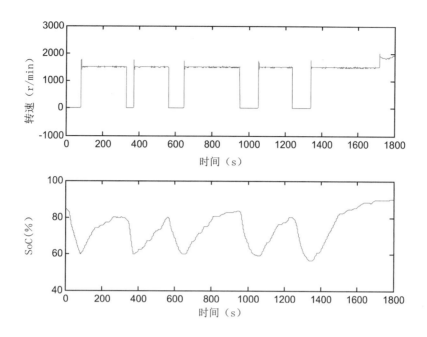

图 15.10　内燃机使用和电池荷电状态

串联模式的目标是将内燃机转速和扭矩保持在最有效的工作点。借助发动机和发电机的扭矩 – 速度特性，对串联模式下内燃机"开启"工作点的示例选择进行了说明。内燃机发动机的"开启"工作点可以根据燃油经济性、排放和发电机的特性进行选择。如果仅以高燃油经济性为目标，则发动机应在制动燃油消耗率 (BSFC) 低的区域运行。图 15.11 和图 15.12[11] 显示了包括 1.9 L 柴油发动机的 BSFC 和 BSNO$_x$ 数据的基线发动机图。在这两幅图上叠加了通过发电机联轴器反射的永磁发电机连续和峰值转矩曲线。发动机图显示，低油耗的运行区域也会产生大量的 NO$_x$。考虑到发电机特性，目标运行应该是发电机沿着连续发电阈值从转矩到功率的受限点，在该点上，发电机的效率也相对较高。发电机的转速受扭矩限制，在拐角速度以下，无法实现最大可能的连续发电；在该区域运行将增加内燃机运行时间，以便在发动机在关闭之前对串联模式的 ESS 进行充电。

选择在 PM 发电机拐角点附近的"开启"工作点将导致 BSFC 从最小值 0.20313 kg/（kW·h）略有增加，但在排放方面非常有利。拐角点附近的 NOx 排放量明显低于最大值 0.0097 kg/(kW·h)。最佳"开启"工作点位于产生相对较低排放的拐角区域，并表现出合理的效率，同时允许发电机以接近其最大连续额定功率（37.5 N·m，4750 r/min）运行[11]。

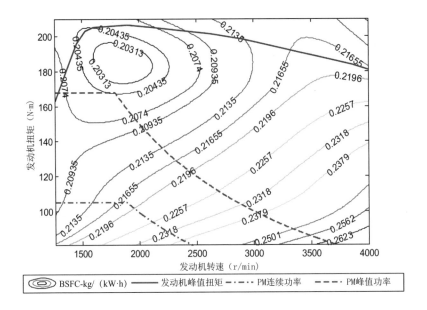

图 15.11　1.9L 柴油发动机的 BSFC[11]

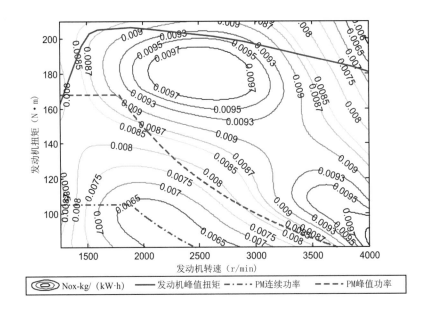

图 15.12　1.9L 柴油发动机的制动 NO_x 排放率 $(BSNO_x)$ [11]

15.3.2　并联控制

并联模式控制算法通过电机和发动机为车轮提供动力，以满足驾驶员的需求。来自两个装置的扭矩可以在传递到一组车轮之前混合，或者可以分别传递到前轮和后轮。在任何一种情况下，控制算法都必须额外确保储能装置 SoC 保持在一个范围内，并为内燃机选择燃油效率和尾气排放之间的折中工作点。

内燃机的运转速度通过变速器传动比与车速相匹配。变速器换挡策略是并联控制策略中的重要组成部分。在挡位选择之后，控制策略确定发动机和电动机的扭矩命令，以满足驾驶员的需求并管理能量存储。换挡策略的目标是使车速与内燃机在其最佳工作区域的速度相匹配。策略中还必须有足够的滞后性，以防止频繁换挡，从而获得可接受的驾驶性能。

在内燃机动力系统中，在发动机动力 - 车速平面图中，内燃机效率较高的区域在较低挡位时比在较高挡位时更小。图 15.13[12] 显示了通过每个挡位传动比反映的发动机效率较高的区域作为车速的函数的定性图。该图显示，较低挡位的重叠区域显著减少，这使得在较低车速下防止频繁换挡变得更加困难。即使以牺牲效率为代价，在较低速度下也需要足够大的滞后带，以防止频繁换挡以获得可接受的驾驶性能。在较高的车速下，较大的滞后带造成的问题要小得多，因为有很多重叠。图中显示了零坡度道路的道路负载特性，以强调在较低速度下必须牺牲发动机效率。

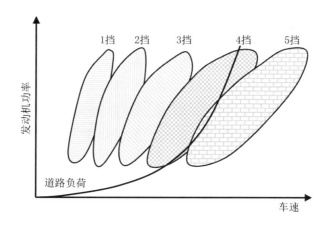

图 15.13　通过各挡位传动比反映的内燃机效率较高的区域

内燃机和电动机具有各自的高效运行区域。在并联混合动力车辆中，在极低速度和低功率的情况下，车辆将以纯电动模式下运行。在大多数并联控制策略中，内燃机单独用于高于最低功率需求水平下的驱动。当功率需求超过内燃机的容量时，电动机会在纯并联模式下辅助内燃机。在并联模式下，优化燃油效率运行算法的机会并不多，因为内燃机的运行区域由车速和变速器挡位决定，而电动机速度与车速直接相关。在串并联混合动力车辆中，并联运行模式可用作车辆的助力模式，此时满足高功率需求非常关键。

15.3.3　串并联控制

串并联结构有两个电机和一个内燃机；功率流可以通过串联路径、并联路径或两者的组合，即功率分流路径。该体系架构中的各种功率流路径选项使控制策略设计变得复杂，但同时，它提供了选择一个或多个可用功率流路径的灵活性，以最大限度地提高给定驾驶条件下的车辆效率。

具有功率分流路径的串并联结构可以使用机械设备耦合或通过动力传动系统部件的电子耦合来实现。下面讨论这两种类型的控制策略。

15.3.3.1 机械功率分流内燃机控制

燃油流量由功率需求决定，与加速踏板输入相对应的。负载转矩可以由发电机通过其转矩控制。为了方便起见，这里重复前面等式 15.4 中给出的控制方程：

$$I_{\text{gen}} \to T_{\text{gen}} = T_s = \frac{r_s}{r_r + r_s} T_p, \ (T_p = \text{发动机扭矩})$$

其中发电机扭矩 T_{gen} 与太阳齿轮扭矩相同。假设发动机功率需求是恒定的；此外，所有动力都来自内燃机，并且没有传输损耗。内燃机运行的主要输入输出变量如图 15.14 所示。恒定发动机功率曲线如图 15.15 所示。可以操纵启动机 / 发电机指令 I_{gen}，使发动机在曲线上的最佳工作点运行。当 I_{gen} 设置在较高水平时，内燃机扭矩 T_{ICE}（与行星齿轮扭矩 T_p 相同）也较高；因此，更多的动力直接输送到车轮，而较少的动力输送到启动机 / 发电机。对于较小的 I_{gen} 指令，较低的 T_{ICE} 工作点表示到启动机 / 发电机的功率更大，以内燃机到车轮功率更小；如果需要，可以增加电机扭矩指令，以保持输送至车轮的相同功率，但是增加了通过电力传输路径的功率流。因此，可以通过改变 I_{gen} 命令来调整太阳齿轮（启动机 / 发电机）和齿圈（车轮）之间的功率分配比。

选择工作点的一个可能标准是发动机燃油效率的最大化，由下式给出

$$\eta_{\text{fuel}} = \frac{\text{发动机功率}}{\text{燃油流量} \times \text{HHV}}$$

图 15.14 内燃机操作

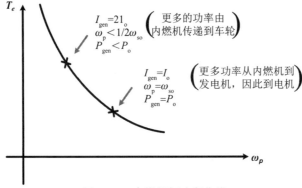

图 15.15 内燃机恒功率曲线

　　发动机性能图上的恒效率曲线如图 15.16 所示。最佳工作点是沿着给定的恒定功率曲线，该曲线与恒定效率曲线相切。图 15.17 显示了可用于保持内燃机沿一组最佳（发动机燃油效率最高）点运行的反馈控制系统。通过控制启动机／发电机电流，内燃机转速和扭矩保持在理想的最佳工作点。加速踏板输入转换的功率需求用于控制燃油流量。所需的工作点轨迹如图 15.18 所示。

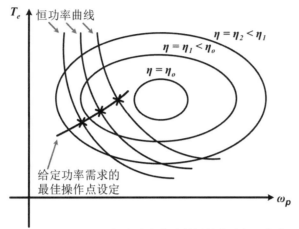

图 15.16　沿恒定功率曲线的最佳发动机工作点

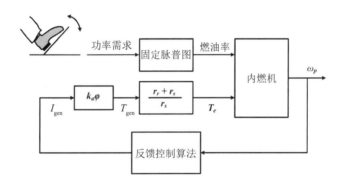

图 15.17　内燃机和启动机／发电机控制系统

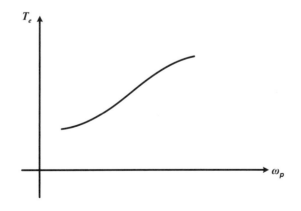

图 15.18　最佳内燃机工作点

15.3.3.2 串并联 2 × 2 控制

在图 15.9 所示的混合动力架构中，发电机通过固传动比与内燃机耦合，而电动机通过另一个固定传动比与车轮耦合。动力传动系统部件之间的扭矩关系是基于发电机和电机速度通过这些固定齿轮比反映到内燃机侧推导出来的。变速器挡位齿轮啮合时的速度关系为

$$\omega_{gen} = \omega_{ICE}$$

$$\omega_{motor} = \omega_{vehicle} = n_{TX} \cdot \omega_{ICE}$$

式中，ω_{gen}、ω_{ICE}、ω_{motor} 和 $\omega_{vehicle}$ 分别表示发电机、内燃机、电机和主减速器速度，n_{TX} 表示传动比。由于变速器挡位齿轮接合时，主减速器和电机转速相同，因此

$$\omega_{motor} = n_{TX} \cdot \omega_{gen}$$

此外，假设所有的发电机电力通过电动机使用电力传输路径传输到车轮。忽略所有传动系统损失，我们有

$$T_{motor} = \frac{T_{gen}}{n_{TX}}$$

混合动力系统的牵引扭矩为

$$T_{TR} = \frac{T_{TX}}{n_{TX}} + T_{motor} = \frac{T_{TX}}{n_{TX}} + \frac{T_{gen}}{n_{TX}} \tag{15.5}$$

$$\Rightarrow T_{TR} = \frac{1}{n_{TX}} \cdot (T_{TX} + T_{gen})$$

然而，内燃机产生的扭矩传递给发电机和变速器，使得

$$T_{ICE} = T_{TX} + T_{gen} = n_{TX} \cdot T_{TR} \tag{15.6}$$

使用公式 15.5，公式 15.6 给出的内燃机发动机扭矩与发电机扭矩无关。从分析中可以得出结论，内燃机设定点由车速 $\omega_{vehicle}$ 和传动齿轮比 n_{TX} 决定。 控制策略如图 15.19 所示。在功率分流模式下通过机械和电力传输路径传递到车轮的扭矩比例可以由发电机负载任意确定。功率分配和扭矩分配的比例相等。在功率分流模式的极端情况下，车辆运行返回为仅使用机械动力传输路径或电力传输路径。当发电机扭矩指令为零时，即 T_{gen}=0 时，内燃机单独向车轮提供牵引力；当内燃机只加载发电机时，即 $T_{gen}=T_{ICE}$，车辆处于串联运行模式，变速器可以脱开。

15.3.4 储能系统控制

如果车辆只有一个电机，则通过连接到发动机的发电机或在发电模式下运行电动机为电池充电来维持能量储 SoC。对于串联或串并联混合架构，内燃机功率需求必须增加为储能装置充电所需的电量。这些车辆的动力系统中至少有两个电机；储能装置可以在通过内燃机和电动机同时提供驱动功率的同时进行充电。对于并联

车辆，如果混合动力系统中不存在单独的发电机，则必须在储能装置可以再充电之前停止并联运行模式。

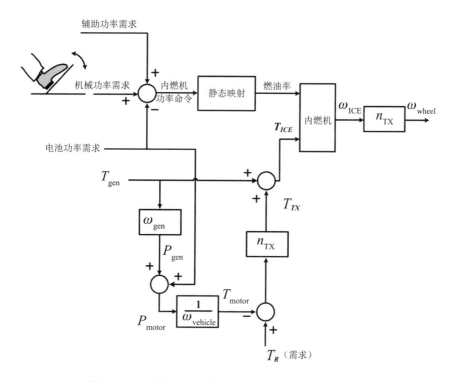

图 15.19　串并联 2 × 2 混合动力汽车的内燃机控制策略

上述讨论表明，混合动力汽车中内燃机的功率需求不仅取决于驾驶员对车辆驱动的需求，还取决于 ESS 充电控制算法。第 15.3.1 节前面讨论的串联车辆内燃机的恒温器控制是一种 ESS 充电控制方法，其中车辆动力传动系统在串联模式和纯电动模式之间交替，分别用于内燃机的 " 开 " 操作点和 " 关 " 操作点，具体取决于控制算法中设置的 SoC 限制。随着更宽的 SoC 限制条件，在内燃机重新启动以使用启动机 / 发电机为电池充电之前，电池包会达到更低的 SoC 水平。范围越窄，电池包的使用就越轻微，内燃机的开 / 关操作也就越频繁。内燃机的循环周期也取决于驾驶员功率需求。根据驾驶员的功率需求，可以使用一组可变的 SoC 限制来实现内燃机循环和电池包使用之间的折中。

现在，让我们讨论一下在串并联车辆中可能出现的功率需求变化，通过能量缓冲 ESS，同时在车轮上提供相同的牵引力，从而提高内燃机效率。在本次讨论中，我们将考虑图 15.9 所示的串并联 2×2 混合架构。在较低的驾驶员需求下，内燃机的恒温器控制可用于在串联和纯电动模式之间选择。对于低于最大发电机功率的驾驶员需求，SoC 限制基本上决定了车辆模式。这是图 15.2 左下部分所示的区域。对于更高的驾驶员需求水平，可设计串并联 2×2 混合动力中的功率分配策略，以便在给定内燃机转速和 ESS SoC 的最佳工作点运行内燃机。在功率分流模式下，两台电机都可以运行，以帮助满足驾驶员需求，并将储能装置 SoC 保持在可接受的范围内。

内燃机的最佳工作功率水平首先根据车速、变速器传动比和驾驶员需求进行选择。如果驾驶员功率需求与最佳内燃机工作功率水平相匹配，则可以单独使用内燃机来满足驾驶员需求，并向发电机和电动机发送零扭矩指令。如果驾驶员功率需求大于内燃机的最佳功率水平，则可以调用电机为车轮提供额外功率。如果驱动需求低于最佳内燃机功率水平，则可使用发电机为储能装置充电，从而为内燃机提供额外负载。图 15.20 以图形方式显示了最佳内燃机工作功率水平的功率分配控制策略示例。

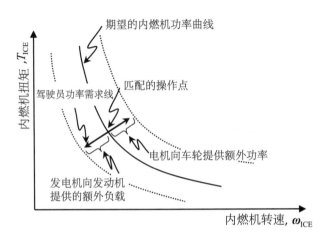

图 15.20   当 ESS 在限制范围内时，给定速度下的功率分配策略

15.3.5   再生控制

再生控制算法允许通过电机将部分驱动能量转化为动能，而不是浪费在车辆的摩擦制动器中。在监控控制器发出负扭矩请求命令后，电机以此模式作为发电机运行，将机械能转换为电能，并将其存储在储能装置中。

再生控制算法可以根据 3 个部分进行设计：最大再生扭矩、扭矩指令的变化率，以及踏板位置与扭矩指令的关系[12]。再生扭矩的最大值（通常被解释为负扭矩）受电机及其电力电子驱动器的容量限制。最大允许再生扭矩可作为车速的函数，以满足驾驶性能要求。为了提高驾驶员的舒适性和可接受的驾驶性能，可以对扭矩指令的变化施加速率限制。在负扭矩指令变化期间，为了让驾驶员舒适，有必要限制顿挫感。踏板位置输入必须映射到基于最大扭矩和最大脉动的驾驶员请求曲线。

在混合动力汽车中，再生算法可以实现完全再生制动，其中来自加速踏板和制动踏板的驾驶员输入用于确定电机的负扭矩请求。出于安全考虑，车辆必须安装摩擦制动器，即使电机能够提供制动作用。再生制动在极低的车速下会导致驾驶性能问题，并且在零车速下无法进行制动。制动踏板的行程映射为制动指令，该指令分配在机械摩擦制动器和再生制动器之间的制动。如果电机连接到混合动力汽车的前轮上，则对前轮施加再生制动将有助于摩擦制动，并在前轮和后轮制动之间保持可接受的偏差。如果电机与后轮相连，则大部分后轮制动可通过再生制动完成，因为只有大约 1/4 的总制动作用是在后轮上执行的。完全再生制动方案将有助于提高燃油经济性，但会使车辆制动系统复杂化。在由传统车辆改装而成的混合动力车中，这需要修改制动器上的液压，以通过再生制动补偿的量来减少摩擦制动指令。控制算法必须确保车辆制动安全在任何情况下都不会受到影响。

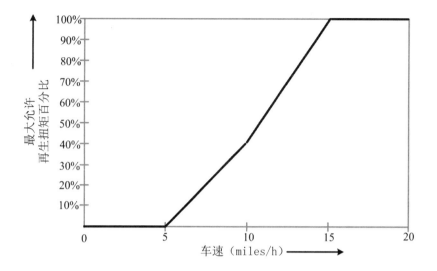

图 15.21　作为速度函数的再生扭矩降额，以消除传动系抖动

　　在低车速下过度再生可能会影响驾驶员的舒适性，因此，应针对这些速度禁用再生指令。随着车速的增加，最大允许再生功率或扭矩的百分比可以逐渐增加。Akron 混合动力汽车 [12] 的允许再生扭矩在 5~15 miles/h 之间的分段线性增加如图 15.21 所示。车速的绝对值已被用来解释车辆倒车行驶的原因。再生策略可能遵循恒定功率、恒定扭矩或两者结合的模式，但测试驾驶员对图中所示的恒定扭矩再生模式感到最舒适。

　　加速踏板输入也必须映射到再生请求中；Akron 混合动力汽车中使用的分段线性映射如图 15.22[12] 所示。再生策略在加速和减速过程中都会影响车辆的驾驶性能。当松开加速踏板时，混合动力车辆的驾驶员对恒定的负扭矩感到舒适。图 15.22 中的虚线表示驱动和再生请求之间的划分。小于踏板总行程 10% 的踏板位置对应于电机的再生请求或负扭矩指令。线性映射将 0% 踏板位置反比例转换为最大再生扭矩请求 $T_{regen,max}$，将 10% 踏板位置反向转换为零再生扭矩请求。$T_{regen,max}$ 请求还必须是储能装置 SoC 的函数。如果 SoC 处于 SoC_{min} 的上限，则 $T_{regen,max}$ 必须降至零；相反，如果 SoC 处于 SoC_{min} 的下限，则 $T_{regen,max}$ 可设置为电机的最大再生扭矩能力。图 15.22 中的曲线段表示修正的加速踏板位置和使用分段线性映射缩放，范围从（10%，100% 的修正踏板位置）到 （0，100% 的可用功率）。通过将功率需求除以车速，可以将驾驶员功率需求转换为扭矩需求。

　　电机的驱动扭矩请求也应该受到储能装置 SoC 条件的限制。扭矩请求对应于驾驶员命令（与加速踏板位置相关）和车辆混合操作模式减去取决于 SoC 的偏差。来自电机的再生或负扭矩请求可以直接与该偏差相关联。储能装置 SoC 越小，电机辅助驱动的程度就越小，$T_{\text{regen,max}}$ 的最大值也就越高。即使完全没有踩下加速踏板，储能装置 SoC 也必须通过再生从 SoC_{min} 提高，尤其是在并联混合动力汽车的情况下。从电机的驱动扭矩请求中减去的偏差可以配置为

$$B = \frac{SoC_{\text{max}} - SoC}{SoC_{\text{max}} - SoC_{\text{min}}} \times 100\%$$

根据上述关系，如果 SoC $\geqslant SoC_{\text{max}}$，则不减去偏差，将全驱动或正扭矩请求传递给电机。如果 SoC $< SoC_{\text{min}}$，则减去 100% 偏压，给电机传递的扭矩要求始终为负，为储能装置重新充电。

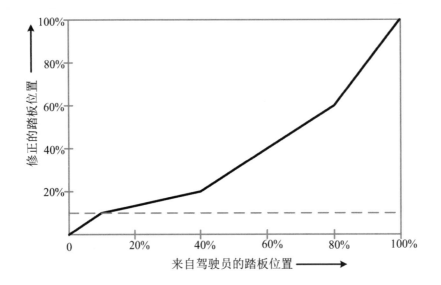

图 15.22　来自驾驶员输入的踏板位置分段线性映射

问题

15.1

串并联 2×2 混合动力汽车的监控模块 (SCM) 的输入和输出如图 P15.1 所示。

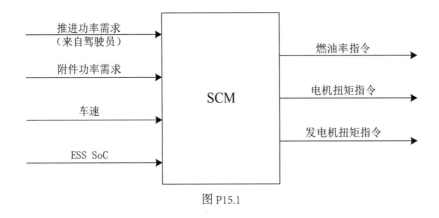

图 P15.1

车辆在功率分流模式下在平坦的道路上匀速巡航。ESS 中存储的能量是恒定的。定性地回答下列问题。

a. 由于座舱空调（由电机驱动）开启，附件电源需求突然增加。SCM 应如何调整其输出以适应这种增加，同时保持车辆驱动功率水平和 ESS 条件？

b. 总功率需求保持不变，但 SCM 需要增加 ESS 存储的能量。SCM 应如何调整其输出以使 ESS 充电，同时保持车辆驱动和附件功率水平？

c. 驾驶员在爬坡时略微增加驱动功率需求。SCM 应如何调整其输出以适应这种增加，同时保持附件功率水平和 ESS 条件？

d. 驾驶员需要最大的驱动力来加速并超过另一辆车。SCM 应如何调整其输出，以从 ESS 获得最大功率，并满足这一需求？

15.2

机械功率分流串并联混合动力汽车的动力系统采用行星齿轮组。齿轮组的齿圈与电机 / 差速器相连，行星齿轮架与内燃机相连，太阳轮与启动机 / 发电机相连。在这种混合动力汽车中，齿圈与太阳齿轮的半径比如下所示：

$$\frac{r_r}{r_s} = 2.8$$

在一种车辆运行条件下，齿圈功率需求为 P_{ring}=32 kW，对应齿圈转速是 ω_r=180 rad/s。齿圈速度与车辆速度直接相关，因为它与电机和车轮相连。内燃机转速控制在 2100 r/min。

计算（a）齿圈扭矩；（b）内燃机扭矩；（c）发电机转速。

参考文献

[1]F.R. Salmasi, "Control strategies for hybrid electric vehicles: Evolution, classification, comparison and future trends," IEEE Transactions on Vehicular Technology, 56(5), 2393–2404, September 2007.

[2]V.H. Johnson, K.B. Wipke and D.J. Rausen, "HEV control strategy for realtime optimization off fuel economy and emissions," SAE Paper 2000-01-1543, 2000.

[3]A.M. Phillips, M. Jankovic and K. Bailey, "Vehicle system controller design for a hybrid electric vehicle," Proceedings of IEEE International Conference on Control Applications, Anchorage, AK, pp. 297–302, September 25–27, Anchorage, AK, 2000.

[4]H.-D. Lee and S.-K. Sul, "Fuzzy-logic-based torque control strategy for parallel-type hybrid electric vehicle," IEEE Transactions on Industrial Electronics, 45(4), 625–632, August 1998.

[5]J.-S. Won and R. Langari, "Fuzzy torque distribution control for a parallel hybrid vehicle," Expert Systems: International Journal Knowledge Engineering and Neural Networks, 19(1), 4–10, February 2002.

[6]B.M. Baumann, G. Washington, B.C. Glenn and G. Rizzoni, "Mechatronic design and control of hybrid electric vehicles," IEEE/ASME Transactions on Mechatronics, 5(1), 58–71, March 2000.

[7]J.M. Miller, Propulsions Systems for Hybrid Vehicles, Institute of Electrical Engineers, London, 2004.

[8]G.H. Gelb, N.A. Richardson, T.C. Wang and B. Berman, "An electromechanical transmission for hybrid vehicle powertrains – design, and dynamometer testing," SAE Congress Paper No. 710235, Detroit, MI, January 1971.

[9]G. Paganelli, G. Ercole, A. Brahma, Y. Guezennec and G. Rizzoni, "General supervisory control policy for the energy optimization of charge sustaining hybrid electric vehicles," Journal of Society of Automotive Engineers of Japan, 22(4), 511–518, October 2001.

[10]A. Sciarretta, M. Back and L. Guzzella, "Optimal control of parallel hybrid electric vehicles," IEEE Transactions on Control Systems Technology, 12(3), 352–363, May 2004.

[11]S.M.N. Hasan, I. Husain, R.J. Veillette and J.E. Carletta, "A PM brushless DC starter/generator system for a series/parallel 2×2 hybrid electric vehicle," IEEE Transactions on Industry Applications, 16(2), 12–21, March–April

2010.

[12]N. Picot, A Strategy to Blend Series and Parallel Modes of Operation in a Series-Parallel 2x2 Hybrid Diesel/ Electric Vehicle, MS Thesis, Electrical Engineering, The University of Akron, December 2007.